Dr. Oetker

LANDFRAUEN REZEPTE

VON A–Z

Dr. Oetker

LANDFRAUEN REZEPTE

VON A–Z

Dr. Oetker Verlag

Abkürzungen

EL	= Esslöffel
TL	= Teelöffel
Msp.	= Messerspitze
Pck.	= Packung/Päckchen
g	= Gramm
kg	= Kilogramm
ml	= Milliliter
l	= Liter
evtl.	= eventuell
geh.	= gehäuft
gestr.	= gestrichen
TK	= Tiefkühlprodukt
°C	= Grad Celcius
Ø	= Durchmesser

Kalorien-/Nährwertangaben

E	= Eiweiß
F	= Fett
Kh	= Kohlenhydrate
kcal	= Kilokalorie
kJ	= Kilojoule

Hinweise zu den Rezepten

Die Rezepte sind – wenn nicht anders angegeben – für 4 Portionen berechnet. Lesen Sie bitte vor der Zubereitung das Rezept einmal vollständig durch. Oft werden Arbeitsabläufe oder -zusammenhänge dann klarer.

Arbeitsschritte

Die Arbeitsschritte sind einzeln hervorgehoben, in der Reihenfolge, in der sie von uns ausprobiert wurden.

Backofeneinstellungen

Die Backofeneinstellungen sind Richtwerte, die von uns ausprobiert wurden. Sehen Sie auf jeden Fall in der Gebrauchsanweisung Ihres Backofens nach.

Zubereitungszeit

Die Zubereitungszeit beinhaltet nur die Zeit für die eigentliche Zubereitung, Garzeiten sind gesondert ausgewiesen. Längere Wartezeiten, z. B. Kühl-, Einweich-, Marinier- und Durchziehzeiten sind nicht miteinbezogen.

Zutatenliste

Die Zutaten sind in der Reihenfolge ihrer Verarbeitung aufgeführt.

Vorwort

Landfrauen von A–Z, das ist das neue umfangreiche Nachschlagewerk für Ihre Küche. In diesem Küchenlexikon finden Sie die besten und bekanntesten Rezepte der Landfrauen und diese sortiert von A–Z. Wir haben den Frauen vom Land in die Töpfe geguckt und die besten Rezepte für Sie zusammengetragen.

Da, wo die Hektik der Stadt in weiter Ferne ist, wird noch mit Zeit und Liebe gekocht, gebacken und gebraten. Mit viel Fantasie und Kreativität entstehen dann neben den traditionellen Rezepten überraschende neue Rezeptideen und raffinierte Eigenkreationen.

Viele Abwandlungen und Tipps zu den Rezepten erleichtern das Zubereiten. Im Nu wird durch eine Beilagenempfehlung aus einem Snack eine komplette Hauptmahlzeit. So kommt Abwechslung auf den Tisch.

Außerdem finden Sie alle Rezepte am Ende des Buches noch einmal thematisch sortiert.

Allgäuer Krautspätzle

Allgäuer Krautspätzle

Preiswert

Pro Portion:
E: 10 g, F: 17 g, Kh: 45 g,
kJ: 1647, kcal: 393

5 l Wasser, 5 TL Salz
500 g Spätzle aus dem Kühlregal

1 mittelgroße Zwiebel
50 g Butter
500 g Weinsauerkraut
125 ml (1/8 l) Gemüsebrühe
Salz, frisch gemahlener Pfeffer
getrockneter Majoran
2 EL zerlassene Butter

Zubereitungszeit: etwa 35 Min.

1. Wasser in einem großen Topf mit geschlossenem Deckel zum Kochen bringen. Salz und Spätzle zugeben und die Spätzle nach Packungsanleitung bei mittlerer Hitze im geöffneten Topf bissfest kochen. Spätzle in einem Sieb abtropfen lassen und evtl. warm stellen.
2. In der Zwischenzeit Zwiebel abziehen und in Würfel schneiden. Butter in einem Topf zerlassen und die Zwiebelwürfel darin glasig dünsten.
3. Sauerkraut locker zupfen und zu den Zwiebeln geben. Gemüsebrühe hinzugießen, alles zum Kochen bringen und etwa 25 Minuten bei schwacher Hitze dünsten lassen.
4. Das Sauerkraut mit Salz, Pfeffer und Majoran würzen, mit den Spätzle vermengen und mit der Butter beträufeln.

Tipp:
Statt der frischen Spätzle 250 g getrocknete Spätzle verwenden.

Amarettini-Torte

Raffiniert

Insgesamt:
E: 68 g, F: 218 g, Kh: 394 g,
kJ: 16436, kcal: 3921

Für den Schüttelteig:
175 g Weizenmehl
2 TL Dr. Oetker Backin
75 g Zucker
1 Pck. Dr. Oetker Finesse Amaretto-Bittermandel-Aroma
3 Eier (Größe M)
100 ml Speiseöl
100 ml Schlagsahne

Für den Belag:
100 g Amarettini, ohne Hagelzucker (italienisches Mandelgebäck)

Für die Füllung:
1 Pck. Dr. Oetker Pudding-Pulver Mandel-Geschmack
400 ml Milch
2 EL Zucker
1 Becher (150 g) Crème fraîche

Zum Bestreichen:
2 EL Aprikosenkonfitüre

Amarettini-Torte

Zum Bestäuben:
Puderzucker
Kakaopulver

Zubereitungszeit: etwa 55 Min., ohne Kühlzeit

1. Für den Teig Mehl mit Backin mischen, in eine verschließbare Schüssel (3-Liter-Inhalt) sieben und mit Zucker vermengen. Aroma, Eier, Öl und Sahne hinzufügen und die Schüssel mit dem Deckel fest verschließen.
2. Mehrmals (insgesamt 15–30 Sekunden) kräftig schütteln, so dass alle Zutaten gut vermischt sind. Alles mit einem Schneebesen oder Rührlöffel nochmals sorgfältig durchrühren, damit vor allem trockene Zutaten vom Rand mit untergerührt werden.
3. Einen Backrahmen (20 x 40 cm) auf ein Backblech (gefettet) stellen, den

Teig darin verteilen und glatt streichen. Die Amarettini darauf verteilen. Das Backblech in den Backofen schieben.
Ober-/Unterhitze: etwa 180 °C (vorgeheizt)
Heißluft: etwa 160 °C (vorgeheizt)
Gas: Stufe 2–3 (vorgeheizt)
Backzeit: 15–20 Minuten.

4. Das Backblech auf einen Kuchenrost stellen, den Kuchen erkalten lassen und vom Backblech lösen. Den Kuchen so halbieren, dass 2 Quadrate (20 x 20 cm) entstehen.
5. Für die Füllung aus den angegebenen Zutaten nach Packungsanleitung einen Pudding zubereiten. Crème fraîche unter den heißen Pudding rühren und abkühlen lassen, ab und zu umrühren.
6. Eine Kuchenhälfte auf eine Platte (Amarettini müssen oben liegen) legen und mit Konfitüre bestreichen. Die Puddingmasse darauf verteilen und mit der zweiten Kuchenhälfte (Amarettini müssen oben liegen) bedecken. Die Torte etwa 1 Stunde kalt stellen.
7. Die Torte vor dem Servieren mit Puderzucker und Kakao bestäuben.

Ameisenkuchen

Mit Alkohol

Insgesamt:
E: 109 g, F: 420 g, Kh: 814 g, kJ: 33910, kcal: 8100

Für den Schüttelteig:
300 g Weizenmehl
3 TL Dr. Oetker Backin
300 g Zucker
2 Pck. Dr. Oetker Vanillin-Zucker
4 Eier (Größe M)

Ameisenkuchen

300 g zerlassene, abgekühlte Butter oder Margarine
300 ml Eierlikör
150 g Zartbitter-Schokostreusel

Für den Guss:
200 g weiße Kuvertüre
10 g Kokosfett

Zum Bestreuen:
Vollmilch- oder Zartbitter-Schokoladenstreusel

Zubereitungszeit: etwa 25 Min., ohne Abkühlzeit

1. Für den Teig Mehl mit Backin mischen, in eine verschließbare Schüssel (3-Liter-Inhalt) sieben und mit Zucker und Vanillin-Zucker mischen. Eier, Butter oder Margarine und Eierlikör hinzufügen und die Schüssel mit dem Deckel fest verschließen.
2. Mehrmals (insgesamt 15–30 Sekunden) kräftig schütteln, so dass alle Zutaten gut vermischt sind. Schokostreusel hinzugeben. Alles mit einem Schneebesen oder Rührlöffel nochmals sorgfältig durchrühren, damit vor allem trockene Zutaten vom Rand mit untergerührt werden.
3. Den Teig auf ein Backblech (30 x 40 cm, gefettet, mit Backpapier belegt) streichen. An der offenen Seite des Backbleches das Backpapier unmittelbar vor dem Teig zur Falte knicken, so dass ein Rand entsteht. Das Backblech in den Backofen schieben.
Ober-/Unterhitze: etwa 180 °C (vorgeheizt)
Heißluft: etwa 160 °C (vorgeheizt)
Gas: Stufe 2–3 (vorgeheizt)
Backzeit: 15–20 Minuten.
4. Das Backblech auf einen Kuchenrost stellen, den Kuchen erkalten lassen.
5. Für den Guss Kuvertüre in Stücke schneiden und mit dem Kokosfett in einem kleinen Topf im Wasserbad bei schwacher Hitze zu einer geschmeidigen Masse verrühren.
6. Den Kuchen mit zwei Drittel der Kuvertüre bestreichen. Restliche Kuvertüre auf ein Platte gießen, fest werden lassen und zu Locken schaben.
7. Den Kuchen mit Schokoladenstreuseln bestreuen und mit Kuvertürelocken garnieren.

Tipp:
Sie können den Ameisenkuchen auch in einer Springform (Ø 26 cm, mit Backpapier belegt) backen. Dazu die Zutatenmenge halbieren und den Kuchen bei der oben angegebenen Backtemperatur etwa 40 Minuten backen.

Ananas-Krokant-Cremetorte

Ananas-Krokant-Cremetorte

Etwas aufwändiger

Insgesamt:
E: 81 g, F: 320 g, Kh: 555 g,
kJ: 23588, kcal: 5632

Für den Biskuitteig:
3 Eier (Größe M)
3 EL heißes Wasser
150 g Zucker
1 Pck. Dr. Oetker Vanillin-Zucker
100 g Weizenmehl
50 g Speisestärke
3 TL Dr. Oetker Backin

Für die Ananas-Krokant-Creme:
1 Pck. Dr. Oetker Pudding-Pulver Vanille-Geschmack
50 g Zucker
500 ml (1/2 l) Milch
1 EL Butter
50 g Zucker
125 g abgezogene, gehackte Mandeln
250 g weiche Butter

Zum Belegen und Bestreichen:
1 Dose Ananasstücke (Abtropfgewicht 500 g)
2–3 EL Ananas- oder Aprikosenkonfitüre

Zubereitungszeit: etwa 100 Min., ohne Abkühl- und Durchziehzeit

1. Für den Teig Eier und Wasser mit Handrührgerät mit Rührbesen auf höchster Stufe in 1 Minute schaumig schlagen. Zucker und Vanillin-Zucker mischen, in 1 Minute einstreuen und noch etwa 2 Minuten schlagen.
2. Mehl mit Speisestärke und Backin mischen, portionsweise auf die Eiercreme sieben und kurz auf niedrigster Stufe unterrühren. Den Teig in eine Springform (Ø 26 cm, Boden gefettet, mit Backpapier belegt) geben und glatt streichen. Die Form auf dem Rost in den Backofen schieben.
   Ober-/Unterhitze: etwa 180 °C (vorgeheizt)
   Heißluft: etwa 160 °C (vorgeheizt)
   Gas: Stufe 2–3 (vorgeheizt)
   Backzeit: etwa 30 Minuten.
3. Den Biskuitboden sofort nach dem Backen aus der Form lösen, auf einen mit Backpapier belegten Kuchenrost stürzen, das mitgebackene Papier entfernen und den Boden erkalten lassen.
4. Für die Ananas-Krokant-Creme aus Pudding-Pulver, Zucker und Milch nach Packungsanleitung einen Pudding zubereiten, mit Klarsichtfolie zudecken und erkalten lassen.
5. Butter mit Zucker so lange erhitzen, bis die Masse leicht gebräunt und der Zucker gelöst ist. Mandeln hinzufügen und unter Rühren erhitzen, bis der Krokant genügend gebräunt ist. Auf ein mit Öl bestrichenes Stück Alufolie geben und erkalten lassen. Die erkaltete Krokantmasse in kleine Stücke zerstoßen.
6. Butter geschmeidig rühren und den Pudding esslöffelweise unterrühren (darauf achten, dass weder Butter noch Pudding zu kalt sind, da die Creme sonst gerinnt). Unter die Hälfte der Buttercreme die Hälfte des Krokants rühren.
7. Ananasstücke in einem Sieb abtropfen lassen. Den Biskuitboden zweimal waagerecht durchschneiden. Den unteren Boden mit Konfitüre bestreichen und mit den Ananasstücken (16 schöne Stücke zum Garnieren zurücklassen) belegen. Etwas von der Krokantcreme darauf streichen, mit dem mittleren Boden bedecken und die restliche Krokantcreme darauf verteilen.
8. Den oberen Boden darauf legen und die Torte mit der Hälfte der zurückgelassenen Buttercreme bestreichen. Auf der Tortenoberfläche mit einem feuchten Messer 16 Tortenstücke markieren.
9. Die restliche Buttercreme in einen Spritzbeutel mit Sterntülle füllen und die Torte damit verzieren. Die Tortenoberfläche mit den zurückgelassenen

Ananasstücken garnieren und den Tortenrand mit dem restlichen Krokant bestreuen. Die Torte einige Stunden (am besten über Nacht) durchziehen lassen.

Ananassalat mit roten Linsen

Ananassalat mit roten Linsen

Vegetarisch

Pro Portion:
E: 9 g, F: 13 g, Kh: 30 g,
kJ: 1197, kcal: 285

100 g rote Linsen
200 ml Gemüsebrühe

1 kleine reife Ananas (etwa 900 g)
1 dunkler Schnittlauch

200 g Naturjoghurt
4 EL Weißweinessig
4 EL Speiseöl
Salz
frisch gemahlener Pfeffer
Zucker

Zubereitungszeit: etwa 35 Min., ohne Durchziehzeit

1. Linsen in Gemüsebrühe etwa 10 Minuten nach Packungsanleitung weich kochen. Anschließend in ein Sieb geben, abtropfen und erkalten lassen.
2. Ananas schälen, dunkle Stellen mit entfernen und Ananas vierteln, den Strunk herausschneiden. Ananas in etwa 1 cm dicke Scheiben schneiden. Schnittlauch abspülen, trockentupfen und in kleine Röllchen schneiden.
3. Joghurt mit Essig und Öl in einer Schüssel gut verrühren und mit Salz, Pfeffer und Zucker würzen. Linsen, Ananasscheiben und Schnittlauchröllchen unterheben, den Salat 10 Minuten durchziehen lassen und servieren.

Anglertopf

Preiswert

Pro Portion:
E: 14 g, F: 31 g, Kh: 37 g,
kJ: 2084, kcal: 499

500 g Kartoffeln
400 g Möhren
4 Stangen Staudensellerie
50 g Butter
Salz, frisch gemahlener Pfeffer
gemahlener Kümmel
Currypulver
500 ml (1/2 l) Fischfond
500 g Fischfilet, z. B. Rotbarsch, Zander, Forelle
250 ml (1/4 l) Schlagsahne
1 Bund Dill
4–5 EL Weißwein

Anglertopf

Zubereitungszeit: etwa 45 Min.

1. Kartoffeln schälen, abspülen und in Würfel schneiden. Möhren putzen, schälen, waschen und würfeln. Staudensellerie putzen, waschen, die harten Außenfäden abziehen und Staudensellerie in Scheiben schneiden.
2. Butter in einem Topf zerlassen und das vorbereitete Gemüse darin andünsten. Das Gemüse mit Salz, Pfeffer, Kümmel und Curry bestreuen und den Fischfond hinzufügen, alles zum Kochen bringen und etwa 15 Minuten garen lassen.
3. Fischfilet unter fließendem kalten Wasser abspülen, trockentupfen und in Stücke schneiden. Die Fischstücke mit der Sahne zu dem Gemüse geben und alles bei schwacher Hitze 5–7 Minuten garen.
4. Dill abspülen, trockentupfen, klein schneiden und mit dem Weißwein hinzufügen. Den Anglertopf evtl. nochmals mit den Gewürzen abschmecken.

Apfelkuchen mit Krokant

Apfelkuchen mit Krokant

Für Gäste

Insgesamt:
E: 63 g, F: 231 g, Kh: 509 g,
kJ: 19421, kcal: 4635

Für den Knetteig:
300 g Weizenmehl
1 TL Dr. Oetker Backin
125 g Zucker
1 Pck. Dr. Oetker Vanillin-Zucker
1 Prise Salz, 1 Ei (Größe M)
150 g weiche Butter

Für die Apfelfüllung:
8–10 säuerliche Äpfel
1 Pck. Dr. Oetker Vanillin-Zucker
2 EL Rum

Zum Bestreuen:
2 EL Semmelbrösel

Für den Belag:
50 g sehr weiche Butter, 50 g Zucker
100 g gehackte Mandeln

1 EL Puderzucker
¼ TL gemahlener Zimt

Zubereitungszeit: etwa 30 Min.

1. Für den Teig Mehl mit Backin mischen und in eine Rührschüssel sieben. Zucker, Vanillin-Zucker, Salz, Ei und Butter hinzufügen und die Zutaten mit Handrührgerät mit Knethaken zunächst kurz auf niedrigster, dann auf höchster Stufe gut durcharbeiten. Anschließend auf der Arbeitsfläche zu einem glatten Teig verkneten. Sollte er kleben, ihn eine Zeit lang kalt stellen.
2. Für die Füllung die Äpfel schälen, vierteln und entkernen, in Scheiben schneiden und mit Vanillin-Zucker und Rum vermengen.
3. Die Hälfte des Teiges etwas größer als die Springform ausrollen, mit dem Springformrand ausstechen und die Teigreste mit dem restlichen Teig verkneten. ⅔ des Teiges auf dem Boden einer Springform (Ø 26 cm, Boden gefettet) ausrollen. Aus dem restlichen Teig eine Rolle formen, an den Springformrand legen und 3–4 cm hoch andrücken. Den Teigboden mit den Semmelbröseln bestreuen und die Äpfel hineinfüllen. Die Teigdecke auf die Äpfel legen und die Teigränder aneinanderdrücken.
4. Die Oberfläche mehrmals mit einer Gabel einstechen, mit Butter bestreichen und mit Zucker und Mandeln bestreuen. Die Form auf dem Rost in den Backofen schieben.
   Ober-/Unterhitze: etwa 180 °C (vorgeheizt)
   Heißluft: etwa 160 °C (nicht vorgeheizt)
   Gas: Stufe 2–3 (nicht vorgeheizt)
   Backzeit: etwa 60 Minuten.
5. Den Kuchen am Rand lösen, auf einem Kuchenrost erkalten lassen und vom Springformboden lösen. Puderzucker mit Zimt mischen und auf den erkalteten Kuchen sieben.

Apfelkuchen mit Mandelguss

Schnell

Insgesamt:
E: 60 g, F: 150 g, Kh: 380 g,
kJ: 13584, kcal: 3244

Für den Belag:
600 g säuerliche Äpfel (vorbereitet gewogen)
2 EL Zitronensaft

Für den Teig:
200 ml Schlagsahne
100 g Zucker
1 Pck. Dr. Oetker Vanillin-Zucker
abgeriebene Schale von ½ Bio-Zitrone (unbehandelt, ungewachst)
3 Eier (Größe M)
200 g Weizenmehl
2 TL Dr. Oetker Backin

Für den Guss:
50 g Butter, 50 g Zucker
2 EL Milch
40 g abgezogene, gehobelte Mandeln

Zubereitungszeit: etwa 30 Min.

Apfelkuchen mit Mandelguss

1. Für den Belag Äpfel schälen, vierteln und entkernen, abwiegen (600 g) und in dünne Spalten schneiden. Die Apfelspalten mit Zitronensaft beträufeln.
2. Für den Teig Sahne mit Zucker, Vanillin-Zucker und Zitronenschale halb steif schlagen. Eier nach und nach unterrühren. Mehl mit Backin mischen, sieben, hinzufügen und kurz unterrühren. Den Teig in eine Tarteform (Ø 30–32 cm, Boden gefettet) geben und glatt streichen.
3. Die Apfelspalten dachziegelartig vom Rand beginnend (außen 1 cm frei lassen) auf dem Teig verteilen. Die Form auf dem Rost in den Backofen schieben und den Kuchen vorbacken.
   Ober-/Unterhitze: etwa 200 °C (vorgeheizt)
   Heißluft: etwa 180 °C (vorgeheizt)
   Gas: Stufe 3–4 (vorgeheizt)
   Backzeit: etwa 15 Minuten.
4. In der Zwischenzeit für den Guss Butter, Zucker und Milch in einen Topf geben, zum Kochen bringen und einmal aufkochen lassen. Mandeln vorsichtig unterrühren.
5. Den Guss nach Beendigung der Vorbackzeit in Klecksen auf die Apfelspalten geben. Die Form wieder auf dem Rost in den Backofen schieben und den Kuchen **bei der oben angegebenen Backofeneinstellung noch weitere 15–20 Minuten backen.**
6. Die Form auf einen Kuchenrost stellen und den Kuchen darin erkalten lassen.

Apfelkuchen mit Marzipanguss

Raffiniert – für Gäste

Insgesamt:
E: 141 g, F: 370 g, Kh: 871 g, kJ: 31860, kcal: 7602

Für den Rührteig:
250 g weiche Butter oder Margarine
250 g Zucker
1 Pck. Dr. Oetker Vanillin-Zucker
5 Eier (Größe M)
150 g Weizenmehl
100 g Speisestärke
2 TL Dr. Oetker Backin

Apfelkuchen mit Marzipanguss

Für den Belag:
1 kg Äpfel

Für den Guss:
1 l Milch
2 Pck. Dr. Oetker Pudding-Pulver Vanille-Geschmack
75 g Zucker
3 Eigelb (Größe M)
200 g Marzipan-Rohmasse
3 Eiweiß (Größe M)

Zum Bestreuen:
50 g Hagelzucker

Zubereitungszeit: etwa 65 Min.

1. Für den Teig Butter oder Margarine mit Handrührgerät mit Rührbesen auf höchster Stufe geschmeidig rühren. Nach und nach Zucker und Vanillin-Zucker unterrühren und so lange rühren, bis eine gebundene Masse entstanden ist. Eier nach und nach unterrühren (jedes Ei etwa 1/2 Minute).
2. Mehl mit Speisestärke und Backin mischen, sieben und portionsweise auf mittlerer Stufe unterrühren. Einen Backrahmen auf ein Backblech (30 x 40 cm, gefettet) stellen, den Teig hineingeben und glatt streichen.
3. Für den Belag Äpfel schälen, vierteln, entkernen und in Scheiben schneiden. Apfelscheiben dachziegelartig auf den Teig legen.
4. Für den Guss 10 Esslöffel von der Milch mit Pudding-Pulver, Zucker und Eigelb verrühren. Marzipan-Rohmasse klein schneiden.
5. Die restliche Milch mit Marzipan-Rohmasse in einem Topf unter Rühren zum Kochen bringen. Angerührtes Pudding-Pulver unter Rühren hineingeben und nochmals gut aufkochen lassen.
6. Eiweiß steif schlagen und unter den heißen Pudding heben. Die Masse auf den Apfelscheiben verteilen. Das Backblech in den Backofen schieben.
   Ober-/Unterhitze: etwa 180 °C (vorgeheizt)
   Heißluft: etwa 160 °C (nicht vorgeheizt)
   Gas: Stufe 2–3 (nicht vorgeheizt)
   Backzeit: etwa 45 Minuten.
7. Das Backblech auf einen Kuchenrost stellen und den Kuchen erkalten lassen. Den Kuchen aus dem Backrahmen lösen und mit Hagelzucker bestreut servieren.

Tipp:
Nach Belieben 100 g Marzipan-Rohmasse mit etwas Puderzucker verkneten und zwischen 2 Lagen Klarsichtfolie ausrollen. Aus dem Marzipan Blätter ausschneiden oder ausstechen und mit einem Messer Blattrippen einschneiden.

Apfel-Pflaumen-Kuchen

Apfel-Pflaumen-Kuchen

Klassisch

Insgesamt:
E: 39 g, F: 246 g, Kh: 549 g,
kJ: 19560, kcal: 4680

Für den Boden:
etwa 600 g TK-Blätterteig
(13–14 Scheiben)
20 g zerlassene Butter
50 g Zartbitter-Raspelschokolade

Für den Belag:
1 Glas Pflaumen
(Abtropfgewicht 370 g)
700 g säuerliche Äpfel, z. B. Elstar
4 EL Zitronensaft

Zum Bestreuen:
75 g Zucker
1 Pck. Dr. Oetker Vanillin-Zucker
1 Msp. gemahlener Zimt
50 g Butter

Zum Bestreichen:
6 EL Aprikosenkonfitüre
2 EL Orangensaft oder -likör

Zum Bestreuen:
1–2 EL Zartbitter-Raspelschokolade

Zubereitungszeit: etwa 40 Min.,
ohne Auftauzeit

1. Für den Boden Blätterteigscheiben nebeneinander nach Packungsanleitung auftauen lassen. Die Hälfte der Blätterteigscheiben auf der leicht bemehlten Arbeitsfläche zu einem Rechteck auslegen, dünn mit Butter bestreichen und mit Raspelschokolade bestreuen. Die übrigen Teigscheiben versetzt darauf legen.
2. Den Teig etwas größer als ein Backblech ausrollen und auf ein Backblech (30 x 40 cm, mit kaltem Wasser abgespült) legen. Den überstehenden Teig als üppigen Rand nach innen formen. Den Teigboden mehrmals mit einer Gabel einstechen.
3. Für den Belag Pflaumen in einem Sieb gut abtropfen lassen und evtl. in Spalten schneiden. Äpfel schälen, vierteln und entkernen, in dünne Spalten schneiden und mit Zitronensaft beträufeln.
4. Zum Bestreuen Zucker, Vanillin-Zucker und Zimt mischen und etwas davon auf den Teigboden streuen. Apfel- und Pflaumenspalten in abwechselnden Reihen dachziegelartig auf den Teig legen. Mit der restlichen Zucker-Zimt-Mischung bestreuen und mit Butterflöckchen belegen. Das Backblech in den Backofen schieben.
   Ober-/Unterhitze: etwa 240 °C (vorgeheizt)
   Heißluft: etwa 220 °C (vorgeheizt)
   Gas: etwa Stufe 5 (vorgeheizt)
   Backzeit: etwa 30 Minuten.
5. Das Backblech auf einen Kuchenrost stellen. Zum Bestreichen Aprikosenkonfitüre durch ein Sieb streichen, mit Orangensaft oder -likör unter Rühren aufkochen lassen und den heißen Kuchen damit bestreichen. Den Kuchen auf dem Backblech erkalten lassen.
6. Den Kuchen vor dem Servieren mit Raspelschokolade bestreuen.

Tipp: Der Kuchen schmeckt am besten frisch. Der Kuchen schmeckt auch mit anderen Fruchtsorten wie Birnen oder Aprikosen sehr lecker.

Apfel-Reis-Kuchen

Apfel-Reis-Kuchen

Für Kinder

Insgesamt:
E: 62 g, F: 169 g, Kh: 571 g,
kJ: 17048, kcal: 4073

Zum Vorbereiten:
100 g Milchreis
350 ml Apfelsaft
70 g Zucker
je 1 Msp. gemahlener Kardamom,
Ingwer und Zimt

Für den Belag:
6 säuerliche Äpfel (900 g)
1 EL Zitronensaft

Für den All-in-Teig:
150 g Weizenmehl
4 TL Dr. Oetker Backin
120 g Zucker, 1 Prise Salz
1 Pck. Dr. Oetker Finesse Geriebene Zitronenschale
5 Eier (Größe M)
150 g weiche Butter oder Margarine

Zum Bestreichen:
100 g Apfelgelee

Zubereitungszeit: etwa 50 Min., ohne Abkühlzeit

1. Zum Vorbereiten Milchreis, Apfelsaft, Zucker, Kardamom, Ingwer und Zimt in einem Topf zum Kochen bringen und unter Rühren 2 Minuten kochen lassen, dann zugedeckt bei schwacher Hitze 35 Minuten garen, dabei ab und zu umrühren. Reis erkalten lassen.
2. Für den Belag Äpfel schälen, vierteln und Kerngehäuse herausschneiden. Apfelviertel in Spalten schneiden und mit Zitronensaft beträufeln.
3. Für den Teig Mehl mit Backin mischen und in eine Rührschüssel sieben. Zucker, Salz, Zitronenschale, Eier und Butter oder Margarine hinzufügen und die Zutaten mit Handrührgerät mit Rührbesen zunächst kurz auf niedrigster, dann auf höchster Stufe in etwa 2 Minuten zu einem glatten Teig verarbeiten. Reis mit einer Gabel auflockern, zum Teig geben und auf mittlerer Stufe unterrühren.
4. Den Teig auf ein Backblech (30 x 40 cm, gefettet) geben und glatt streichen. Apfelspalten darauf legen. Das Backblech in den Backofen schieben.
   Ober-/Unterhitze: etwa 180 °C (vorgeheizt)
   Heißluft: etwa 160 °C (vorgeheizt)
   Gas: Stufe 2–3 (vorgeheizt)
   Backzeit: 30–35 Minuten.
5. Das Backblech auf einen Kuchenrost stellen, den Kuchen erkalten lassen.
6. Zum Bestreichen Apfelgelee in einem kleinen Topf unter Rühren erwärmen. Den Kuchen damit bestreichen und erkalten lassen.

Tipp: Statt Apfelgelee kann auch Aprikosenkonfitüre verwendet werden.

Apfelschnitten

Apfelschnitten

Schnell – für Kinder

Insgesamt:
E: 119 g, F: 381 g, Kh: 855 g,
kJ: 31700, kcal: 7569

Für den Rührteig:
350 g weiche Butter oder Margarine
350 g gesiebter Puderzucker
6 Eier (Größe M)
2 Pck. Dr. Oetker Vanillin-Zucker
2 1/2 TL gemahlener Zimt
60 g Kakaopulver
750 g Äpfel
350 g Weizenmehl
1 Pck. Dr. Oetker Backin

Für den Guss:
200 g dunkle Kuchenglasur

Zum Bestreuen:
abgezogene, gestiftelte Mandeln

Zubereitungszeit: etwa 35 Min., ohne Kühlzeit

1. Für den Teig Butter oder Margarine mit Handrührgerät mit Rührbesen auf höchster Stufe geschmeidig rühren. Nach und nach Puderzucker unterrühren und so lange rühren, bis eine gebundene Masse entstanden ist.
2. Eier nach und nach unterrühren (jedes Ei etwa 1/2 Minute). Vanillin-Zucker, Zimt und Kakao mischen und unterrühren.
3. Äpfel schälen, vierteln, entkernen und grob raspeln. Mehl und Backin mischen, sieben und mit den Äpfeln unterrühren.
4. Den Teig auf ein Backblech (30 x 40 cm, gefettet, mit Backpapier belegt) geben und glatt streichen. Das Backblech in den Backofen schieben.
   Ober-/Unterhitze: etwa 200 °C (vorgeheizt)
   Heißluft: etwa 180°C (nicht vorgeheizt)
   Gas: Stufe 3–4 (nicht vorgeheizt)
   Backzeit: 40–50 Minuten.
5. Den Kuchen auf dem Backblech auf einem Kuchenrost erkalten lassen.
6. Kuchenglasur nach Packungsanleitung auflösen, den Kuchen damit überziehen und mit Mandeln bestreuen. Die Glasur fest werden lassen.

Tipp: Apfelschnitten maximal 1 Tag vor dem Verzehr zubereiten. Die Schnitten eignen sich hervorragend zum Einfrieren.

Apfeltorte mit Apfelmus

Apfeltorte mit Apfelmus

Einfach

Insgesamt:
E: 77 g, F: 335 g, Kh: 503 g,
kJ: 23065, kcal: 5511

Für den Rührteig:
250 g weiche Butter oder Margarine
250 g Zucker
1 Pck. Dr. Oetker Vanillin-Zucker
1 Prise Salz
5 Eier (Größe M)
250 g Weizenmehl
2 TL Dr. Oetker Backin

Für die Füllung:
500 g Apfelmus

Zum Verzieren und Bestreuen:
400 ml Schlagsahne
2 Pck. Dr. Oetker Sahnesteif
2 EL gemahlene, leicht geröstete Haselnusskerne

Zubereitungszeit: etwa 40 Min., ohne Kühlzeit

1. Für den Teig Butter oder Margarine mit Handrührgerät mit Rührbesen auf höchster Stufe geschmeidig rühren. Nach und nach Zucker, Vanillin-Zucker und Salz unterrühren und so lange rühren, bis eine gebundene Masse entstanden ist. Eier nach und nach unterrühren (jedes Ei etwa ½ Minute).
2. Mehl mit Backin mischen, sieben und portionsweise auf mittlerer Stufe unterrühren. Den Teig in 4 Portionen teilen, je eine Portion in eine Springform (Ø 26 cm, Boden gefettet) geben und glatt streichen. Die Form auf dem Rost in den Backofen schieben.
   Ober-/Unterhitze: etwa 180 °C (vorgeheizt)
   Heißluft: etwa 160 °C (vorgeheizt)
   Gas: Stufe 2–3 (vorgeheizt)
   Backzeit: 15–20 Minuten je Boden.
3. Auf diese Weise 4 Böden backen. Die Böden sofort nach dem Backen vom Springformboden lösen und einzeln auf je einem Kuchenrost erkalten lassen.
4. Für die Füllung 3 Böden mit je ⅓ des Apfelmuses bestreichen. Einen bestrichenen Boden auf eine Tortenplatte legen. Dann die beiden anderen bestrichenen Böden darauf legen. Zuletzt den unbestrichenen Boden darauf legen und leicht andrücken.
5. Sahne mit Sahnesteif steif schlagen und etwas davon in einen Spritzbeutel mit Lochtülle füllen. Tortenrand und -oberfläche mit der übrigen Sahne bestreichen. Die Torte mit der Sahne aus dem Spritzbeutel verzieren und mit Haselnusskernen bestreuen.

Tipp: Bereiten Sie die Torte möglichst 1 Tag vor dem Verzehr zu, da sie durchgezogen besser schmeckt.

Apfel-Zwieback-Traum

Apfel-Zwieback-Traum

Für Gäste – mit Alkohol

Pro Portion:
E: 17 g, F: 50 g, Kh: 56 g,
kJ: 3341, kcal: 799

6 Zwiebäcke mit Schokoladenüberzug
250 g Mascarpone
250 g Speisequark
100 g Zucker
125 ml (1/8 l) Milch
250 ml (1/4 l) Schlagsahne
4 EL Calvados
1 Glas (360 g) Apfelkompott (mit Stücken)
etwa 30 g Kakaopulver

Zubereitungszeit: etwa 20 Min.

1. Zwiebäcke in kleine Stücke brechen. Mascarpone und Quark mit Zucker und Milch verrühren. Sahne steif schlagen und unterheben.
2. Etwas von den Zwiebackstücken in eine hohe Glasschüssel geben und mit etwas Calvados beträufeln. Erst etwas Apfelkompott, dann etwas von der Mascarpone-Quark-Mischung darauf schichten.
3. In dieser Reihenfolge fortfahren, bis die Zutaten verbraucht sind. Die letzte Schicht sollte Mascarpone-Quark-Mischung sein. Die Oberfläche mit Kakao bestäuben.

Tipp: Für eine Variante ohne Alkohol können Sie anstelle von Calvados Apfelsaft zum Beträufeln verwenden.

Aprikosen-Curry-Schnitzel

Einfach

Pro Portion:
E: 40 g, F: 27 g, Kh: 31 g, kJ: 2231, kcal: 533

4 Hähnchenbrustfilets (je etwa 150 g)
Salz, Pfeffer
20 g Weizenmehl
2 EL Speiseöl
2 Stangen Porree (Lauch)
Salzwasser
1 Dose Aprikosenhälften (Abtropfgewicht 480 g)

250 ml (1/4 l) Schlagsahne
1/2 Becher (125 g) Schmand
1–2 EL Currypulver
20 g Weizenmehl
100 ml Aprikosensaft
125 ml (1/8 l) Gemüsebrühe

Zubereitungszeit: etwa 25 Min.

1. Hähnchenbrustfilets unter fließendem kalten Wasser abspülen und trockentupfen. Mit Salz und Pfeffer bestreuen und in Mehl wenden.
2. Öl in einer großen Pfanne erhitzen, die Hähnchenbrustfilets von beiden Seiten darin anbraten und in einen flachen Bräter oder eine Auflaufform legen.
3. Porree putzen, die Stangen längs halbieren und Porree waschen, abtropfen lassen und in Streifen schneiden. Salzwasser in einem Topf zum Kochen bringen, Porreestreifen hinzugeben, einmal aufkochen lassen und in einem Sieb abtropfen lassen.
4. Aprikosenhälften in einem Sieb abtropfen lassen, den Saft dabei auffangen und 100 ml davon abmessen. Aprikosenhälften nochmals halbieren und mit den Porreestreifen auf den Hähnchenbrustfilets verteilen.
5. Sahne, Schmand, Curry, Salz und Pfeffer in einem Topf verrühren und aufkochen lassen. Mehl mit Aprikosensaft anrühren und unter Rühren hinzufügen. Brühe hinzugießen und unter Rühren nochmals zum Kochen bringen. Die Hähnchenbrustfilets mit der Sauce übergießen. Den Bräter ohne Deckel oder die Auflaufform auf dem Rost in den Backofen schieben.
Ober-/Unterhitze: etwa 200 °C (vorgeheizt)
Heißluft: etwa 180 °C (nicht vorgeheizt)
Gas: Stufe 3–4 (nicht vorgeheizt)
Garzeit: etwa 40 Minuten.

Beilage: Curryreis oder Reis mit Wildreis gemischt oder Rösti.

Tipp: Nach der Hälfte der Garzeit die Schnitzel mit 100 g geriebenem Käse bestreuen.

Aprikosen-Curry-Schnitzel

Aprikosen-Joghurt-Torte

Aprikosen-Joghurt-Torte

Raffiniert

Insgesamt:
E: 54 g, F: 217 g, Kh: 417 g,
kJ: 16411, kcal: 3923

Für die Böden:
1 Pck. (450 g, 10 Scheiben) TK-Blätterteig

Für die Füllung:
1 Dose Aprikosenhälften (Abtropfgewicht 480 g)
1 Pck. Saucen-Pulver Vanille-Geschmack (ohne Kochen)
8 Blatt weiße Gelatine
400 ml Trinkjoghurt Aprikose- oder Pfirsichgeschmack
1 Pck. Dr. Oetker Vanillin-Zucker
4 EL Aprikosensaft
1 EL Zitronensaft
250 ml (1/4 l) Schlagsahne

Für den Läuterzucker:
50 g Zucker
75 ml Wasser

Zubereitungszeit: etwa 60 Min., ohne Auftau-, Ruhe- und Kühlzeit

1. Für die Böden Blätterteigscheiben nebeneinander zugedeckt bei Zimmertemperatur auftauen lassen. Jeweils 3–4 Platten aufeinander legen, ausrollen und mit einem scharfen Messer insgesamt 3 runde Platten (Ø 26 cm) ausschneiden.
2. Eine der Platten in 12 Stücke schneiden. Blätterteigplatten und -stücke auf mit Backpapier belegte Backbleche legen. Die Stücke und Platten mehrmals mit einer Gabel einstechen und etwa 30 Minuten ruhen lassen. Die Backbleche nacheinander (bei Heißluft zusammen) in den Backofen schieben.
   Ober-/Unterhitze: etwa 200 °C (vorgeheizt)
   Heißluft: etwa 180 °C (vorgeheizt)
   Gas: Stufe 3–4 (vorgeheizt)
   Backzeit: etwa 15 Minuten je Backblech.
3. Blätterteigböden und -stücke vom Backblech nehmen und auf Kuchenrosten erkalten lassen.
4. Für die Füllung Aprikosen in einem Sieb abtropfen lassen, dabei den Saft auffangen und 4 Esslöffel abmessen. Aprikosen (4 Hälften zum Garnieren zurückbehalten) pürieren, mit Saucen-Pulver verrühren und die Böden damit bestreichen.
5. Gelatine nach Packungsanleitung in kaltem Wasser einweichen. Trinkjoghurt mit Vanillin-Zucker, Aprikosensaft und Zitronensaft gut verrühren. Gelatine leicht ausdrücken, in einem kleinen Topf unter Rühren erwärmen (nicht kochen), bis sie völlig gelöst ist, leicht abkühlen lassen und unter die Joghurtmasse rühren. Die Masse kalt stellen.
6. Wenn die Joghurtmasse anfängt zu gelieren, Sahne steif schlagen und unterheben. Gut die Hälfte der Joghurtsahne in einen Spritzbeutel mit Sterntülle füllen und als Rand auf die bestrichenen Böden spritzen.
7. Die restliche Joghurtsahne in die Mitte der Böden geben und glatt streichen. Die Böden zu einer Torte zusammensetzen. Die Blätterteigstücke fächer-

artig auf die Torte legen. Die zurückgelassenen Aprikosenhälften in Spalten schneiden und die Torte damit garnieren.

8. Für den Läuterzucker Zucker und Wasser in einem Topf zum Kochen bringen und 1–2 Minuten sprudelnd einkochen lassen. Blätterteigstücke und Aprikosenspalten damit bestreichen und die Torte 1–2 Stunden kalt stellen.

Tipp: Sie können die Böden bereits am Vortag backen und gut verpackt aufbewahren. Die Torte aber erst am Tag des Verzehrs zusammensetzen, da die Böden sonst durchweichen.

Aprikosenkuchen mit 2 Böden

Aprikosenkuchen mit 2 Böden

Für Gäste

Insgesamt:
E: 63 g, F: 259 g, Kh: 681 g,
kJ: 22369, kcal: 5338

Zum Vorbereiten für den Belag:
2 Dosen Aprikosenhälften
(Abtropfgewicht je 470 g)

Für den Knetteig:
225 g Weizenmehl
60 g Zucker
1 Pck. Dr. Oetker Vanillin-Zucker
150 g weiche Butter oder Margarine

Für den Rührteig:
125 g weiche Butter oder Margarine
125 g Zucker
1 Pck. Dr. Oetker Vanillin-Zucker
3 Eier (Größe M)
75 g Weizenmehl
50 g Speisestärke
1 TL Dr. Oetker Backin

Zum Bestreuen:
50 g Zucker

Zubereitungszeit: etwa 45 Min., ohne Abkühlzeit

1. Zum Vorbereiten Aprikosenhälften in einem Sieb gut abtropfen lassen. Aprikosenhälften vierteln.
2. Für den Knetteig Mehl in eine Rührschüssel sieben und Zucker, Vanillin-Zucker und Butter oder Margarine hinzufügen. Die Zutaten mit Handrührgerät mit Knethaken zunächst kurz auf niedrigster, dann auf höchster Stufe gut durcharbeiten.
3. Anschließend auf der leicht bemehlten Arbeitsfläche zu einem glatten Teig verkneten. Sollte er kleben, ihn in Folie gewickelt eine Zeit lang kalt stellen.
4. Den Teig auf einem Backblech (30 x 40 cm, gefettet) ausrollen. Das Backblech in den Backofen schieben und den Boden vorbacken.
   Ober-/Unterhitze: etwa 200 °C (vorgeheizt)
   Heißluft: etwa 180 °C (vorgeheizt)
   Gas: Stufe 3–4 (vorgeheizt)
   Backzeit: etwa 15 Minuten.
5. Das Backblech auf einen Kuchenrost stellen und den Gebäckboden darauf etwas abkühlen lassen.
6. Für den Rührteig Butter oder Margarine mit Handrührgerät mit Rührbesen auf höchster Stufe geschmeidig rühren. Nach und nach Zucker und Vanillin-Zucker unterrühren und so lange rühren, bis eine gebundene Masse entstanden ist. Eier nach und nach unterrühren (jedes Ei etwa $^1/_2$ Minute).
7. Mehl mit Speisestärke und Backin mischen, sieben und in 2 Portionen kurz auf mittlerer Stufe unterrühren. Den Rührteig auf dem vorgebackenen Knetteigboden verteilen. Aprikosenviertel in Reihen dachziegelartig auf den Rührteig legen.
8. Das Backblech wieder in den Backofen schieben und den Kuchen **bei der oben angegebenen Backofeneinstellung in 35–40 Minuten fertig backen.**
9. Das Backblech auf einen Kuchenrost stellen, den Kuchen mit Zucker bestreuen und erkalten lassen.

Tipp:
Der Kuchen läßt sich einfrieren

Aprikosen-Milchreis-Kuchen

Aprikosen-Milchreis-Kuchen

Für Kinder

Insgesamt:
E: 150 g, F: 261 g, Kh: 687 g,
kJ: 24139, kcal: 5755

Zum Vorbereiten für den Belag:
2 Dosen Aprikosenhälften
(Abtropfgewicht je 480 g)

Für den Knetteig:
300 g Weizenmehl
1 Msp. Dr. Oetker Backin
75 g Zucker
1 Pck. Dr. Oetker Vanillin-Zucker
1 Ei (Größe M)
175 g Butter, 2 EL Wasser

Für den Belag:
375 ml ($^{3}/_{8}$ l) Milch
1 Pck. Süße Mahlzeit Milchreis nach klassischer Art
Saft und abgeriebene Schale von
1 Bio-Zitrone (unbehandelt)
500 g Speisequark (40 %)
4 Eigelb (Größe M)
1 Pck. Saucen-Pulver Vanille-Geschmack (zum Kochen)
4 Eiweiß (Größe M)

Zum Aprikotieren:
3 EL Aprikosenkonfitüre

Zum Bestäuben:
Puderzucker

Zubereitungszeit: etwa 40 Min., ohne Kühlzeit

1. Zum Vorbereiten Aprikosenhälften in einem Sieb gut abtropfen lassen.
2. Für den Teig Mehl mit Backin mischen und in eine Rührschüssel sieben. Zucker, Vanillin-Zucker, Ei, Butter und Wasser hinzufügen und die Zutaten mit Handrührgerät mit Knethaken zunächst kurz auf niedrigster, dann auf höchster Stufe gut durcharbeiten. Anschließend auf der bemehlten Arbeitsfläche zu einem glatten Teig verkneten. Den Teig in Folie gewickelt etwa 30 Minuten kalt stellen.
3. Für den Belag aus Milch und Milchreis nach Packungsanleitung (aber mit der hier angegebenen Milchmenge) einen Milchreis zubereiten und erkalten lassen.
4. Zitronensaft und -schale, Quark, Eigelb und Saucen-Pulver unter den erkalteten Milchreis rühren. Eiweiß steif schlagen und unterheben.
5. Den Teig auf einem Backblech (30 x 40 cm, gefettet) ausrollen und einen Backrahmen darumstellen. Die Quark-Milchreis-Masse auf dem Teig verteilen und die Aprikosenhälften mit der Wölbung nach oben darauf legen. Das Backblech in den Backofen schieben.
   Ober-/Unterhitze: etwa 180 °C (vorgeheizt)
   Heißluft: etwa 160 °C (vorgeheizt)
   Gas: Stufe 2–3 (vorgeheizt)
   Backzeit: etwa 30 Minuten.
6. Das Backblech auf einen Kuchenrost stellen und den Kuchen erkalten lassen. Backrahmen lösen und entfernen.
7. Zum Aprikotieren Konfitüre in einem kleinen Topf unter Rühren erwärmen. Den Kuchen damit bestreichen, erkalten lassen und mit Puderzucker bestäuben.

Aprikosen-Müsli-Muffins

Aprikosen-Müsli-Muffins

Raffiniert

Pro Stück:
E: 5 g, F: 12 g, Kh: 28 g,
kJ: 1006, kcal: 240

Zum Vorbereiten:
100 g getrocknete Aprikosen
125 ml ($^{1}/_{8}$ l) Aprikosennektar oder Multi-Vitaminsaft
100 g Knuspermüsli mit Rosinen

Für den All-in-Teig:
175 g Weizenmehl
2 TL Dr. Oetker Backin
100 g Zuckerrübensirup (Rübenkraut)
3 Eier (Größe M)
125 g zerlassene, abgekühlte Butter oder Margarine

Zum Bestäuben:
Puderzucker

Zubereitungszeit: etwa 20 Min., ohne Einweichzeit

1. Zum Vorbereiten Aprikosen in kleine Würfel schneiden, in eine flache Schale geben und mit dem Nektar oder Vitaminsaft übergießen. Aprikosenwürfel etwa 1 Stunde darin einweichen. Müsli in einen Gefrierbeutel geben, den Beutel fest verschließen und Müsli mit einer Teigrolle grob zerbröseln.
2. Für den Teig Mehl mit Backin mischen und in eine Rührschüssel sieben. Müslibrösel, Zuckerrübensirup, Eier und Butter oder Margarine hinzufügen. Die Zutaten mit Handrührgerät mit Rührbesen zunächst kurz auf niedrigster, dann auf höchster Stufe in etwa 1 Minute zu einem glatten Teig verarbeiten. Aprikosenwürfel unterheben.
3. Den Teig in eine Muffinform (für 12 Muffins, gefettet, bemehlt) geben und glatt streichen. Die Form auf dem Rost in den Backofen schieben.
   Ober-/Unterhitze: etwa 180 °C (vorgeheizt)
   Heißluft: etwa 160 °C (vorgeheizt)
   Gas: Stufe 2–3 (vorgeheizt)
   Backzeit: etwa 20 Minuten.
4. Die Muffins 10 Minuten in der Form stehen lassen, dann aus der Form lösen und auf einem Kuchenrost erkalten lassen. Die Muffins mit Puderzucker bestäuben.

Aprikosen-Schmand-Kuchen

Aprikosen-Schmand-Kuchen

Für Gäste

Insgesamt:
E: 125 g, F: 318 g, Kh: 737 g,
kJ: 26428, kcal: 6305

Zum Vorbereiten:
1 Dose Aprikosenhälften (Abtropfgewicht 480 g)
100 g Marzipan-Rohmasse

Für den Quark-Öl-Teig:
300 g Weizenmehl
1 Pck. Dr. Oetker Backin
150 g Magerquark
100 ml Milch
100 ml Speiseöl
75 g Zucker
1 Pck. Dr. Oetker Vanillin-Zucker
1 Prise Salz

Für den Belag:
2 Pck. Dr. Oetker Pudding-Pulver Vanille-Geschmack
80 g Zucker, 750 ml (3/4 l) Milch
500 g Schmand (Sauerrahm)
75 g abgezogene, gestiftelte Mandeln

Für den Guss:
100 g gesiebter Puderzucker
1 EL Zitronensaft

Zubereitungszeit: etwa 40 Min., ohne Abkühlzeit

1. Zum Vorbereiten Aprikosenhälften in einem Sieb gut abtropfen lassen. Marzipan-Rohmasse auf einer Haushaltsreibe fein raspeln.
2. Für den Teig Mehl mit Backin mischen und in eine Rührschüssel sieben. Quark, Milch, Öl, Zucker, Vanillin-Zucker, Salz und Marzipanraspel hinzufügen und die Zutaten mit Handrührgerät mit Knethaken zunächst kurz auf niedrigster, dann auf höchster Stufe in etwa 1 Minute zu einem Teig verarbeiten (nicht zu lange, Teig klebt sonst).
3. Anschließend auf der leicht bemehlten Arbeitsfläche zu einer Rolle formen. Den Teig auf einem Backblech (30 x 40 cm, gefettet) ausrollen und einen Backrahmen darumstellen.
4. Für den Belag aus Pudding-Pulver, Zucker und Milch nach Packungsanleitung – aber mit den hier angegebenen Zutaten – einen Pudding zubereiten, etwas abkühlen lassen und Schmand unterheben. Die Masse auf den Teig geben und glatt streichen.
5. Aprikosenhälften auf der Pudding-Schmand-Masse verteilen und Mandeln darauf streuen. Das Backblech in den Backofen schieben.
   Ober-/Unterhitze: etwa 180 °C (vorgeheizt)
   Heißluft: etwa 160 °C (nicht vorgeheizt)
   Gas: Stufe 2–3 (nicht vorgeheizt)
   Backzeit: etwa 40 Minuten.
6. Das Backblech auf einen Kuchenrost stellen und den Kuchen erkalten lassen. Den Backrahmen vorsichtig lösen und entfernen.
7. Für den Guss Puderzucker mit Zitronensaft verrühren, so dass eine dickflüssige Masse entsteht. Den Guss mit einem Teelöffel auf den Kuchen sprenkeln, fest werden lassen und den Kuchen in Stücke schneiden.

Arme-Ritter-Torte

Preiswert

Insgesamt:
E: 81 g, F: 238 g, Kh: 401 g,
kJ: 17039, kcal: 4065

Für den Rührteig:
125 g weiche Butter oder Margarine
50 g brauner Zucker
1 Pck. Dr. Oetker Vanillin-Zucker
100 g Ahornsirup
3 Eier (Größe M), 200 g Weizenmehl
3 TL Dr. Oetker Backin
3–4 EL Milch
75 g abgezogene, gemahlene Mandeln

Für die Füllung:
4 mittelgroße Äpfel
1 EL Zitronensaft

Für den Belag:
125 ml (1/8 l) Milch
1 Ei (Größe M), 1–2 EL Zucker
3 Scheiben trockenes Toastbrot
25 g abgezogene, gemahlene Mandeln
50 g kalte Butter

Zum Bestäuben:
30 g Puderzucker

Zubereitungszeit: etwa 40 Min.

1. Für den Teig Butter oder Margarine mit Handrührgerät mit Rührbesen auf höchster Stufe geschmeidig rühren. Nach und nach Zucker, Vanillin-Zucker und Ahornsirup unterrühren und so lange rühren, bis eine gebundene Masse entstanden ist.
2. Eier nach und nach unterrühren (jedes Ei etwa 1/2 Minute). Mehl mit Backin mischen, sieben und in 2 Portionen abwechselnd mit Milch und Mandeln auf mittlerer Stufe unterrühren. Die Hälfte des Teiges in eine Springform (Ø 26 cm, Boden gefettet) füllen und glatt streichen.
3. Für die Füllung Äpfel schälen und mit einem Apfelausstecher das Kerngehäuse herausstechen. Äpfel in etwa 1 cm dicke Ringe schneiden und mit dem Zitronensaft beträufeln. Apfelringe dachziegelartig auf den Teig in der Form legen und den restlichen Teig darauf streichen.
4. Für den Belag Milch mit Ei und Zucker gut verrühren. Toastbrotscheiben darin einweichen, bis die Flüssigkeit aufgesogen ist. Anschließend Toastbrotscheiben in je 4 Dreiecke schneiden, auf dem Teig verteilen und mit Mandeln bestreuen. Butter in Flöckchen darauf setzen. Die Form auf dem Rost in den Backofen schieben.
   Ober-/Unterhitze: etwa 180 °C (vorgeheizt)
   Heißluft: etwa 160 °C (nicht vorgeheizt)
   Gas: Stufe 2–3 (nicht vorgeheizt)
   Backzeit: etwa 50 Minuten.
5. Die Torte aus der Form lösen und auf einem Kuchenrost erkalten lassen. Vor dem Servieren die Tortenoberfläche dick mit Puderzucker bestäuben.

Asiatischer Auflauf

Raffiniert

Pro Portion:
E: 27 g, F: 16 g, Kh: 68 g,
kJ: 2214, kcal: 530

350 g TK-Garnelen (ohne Schale, mit Schwanz, entdarmt)
Wasser
250 g China-Reisnudeln
2 Zwiebeln
2 Knoblauchzehen
1 rote Paprikaschote
200 g Mungobohnensprossen
200 g Zuckerschoten
1 Stange Porree (Lauch)
3 EL Keimöl
2 EL Sojasauce
1 TL Sambal Oelek
1 TL gemahlener Kreuzkümmel (Cumin)
2 EL chinesische Austernsauce (Spezialitätenregal von Supermärkten)
1 EL Currypulver
2 EL Sesamsamen
2 EL Keimöl

Zubereitungszeit: etwa 35 Min., ohne Auftauzeit

1. Garnelen nach Packungsanleitung auftauen. Wasser in einem Topf zum Kochen bringen, Reisnudeln dazugeben und nach Packungsanleitung kochen. Nudeln in ein Sieb geben, mit kaltem Wasser übergießen und abtropfen lassen.
2. Zwiebeln und Knoblauch abziehen und in feine Würfel schneiden. Paprikaschote halbieren, entstielen, entkernen und die weißen Scheidewände entfernen. Schote waschen, abtropfen lassen und in kleine Würfel schneiden. Mungobohnensprossen in ein Sieb geben, unter fließendem kalten Wasser abspülen und gut abtropfen lassen (evtl. auf ein Küchentuch geben).
3. Von den Zuckerschoten die Enden abschneiden und die Schoten evtl. abfädeln. Zuckerschoten waschen, abtropfen lassen und halbieren. Von dem Porree die Außenblätter entfernen und Wurzelenden und dunkles Grün abschneiden. Die Stange längs halbieren, gründlich waschen und abtropfen lassen. Die Porreestange in etwa 2 cm lange Stücke schneiden.
4. Öl in einer großen Pfanne erhitzen und zuerst Zwiebel- und Knoblauchwürfel darin andünsten. Dann Paprika- und Porreestücke dazugeben und etwa 8 Minuten mitdünsten lassen. Sprossen mit den Zuckerschoten in die Pfanne geben und kurz mit andünsten.
5. Garnelen mit den Reisnudeln mischen. Mit Sojasauce, Sambal Oelek, Kreuzkümmel, Austernsauce und Curry würzen und in eine große flache Auflaufform geben. Das Gemüse unterheben.
6. Den Auflauf mit Sesamsamen bestreuen und mit dem Öl beträufeln. Die Auflaufform auf dem Rost in den Backofen schieben.
Ober-/Unterhitze: etwa 200 °C (vorgeheizt, unteres Drittel)
Heißluft: etwa 180 °C (vorgeheizt)
Gas: Stufe 3–4 (vorgeheizt, unteres Drittel)
Garzeit: 10–15 Minuten.

Asiatische Fischpfanne

Asiatische Fischpfanne

Etwas teurer

Pro Portion:
E: 37 g, F: 17 g, Kh: 14 g,
kJ: 2040, kcal: 487

4 Lachsmedaillons (je etwa 80 g)
4 Thunfischmedaillons (je etwa 80 g)
1 große rote Paprikaschote (etwa 250 g)
1 Bund Frühlingszwiebeln (etwa 200 g)
1 Glas Sojabohnenkeimlinge (Abtropfgewicht etwa 160 g)
1 Dose Bambussprossen (Abtropfgewicht etwa 175 g)
3 EL Speiseöl, Salz
frisch gemahlener Pfeffer
Sojasauce
1 kleines Bund Koriander

100 ml klare, milde Chilisauce

Zubereitungszeit: etwa 40 Min.

1. Lachs- und Thunfischmedaillons unter fließendem kalten Wasser abspülen und trockentupfen. Bei den Lachsmedaillons evtl. vorhandene Gräten mit einer Pinzette herausziehen.
2. Paprikaschote halbieren, entstielen, entkernen und die weißen Scheidewände entfernen. Schote waschen und in kleine Stücke schneiden. Frühlingszwiebeln putzen, waschen und in Ringe schneiden. Sojabohnenkeimlinge und Bambussprossen in einem Sieb abtropfen lassen.
3. Ein Esslöffel Speiseöl in einem Bräter erhitzen. Paprikastücke etwa 5 Minuten darin dünsten. Zwiebelringe, Sojabohnenkeimlinge und Bambussprossen hinzugeben und Gemüse mit wenig Salz, Pfeffer und Sojasauce würzen.
4. Koriander abspülen und trockentupfen. Die Blättchen von den Stängeln zupfen und zum Gemüse geben.
5. Lachs- und Thunfischmedaillons salzen und pfeffern. Restliches Öl in einer Pfanne erhitzen, die Medaillons kurz von beiden Seiten darin anbraten und auf das Gemüse legen. Den Bräter auf dem Rost in den Backofen schieben.
Ober-/Unterhitze: etwa 180 °C (vorgeheizt)
Heißluft: etwa 160 °C (vorgeheizt)
Gas: Stufe 2–3 (vorgeheizt)
Garzeit: etwa 10 Minuten.
6. Die asiatische Fischpfanne auf einer vorgewärmten Platte anrichten und mit der Chilisauce sofort servieren.

Tipp: Es können auch TK-Lachsfilets oder TK-Thunfischsteaks verwendet werden, dann Lachsfilets und Thunfischsteaks nach Packungsanleitung auftauen lassen. Lachsfilets halbieren und Thunfischsteaks in Stücke (etwa 80 g) schneiden.

Auflauf von Wurzelgemüsen

Auflauf von Wurzelgemüsen

Einfach – für Kinder

Pro Portion:
E: 26 g, F: 54 g, Kh: 17 g,
kJ: 2904, kcal: 694

400 g Steckrüben
400 g Knollensellerie
400 g Möhren
Salzwasser
150 g Blauschimmel-Käse,
z. B. Gorgonzola oder Roquefort
400 ml Schlagsahne
200 ml Milch
6 Eier (Größe M)
1/2 Pck. TK-Petersilie
Salz, frisch gemahlener Pfeffer
geriebene Muskatnuss

Zubereitungszeit: etwa 40 Min.

1. Steckrüben, Knollensellerie und Möhren putzen, schälen und waschen, abtropfen lassen und in kleine Würfel schneiden.
2. Die Gemüsewürfel in kochendem Salzwasser etwa 5 Minuten blanchieren. Anschließend in ein Sieb geben, mit kaltem Wasser übergießen und gut abtropfen lassen.
3. Käse durch ein Sieb streichen, mit Sahne, Milch, Eiern und Petersilie verrühren und mit Salz, Pfeffer und Muskat würzen.
4. Gemüsewürfel in eine große, flache Auflaufform geben und die Käse-Eier-Sahne darüber gießen. Die Form auf dem Rost in den Backofen schieben.
Ober-/Unterhitze: etwa 180 °C (vorgeheizt)
Heißluft: etwa 160 °C (nicht vorgeheizt)
Gas: Stufe 2–3 (nicht vorgeheizt)
Garzeit: etwa 50 Minuten.

Beilage: Gemischter Salat aus Radieschen, Gurken und Tomaten in Essig-Öl-Dressing mit Schnittlauch.

Tipp: Es können auch folgende Gemüsesorten verwendet werden: Zucchini, Möhren und Kohlrabi, oder Broccoli, Blumenkohl und Porree, oder 1 kg TK-Gemüse. Das frische Gemüse muss wie angegeben blanchiert werden. Der Käse kann auch durch Gratin-Käse ersetzt werden.

Aufschnitt in Radieschen-Vinaigrette

Gut vorzubereiten

Aufschnitt in Radieschen-Vinaigrette

Pro Portion:
E: 36 g, F: 32 g, Kh: 1 g,
kJ: 1841, kcal: 439

Für die Vinaigrette:
1 Bund Radieschen (etwa 200 g)
2 Pck. Gartenkresse
1 EL mittelscharfer Senf
3 EL milder Weißweinessig
8 EL Olivenöl
Salz
frisch gemahlener Pfeffer

1 Bund Schnittlauch

250 g Rinderbratenaufschnitt
250 g Schweinebratenaufschnitt

Zubereitungszeit: etwa 30 Min.

1. Für die Vinaigrette von den Radieschen Grün und Wurzelenden, Spitzen und schlechte Stellen abschneiden. Radieschen waschen, abtropfen lassen, fein hacken und in eine Schüssel geben.
2. Kresse abspülen, abschneiden und trockentupfen. Senf mit Weißweinessig und Kresse verrühren, Olivenöl unterschlagen und unter die gehackten Radieschen rühren. Vinaigrette mit Salz und Pfeffer abschmecken.
3. Schnittlauch kalt abspülen, trockentupfen und in kleine Röllchen schneiden.
4. Bratenaufschnitt auf einer großen Platte anrichten und mit der Radieschen-Vinaigrette beträufeln. Schnittlauchröllchen darauf streuen.

Beilage: Vollkornbaguette.

Tipp: Statt Rinder- und Schweinebratenaufschnitt eignet sich auch Kalb- oder Geflügelfleischaufschnitt.

Austernpilze „Bäuerliche Art"

Austernpilze „Bäuerliche Art"

Raffiniert – für Gäste

Pro Portion:
E: 25 g, F: 35 g, Kh: 17 g,
kJ: 1994, kcal: 476

12 große Austernpilze (etwa 720 g)
400 g fest kochende Kartoffeln, z. B. Hansa, Salzwasser
160 g magerer roher Schinken
1 Bund Frühlingszwiebeln (etwa 250 g)
1 Bund Majoran
8 EL Speiseöl
Salz
frisch gemahlener Pfeffer
120 g geriebener Emmentaler
20 g Butter oder Margarine

Zubereitungszeit: etwa 40 Min.

1. Austernpilze putzen, mit Küchenpapier abreiben und die Stielenden abschneiden.
2. Kartoffeln waschen, schälen, abspülen und in kleine Würfel schneiden. Kartoffeln mit Salzwasser bedeckt zum Kochen bringen und in 10–15 Minuten mit Deckel gar kochen. Die garen Kartoffeln abgießen, mit kaltem Wasser abschrecken und abtropfen lassen.
3. Schinken in kleine Würfel schneiden. Frühlingszwiebeln putzen, waschen, abtropfen lassen und in Ringe schneiden. Majoran abspülen und trockentupfen. Die Blättchen von den Stängeln zupfen und fein hacken.
4. Drei Esslöffel von dem Speiseöl in einer Pfanne erhitzen und Kartoffel- und Schinkenwürfel darin andünsten. Zwiebelringe hinzugeben und einige Minuten mit andünsten. Mit Salz und Pfeffer würzen und Majoran unterrühren.
5. Restliches Speiseöl in einer großen Pfanne erhitzen. Austernpilze darin anbraten und anschließend in eine flache Auflaufform legen. Austernpilze mit der Kartoffel-Schinken-Masse füllen und mit Käse bestreuen. Butter oder Margarine in Flöckchen darauf verteilen. Die Form auf dem Rost in den Backofen schieben.
   Ober-/Unterhitze: etwa 200 °C (vorgeheizt)
   Heißluft: etwa 180 °C (vorgeheizt)
   Gas: Stufe 3–4 (vorgeheizt)
   Backzeit: 10–15 Minuten.

Tipp: Statt Austernpilze können auch Köpfe von Steinpilzen oder Maronenröhrlingen verwendet werden. Vor dem Servieren mit einigen Majoranzweigen garnieren. Servieren Sie die Austernpilze als Vorspeise mit einem frischen Salat.

Bäckerbraten

Raffiniert

Pro Portion:
E: 57 g, F: 42 g, Kh: 12 g,
kJ: 2943, kcal: 702

1 Stück Schweinefleisch aus der Oberschale, etwa 1,2 kg
Salz
frisch gemahlener Pfeffer
2 EL Speiseöl
1 dicke Zwiebel
2 Möhren, etwa 200 ml Fleischbrühe

Für die Brotkruste:
4 Scheiben Toastbrot
40 g Butter
1 EL gemischte gehackte Kräuter, z. B. Petersilie, Schnittlauch
1 Ei (Größe M)
Worcestersauce
1 EL mittelscharfer Senf

Zubereitungszeit: etwa 45 Min.

1. Schweinefleisch unter fließendem kalten Wasser abspülen, trockentupfen und mit Salz und Pfeffer einreiben. Das Fleisch in einen Bräter legen und mit Öl einstreichen. Den Bräter auf dem Rost in den Backofen schieben.
   Ober-/Unterhitze: etwa 220 °C (vorgeheizt)
   Heißluft: etwa 200 °C (vorgeheizt)
   Gas: Stufe 4–5 (vorgeheizt)
   Garzeit: etwa 40 Minuten.
2. In der Zwischenzeit Zwiebel abziehen. Möhren putzen, schälen und waschen. Beide Zutaten in Stücke schneiden.
3. Die Backofentemperatur um 20–40 °C (Gas um 1–2 Stufen) reduzieren, Möhren- und Zwiebelstücke um das Fleisch legen, etwas von der Fleischbrühe angießen und das Fleisch noch weitere 60 Minuten garen, dabei verdampfte Flüssigkeit nach und nach durch Fleischbrühe ersetzen.
4. In der Zwischenzeit für die Brotkruste Toastbrot entrinden und in Würfel schneiden. Butter in einer Pfanne zerlassen, die Brotwürfel darin anrösten und etwas abkühlen lassen.
5. Die Brotwürfel dann mit Kräutern und Ei vermischen und mit Salz, Pfeffer, Worcestersauce und Senf würzen.
6. Die Brotmischung auf dem Fleisch verteilen, etwas andrücken und das Fleischstück noch weitere 50 Minuten garen.
7. Das gare Fleisch aus dem Bräter nehmen und zugedeckt warm stellen. Evtl. etwas Wasser zu dem Bratensatz geben, alles mit dem Gemüse in einen Topf geben, pürieren, erhitzen und mit den Gewürzen abschmecken.
8. Das Fleisch in Scheiben schneiden und mit der Sauce servieren.

Beilage:
Rotkohl und Kartoffelklöße.

Bäckers Spinatauflauf

Preiswert

Pro Portion:
E: 22 g, F: 35 g, Kh: 27 g,
kJ: 2219, kcal: 530

1 Pck. (450 g) TK-Blattspinat
3 Brötchen (Semmel)
375 ml (3/8 l) Milch
75 g durchwachsener Speck
1 Zwiebel
3 Eigelb (Größe M)
Salz
frisch gemahlener Pfeffer
geriebene Muskatnuss
3 Eiweiß (Größe M)
80 g geriebener Emmentaler
40 g Butter

Zubereitungszeit: etwa 20 Min.

1. Spinat auftauen lassen. Brötchen in der Milch einweichen und gut ausdrücken. Speck in Würfel schneiden und auslassen. Die Zwiebel abziehen und würfeln, in dem Speckfett andünsten und zu der Brötchenmasse geben.
2. Spinat mit Eigelb zu der Speck-Brötchen-Masse geben, gut verrühren und mit Salz, Pfeffer und Muskat würzen. Eiweiß steif schlagen und unterheben.
3. Die Masse in eine gefettete, flache Auflaufform füllen und mit dem Käse bestreuen. Butter in Flöckchen darauf setzen. Die Form auf dem Rost in den Backofen schieben.
   Ober-/Unterhitze: etwa 200 °C (vorgeheizt)
   Heißluft: etwa 180 °C (vorgeheizt)
   Gas: Stufe 3–4 (vorgeheizt)
   Backzeit: 25–30 Minuten.

Beilage:
Kartoffelpüree.

Bäckers Spinatauflauf

Backleberkäse mit Spätzle

6 Portionen

Preiswert

Pro Portion:
E: 37 g, F: 58 g, Kh: 9 g,
kJ: 3117, kcal: 744

1 Stück Leberkäse (etwa 900 g)
6 mittelgroße Zwiebeln
5 EL Speiseöl
500 g Spätzle (aus dem Kühlregal)
250 g Emmentaler Käse

Zubereitungszeit: etwa 35 Min.

1. Aus dem Leberkäse einen Keil schneiden, so dass ein 2–3 cm großer Rand stehen bleibt. Den herausgeschnittenen Leberkäse in Würfel schneiden.
2. Das Leberkäsestück in eine große, gefettete Auflaufform legen, den Leberkäse an den Seiten in Abständen von 1 1/2 cm einschneiden.
3. Zwiebeln abziehen, halbieren, in Streifen schneiden und in Öl andünsten, mit Spätzle und Leberkäsewürfeln mischen. Mischung in den eingeschnittenen Keil füllen und um den Leberkäse herum verteilen.
4. Gut die Hälfte des Käses reiben und auf der Spätzle-Zwiebel-Masse verteilen. Die Auflaufform auf dem Rost in den Backofen schieben.
   Ober-/Unterhitze: etwa 180 °C (vorgeheizt)
   Heißluft: etwa 160 °C (nicht vorgeheizt)
   Gas: Stufe 2–3 (nicht vorgeheizt)
   Backzeit: etwa 45 Minuten.
5. Den restlichen Käse in kleine Scheiben schneiden und etwa 10 Minuten vor Ende der Garzeit in die Seiteneinschnitte des Leberkäses stecken und fertig backen.

Beilage:
Sauerkraut oder ein gemischter Salat.

Tipp:
Bestreuen Sie den Auflauf vor dem Servieren mit 2 Esslöffeln Schnittlauchröllchen.

Backleberkäse mit Spätzle

Backofengemüse

Backofengemüse

Vegetarisch

Pro Portion:
E: 8 g, F: 19 g, Kh: 46 g,
kJ: 1640, kcal: 391

1 kg fest kochende, mittelgroße Kartoffeln
Salz
frisch gemahlener Pfeffer
7 EL Olivenöl
400 g rote Paprikaschoten
200 g gelbe Paprikaschoten
400 g Zucchini
2 Zweige Rosmarin
4 Knoblauchzehen

Zubereitungszeit: etwa 30 Min.

1. Den Backofen vorheizen. Kartoffeln unter fließendem kalten Wasser sehr gründlich abbürsten, trockentupfen und längs vierteln, in eine Fettfangschale legen, mit Salz und Pfeffer bestreuen und mit 2 Esslöffeln Öl beträufeln. Die Fettfangschale in den Backofen schieben.
   Ober-/Unterhitze: etwa 180 °C (vorgeheizt)
   Heißluft: etwa 160 °C (vorgeheizt)
   Gas: Stufe 2–3 (vorgeheizt)
   Garzeit: etwa 20 Minuten.
2. In der Zwischenzeit Paprika vierteln, entstielen, entkernen und die weißen Scheidewände entfernen, die Schoten waschen und in kleine Stücke schneiden.
3. Zucchini waschen, abtrocknen, die Enden abschneiden und Zucchini in kleine Stücke schneiden. Das Gemüse salzen, pfeffern und mit dem restlichen Öl vermischen.
4. Rosmarinzweige abspülen und trockentupfen. Knoblauch abziehen und die Zehen mit dem Gemüse und den Rosmarinzweigen zu den vorgegarten Kartoffeln geben. Alle Zutaten miteinander vermischen.
5. Die Fettfangschale wieder in den Backofen schieben und alles **bei der oben angegebenen Backofeneinstellung noch weitere 20–25 Minuten garen.**

Beilage: Schnittlauch-Ei-Dip. Dafür 500 g Magerquark mit 1 Becher (150 g) saurer Sahne cremig rühren. 1–2 Bund Schnittlauch kalt abspülen, trockentupfen und in feine Röllchen schneiden. 2–3 hart gekochte Eier pellen und würfeln. Schnittlauch und Eiwürfel unter den Quark rühren und mit Salz, Pfeffer und Worcestersauce abschmecken.

Tipp: Das Backofengemüse als vegetarisches Hauptgericht pur oder mit Tomatensauce servieren. Als Partygericht z. B. zu Braten reichen.

Backofensuppe

Backofensuppe

6 Portionen

Raffiniert

Pro Portion:
E: 34 g, F: 37 g, Kh: 28 g,
kJ: 2553, kcal: 610

500 g Putenbrust
3 EL Sojasauce
1 EL Currypulver
Salz
frisch gemahlener Pfeffer
1 Dose Pfirsichhälften
(Abtropfgewicht 250 g)
1 Glas Champignonscheiben
(Abtropfgewicht 315 g)
150 g TK-Erbsen
500 ml (1/2 l) Schlagsahne
1 Pck. Currysauce mit Paprikastücken
(für 250 ml Wasser)
100 ml Curry-Ketchup
250 ml (1/4 l) Gemüsebrühe

Zubereitungszeit: etwa 30 Min.

1. Putenbrust unter fließendem kalten Wasser abspülen, trockentupfen und zuerst in Scheiben, dann in Streifen schneiden. Die Fleischstreifen mit Sojasauce und Currypulver mischen, in einen großen Bräter geben und mit wenig Salz und Pfeffer bestreuen.
2. Pfirsichhälften in einem Sieb abtropfen lassen, in Spalten schneiden und hinzufügen. Champignonscheiben in einem Sieb abtropfen lassen und mit den Erbsen ebenfalls hinzufügen.
3. Sahne mit Currysaucenpulver verrühren und mit Ketchup und Gemüsebrühe mischen, ebenfalls in den Bräter geben und alles umrühren. Den Bräter auf dem Rost in den Backofen schieben.
   Ober-/Unterhitze: etwa 200 °C (vorgeheizt)
   Heißluft: etwa 180 °C (nicht vorgeheizt)
   Gas: Stufe 3–4 (nicht vorgeheizt)
   Garzeit: etwa 60 Minuten.

Beilage: Kleine Partybrötchen.

Tipp: Anstatt Pfirsichhälften können Sie auch Aprikosenhälften verwenden.

Bananenkipferl

Bananenkipferl

etwa 50 Stück

Raffiniert

Pro Stück:
E: 1 g, F: 4 g, Kh: 9 g,
kJ: 336, kcal: 80

Für den Knetteig:
100 g getrocknete Bananen
250 g Weizenmehl
1 TL Dr. Oetker Backin
100 g Zucker
1 Pck. Dr. Oetker Bourbon-Vanille-Zucker
1 Eigelb (Größe M)
150 g weiche Butter oder Margarine

Für den dunklen Guss:
100 g Halbbitter-Kuvertüre

Für den hellen Guss:
100 g weiße Kuvertüre

Zubereitungszeit: etwa 90 Min., ohne Kühlzeit

1. Für den Teig Bananen in sehr feine Stücke schneiden. Mehl mit Backin mischen und in eine Rührschüssel sieben. Bananenstücke, Zucker, Vanille-Zucker, Eigelb und Butter oder Margarine hinzufügen und die Zutaten mit Handrührgerät mit Knethaken zunächst kurz auf niedrigster, dann auf höchster Stufe gut durcharbeiten.
2. Anschließend auf der bemehlten Arbeitsfläche zu einem glatten Teig verkneten und zu zwei etwa 25 cm langen Rollen formen. Die Teigrollen in Folie gewickelt etwa 30 Minuten kalt stellen.
3. Die Teigrollen in etwa 1 cm dicke Scheiben schneiden. Aus den Teigscheiben kleine Rollen formen und die Enden etwas dünner rollen. Teigkipferl auf Backbleche (gefettet, mit Backpapier belegt) legen. Die Backbleche nacheinander (bei Heißluft zusammen) in den Backofen schieben.
   Ober-/Unterhitze: etwa 180 °C (vorgeheizt)
   Heißluft: etwa 160 °C (vorgeheizt)
   Gas: Stufe 2–3 (vorgeheizt)
   Backzeit: 10–12 Minuten je Backblech.
4. Die Kipferl mit dem Backpapier von den Backblechen auf Kuchenroste ziehen und erkalten lassen.
5. Für den dunklen Guss Kuvertüre in kleine Stücke hacken und in einem kleinen Topf im Wasserbad bei schwacher Hitze zu einer geschmeidigen Masse verrühren.
6. Für den hellen Guss Kuvertüre ebenfalls in kleine Stücke hacken und in einem kleinen Topf im Wasserbad bei schwacher Hitze zu einer geschmeidigen Masse verrühren.
7. Eine Spitze der Bananenkipferl in die dunkle, die andere Spitze in die helle Kuvertüre tauchen. Kipferl auf Backpapier legen und den Guss fest werden lassen.

Bananen-Split-Rolle

Für Kinder

Insgesamt:
E: 80 g, F: 298 g, Kh: 349 g, kJ: 19047, kcal: 4551

Für den Biskuitteig:
4 Eier (Größe M), 1 Eigelb (Größe M)
70 g Zucker
1 Pck. Dr. Oetker Vanillin-Zucker
60 g Weizenmehl
1/2 TL Dr. Oetker Backin
20 g Kakaopulver

Für die Füllung:
6 Blatt weiße Gelatine
100 ml Bananensaft
750 ml (3/4 l) Schlagsahne
1 EL gesiebter Puderzucker
50 g Raspelschokolade
2 große, reife Bananen
2 EL Zitronensaft

Zum Garnieren:
50 g Zartbitterschokolade
1 TL Speiseöl
1 kleine Banane

Zubereitungszeit: etwa 60 Min., ohne Kühlzeit

1. Für den Teig Eier und Eigelb mit Handrührgerät mit Rührbesen auf höchster Stufe in 1 Minute schaumig schlagen. Zucker und Vanillin-Zucker mischen, in 1 Minute einstreuen und noch etwa 2 Minuten schlagen.
2. Mehl mit Backin und Kakaopulver mischen, sieben, auf die Eiercreme geben und kurz auf niedrigster Stufe unterrühren.
3. Den Teig auf ein Backblech (30 x 40 cm, gefettet, mit Backpapier belegt) streichen. An der offenen Seite des Blechs das Papier unmittelbar vor dem Teig zur Falte knicken, so dass ein Rand entsteht. Das Backblech in den Backofen schieben.
   Ober-/Unterhitze: etwa 200 °C (vorgeheizt)
   Heißluft: etwa 180 °C (vorgeheizt)
   Gas: Stufe 3–4 (vorgeheizt)
   Backzeit: 8–10 Minuten.
4. Das Gebäck sofort nach dem Backen mit einem Messer vom Rand lösen, auf ein mit Zucker bestreutes Backpapier stürzen, das mitgebackene Backpapier mit kaltem Wasser bestreichen und vorsichtig, aber schnell abziehen. Die Gebäckplatte mit dem Backpapier aufrollen und erkalten lassen.
5. Für die Füllung Gelatine nach Packungsanleitung in kaltem Wasser einweichen, leicht ausdrücken und mit 2-3 Esslöffeln Bananensaft in einem kleinen Topf unter Rühren erwärmen (nicht kochen lassen), bis die Gelatine vollständig gelöst ist. Restlichen Bananensaft unterrühren. Sahne mit Puderzucker in 2 Portionen steif schlagen und Gelatine-Bananensaft-Mischung unterheben. Unter die Hälfte der Sahnecreme die Raspelschokolade rühren.
6. Bananen schälen und in Zitronensaft wenden (den Zitronensaft danach beiseite stellen). Die kalte Biskuitplatte entrollen und mit der Schokoladen-Sahnecreme bestreichen, dabei an einer breiten Seite etwa 3 cm frei lassen. Die Bananen auf den Rand der bestrichenen breiten Seite legen und die Rolle mit Hilfe des Backpapiers aufrollen. Nach Belieben die braune Haut mit einer Gabel entfernen.
7. Vier Esslöffel der übrigen Sahnecreme in einen Spritzbeutel mit großer Sterntülle geben. Die Rolle mit der restlichen Sahnecreme bestreichen. Oben auf die Rolle eine Reihe großer Sahnetupfen spritzen.
8. Zum Garnieren Schokolade mit Öl in einem kleinen Topf im Wasserbad bei schwacher Hitze zu einer geschmeidigen Masse verrühren. Banane schälen, in Scheiben schneiden, in dem zurückgestellten Zitronensaft wenden und trockentupfen. Bananenscheiben zur Hälfte in die aufgelöste Schokolade tauchen, auf Backpapier legen und die Schokolade fest werden lassen.
9. Die Rolle mit einem Teelöffel mit der restlichen Schokolade besprenkeln. Die Bananenscheiben auf die Sahnetupfen setzen und die Rolle 1–2 Stunden kalt stellen.

Bandnudeln in Rahmsauce mit Geflügelleber

Schnell

Pro Portion:
E: 34 g, F: 25 g, Kh: 78 g, kJ: 2819, kcal: 672

1 kleines Bund frischer Salbei
3 EL Speiseöl

Für die Sauce:
2 Zwiebeln
150 ml Milch
200 ml Gemüsebrühe

100 ml Schlagsahne
Salz
frisch gemahlener Pfeffer
1 TL Tomatenmark

4 l Wasser
4 TL Salz
400 g Bandnudeln

400 g Geflügelleber
(z. B. Hähnchen oder Pute)
2 Tomaten

Zubereitungszeit: etwa 25 Min.

1. Salbei abspülen, trockentupfen und die Salbeiblättchen von den Stielen zupfen. 2 Esslöffel von dem Öl in einer Pfanne erhitzen und Salbeiblättchen darin knusprig braten, herausnehmen und auf Küchenpapier abtropfen lassen.
2. Für die Sauce Zwiebeln abziehen, fein würfeln und im Bratfett glasig dünsten. Milch, Brühe und Sahne dazugießen, aufkochen lassen und mit Salz, Pfeffer und Tomatenmark abschmecken. Sauce bei schwacher Hitze etwa 2 Minuten köcheln lassen.
3. Wasser in einem großen, geschlossenen Topf zum Kochen bringen. Salz und Nudeln zugeben und die Nudeln nach Packungsanleitung im geöffneten Topf bei mittlerer Hitze bissfest kochen, dabei gelegentlich umrühren. Anschließend die Nudeln in ein Sieb geben, mit heißem Wasser abspülen und abtropfen lassen.
4. Leber unter fließendem kalten Wasser abspülen, trockentupfen, evtl. putzen und klein schneiden. Restliches Öl in einer beschichteten Pfanne erhitzen, Leber darin rundherum braun braten und mit Salz und Pfeffer würzen.
5. Nudeln mit der Sauce mischen, alles nochmals kurz köcheln lassen und mit Leber und Salbeiblättchen auf Tellern anrichten. Tomaten waschen, abtropfen lassen, halbieren und Stängelansätze entfernen. Tomaten fein würfeln und darüber streuen.

Bandnudel in Rahmsauce mit Geflügelleber

Bandnudeln mit Blauschimmelkäse

Einfach

Pro Portion:
E: 26 g, F: 31 g, Kh: 72 g,
kJ: 3014, kcal: 720

4 l Wasser
4 TL Salz
je 200 g gelbe und grüne Bandnudeln

Für die Sauce:
200 ml Gemüsebrühe
200 g Blauschimmelkäse,
z. B. Gorgonzola
100 ml Schlagsahne
1 EL Weizenmehl
4 EL trockener Weißwein
etwas Salz
1 Prise Zucker
frisch gemahlener, weißer Pfeffer

Zum Bestreuen:
4 EL gehackte Walnusskerne

Zubereitungszeit: etwa 30 Min.

1. Wasser in einem großen Topf mit geschlossenem Deckel zum Kochen bringen. Salz und Nudeln zugeben und die Nudeln nach Packungsanleitung im geöffneten Topf bei mittlerer Hitze kochen lassen, dabei zwischendurch 4–5-mal umrühren.
2. Die Nudeln in ein Sieb geben, mit heißem Wasser abspülen und abtropfen lassen.
3. Inzwischen für die Sauce Gemüsebrühe in einem Topf erhitzen. Käse zerbröckeln und in der heißen Brühe unter ständigem Rühren schmelzen lassen. Sahne unterrühren.
4. Mehl und Wein mit einem Schneebesen verrühren, in die heiße Flüssigkeit rühren und aufkochen lassen. Die Sauce unter Rühren etwa 2 Minuten köcheln lassen. Nach Belieben noch etwas Wein hinzugeben.
5. Die Sauce mit Salz, Zucker und Pfeffer abschmecken und mit den Bandnudeln servieren. Walnusskerne über die angerichteten Bandnudeln streuen.

Tipp:
Variieren Sie die Sauce, indem Sie zum Schluss einige geschälte Krabben oder kleine Broccoliröschen 2–3 Minuten mitköcheln lassen.

Bandnudeln mit Blauschimmelkäse

Bandnudeln mit Kräutern

Bandnudeln mit Kräutern

Preiswert

Pro Portion:
E: 23 g, F: 23 g, Kh: 78 g,
kJ: 2561, kcal: 612

5 l Wasser, 5 TL Salz
500 g grüne Bandnudeln

200 ml Schlagsahne
100 ml Milch
4 Eier (Größe M)
1 Bund gemischte gehackte Kräuter, z. B. Petersilie, Basilikum, Thymian
Salz
frisch gemahlener Pfeffer
geriebene Muskatnuss

4 Scheiben durchwachsener Speck

Zubereitungszeit: etwa 30 Min.

1. Wasser in einem großen Topf mit geschlossenem Deckel zum Kochen bringen. Salz und Nudeln zugeben und die Nudeln nach Packungsanleitung im geöffneten Topf bei mittlerer Hitze knapp gar kochen lassen, dabei zwischendurch 4–5-mal umrühren.
2. Anschließend die Nudeln in ein Sieb geben, mit heißem Wasser abspülen und abtropfen lassen.
3. Inzwischen Sahne mit Milch, Eiern und Kräutern verrühren und mit Salz, Pfeffer und Muskat würzen.
4. Die Nudeln in eine flache große Auflaufform geben und die Eier-Sahne darüber gießen. Die Form auf dem Rost in den Backofen schieben.
   Ober-/Unterhitze: etwa 180 °C (vorgeheizt)
   Heißluft: etwa 160 °C (nicht vorgeheizt)
   Gas: Stufe 2–3 (nicht vorgeheizt)
   Backzeit: etwa 45 Minuten.
5. Speck in einer Pfanne ausbraten. Die Bandnudeln vor dem Servieren mit den Speckscheiben garnieren oder die Speckscheiben nach 25 Minuten Garzeit auf die Nudeln legen.

Abwandlung:
4 Tomaten waschen, abtrocknen, kreuzweise einschneiden und einige Sekunden in kochendes Wasser legen. Tomaten kurz in kaltes Wasser legen, enthäuten, halbieren und entkernen. Stängelansätze herausschneiden, Fruchtfleisch in Würfel schneiden und unter die Nudeln geben.

Beilage:
Gemischter Salat.

Tipp:
Den Auflauf nach 20 Minuten Garzeit mit 125 g gewürfeltem Mozzarella bestreuen.

Bandnudeln mit Lachs und Tomaten

Bandnudeln mit Lachs und Tomaten

Raffiniert

Pro Portion:
E: 26 g, F: 42 g, Kh: 72 g,
kJ: 3326, kcal: 794

Für die Sauce:
300 g Tomaten
200 g geräucherter Lachs (in Scheiben)
2 Knoblauchzehen
60 g schwarze, entsteinte Oliven
3 EL Olivenöl
2 Becher (je 150 g) Crème fraîche
Salz, frisch gemahlener Pfeffer
1/2 TL getrockneter, gerebelter Estragon

4 l Wasser, 4 TL Salz
400 g dünne, grüne Bandnudeln

Zum Garnieren:
einige Lachsstreifen
schwarze Oliven

Zubereitungszeit: etwa 25 Min.

1. Für die Sauce Tomaten waschen, abtropfen lassen, kreuzweise einschneiden und einige Sekunden in kochendes Wasser legen. Tomaten kurz in kaltes Wasser legen, enthäuten, halbieren und entkernen, Stängelansätze herausschneiden und Fruchtfleisch in Spalten schneiden.
2. Lachsscheiben in 1 1/2 cm dicke Streifen schneiden. Knoblauch abziehen und fein würfeln. Oliven nach Belieben halbieren oder in kleine Stücke schneiden.
3. Olivenöl in einer großen Pfanne erhitzen und Knoblauchwürfel darin hellgelb dünsten lassen. Lachsstreifen und Olivenstückchen hinzufügen und vorsichtig unterrühren.

4. Crème fraîche unterrühren. Tomatenspalten hinzufügen und die Zutaten vorsichtig bei geringer Wärme erhitzen. Mit Salz, Pfeffer und Estragon würzen. Die Sauce warm stellen.
5. Inzwischen Wasser in einem großen Topf mit geschlossenem Deckel zum Kochen bringen. Salz und Nudeln zugeben und die Nudeln nach Packungsanleitung im geöffneten Topf bei mittlerer Hitze kochen lassen, dabei zwischendurch 4–5-mal umrühren. Anschließend die Nudeln in ein Sieb geben, mit heißem Wasser abspülen und abtropfen lassen.
6. Die Bandnudeln in eine Schüssel geben. Die Sauce darauf verteilen und mit Lachsstreifen und Oliven garnieren. Sofort servieren.

Abwandlung:
Für Bandnudeln mit frischem Lachs und Dill-Hollandaise 500 g Lachsfilet in einem Sud aus je 125 ml (1/8 l) Gemüsebrühe und Weißwein, gewürzt mit Salz und weißen Pfefferkörnern in 8–10 Minuten gar ziehen lassen. 400 g grüne Bandnudeln nach Packungsanleitung garen. Den Fisch aus dem Sud nehmen, zerpflücken, mit den abgetropften Nudeln vermengen und warm stellen. Fischsud durchsieben, auf 250 ml (1/4 l) auffüllen und mit 1 Beutel Basissauce Hollandaise und Butter nach Packungsanleitung zubereiten, 1–2 Esslöffel gehackten Dill unterheben. Die Sauce mit den Lachsnudeln vermengen und sofort servieren.

Tipp:
Sie können die Nudeln zusätzlich mit frischen Estragonzweigen garnieren.

Bandnudeln mit Rindfleisch

Für Gäste

Pro Portion:
E: 33 g, F: 20 g, Kh: 54 g, kJ: 2320, kcal: 554

3 l Wasser
3 TL Salz
300 g dünne Bandnudeln

400 g Rinderfilet oder Rumpsteak
4 EL Olivenöl
3 EL Sojasauce
3 Zwiebeln
3 Knoblauchzehen
250 g Zucchini
200 g Möhren
12 schwarze entsteinte Oliven
Salz, frisch gemahlener Pfeffer
3–4 Zweige Oregano

Zubereitungszeit: etwa 35 Min.

Bandnudeln mit Rindfleisch

1. Wasser in einem großen Topf mit geschlossenem Deckel zum Kochen bringen. Salz und Nudeln zugeben und Nudeln nach Packungsanleitung im geöffneten Topf bei mittlerer Hitze bissfest garen. Zwischendurch 4–5-mal umrühren. Die Nudeln auf ein Sieb schütten und abtropfen lassen.
2. In der Zwischenzeit Fleisch unter fließendem kalten Wasser abspülen, trockentupfen und in Streifen schneiden.
3. Die Hälfte des Öls in einer großen Pfanne oder einem Wok erhitzen und die Fleischstreifen darin in 6–7 Minuten kross anbraten. Sojasauce unterrühren, die Fleischstreifen herausnehmen und warm stellen.
4. Zwiebeln und Knoblauch abziehen und fein würfeln. Zucchini putzen, waschen und in feine Streifen schneiden. Möhren putzen, waschen, schälen und in Streifen schneiden.
5. Das restliche Öl in der Pfanne erhitzen und Zwiebel- und Knoblauchwürfel darin andünsten. Möhren und Zucchini in die Pfanne geben und ebenfalls andünsten, evtl. etwas Wasser hinzufügen und 5–8 Minuten abgedeckt dünsten lassen.
6. Oliven in Streifen schneiden und mit dem Fleisch zu dem Gemüse geben. Alles mit Salz und Pfeffer würzen und umrühren.
7. Oregano abspülen, trockentupfen und die Blättchen von den Stängeln zupfen, nach Belieben hacken oder ganz zu dem Gemüse geben.
8. Die Nudeln mit dem Fleisch und dem Gemüse vermengen, evtl. erwärmen und sofort servieren.

Tipp:
Sie können das Rinderfilet oder Rumpsteak auch vor dem Anbraten etwa 30 Minuten in Sojasauce marinieren. Es wird dann noch zarter.

Bandnudel-Zucchini-Gratin

Bandnudel-Zucchini-Gratin

Vegetarisch

Pro Portion:
E: 29 g, F: 59 g, Kh: 48 g,
kJ: 3668, kcal: 876

2 $^1/_2$ l Wasser
2 $^1/_2$ TL Salz
250 g schmale Bandnudeln
1 EL Speiseöl

2 mittelgroße Zucchini
250 g braune Champignons
6 EL Olivenöl
1 Knoblauchzehe
Salz
frisch gemahlener Pfeffer
4 Eier (Größe M)
250 ml ($^1/_4$ l) Schlagsahne
100–150 g geraspelter Emmentaler
1 EL Schnittlauchröllchen

Zubereitungszeit: etwa 30 Min.

1. Wasser in einem großen Topf mit geschlossenem Deckel zum Kochen bringen. Salz, Nudeln und Öl hinzufügen und die Nudeln nach Packungsanleitung im geöffneten Topf bei mittlerer Hitze bissfest kochen. Zwischendurch 4-5-mal umrühren. Die garen Nudeln auf ein Sieb geben, mit kaltem Wasser übergießen und gut abtropfen lassen.
2. Inzwischen Zucchini waschen, die Enden abschneiden und Zucchini längs in dünne Scheiben schneiden (am besten mit einem Sparschäler). Champignons putzen, evtl. kalt abspülen, abtropfen lassen und in Scheiben schneiden.
3. Öl portionsweise in einer Pfanne erhitzen und Zucchini- und Champignonscheiben portionsweise darin anbraten. Knoblauch abziehen, durch die Presse in die Pfanne drücken und alles mit Salz und Pfeffer würzen.
4. Nudeln, Zucchini und Champignons mischen und in eine gefettete, ofenfeste Pfanne oder in eine gefettete, flache Auflaufform geben.
5. Eier mit Sahne verschlagen, mit Salz und Pfeffer würzen und über den Gratin geben. Emmentaler darüber streuen. Die Pfanne oder Form auf dem Rost in den Backofen schieben und backen, bis die Eiersahne gestockt ist.
   Ober-/Unterhitze: etwa 180 °C (vorgeheizt)
   Heißluft: etwa 160 °C (vorgeheizt)
   Gas: Stufe 2–3 (vorgeheizt)
   Backzeit: etwa 30 Minuten.
6. Den Gratin mit Schnittlauchröllchen bestreuen und sofort servieren.

Barbaratorte

Gut vorzubereiten

Insgesamt:
E: 60 g, F: 202 g, Kh: 592 g,
kJ: 19084, kcal: 4558

Für den Rührteig:
150 g weiche Butter oder Margarine
150 g Zucker
1 Pck. Dr. Oetker Vanillin-Zucker
2 Eigelb (Größe M)
100 g Schmand
300 g Weizenmehl
$^1/_2$ Pck. Dr. Oetker Backin

Für den Belag:
2 Äpfel
2 Eiweiß (Größe M)
150 g Zucker, 1 EL Weizengrieß
50 g gemahlene Walnusskerne

1–2 EL Weizenmehl

Zum Verzieren:
etwas dunkle Kuchenglasur

Zubereitungszeit: etwa 50 Min., ohne Kühlzeit

1. Für den Teig Butter oder Margarine mit Handrührgerät mit Rührbesen auf höchster Stufe geschmeidig rühren. Nach und nach Zucker und Vanillin-Zucker unterrühren und so lange rühren, bis eine gebundene Masse entstanden ist.

Barbaratorte

2. Eigelb nach und nach unterrühren (jedes Eigelb knapp 1/2 Minute). Schmand unterrühren. Mehl mit Backin mischen, sieben und portionsweise auf mittlerer Stufe unterrühren.
3. Zwei Drittel des Teiges in eine Springform (Ø 26 cm, Boden gefettet) geben und glatt streichen. Die Form auf dem Rost in den Backofen schieben und den Boden vorbacken.
   Ober-/Unterhitze: etwa 180 °C (vorgeheizt)
   Heißluft: etwa 160 °C (vorgeheizt)
   Gas: Stufe 2–3 (vorgeheizt)
   Backzeit: etwa 20 Minuten.
4. In der Zwischenzeit für den Belag Äpfel schälen, vierteln, entkernen und grob raspeln. Eiweiß mit Zucker steif schlagen. Grieß, Apfelraspel und Walnusskerne vorsichtig unterheben und die Masse auf dem vorgebackenen Boden verteilen.
5. Unter den restlichen Teig mit Handrührgerät mit Knethaken Mehl kneten. Aus dem Teig dünne Rollen formen und als Gitter über den Belag legen. Die Form wieder auf dem Rost in den Backofen schieben und das Gebäck **bei der oben angegebenen Backofeneinstellung noch etwa 30 Minuten backen.**
6. Die Torte aus der Form lösen und auf einem Kuchenrost erkalten lassen.
7. Kuchenglasur nach Packungsanleitung auflösen, in einen kleinen Gefrierbeutel füllen, eine Ecke abschneiden und die Torte mit der Glasur verzieren. Die Glasur fest werden lassen.

Barbecuebraten

Barbecuebraten

6 Portionen

Gut vorzubereiten

Pro Portion:
E: 19 g, F: 24 g, Kh: 21 g, kJ: 1640, kcal: 392

1 Schweine-Rollbraten (etwa 800 g)
1 EL Grill-Barbecue-Gewürz
4 EL Speiseöl
je 1 rote und gelbe Paprikaschote
2 grüne Peperoni, 1 Gemüsezwiebel
etwa 300 ml Fleischbrühe
1 Flasche (250 ml) Barbecuesauce

Zubereitungszeit: etwa 30 Min.

1. Rollbraten unter fließendem kalten Wasser abspülen, trockentupfen und mit dem Barbecue-Gewürz einreiben. Öl in einem Topf oder Bräter erhitzen und den Braten darin rundherum gut anbraten.
2. Paprikaschoten und Peperoni halbieren, entstielen, entkernen und die weißen Scheidewände entfernen, die Schoten waschen und in Streifen schneiden. Gemüsezwiebel abziehen, halbieren und ebenfalls in Streifen schneiden.
3. Die vorbereiteten Zutaten mit in den Topf oder Bräter geben und andünsten. Fleischbrühe hinzugießen und alles zugedeckt etwa 1 3/4 Stunden schmoren lassen.
4. Barbecuesauce unterrühren und alles noch etwa 10 Minuten kochen lassen. Das Fleisch aus dem Topf oder Bräter nehmen, etwa 10 Minuten ruhen lassen, dann in Scheiben schneiden und mit der Sauce anrichten.

Beilage: Pellkartoffeln oder Bandnudeln.

Bauernfrühstück

Bauernfrühstück

Preiswert

Pro Portion:
E: 15 g, F: 41 g, Kh: 31 g,
kJ: 2417, kcal: 577

750 g gekochte Pellkartoffeln
75 g durchwachsener Speck
4 Zwiebeln
30 g Butter oder Margarine
3 Eier (Größe M), 3 EL Milch
Salz, frisch gemahlener Pfeffer
Paprikapulver edelsüß
geriebene Muskatnuss
125 g Schinkenspeck
2 EL Schnittlauchröllchen

Zubereitungszeit: etwa 30 Min.

1. Kartoffeln pellen und in Scheiben schneiden. Den Speck in feine Würfel schneiden. Zwiebeln abziehen und fein würfeln.
2. Die Speckwürfel in einer Pfanne auslassen. Butter oder Margarine dazugeben und die Zwiebelwürfel darin glasig dünsten. Die Kartoffelscheiben hinzugeben und von allen Seiten darin anbraten.
3. Die Eier mit Milch, Salz, Pfeffer, Paprika und Muskat verquirlen. Schinkenspeck in Würfel schneiden und mit den Schnittlauchröllchen hinzugeben. Die Masse über die gebräunten Kartoffeln geben und bei schwacher Hitze stocken lassen.

Bauernsalat

Preiswert

Pro Portion:
E: 4 g, F: 39 g, Kh: 23 g,
kJ: 2028, kcal: 484

300 g Zwiebeln
4 dünne Scheiben Roggenbrot
(etwa 150 g)
60 g Griebenschmalz
3 Tomaten

Für die Sauce:
1 Knoblauchzehe
1 TL Salz
4 EL Obstessig
frisch gemahlener Pfeffer
1 TL Paprikapulver edelsüß
8 EL Olivenöl

Zubereitungszeit: etwa 20 Min.

1. Zwiebeln abziehen und in dünne Scheiben schneiden.
2. Brotscheiben kräftig toasten und erkalten lassen. Die Scheiben mit Griebenschmalz bestreichen und in Streifen schneiden.
3. Tomaten waschen, abtrocknen, die Stängelansätze herausschneiden und Tomaten in Scheiben schneiden.
4. Zwiebeln in Ringe teilen und mit Brotstreifen und Tomatenscheiben abwechselnd in eine Schüssel schichten.
5. Für die Sauce Knoblauch abziehen, mit Salz im Mörser oder auf einem Brett zerreiben und mit Essig, Pfeffer und Paprikapulver verrühren. Öl unterschlagen. Die Sauce erst kurz vor dem Servieren über den Salat gießen.

Bauernsülze
(4 Gläser je 1 l)

Klassisch – dauert länger

Insgesamt:
E: 807 g, F: 371 g, Kh: 68 g,
kJ: 31801, kcal: 7593

Bauernsülze

4 kg Schweinefleisch (Spitzbein, Eisbein, Kopffleisch, Schulter, Nacken, Schwänzchen)
10 Lorbeerblätter
2 EL Pimentkörner (Nelkenpfeffer)
3 EL Wacholderbeeren
2 EL schwarze Pfefferkörner
10 Nelken
4 abgezogene Zwiebeln, Salz
1 l Weinessig

Zubereitungszeit: etwa 80 Min.

1. Schweinefleisch unter fließendem kalten Wasser abspülen, mit Lorbeerblättern, Pimentkörnern, Wacholderbeeren, Pfefferkörnern, Nelken, Zwiebeln und Salz in einen hohen Kochtopf geben und mit so viel Wasser auffüllen, dass das Fleisch bedeckt ist. Die Hälfte des Essigs hinzugießen, zum Kochen bringen und 60–90 Minuten kochen lassen.
2. Das Fleisch von den Knochen lösen, Schwarten und Fett abschneiden und zusammen mit den Knochen nochmals in die Brühe geben.
3. Die Brühe nochmals kräftig mit Salz abschmecken, aufkochen lassen, durch ein Tuch gießen und mit dem restlichen Essig und nach Belieben mit Salz kräftig abschmecken.
4. Das Fleisch in Würfel schneiden, in die gründlich gereinigten und gespülten Einkochgläser füllen und die Brühe darüber gießen.
5. Gummiring und Deckel nass auf den gesäuberten Glasrand legen und mit Bügel oder Feder verschließen. Gläser auf einem Einsatz in den Einkochtopf stellen und mit so viel kaltem Wasser übergießen, dass die Gläser zu $^3/_4$ von Wasser umgeben sind.
6. Den Topf verschließen und die Bauernsülze 45 Minuten bei 98 °C einkochen.

Bayerische Creme, gestürzt

4-5 Portionen

Klassisch

Pro Portion:
E: 8 g, F: 24 g, Kh: 21 g,
kJ: 1383, kcal: 330

1 Vanilleschote, 250 ml ($^1/_4$ l) Milch
6 Blatt weiße Gelatine
3 Eigelb (Größe M), 75 g Zucker
250 ml ($^1/_4$ l) gekühlte Schlagsahne

Zubereitungszeit: etwa 40 Min., ohne Kühlzeit

1. Vanilleschote aufschlitzen, das Mark mit einem Messerrücken herausschaben, mit Milch in einen Topf geben und zum Kochen bringen. Gelatine nach Packungsanleitung in kaltem Wasser einweichen.
2. Eigelb mit Zucker in einer Edelstahlschüssel oder einem Edelstahltopf mit einem Schneebesen verrühren. Die heiße Milch unter Rühren dazugeben und bei mittlerer Hitze im heißen Wasserbad unter ständigem Schlagen erhitzen, bis die Masse leicht dicklich und weiß wird (Wasser und Masse dürfen aber nicht kochen, da die Masse sonst gerinnt). Die Masse von der Kochstelle nehmen.
3. Gelatine gut ausdrücken und in der noch heißen Masse unter Rühren auflösen. Die Masse anschließend durch ein feines Sieb passieren und abkühlen lassen, dabei gelegentlich durchrühren.
4. Sobald die Masse anfängt zu gelieren, Sahne steif schlagen und unterheben. Die Creme in 4-5 mit kaltem Wasser ausgespülte Portionsförmchen oder Tassen (150–200 ml Inhalt) füllen und im Kühlschrank etwa 3 Stunden fest werden lassen.
5. Die Creme jeweils vorsichtig mit einem spitzen Messer vom Rand lösen. Die Förmchen kurz in heißes Wasser stellen und die Creme auf Dessertteller stürzen. Nach Belieben garnieren.

Bayerische Creme, gestürzt

Abwandlung:
Für eine Bayerische Cappuccinocreme zusätzlich 5 Teelöffel Instant-Espressopulver zusammen mit der Gelatine in der Eigelb-Milch-Masse auflösen und wie oben angegeben fertig stellen. Die Creme in Cappuccinotassen füllen und kalt stellen. Vor dem Servieren 125 ml ($^1/_8$ l) Schlagsahne halb steif oder steif schlagen, als Haube auf die Creme geben und mit Kakaopulver bestäuben.

Tipp:
Die Bayerische Creme mit geschlagener Schlagsahne und Früchten, Fruchtpüree oder Schokoladensauce anrichten.

Beeren-Butterkuchen

Beeren-Butterkuchen

Fruchtig

Insgesamt:
E: 98 g, F: 194 g, Kh: 718 g,
kJ: 21127, kcal: 5038

Für den Hefeteig:
250 ml (1/4 l) Milch
75 g Butter oder Margarine
500 g Weizenmehl
1 Pck. Dr. Oetker Trockenbackhefe
75 g Zucker
1 Prise Salz
1 Ei (Größe M)

Für die Füllung:
75 g Zucker
1 Pck. Backfeste Puddingcreme
750 g gemischte TK-Beerenfrüchte

Für den Belag:
75 g Butter
1 Pck. Backfeste Puddingcreme
250 ml (1/4 l) Milch
50 g Zucker
50 g abgezogene, gehobelte Mandeln

Zubereitungszeit: etwa 45 Min., ohne Teiggehzeiten

1. Für den Teig Milch in einem Topf erwärmen und Butter oder Margarine darin zerlassen. Mehl in eine Rührschüssel sieben und mit der Hefe sorgfältig vermischen. Zucker, Salz, Ei und die Milch-Fett-Mischung hinzufügen und die Zutaten mit Handrührgerät mit Knethaken zunächst auf niedrigster, dann auf höchster Stufe in etwa 5 Minuten zu einem glatten Teig verarbeiten.
2. Den Teig zugedeckt so lange an einem warmen Ort gehen lassen, bis er sich sichtbar vergrößert hat, anschließend halbieren und eine Hälfte auf einem Backblech (30 x 40 cm, gefettet) ausrollen. Einen Backrahmen um den Teig stellen.
3. Für die Füllung Zucker mit Puddingcremepulver mischen und mit den gefrorenen Beeren vermengen. Die Masse etwas antauen lassen, dann auf den Boden geben.
4. Den restlichen Teig in Größe des Backblechs ausrollen, als Decke auf die Früchte legen und zugedeckt an einem warmen Ort gehen lassen, bis er sich sichtbar vergrößert hat.
5. Für den Belag in die Teigoberfläche gleichmäßig mit einem Löffelstiel kleine Mulden drücken und die Butter als Flocken in die Vertiefungen geben. Puddingcreme mit Milch nach Packungsanleitung zubereiten, in einen Spritzbeutel mit kleiner Lochtülle füllen und die Creme auf die Butter in die Mulden spritzen. Die gesamte Teigoberfläche mit Zucker und Mandeln bestreuen und das Backblech in den Backofen schieben.
   Ober-/Unterhitze: etwa 180 °C (vorgeheizt)
   Heißluft: etwa 160 °C (vorgeheizt)
   Gas: Stufe 2–3 (vorgeheizt)
   Backzeit: etwa 30 Minuten.

Tipp:
Statt TK-Beeren können Sie auch frische Beeren, z. B. Erdbeeren, Johannisbeeren, Himbeeren, Heidelbeeren und Brombeeren verwenden.
Statt mit Backblech und Backrahmen kann der Kuchen auch in einer Fettfangschale gebacken werden.

Beerenstarke Grützetorte

Beerenstarke Grützetorte

Schnell

Insgesamt:
E: 61 g, F: 86 g, Kh: 300 g,
kJ: 9685, kcal: 2313

Für den Schüttelteig:
150 g Weizenmehl
3 TL Dr. Oetker Backin
100 g feinster Zucker
1 Pck. Dr. Oetker Vanillin-Zucker
4 Eier (Größe M), 4 EL Speiseöl
2 EL Essig

Für den Belag:
5 Blatt weiße Gelatine
2 Becher (je 500 g) Rote Grütze
1 Becher (250 g) Vanille-Sauce

Zubereitungszeit: etwa 25 Min.

1. Für den Teig Mehl und Backin mischen und in einen verschließbaren Schüttelbecher (1,2-Liter-Inhalt) sieben. Zucker, Vanillin-Zucker, Eier, Öl und Essig zugeben und den Becher gut verschließen. Mehrmals kräftig schütteln, so dass alle Zutaten gut vermischt sind (evtl. mit einem Schneebesen durchrühren).
2. Den Teig in eine Obstbodenform (Ø 26 cm, gefettet, bemehlt) geben und auf dem Rost (untere Schiene) in den Backofen schieben.
   Ober-/Unterhitze: etwa 180 °C (vorgeheizt)
   Heißluft: etwa 160 °C (vorgeheizt)
   Gas: Stufe 2–3 (vorgeheizt)
   Backzeit: 20–25 Minuten.
3. Den Tortenboden sofort nach dem Backen auf einen mit Backpapier belegten Kuchenrost stürzen und erkalten lassen.
4. Für den Belag in der Zwischenzeit die Gelatine nach Packungsanleitung in kaltem Wasser einweichen.
5. Einen Becher Rote Grütze in einem kleinen Topf erwärmen, die eingeweichte, leicht ausgedrückte Gelatine unter Rühren darin auflösen und die Masse unter den zweiten Becher Rote Grütze rühren.
6. Die Rote Grütze gleichmäßig auf den Tortenboden geben und etwa 1 Stunde kalt stellen. Zum Servieren die Vanille-Sauce mit einem Teelöffel darauf verteilen.

Tipp: Die Torte am Rand mit steif geschlagener Sahne verzieren und die Vanillesauce dazureichen.

Belgischer Reisfladen

Belgischer Reisfladen

Klassisch

Insgesamt:
E: 99 g, F: 148 g, Kh: 479 g,
kJ: 15815, kcal: 3774

Für die Füllung:
1 l Milch, 125 g Zucker
Mark von 1/2 Vanilleschote
1 Prise Salz
175 g Milchreis (Rundkornreis)

Für den Hefeteig:
300 g Weizenmehl
1 Pck. Dr. Oetker Trockenbackhefe
50 g Zucker
1 Pck. Dr. Oetker Vanillin-Zucker
1 Ei (Größe M)
125 ml (1/8 l) lauwarme Milch
100 g zerlassene, abgekühlte Butter oder Margarine

2 Eier (Größe M)

Zubereitungszeit: etwa 45 Min., ohne Quell-, Teiggeh- und Kühlzeit

1. Für die Füllung Milch mit Zucker, Vanillemark und Salz zum Kochen bringen. Reis hineingeben, zum Kochen bringen und etwa 45 Minuten ausquellen lassen. Den Reis mindestens 2–3 Stunden abkühlen lassen.
2. Für den Teig Mehl in eine Rührschüssel sieben und mit der Hefe sorgfältig mischen. Zucker, Vanillin-Zucker, Ei, Milch und Butter oder Margarine hinzufügen. Die Zutaten mit Handrührgerät mit Knethaken zunächst auf niedrigster, dann auf höchster Stufe in etwa 5 Minuten zu einem Teig verarbeiten. Den Teig zugedeckt so lange an einem warmen Ort gehen lassen, bis er sich sichtbar vergrößert hat.
3. Den Teig mit Mehl bestäuben, aus der Schüssel nehmen und auf der Arbeitsfläche nochmals kurz durchkneten. Den Teig in einer Springform (Ø 28 cm, Boden gefettet) verteilen, dabei einen 3 cm hohen Rand hochziehen.
4. Eier verquirlen. 1 Esslöffel davon zum Bestreichen zurücklassen, die restliche Eimasse unter den Milchreis mischen. Die Reismasse auf den Teig in die Form geben und glatt streichen. Die Oberfläche mit dem zurückgelassenen Ei bestreichen. Die Form auf dem Rost in den Backofen schieben.
   Ober-/Unterhitze: etwa 200 °C (vorgeheizt)
   Heißluft: etwa 180 °C (vorgeheizt)
   Gas: Stufe 3–4 (vorgeheizt)
   Backzeit: 25–30 Minuten.
5. Den Reisfladen sofort nach dem Backen aus der Form lösen (nicht stürzen), auf einen Kuchenrost setzen und mindestens 2 Stunden kalt stellen.

Tipp:
Sie können den Hefeteig anstelle von Trockenbackhefe auch mit 1/2 Würfel (21 g) frischer Hefe zubereiten.

Birnenauflauf mit Vanillesauce

Birnenauflauf mit Vanillesauce

Römertopf

Pro Portion:
E: 12 g, F: 28 g, Kh: 127 g,
kJ: 3480, kcal: 829

750 g Birnen
2 EL Zitronensaft
75 g Zucker
100 g weiche Butter oder Margarine
100 g Zucker
2 Pck. Dr. Oetker Vanillin-Zucker
2 Eier (Größe M)
125 g Weizenmehl
1 TL Dr. Oetker Backin

Für die Sauce:
375 ml (3/8 l) Milch
1 Pck. Saucen-Pulver Vanille-Geschmack (zum Kochen)
3 EL kalte Milch
20 g Zucker

Zubereitungszeit: etwa 25 Min., ohne Marinierzeit

1. Birnen schälen, vierteln, entkernen und in kleine Stücke schneiden. Mit Zitronensaft und Zucker vermengen und etwa 15 Minuten durchziehen lassen.
2. Butter oder Margarine mit Handrührgerät mit Rührbesen auf höchster Stufe geschmeidig rühren. Nach und nach Zucker und Vanillin-Zucker unterrühren und so lange rühren, bis eine gebundene Masse entstanden ist.
3. Eier nach und nach unterrühren (jedes Ei 1/2 Minute). Mehl mit Backin mischen, sieben und portionsweise auf mittlerer Stufe unterrühren.
4. Birnen in den gewässerten Römertopf geben. Den Teig gleichmäßig darauf verteilen und glatt streichen. Den Römertopf mit dem Deckel verschließen und auf dem Rost in den kalten Backofen schieben.
   Ober-/Unterhitze: etwa 200 °C
   Heißluft: etwa 180 °C
   Gas: Stufe 3–4
   Garzeit: etwa 60 Minuten.
5. Für die Sauce Milch zum Kochen bringen. Das Saucen-Pulver mit kalter Milch und Zucker anrühren und nach Packungsanleitung eine Vanillesauce zubereiten. Die Sauce heiß zu dem Birnenauflauf reichen.

Birnen-Eierlikör-Torte

Birnen-Eierlikör-Torte

Für Gäste

Insgesamt:
E: 44 g, F: 253 g, Kh: 469 g,
kJ: 20496, kcal: 4897

Für den Knetteig:
200 g Weizenmehl
100 g Zucker
125 g weiche Butter oder Margarine
1–2 EL Wasser

Zum Blindbacken:
getrocknete Hülsenfrüchte

Für die Füllung:
1 große Dose Williams-Birnenhälften (Abtropfgewicht 460 g)
1 Pck. Dr. Oetker Pudding-Pulver Vanille-Geschmack
1 EL Zucker
250 ml (1/4 l) Birnensaft
250 ml (1/4 l) trockener Weißwein

Für den Belag:
250 ml (1/4 l) Schlagsahne
2 Pck. Dr. Oetker Sahnesteif
1 Pck. Dr. Oetker Vanillin-Zucker
200 ml Eierlikör
200 g Schmand
1 Pck. Saucen-Pulver Vanille-Geschmack (ohne Kochen)

Zubereitungszeit: etwa 45 Min., ohne Kühlzeit

1. Für den Knetteig Mehl in eine Rührschüssel sieben und Zucker, Butter oder Margarine und Wasser hinzufügen. Die Zutaten mit Handrührgerät mit Knethaken zunächst kurz auf niedrigster, dann auf höchster Stufe gut durcharbeiten.
2. Anschließend auf der leicht bemehlten Arbeitsfläche zu einem glatten Teig verkneten, sollte er kleben, ihn in Folie gewickelt eine Zeit lang kalt stellen.
3. Knapp 2/3 des Teiges auf dem Boden einer Springform (Ø 26 cm, gefettet) ausrollen. Den Springformrand darumstellen, den restlichen Teig zu einer

Rolle formen und so an den Springformrand drücken, dass ein 4 cm hoher Rand entsteht. Den Boden mehrmals mit einer Gabel einstechen. Backpapier auf den Teig legen und die Hülsenfrüchte etwa 2 cm hoch einfüllen. Die Form auf dem Rost in den Backofen schieben.
Ober-/Unterhitze: etwa 200 °C (vorgeheizt)
Heißluft: etwa 180 °C (vorgeheizt)
Gas: Stufe 3–4 (vorgeheizt)
Backzeit: 15–20 Minuten.

4. Das Backpapier mit den Hülsenfrüchten entfernen und den Boden **bei der oben angegebenen Backofeneinstellung noch weitere 5–10 Minuten backen.**
5. Den Boden sofort nach dem Backen aus der Form lösen, aber auf dem Springformboden auf einem Kuchenrost erkalten lassen. Den Gebäckboden auf eine Tortenplatte legen und einen hohen Tortenring darumstellen.
6. Für die Füllung Birnen in einem Sieb gut abtropfen lassen, dabei den Saft auffangen und 250 ml ($^{1}/_{4}$ l) abmessen. Die Birnen in Würfel schneiden.
7. Aus Pudding-Pulver, Zucker, dem abgemessenen Birnensaft und Weißwein nach Packungsanleitung – aber mit den hier angegeben Zutaten – einen Pudding kochen. Die Birnenwürfel unterheben und die Masse in den Gebäckboden füllen. Klarsichtfolie direkt auf die Oberfläche der Masse legen. Die Torte etwa 2 Stunden kalt stellen, bis die Birnen-Pudding-Masse vollständig erkaltet ist. Dann die Folie entfernen.
8. Für den Belag Sahne mit Sahnesteif und Vanillin-Zucker steif schlagen, auf die Birnen-Pudding-Masse geben und glatt streichen. Eierlikör mit Schmand und Saucen-Pulver verrühren und auf der Sahne verteilen. Die Torte kalt stellen, bis die Eierlikörmasse fest geworden ist.
9. Vor dem Servieren Tortenring lösen und entfernen.

Tipp:
Die Torte kann auch mit der gleichen Menge Aprikosen oder Pfirsiche aus der Dose zubereitet werden.

Birnen-Marzipan-Muffins mit Mohn

Birnen-Marzipan-Muffins mit Mohn

Für Gäste

Pro Stück:
E: 5 g, F: 11 g, Kh: 26 g, kJ: 944, kcal: 226

Zum Vorbereiten:
1–2 feste Birnen (etwa 300 g, z. B. Williams Christ)
100 g Marzipan-Rohmasse

Für den Rührteig:
80 g weiche Butter oder Margarine
40 g Zucker
2 Eier (Größe M)
180 g Weizenmehl
1 $^{1}/_{2}$ TL Dr. Oetker Backin
100 ml Milch
3 EL (25 g) Mohnsamen

2 kleine Birnen

2 EL Apfel- oder Quittengelee

Zubereitungszeit: etwa 50 Min., ohne Abkühlzeit

1. Zum Vorbereiten Birnen schälen, vierteln und das Kerngehäuse herausschneiden. Birnenviertel in kleine Würfel schneiden. Marzipan in kleine Stücke schneiden.
2. Für den Teig Butter oder Margarine, Marzipanstücke und Zucker in eine Rührschüssel geben und mit Handrührgerät mit Rührbesen auf höchster Stufe geschmeidig rühren. Eier nach und nach unterrühren (jedes Ei etwa $^{1}/_{2}$ Minute).
3. Mehl und Backin mischen, sieben und abwechselnd portionsweise mit der Milch auf mittlerer Stufe unterrühren. Mohn unterarbeiten. Zuletzt Birnenwürfel unterheben.
4. Den Teig in eine Muffinform (für 12 Muffins, gefettet, bemehlt) geben und glatt streichen.
5. Birnen waschen, abtrocknen, halbieren, entkernen und in dünne Spalten schneiden. Birnenspalten (mit Schale) auf den Teig legen. Die Form auf dem Rost in den Backofen schieben.
Ober-/Unterhitze: etwa 180 °C (vorgeheizt)
Heißluft: etwa 160 °C (vorgeheizt)
Gas: Stufe 2–3 (vorgeheizt)
Backzeit: etwa 25 Minuten.
6. Die Form auf einen Kuchenrost stellen. Gelee in einem kleinen Topf erhitzen und die Muffins sofort damit bestreichen, noch etwa 10 Minuten in der Form stehen lassen, dann aus der Form lösen und auf einem Kuchenrost erkalten lassen.

Blätterteig-Ricotta-Torte

Blätterteig-Ricotta-Torte

Für Gäste

Insgesamt:
E: 141 g, F: 255 g, Kh: 469 g,
kJ: 19855, kcal: 4740

Für den Knetteig:
125 g Weizenmehl, 50 g Zucker
1 Pck. Dr. Oetker Vanillin-Zucker
75 g Butter oder Margarine

1 Pck. (300 g) TK-Blätterteig

Für die Füllung:
500 g Ricotta (italienischer Frischkäse)
250 g Magerquark
3 Eigelb (Größe M), 125 g Zucker
1 Pck. Dr. Oetker Pudding-Pulver Vanille-Geschmack
100 ml frisch gepresster Orangensaft
1 Pck. Dr. Oetker Finesse Geriebene Zitronenschale
3 Eiweiß (Größe M)
2 EL Milch

Zum Aprikotieren:
1 EL Aprikosenkonfitüre
1–2 TL Wasser

Zum Bestreuen:
30 g abgezogene, gehobelte Mandeln

Zubereitungszeit: etwa 60 Min., ohne Auftau- und Abkühlzeit

1. Für den Knetteig Mehl in eine Rührschüssel sieben. Restliche Zutaten hinzufügen und mit Handrührgerät mit Knethaken zunächst kurz auf niedrigster, dann auf höchster Stufe gut durcharbeiten. Anschließend auf der bemehlten Arbeitsfläche zu einem glatten Teig verkneten. Sollte er kleben, ihn in Folie gewickelt eine Zeit lang kalt stellen.
2. Den Teig auf einem Backblech (gefettet) zu einem Quadrat (25 x 25 cm) ausrollen. Einen Backrahmen darumstellen und den Teig mehrmals mit der Gabel einstechen. Das Backblech in den Backofen schieben und den Boden vorbacken.
   Ober-/Unterhitze: etwa 200 °C (vorgeheizt)
   Heißluft: etwa 180 °C (vorgeheizt)
   Gas: Stufe 3–4 (vorgeheizt)
   Backzeit: etwa 12 Minuten.
3. Das Backblech auf einen Kuchenrost stellen und den Boden erkalten lassen.
4. Blätterteig nach Packungsanleitung auftauen lassen. Gut die Hälfte des Blätterteiges auf der bemehlten Arbeitsfläche etwa 3 mm dick ausrollen, in etwa 4 cm breite und etwa 25 cm lange Streifen schneiden. Teigstreifen als Rand an den von innen gefetteten Backrahmen legen und andrücken.
5. Für die Füllung Ricotta, Quark, Eigelb, Zucker, Pudding-Pulver, Orangensaft und Zitronenschale gut verrühren. Eiweiß steif schlagen und unterheben. Die Creme auf den vorgebackenen Boden geben und glatt streichen.
6. Restlichen Blätterteig in etwa 1/2 cm breite und etwa 25 cm lange Streifen schneiden. Die Teigstreifen gitterartig auf die Creme legen. Teiggitter mit Milch bestreichen. Das Backblech in

den Backofen schieben und die Torte fertig backen.
Ober-/Unterhitze: etwa 180 °C (vorgeheizt)
Heißluft: etwa 160 °C (nicht vorgeheizt)
Gas: Stufe 2–3 (nicht vorgeheizt)
Backzeit: 60–70 Minuten.

7. Das Backblech auf einen Kuchenrost stellen.
8. Zum Aprikotieren Konfitüre mit Wasser unter Rühren zum Kochen bringen. Die Torte damit bestreichen und mit Mandeln bestreuen. Torte erkalten lassen. Backrahmen lösen und entfernen.

Blätterteigtaschen mit Spinat-Schafkäse-Füllung

Für Gäste

Pro Portion:
E: 17 g, F: 45 g, Kh: 41 g,
kJ: 2698, kcal: 645

Für den Teig:
1 Pck. (450 g) TK-Blätterteig
(10 quadratische Scheiben)

Für die Füllung:
1 Zwiebel, 1 EL Speiseöl
1/2 Pck. (225 g) TK-Blattspinat
Salz, frisch gemahlener Pfeffer
geriebene Muskatnuss
100 g Schafkäse
4 getrocknete Tomaten in Öl

Zum Bestreichen:
1 Ei (Größe M)
2 EL Milch

Zum Bestreuen:
40 g Pinienkerne oder
40 g gewürfelter Schafkäse

Zubereitungszeit: etwa 30 Min., ohne Auftauzeit

1. Blätterteig nach Packungsanleitung zugedeckt auftauen lassen.
2. Für die Füllung Zwiebel abziehen und in Würfel schneiden. Öl erhitzen und Zwiebelwürfel darin andünsten. Spinat hinzufügen und bei schwacher Hitze auftauen lassen. Mit Salz, Pfeffer und Muskatnuss würzen.
3. Schafkäse in kleine Würfel schneiden. Tomaten abtropfen lassen und ebenfalls würfeln.
4. Zum Bestreichen Ei trennen, Eiweiß verquirlen und die Ränder der Blätterteigplatten damit bestreichen. Jeweils etwas von dem Spinat und einige Schafkäsewürfel und Tomatenwürfel in die Mitte geben. Die Teigplatten zu Dreiecken zusammenfalten und die Teigränder mit einer Gabel gut zusammendrücken. Die Teigdreiecke auf ein Backblech (gefettet, mit Backpapier belegt) legen.
5. Eigelb mit Milch verquirlen, die Teigoberfläche damit bestreichen und mit Pinienkernen oder Schafkäse bestreuen. Das Backblech in den Backofen schieben.
Ober-/Unterhitze: etwa 200 °C (vorgeheizt)
Heißluft: etwa 180 °C (vorgeheizt)
Gas: Stufe 3–4 (vorgeheizt)
Backzeit: etwa 20 Minuten.

Abwandlung:
Für Blätterteigtaschen mit Hackfleischfüllung für die Füllung 3 Esslöffel Öl erhitzen. 400 g Gehacktes (halb Rind-, halb Schweinefleisch) darin anbraten, dabei die Klümpchen mit einer Gabel zerdrücken. 2 Esslöffel Tomatenmark unterrühren und die Masse mit Salz, Pfeffer und Oregano würzen. 2 Fleischtomaten waschen, abtropfen lassen, kreuzweise einschneiden, kurz in kochendes Wasser legen und in kaltem Wasser abschrecken. Tomaten enthäuten, die Stängelansätze herausschneiden, das Fruchtfleisch würfeln und mit 2 Teelöffeln Kapern zu dem Gehackten geben. Die Füllung auf den Blätterteigplatten verteilen und wie oben angegeben weiterverarbeiten und backen.

Blätterteigtaschen mit Spinat-Schafkäse-Füllung

Blitzgulasch

Blitzgulasch

Für Gäste

Pro Portion:
E: 30 g, F: 26 g, Kh: 4 g,
kJ: 1638, kcal: 391

500 g Roastbeef
4 EL Speiseöl
Salz
frisch gemahlener Pfeffer
Paprikapulver edelsüß
1 kleines Glas Perlzwiebeln
(Abtropfgewicht 185 g)
150 g kleine Champignons
40 g Butter
100 ml Rotwein
200 ml Rinderfond oder Fleischbrühe
1 TL Speisestärke
etwas Rotwein

Zubereitungszeit: etwa 30 Min.

1. Roastbeef unter fließendem kalten Wasser abspülen, trockentupfen und in Würfel schneiden.
2. Öl in einer Pfanne erhitzen und die Fleischwürfel darin rundherum anbraten und herausnehmen. Fleischwürfel salzen, pfeffern, mit Paprika bestreuen und warm stellen.
3. Perlzwiebeln auf einem Sieb gut abtropfen lassen. Champignons putzen, evtl. abspülen und trockentupfen. Butter in der Pfanne zerlassen und Champignons und Perlzwiebeln darin anbraten. Mit Rotwein und Fond oder Brühe ablöschen und die Flüssigkeit etwa um ein Drittel einkochen lassen.
4. Speisestärke mit etwas Rotwein anrühren und die Bratflüssigkeit damit binden. Die Sauce evtl. mit den Gewürzen abschmecken, die Fleischwürfel in der Sauce erhitzen und etwa 5 Minuten ziehen lassen.

Beilage:
Spätzle, breite Bandnudeln, frische Salate.

Tipp:
Für ein scharfes Gulasch 1 kleine Chilischote halbieren, entstielen, entkernen, waschen und sehr fein würfeln, mit den Champignons und Perlzwiebeln anbraten.

Blitzkuchen mit Kandis

Schnell

Insgesamt:
E: 57 g, F: 201 g, Kh: 268 g,
kJ: 12978, kcal: 3098

Für den Rührteig:
150 g weiche Butter oder Margarine
100 g Zucker
1 Pck. Dr. Oetker Vanillin-Zucker
3 Eier (Größe M)
150 g Weizenmehl
1 TL Dr. Oetker Backin
50 g abgezogene, gemahlene Mandeln

1 EL Wasser

Zum Bestreuen:
50 g abgezogene, gehackte Mandeln
50 g brauner Grümmel (Kandis)

Zubereitungszeit: etwa 20 Min.

1. Für den Teig Butter oder Margarine mit Handrührgerät mit Rührbesen auf

Blitzkuchen mit Kandis

höchster Stufe geschmeidig rühren. Nach und nach Zucker und Vanillin-Zucker unterrühren und so lange rühren, bis eine gebundene Masse entstanden ist.

2. Eier nach und nach unterrühren (jedes Ei etwa 1/2 Minute). Mehl mit Backin mischen, sieben und in 2 Portionen auf mittlerer Stufe unter den Teig rühren. Zuletzt die Mandeln unterheben.
3. Den Teig in eine Springform (Ø 26 cm, Boden gefettet) streichen, mit Wasser bestreichen und mit Mandeln und Kandis bestreuen. Die Form auf dem Rost in den Backofen schieben.
   Ober-/Unterhitze: etwa 200 °C (vorgeheizt)
   Heißluft: etwa 180 °C (vorgeheizt)
   Gas: Stufe 3–4 (vorgeheizt)
   Backzeit: etwa 30 Minuten.
4. Die Form auf einen Kuchenrost stellen und etwas abkühlen lassen. Den Kuchen aus der Form lösen und erkalten lassen.

Blubber-Kuchen

Für Kinder

Insgesamt:
E: 122 g, F: 372 g, Kh: 674 g, kJ: 28310, kcal: 6770

Für den Teig:
4 Eier (Größe M)
200 g Zucker
1 Pck. Dr. Oetker Vanillin-Zucker
1 Pck. Dr. Oetker Finesse Geriebene Zitronenschale
150 ml Speiseöl
150 ml Mineralwasser
300 g Weizenmehl
3 TL Dr. Oetker Backin

Für den Belag:
300 g Himbeeren
8 Blatt weiße Gelatine
1 kg Dickmilch
Saft von 1 Zitrone
75 g Zucker
1 Pck. Dr. Oetker Vanillin-Zucker
500 ml (1/2 l) Schlagsahne

Für den Guss:
2 Pck. Tortenguss, rot
500 ml (1/2 l) Flüssigkeit, z. B. Himbeersaft, Apfelsaft oder Wasser
30 g Zucker

Zubereitungszeit: etwa 40 Min., ohne Kühlzeit

1. Für den Teig Eier mit Handrührgerät mit Rührbesen auf höchster Stufe in 1 Minute schaumig rühren. Zucker, Vanillin-Zucker und Zitronenschale mischen und in 1 Minute einstreuen, dann noch 2 Minuten weiterrühren. Öl und Wasser unterrühren. Mehl mit Backin mischen, sieben und portionsweise auf mittlerer Stufe unterrühren.
2. Den Teig in eine Fettfangschale (30 x 40 cm, gefettet, bemehlt) geben und glatt streichen. Die Fettfangschale in den Backofen schieben.
   Ober-/Unterhitze: etwa 180 °C (vorgeheizt)
   Heißluft: etwa 160 °C (vorgeheizt)
   Gas: Stufe 2–3 (vorgeheizt)
   Backzeit: etwa 20 Minuten.
3. Das Gebäck in der Fettfangschale auf einem Kuchenrost erkalten lassen.
4. Für den Belag Himbeeren verlesen und auf dem Gebäck verteilen. Gelatine nach Packungsanleitung einweichen. Dickmilch, Zitronensaft, Zucker und Vanillin-Zucker in einer Schüssel verrühren. Gelatine ausdrücken, auflösen und zunächst mit etwas Dickmilchmasse verrühren, dann unter die restliche Dickmilchmasse rühren. Sobald die Masse beginnt zu gelieren, Sahne steif schlagen und unterheben. Die Creme auf den Himbeeren verstreichen und 30 Minuten kalt stellen.
5. Für den Guss Tortenguss, Flüssigkeit und Zucker nach Packungsanleitung zubereiten und heiß auf der Dickmilchcreme verteilen, so dass die Creme etwas angelöst wird, dabei evtl. den Guss mit einem Löffel leicht eindrücken. Den Kuchen noch etwa 1 Stunde kalt stellen.

Blubber-Kuchen

Bohnensuppe mit Tomaten

Bohnensuppe mit Tomaten

Dauert länger

Pro Portion:
E: 34 g, F: 42 g, Kh: 13 g,
kJ: 2535, kcal: 606

250 g weiße Bohnen, 1 1/2 l Wasser
1 Stange Porree (Lauch)
8 mittelgroße Tomaten, 3 EL Olivenöl
2 EL Tomatenmark, Salz
gerebelter Thymian, gekörnte Brühe
etwa 5 Tropfen Tabascosauce
4 Wiener Würstchen

Zubereitungszeit: etwa 30 Min., ohne Einweichzeit

1. Bohnen in Wasser etwa 12 Stunden einweichen, dann in einem Sieb abtropfen lassen. Bohnen mit 1 l Wasser zum Kochen bringen und etwa 40 Minuten kochen lassen. Porree putzen, waschen und in Scheiben schneiden, mit in die Suppe geben und noch 15 Minuten garen lassen.
2. Einen Teil der garen Bohnen zerstampfen. Tomaten waschen, kurze Zeit in kochendes Wasser legen (nicht kochen lassen), mit kaltem Wasser abschrecken und enthäuten, Stängelansätze herausschneiden und Tomaten klein schneiden.
3. Öl erhitzen. Tomatenstücke und -mark hinzugeben und darin andünsten. Die Bohnen mit der Flüssigkeit und restlichem Wasser hinzufügen, zum Kochen bringen und etwa 10 Minuten kochen lassen.
4. Die Suppe mit Salz, Thymian, gekörnter Brühe und Tabascosauce abschmecken. Würstchen in Scheiben schneiden, hinzufügen und erhitzen.

Tipp: Es können auch Bohnen aus der Dose verwendet werden. Diese müssen nicht mehr eingeweicht werden, sondern nur mit dem Porree 15 Minuten köcheln. Statt Wiener Würstchen können auch kleine, gut gewürzte Mettbällchen 10 Minuten mit erhitzt werden.

Bohnensuppe, bunte

Bohnensuppe, bunte

Gut vorzubereiten

Pro Portion:
E: 26 g, F: 18 g, Kh: 52 g,
kJ: 2071, kcal: 495

1 gelbe Paprikaschote (etwa 200 g)
2 Knoblauchzehen
3 EL Speiseöl
400 ml Gemüsebrühe
1 kleine Dose Kidneybohnen (Abtropfgewicht 250 g)
1 Pck. TK-Kräuter der Provence
Salz, frisch gemahlener Pfeffer
200 ml Schlagsahne
1 Dose weiße Bohnen (Abtropfgewicht 250 g)
1 Dose grüne Bohnenkerne (Flageolets, Abtropfgewicht 250 g)

Zubereitungszeit: etwa 25 Min.

1. Paprikaschote halbieren, entstielen, entkernen und die weißen Scheidewände entfernen, Schote waschen und in kleine Würfel schneiden. Knoblauch abziehen und fein würfeln.
2. Öl in einem Topf erhitzen, Knoblauch- und Paprikawürfel darin andünsten und Gemüsebrühe dazugießen.
3. Kidneybohnen abgießen und zu den Paprikawürfeln geben. Kräuter hinzufügen, die Suppe mit Salz und Pfeffer würzen und etwa 5 Minuten unter gelegentlichem Rühren kochen lassen.
4. Sahne, weiße Bohnen und grüne Bohnenkerne (jeweils mit Flüssigkeit) dazugeben und weitere 10 Minuten leicht kochen lassen, evtl. noch etwas abschmecken.

Abwandlung: Für eine scharfe Tomaten-Bohnensuppe 2 Zwiebeln würfeln und mit den Knoblauch- und Paprikawürfeln andünsten. Anstelle von Sahne 250 g passierte Tomaten hinzufügen und die Suppe kräftig mit Cayennepfeffer abschmecken.

Beilage: Roggenbrötchen oder Bauernbrot und für Nichtvegetarier ein Würstchen (Brüh-, Krakauer- oder Mettwürstchen).

Tipp: Die Suppe in doppelter Menge zubereiten und die Hälfte einfrieren.

Bohnensuppe, Rheinische

Preiswert

Pro Portion:
E: 34 g, F: 28 g, Kh: 29 g,
kJ: 2142, kcal: 510

600 g Dicke Rippe
1 3/4 l kaltes Salzwasser
1 Gemüsezwiebel (etwa 200 g)
2 EL Speiseöl
500 g fest kochende Kartoffeln
600 g TK-grüne-Bohnen
1/2 Bund Bohnenkraut
etwas Kräuteressig
Salz, frisch gemahlener Pfeffer
etwas Zucker

Zubereitungszeit: etwa 90 Min.

1. Die Dicke Rippe unter fließendem kalten Wasser abspülen, trockentupfen und in 2 Stücke schneiden. Die Stücke in das Salzwasser geben und zum Kochen bringen.
2. In der Zwischenzeit Gemüsezwiebel abziehen und würfeln. Öl in einer Pfanne erhitzen, die Zwiebelwürfel darin andünsten und zu dem Fleisch in die Brühe geben. Alles etwa 50 Minuten kochen lassen.
3. Kartoffeln waschen, schälen, abspülen und in kleine Würfel schneiden. Kartoffelwürfel und Bohnen hinzugeben, alles wieder zum Kochen bringen und noch 20 Minuten kochen lassen.
4. Dann das Fleisch herausnehmen, klein schneiden und zurück in die Suppe geben. Bohnenkraut kalt abspülen, trockentupfen und grob hacken. Die Suppe mit Essig, Salz, Pfeffer, Zucker und Bohnenkraut würzen.

Beilage: Zwiebelbrot mit Butter.

Tipp: Nach Belieben 100 g durchwachsenen Speck in Würfel schneiden, in einer Pfanne auslassen und vor dem Servieren in die Suppe geben.
Noch herzhafter schmeckt die Suppe, wenn Sie geräucherte dicke Rippe verwenden.

Bologneser Reistopf

Preiswert

Pro Portion:
E: 39 g, F: 33 g, Kh: 52 g,
kJ: 2789, kcal: 666

2 EL Speiseöl
600 g Gehacktes (halb Rind-, halb Schweinefleisch)
2 mittelgroße Zwiebeln
Salz
frisch gemahlener Pfeffer
Paprikapulver edelsüß
gerebelter Oregano
250 g Langkornreis
35 g Tomatenmark
750 ml (3/4 l) Fleischbrühe
je 1 kleine rote und gelbe Paprikaschote
300 g TK-Erbsen
Majoranblättchen

Zubereitungszeit: etwa 30 Min.

1. Öl in einem Topf erhitzen. Gehacktes hinzufügen und unter ständigem Rühren darin anbraten, dabei die Fleischklümpchen mit einer Gabel zerdrücken.

Bologneser Reistopf

2. Zwiebeln abziehen, in kleine Würfel schneiden, zu dem Gehackten geben und mit andünsten. Mit Salz, Pfeffer, Paprika und Oregano würzen.
3. Reis hinzufügen und kurz mit andünsten. Tomatenmark unterrühren und Brühe hinzugießen. Die Zutaten zum Kochen bringen und zugedeckt bei schwacher Hitze etwa 15 Minuten kochen lassen.
4. Paprika halbieren, entstielen, entkernen und die weißen Scheidewände entfernen. Die Schoten waschen, abtropfen lassen und in kleine Würfel schneiden.
5. Paprikawürfel und Erbsen in den Reistopf geben, zum Kochen bringen und etwa 10 Minuten mitgaren lassen. Mit Salz, Pfeffer und Paprika abschmecken und evtl. noch etwas Wasser hinzufügen. Mit Majoranblättchen garniert servieren.

Tipp: Wer es scharf liebt, kann eine Chilischote halbieren, entkernen, abspülen, fein würfeln und mitgaren.

Brauner Kuchen mit Fruchtcocktail

Brauner Kuchen mit Fruchtcocktail

Einfach – schnell

Insgesamt:
E: 81 g, F: 239 g, Kh: 542 g,
kJ: 19270, kcal: 4603

Zum Vorbereiten:
1 kleine Dose Fruchtcocktail
(Abtropfgewicht 250 g)

Für den All-in-Teig:
300 g Weizenmehl
1 Pck. Dr. Oetker Backin
2 TL gemahlener Zimt
125 g Zucker
125 g brauner Zucker
150 ml Speiseöl
3 Eier (Größe M)
150 g grob gemahlene Cashewkerne

Zum Besprenkeln:
100 g Puderzucker
2–3 EL Zitronensaft
einige Cashewkerne

Zubereitungszeit: etwa 20 Min.

1. Zum Vorbereiten Fruchtcocktail in einem Sieb gut abtropfen lassen.
2. Für den Teig Mehl mit Backin und Zimt mischen und in eine Rührschüssel sieben. Beide Zuckersorten, Speiseöl und Eier hinzufügen und die Zutaten mit Handrührgerät mit Rührbesen zunächst kurz auf niedrigster, dann auf höchster Stufe in etwa 2 Minuten zu einem glatten Teig verarbeiten. Cashewkerne und Fruchtcocktail unterheben.
3. Den Teig in eine Springform (Ø 26 cm, Boden gefettet) geben und glatt streichen. Die Form auf dem Rost in den Backofen schieben.
   Ober-/Unterhitze: etwa 180 °C (vorgeheizt)
   Heißluft: etwa 160 °C (nicht vorgeheizt)
   Gas: Stufe 2–3 (nicht vorgeheizt)
   Backzeit: etwa 50 Minuten.
4. Den Kuchen 10 Minuten in der Form stehen lassen, dann den Springformrand lösen und den Kuchen auf einem Kuchenrost erkalten lassen. Puderzucker sieben, mit Zitronensaft zu einem dünnflüssigen Guss verrühren, den Kuchen damit besprenkeln und mit Cashewkernen garnieren.

Tipp:
Sie können den Kuchen auch nur mit Puderzucker bestäuben. Reichen Sie mit Bourbon-Vanille-Zucker gesüßte Schlagsahne zum Kuchen.

Broccoli-Blumenkohl-Auflauf

4–6 Portionen

Preiswert

Pro Portion:
E: 44 g, F: 33 g, Kh: 7 g,
kJ: 2255, kcal: 539

$^{1}/_{2}$ Kopf Blumenkohl (350 g)
350 g Broccoli
2 Zwiebeln
1 großer, säuerlicher Apfel
3–4 Bratwürste Thüringer Art
1 Bund Majoran
4 EL Speiseöl, Salz
frisch gemahlener, weißer Pfeffer
3 Eier (Größe M)
125 ml ($^{1}/_{8}$ l) Milch
geriebene Muskatnuss
100 g geraspelter, mittelalter Gouda

Zubereitungszeit: etwa 35 Min.

1. Von Blumenkohl und Broccoli die Blätter und schlechten Stellen entfernen und die Strünke abschneiden, Blumenkohl und Broccoli in Röschen teilen und waschen. Die Röschen in kochendem Salzwasser etwa 8 Minuten garen, in ein Sieb geben und abtropfen lassen.

2. In der Zwischenzeit Zwiebeln abziehen und würfeln. Apfel schälen, vierteln, entkernen und quer in Scheiben schneiden. Bratwürste ebenfalls in dickere Scheiben schneiden. Majoran kalt abspülen, trockentupfen und die Blättchen von den Stängeln zupfen.
3. Zwei Esslöffel Öl in einer großen Pfanne erhitzen. Die Wurstscheiben darin unter Wenden braun braten, herausnehmen und beiseite stellen.
4. Das restliche Öl zu dem Bratfett in die Pfanne geben und erhitzen. Zwiebelwürfel darin andünsten, Apfelscheiben hinzufügen und kurz mitdünsten.
5. Etwas Wasser hinzufügen und die Flüssigkeit ein wenig einkochen lassen. Mit Salz und Pfeffer würzen und die Hälfte der Majoranblättchen unterheben. Wurstscheiben zugeben.
6. Eier und Milch verquirlen und mit Salz, Pfeffer, Muskatnuss kräftig würzen.
7. Blumenkohl und Broccoli in eine große, flache Auflaufform geben. Die Wurst-Apfel-Mischung dazwischen verteilen und die Eiermilch gleichmäßig darüber gießen. Mit Käse bestreuen. Die Form auf dem Rost in den Backofen schieben.

Broccoli-Blumenkohl-Auflauf

Ober-/Unterhitze: etwa 200 °C (vorgeheizt)
Heißluft: etwa 180 °C (vorgeheizt)
Gas: Stufe 3–4 (vorgeheizt)
Garzeit: 30–35 Minuten.

Abwandlung:
Für einen vegetarischen Broccoli-Blumenkohl-Auflauf den Auflauf wie oben beschrieben, aber ohne Bratwürste, zubereiten. 4–6 hart gekochte Eier pellen und achteln. Ein Bund Frühlingszwiebeln putzen, waschen und in feine Ringe schneiden. Die Frühlingszwiebelringe anstatt der Zwiebeln in Öl andünsten, dann den vorbereiteten Apfel zugeben und wie oben garen. Die Eiachtel unterheben und wie oben beschrieben weiter zubereiten.

Tipp:
Dazu schmeckt Kartoffelpüree mit Petersilie. Anstelle von Broccoli können Sie auch Romanesco verwenden.

Broccolicremesuppe, leichte

Kalorienarm

Pro Portion:
E: 14 g, F: 9 g, Kh: 18 g,
kJ: 866, kcal: 205

1 kg Broccoli, 300 ml Wasser
1 EL Gemüsebrühe (Instant)
500 ml ($^1/_2$ l) Milch
4 EL Haferkleie-Flocken (Reformhaus oder Naturkostladen)
Salz
frisch gemahlener weißer Pfeffer
geriebene Muskatnuss

Broccolicremesuppe, leichte

Zubereitungszeit: etwa 30 Min.

1. Vom Broccoli die Blätter entfernen und die Strünke abschneiden, den Broccoli in Röschen teilen. Die Strünke schälen und klein schneiden. Die Röschen waschen und abtropfen lassen.
2. Wasser in einem Topf zum Kochen bringen, Gemüsebrühe und Broccoli zugeben und zugedeckt etwa 15 Minuten garen lassen. Anschließend mit dem Pürierstab oder Mixer fein pürieren.
3. Milch erhitzen. Nach und nach die Milch zum Broccolipüree gießen, mit dem Pürierstab oder Schneebesen untermixen und so lange weiter mixen, bis eine glatte Cremesuppe entstanden ist. Die Suppe nochmals kurz aufkochen und Haferkleie-Flocken einrühren. Die Suppe mit Salz, Pfeffer und Muskat abschmecken.

Tipp:
Die Suppe mit Streifen von Räucherlachs, Krabben, fein gewürfelten Tomatenstückchen oder Knoblauch-Croûtons servieren.

Broccolinudeln, überbackene

Für Kinder

Pro Portion:
E: 19 g, F: 26 g, Kh: 27 g,
kJ: 1851, kcal: 442

2 l Wasser, 2 TL Salz
200 g grüne Bandnudeln
750 g Broccoli
400 ml heiße Gemüsebrühe
200 ml Schlagsahne, 3 Eier (Größe M)
125 g geriebener, mittelalter Gouda
Salz, frisch gemahlener Pfeffer
geriebene Muskatnuss
50 g Pinienkerne

Zubereitungszeit: etwa 30 Min.

1. Wasser in einem großen Topf mit geschlossenem Deckel zum Kochen bringen. Salz und Nudeln zugeben und die Nudeln nach Packungsanleitung im geöffneten Topf knapp bissfest garen. Zwischendurch 4-5-mal umrühren. Dann die Nudeln auf ein Sieb geben, kurz abschrecken und abtropfen lassen.
2. Inzwischen Broccoli putzen, waschen, in Röschen teilen und in kochender Gemüsebrühe etwa 10 Minuten garen. Broccoli dann auf ein Sieb geben, die Flüssigkeit dabei auffangen.
3. Broccoli mit den Nudeln mischen und in eine Auflaufform geben. Sahne, Eier und Gouda mit 125 ml (1/8 l) Gemüseflüssigkeit verrühren und mit Salz, Pfeffer und Muskat würzen. Die Eiersahne über die Nudel-Broccoli-Masse gießen. Die Form auf dem Rost in den Backofen schieben.
   Ober-/Unterhitze: etwa 180 °C (vorgeheizt)
   Heißluft: etwa 160 °C (vorgeheizt)
   Gas: Stufe 2–3 (vorgeheizt)
   Backzeit: etwa 40 Minuten.
4. Pinienkerne in einer Pfanne ohne Fett rösten. Die Pinienkerne über die überbackenen Broccolinudeln streuen.

Tipp: Das Gericht kann auch mit 650 g TK-Broccoli oder einer Mischung von TK-Blumenkohl und Broccoli zubereitet werden.

Brombeer-Joghurt-Törtchen

Für Kinder

Insgesamt:
E: 64 g, F: 204 g, Kh: 391 g,
kJ: 15893, kcal: 3801

Für den Knetteig:
250 g Weizenmehl, 1 Ei (Größe M)
100 g Zucker, 1 Prise Salz
125 g weiche Butter oder Margarine

Für die Füllung:
6 Blatt weiße Gelatine
300 ml Waldfrucht-Trinkjoghurt
250 ml (1/4 l) Schlagsahne

Für den Belag:
500 g Brombeeren

Zum Bestäuben und Garnieren:
Puderzucker
3–4 Zweige Zitronenmelisse

Zubereitungszeit: etwa 50 Min., ohne Kühlzeit

1. Für den Teig Mehl in eine Rührschüssel sieben. Ei, Zucker, Salz und Butter oder Margarine hinzufügen und die Zutaten mit Handrührgerät mit Knethaken zunächst kurz auf niedrigster, dann auf höchster Stufe gut durcharbeiten.
2. Anschließend auf der leicht bemehlten Arbeitsfläche zu einem glatten Teig verkneten, zu einer Kugel formen und in Folie gewickelt etwa 30 Minuten kalt stellen.
3. Den Teig auf der leicht bemehlten Arbeitsfläche ausrollen. 10 Platten (Ø gut 12 cm) ausstechen und in Torteletttförmchen (Ø etwa 10 cm, gefettet) legen. Den Teig etwas andrücken und den Teigboden mit einer Gabel einstechen. Die Förmchen auf dem Rost in den Backofen schieben.
   Ober-/Unterhitze: etwa 200 °C (vorgeheizt)
   Heißluft: etwa 180 °C (vorgeheizt)
   Gas: Stufe 3–4 (vorgeheizt)
   Backzeit: etwa 20 Minuten.

4. Die Torteletts sofort nach dem Backen aus den Förmchen lösen und auf einem Kuchenrost erkalten lassen.
5. Für die Füllung Gelatine nach Packungsanleitung in kaltem Wasser einweichen. Gelatine leicht ausdrücken und in einem kleinen Topf unter Rühren bei schwacher Hitze erwärmen (nicht kochen), bis sie völlig gelöst ist. Gelatine unter den Trinkjoghurt rühren und kalt stellen.
6. Wenn die Joghurtmasse anfängt zu gelieren, Sahne steif schlagen und unterheben. Die Joghurtsahne in die Törtchen füllen.
7. Für den Belag Brombeeren putzen, vorsichtig waschen, abtropfen lassen und auf die Törtchen legen.
8. Die Törtchen vor dem Servieren mit Puderzucker bestäuben und mit Zitronenmelisse garnieren.

Brombeertarte

Brombeertarte

Schnell

Insgesamt:
E: 76 g, F: 200 g, Kh: 463 g,
kJ: 17370, kcal: 4149

Für den Knetteig:
250 g Weizenmehl
2 TL Dr. Oetker Backin
75 g Zucker
1 Pck. Dr. Oetker Vanillin-Zucker
1 Ei (Größe M)
125 g weiche Butter oder Margarine

Für den Belag:
50 g Löffelbiskuits
500 g Brombeeren

Für den Guss:
100 g Schmand
3 EL Orangensaft
100 g Zucker
1 Pck. Dr. Oetker Vanillin-Zucker
1 Ei (Größe M)
100 g abgezogene, gemahlene Mandeln

Zubereitungszeit: etwa 30 Min.

1. Für den Teig Mehl mit Backin mischen und in eine Rührschüssel sieben. Zucker, Vanillin-Zucker, Ei und Butter oder Margarine hinzufügen. Die Zutaten mit Handrührgerät mit Knethaken zunächst kurz auf niedrigster, dann auf höchster Stufe gut durcharbeiten.
2. Auf der leicht bemehlten Arbeitsfläche zu einem glatten Teig verkneten. Sollte er kleben, ihn in Folie gewickelt eine Zeit lang kalt stellen.
3. Den Teig auf der leicht bemehlten Arbeitsfläche dünn ausrollen, in eine Tarteform (Ø 30 cm, gefettet) oder eine Springform (Ø 28 cm, Boden gefettet, mit Backpapier belegt) legen und am Rand etwas hochdrücken.
4. Für den Belag Löffelbiskuits in einen Gefrierbeutel geben, den Beutel verschließen und Löffelbiskuits mit einer Teigrolle fein zerdrücken. Die Brösel auf dem Teig verteilen.
5. Brombeeren putzen, vorsichtig waschen, gut abtropfen lassen und 400 g auf die Löffelbiskuitbrösel legen.
6. Für den Guss Schmand mit Orangensaft, Zucker, Vanillin-Zucker, Ei und Mandeln mit einem Schneebesen verrühren und über die Brombeeren geben. Die restlichen Brombeeren darauf verteilen. Die Form auf dem Rost in den Backofen schieben.
Ober-/Unterhitze: etwa 180 °C (vorgeheizt)
Heißluft: etwa 160 °C (vorgeheizt)
Gas: Stufe 2–3 (vorgeheizt)
Backzeit: etwa 40 Minuten.
7. Die Tarte auf einem Kuchenrost erkalten lassen. Dann die in der Springform gebackene Tarte vorsichtig aus der Form lösen und das mitgebackene Backpapier abziehen.

Burgunder Rodon

Klassisch – mit Alkohol

Insgesamt:
E: 64 g, F: 262 g, Kh: 598 g,
kJ: 21233, kcal: 5073

Für den Rührteig:
250 g weiche Butter oder Margarine
250 g Zucker
5 Tropfen Zitronen-Aroma
1 Msp. gemahlener Zimt
1 Pck. Dr. Oetker Bourbon-Vanille-Zucker, 1 Prise Salz
4 Eier (Größe M)
250 g Weizenmehl
3 TL Dr. Oetker Backin
20 g Kakaopulver
125 ml (1/8 l) Rotwein
50 g aufgelöste Halbbitter-Kuvertüre

Zum Aprikotieren:
30 g Zucker, knapp 2 EL Wasser
50 g Aprikosenkonfitüre

Zum Glasieren:
65 g gesiebter Puderzucker
1 EL Rotwein

Zubereitungszeit: etwa 30 Min., ohne Abkühlzeit

1. Für den Teig Butter oder Margarine mit Handrührgerät mit Rührbesen auf höchster Stufe geschmeidig rühren. Nach und nach Zucker, Aroma, Zimt, Vanille-Zucker und Salz unterrühren und so lange rühren, bis eine gebundene Masse entstanden ist.
2. Eier nach und nach unterrühren (jedes Ei etwa 1/2 Minute). Mehl mit Backin und Kakao mischen, sieben und abwechselnd mit dem Rotwein in 2 Portionen kurz auf mittlerer Stufe unterrühren. Kuvertüre unterheben.
3. Den Teig in eine Rohrbodenform (Ø 24 cm, gefettet) geben und glatt streichen. Die Form auf dem Rost in den Backofen schieben.
   Ober-/Unterhitze: etwa 180 °C (vorgeheizt)
   Heißluft: etwa 160 °C (nicht vorgeheizt)
   Gas: Stufe 2–3 (nicht vorgeheizt)
   Backzeit: 50–60 Minuten.
4. Die Form auf einen Kuchenrost stellen und den Kuchen etwa 10 Minuten in der Form stehen lassen. Dann auf einen mit Backpapier belegten Kuchenrost stürzen und den Kuchen erkalten lassen.
5. Zum Aprikotieren Zucker und Wasser in einem kleinen Topf unter Rühren erhitzen, bis der Zucker gelöst ist. Die Konfitüre durch ein Sieb streichen und unterrühren. So lange unter Rühren kochen lassen, bis die Masse anfängt dicklich zu werden. Den Kuchen damit bestreichen.
6. Zum Glasieren Puderzucker mit Rotwein zu einer dünnflüssigen Masse verrühren. Den Kuchen damit besprenkeln und Glasur trocknen lassen.

Tipp:
Statt in einer Rohrbodenform kann der Kuchen auch in einer Gugelhupfform (Ø 24 cm) gebacken werden.

Butterkekskuchen mit Stachelbeeren

Für Kinder

Insgesamt:
E: 81 g, F: 323 g, Kh: 694 g,
kJ: 25984, kcal: 6213

Für den Biskuitteig:
4 Eier (Größe M), 125 g Zucker
1 Pck. Dr. Oetker Vanillin-Zucker
100 g Weizenmehl
1 Pck. Dr. Oetker Pudding-Pulver Vanille-Geschmack
2 TL Dr. Oetker Backin

Für den Belag:
2 Gläser Stachelbeeren (Abtropfgewicht je 390 g)
600 ml Stachelbeersaft
2 Pck. Dr. Oetker Pudding-Pulver Vanille-Geschmack
750 ml (3/4 l) Schlagsahne
3 Pck. Dr. Oetker Sahnesteif
3 Pck. Dr. Oetker Vanillin-Zucker
etwa 32 Butterkekse

Für den Guss:
100 g Zartbitterschokolade
10 g Kokosfett
25 g gehackte Pistazien

Zubereitungszeit: etwa 50 Min.

1. Für den Teig Eier mit Handrührgerät mit Rührbesen auf höchster Stufe in 1 Minute schaumig schlagen. Zucker mit Vanillin-Zucker mischen, in 1 Minute einstreuen, dann noch etwa 2 Minuten schlagen.
2. Mehl, Pudding-Pulver und Backin mischen, die Hälfte davon auf die Eiercreme sieben und kurz auf niedrigster Stufe unterrühren. Den Rest des Mehl-

gemisches auf dieselbe Weise unterarbeiten.

3. Einen Backrahmen auf ein Backblech (30 x 40 cm, gefettet, bemehlt) stellen und den Teig auf das Backblech streichen. Das Backblech in den Backofen schieben.
   Ober-/Unterhitze: etwa 200 °C (vorgeheizt)
   Heißluft: etwa 180 °C (vorgeheizt)
   Gas: Stufe 3–4 (vorgeheizt)
   Backzeit: etwa 12 Minuten.
4. Das Backblech auf einen Kuchenrost stellen und die Biskuitplatte erkalten lassen.
5. Für den Belag Stachelbeeren auf einem Sieb abtropfen lassen, den Saft dabei auffangen und 600 ml davon abmessen, evtl. mit Wasser auffüllen.
6. Das Pudding-Pulver mit etwas Stachelbeersaft in einem kleinen Topf anrühren, den restlichen Saft zum Kochen bringen, das angerührte Pudding-Pulver hinzufügen, unter Rühren zum Kochen bringen und gut aufkochen lassen. Die Stachelbeeren sofort unterheben, die Masse auf der Biskuitplatte verteilen und abkühlen lassen.
7. Die Sahne mit Sahnesteif und Vanillin-Zucker steif schlagen und auf die Stachelbeermasse streichen. Die Butterkekse nebeneinander darauf verteilen.
8. Für den Guss Schokolade in Stücke brechen, mit dem Kokosfett in einem kleinen Topf im Wasserbad bei schwacher Hitze schmelzen lassen. Auf jeden Keks einen dicken Klecks Guss geben und mit Pistazien bestreuen.

Butterkekskuchen mit Stachelbeeren

Butterkuchen

Klassisch – einfach

Insgesamt:
E: 79 g, F: 119 g, Kh: 422 g, kJ: 12640, kcal: 3019

Für den Hefeteig:
200 ml Milch
50 g Butter
375 g Weizenmehl
1 Pck. Dr. Oetker Trockenbackhefe
50 g Zucker
1 Pck. Dr. Oetker Vanillin-Zucker
1 Prise Salz, 1 Ei (Größe M)

Für den Belag:
100 g kalte Butter
75 g Zucker
1 Pck. Dr. Oetker Vanillin-Zucker
100 g abgezogene, gehobelte Mandeln

Zubereitungszeit: etwa 20 Min., ohne Teiggehzeit

1. Zum Vorbereiten für den Teig Milch in einem kleinen Topf erwärmen und die Butter darin zerlassen.
2. Für den Teig Mehl in eine Rührschüssel sieben und mit der Hefe sorgfältig vermischen. Übrige Zutaten für den Teig und die warme Milch-Butter-Mischung hinzufügen und alles mit Handrührgerät mit Knethaken kurz auf niedrigster, dann auf höchster Stufe in etwa 5 Minuten zu einem glatten Teig verarbeiten. Den Teig zugedeckt so lange an einem warmen Ort gehen lassen, bis er sich sichtbar vergrößert hat.

Butterkuchen

3. Den Teig leicht mit Mehl bestäuben, aus der Schüssel nehmen und auf der leicht bemehlten Arbeitsfläche nochmals kurz durchkneten.
   Den Teig auf einem Backblech (30 x 40 cm, gefettet) ausrollen.
4. Für den Belag mit einem Kochlöffelstiel leichte Vertiefungen in den Teig drücken und Butter in Flöckchen gleichmäßig auf den Teig setzen. Zucker mit Vanillin-Zucker mischen, darüber streuen und die Mandeln gleichmäßig darüber verteilen. Den Teig nochmals so lange an einem warmen Ort gehen lassen, bis er sich sichtbar vergrößert hat. Das Backblech in den Backofen schieben.
   Ober-/Unterhitze: etwa 200 °C (vorgeheizt)
   Heißluft: etwa 180 °C (vorgeheizt)
   Gas: Stufe 3–4 (vorgeheizt)
   Backzeit: etwa 15 Minuten.
5. Das Backblech auf einen Kuchenrost stellen und den Kuchen darauf erkalten lassen.

Cannelloni in pikanter Tomatensauce

Cannelloni in pikanter Tomatensauce

Für Gäste

Pro Portion:
E: 36 g, F: 34 g, Kh: 43 g,
kJ: 2609, kcal: 622

Für die Tomatensauce:
1 kg Tomaten
1 Zwiebel
1 Knoblauchzehe
2 EL Olivenöl
1 schwach geh. EL Tomatenmark
Salz
frisch gemahlener Pfeffer
1 TL getrockneter, gerebelter Oregano
1 EL gehackte Petersilie

Für die Cannelloni:
1 Brötchen (Semmel) vom Vortag
2 Zwiebeln
500 g Gehacktes (halb Rind-, halb Schweinefleisch)
1 EL gehackte Petersilie
Salz
frisch gemahlener Pfeffer
16 Cannelloni, ohne Vorgaren
20 g Butter
50 g geriebener Käse,
z. B. mittelalter Gouda

Zubereitungszeit: etwa 35 Min.

1. Für die Tomatensauce Tomaten waschen, abtropfen lassen und kreuzweise einschneiden, kurz in kochendes Wasser legen und in kaltem Wasser abschrecken. Tomaten enthäuten, die Stängelansätze herausschneiden und Tomaten in Würfel schneiden. Zwiebel und Knoblauch abziehen und fein würfeln.
2. Öl erhitzen und Zwiebel- und Knoblauchwürfel darin unter Rühren andünsten. Tomatenwürfel und Tomatenmark hinzufügen, zum Kochen bringen und bei schwacher Hitze etwa 5 Minuten ohne Deckel köcheln. Mit Salz, Pfeffer und Oregano würzen. Petersilie unterrühren.
3. Für die Cannelloni Brötchen in kaltem Wasser einweichen. Zwiebeln abziehen und fein würfeln. Gehacktes mit dem gut ausgedrückten Brötchen, Zwiebelwürfeln und Petersilie vermengen und mit Salz und Pfeffer würzen. Die Fleischmasse in einen Spritzbeutel ohne Tülle füllen und in die Cannelloni spritzen, oder die Fleischmasse mit einem Teelöffel von beiden Seiten in die Cannelloni füllen.
4. Etwas von der Tomatensauce in eine flache Auflaufform geben, die gefüllten Cannelloni nebeneinander hineinlegen und die restliche Tomatensauce darüber verteilen. Butter in Flöckchen darauf setzen und Käse darüber streuen. Die Form ohne Deckel auf dem Rost in den Backofen schieben.
   Ober-/Unterhitze: etwa 180 °C (vorgeheizt)
   Heißluft: etwa 160 °C (vorgeheizt)
   Gas: Stufe 2–3 (vorgeheizt)
   Garzeit: etwa 35 Minuten.

Beilage:
Gemischter Blattsalat oder Tomatensalat.

Tipp:
Anstelle der frischen Tomaten können Sie auch 1 große Dose (800 g) geschälte Tomaten für die Sauce verwenden. Dann zusätzlich 100 ml Gemüsebrühe hinzufügen. Nach Belieben 1 Lorbeerblatt mitkochen.
Wenn Sie keinen Spritzbeutel haben, können Sie die Fleischmasse in einen Gefrierbeutel geben, eine Ecke abschneiden und die Füllung in die Cannelloni spritzen.

Cappuccino-Joghurt-Torte

Raffiniert

Insgesamt:
E: 88 g, F: 336 g, Kh: 533 g,
kJ: 23174, kcal: 5532

Für den All-in-Teig:
100 g Weizenmehl
30 g Speisestärke
10 g Kakaopulver
3 TL Dr. Oetker Backin
150 g Zucker
1 Pck. Dr. Oetker Vanillin-Zucker
1 Prise Salz
3 Eier (Größe M)
1 EL Wasser
125 g weiche Butter
30 g Kokosraspel

Für die Füllung:
1 Dose Aprikosenhälften
(Abtropfgewicht 240 g)
8 Blatt weiße Gelatine
3 EL Wasser
2 Beutel (je 10 g) Instant-Cappuccino-Pulver
500 g Naturjoghurt
150 g Zucker
500 ml (1/2 l) Schlagsahne
2 Pck. Dr. Oetker Vanillin-Zucker

Zum Garnieren:
30 g Mokka-Sahne-Schokolade

Zubereitungszeit: etwa 40 Min., ohne Kühlzeit

1. Für den Teig Mehl mit Speisestärke, Kakao und Backin mischen, in eine Rührschüssel sieben und Zucker, Vanillin-Zucker, Salz, Eier, Wasser, Butter und Kokosraspel hinzufügen.
2. Die Zutaten mit Handrührgerät mit Rührbesen zunächst kurz auf niedrigster dann auf höchster Stufe in etwa 2 Minuten zu einem Teig verarbeiten. Den Teig in eine Springform (Ø 26 cm, Boden gefettet, mit Backpapier belegt) geben und glatt streichen. Die Form auf dem Rost in den Backofen schieben.
   Ober-/Unterhitze: etwa 180 °C (vorgeheizt)
   Heißluft: etwa 160 °C (vorgeheizt)
   Gas: Stufe 2–3 (vorgeheizt)
   Backzeit: etwa 30 Minuten.
3. Den Tortenboden aus der Form lösen, auf einen Kuchenrost stürzen und mitgebackenes Backpapier abziehen. Tortenboden erkalten lassen. Anschließend einmal waagerecht durchschneiden, dabei nach Belieben den oberen Boden etwas dicker schneiden als den unteren. Den unteren Boden auf eine Tortenplatte legen und einen Tortenring darumlegen.
4. Für die Füllung Aprikosenhälften abtropfen lassen und in Spalten schneiden. Gelatine nach Packungsanleitung einweichen. Wasser erhitzen und Cappuccino-Pulver unterrühren. Gelatine leicht ausdrücken und unter Rühren in dem Cappuccino auflösen. Joghurt mit Zucker und der Cappuccino-Gelatine-Mischung verrühren und kalt stellen.
5. Sahne mit Vanillin-Zucker steif schlagen. Wenn die Masse anfängt zu gelieren, Sahne unterheben. Die Hälfte der Joghurt-Sahne auf den unteren Tortenboden geben und glatt streichen. Aprikosenspalten darauf verteilen und den oberen Tortenboden darauf legen, restliche Joghurt-Sahne darauf verstreichen. Oberfläche mit einem Esslöffel wellenförmig verzieren und die Torte 2 Stunden kalt stellen. Den Tortenring lösen und entfernen.
6. Zum Garnieren Schokolade mit einem Sparschäler oder Messer zu Röllchen schaben und die Tortenoberfläche damit garnieren.

Cappuccino-Joghurt-Torte

Champignons mit Rucola

Champignons mit Rucola

Römertopf

Pro Portion:
E: 9 g, F: 26 g, Kh: 9 g,
kJ: 1338, kcal: 319

4 Zwiebeln
1–2 Knoblauchzehen
500 g rosa Champignons
300 g weiße Champignons
1 TL Weizenmehl
50 g abgezogene, gemahlene Mandeln
Salz
frisch gemahlener Pfeffer
1 EL Olivenöl
200 ml Schlagsahne
1 kleines Bund Rucola (Rauke, 40 g)

Zubereitungszeit: etwa 30 Min.

1. Zwiebeln und Knoblauch abziehen. Zwiebeln in Spalten und Knoblauch in dünne Scheiben schneiden. Beide Champignonsorten putzen, mit Küchenpapier abreiben, evtl. abspülen und je nach Größe halbieren oder vierteln.
2. Die vorbereiteten Zutaten mit Mehl, Mandeln, Salz und Pfeffer im gewässerten Römertopf mischen und Öl und Sahne unterheben. Den Römertopf mit dem Deckel verschließen und auf dem Rost in den kalten Backofen schieben.
   Ober-/Unterhitze: etwa 200 °C
   Heißluft: etwa 180 °C
   Gas: Stufe 3–4
   Garzeit: etwa 60 Minuten.
3. Nach etwa 40 Minuten Garzeit das Gemüse umrühren und im geschlossenen Topf fertig garen.
4. In der Zwischenzeit Rucola putzen, waschen, trockenschleudern und klein schneiden. Das Champignongemüse mit Salz und Pfeffer abschmecken, Rucola unterheben und sofort servieren.

Tipp:
Das Champignongemüse als Vorspeise auf Toast oder als Beilage zu kurz gebratenem Fleisch servieren. Für einen fleischlosen Snack Kartoffelpuffer dazureichen.

Champignons mit Schinken

Für Gäste

Pro Portion:
E: 18 g, F: 35 g, Kh: 10 g,
kJ: 1746, kcal: 417

12 große weiße Champignons (etwa 800 g)

Für die Füllung:
1 Schalotte
120 g Parmaschinken
1 Bund glatte Petersilie
3 Scheiben Toastbrot
60 g Butter
4 EL Olivenöl
Salz
frisch gemahlener Pfeffer

20 g Butter
1 Ei (Größe M)

Zum Garnieren:
3 Tomaten

Zubereitungszeit: etwa 45 Min.

1. Champignons putzen, mit Küchenpapier abreiben, evtl. abspülen und trockentupfen. Stiele herausdrehen und die Köpfe etwas aushöhlen. Stiele und ausgehöhltes Champignonfleisch in kleine Würfel schneiden.
2. Für die Füllung Schalotte abziehen und in kleine Würfel schneiden. Schinken in 2–3 cm lange, feine Streifen schneiden. Petersilie abspülen und trockentupfen, die Blättchen von den Stängeln zupfen und fein hacken. Toastbrot entrinden und in kleine Würfel schneiden. Butter in einer Pfanne zerlassen und Toastwürfel unter Rühren darin goldgelb dünsten, beiseite stellen.
3. Olivenöl in einer Pfanne erhitzen,

Champignons mit Schinken

Champignonköpfe hinzugeben und leicht anbraten. Mit Salz und Pfeffer würzen. Anschließend in eine flache Auflaufform legen.

4. Butter in einem Topf zerlassen und Champignon-, Schalottenwürfel und Schinkenstreifen darin andünsten. Petersilie, Toastbrotwürfel und Ei unterrühren, mit Salz und Pfeffer würzen.
5. Die Masse in den ausgehöhlten Champignons verteilen. Die Form auf dem Rost in den Backofen schieben.
   Ober-/Unterhitze: etwa 180 °C (vorgeheizt)
   Heißluft: etwa 160 °C (vorgeheizt)
   Gas: Stufe 2–3 (vorgeheizt)
   Backzeit: 15–20 Minuten.
6. Zum Garnieren Tomaten waschen, abtrocknen und die Stängelansätze herausschneiden. Tomaten halbieren, entkernen und in kleine Würfel schneiden. Die gefüllten Champignons mit Tomatenwürfeln garniert servieren.

Champignons mit Spinat-Käse-Füllung

Gut vorzubereiten

Pro Portion:
E: 17 g, F: 45 g, Kh: 8 g, kJ: 2069, kcal: 494

600 g Blattspinat
1 kleine Zwiebel
60 g Butter
Salz
frisch gemahlener Pfeffer
geriebene Muskatnuss
12 Riesenchampignons (etwa 600 g)
125 g Doppelrahm-Kräuterfrischkäse
2 EL Semmelbrösel
40 g geriebener Emmentaler
evtl. Gemüsebrühe
250 ml (1/4 l) Schlagsahne
Saucenbinder
1/2 TL gekörnte Instant-Gemüsebrühe

Außerdem:
Fett für die Form

Zubereitungszeit: etwa 30 Min., ohne Abkühlzeit

1. Spinat verlesen, dicke Stiele entfernen, Spinat gründlich waschen und etwas abtropfen lassen. Zwiebel abziehen und würfeln.
2. 40 g Butter in einem Topf zerlassen und die Zwiebelwürfel darin andünsten. Den Spinat hinzufügen, mit Salz, Pfeffer und Muskatnuss würzen und bei schwacher Hitze etwa 5 Minuten mit Deckel dünsten, dabei vorsichtig umrühren. Den Spinat in ein Sieb geben, dabei die Dünstflüssigkeit auffangen. Den Spinat etwas abkühlen lassen und klein schneiden.
3. Von den Champignons Stielenden und schlechte Stellen abschneiden, Champignons mit Küchenpapier abreiben, evtl. abspülen und trockentupfen. Die Stiele aus den Köpfen herausdrehen und in kleine Würfel schneiden.
4. Die restliche Butter zerlassen. Die Champignonwürfel darin unter Rühren 1–2 Minuten dünsten und mit Salz und Pfeffer würzen. Frischkäse unterrühren und mit den Semmelbröseln unter den Spinat geben. Die Masse nochmals mit Salz, Pfeffer und Muskatnuss abschmecken.
5. Die Champignonköpfe innen mit Salz und Pfeffer bestreuen, bergartig mit der Spinatmasse füllen und in eine gefettete Auflaufform geben. Emmentaler darüber streuen.
6. Von der aufgefangenen Spinat-Dünstflüssigkeit 125 ml (1/8 l) abmessen (evtl. mit Gemüsebrühe auffüllen), mit Sahne in dem Spinattopf zum Kochen bringen und mit Saucenbinder andicken. Die Sauce mit Salz, Pfeffer und Gemüsebrühe abschmecken und in die Auflaufform gießen. Die Form ohne Deckel auf dem Rost in den Backofen schieben.
   Ober-/Unterhitze: etwa 180 °C (vorgeheizt)
   Heißluft: etwa 160 °C (vorgeheizt)
   Gas: Stufe 2–3 (vorgeheizt)
   Überbackzeit: etwa 30 Minuten.

Champignons mit Spinat-Käse-Füllung

Abwandlung:
Für Champignons mit Tomatensauce anstelle der Sahnesauce 1 Packung (500 g) passierte Tomaten mit Salz, Pfeffer und Paprikapulver rosenscharf würzen und in die Auflaufform geben. Die Champignons dann nach dem Überbacken mit 2 Esslöffeln gehacktem Basilikum bestreuen.

Tipp:
Die gefüllten Champignons als vegetarisches Hauptgericht mit Baguette oder Ciabatta (italienisches Weißbrot) servieren.
Als Vorspeise mit Tomatenscheiben oder etwas Blattsalat auf Tellern angerichtet reichen die gefüllten Champignons für 8–10 Portionen.

Cheesy-Schoko-Muffins

5. Die Muffins 10 Minuten in der Form stehen lassen, dann vorsichtig aus der Form lösen und auf einem Kuchenrost erkalten lassen.

Cheesy-Schoko-Muffins

Für Kinder

Pro Stück:
E: 6 g, F: 13 g, Kh: 30 g,
kJ: 1092, kcal: 261

Zum Vorbereiten:
100 g Blockschokolade
50 g weiche Butter

Für die Käsecreme:
1 Pck. (200 g) Doppelrahm-Frischkäse
1/2 TL Dr. Oetker Finesse Orangenfrucht
60 g Zucker
1 Ei (Größe M)

Für den Teig:
2 Eier (Größe M)
140 g Zucker
1 Pck. Dr. Oetker Vanillin-Zucker
120 g Weizenmehl
1 TL Dr. Oetker Backin
1 Prise Salz

Zubereitungszeit: etwa 25 Min., ohne Abkühlzeit

1. Zum Vorbereiten Schokolade in Stücke hacken und in einem kleinen Topf im Wasserbad bei schwacher Hitze zu einer geschmeidigen Masse verrühren. Butter unterrühren, bis sie geschmolzen ist. Die Schokoladen-Butter-Masse etwas abkühlen lassen.
2. Für die Käsecreme Frischkäse, Orangenfrucht, Zucker und 1 Ei gut verrühren.
3. Für den Teig Eier, Zucker und Vanillin-Zucker in eine Rührschüssel geben und mit Handrührgerät mit Rührbesen auf höchster Stufe geschmeidig rühren. Schokoladen-Butter-Masse unterrühren. Mehl mit Backin und Salz mischen, sieben und portionsweise auf mittlerer Stufe unterrühren.
4. Den Teig in eine Muffinform (für 12 Muffins, gut gefettet, bemehlt) geben und die Käsecreme darauf verteilen. Mit einer Gabel spiralförmig durch den Teig ziehen, so dass ein Marmormuster entsteht. Die Form auf dem Rost in den Backofen schieben.

Ober-/Unterhitze: etwa 180 °C (vorgeheizt)
Heißluft: etwa 160 °C (vorgeheizt)
Gas: Stufe 2–3 (vorgeheizt)
Backzeit: etwa 25 Minuten.

Chicorée-Hähnchen-Gratin

Raffiniert

Pro Portion:
E: 59 g, F: 73 g, Kh: 12 g,
kJ: 4074, kcal: 975

2 doppelte Hähnchenfilets (je etwa 300 g)
4 EL Olivenöl
Salz
frisch gemahlener Pfeffer
4 Chicorée (750 g)
150 ml Hühnerbrühe
400 g Tomaten
500 g Schmand
5 EL Orangensaft
1 EL Currypulver
250 g Cheddar-Käse

Zubereitungszeit: etwa 35 Min.

Chicorée-Hähnchen-Gratin

1. Hähnchenfilets unter fließendem kalten Wasser abspülen und trockentupfen. Die doppelten Filets in der Mitte halbieren und jede Hälfte einmal der Länge nach durchschneiden.
2. Die Hälfte des Öls in einer Pfanne erhitzen und das Fleisch darin etwa 10 Minuten unter Wenden kräftig anbraten, mit Salz und Pfeffer würzen und aus der Pfanne nehmen.
3. Chicorée von schlechten Blättern befreien, waschen, längs halbieren und die bitteren Strünke keilförmig so herausschneiden, dass die Blätter möglichst noch zusammenhalten.
4. Eine flache Auflaufform mit dem restlichen Öl einstreichen. Chicoréehälften mit der Schnittfläche nach unten darin verteilen.
5. Das Fleisch zum Chicorée geben. Den Bratensatz mit Hühnerbrühe ablöschen, aufkochen lassen und über Fleisch und Chicorée gießen.
6. Tomaten waschen, abtropfen lassen und kreuzweise einschneiden, kurz in kochendes Wasser legen und in kaltem Wasser abschrecken. Tomaten enthäuten, Stängelansätze herausschneiden, Tomaten achteln, entkernen und auf dem Fleisch verteilen.
7. Schmand mit Orangensaft, Salz und Currypulver verrühren und als Kleckse auf Fleisch und Gemüse geben.
8. Käse fein reiben und auf der Schmandmasse verteilen. Die Form auf dem Rost in den Backofen schieben.
   Ober-/Unterhitze: etwa 200 °C (vorgeheizt)
   Heißluft: etwa 180 °C (vorgeheizt)
   Gas: Stufe 3–4 (vorgeheizt)
   Garzeit: etwa 25 Minuten.

Tipp:
Dazu schmeckt Baguette.

Chicorée im Schinkenmantel

Raffiniert

Pro Portion:
E: 25 g, F: 47 g, Kh: 7 g,
kJ: 2286, kcal: 547

4 große Chicorée (je etwa 250 g)
50 g Butter
1 EL Speiseöl, z. B. Sonnenblumenöl
4 Scheiben gekochter Schinken
1 Becher (150 g) Crème fraîche
150 g Naturjoghurt
200 g Schmelzkäse
Salz
frisch gemahlener Pfeffer
50 g geraspelter Gratin- oder Gouda-Käse

Zubereitungszeit: etwa 30 Min.

1. Vom Chicorée die äußeren welken Blätter entfernen, Chicorée längs halbieren, waschen, abtropfen lassen und die bitteren Strünke keilförmig so herausschneiden, dass die Blätter möglichst noch zusammenhalten.
2. Butter und Öl in einer Pfanne erhitzen und die Chicoréehälften darin mit der Schnittseite nach unten bei schwacher Hitze etwa 10 Minuten dünsten.
3. Schinkenscheiben halbieren, je 1 Hälfte um eine Chicoréehälfte legen und in eine flache Auflaufform geben.
4. Crème fraîche und Joghurt in der Pfanne erhitzen, zum Kochen bringen und Schmelzkäse unter Rühren darin auflösen.
5. Die Sauce mit Salz und Pfeffer würzen und über die Chicoréehälften geben. Den geraspelten Käse darüber streuen. Die Form ohne Deckel auf dem Rost in den Backofen schieben.
   Ober-/Unterhitze: etwa 180 °C (vorgeheizt)
   Heißluft: etwa 160 °C (vorgeheizt)
   Gas: Stufe 2–3 (vorgeheizt)
   Garzeit: etwa 20 Minuten.

Beilage:
Kleine Kartoffeln oder Reis.

Chicorée im Schinkenmantel

Chicoréesalat

Raffiniert

Pro Portion:
E: 12 g, F: 13 g, Kh: 8 g,
kJ: 822, kcal: 198

800 g Chicorée
150 g gekochter Schinken

Für die Sauce:
1 Becher (150 g) Crème fraîche
2 schwach geh. EL Tomatenketchup
Salz, frisch gemahlener Pfeffer
Zucker
1 EL gehackter Kerbel

Zubereitungszeit: etwa 25 Min.

1. Von dem Chicorée die äußeren welken Blätter entfernen, Chicorée längs halbieren, waschen und abtropfen lassen, die bitteren Strünke keilförmig herausschneiden und Chicorée in etwa 1 $^1/_2$ cm breite Streifen schneiden. Schinken in feine Streifen schneiden.
2. Für die Sauce Crème fraîche mit Tomatenketchup verrühren und mit Salz, Pfeffer und Zucker würzen. Kerbel unterrühren. Chicorée- und Schinkenstreifen mit der Sauce vermengen.

Abwandlung:
Sie können den Salat auch mit Chinakohl oder Eisbergsalat anstelle von Chicorée zubereiten. Bunt wird der Salat, wenn man die Hälfte des Chicorées durch roten Chicorée oder Radicchio ersetzt.

Tipp:
Der Chicoréesalat kann als Beilage z. B. zu Fisch gereicht werden oder als Vorspeise mit Toast und Butter. Den Salat auf ganzen Chicoréeblättern anrichten.

Chicoréesalat mit blauen Trauben

Chicoréesalat mit blauen Trauben

Kalorienarm

Pro Portion:
E: 7 g, F: 7 g, Kh: 30 g,
kJ: 926, kcal: 221

Für die Salatsauce:
1 Becher (150 g) Naturjoghurt
1 EL gehackte Zitronenmelisse
2 EL Zitronensaft
Salz
1 Prise Zucker

Für den Salat:
4 mittelgroße Chicorée
(je etwa 200 g)
2 Äpfel
2 Orangen
40 g Sonnenblumenkerne
200 g blaue kernlose Weintrauben

Zubereitungszeit: etwa 25 Min.

1. Für die Salatsauce Joghurt in eine Schüssel geben. Zitronenmelisse, Zitronensaft, Salz und Zucker mit dem Joghurt verrühren.
2. Für den Salat Chicorée von den schlechten Blättern befreien, halbieren und die bitteren Strünke keilförmig herausschneiden. Chicorée waschen, abtropfen lassen und die Blätter abzupfen.
3. Äpfel waschen, vierteln, entkernen und in dünne Scheiben schneiden. Orangen so dick mit einem Messer schälen, dass auch die weiße Haut ganz entfernt wird. Orangen halbieren und ebenfalls in Scheiben schneiden.
4. Chicoréeblätter, Apfel- und Orangenscheiben auf 4 Teller verteilen. Salatsauce darüber gießen und mit Sonnenblumenkernen bestreuen.
5. Weintrauben waschen, trockentupfen, entstielen, auf dem Salat verteilen.

Tipp:
Der Salat passt besonders gut zu gebratenem Geflügel. Der Salat wird zu einem leichten, sommerlichen Hauptgericht, wenn Sie ihn mit 200–250 g geräucherter, in Scheiben oder Streifen geschnittener Putenbrust anrichten und Brötchen oder Baguette dazureichen.

Chinakohlauflauf

Vegetarisch

Pro Portion:
E: 25 g, F: 23 g, Kh: 23 g,
kJ: 1785, kcal: 426

200 ml Gemüsebrühe
300 g Zucchini
1 große gelbe Paprikaschote (etwa 250 g)
75 g rote Linsen
200 g Tomaten
1 Chinakohl (700–750 g)

Für die Sauce und zum Belegen:
200 g Camembert
1/2 Bund Dill
30 g Butter oder Margarine
30 g Weizenmehl
300 ml Milch
3 Eier (Größe M)
Salz, frisch gemahlener Pfeffer
geriebene Muskatnuss

Zubereitungszeit: etwa 35 Min.

1. Brühe in einem Topf zum Kochen bringen. In der Zwischenzeit Zucchini waschen, abtrocknen, die Enden abschneiden und Zucchini erst längs halbieren, dann in Scheiben schneiden. Paprikaschote halbieren, entstielen, entkernen und die weißen Scheidewände entfernen, die Schote waschen und in Streifen schneiden.
2. Paprikastreifen mit den Linsen in die kochende Brühe geben und etwa 3 Minuten kochen lassen. Zucchinischeiben hinzufügen und alles noch etwa 3 Minuten garen. Abgießen und abtropfen lassen.
3. Tomaten waschen, abtrocknen und die Stängelansätze herausschneiden, Tomaten vierteln und entkernen. Die Tomatenviertel klein würfeln.
4. Von dem Chinakohl die äußeren Blätter entfernen, Chinakohl waschen und abtropfen lassen. Die unteren Enden großzügig abschneiden, den Kohlkopf vierteln und mit einer Schnittfläche nach unten in eine große, flache Auflaufform oder die Fettfangschale des Backofens legen. Vorgegartes Gemüse und Tomaten darüber geben.
5. Für die Sauce und zum Belegen die Hälfte des Camemberts in kleine Würfel, die andere Hälfte in dünne Scheiben schneiden. Dill kalt abspülen, trockentupfen, die Spitzen von den Stängeln zupfen und klein schneiden.
6. Butter oder Margarine in einem Topf erhitzen. Mehl darin andünsten, unter Rühren nach und nach mit Milch ablöschen und aufkochen lassen. Camembertwürfel unterrühren und schmelzen lassen.
7. Eier trennen. Eigelb mit etwas von der Sauce verrühren und zu der Sauce geben (nicht mehr kochen lassen). Die Sauce mit Salz, Pfeffer und Muskatnuss kräftig würzen. Dill hinzufügen.
8. Eiweiß steif schlagen und unterheben. Die Sauce gleichmäßig auf dem Gemüse verteilen und mit den Camembertscheiben belegen. Die Form oder Fettfangschale (die Form auf dem Rost) in den Backofen schieben.
   Ober-/Unterhitze: etwa 180 °C (vorgeheizt)
   Heißluft: etwa 160 °C (nicht vorgeheizt)
   Gas: Stufe 2–3 (nicht vorgeheizt)
   Garzeit: etwa 45 Minuten.

Tipp:
Besonders schön sieht es aus, wenn Sie die Auflaufform mit einigen Chinakohlblättern auslegen (Vorsicht, die dünnen Spitzen verbrennen leicht).

Chinakohlauflauf

Chinakohleintopf

Raffiniert

Pro Portion:
E 29 g, F: 39 g, Kh: 19 g, kJ: 2425, kcal: 579

750 g Chinakohl
2–3 Zwiebeln, 250 g Tomaten
375 g Kartoffeln
40 g Butter oder Margarine
500 g Gehacktes
(halb Rind-, halb Schweinefleisch)
Salz, frisch gemahlener Pfeffer
500 ml (1/2 l) Gemüsebrühe
2 EL Tomatenmark
2 EL Schnittlauchröllchen

Zubereitungszeit: etwa 45 Min.

1. Chinakohl putzen, den Kopf halbieren und den Strunk herausschneiden. Den Kohl vierteln, in schmale Streifen schneiden, waschen und abtropfen lassen. Zwiebeln abziehen und fein würfeln.
2. Tomaten waschen, abtropfen lassen und kreuzweise einschneiden, kurz in kochendes Wasser legen und in kaltem Wasser abschrecken. Tomaten enthäuten, die Stängelansätze entfernen, Tomaten vierteln, entkernen und in Stücke schneiden. Kartoffeln waschen, schälen, abspülen und in Würfel schneiden.
3. Butter oder Margarine in einem Topf zerlassen und die Zwiebelwürfel darin goldgelb dünsten. Gehacktes hinzufügen und anbraten, dabei die Fleischklümpchen mit einer Gabel etwas zerdrücken. Mit Salz und Pfeffer würzen.
4. Kartoffelwürfel und Gemüsebrühe dazugeben und alles etwa 10 Minuten schmoren lassen. Dann die Chinakohlstreifen hinzufügen und alles weitere 15–20 Minuten garen.
5. Tomatenstücke und -mark unterrühren, den Eintopf nochmals erhitzen und mit den Gewürzen abschmecken. Den Eintopf vor dem Servieren mit Schnittlauchröllchen bestreuen.

Tipp:
Anstelle von gemischtem Hackfleisch können Sie auch Thüringer Mett (gewürztes Schweinegehacktes) verwenden. Dann etwas weniger salzen und pfeffern.

Chinakohl-Gratin

Preiswert

Pro Portion:
E: 12 g, F: 20 g, Kh: 5 g,
kJ: 1098, kcal: 263

750 g Chinakohl
Salzwasser
250 g Creme-Champignons
Salz, frisch gemahlener Pfeffer
1 Becher (150 g) Crème fraîche
1 Becher (150 g) Naturjoghurt
2 Eier (Größe M)
geriebene Muskatnuss
Currypulver
100 g geriebener, mittelalter Gouda

Zubereitungszeit: etwa 30 Min.

1. Chinakohl putzen, abspülen und abtropfen lassen. Den Kohl halbieren und den Strunk herausschneiden. Den Kohl vierteln oder achteln und die Kohlstücke in kochendes Salzwasser geben, aufkochen und 2–3 Minuten kochen lassen. Kohlstücke mit einer Schaumkelle herausnehmen und in eine flache Auflaufform legen.
2. Champignons putzen, mit Küchenpapier abreiben, evtl. abspülen, abtropfen lassen und in dicke Scheiben schneiden. Champignonscheiben zwischen dem Kohl verteilen. Mit Salz und Pfeffer bestreuen.
3. Crème fraîche und Joghurt verrühren. Eier unterschlagen und mit Salz, Pfeffer, Muskat und Curry würzen. Die Sauce über die Kohl-Champignon-Masse geben und mit Käse bestreuen. Die Form auf dem Rost in den Backofen schieben.
   Ober-/Unterhitze: etwa 200 °C (vorgeheizt)
   Heißluft: etwa 180 °C (vorgeheizt)
   Gas: Stufe 3–4 (vorgeheizt)
   Garzeit: etwa 30 Minuten.

Beilage:
Rösti.

Tipp:
Statt mit Chinakohl und Champignons kann das Gericht auch mit der gleichen Menge Spitzkohl und Tomatenwürfeln zubereitet werden.

Chinakohl-Gratin

Chinakohlsalat mit Frischkäse

Für Kinder

Pro Portion:
E: 10 g, F: 9 g, Kh: 12 g,
kJ: 723, kcal: 173

600 g Chinakohl, 1 Dose Mandarinen (Abtropfgewicht 175 g)
100 g gekochter Schinken

Für die Sauce:
100 g Kräuterfrischkäse
4 EL Schlagsahne
4 EL Mandarinensaft (aus der Dose)
1–2 EL Weißweinessig
Salz
1 Prise Zucker
frisch gemahlener Pfeffer
1 EL gemischte, gehackte Kräuter, z. B. Basilikum, Petersilie, Schnittlauch

Zubereitungszeit: etwa 25 Min.

1. Von dem Chinakohl die äußeren welken Blätter entfernen, den Kohl halbieren und den Strunk herausschneiden, Chinakohl abspülen, abtropfen lassen und in schmale Streifen schneiden.
2. Mandarinen in einem Sieb abtropfen lassen, dabei den Saft auffangen und 4 Esslöffel für die Sauce abmessen. Schinken in Streifen schneiden.
3. Für die Sauce Frischkäse mit Sahne und Mandarinensaft verrühren und mit Essig, Salz, Zucker und Pfeffer würzen. Kräuter unterrühren. Die Sauce mit den Salatzutaten in einer Schüssel vermischen und den Salat servieren.

Curry-Reis-Pfanne mit Cabanossi

Curry-Reis-Pfanne mit Cabanossi

Einfach

Pro Portion:
E: 30 g, F: 51 g, Kh: 71 g,
kJ: 3819, kcal: 911

1 Zwiebel
1–2 Knoblauchzehen
4 EL Olivenöl
300 g Risottoreis
2 TL Currypulver
200 ml Weißwein
750 ml (3/4 l) Gemüsebrühe
200 g Tomaten
200 g Zuckerschoten
400 g Cabanossi
Salz
frisch gemahlener Pfeffer

Zubereitungszeit: etwa 45 Min.

1. Zwiebel und Knoblauchzehen abziehen und würfeln. Öl in einer tiefen Pfanne erhitzen und Zwiebel und Knoblauch darin andünsten. Reis und Currypulver hinzufügen und unter Rühren darin andünsten, mit Wein ablöschen und 2–3 Minuten garen.
2. Brühe nach und nach hinzufügen und etwa 20 Minuten garen, bis die Flüssigkeit aufgesogen ist.
3. Tomaten kurze Zeit in kochendes Wasser legen, in kaltem Wasser abschrecken, enthäuten und die Stängelansätze herausschneiden, die Tomaten vierteln, entkernen und in Spalten schneiden.
4. Zuckerschoten putzen, Enden abschneiden, Schoten waschen und abtropfen lassen. Schoten je nach Größe halbieren oder dritteln. Cabanossi schräg in Scheiben schneiden. Tomaten, Zuckerschoten und Cabanossi zum Reis geben und weitere etwa 5 Minuten garen, evtl. noch etwas Wasser hinzufügen. Mit Salz und Pfeffer abschmecken.

Tipp:
Wer keine Zuckerschoten bekommt, kann stattdessen auch 300 g aufgetaute TK-Erbsen oder TK-Prinzessbohnen verwenden.

Curry-Schichtbraten

Raffiniert

Pro Portion:
E: 31 g, F: 36 g, Kh: 6 g,
kJ: 2090, kcal: 499

60 g Kürbiskerne
200 g grobes Bratwurstbrät
2 Eier (Größe M)
1½–2 TL Currypulver
Salz
frisch gemahlener, weißer Pfeffer
600 g Putenschnitzel
25 g Butter
250 g Schmand oder Crème fraîche

Zubereitungszeit: etwa 25 Min.

1. 40 g Kürbiskerne hacken und mit Bratwurstbrät, Eiern und Curry mischen. Die Masse evtl. mit Salz und Pfeffer würzen.
2. Putenschnitzel unter fließendem kalten Wasser abspülen und trockentupfen. Die Hälfte der Schnitzel in eine

Curry-Schichtbraten

gefettete, flache Auflaufform legen (die Putenschnitzel sollten den Boden der Form gerade bedecken) und salzen und pfeffern. Darauf die Hälfte der Brätmasse verteilen, mit den restlichen Schnitzeln belegen und mit der restlichen Brätmasse bedecken.

3. Butter in Flöckchen und die restlichen Kürbiskerne darauf verteilen. Die Form auf dem Rost in den Backofen schieben.
   Ober-/Unterhitze: etwa 200 °C (vorgeheizt)
   Heißluft: etwa 180 °C (vorgeheizt)
   Gas: Stufe 3–4 (vorgeheizt)
   Garzeit: etwa 35 Minuten.
4. Schmand oder Crème fraîche mit Salz und Pfeffer würzen und den garen Braten damit servieren.

Abwandlung:
Anstelle von Putenschnitzel können Sie auch dieselbe Menge Schweineschnitzel verwenden. Dann erhöht sich die Garzeit um 5–10 Minuten.

Beilage:
Gebratener Kartoffelsalat. Dafür 750 g fest kochende Kartoffeln schälen, waschen und in 1 cm große Würfel schneiden. 6 Esslöffel Speiseöl erhitzen, die Kartoffelwürfel darin unter häufigem Wenden leicht braun braten, salzen und pfeffern und zugedeckt etwa 10 Minuten bei mittlerer Hitze garen. 3 Esslöffel Weißweinessig über den Kartoffeln verteilen. 1/2 Salatgurke waschen, in 1 cm große Würfel schneiden und mit 1 Esslöffel fein geschnittenem Dill unter die Kartoffeln mengen, nochmals abschmecken und zu dem Braten servieren.

Tipp:
Der Braten schmeckt auch kalt sehr gut, er kann also bereits einige Stunden vor dem Verzehr zubereitet werden.

Curry-Suppentopf

Raffiniert

Pro Portion:
E: 19 g, F: 16 g, Kh: 8 g,
kJ: 1090, kcal: 260

250 g Putenbrust
1 kleine Zwiebel
1 Stange Porree (Lauch, etwa 150 g)
50 g Butter
1 EL Currypulver
1 1/2 EL Weizenmehl
1 l Hühnerbrühe
1/2 Becher (75 g) Crème fraîche
Salz
frisch gemahlener Pfeffer
1–2 TL Honig
1 Apfel
Saft von 1/2 Zitrone

Zubereitungszeit: etwa 50 Min.

1. Putenbrust unter fließendem kalten Wasser abspülen, trockentupfen und in kleine Würfel schneiden. Zwiebel abziehen und würfeln. Porree putzen, gründlich waschen und in Ringe schneiden.
2. Butter in einem Topf erhitzen. Die Fleischwürfel darin leicht anbraten und herausnehmen. Zwiebelwürfel und Porreeringe in dem verbliebenen Bratfett andünsten.
3. Die Fleischwürfel wieder in den Topf geben. Mit Currypulver und Mehl bestäuben, verrühren und mit Hühnerbrühe auffüllen. Unter gelegentlichem Umrühren zugedeckt bei schwacher Hitze etwa 15 Minuten köcheln lassen.
4. Crème fraîche unterrühren und die Suppe salzen und pfeffern, mit Honig abschmecken.
5. Apfel waschen, abtrocknen, vierteln und entkernen, in kleine Spalten schneiden und mit Zitronensaft beträufeln. Die Apfelspalten kurz vor dem Servieren in die Suppe geben und darin erhitzen.

Curry-Suppentopf

Dänischer Salat

Klassisch

Pro Portion:
E: 31 g, F: 24 g, Kh: 52 g,
kJ: 2426, kcal: 579

2 l Wasser, 2 TL Salz
200 g kleine Nudeln,
z. B. Gabelspaghetti

1 Pck. (300 g) TK-Erbsen, fein
1 Glas Spargel mit Köpfen
(Abtropfgewicht 265 g)
1 roter Apfel
4 hart gekochte Eier (Größe M)
200 g gekochter Schinken

Für die Salatsauce:
3 EL (etwa 100 g) Salatmayonnaise
1 Becher (150 g) Naturjoghurt
Salz, frisch gemahlener Pfeffer
Zucker
Currypulver
Zitronensaft

Nach Belieben zum Garnieren:
einige Apfelspalten

Zubereitungszeit: etwa 30 Min., ohne Abkühl- und Durchziehzeit

1. Wasser in einem großen Topf mit geschlossenem Deckel zum Kochen bringen. Salz und Nudeln zugeben und die Nudeln nach Packungsanleitung im geöffneten Topf bei mittlerer Hitze kochen lassen, dabei zwischendurch 4–5-mal umrühren.
2. Anschließend die Nudeln in ein Sieb geben, mit kaltem Wasser abspülen, abtropfen und abkühlen lassen.
3. Inzwischen Erbsen in kochendem Salzwasser etwa 5 Minuten gar kochen, in ein Sieb geben und mit kaltem Wasser übergießen. Erbsen gut abtropfen und erkalten lassen. Spargel ebenfalls in einem Sieb abtropfen lassen und in Stücke schneiden. Apfel waschen, vierteln, entkernen und in Spalten schneiden.
4. Eier pellen und in Spalten schneiden. Schinken in Streifen schneiden.
5. Für die Sauce Mayonnaise mit Joghurt verrühren und mit Salz, Pfeffer, Zucker, Curry und Zitronensaft würzen.
6. Die Salatzutaten mit der Sauce vermengen und den Salat etwa 1 Stunde durchziehen lassen.
7. Den Salat evtl. nochmals mit den Gewürzen abschmecken und nach Belieben mit Apfelspalten garnieren.

Abwandlung:
Für Nudelsalat mit Fleischwurst die Nudeln wie oben beschrieben zubereiten. 4 hart gekochte Eier pellen und in Scheiben schneiden. 250 g Fleischwurst in Streifen oder Würfel schneiden, 2–3 Gewürzgurken würfeln.
1 Apfel waschen, vierteln, entkernen und würfeln. 3 Tomaten waschen, Stängelansätze herausschneiden und Tomaten würfeln. Eine Salatsauce aus 100 g Salatmayonnaise, 1 Becher (150 g) Naturjoghurt, 1–2 Esslöffel Kräuteressig, Salz, Pfeffer und Zucker zubereiten. ½ Päckchen TK-Dill oder gemischte Kräuter unterrühren und die Salatzutaten mit der Sauce vermengen. Den Salat etwa 1 Stunde durchziehen lassen, nochmals abschmecken.

Tipp:
Den Salat vor dem Servieren mit Kerbel- oder Petersilienblättchen bestreuen.

Dänische Sauerrahmtorte

Für Kinder

Insgesamt:
E: 63 g, F: 405 g, Kh: 555 g,
kJ: 26269, kcal: 6277

Für den Knetteig:
150 g Weizenmehl
50 g Zucker, 100 g Butter

2 EL Aprikosenkonfitüre
je 1 heller und dunkler, etwa 1 cm dicker Biskuitboden (fertig gekauft)

Für die Füllung:
6 Blatt weiße Gelatine
400 g Schmand
Saft von 1 Zitrone
150 g Zucker
500 ml (½ l) Schlagsahne
1 Dose Mandarinen
(Abtropfgewicht 145 g)

1 kleine Dose Aprikosen (Abtropfgewicht 240 g)

Zum Verzieren:
250 ml (¼ l) Schlagsahne
1 Pck. Dr. Oetker Sahnesteif
1 Pck. Dr. Oetker Vanillin-Zucker

Zubereitungszeit: etwa 40 Min., ohne Kühlzeit

1. Für den Knetteig Mehl in eine Rührschüssel sieben. Zucker und Butter hinzufügen und die Zutaten mit Handrührgerät mit Knethaken zunächst kurz auf niedrigster, dann auf höchster Stufe gut durcharbeiten.
2. Anschließend auf der bemehlten Arbeitsfläche zu einem glatten Teig verkneten, sollte er kleben, ihn eine Zeit lang kalt stellen. Den Teig auf einem Springformboden (Ø 26 cm, gefettet) ausrollen und mehrmals mit einer Gabel einstechen. Den Springformrand um die Form legen und die Form auf dem Rost in den Backofen schieben.
   Ober-/Unterhitze: etwa 200 °C (vorgeheizt)
   Heißluft: etwa 180 °C (vorgeheizt)
   Gas: Stufe 3–4 (vorgeheizt)
   Backzeit: etwa 10 Minuten.
3. Den Tortenboden vom Springformboden lösen und darauf erkalten lassen.
4. Den Tortenboden auf eine Tortenplatte legen, mit der Aprikosenkonfitüre bestreichen und mit dem hellen Biskuitboden bedecken. Einen Tortenring um den Boden legen.
5. Für die Füllung Gelatine nach Packungsanleitung in kaltem Wasser einweichen. Schmand mit Zitronensaft und Zucker verrühren. Die Gelatine ausdrücken, auflösen und unterrühren. Wenn die Masse anfängt zu gelieren, Sahne steif schlagen und unterheben.
6. Die Hälfte der Creme auf dem hellen Biskuitboden verteilen und den dunklen Biskuitboden darauf legen.
7. Die Mandarinen und Aprikosen auf einem Sieb abtropfen lassen, einige zum Garnieren zurücklassen und die restlichen auf dem Boden verteilen. Die restliche Creme darauf geben und glatt streichen. Die Torte etwa 3 Stunden kalt stellen.
8. Den Tortenring entfernen. Die Sahne mit Sahnesteif und Vanillin-Zucker steif schlagen und in einen Spritzbeutel mit Sterntülle füllen. Die Tortenoberfläche mit der Sahne verzieren und mit den zurückgelassenen Mandarinen und in Spalten geschnittenen Aprikosen garnieren.

Tipp:
Schmand ist ein 20–24%iger Sauerrahm.

Deftiger Kohltopf

Einfach

Pro Portion:
E: 16 g, F: 24 g, Kh: 14 g,
kJ: 1398, kcal: 334

1 Pck. TK-Rosenkohl (450 g)
1 Spitzkohl (etwa 500 g) oder
½ Kopf Wirsing (etwa 500 g)
600 g fest kochende Kartoffeln, z. B. Hansa
300 g Cabanossi oder geräucherte Mettwürstchen
3 EL Speiseöl
1 l Gemüsebrühe
Salz
frisch gemahlener Pfeffer
Kümmelsamen
1 Bund glatte Petersilie

Deftiger Kohltopf

Zubereitungszeit: etwa 35 Min., ohne Antauzeit

1. Rosenkohl antauen lassen. Von Spitzkohl oder Wirsing die groben äußeren Blätter entfernen und jeweils den Strunk herausschneiden. Spitzkohl oder Wirsing waschen, abtropfen lassen und in Stücke schneiden.
2. Kartoffeln waschen, schälen, abspülen und in Würfel schneiden. Cabanossi oder Mettwürstchen in dünne Scheiben schneiden.
3. Speiseöl in einem Bräter erhitzen und Kartoffelwürfel, Spitzkohl-, oder Wirsingstücke, Rosenkohl und Wurstscheiben portionsweise darin andünsten. Brühe hinzugießen und mit Salz, Pfeffer und Kümmel würzen. Die Zutaten zum Kochen bringen und zugedeckt bei schwacher Hitze etwa 35 Minuten garen.
4. Petersilie abspülen und trockentupfen. Die Blättchen von den Stängeln zupfen, fein hacken und unter den Kohltopf rühren. Mit Salz und Pfeffer abschmecken.

Beilage:
Kleine Roggenbrötchen oder ein rustikales Bauernbrot.

Dicke Bohnen mit Tomaten

Dicke Bohnen mit Tomaten

Vegetarisch

Pro Portion:
E: 8 g, F: 10 g, Kh: 15 g,
kJ: 844, kcal: 202

300 g frische, ausgepalte dicke Bohnen (etwa 1 kg mit Hülsen)
4 große Fleischtomaten
2 Zwiebeln
3 Knoblauchzehen
3 EL Olivenöl
Salz
frisch gemahlener Pfeffer
Cayennepfeffer
gehackte Bohnenkrautblättchen
gehackte Oreganoblättchen
125 ml (1/8 l) Gemüsebrühe
3–4 EL Rotwein

Zubereitungszeit: etwa 30 Min.

1. Bohnen waschen. Tomaten kreuzweise einschneiden, kurz in kochendes Wasser legen (nicht kochen), in kaltem Wasser abschrecken und enthäuten. Tomaten halbieren, die Stängelansätze herausschneiden, Tomaten entkernen und in Stücke schneiden.
2. Zwiebeln und Knoblauchzehen abziehen und fein würfeln. Öl erhitzen und Zwiebel- und Knoblauchwürfel darin andünsten, Bohnen hinzufügen und mit Salz, Pfeffer und Cayennepfeffer würzen.
3. Kräuter unterrühren, Gemüsebrühe und Rotwein hinzugießen und das Gemüse in etwa 15 Minuten gar dünsten lassen. Tomatenwürfel zufügen, 5 Minuten mit erhitzen und evtl. nochmals abschmecken.

Tipp: Zu Lammbraten reichen.

Dickmilch-Himbeer-Speise

Dickmilch-Himbeer-Speise

4–6 Portionen

Gut vorzubereiten

Pro Portion:
E: 6 g, F: 4 g, Kh: 29 g,
kJ: 741, kcal: 178

450 g TK-Himbeeren
6 Blatt weiße Gelatine
500 g Dickmilch
75 g gesiebter Puderzucker
2 EL Zitronensaft

Zubereitungszeit: etwa 25 Min., ohne Kühlzeit

1. Himbeeren etwas antauen lassen. Gelatine nach Packungsanleitung in kaltem Wasser einweichen. Dickmilch mit 50 g Puderzucker und Zitronensaft verrühren.
2. Gelatine leicht ausdrücken und in einem kleinen Topf unter Rühren erwärmen (nicht kochen lassen), bis sie völlig gelöst ist. Gelatine mit 2 Esslöffeln von der Dickmilchmischung verrühren, dann unter die restliche Dickmilchmischung rühren und kalt stellen.
3. Die Hälfte der Himbeeren mit dem restlichen Puderzucker pürieren, nach Belieben durch ein Sieb streichen und als Sauce beiseite stellen.
4. Sobald die Dickmilchmasse anfängt zu gelieren, die restlichen Himbeeren unterrühren und die Masse in 4–6 kalt ausgespülte Förmchen oder Tassen geben. Die Förmchen oder Tassen etwa 2 Stunden kalt stellen, bis die Masse fest geworden ist.
5. Die Förmchen kurz in heißes Wasser tauchen, den Rand evtl. mit einem schmalen Messer vorsichtig lösen und die Speise auf Dessertteller stürzen. Mit den pürierten Himbeeren als Sauce servieren.

Abwandlung: Für ein Joghurtgelee 6 Blatt weiße Gelatine nach Packungsanleitung einweichen. 500 g Naturjoghurt mit 75 g Zucker, 1 Päckchen Vanillin-Zucker und abgeriebener Schale und Saft von 1/2 Bio-Zitrone (unbehandelt) verrühren. Die Gelatine leicht ausdrücken und in einem kleinen Topf unter Rühren erwärmen (nicht kochen), bis sie völlig gelöst ist. Die Gelatine mit 2 Esslöffeln von der Joghurtmasse verrühren, dann unter die restliche Joghurtmasse rühren. Die Masse in 4 kalt ausgespülte Tassen oder Förmchen geben, wie oben fest werden lassen und stürzen. 100–125 ml Schlagsahne mit 1 Teelöffel Zucker steif schlagen, das Gelee damit verzieren und mit Schokoraspeln bestreuen.

Tipp: Anstelle von Himbeeren können Sie die Speise auch mit Erdbeeren oder Heidelbeeren zubereiten.

Dinkel-Bier-Brot

Gefriergeeignet

Insgesamt:
E: 85 g, F: 50 g, Kh: 401 g,
kJ: 10431, kcal: 2481

Für den Hefeteig:
150 g Dinkelmehl (Type 1050)
½ Pck. (21 g) frische Hefe
300–350 ml Weizenbier
350 g Vollkorn-Dinkelmehl
70 g Vollkorn-Dinkelflocken
2 TL Salz
1 TL gemahlener Kümmel
½ TL gemahlener Koriander
3 EL Speiseöl

Zum Bestreichen und Bestreuen:
1 EL Milch
2 EL Vollkorn-Dinkelflocken

Zubereitungszeit: etwa 20 Min., ohne Teiggehzeit

1. Für den Teig Mehl in eine Rührschüssel geben. In die Mitte eine Vertiefung drücken, Hefe hineinbröckeln und Bier hinzufügen. Alles mit einer Gabel vorsichtig verrühren und etwa 15 Minuten stehen lassen, bis sich dicke Blasen bilden.
2. Vollkorn-Dinkelmehl, Vollkornflocken, Salz, Kümmel, Koriander und Speiseöl hinzugeben. Die Zutaten mit Handrührgerät mit Knethaken zunächst kurz auf niedrigster, dann auf höchster Stufe in etwa 5 Minuten zu einem Teig verarbeiten. Den Teig zugedeckt so lange an einem warmen Ort gehen lassen, bis er sich sichtbar vergrößert hat (etwa 40 Minuten).
3. Den Teig leicht mit Mehl bestäuben, aus der Schüssel nehmen, auf der leicht bemehlten Arbeitsfläche nochmals gut durchkneten und zu einer Rolle formen (etwa 28 cm Länge). Teigrolle in eine Kastenform (30 x 11 cm, gefettet) legen und zugedeckt nochmals so lange an einem warmen Ort gehen lassen, bis sie sich sichtbar vergrößert hat.
4. Die Teigoberfläche mit Milch bestreichen und mit den Dinkelflocken bestreuen. Die Form auf dem Rost in den Backofen schieben.
   Ober-/Unterhitze: etwa 200 °C (vorgeheizt)
   Heißluft: etwa 180 °C (nicht vorgeheizt)
   Gas: Stufe 3–4 (nicht vorgeheizt)
   Backzeit: etwa 50 Minuten.
5. Das Brot etwa 5 Minuten in der Form stehen lassen, dann aus der Form lösen, auf einen Kuchenrost stürzen, wieder umdrehen und erkalten lassen.

Tipp: Anstelle von Dinkelmehl können Sie auch Weizenmehl und kernige Haferflocken verwenden (Mehltypen beachten).

Dinkel-Bier-Brot

Donauwellen

Donauwellen

Klassisch

Insgesamt:
E: 124 g, F: 575 g, Kh: 854 g,
kJ: 39330, kcal: 9392

Zum Vorbereiten:
2 Gläser Sauerkirschen
(Abtropfgewicht je 370 g)

Für den Rührteig:
250 g weiche Butter
200 g Zucker
1 Pck. Dr. Oetker Vanillin-Zucker
1 Prise Salz
5 Eier (Größe M)
375 g Weizenmehl
3 TL Dr. Oetker Backin
20 g Kakaopulver
1 EL Milch

Für die Buttercreme:
1 Pck. Dr. Oetker Pudding-Pulver
Vanille-Geschmack
100 g Zucker
500 ml (1/2 l) Milch
250 g weiche Butter

Für den Guss:
200 g Zartbitterschokolade
40 g Kokosfett

Zubereitungszeit: etwa 60 Min., ohne Kühlzeit

1. Zum Vorbereiten Sauerkirschen auf einem Sieb abtropfen lassen.
2. Für den Teig Butter mit Handrührgerät mit Rührbesen auf höchster Stufe geschmeidig rühren. Nach und nach Zucker, Vanillin-Zucker und Salz unterrühren und so lange rühren, bis eine gebundene Masse entstanden ist.
3. Eier nach und nach unterrühren (jedes Ei etwa 1/2 Minute). Mehl mit Backin mischen, sieben und esslöffelweise auf mittlerer Stufe unterrühren. Knapp 2/3 des Teiges auf ein Backblech (30 x 40 cm, gefettet) streichen.
4. Kakao sieben, mit Milch unter den restlichen Teig rühren und gleichmäßig auf dem hellen Teig verteilen. Vor den Teig einen mehrfach umgeknickten Streifen Alufolie legen.
5. Sauerkirschen auf dem dunklen Teig verteilen und das Backblech in den Backofen schieben.
   Ober-/Unterhitze: etwa 180 °C (vorgeheizt)
   Heißluft: etwa 160 °C (nicht vorgeheizt)
   Gas: Stufe 2–3 (nicht vorgeheizt)
   Backzeit: 35–40 Minuten.
6. Das Gebäck auf einem Kuchenrost auskühlen lassen.
7. Für die Buttercreme aus Pudding-Pulver, Zucker und Milch nach Packungsanleitung (aber mit 100 g Zucker) einen Pudding zubereiten und kalt stellen, ab und zu durchrühren.
8. Butter geschmeidig rühren und den erkalteten Pudding esslöffelweise darunter rühren (darauf achten, dass weder Butter noch Pudding zu kalt sind, da die Creme sonst gerinnt). Die erkaltete Gebäckplatte gleichmäßig mit der Buttercreme bestreichen und kalt stellen.
9. Für den Guss Zartbitterschokolade in kleine Stücke brechen und mit Kokosfett in einem kleinen Topf im Wasserbad bei schwacher Hitze zu einer geschmeidigen Masse verrühren. Den Guss auf die fest gewordene Buttercreme streichen.

Tipp:
Den dunklen Teig zusätzlich mit 1/2 Teelöffel gemahlenem Zimt würzen.

Donauwellen, saure

Gut vorzubereiten

Insgesamt:
E: 189 g, F: 449 g, Kh: 806 g,
kJ: 34741, kcal: 8295

Zum Vorbereiten:
2 Gläser Sauerkirschen
(Abtropfgewicht je 370 g)

Für den Rührteig:
200 g weiche Butter oder Margarine
200 g Zucker
1 Pck. Dr. Oetker Vanillin-Zucker
1 Prise Salz
6 Eier (Größe M)
225 g Weizenmehl
1 EL Kakaopulver
2 TL Dr. Oetker Backin
2 EL Milch

Für die Quarkmasse:
8 Blatt weiße Gelatine
750 g Magerquark
150 g Zucker
3–4 EL Zitronensaft
500 ml (1/2 l) Schlagsahne

Für den Guss:
6 Blatt rote Gelatine
500 ml (1/2 l) Kirschsaft
50 g Zucker

Zubereitungszeit: etwa 75 Min.

1. Zum Vorbereiten Kirschen auf einem Sieb abtropfen lassen, dabei den Saft auffangen und 500 ml (1/2 l) für den Guss abmessen.
2. Für den Teig Butter oder Margarine mit Handrührgerät mit Rührbesen auf höchster Stufe geschmeidig rühren. Nach und nach Zucker, Vanillin-Zucker und Salz unterrühren und so lange rühren, bis eine gebundene Masse entstanden ist.
3. Eier nach und nach unterrühren (jedes Ei etwa 1/2 Minute). Mehl, Kakao und Backin mischen, sieben und portionsweise auf mittlerer Stufe unterrühren. Milch unter den Teig rühren.
4. Den Teig auf ein Backblech (30 x 40 cm, gefettet) streichen und die abgetropften Kirschen auf dem Teig verteilen. Das Backblech in den Backofen schieben.
   Ober-/Unterhitze: etwa 180 °C (vorgeheizt)
   Heißluft: etwa 160 °C (vorgeheizt)
   Gas: Stufe 2–3 (vorgeheizt)
   Backzeit: etwa 25 Minuten.
5. Das Backblech auf einen Kuchenrost stellen und den Boden erkalten lassen. Einen Backrahmen um den Boden stellen.
6. Für die Quarkmasse Gelatine nach Packungsanleitung einweichen. Quark mit Zucker und Zitronensaft verrühren, Sahne steif schlagen. Die Gelatine ausdrücken, auflösen und mit etwas Quarkmasse verrühren, dann die Gelatine mit der restlichen Quarkmasse verrühren. Die steif geschlagene Sahne unterheben.
7. Die Quarkmasse auf dem erkalteten Boden verteilen, glatt streichen und fest werden lassen.
8. Für den Guss Gelatine nach Packungsanleitung einweichen, ausdrücken und mit etwas Kirschsaft auflösen, mit dem Zucker unter den restlichen Kirschsaft rühren und kalt stellen. Sobald der Saft beginnt zu gelieren, auf der Quarkmasse verteilen und fest werden lassen. Den Backrahmen vorsichtig mit einem Messer lösen und entfernen.

Tipp:
Der Kuchen kann gut am Vortag zubereitet werden.

Donauwellen, saure

Drei-Tage-Torte

Beliebt – mit Alkohol

Insgesamt:
E: 80 g, F: 465 g, Kh: 590 g,
kJ: 29553, kcal: 7063

Für den Rührteig:
200 g weiche Butter oder Margarine
200 g Zucker
1 Pck. Dr. Oetker Vanillin-Zucker
1 Prise Salz
4 Eier (Größe M)
200 g Weizenmehl
2 TL Dr. Oetker Backin

Für den dunklen Teig:
2 EL Kakaopulver
2 EL Milch

Für die Füllung:
500 ml (1/2 l) Schlagsahne
2 Pck. Dr. Oetker Sahnesteif
80 g Zucker
1 Pck. Dr. Oetker Vanillin-Zucker
400 g Schmand oder Crème fraîche

Zum Beträufeln:
6 EL Rum

Für den Guss:
100 g Puderzucker, 1–2 EL Rum

Zum Bestäuben:
Kakaopulver

Zubereitungszeit: etwa 40 Min., ohne Durchziehzeit

1. Für den Teig Butter oder Margarine mit Handrührgerät mit Rührbesen auf höchster Stufe geschmeidig rühren. Nach und nach Zucker, Vanillin-Zucker und Salz unterrühren und so lange rühren, bis eine gebundene Masse entstanden ist. Eier nach und nach unterrühren (jedes Ei etwa 1/2 Minute). Mehl mit Backin mischen, sieben und in 2 Portionen auf mittlerer Stufe unterrühren. Ein Drittel des Teiges in eine Springform (Ø 26 cm, Boden gefettet) geben und glatt streichen.
2. Kakaopulver und Milch unter den restlichen Teig rühren. Den Teig in eine zweite Springform (Ø 26 cm, Boden gefettet) geben und glatt streichen. Die Formen nacheinander (bei Heißluft zusammen) auf dem Rost in den Backofen schieben.
   Ober-/Unterhitze: etwa 180 °C (vorgeheizt)
   Heißluft: etwa 160 °C (vorgeheizt)
   Gas: Stufe 2–3 (vorgeheizt)
   Backzeit: 15–20 Minuten für den hellen Boden, etwa 25 Minuten für den dunklen Boden.
3. Die Böden aus den Formen lösen, auf Kuchenroste stürzen und erkalten lassen. Anschließend den dunklen Boden einmal waagerecht durchschneiden.
4. Für die Füllung Sahne mit Sahnesteif, Zucker und Vanillin-Zucker steif schlagen. Schmand oder Crème fraîche verrühren und die Sahne unterheben. 3 Esslöffel der Sahnecreme zum Bestreichen des Tortenrandes abnehmen und beiseite stellen.
5. Den unteren dunklen Boden auf eine Tortenplatte legen, mit 2 Esslöffeln Rum beträufeln und mit der Hälfte der Sahnecreme bestreichen. Den hellen Boden darauf legen, ebenfalls mit 2 Esslöffeln Rum beträufeln und mit der restlichen Sahnecreme bestreichen. Den oberen dunklen Boden darauf legen, etwas andrücken und mit dem restlichen Rum beträufeln. Den Tortenrand mit der zurückge-

stellten Sahnecreme bestreichen.

6. Für den Guss Puderzucker sieben, mit Rum zu einer dickflüssigen Masse verrühren und auf dem oberen Boden verstreichen. Die Torte zugedeckt 3 Tage in den Kühlschrank stellen und durchziehen lassen.
7. Am Serviertag die Torte mit Kakaopulver bestäuben, nach Belieben vorher Papierschablonen auf die Tortenoberfläche legen.

Tipp:
Die Torte ist ohne Puderzuckerguss gefriergeeignet. Dann die Oberfläche am Serviertag nur dick mit Puderzucker und mit etwas Kakaopulver bestäuben.

Abwandlung:
Zusätzlich 1 Glas Sauerkirschen (Abtropfgewicht 370 g) abtropfen lassen, dabei die Flüssigkeit auffangen. 30 g Speisestärke mit etwas von dem Saft anrühren. Den restlichen Saft in einem Topf zum Kochen bringen, Speisestärke einrühren und unter Rühren aufkochen lassen. Kirschen unterrühren, die Masse mit Zucker abschmecken und auf dem unteren dunklen, mit Rum beträufelten Boden verteilen. Erst dann die Hälfte der Sahnecreme darauf streichen.

Dunkle Vollkornbrötchen

16 Stück

Vollwertig

Insgesamt:
E: 71 g, F: 13 g, Kh: 416 g,
kJ: 8690, kcal: 2074

Zum Vorbereiten:
150 g Grünkern (ganze Körner)
Wasser

Für den Hefeteig:
250 g Grahammehl (Reformhaus) oder Vollkorn-Dinkelmehl
1 Pck. (42 g) frische Hefe
1 TL Zucker
350 ml lauwarmes Wasser
200 g Roggenmehl (Type 1150)
2 TL Salz, 1 TL gemahlener Koriander
1 EL Zuckerrübensirup (Rübenkraut)

Zubereitungszeit: etwa 60 Min., ohne Teiggehzeit

1. Zum Vorbereiten Grünkern in kaltem Wasser über Nacht einweichen. Anschließend die gequollenen Körner in einem Sieb abtropfen lassen.
2. Für den Teig 1 Esslöffel des Graham- oder Vollkorn-Dinkelmehls mit zerbröckelter Hefe, Zucker und etwas Wasser in einer Rührschüssel verrühren und zugedeckt etwa 15 Minuten stehen lassen.
3. Restliches Graham- oder Vollkorn-Dinkelmehl, Roggenmehl, eingeweichten Grünkern, Salz, Koriander, Zuckerrübensirup und restliches Wasser hinzufügen. Die Zutaten mit Handrührgerät mit Knethaken zunächst kurz auf niedrigster, dann auf höchster Stufe in etwa 5 Minuten zu einem Teig verarbeiten. Den Teig zugedeckt so lange an einem warmen Ort gehen lassen, bis er sich sichtbar vergrößert hat.
4. Den Teig leicht mit Mehl bestäuben, aus der Schüssel nehmen, auf der leicht bemehlten Arbeitsfläche nochmals gut durchkneten und zu einer Rolle formen. Die Teigrolle in 16 Stücke teilen und jeweils 1 längliches Brötchen daraus formen, auf ein Backblech (mit Backpapier belegt) legen und nochmals zugedeckt so lange an einem warmen Ort gehen lassen, bis sie sich sichtbar vergrößert haben. Das Backblech in den Backofen schieben.
   Ober-/Unterhitze: etwa 200 °C (vorgeheizt)
   Heißluft: etwa 180 °C (vorgeheizt)
   Gas: Stufe 3–4 (vorgeheizt)
   Backzeit: etwa 30 Minuten.
5. Die Brötchen vom Backpapier lösen und auf einem Kuchenrost erkalten lassen.

Tipp:
Sie können die Grünkernkörner weglassen und dafür je 50 g mehr Graham- oder Dinkelmehl und Roggenmehl verwenden.

Dunkle Vollkornbrötchen

Eierfrikassee

Mit Alkohol

Pro Portion:
E: 16 g, F: 15 g, Kh: 7 g,
kJ: 972, kcal: 232

300 g Champignons
1 Glas Spargelstücke
(Abtropfgewicht 175 g)
etwa 250 ml ($^1/_4$ l) Gemüsebrühe
6 hart gekochte Eier (Größe M)
20 g Butter oder Margarine
Salz, frisch gemahlener Pfeffer
25 g Weizenmehl
1 Eigelb (Größe M)
3 EL Weißwein
1 Prise Zucker
etwa 2 TL Zitronensaft
1 EL gehackte Petersilie

Zubereitungszeit: etwa 45 Min.

1. Von den Champignons Stielenden und schlechte Stellen abschneiden, Champignons mit Küchenpapier abreiben, evtl. abspülen, trockentupfen und in Scheiben schneiden.
2. Spargelstücke in einem Sieb abtropfen lassen, dabei das Spargelwasser auffangen und mit der Gemüsebrühe auf 375 ml ($^3/_8$ l) auffüllen. Eier pellen und in Sechstel teilen.
3. Butter oder Margarine in einem Topf zerlassen und die Champignonscheiben darin unter Rühren kurz andünsten. Mit Salz und Pfeffer würzen, mit Mehl bestäuben und unter Rühren so lange erhitzen, bis das Mehl hellgelb ist. Die abgemessene Flüssigkeit hinzugießen und mit einem Schneebesen durchschlagen, dabei darauf achten, dass keine Klümpchen entstehen. Die Sauce zum Kochen bringen und bei schwacher Hitze etwa 5 Minuten ohne Deckel kochen lassen, dabei gelegentlich umrühren.
4. Eiersechstel und Spargel in die Sauce geben und bei schwacher Hitze etwa 5 Minuten darin erhitzen, dabei gelegentlich vorsichtig umrühren. Eigelb mit Weißwein verschlagen, mit 3 Esslöffeln der Sauce verrühren und dann in die Sauce rühren (nicht mehr kochen lassen). Das Frikassee mit Salz, Pfeffer, Zucker und Zitronensaft würzen und mit Petersilie bestreut servieren.

Abwandlung: Zum Schluss zusätzlich 2 Teelöffel abgetropfte Kapern in das Frikassee geben.
Zusätzlich 100 g Erbsen (TK oder aus der Dose) mit dem Spargel und den Eiern in das Frikassee geben und darin erhitzen.
Sie können anstelle der frischen Champignons auch 200 g abgetropfte Champignons aus der Dose verwenden. Dann die Champignonscheiben nicht vorher andünsten, sondern zusammen mit Spargel und Eiern in der Sauce erhitzen.

Tipp: Ein Eierfrikassee ist eine gute Möglichkeit, übrig gebliebene hart gekochte Eier zu verwerten.

Eierkuchenauflauf

Vegetarisch

Pro Portion:
E: 17 g, F: 37 g, Kh: 39 g,
kJ: 2426, kcal: 579

Für den Teig:
200 g Weizenmehl
3 Eier (Größe M), $^1/_2$ TL Salz
250 ml ($^1/_4$ l) Milch
150 ml Mineralwasser
$^1/_3$ Bund Frühlingszwiebeln

6 EL Speiseöl

Für die Füllung:
400 g gemischte Pilze,
z. B. Champignons, Pfifferlinge,
Austernpilze oder TK-Champignons
$^2/_3$ Bund Frühlingszwiebeln
3 EL Speiseöl
Salz, frisch gemahlener Pfeffer
1 geh. TL Weizenmehl
1 Becher (125 g) Crème fraîche
Kräuter

75 g geraspelter Gratinkäse

Zubereitungszeit: etwa 40 Min.

1. Für den Teig Mehl in eine Schüssel sieben und in die Mitte eine Vertiefung eindrücken. Eier mit Salz, Milch und Mineralwasser verschlagen, etwas davon in die Vertiefung geben und von der Mitte aus Eierflüssigkeit und Mehl verrühren. Nach und nach die übrige Eierflüssigkeit dazugeben und unterrühren, dabei darauf achten, dass keine Klümpchen entstehen.
2. Frühlingszwiebeln putzen, waschen, in feine Ringe schneiden und unter den Teig rühren.
3. Etwas von dem Öl in einer Pfanne (Ø 24 cm) erhitzen und eine dünne Teiglage hineingeben. Bevor der Eierkuchen gewendet wird, etwas Öl in die Pfanne geben. Den Eierkuchen von beiden Seiten goldgelb backen. Auf diese Weise etwa 6 Eierpfannkuchen backen und übereinander auf einen flachen Teller legen.
4. Inzwischen für die Füllung Pilze mit Küchenpapier abreiben, evtl. abspülen und in Stücke schneiden. Frühlingszwiebeln putzen, waschen und in feine Ringe schneiden.
5. Öl in der Pfanne erhitzen, die Pilze darin anbraten und mit Salz und Pfeffer würzen. Mehl darüber stäuben und Crème fraîche unterrühren. Die Frühlingszwiebelringe zu den Pilzen geben und alles einmal aufkochen lassen.
6. Jeweils etwas von der Füllung auf jeden Eierkuchen geben, die Eierkuchen aufrollen, nebeneinander in eine gefettete, flache Auflaufform legen und mit dem Käse bestreuen. Die Form auf dem Rost in den Backofen schieben.
   Ober-/Unterhitze: etwa 180 °C (vorgeheizt)
   Heißluft: etwa 160 °C (vorgeheizt)
   Gas: Stufe 2–3 (vorgeheizt)
   Backzeit: etwa 20 Minuten.

Eierlikörkuchen

Gut vorzubereiten

Insgesamt:
E: 31 g, F: 289 g, Kh: 619 g,
kJ: 23930, kcal: 5725

Für den All-in-Teig:
125 g Weizenmehl
125 g Speisestärke
4 TL Dr. Oetker Backin
250 g Puderzucker
2 Pck. Dr. Oetker Vanillin-Zucker
250 ml (1/4 l) Speiseöl
250 ml (1/4 l) Eierlikör
5 Eier (Größe M)

Zum Bestäuben:
etwas Puderzucker

Zubereitungszeit: etwa 20 Min.

1. Für den Teig Mehl mit Speisestärke und Backin mischen und in eine Rührschüssel sieben. Puderzucker, Vanillin-Zucker, Öl, Eierlikör und Eier hinzufügen und alles mit Handrührgerät mit Rührbesen auf höchster Stufe mindestens 1 Minute schaumig schlagen. Zwischendurch die Teigmasse vom Schüsselrand lösen.
2. Den Teig in eine Napfkuchenform (Ø 22 cm, gefettet, bemehlt) füllen und die Form auf dem Rost in den Backofen schieben.
   Ober-/Unterhitze: etwa 180 °C (vorgeheizt)
   Heißluft: etwa 160 °C (nicht vorgeheizt)
   Gas: Stufe 2–3 (nicht vorgeheizt)
   Backzeit: etwa 60 Minuten.
3. Den Kuchen etwa 10 Minuten in der Form stehen lassen, dann auf einen Kuchenrost stürzen und erkalten lassen. Den Kuchen anschließend mit Puderzucker bestäuben.

Abwandlung: Für Eierlikörwaffeln aus 100 g Puderzucker, 2 Eiern (Größe M), 1 Päckchen Vanillin-Zucker, 100 ml Speiseöl, 100 ml Eierlikör, 50 g Weizenmehl, 1 1/2 Teelöffeln Backpulver und 50 g Speisestärke wie im Rezept angegeben einen Teig zubereiten. Jeweils 2–3 Esslöffel Teig in ein gefettetes und gut erhitztes Waffeleisen geben. Die Waffeln goldgelb backen, einzeln auf einem Kuchenrost erkalten lassen und mit etwas Puderzucker bestäuben.

Eierlikörkuchen

Eierlikör-Pflaumen-Torte

Für Gäste

Insgesamt:
E: 58 g, F: 213 g, Kh: 470 g,
kJ: 17780, kcal: 4247

2 Lagen von 1 dunklen Wiener Boden (fertig gekauft)

Für den Belag:
500 g Pflaumen
1 Pck. Dr. Oetker Pudding-Pulver Karamell-Geschmack
400 ml Milch
4 EL Zucker
75 g Knusper Flakes

Für die Eierlikör-Sahne:
600 ml Schlagsahne
3 Pck. Dr. Oetker Sahnesteif
30 g Zucker, 75 ml Eierlikör

Zum Garnieren:
50 g Knusper Flakes

Zubereitungszeit: etwa 45 Min., ohne Kühlzeit

1. Für den Belag die Pflaumen waschen, entsteinen und in Spalten schneiden (einige zum Garnieren zurücklassen). Die Hälfte der Pflaumen auf dem unteren Biskuitboden verteilen. Den Pudding nach Packungsanleitung – aber mit 400 ml Milch und Zucker – zubereiten, etwas abkühlen lassen und auf die Pflaumen streichen. Die Knusper Flakes auf den Pudding streuen.
2. Für die Eierlikör-Sahne die Sahne mit Sahnesteif und Zucker steif schlagen. Den Eierlikör unterrühren und 3 Esslöffel zum Verzieren in einen Spritzbeutel mit großer Sterntülle füllen. $^1/_3$ der Sahne auf die Knusper Flakes streichen, mit den übrigen Pflaumen belegen und mit dem oberen Biskuitboden bedecken.
3. Die Torte mit der restlichen Eierlikör-Sahne einstreichen. Mit Sahnetuffs, den zurückgelassenen Pflaumen und Knusper Flakes garnieren. 1–2 Stunden kalt stellen.

Tipp:
Sie können auch selbst einen Biskuitboden backen. Für den Teig 3 Eier (Größe M) mit Handrührgerät mit Rührbesen auf höchster Stufe in 1 Minute schaumig schlagen. 150 g gesiebten Puderzucker und 1 Päckchen Bourbon-Vanille-Zucker mischen, in 1 Minute einstreuen, dann noch etwa 2 Minuten schlagen. 75 g Weizenmehl mit 75 g Speisestärke, 10 g Kakaopulver und 3 Teelöffeln Backpulver mischen, portionsweise auf die Eiercreme sieben und kurz auf niedrigster Stufe unterrühren. Zuletzt 150 ml Speiseöl und 150 ml Eierlikör unterrühren.
Den Teig in eine Springform (Ø 26 cm, Boden gefettet, mit Backpapier belegt) füllen und bei etwa 180 °C (Ober-/Unterhitze, vorgeheizt), etwa 160 °C (Heißluft, vorgeheizt) oder Stufe 2–3 (Gas, vorgeheizt) etwa 40 Minuten backen. Den Boden auf einen mit Backpapier belegten Kuchenrost stürzen, erkalten lassen und einmal waagerecht durchschneiden.

Eier mit Senfsauce

Preiswert

Pro Portion:
E: 18 g, F: 39 g, Kh: 7 g,
kJ: 1965, kcal: 470

8 Eier (Größe M)
25 g Butter
20 g Weizenmehl
125 ml ($^1/_8$ l) Gemüsebrühe
250 ml ($^1/_4$ l) Schlagsahne
1 EL mittelscharfer Senf
1 EL körniger Senf
Salz
frisch gemahlener Pfeffer

Zubereitungszeit: etwa 20 Min.

1. Eier in etwa 8 Minuten hart kochen und kurz kalt abschrecken.
2. In der Zwischenzeit Butter in einem Topf zerlassen und Mehl unter Rühren so lange darin erhitzen, bis es hellgelb ist.
3. Brühe und Sahne hinzugießen und mit einem Schneebesen durchschlagen, dabei darauf achten, dass keine Klümpchen entstehen. Die Sauce zum Kochen bringen und etwa 5 Minuten kochen lassen.
4. Beide Senfsorten unterrühren und die Sauce mit Salz und Pfeffer würzen.
5. Eier pellen, nach Belieben halbieren und kurz vor dem Servieren in die Sauce geben.

Abwandlung:
Nach Belieben zusätzlich gekochte Spargelstücke oder gedünstete Champignons in die Sauce geben.

Beilage:
Salzkartoffeln oder Kartoffelpüree.

Eier-Mozzarella-Toast

Eier-Mozzarella-Toast

Schnell zubereitet

Pro Portion:
E: 33 g, F: 32 g, Kh: 32 g,
kJ: 2294, kcal: 547

8 Eier (Größe M)
8 kleine Tomaten
2 Pck. (je 125 g) Mozzarella-Käse
8 große Scheiben Toastbrot
25 g Butter
Salz, frisch gemahlener Pfeffer
einige gehackte Oreganoblättchen

Zubereitungszeit: etwa 30 Min.

1. Eier in kochendes Wasser geben, zum Kochen bringen und in etwa 10 Minuten hart kochen. Die Eier dann mit kaltem Wasser abschrecken, pellen, etwas abkühlen lassen und in gleichmäßige Scheiben schneiden.
2. Tomaten waschen, abtrocknen, die Stängelansätze herausschneiden und Tomaten in Scheiben schneiden. Mozzarella abtropfen lassen und in Scheiben schneiden. Toastbrotscheiben toasten, etwas abkühlen lassen und mit Butter bestreichen.
3. Eier- und Tomatenscheiben abwechselnd auf den Toastscheiben anordnen, mit Salz und Pfeffer würzen und mit Oreganoblättchen bestreuen. Mozzarellascheiben darauf verteilen.
4. Die Toasts auf ein mit Backpapier belegtes Backblech legen. Das Backblech in den Backofen schieben und die Toasts überbacken, bis der Käse zu schmelzen beginnt.
   Ober-/Unterhitze: etwa 200 °C (vorgeheizt)
   Heißluft: etwa 180 °C (vorgeheizt)
   Gas: Stufe 3–4 (vorgeheizt)
   Backzeit: etwa 10 Minuten.

Beilage:
Feldsalat mit Croûtons. Für den Salat 200 g Feldsalat putzen, gründlich waschen und trockenschleudern. 3 Scheiben Toastbrot in kleine Würfel schneiden und in 50 g zerlassener Butter anrösten. Für die Sauce 4 Esslöffel Essig mit 2 Esslöffeln Orangensaft, Salz, Pfeffer und etwas Zucker verrühren. 4 Esslöffel Öl unterschlagen. Die Sauce über den Salat geben und mit Croûtons bestreuen.

Tipp:
Die Toasts vor dem Servieren mit Oreganoblättchen garnieren.

Eiersalat

Preiswert

Pro Portion:
E: 19 g, F: 23 g, Kh: 10 g,
kJ: 1421, kcal: 340

8 Eier (Größe M)
3 Fleischtomaten
30 g Kapern
4 Frühlingszwiebeln

Für die Sauce:
2 TL Dijon-Senf
2 TL Zitronensaft
100 ml Schlagsahne
1 EL Salatmayonnaise
Salz
1 Prise Zucker
frisch gemahlener Pfeffer
Basilikumblättchen

Zubereitungszeit: etwa 30 Min.

1. Eier in etwa 8 Minuten hart kochen, pellen, achteln und etwas abkühlen lassen. Tomaten waschen, abtrocknen, die Stängelansätze herausschneiden und die Tomaten in Würfel schneiden. Kapern abtropfen lassen.
2. Frühlingszwiebeln putzen, waschen und in feine Ringe schneiden. Eier, Tomatenwürfel, Kapern und Frühlingszwiebelringe auf einer Platte anrichten.
3. Für die Sauce Senf, Zitronensaft und Sahne gut verschlagen. Mayonnaise unterrühren. Mit Salz, Zucker und Pfeffer würzen und über die Salatzutaten geben. Den Salat mit Basilikumblättchen bestreut servieren.

Tipp:
Dazu passt kräftiges Bauernbrot und Bier.

Eiersalat

Eier-Spinat-Ragout

Für Kinder

Pro Portion:
E: 28 g, F: 47 g, Kh: 10 g,
kJ: 2529, kcal: 604

4–6 Eier (Größe M)
1 Zwiebel, 1 Knoblauchzehe
3 EL Olivenöl
600 g TK-Blattspinat
Salz, frisch gemahlener Pfeffer
geriebene Muskatnuss
40 g Butter, 30 g Weizenmehl
200 ml Schlagsahne
125 ml ($^1/_8$ l) Gemüsebrühe
150 g gekochter Schinken

Zubereitungszeit: etwa 35 Min.

1. Eier in etwa 8 Minuten hart kochen, abschrecken, pellen und der Länge nach vierteln. Zwiebel und Knoblauch abziehen und würfeln.
2. Öl in einem großen Topf erhitzen und Zwiebel- und Knoblauchwürfel darin andünsten. Unaufgetauten Spinat hinzufügen und nach Packungsanleitung garen.
3. Die Spinatmischung mit Salz, Pfeffer und Muskat würzen, in ein Sieb geben und etwas abtropfen lassen.
4. Butter in einem Topf zerlassen, Mehl hinzufügen und unter Rühren so lange darin erhitzen, bis es hellgelb ist.
5. Sahne und Gemüsebrühe hinzugießen, mit einem Schneebesen durchschlagen, dabei darauf achten, dass keine Klümpchen entstehen und zum Kochen bringen. Mit Salz, Pfeffer und Muskat würzen.
6. Schinken in Würfel schneiden, mit den Eiervierteln in die Sauce geben, alles mit dem Spinat mischen, erwärmen.

Abwandlung:
Sie können das Ragout auch mit Käse überbacken. Dazu den etwas abgetropften Spinat in eine gefettete Auflaufform geben. Schinkenwürfel und Eierviertel in die Sauce geben und auf dem Spinat verteilen. 100 g geraspelten Gouda darüber streuen. Die Form auf dem Rost in den vorgeheizten Backofen schieben und bei etwa 200 °C (Ober-/Unterhitze), etwa 180 °C (Heißluft) oder Stufe 3–4 (Gas) etwa 20 Minuten überbacken.

Beilage:
Salzkartoffeln.

Eier-Spinat-Ragout

Eintopf von Kraut und Rüben

Eintopf von Kraut und Rüben

6 Portionen

Preiswert

Pro Portion:
E: 6 g, F: 15 g, Kh: 18 g,
kJ: 983, kcal: 234

je 1/2 kleiner Kopf Weißkohl und Wirsing
300 g Steckrüben
300 g Kartoffeln
1 Gemüsezwiebel
1 kleine Stange Porree (Lauch)
1 Bund glatte Petersilie
6 EL Speiseöl, Salz
frisch gemahlener Pfeffer
geriebene Muskatnuss
1 1/2 l Gemüsebrühe

Zubereitungszeit: etwa 60 Min.

1. Weißkohl und Wirsing putzen und die Strünke herausschneiden, den Kohl abspülen, abtropfen lassen und ohne Blattrippen in feine Streifen schneiden.
2. Steckrüben schälen, waschen, abtropfen lassen und in Würfel schneiden. Kartoffeln waschen, schälen, abspülen, abtropfen lassen und würfeln. Zwiebel abziehen und würfeln.
3. Porree putzen, waschen und in feine Streifen schneiden. Petersilie abspülen und grob hacken.
4. Öl in einem großen Topf erhitzen und die vorbereiteten Zutaten darin andünsten, mit Salz, Pfeffer und Muskat würzen, mit der Brühe auffüllen und etwa 35 Minuten kochen lassen.
5. Den Eintopf evtl. nochmals mit Salz, Pfeffer und Muskat abschmecken.

Eisbein mit Sauerkraut

Klassisch

Pro Portion:
E: 58 g, F: 36 g, Kh: 6 g,
kJ: 2467, kcal: 589

1 1/2 kg gepökeltes Eisbein (2–3 Stück, evtl. beim Metzger vorbestellen)
etwa 1 1/4 l Wasser
750 g Sauerkraut (frisch oder aus der Dose)
1 Zwiebel
1 Lorbeerblatt
3 Gewürznelken
5 Wacholderbeeren
1 mittelgroße mehlig kochende Kartoffel
Salz
frisch gemahlener Pfeffer
etwas Zucker

Zubereitungszeit: etwa 30 Min.

1. Eisbeine unter fließendem kalten Wasser abspülen, in das Wasser in einen Topf geben, zum Kochen bringen und etwa 90 Minuten mit Deckel kochen.
2. In der Zwischenzeit Sauerkraut locker zupfen. Zwiebel abziehen. Nach Beendigung der Kochzeit das Fleisch herausnehmen, die Brühe durch ein Sieb gießen, auffangen, zunächst 500 ml (1/2 l) abmessen (die Flüssigkeitsmenge richtet sich nach der Beschaffenheit des Sauerkrauts) und wieder in den Topf geben.
3. Sauerkraut, Zwiebel, Lorbeerblatt, Nelken und Wacholderbeeren in die Kochbrühe geben, Eisbeine hinzufügen, alles zum Kochen bringen und noch etwa 30 Minuten bei mittlerer Hitze mit Deckel kochen. Nach Bedarf noch etwas Kochbrühe zugeben.
4. In der Zwischenzeit Kartoffel waschen, schälen und abspülen. Nach Beendigung der Kochzeit die Kartoffel reiben, zu dem Sauerkraut geben und nochmals kurz aufkochen, damit es sämig wird. Das Sauerkraut mit Salz, Pfeffer und Zucker würzen. Die Eisbeine mit dem Sauerkraut servieren.

Beilage:
Kartoffelpüree oder Salzkartoffeln.

Tipp:
Etwa 125 ml (1/8 l) der Eisbeinbrühe zum Kochen des Sauerkrauts durch trockenen Weißwein ersetzen.

Eischwertorte mit bunten Zuckerstreuseln

Eischwertorte mit bunten Zuckerstreuseln

Für Kinder

Insgesamt:
E: 57 g, F: 215 g, Kh: 449 g,
kJ: 17059, kcal: 4076

Für den Rührteig:
225 g weiche Butter oder Margarine
225 g Zucker, 4 Eier (Größe M)
225 g Weizenmehl
1 TL Dr. Oetker Backin

Zum Bestreuen:
bunte Zuckerstreusel

Für die Füllung:
1 Glas Aprikosen-Apfel-Mus
(Einwaage 500 g)

Zubereitungszeit: etwa 35 Min., ohne Durchziehzeit

1. Für den Teig Butter oder Margarine mit Handrührgerät mit Rührbesen auf höchster Stufe geschmeidig rühren. Nach und nach Zucker unterrühren und so lange rühren, bis eine gebundene Masse entstanden ist.
2. Eier nach und nach unterrühren (jedes Ei etwa 1/2 Minute). Mehl mit Backin mischen, sieben und portionsweise auf mittlerer Stufe unterrühren.
3. Je 1/3 des Teiges in je eine Springform (Ø 26 cm, Boden gefettet, mit Backpapier belegt) füllen und glatt streichen. Einen der Böden dick mit Zuckerstreuseln bestreuen. Die Formen nacheinander (bei Heißluft zusammen) auf dem Rost in den Backofen schieben.
   Ober-/Unterhitze: etwa 180 °C (vorgeheizt)
   Heißluft: etwa 160 °C (vorgeheizt)
   Gas: Stufe 2–3 (vorgeheizt)
   Backzeit: etwa 15 Minuten je Boden.
4. Die Böden sofort nach dem Backen aus den Formen lösen, auf mit Backpapier belegte Kuchenroste setzen und erkalten lassen.
5. Einen Boden (ohne Zuckerstreusel) auf eine Tortenplatte legen und mit der Hälfte von dem Aprikosen-Apfel-Mus gleichmäßig bestreichen. Den zweiten Boden (ohne Zuckerstreusel) darauf legen und mit dem restlichen Mus bestreichen. Den Boden mit Zuckerstreuseln darauf legen und etwas andrücken.
6. Die Torte bis zum Verzehr mindestens 1 Stunde durchziehen lassen.

Engadiner Nusstorte

Klassisch – gefriergeeignet

Insgesamt:
E: 77 g, F: 386 g, Kh: 569 g,
kJ: 25261, kcal: 6032

<Engadiner Nusstorte

Für den Knetteig:
275 g Weizenmehl
1 TL Dr. Oetker Backin
100 g Zucker
1 Pck. Dr. Oetker Vanillin-Zucker
1 Prise Salz
1 Ei (Größe M)
150 g weiche Butter oder Margarine

Für die Füllung:
250 g Pekannusskerne
225 g Zucker
200 ml Schlagsahne
1–2 EL flüssiger Honig
1 Eiweiß (Größe M)

Zum Bestreichen:
1 Eigelb (Größe M)
1 EL Wasser

Zubereitungszeit: etwa 50 Min., ohne Kühl- und Durchziehzeit

1. Für den Teig Mehl mit Backin mischen und in eine Rührschüssel sieben. Zucker, Vanillin-Zucker, Salz, Ei und Butter oder Margarine hinzufügen und die Zutaten mit Handrührgerät mit Knethaken zuerst kurz auf niedrigster, dann auf höchster Stufe gut durcharbeiten. Anschließend auf der leicht bemehlten Arbeitsfläche kurz zu einem Teig verkneten und in Frischhaltefolie gewickelt kalt stellen.
2. Für die Füllung Pekannusskerne grob hacken. Zucker in eine Pfanne geben und bei mittlerer Hitze erhitzen (nicht umrühren, da sich sonst Klümpchen bilden). Wenn sich der Zucker gelöst hat (bevor der Zucker braun wird, den letzten Rest verrühren), die Pfanne von der Kochstelle nehmen und nach und nach Pekannusskerne unterrühren. Sahne hinzufügen und die Masse unter Rühren etwas einkochen lassen.

Honig unterrühren und die Masse etwas abkühlen lassen. Dann das Eiweiß unterrühren.

3. Die Hälfte des Teiges auf dem Boden einer Springform (Ø 26 cm, gefettet) ausrollen und den Springformrand darumstellen. Zwei Drittel des übrigen Teiges zwischen Frischhaltefolie zu einer runden Platte in Größe der Springform ausrollen. Den restlichen Teig zu einer Rolle formen, als Rand auf den Boden legen und so an die Form drücken, dass ein etwa 2 cm hoher Rand entsteht.
4. Die Füllung gleichmäßig auf den Teigboden streichen. Die Teigplatte darauf legen, am Rand festdrücken und die Oberfläche mehrmals mit einer Gabel einstechen. Eigelb mit Wasser verquirlen und die Teigplatte damit bestreichen. Die Form auf dem Rost in den Backofen schieben.
   Ober-/Unterhitze: etwa 180 °C (vorgeheizt)
   Heißluft: etwa 160 °C (nicht vorgeheizt)
   Gas: Stufe 2–3 (nicht vorgeheizt)
   Backzeit: etwa 45 Minuten.
5. Die Torte aus der Form lösen, auf einem Kuchenrost erkalten und in Alufolie verpackt mindestens 1 Tag durchziehen lassen.

Tipp:
Die Engadiner Nusstorte wird im Original mit Walnusskernen gemacht, die aber schnell bitter schmecken. Sie können die Pekannusskerne auch gegen die gleiche Menge Walnusskerne austauschen.
Nach Belieben aus Teigresten vom Ausrollen Ornamente ausstechen, diese auf die obere Teigplatte legen und mit verquirltem Eigelb bestreichen (Foto).

Entenbrust mit Bohnengemüse

Für Gäste

Pro Portion:
E: 35 g, F: 30 g, Kh: 20 g, kJ: 2210, kcal: 527

2 Entenbrustfilets (je 350 g)
Salz, frisch gemahlener Pfeffer
2 Zwiebeln
20 g getrocknete Tomaten in Öl (aus dem Glas)
50 g Korinthen
1 Pck. (300 g) TK-Brechbohnen
200 ml Gemüsebrühe
½ Topf Basilikum
1 Dose Wachsbohnen (Abtropfgewicht 455 g)
Cayennepfeffer

Zubereitungszeit: etwa 35 Min.

1. Entenbrustfilets unter fließendem kalten Wasser abspülen, trockentupfen und die Haut der Länge nach in schmalen Abständen einritzen.
2. Eine Pfanne erhitzen. Entenbrustfilets mit der Hautseite nach unten hineinlegen und anbraten. Die Hitze reduzieren, die Entenbrüste wenden und noch 12–15 Minuten weiterbraten, dabei noch zweimal wenden. Nach dem Anbraten mit Salz und Pfeffer würzen.
3. In der Zwischenzeit Zwiebeln abziehen, halbieren und in Streifen schneiden. Tomaten abtropfen lassen und würfeln. Korinthen warm abspülen und abtropfen lassen.
4. Die Entenbrustfilets im Backofen (bei etwa 100 °C) warm halten. Das Bratfett bis auf etwa 2 Esslöffel aus der Pfanne entfernen. Zwiebeln, Tomaten, Korinthen und unaufgetaute Brechbohnen in dem heißen Entenfett andünsten. Gemüsebrühe hinzufügen, den Deckel auflegen und das Bohnengemüse etwa 8 Minuten bei mittlerer Hitze garen.
5. In der Zwischenzeit Basilikum kalt abspülen, trockentupfen und die Blättchen von den Stängeln zupfen. Wachsbohnen in einem Sieb abspülen, abtropfen lassen, zum Bohnengemüse geben und erhitzen.
6. Das Bohnengemüse mit Salz, Pfeffer und Cayennepfeffer abschmecken. Einen Teil der Basilikumblättchen unterheben. Entenbrust in Streifen schneiden und auf dem Gemüse anrichten. Mit den restlichen Basilikumblättchen bestreuen.

Abwandlung:
Für Hähnchenbrust auf Bohnengemüse 4 Hähnchenbrustfilets mit Haut, ohne Knochen, kalt abspülen und trockentupfen. Die Haut etwas lösen und die Hälfte der Basilikumblättchen unter die Haut stecken. Das Fleisch mit Salz, Pfeffer und Paprika edelsüß würzen und von beiden Seiten in 30 g Butterschmalz insgesamt etwa 12 Minuten braten.

Entenbrust mit Bohnengemüse

Ente, gebratene

Klassisch

Pro Portion:
E: 82 g, F: 53 g, Kh: 2 g,
kJ: 3388, kcal: 805

1 küchenfertige Ente (2–2 ½ kg)
Salz
frisch gemahlener Pfeffer
etwa 850 ml Wasser

Für die Sauce:
1 geh. EL Weizenmehl
50 ml kaltes Wasser

Außerdem:
Küchengarn

Zubereitungszeit: etwa 30 Min.

1. Ente unter fließendem kalten Wasser von innen und außen abspülen, trockentupfen, evtl. Fett aus der Bauchhöhle entfernen und die Ente von innen und außen mit Salz und Pfeffer einreiben. Jeweils Keulen und Flügel zusammenbinden.
2. 50 ml Wasser in einen Bräter geben, Ente mit der Brust nach unten hineinlegen und den Bräter ohne Deckel auf dem Rost in den Backofen schieben.
   Ober-/Unterhitze: etwa 180 °C (vorgeheizt)
   Heißluft: etwa 160 °C (nicht vorgeheizt)
   Gas: Stufe 2–3 (nicht vorgeheizt)
   Bratzeit: 2 ¼–2 ½ Stunden.
3. In der Zwischenzeit Magen, Herz und Hals kalt abspülen und mit 750 ml (¾ l) Wasser in einen Kochtopf geben. 1 Teelöffel Salz hinzufügen, zum Kochen bringen und etwa 30 Minuten bei schwacher Hitze mit Deckel kochen. Dann durch ein Sieb gießen, dabei die Kochbrühe auffangen.
4. Die Ente während der Bratzeit mehrmals unterhalb der Flügel und Keulen einstechen, damit das Fett besser ausbraten kann. Nach etwa 30 Minuten Bratzeit das angesammelte Fett abschöpfen (den Vorgang wiederholen). Sobald der Bratensatz bräunt, etwas von der Kochbrühe zugeben. Verdampfte Flüssigkeit nach und nach durch Kochbrühe ersetzen. Nach etwa 60 Minuten Bratzeit die Ente umdrehen.
5. 100 ml Wasser mit ½ Teelöffel Salz verrühren, die Ente etwa 10 Minuten vor Ende der Bratzeit damit bestreichen und die Temperatur um 20 °C erhöhen, damit die Haut kross wird.
6. Die gare Ente aus dem Bräter nehmen und zugedeckt 5–10 Minuten ruhen lassen.
7. Den Bratensatz mit etwas Wasser loskochen, durch ein Sieb gießen und entfetten, mit Wasser auf 375 ml (⅜ l) auffüllen und auf der Kochstelle zum Kochen bringen. Mehl mit kaltem Wasser anrühren, mit einem Schneebesen in die kochende Flüssigkeit einrühren, dabei darauf achten, dass keine Klümpchen entstehen. Die Sauce zum Kochen bringen und bei schwacher Hitze etwa 5 Minuten ohne Deckel leicht kochen lassen, dabei gelegentlich umrühren. Die Sauce mit Salz und Pfeffer abschmecken.
8. Die Ente in Portionsstücke schneiden (tranchieren), auf einer vorgewärmten Platte anrichten und mit der Sauce servieren.

Beilage: Kartoffelklöße und Rotkohl.

Entenkeulen auf Spitzkohl

Für Gäste

Pro Portion:
E: 35 g, F: 44 g, Kh: 3 g,
kJ: 2374, kcal: 568

4 Entenkeulen (je etwa 200 g)
Salz
frisch gemahlener Pfeffer
etwa 100 ml heiße Gemüse- oder Hühnerbrühe
500 g Spitzkohl
1 Schalotte oder Zwiebel
20 g Butterschmalz oder 2 EL Speiseöl, z. B. Sonnenblumenöl
125 ml (1/8 l) Weißwein
1–2 EL gehackte Petersilie

Zubereitungszeit: etwa 30 Min.

1. Entenkeulen unter fließendem kalten Wasser abspülen, trockentupfen und mit Salz und Pfeffer bestreuen.
2. Eine Pfanne ohne Fett erhitzen und die Entenkeulen darin von allen Seiten anbraten. Etwas heiße Brühe hinzugießen und die Keulen bei mittlerer Hitze etwa 60 Minuten mit Deckel schmoren, dabei verdampfte Flüssigkeit nach und nach durch heiße Brühe ersetzen und die Keulen ab und zu wenden.
3. In der Zwischenzeit von dem Spitzkohl die äußeren Blätter entfernen, den Kohl vierteln, waschen und abtropfen lassen, den Strunk herausschneiden und den Kohl in Streifen schneiden. Schalotte oder Zwiebel abziehen und würfeln.
4. Butterschmalz oder Öl in einem Topf erhitzen und die Schalotten- oder Zwiebelwürfel darin andünsten. Die Spitzkohlstreifen hinzufügen, Weißwein hinzugießen und mit Salz und Pfeffer würzen. Den Spitzkohl in 8–15 Minuten mit Deckel gar dünsten, dabei ab und zu umrühren.
5. Die Entenkeulen aus der Pfanne nehmen und zugedeckt etwa 10 Minuten ruhen lassen.
6. Von dem Bratensatz etwas Fett mit einem Löffel abnehmen (entfetten), den Spitzkohl mit der Garflüssigkeit in den Bratensatz geben und kurz durchschmoren lassen. Mit Salz und Pfeffer abschmecken und Petersilie unterrühren. Die Entenkeulen auf dem Spitzkohl anrichten.

Beilage: Kartoffelklöße.

Tipp: Anstelle von Spitzkohl können Sie auch Wirsing verwenden.

Erbsenrahmsuppe

Schnell

Pro Portion:
E: 7 g, F: 21 g, Kh: 19 g,
kJ: 1278, kcal: 305

1 mittelgroße Kartoffel
50 g Butter
450 g TK-Erbsen
Salz
frisch gemahlener Pfeffer
750 ml (3/4 l) Hühner- oder Gemüsebrühe
125 ml (1/8 l) Schlagsahne

Zubereitungszeit: etwa 30 Min.

1. Die Kartoffel waschen, schälen, abspülen und in Würfel schneiden. Butter in einem Topf zerlassen und Kartoffelwürfel und Erbsen darin andünsten.
2. Mit Salz und Pfeffer würzen. Brühe hinzufügen, alles zum Kochen bringen und etwa 20 Minuten kochen lassen.
3. Die Suppe pürieren und nach Belieben durch ein Sieb streichen. Sahne unterrühren und die Suppe einmal aufkochen lassen.
4. Die Suppe vor dem Servieren evtl. nochmals mit Salz und Pfeffer abschmecken.

Tipp: Sie können diese einfache Suppe durch verschiedene Einlagen wie z. B. Shrimps, Räucherlachsstreifen oder in Butter gebräunte Toastbrotwürfel schnell variieren.

Erbsenrahmsuppe

Erdäpfelgulasch

Erdäpfelgulasch
(Kartoffelgulasch)

Preiswert

Pro Portion:
E: 33 g, F: 33 g, Kh: 37 g,
kJ: 2523, kcal: 603

800 g kleine Kartoffeln
150 g Zwiebeln
1 Knoblauchzehe
2 EL Olivenöl
1 EL Paprikapulver edelsüß
1 ½ TL Paprika rosenscharf
½ EL Weißweinessig
200 ml Rindfleischbrühe
200 g Möhrenwürfel
200 g Selleriewürfel
Salz
frisch gemahlener Pfeffer
200 g frische Bratwurst
(etwa 2 Stück)
200 g kleine gepfefferte Salami
½ Bund Majoran
100 ml Schlagsahne

Zubereitungszeit: etwa 45 Min.

1. Kartoffeln waschen, schälen, abspülen und vierteln (neue Kartoffeln nach Belieben nur gründlich waschen oder bürsten). Zwiebeln abziehen und in kleine Würfel schneiden. Knoblauch abziehen und durch eine Knoblauchpresse drücken. Olivenöl in einem Topf erhitzen und Zwiebelwürfel darin andünsten. Mit Paprika edelsüß und rosenscharf bestäuben und unterrühren. Essig und Brühe hinzugießen und zum Kochen bringen.
2. Kartoffelviertel, Möhren-, Selleriewürfel und Knoblauch hinzugeben und mit Salz und Pfeffer würzen. Die Zutaten zum Kochen bringen und etwa 20 Minuten zugedeckt garen, dabei ab und zu umrühren, evtl. etwas Wasser hinzufügen.
3. Bratwurst jeweils aus dem Darm drücken und zu kleinen Bällchen formen. Salami in Würfel oder Scheiben schneiden, beides zum Gulasch geben und etwa 10 Minuten gar ziehen lassen.
4. Majoran abspülen und trockentupfen. Die Blättchen von den Stängeln zupfen. Majoranblätter und Sahne zum Gulasch geben, unterrühren und evtl. nochmals kurz erhitzen.

Beilage: Kümmelbrötchen.

Erdbeer-Creme, marmorierte

Für Kinder

Pro Portion:
E: 3 g, F: 13 g, Kh: 27 g,
kJ: 1027, kcal: 246

150 ml Milch, 150 ml Schlagsahne
1 Pck. Paradiescreme Vanille-Geschmack (Cremepulver ohne Kochen)

300 g Erdbeeren
1 EL gesiebter Puderzucker
1 EL Zitronensaft

Zubereitungszeit: etwa 15 Min.

1. Milch und Sahne in einen hohen, schmalen Rührbecher geben. Das Cremepulver hinzufügen und mit Handrührgerät mit Rührbesen auf niedrigster Stufe kurz verrühren. Das Ganze dann auf höchster Stufe etwa

3 Minuten cremig schlagen. Die Paradiescreme in Dessertgläser oder eine Glasschale füllen.

2. Erdbeeren waschen, abtropfen lassen, entstielen, putzen und in kleine Stücke schneiden. Die Erdbeeren mit Puderzucker pürieren und mit dem Zitronensaft verrühren.
3. Das Erdbeermus ganz locker unter die Paradiescreme heben, so dass es als Streifen sichtbar bleibt. Bis zum Verzehr in den Kühlschrank stellen.

Erdbeeren mit Apfel-Zabaione

6 Portionen

Für Gäste

Pro Portion:
E: 9 g, F: 11 g, Kh: 58 g,
kJ: 1579, kcal: 378

1,25 kg Erdbeeren
2–3 EL Hagelzucker
50 g abgezogene, gehobelte Mandeln
1 heller Biskuitboden (200 g)
3 EL Apfelsaft

2 Eier (Größe M), 2 Eigelb (Größe M)
100 g Zucker
200 ml naturtrüber Apfelsaft
3 EL Zitronensaft

Zum Garnieren:
Minze, Puderzucker

Zubereitungszeit: etwa 40 Min.

1. Erdbeeren putzen, waschen, abtropfen lassen, entstielen und evtl. halbieren (einige Erdbeeren mit Grün beiseite legen). Erdbeeren mit Hagelzucker und Mandeln mischen.
2. Den Biskuitboden in eine große Gratinform legen und mit etwas Apfelsaft beträufeln. Erdbeeren darauf verteilen.
3. Eier, Eigelb, Zucker, Apfel- und Zitronensaft in einem Topf im Wasserbad bei schwacher Hitze schaumig schlagen, bis die Masse dicklich wird (etwa 6 Minuten).
4. Die Sauce über die Erdbeeren gießen. Die Form in den Backofen schieben und das Gratin überbacken.
   Ober-/Unterhitze: etwa 200 °C (vorgeheizt)
   Heißluft: etwa 180 °C (vorgeheizt)
   Gas: Stufe 3–4 (vorgeheizt)
   Backzeit: etwa 10 Minuten.
5. Minze abspülen und trockentupfen. Das Gratin mit Puderzucker bestäuben und mit den beiseite gelegten Erdbeeren und Minze garnieren.

Tipp: Anstelle des Biskuitbodens können Sie auch die gleiche Menge Löffelbiskuits in die Form legen. Statt der Erdbeeren können auch Himbeeren und Kiwi oder gemischte Zitrusfrüchte, wie Grapefruit, Orangen oder Mandarinen, verwendet werden. Die Früchte dann vor dem Übergießen mit etwas Puderzucker nach Geschmack bestäuben.

Erdbeeren mit Apfel-Zabaione

Erdbeer-Flockentorte

Erdbeer-Flockentorte

Etwas aufwändiger

Insgesamt:
E: 88 g, F: 267 g, Kh: 370 g,
kJ: 18432, kcal: 4408

Für den Knetteig:
150 g Weizenmehl
40 g Zucker
1 Pck. Dr. Oetker Vanillin-Zucker
100 g weiche Butter oder Margarine

Für den Brandteig:
125 ml (1/8 l) Wasser
25 g Butter oder Margarine
75 g Weizenmehl
15 g Speisestärke
2–3 Eier (Größe M)
1 Msp. Dr. Oetker Backin

Für den Belag:
8 Blatt weiße Gelatine
500 g Erdbeerjoghurt
400 ml Schlagsahne
400–500 g Erdbeeren

Zum Bestreichen:
2 EL Erdbeerkonfitüre

Zubereitungszeit: etwa 45 Min.

1. Für den Knetteig Mehl in eine Rührschüssel sieben. Zucker, Vanillin-Zucker und Butter oder Margarine hinzufügen und die Zutaten mit Handrührgerät mit Knethaken zunächst kurz auf niedrigster, dann auf höchster Stufe gut durcharbeiten.
2. Anschließend auf der leicht bemehlten Arbeitsfläche zu einem glatten Teig verkneten. Sollte er kleben, ihn in Folie gewickelt eine Zeit lang kalt stellen.
3. Den Teig auf dem Boden einer Springform (Ø 26 cm, gefettet) ausrollen, mehrmals mit einer Gabel einstechen und den Springformrand darumstellen. Die Form auf dem Rost in den Backofen schieben.
   Ober-/Unterhitze: etwa 200 °C (vorgeheizt)
   Heißluft: etwa 180 °C (vorgeheizt)
   Gas: Stufe 3–4 (vorgeheizt)
   Backzeit: etwa 15 Minuten.
4. Den Knetteigboden sofort nach dem Backen vom Springformboden lösen, aber darauf erkalten lassen.
5. Für den Brandteig Wasser mit Butter oder Margarine am besten in einem Stieltopf zum Kochen bringen. Mehl mit Speisestärke mischen, sieben, auf einmal in die von der Kochstelle genommene Flüssigkeit schütten, zu einem glatten Kloß rühren und unter Rühren etwa 1 Minute erhitzen.
6. Den heißen Kloß sofort in eine Rührschüssel geben, nach und nach Eier mit Handrührgerät mit Knethaken auf höchster Stufe unterarbeiten. Die Eiermenge hängt von der Beschaffenheit des Teiges ab, er muss stark glänzen und so von einem Löffel abreißen, dass lange Spitzen hängen bleiben. Backin in den erkalteten Teig arbeiten.
7. Aus dem Teig 3 Böden backen. Dazu jeweils 1/3 des Teiges auf den Boden einer Springform (Ø 26 cm, gefettet, bemehlt) streichen. Darauf achten, dass der Teig am Rand nicht zu dünn ist, damit der Boden dort nicht zu dunkel wird. Die Form auf dem Rost in den Backofen schieben und jeden Boden ohne Springformrand **bei der oben angegebenen Backofeneinstellung 20–25 Minuten backen, bis er hellbraun ist.**
8. Sofort nach dem Backen die Böden vom Springformboden lösen und einzeln auf einem mit Backpapier belegten Kuchenrost erkalten lassen.
9. Für den Belag Gelatine nach Packungsanleitung einweichen. Gelatine leicht ausdrücken, in einem kleinen Topf unter Rühren erwärmen (nicht kochen), bis sie völlig gelöst ist und unter den Erdbeerjoghurt rühren. Wenn die Masse anfängt zu gelieren, Sahne steif schlagen und unterheben.
10. Erdbeeren waschen, abtropfen lassen, entstielen und evtl. halbieren. Den Knetteigboden auf eine Tortenplatte legen und mit Erdbeerkonfitüre bestreichen. Einen Brandteigboden darauf legen und etwas andrücken.
11. Die Hälfte der Joghurtmasse auf den Brandteigboden geben, die Hälfte der Erdbeeren darauf verteilen, den zweiten Brandteigboden auflegen, den Rest der Joghurtmasse darauf geben und die restlichen Erdbeeren darauf anrichten. Den letzten Brandteigboden in Stücke brechen und darauf verteilen.

Abwandlung:
Die Torte schmeckt auch mit anderen Fruchtjoghurtsorten lecker. Dann die entsprechenden Früchte zum Belegen verwenden.

Tipp:
Sie können die Böden bereits am Vortag backen (Brandteigböden dann kurz aufbacken) und die Torte am Verzehrtag zusammensetzen.

Erdbeer-Joghurt-Rolle

Erdbeer-Joghurt-Rolle

Fruchtig

Insgesamt:
E: 69 g, F: 205 g, Kh: 505 g,
kJ: 17874, kcal: 4270

Für den Biskuitteig:
2 Eier (Größe M)
1 Eigelb (Größe M)
150 g Zucker
1 Pck. Dr. Oetker Vanillin-Zucker
150 g Weizenmehl
1 TL Dr. Oetker Backin
50 ml warme Milch
50 g zerlassene, abgekühlte Butter

Für die Füllung:
500 g Erdbeeren
6 Erdbeer-Joghurt-Riegel
8 Blatt weiße Gelatine
400 ml Schlagsahne
30 g Zucker
300 g Erdbeerjoghurt

Zum Garnieren:
2 Erdbeer-Joghurt-Riegel

Zubereitungszeit: etwa 35 Min.

1. Für den Teig Eier und Eigelb in eine Rührschüssel geben und mit Handrührgerät mit Rührbesen auf höchster Stufe in 1 Minute schaumig schlagen. Zucker und Vanillin-Zucker in 1 Minute einstreuen und noch etwa 2 Minuten schlagen. Mehl mit Backin mischen, portionsweise auf die Eiercreme sieben und auf niedrigster Stufe mit der Milch kurz unterrühren. Zuletzt die Butter kurz unterrühren. Teig auf ein Backblech (30 x 40 cm, gefettet, mit Backpapier belegt) streichen. Das Papier an der offenen Seite des Backblechs unmittelbar vor dem Teig zur Falte knicken, so dass ein Rand entsteht. Das Backblech in den Backofen schieben.
   Ober-/Unterhitze: etwa 220 °C (vorgeheizt)
   Heißluft: etwa 200 °C (vorgeheizt)
   Gas: Stufe 4–5 (vorgeheizt)
   Backzeit: 8–10 Minuten
   (nur hell backen).
2. Die Biskuitplatte sofort auf ein Geschirrtuch oder Backpapier stürzen und das mitgebackene Papier schnell, aber vorsichtig abziehen. Die Platte von der längeren Seite aufrollen und erkalten lassen.
3. Für die Füllung Erdbeeren waschen, abtropfen lassen und entstielen. 200 g davon pürieren, einige Früchte zum Garnieren beiseite legen, restliche Erdbeeren würfeln. Die Erdbeer-Joghurt-Riegel in Scheiben schneiden (am besten vorher kurz in das Gefrierfach legen).
4. Gelatine nach Packungsanleitung in kaltem Wasser einweichen, leicht ausdrücken und in einem kleinen Topf unter Rühren erwärmen (nicht kochen lassen), bis die Gelatine vollständig gelöst ist. Sahne mit Zucker steif schlagen und Gelatine unterrühren. Erdbeerpüree und Joghurt unterheben. Gut ein Drittel der Creme abnehmen. Unter die restliche Erdbeercreme die Erdbeerwürfel und Riegelscheiben heben.
5. Biskuitrolle abrollen, die Erdbeercreme darauf streichen und wieder aufrollen. Die Rolle rundherum mit der zurückgelassenen Erdbeercreme bestreichen. Die Oberfläche mit einem Tortengarnierkamm oder einer Gabel verzieren und die Rolle etwa 2 Stunden kalt stellen.
6. Zum Garnieren die Rolle vor dem Servieren mit den restlichen Erdbeeren und mit in Stücke oder Scheiben geschnittenen Erdbeer-Joghurt-Riegeln garnieren.

Abwandlung:
Die Rolle mit Himbeeren und Himbeerjoghurt und 60 g gehackter Zartbitterschokolade zubereiten. Die Rolle mit Schokoblättchen und Himbeeren garnieren.

Tipp:
Für eine intensivere Farbe 4 Blatt weiße und 4 Blatt rote Gelatine verwenden.

Erdbeerkuchen

Für Gäste

Insgesamt:
E: 37 g, F: 99 g, Kh: 320 g,
kJ: 10009, kcal: 2394

Für den Biskuitteig:
2 Eier (Größe M)
1–2 EL heißes Wasser
75 g Zucker
1 Pck. Dr. Oetker Vanillin-Zucker
50 g Weizenmehl
50 g Speisestärke
1 TL Dr. Oetker Backin

Für die Creme:
1 Pck. Dr. Oetker Pudding-Pulver Vanille-Geschmack, 30 g Zucker
125 ml (1/8 l) Milch
250 ml (1/4 l) Schlagsahne

Für den Belag:
500 g Erdbeeren

Für den Guss:
250 ml (1/4 l) Erdbeersaft oder Wasser
20–30 g Zucker, 1 Pck. Tortenguss

Zum Verzieren:
1 EL Mandelblättchen

Zum Bestäuben:
gesiebter Puderzucker

Zubereitungszeit: etwa 50 Min.

1. Für den Teig Eier und Wasser mit Handrührgerät mit Rührbesen auf höchster Stufe in 1 Minute schaumig schlagen, Zucker und Vanillin-Zucker mischen, in 1 Minute einstreuen und noch etwa 2 Minuten schlagen. Mehl, Speisestärke und Backin mischen, die Hälfte davon auf die Eiercreme sieben und kurz auf niedrigster Stufe unterrühren. Den Rest des Mehl-Gemisches auf die gleiche Weise unterarbeiten.
2. Den Teig in eine Obstbodenform (Ø 28 cm, Boden gefettet und bemehlt) füllen und glatt streichen. Die Form auf dem Rost in den Backofen schieben.
   Ober-/Unterhitze: etwa 180 °C (vorgeheizt)
   Heißluft: etwa 160 °C (vorgeheizt)
   Gas: Stufe 2–3 (vorgeheizt)
   Backzeit: 20–25 Minuten.
3. Den Boden auf ein mit Backpapier belegten Kuchenrost stürzen und erkalten lassen.
4. Für die Creme Pudding-Pulver mit Zucker und etwas von der Milch anrühren. Restliche Milch und Sahne zum Kochen bringen, das angerührte Pudding-Pulver einrühren und unter Rühren zum Kochen bringen, einmal aufkochen lassen. Den Pudding kalt stellen und ab und zu durchrühren, damit sich keine Haut bildet.
5. Den erkalteten Pudding auf den Obstboden streichen.
6. Für den Belag Erdbeeren waschen, gut abtropfen lassen, entstielen, halbieren und auf dem Pudding verteilen.
7. Für den Guss aus Erdbeersaft oder Wasser, Zucker und Tortengusspulver nach Packungsanleitung einen Guss zubereiten. Über den Erdbeeren verteilen und fest werden lassen.
8. Vor dem Servieren den Tortenrand mit gerösteten Mandelblättchen bestreuen und mit Puderzucker bestäuben.

Tipp:
Den Kuchen mit Beerenfrüchten, wie Himbeeren, Brombeeren oder Johannisbeeren, zubereiten.

Erdbeer-Mousse

Schnell

Pro Portion:
E: 3 g, F: 21 g, Kh: 19 g,
kJ: 1208, kcal: 289

250 g Erdbeeren
250 ml (1/4 l) Schlagsahne

1 Pck. Mousse à la Vanille (Dessert-Cremepulver ohne Kochen)
1 EL Erdbeerkonfitüre

Zubereitungszeit: etwa 25 Min., ohne Kühlzeit

1. Erdbeeren waschen, gut abtropfen lassen, entstielen und pürieren.
2. Sahne in einen hohen, mit heißem Wasser ausgespülten Rührbecher geben. Das Cremepulver hinzufügen und alles mit Handrührgerät mit Rührbesen auf niedrigster Stufe kurz verrühren. Dann 3 Minuten auf höchster Stufe aufschlagen.
3. Die pürierten Erdbeeren unterrühren. Die Masse in eine Schüssel geben. Erdbeerkonfitüre darauf verteilen und mit einer Gabel spiralförmig durchziehen. Die Mousse mindestens 1 Stunde kalt stellen.

Abwandlung:
Sie können die Mousse auch in eine mit Frischhaltefolie ausgelegte Form geben und etwa 6 Stunden oder über Nacht gefrieren lassen. Die Form vor dem Servieren kurz in heißes Wasser halten, die Masse auf eine Platte oder einen Teller stürzen und die Frischhaltefolie entfernen.

Erdbeer-Muffins

Fruchtig

Pro Stück:
E: 4 g, F: 9 g, Kh: 26 g,
kJ: 848, kcal: 202

Zum Vorbereiten:
200 g frische Erdbeeren

Für den Rührteig:
80 ml Sonnenblumenöl
120 g Zucker
1 Pck. Dr. Oetker Bourbon-Vanille-Zucker
1 TL Dr. Oetker Finesse Geriebene Zitronenschale
2 Eier (Größe M), 150 g Weizenmehl
1 1/2 TL Dr. Oetker Backin
1 Prise Salz, 70 g Haferflocken
100 ml Buttermilch

Zum Verzieren:
2 Riegel gut gekühlte Erdbeer-Joghurt-Schokolade

Zubereitungszeit: etwa 50 Min., ohne Abkühlzeit

1. Zum Vorbereiten Erdbeeren putzen, waschen und abtropfen lassen, entstielen und in Stücke schneiden.
2. Für den Teig Sonnenblumenöl, Zucker, Vanille-Zucker und Zitronenschale mit Handrührgerät mit Rührbesen auf höchster Stufe geschmeidig rühren. So lange rühren, bis eine gebundene Masse entstanden ist. Eier nach und nach unterrühren (jedes Ei etwa 1/2 Minute). Mehl mit Backin und Salz mischen, sieben und abwechselnd portionsweise mit Haferflocken und Buttermilch auf mittlerer Stufe unterrühren. Zuletzt Erdbeerstücke vorsichtig unterheben.
3. Den Teig in eine Muffinform (für 12 Muffins, gefettet, bemehlt) geben und glatt streichen. Die Form auf dem Rost in den Backofen schieben.
   Ober-/Unterhitze: etwa 180 °C (vorgeheizt)
   Heißluft: etwa 160 °C (vorgeheizt)
   Gas: Stufe 2–3 (vorgeheizt)
   Backzeit: etwa 25 Minuten.
4. Die Muffins 10 Minuten in der Form stehen lassen, dann aus der Form lösen und auf einem Kuchenrost etwas abkühlen lassen.
5. Zum Verzieren Schokolade grob raspeln und die noch warmen Muffins damit bestreuen. Die Muffins erkalten lassen.

Tipp:
Die Muffins schmecken auch sehr gut mit Heidelbeeren (200 g) oder Bananenstücken (etwa 150 g). Bei Bananen nur 100 g Zucker verwenden.

Erdbeer-Muffins

Erdbeertorte, feine

Beliebt

Insgesamt:
E: 55 g, F: 182 g, Kh: 627 g,
kJ: 18850, kcal: 4509

Für den Knetteig:
150 g Weizenmehl
40 g Zucker
1 Pck. Dr. Oetker Vanillin-Zucker
100 g weiche Butter oder Margarine

Für den All-in-Teig:
65 g Weizenmehl
1 1/2 TL Dr. Oetker Backin
65 g Zucker
1 Pck. Dr. Oetker Vanillin-Zucker
2 Eier (Größe M)
65 g weiche Butter oder Margarine

Zum Bestreichen:
50 g Zartbitterschokolade

Für den Belag:
1 kg Erdbeeren, 150 g Zucker

Für den Guss:
knapp 250 ml (1/4 l) Wasser
knapp 250 ml (1/4 l) klarer Apfelsaft
2 Pck. Tortenguss, rot, 80 g Zucker

Zum Garnieren:
abgezogene, gehackte Mandeln

Zubereitungszeit: etwa 50 Min., ohne Kühl- und Durchziehzeit

1. Für den Knetteig Mehl in eine Rührschüssel sieben. Zucker, Vanillin-Zucker und Butter oder Margarine hinzufügen und die Zutaten mit Handrührgerät mit Knethaken zunächst kurz auf niedrigster, dann auf höchster Stufe gut durcharbeiten. Anschließend auf der leicht bemehlten Arbeitsfläche zu einem glatten Teig verkneten. Sollte er kleben, ihn in Folie gewickelt eine Zeit lang kalt stellen.
2. Den Teig auf dem Boden einer Springform (Ø 26 cm, Boden gefettet) ausrollen und mehrmals mit einer Gabel einstechen. Den Springformrand darumlegen. Die Form auf dem Rost in den Backofen schieben.
   Ober-/Unterhitze: etwa 200 °C (vorgeheizt)
   Heißluft: etwa 180 °C (vorgeheizt)
   Gas: Stufe 3–4 (vorgeheizt)
   Backzeit: etwa 15 Minuten.
3. Den Boden sofort nach dem Backen vom Springformboden lösen, aber darauf erkalten lassen.
4. Für den All-in-Teig Mehl mit Backin mischen und in eine Rührschüssel sieben. Zucker, Vanillin-Zucker, Eier und Butter oder Margarine hinzufügen und die Zutaten mit Handrührgerät mit Rührbesen auf höchster Stufe in etwa 2 Minuten zu einem glatten Teig verarbeiten.
5. Den Teig in eine Springform (Ø 26 cm, Boden gefettet) füllen und glatt streichen. Die Form auf dem Rost in den Backofen schieben.
   Ober-/Unterhitze: etwa 180 °C (vorgeheizt)
   Heißluft: etwa 160 °C (vorgeheizt)
   Gas: Stufe 2–3 (vorgeheizt)
   Backzeit: etwa 20 Minuten.
6. Den Boden nach dem Backen aus der Form lösen, auf einen mit Backpapier belegten Kuchenrost stürzen, das mitgebackene Backpapier entfernen und den Boden erkalten lassen.
7. Zum Bestreichen Schokolade in grobe Stücke brechen und in einem kleinen Topf im Wasserbad bei schwacher Hitze zu einer geschmeidigen Masse verrühren.

Erdbeertorte, feine

8. Den Knetteigboden auf eine Tortenplatte legen und mit der Schokolade bestreichen. Den All-in-Teig-Boden darauf legen und leicht andrücken. Einen Tortenring darumstellen.
9. Für den Belag Erdbeeren waschen, abtropfen lassen, entstielen, halbieren, mit Zucker bestreuen und etwa 30 Minuten durchziehen lassen. Anschließend in einem Sieb gut abtropfen lassen, dabei den Saft auffangen. Die Früchte dicht an dicht senkrecht auf den Boden setzen.
10. Für den Guss den Erdbeersaft mit Wasser und Apfelsaft auf 500 ml (1/2 l) auffüllen. Aus Tortenguss, Zucker und der Flüssigkeit nach Packungsanleitung einen Guss zubereiten, vorsichtig über die Erdbeeren verteilen und fest werden lassen.
11. Vor dem Servieren den Tortenring lösen und den Tortenrand mit Mandeln garnieren.

Erdbeer-Vanille-Torte

Für Kinder

Insgesamt:
E: 54 g, F: 196 g, Kh: 310 g, kJ: 13958, kcal: 3337

Für den All-in-Teig:
125 g Weizenmehl
2 TL Dr. Oetker Backin
125 g Zucker
1 Pck. Dr. Oetker Vanillin-Zucker
3 Eier (Größe M)
125 g weiche Butter oder Margarine

Für die Füllung:
1 Pck. Saucenpulver Vanille-Geschmack, ohne Kochen
125 ml (1/8 l) Milch, 500 g Erdbeeren

Für den Belag:
200 ml Schlagsahne
2 EL Milchgetränkepulver Erdbeer-Geschmack

Zum Garnieren:
einige Erdbeeren mit Grün

Zubereitungszeit: etwa 35 Min.

1. Für den Teig Mehl mit Backin mischen und in eine Rührschüssel sieben. Restliche Zutaten hinzufügen und alles mit Handrührgerät mit Rührbesen auf höchster Stufe in etwa 2 Minuten zu einem Teig verarbeiten.
2. Den Teig in eine Obstbodenform (Ø 26 cm, gefettet, bemehlt) füllen und glatt streichen. Die Form auf dem Rost in den Backofen schieben.
   Ober-/Unterhitze: etwa 180 °C (vorgeheizt)
   Heißluft: etwa 160 °C (vorgeheizt)
   Gas: Stufe 2–3 (vorgeheizt)
   Backzeit: etwa 25 Minuten.
3. Den Boden aus der Form lösen, auf einen mit Backpapier belegten Kuchenrost stürzen und erkalten lassen. Anschließend den Boden auf eine Tortenplatte legen.
4. Für die Füllung Saucenpulver nach Packungsanleitung, aber nur mit 125 ml (1/8 l) Milch zubereiten und die Creme auf den Boden streichen. Erdbeeren waschen, putzen, in kleine Stücke schneiden und auf der Vanillecreme verteilen.
5. Für den Belag Sahne steif schlagen, Milchgetränkepulver unterrühren und die Sahnemasse auf die Erdbeeren streichen. Nach Belieben mit einem Tortengarnierkamm ein Muster in die Sahne ziehen und die Torte anschließend kalt stellen.
6. Zum Garnieren die Erdbeeren waschen, trockentupfen und die Torte mit ganzen oder halbierten Erdbeeren garnieren.

Erdbeer-Vanille-Torte

Erna-Sack-Torte

Erna-Sack-Torte

Mit Alkohol

Insgesamt:
E: 32 g, F: 110 g, Kh: 317 g,
kJ: 10187, kcal: 2430

Für die Baisermasse:
3 Eiweiß (Größe M)
150 g Zucker
1 TL Zitronensaft
1 EL Zucker

Für die Füllung:
3 Eigelb (Größe M), 75 g Zucker
abgeriebene Schale von
1/2 Bio-Zitrone (unbehandelt, ungewachst)
50 ml Zitronensaft
25 g Speisestärke
100 ml Weißwein

Für den Belag:
250 ml (1/4 l) Schlagsahne
1 Pck. Dr. Oetker Sahnesteif
1 Pck. Dr. Oetker Vanillin-Zucker
etwa 20 g abgezogene, gehobelte Mandeln
etwas Kirschgrütze aus dem Kühlregal

Zubereitungszeit: etwa 35 Min., ohne Kühlzeit

1. Für die Baisermasse Eiweiß steif schlagen. Zucker nach und nach unterschlagen, Zitronensaft unterrühren. Baisermasse in eine Springform (Ø 26 cm, Boden gefettet, mit Backpapier belegt, Rand gefettet, bemehlt) geben, glatt streichen und mit Zucker bestreuen. Die Form auf dem Rost in den Backofen schieben.
   Ober-/Unterhitze: etwa 100 °C (vorgeheizt)
   Heißluft: etwa 80 °C (nicht vorgeheizt)
   Gas: etwa Stufe 1 (nicht vorgeheizt)
   Trockenzeit: etwa 2 Stunden.
2. Den Boden aus der Form lösen und auf einem Kuchenrost erkalten lassen. Backpapier entfernen.
3. Für die Füllung Eigelb mit Zucker, Zitronenschale, -saft und Speisestärke in einem Topf verrühren. Wein hinzufügen und die Masse unter Rühren zum Kochen bringen. Topf von der Kochstelle nehmen und die Creme erkalten lassen, dabei gelegentlich umrühren. Die Creme auf den Boden geben und glatt streichen.
4. Für den Belag Sahne mit Sahnesteif und Vanillin-Zucker steif schlagen, in einen Spritzbeutel mit Sterntülle füllen und dicht aneinander Kreise auf die Oberfläche spritzen. Kirschgrütze in die Kreise füllen, die Torte mit Mandeln bestreuen und etwa 30 Minuten kalt stellen. Die Torte bald verzehren.

Espressotorte

Mit Alkohol

Insgesamt:
E: 65 g, F: 388 g, Kh: 523 g,
kJ: 25290, kcal: 6043

Für den Biskuitteig:
200 g Butter
3–4 EL Instant-Espressopulver
3 Eier (Größe M)
120 g Zucker
2 Pck. Dr. Oetker Vanillin-Zucker
80 g Weizenmehl
120 g Speisestärke
3 TL Dr. Oetker Backin

Zum Beträufeln:
2–3 EL Eierlikör oder Baileys

Für den Belag:
100 g Marzipan-Rohmasse
500 ml (1/2 l) Schlagsahne
1 Pck. Dr. Oetker Bourbon-Vanille-Zucker
1 EL Zucker

Espressotorte

Zum Garnieren:
125 g Marzipan-Rohmasse
3 EL gesiebter Puderzucker
3 TL Kakaopulver
2 TL Instant-Espressopulver

Zubereitungszeit: etwa 50 Min., ohne Abkühlzeit

1. Für den Teig Butter zerlassen, Espressopulver unterrühren und etwas abkühlen lassen.
2. Eier, Zucker und Vanillin-Zucker mit Handrührgerät mit Rührbesen auf höchster Stufe 3 Minuten schaumig rühren.
3. Mehl mit Speisestärke und Backin mischen, portionsweise auf die Eiercreme sieben und kurz auf niedrigster Stufe unterrühren. Die lauwarme Espresso-Butter-Mischung vorsichtig unterheben und den Teig in eine Springform (Ø 26 cm, Boden gefettet) füllen. Die Form auf dem Rost in den Backofen schieben.
   Ober-/Unterhitze: etwa 180 °C (vorgeheizt)
   Heißluft: etwa 160 °C (vorgeheizt)
   Gas: Stufe 2–3 (vorgeheizt)
   Backzeit: etwa 35 Minuten.
4. Den Boden 5 Minuten in der Form stehen lassen, dann aus der Form lösen, auf einen mit Backpapier belegten Kuchenrost legen und erkalten lassen.
5. Den erkalteten Boden mit einem Esslöffel aushöhlen, dabei am Boden und rundherum einen etwa 2 cm breiten Rand stehen lassen.
6. Den ausgehöhlten Boden mit Eierlikör oder Baileys beträufeln. Die Gebäckbrösel mit den Händen zerreiben.
7. Für den Belag Marzipan-Rohmasse und 100 ml Sahne in einem schmalen Rührbecher mit dem Pürierstab pürieren. Die restliche Sahne mit Vanille-Zucker und Zucker steif schlagen. Die Marzipan-Sahne und die Gebäckbrösel unterheben und die Masse kuppelförmig in den ausgehöhlten Boden streichen.
8. Zum Garnieren Marzipan-Rohmasse mit 2 gehäuften Esslöffeln Puderzucker verkneten, auf der Arbeitsfläche zu einer runden Platte (Ø 28 cm) ausrollen und auf die Torte legen. Den restlichen Puderzucker mit Kakao- und Espressopulver mischen und kurz vor dem Verzehr auf die Torte sieben. Mit einer Gabel darauf Streifen ziehen.

Tipp:
Sie können die Torte bereits einen Tag vor dem Verzehr zubereiten. Dann die Puderzucker-Kakaopulver-Espressopulver-Mischung erst kurz vor dem Servieren aufstreuen, da sie sonst durchfeuchtet.

Exotischer Obstsalat

Schnell

Pro Portion:
E: 16 g, F: 17 g, Kh: 35 g, kJ: 1418, kcal: 339

Für den Salat:
1 Mango (400 g)
2 Kiwis, 6 Kumquats
150 g Himbeeren
200 g Maasdamer, in Scheiben

Für das Dressing:
4 EL Zitronensaft
2 EL Cream-Sherry oder Apfelsaft
evtl. etwas Zucker

Zum Bestreuen:
1 TL gehackte Pistazienkerne

Zubereitungszeit: etwa 20 Min.

Exotischer Obstsalat

1. Mango und Kiwis schälen. Mangospalten vom Kern schneiden. Kiwis in Scheiben schneiden und je nach Größe halbieren oder vierteln. Kumquats waschen und in Scheiben schneiden.
2. Himbeeren verlesen, evtl. abspülen und trockentupfen. Käse in nicht zu dünne Streifen schneiden, mit den Himbeeren zu dem übrigen Obst geben und alles gut vermengen.
3. Für das Dressing Zitronensaft und Sherry oder Apfelsaft verrühren und evtl. mit Zucker abschmecken, den Salat vor dem Servieren damit übergießen.
4. Mit Pistazienkernen bestreut servieren.

Tipp:
Der exotische Obstsalat kann auch mit folgenden Früchten zubereitet werden: $^1/_2$ Honigmelone, 1 Papaya, 2 Orangen und 300 g frische Ananas. Dafür die Melone und Papaya schälen, entkernen und würfeln, die Orangen so schälen, dass auch die weiße Haut entfernt ist und Orangen filetieren. Die Ananas schälen, den holzigen Kern herausschneiden und das Fruchtfleisch würfeln. Käse und Dressing bleiben gleich.

Falscher Hase

Falscher Hase

Klassisch

Pro Portion:
E: 51 g, F: 40 g, Kh: 22 g,
kJ: 2731, kcal: 652

2 Brötchen (Semmel) vom Vortag
2 mittelgroße Zwiebeln
4 längliche Möhren
750 g Gehacktes (halb Rind-, halb Schweinefleisch)
2 Eier (Größe M)
1 EL mittelscharfer Senf
1 EL gehackte Petersilie
Salz, frisch gemahlener Pfeffer
3–4 weich gekochte, gepellte Eier (Größe M)
40 g dünne Scheiben durchwachsener Speck, heißes Wasser
1 mittelgroße Zwiebel
1 mittelgroße Tomate
20 g Weizenmehl, 3 EL kaltes Wasser

Zubereitungszeit: etwa 30 Min.

1. Brötchen in kaltem Wasser einweichen und gut ausdrücken. Zwiebeln abziehen und würfeln. Möhren putzen, schälen, waschen und in kochendem Salzwasser 5 Minuten blanchieren, mit kaltem Wasser übergießen und abtropfen lassen.
2. Gehacktes, eingeweichte Brötchen, Zwiebelwürfel, Eier, Senf und Petersilie gut vermengen und mit Salz und Pfeffer würzen. Aus der Masse einen länglichen Laib formen, etwas flach drücken und in die Mitte die Eier in eine Reihe legen, Möhren daneben legen. Die Gehacktesmasse von beiden Seiten darüber schlagen, wieder zu einem Laib formen und in eine Fettfangschale legen. Den Fleischlaib mit Speckscheiben belegen und etwas eindrücken. Die Fettfangschale in den Backofen schieben.
   Ober-/Unterhitze: etwa 200 °C (vorgeheizt)
   Heißluft: etwa 180 °C (nicht vorgeheizt)
   Gas: Stufe 3–4 (nicht vorgeheizt)
   Garzeit: etwa 60 Minuten.
3. Sobald der Bratensatz anfängt zu bräunen, etwas heißes Wasser hinzugießen. Den Hackbraten ab und zu mit dem Bratensatz begießen. Verdampfte Flüssigkeit nach und nach durch heißes Wasser ersetzen.
4. Zwiebel abziehen. Tomate waschen, abtrocknen und den Stängelansatz herausschneiden. Zwiebel und Tomate vierteln. Etwa 30 Minuten vor Ende der Garzeit zum Hackbraten geben und mitgaren lassen. Den garen Hackbraten in Scheiben schneiden, auf einer vorgewärmten Platte anrichten und warm stellen. Den Bratensatz mit etwas Wasser loskochen, durch ein Sieb gießen und mit Wasser auf 500 ml (1/2 l) auffüllen, in einem Topf zum Kochen bringen. Mehl mit Wasser anrühren und in die Bratenflüssigkeit rühren, unter Rühren etwa 5 Minuten kochen lassen und mit Salz und Pfeffer abschmecken.

Beilage:
Buttergemüse, z. B. Broccoli und Möhren mit Kerbel garniert.

Faule-Weiber-Kuchen

Gut vorzubereiten

Insgesamt:
E: 145 g, F: 260 g, Kh: 466 g,
kJ: 20777, kcal: 4961

Für den Knetteig:
200 g Weizenmehl
1 TL Dr. Oetker Backin
75 g Zucker
125 g weiche Butter oder Margarine

Für die Füllung:
750 g Magerquark
2 Eier (Größe M)
150 g Zucker
1 Pck. Dr. Oetker Pudding-Pulver Vanille-Geschmack
200 g Schmand
75 ml geschmacksneutrales Speiseöl, z. B. Rapsöl
150 ml Milch oder Schlagsahne

Zum Bestäuben:
Puderzucker

Zubereitungszeit: etwa 25 Min., ohne Abkühlzeit

Faule-Weiber-Kuchen

1. Für den Teig Mehl mit Backin mischen und in eine Rührschüssel sieben. Zucker und Butter oder Margarine hinzufügen und die Zutaten mit Handrührgerät mit Knethaken zunächst kurz auf niedrigster, dann auf höchster Stufe gut durcharbeiten.
2. Anschließend auf der leicht bemehlten Arbeitsfläche zu einem glatten Teig verkneten. Sollte er kleben, ihn in Folie gewickelt eine Zeit lang kalt stellen.
3. Zwei Drittel des Teiges auf dem Boden einer Springform (Ø 26 cm, gefettet, mit Backpapier belegt) ausrollen. Den Springformrand darumstellen und den Boden mehrmals mit einer Gabel einstechen. Die Form auf dem Rost in den Backofen schieben und den Boden vorbacken.
   Ober-/Unterhitze: etwa 180 °C (vorgeheizt)
   Heißluft: etwa 160 °C (vorgeheizt)
   Gas: Stufe 2–3 (vorgeheizt)
   Backzeit: etwa 15 Minuten.
4. Den Boden auf einen Kuchenrost stellen und etwas abkühlen lassen. Aus dem restlichen Teig eine Rolle formen und so an die Form drücken, dass ein etwa 3 cm hoher Rand entsteht.
5. Für die Füllung Quark, Eier, Zucker, Pudding-Pulver, Schmand, Öl und Milch oder Sahne miteinander verrühren. Die Masse in die Springform füllen.
6. Die Form wieder auf dem Rost in den Backofen schieben und den Kuchen **bei der oben angegebenen Backofeneinstellung noch etwa 85 Minuten backen.**
7. Den Kuchen 10 Minuten in der Form stehen lassen, ihn dann aus der Form lösen und auf einem Kuchenrost erkalten lassen. Den Kuchen vor dem Servieren mit Puderzucker bestäuben.

Tipp:
Sie können nach Belieben den erkalteten Kuchen mit gut abgetropftem Obst aus der Dose belegen und das Obst mit Tortenguss überziehen.
Sie können den Kuchen bereits 1 Tag vor dem Verzehr zubereiten.

Feldsalat mit Käse und Speck

Für Gäste

Pro Portion:
E: 13 g, F: 42 g, Kh: 6 g, kJ: 2052, kcal: 490

150 g Feldsalat
100 g eingelegte Perlzwiebeln
10 Cocktailtomaten
200 g Gouda
125 g Frühstücksspeck (in dünnen Scheiben)

Für die Sauce:
5 EL Weißweinessig
1 TL süßer Senf
1 TL Zucker
Salz, frisch gemahlener Pfeffer
1 kleine Zwiebel
2 EL Distelöl

Zubereitungszeit: etwa 35 Min.

1. Vom Feldsalat die Wurzelenden abschneiden, den Salat verlesen, waschen und gut abtropfen lassen oder trockenschleudern. Perlzwiebeln auf ein Sieb geben und abtropfen lassen. Cocktailtomaten waschen und je nach Größe evtl. halbieren oder vierteln.
2. Käse erst in dünne Scheiben, dann in kleine Würfel schneiden. Frühstücksspeck in Streifen schneiden und in einer Pfanne ohne Fettzugabe kross ausbraten. Die Salatzutaten auf vier Tellern anrichten.

Feldsalat mit Käse und Speck

3. Für die Salatsauce Essig mit Senf und Zucker verrühren und mit Salz und Pfeffer würzen. Zwiebel abziehen, fein würfeln und unterrühren. Zuletzt Öl unterrühren und die Salatsauce über die Salatportionen verteilen.

Abwandlung:
Für einen knackigen Feldsalat bereiten Sie den Feldsalat statt mit Käse und Perlzwiebeln mit Nusskernen Ihrer Wahl und Croûtons sowie mit Apfelessig und Nussöl zu.

Tipp:
Den Feldsalat als Vorspeise oder als Beilage zu Blech- und frischen Pellkartoffeln servieren. Sie können den Feldsalat auch durch 400–500 g (je nach Sorte) jungen Spinat ersetzen (waschen Sie den Spinat gründlich, denn Freilandspinat ist oft sandig).

Fenchel mit Letscho

Vegetarisch

Pro Portion:
E: 14 g, F: 23 g, Kh: 44 g,
kJ: 1876, kcal: 448

4 mittelgroße Fenchelknollen
50 g Butter
250 ml (1/4 l) Gemüsebrühe
1 Glas (680 g) Letscho
(Gemüsepaprika in pikanter Tomatensauce)
1 Beutel (125 g) 8-Minuten-Reis

Für den Belag:
25 g Semmelbrösel
50 g geriebener Parmesan
40 g Butterflöckchen

Zubereitungszeit: etwa 30 Min.

1. Von den Fenchelknollen die Stiele dicht oberhalb der Knollen abschneiden, braune Stellen und Blätter entfernen und die Wurzelenden gerade schneiden, die Knollen waschen und halbieren.
2. Butter in einem großen, breiten Topf zerlassen, Fenchel mit der Schnittseite nach unten nebeneinander hineinlegen und andünsten. Brühe hinzufügen und den Fenchel zugedeckt bei mittlerer Hitze etwa 15 Minuten garen.
3. Das Letscho mit etwas von der Kochflüssigkeit verrühren, mit dem Reis mischen und in eine flache Auflaufform geben. Fenchel mit der Schnittseite darauf legen.
4. Für den Belag Semmelbrösel, Parmesan und Butter vermischen und darüber verteilen. Die Form auf dem Rost in den Backofen schieben.

Fenchel mit Letscho

Ober-/Unterhitze: etwa 200 °C (vorgeheizt)
Heißluft: etwa 180 °C (vorgeheizt)
Gas: Stufe 3–4 (vorgeheizt)
Garzeit: etwa 25 Minuten.

Fencheltaschen, gefüllte

Vegetarisch

Pro Portion:
E: 16 g, F: 19 g, Kh: 18 g,
kJ: 1283, kcal: 306

4 Fenchelknollen (je etwa 300 g)
Salzwasser

Für die Füllung:
200 g fest kochende Kartoffeln
2 dicke Möhren (etwa 200 g)
1/2 Knollensellerie (etwa 200 g)
1 kl. Stange Porree (Lauch, etwa 200 g)
3 EL Speise- oder Olivenöl
200 ml Gemüsebrühe (Fenchelbrühe)
Salz, frisch gemahlener Pfeffer

120 g geriebener Parmesan

Zum Garnieren:
1 Bund Kerbel

Zubereitungszeit: etwa 55 Min.

1. Von den Fenchelknollen braune Stellen und Blätter entfernen. Wurzelenden gerade schneiden. Fenchelknollen aufblättern und Fencheltaschen mit Stiel beiseite legen. Ausgehöhltes Fenchelfleisch in Streifen schneiden.
2. Salzwasser in einem großen Topf zum Kochen bringen, Fenchelschalen hinzufügen und 8–10 Minuten blanchieren. Fenchelschalen mit einer Schaumkelle herausnehmen, mit kalten Wasser übergießen und in einem Sieb abtropfen lassen. Von der Fenchelbrühe 200 ml abmessen.
3. Für die Füllung Kartoffeln waschen, schälen und abspülen. Möhren und Sellerie putzen, schälen und waschen. Porreestange putzen, längs halbieren und waschen. Das Gemüse abtropfen lassen und in Streifen schneiden.
4. Öl in einer großen Pfanne erhitzen und zuerst Kartoffelstreifen, dann Möhren-, Sellerie- und Porreestreifen darin andünsten. Fenchelbrühe hinzugießen und die Zutaten 6–8 Minuten dünsten lassen. Mit Salz und Pfeffer würzen.
5. Die Fencheltaschen in eine große flache Auflaufform setzen und mit den Gemüsestreifen füllen. Mit Käse bestreuen. Die Form auf dem Rost in den Backofen schieben.

Fencheltaschen, gefüllte

Ober-/Unterhitze: 220–240 °C (vorgeheizt)
Heißluft: 200–220 °C (vorgeheizt)
Gas: etwa Stufe 5 (vorgeheizt)
Garzeit: etwa 10 Minuten.

6. Zum Garnieren Kerbel abspülen und trockentupfen. Die Fencheltaschen mit Kerbel garniert servieren.

Filetsteaks mit Kräuterfüllung

Für Gäste

Pro Portion:
E: 35g, F: 20 g, Kh: 1 g,
kJ: 1367, kcal: 325

4 Rinderfiletsteaks (je etwa 125 g)
1/2 Zwiebel (etwa 25 g)
2 TL Pflanzenöl
3 EL fein gehackte Kräuter,
z. B. Basilikum oder Petersilie
1 TL mittelscharfer Senf
1 TL geriebener Meerrettich
(aus dem Glas)
1 EL Frischkäse mit Joghurt
200 g Champignons
1 TL Butter
Salz
frisch gemahlener Pfeffer
3–4 EL Wasser oder Sherry medium

Zubereitungszeit: etwa 35 Min.

1. Filetsteaks abspülen und trockentupfen. In jedes Steak von der Seite her mit einem scharfen Messer eine Tasche schneiden.
2. Zwiebelhälfte abziehen und in feine Würfel schneiden. 1 Teelöffel von dem Pflanzenöl in einer beschichteten Pfanne erhitzen und Zwiebelwürfel darin andünsten.

Filetsteaks mit Kräuterfüllung

3. Basilikum oder Petersilie abspülen und trockentupfen. Die Blättchen von den Stängeln zupfen und fein hacken. Senf, Meerrettich, Frischkäse und Kräuter mit den Zwiebelwürfeln mischen. Die Masse in die Fleischeinschnitte (Taschen) geben und verstreichen.
4. Champignons putzen, mit Küchenpapier abreiben, evtl. abspülen, trockentupfen und in Scheiben schneiden. Butter in einem Topf zerlassen und Champignonscheiben unter mehrmaligem Wenden darin andünsten. Mit Salz und Pfeffer würzen. Champignonscheiben herausnehmen und warm stellen.
5. Restliches Pflanzenöl in der gesäuberten Pfanne erhitzen. Die Steaks von jeder Seite etwa 3 Minuten darin braten, aus der Pfanne nehmen und zugedeckt etwa 5 Minuten ruhen lassen, den Bratensatz mit Wasser oder Sherry loskochen und die Pilzscheiben zugeben. Steaks und Champignons auf Tellern anrichten und sofort servieren.

Beilage:
Kartoffel-Kroketten aus dem Backofen.

Fischfilet, überbackenes

Fischfilet, überbackenes

Raffiniert

Pro Portion:
E: 28 g, F: 37 g, Kh: 45 g,
kJ: 2775, kcal: 662

500 g Fischfilet, z. B. Kabeljau- oder Rotbarschfilet
evtl. Saft von 1 Zitrone
Salz
2 Zwiebeln
1 Glas Champignonscheiben (Abtropfgewicht 280 g)
1 Bund Petersilie
2 EL Speiseöl
1 Dose geschälte Tomaten (400 g)
2 EL Tomatenmark
frisch gemahlener Pfeffer
200 g Schmand
80 g Semmelbrösel
40 g Butter

Zubereitungszeit: etwa 30 Min.

1. Fischfilet unter fließendem kalten Wasser abspülen, trockentupfen und nach Belieben mit Zitronensaft beträufeln, trockentupfen und mit Salz bestreuen.
2. Zwiebeln abziehen und in Würfel schneiden. Champignonscheiben auf einem Sieb abtropfen lassen. Petersilie abspülen, trockentupfen, die Blättchen von den Stängeln zupfen und fein hacken.
3. Öl in einer Pfanne erhitzen und die Zwiebelwürfel darin andünsten. Tomaten mit der Flüssigkeit hinzugeben und die Tomaten etwas zerdrücken. Champignons und Petersilie unterrühren und kurz mit erhitzen. Mit Salz und Pfeffer würzen.
4. Die Tomaten-Champignon-Masse in eine flache, gefettete Auflaufform geben und das Fischfilet darauf legen. Schmand darauf verteilen, mit Semmelbröseln bestreuen und Butter in Flöckchen darauf setzen. Die Form auf dem Rost in den Backofen schieben.
   Ober-/Unterhitze: etwa 200 °C (vorgeheizt)
   Heißluft: etwa 180 °C (vorgeheizt)
   Gas: Stufe 3–4 (vorgeheizt)
   Backzeit: etwa 25 Minuten.

Beilage:
Dazu schmeckt Curryreis, den Sie ganz einfach mit im Backofen zubereiten können. Dazu 2 Tassen (etwa 300 g) Langkornreis mit 4 Tassen (etwa 600 ml) Salzwasser und 20 g Butter in eine Auflaufform geben, mit 1 Esslöffel Currypulver bestreuen, einen Deckel auflegen und die Form etwa 20 Minuten vor dem Fischfilet in den Backofen schieben (Garzeit etwa 45 Minuten).

Fischpfanne

Schnell

Pro Portion:
E: 37 g, F: 24 g, Kh: 9 g,
kJ: 1787, kcal: 428

1 Bund Frühlingszwiebeln
4 Tomaten
2 Knoblauchzehen
8 Schollenfilets (je 100 g)
Kräutersalz

frisch gemahlener Pfeffer
2 EL Weizenmehl
3 EL Speiseöl
1 Becher (150 g) Crème fraîche
$^{1}/_{2}$ Bund Dill

Zubereitungszeit: etwa 30 Min.

1. Frühlingszwiebeln putzen, waschen und in Ringe schneiden. Tomaten kurze Zeit in kochendes Wasser legen (nicht kochen lassen), in kaltem Wasser abschrecken, enthäuten und die Stängelansätze entfernen, die Tomaten entkernen und in Stücke schneiden. Knoblauch abziehen, durch die Presse geben.
2. Schollenfilets unter fließendem kalten Wasser abspülen, trockentupfen, mit Kräutersalz und Pfeffer würzen und mit Mehl bestäuben.
3. Öl in einer Pfanne erhitzen und die Filets darin von beiden Seiten anbraten, herausnehmen und warm stellen.
4. Frühlingszwiebeln, Tomaten und Knoblauch in dem verbliebenen Fett andünsten. Crème fraîche unterrühren.
5. Dill abspülen, trockentupfen, fein schneiden und unterheben. Mit Salz und Pfeffer abschmecken und die Schollenfilets darauf anrichten.

Fischröllchen auf Porree-Risotto

Raffiniert

Pro Portion:
E: 43 g, F: 32 g, Kh: 63 g, kJ: 3217, kcal: 768

2 Beutel (je 125 g) 8-Minuten-Reis
400 ml heiße Gemüsebrühe
200 ml Weißwein
3-4 dünne Stangen Porree (Lauch)
50 g Butter
25 g Weizenmehl
250 ml ($^{1}/_{4}$ l) Schlagsahne
1 TL Senf
Salz, frisch gemahlener Pfeffer
1 Prise Zucker
4 Zanderfilets (etwa 700 g)
4 Tomaten

Zubereitungszeit: etwa 30 Min.

1. Reis aus dem Beutel in eine flache Auflaufform geben und Gemüsebrühe und die Hälfte des Weißweins darüber gießen. Porree putzen, die Stangen längs halbieren, gründlich waschen, in Streifen schneiden und auf der Reismischung verteilen.
2. Butter in einem kleinen Topf zerlassen und Mehl unter Rühren so lange darin erhitzen, bis es hellgelb ist. Sahne und restlichen Weißwein hinzugießen und mit einem Schneebesen durchschlagen, dabei darauf achten, dass keine Klümpchen entstehen. Die Sauce zum Kochen bringen.
3. Die Sauce mit Senf, Salz, Pfeffer und Zucker würzen und bis auf 4 Esslöffel auf dem Porree verteilen. Die Auflaufform mit dem Deckel oder Alufolie zudecken und auf dem Rost in den Backofen schieben.
Ober-/Unterhitze: etwa 200 °C (vorgeheizt)
Heißluft: etwa 180 °C (vorgeheizt)
Gas: Stufe 3-4 (vorgeheizt)
Garzeit: etwa 25 Minuten.
4. In der Zwischenzeit Zanderfilets unter fließendem kalten Wasser abspülen, trockentupfen und längs halbieren, mit Salz und Pfeffer bestreuen und aufrollen.
5. Tomaten waschen, abtropfen lassen, kreuzweise einschneiden und kurz in kochendes Wasser legen, mit kaltem Wasser abschrecken. Tomaten enthäuten, Stängelansätze herausschneiden und das Fruchtfleisch würfeln, mit Salz und Pfeffer würzen.
6. Die Auflaufform nach Beendigung der Garzeit aus dem Backofen nehmen. 8 kleine Vertiefungen in den Reis drücken und die Fischröllchen hineinsetzen. Die zurückgelassene Sauce auf den Fischröllchen verteilen und Tomatenwürfel in die Zwischenräume streuen.
7. Die Form wieder auf dem Rost in den Backofen schieben und **alles noch etwa 10 Minuten bei der oben angegebenen Backofeneinstellung garen.**

Abwandlung:
Ersetzen Sie den Porree durch 400 g geputzte, mit Küchenpapier abgeputzte, in Scheiben geschnittene Champignons. Verwenden Sie anstelle von Zander Schollen- oder Welsfilet und wickeln Sie je 1 Scheibe durchwachsenen Speck oder Bacon mit ein. Würzen Sie die Tomaten zusätzlich mit italienischen Kräutern.

Tipp:
Bestreuen Sie das Gericht vor dem Servieren mit 1–2 Esslöffeln gehacktem Dill oder Petersilie.

Fischrouladen in Senf-Sahne-Sauce

Fischrouladen in Senf-Sahne-Sauce

Für Gäste – schnell

Pro Portion:
E: 39 g, F: 41 g, Kh: 7 g,
kJ: 2421, kcal: 578

700 g Fischfilet, z. B. Rotbarsch, Kabeljau
Zitronensaft
Salz
etwa 1 EL Dijon-Senf

Für die Senf-Sahne-Sauce:
1 Becher (125 g) Crème Double
15 g Weizenmehl

2 EL Dijon-Senf
200 ml Schlagsahne
Zitronensaft
60 g geriebener Käse, z. B. Gouda

einige Dillzweige

Außerdem:
evtl. Holzstäbchen

Zubereitungszeit: etwa 25 Min.

1. Fischfilets unter fließendem kalten Wasser abspülen und trockentupfen. Filets mit Zitronensaft beträufeln, mit Salz bestreuen und in 4–6 große flache Streifen schneiden, so dass sie gut zu Rouladen gerollt werden können.
2. Die Fischstreifen mit Senf bestreichen und von der schmalen Seite her aufrollen, evtl. mit einem Holzstäbchen zusammenstecken.
   Rouladen mit der Nahtseite nach unten in eine flache Auflaufform legen.
3. Für die Sauce Crème Double, Mehl und Senf gut verrühren.
   Sahne unterrühren. Die Sauce mit Salz und Zitronensaft abschmecken und über die Fischrouladen gießen. Rouladen mit Käse bestreuen. Die Form auf dem Rost in den Backofen schieben.
   Ober-/Unterhitze: etwa 200 °C (vorgeheizt)
   Heißluft: etwa 180 °C (vorgeheizt)
   Gas: Stufe 3–4 (vorgeheizt)
   Garzeit: etwa 25 Minuten.
4. Dill abspülen und trockentupfen. Die Rouladen (Holzstäbchen entfernen) mit Dill garniert servieren.

Beilage:
Reis, Salatplatte.

Fisch-Shrimps-Auflauf

4–6 Portionen

Raffiniert

Pro Portion:
E: 43 g, F: 36 g, Kh: 5 g,
kJ: 2214, kcal: 529

6 TK-Schollenfilets (je 80 g)
3 Scheiben TK-Lachsfilet (etwa 400 g)
200 g TK-Grönland-Shrimps
100 ml Weißwein
etwa 2 EL Zitronensaft
1 Glas Champignons (Abtropfgewicht 295 g)

Für die Dillsauce:
75 g weiche Butter
10 g Weizenmehl
250 ml (1/4 l) Schlagsahne
1 TL mittelscharfer Senf
1–2 TL Zitronensaft
Salz
frisch gemahlener Pfeffer
1 Prise Zucker
1–2 Bund Dill

Außerdem:
Fett für die Form

Zubereitungszeit: etwa 25 Min., ohne Auftauzeit

1. Schollenfilets, Lachsfiletscheiben und Shrimps nach Packungsanleitung auftauen lassen.
2. Fisch unter fließendem kalten Wasser abspülen und trockentupfen. Schollenfilets längs halbieren und so aufrollen, dass die Hautseite innen liegt.
   Die Fischröllchen in eine gefettete Auflaufform setzen. Weißwein hinzufügen.

Fisch-Shrimps-Auflauf

3. Lachsfiletscheiben im Stück in die Auflaufform geben oder in etwa 3 cm große Würfel schneiden und mit den Shrimps zwischen den Schollenfiletröllchen verteilen.
   Alles mit Zitronensaft beträufeln.
   Champignons in einem Sieb abtropfen lassen, halbieren und mit in die Auflaufform geben.
4. Für die Dillsauce Butter mit Handrührgerät mit Rührbesen oder einem Schneebesen geschmeidig rühren. Mehl unterrühren. Sahne, Senf, Zitronensaft, Salz, Pfeffer und Zucker hinzufügen und ebenfalls unterrühren.
5. Dill abspülen, trockentupfen, die Spitzen von den Stängeln zupfen, klein schneiden und unterrühren.
   Die Dillsauce über den Fisch geben.
   Die Form ohne Deckel auf dem Rost in den Backofen schieben.
   Ober-/Unterhitze: etwa 200 °C (vorgeheizt)
   Heißluft: etwa 180 °C (vorgeheizt)
   Gas: Stufe 3–4 (vorgeheizt)
   Garzeit: etwa 25 Minuten.

Beilage:
Tomatensalat und Reis aus dem Backofen. Dafür 300 g Basmati- oder Langkornreis in eine Auflaufform geben, mit ¹/₂ Teelöffel Salz bestreuen und 600 ml kochendes Wasser zugeben. 1 Zwiebel abziehen und in die Mitte der Auflaufform setzen.
Die Form mit dem Deckel oder Alufolie verschließen und auf dem Rost in den Backofen schieben. Den Reis bei der oben angegebenen Backofeneinstellung etwa 30 Minuten garen.

Tipp:
Anstatt Lachsfilet kann auch Schellfisch-, Rotbarsch- oder Viktoriabarschfilet verwendet werden.

Fischspieße auf Rucola-Tomaten-Salat

Etwas teurer

Pro Portion:
E: 26 g, F: 15 g, Kh: 5 g, kJ: 1078, kcal: 257

Für die Spieße:
2 Zucchini (je etwa 200 g)
500 ml (¹/₂ l) Wasser
Salz
4 Zanderfilets (je etwa 125 g) oder
6 Schollenfilets (je 80 g)
frisch gemahlener Pfeffer

Für den Salat:
1 Bund kurzstielige Rucola (Rauke, etwa 125 g)
400 g Fleischtomaten
3 EL Balsamico-Essig
1 Prise Zucker
8 EL Olivenöl

Außerdem:
4 dünne Schaschlikspieße

Zubereitungszeit: etwa 50 Min.

1. Für die Spieße Zucchini waschen, abtrocknen, die Enden abschneiden und Zucchini mit der Aufschnittmaschine längs in 12 dünne Scheiben schneiden. Wasser in einem Topf zum Kochen bringen, ¹/₂ Teelöffel Salz hinzufügen und Zucchinischeiben in das kochende Salzwasser geben, einmal aufkochen, herausnehmen, in kaltem Wasser abschrecken und trockentupfen.
2. Fischfilets unter fließendem kalten Wasser abspülen, trockentupfen, längs halbieren und mit Salz und Pfeffer bestreuen.
   Fischfilets und Zucchinischeiben aufrollen. Dabei darauf achten, dass bei den Fischfilets die Hautseiten innen liegen. Die Röllchen auf 4 dünne Schaschlikspieße stecken (je Spieß 2 Zander- oder 3 Schollenfilets und 3 Zucchiniröllchen).
3. Für den Salat Rucola verlesen, vorhandene dicke Stängel abschneiden, Rucola waschen und trockenschleudern. Tomaten waschen, abtropfen lassen und kreuzweise einschneiden, kurz in kochendes Wasser legen und in kaltem Wasser abschrecken. Tomaten enthäuten, die Stängelansätze herausschneiden und Tomaten in Würfel schneiden.
4. Für die Salatsauce Balsamico-Essig mit Salz, Pfeffer und Zucker verrühren. Die Hälfte des Öls unterschlagen.
5. Das restliche Öl in einer beschichteten Pfanne erhitzen und die Fischspießchen darin etwa 10 Minuten bei nicht zu starker Hitze braten, dabei zwischendurch wenden.
6. Rucola und Tomatenwürfel auf Tellern anrichten, die Fischspießchen darauf setzen, mit der Salatsauce beträufeln.

Fischspieße auf Rucola-Tomaten-Salat

Fisch-Tomaten-Spieße

Fisch-Tomaten-Spieße

4–6 Portionen

Pro Portion:
E: 26 g, F: 18 g, Kh: 4 g,
kJ: 1597, kcal: 382

Für die Marinade:
Saft von 1 Zitrone
1 TL Senf
Tabasco oder Worcestersauce
Salz
frisch gemahlener, weißer Pfeffer
Paprikapulver edelsüß
3 EL Speiseöl
1–2 TL fein gehackter Dill

Für die Spieße:
300 g Lachsfilet, 200 g Kabeljaufilet
200 g große Scampi
12 Cocktailtomaten
1/4 Salatgurke (etwa 200 g)

4 EL Speiseöl
Zitronenachtel

Zubereitungszeit: etwa 30 Min., ohne Marinierzeit

1. Für die Marinade Zitronensaft mit Senf, Tabasco oder Worcestersauce, Salz, Pfeffer und Paprika verrühren. Öl unterschlagen und Dill unterrühren.
2. Für die Spieße Lachs- und Kabeljaufilet unter fließendem kalten Wasser abspülen, trockentupfen und in gleich große Würfel schneiden.
3. Scampi aus der Schale lösen, längs einschneiden und den Darm entfernen, Scampi kurz abspülen und trockentupfen. Lachs- und Kabeljauwürfel und Scampi in die Marinade geben und etwa 30 Minuten durchziehen lassen, dabei ab und zu wenden.
4. Fischwürfel und Scampi aus der Marinade herausnehmen und abtropfen lassen.
5. Cocktailtomaten waschen, abtrocknen und die Stängelansätze herausschneiden. Gurke waschen, abtrocknen, die Enden abschneiden und Gurke in etwa 1/2 cm dicke Scheiben schneiden. Die fünf Zutaten abwechselnd auf 6–8 Spieße stecken.
6. Öl in einer Pfanne erhitzen. Die Spieße darin unter mehrfachem Wenden von allen Seiten bei mittlerer Hitze etwa 10 Minuten braten. Mit Salz und Pfeffer würzen und mit Zitronenachteln servieren.

Beilage: Gemischter Blattsalat und Fladenbrot oder Tomatenreis. Dafür je 1 kleine Zwiebel und Knoblauchzehe abziehen, fein würfeln und in 1 Esslöffel Speiseöl andünsten. 300 g Langkornreis zugeben, andünsten und 600 ml Gemüsebrühe zugeben, den Reis in 15–20 Minuten ausquellen lassen. 1 Dose (400 g) stückige Tomaten dazugeben, einige Minuten mit erhitzen und mit Salz, Pfeffer, Cayennepfeffer und Zucker abschmecken. 2 Esslöffel gehackten Dill unterrühren.

Fleischkäse-Gemüse-Auflauf

Fleischkäse-Gemüse-Auflauf

Für Kinder

Pro Portion:
E: 29 g, F: 59 g, Kh: 21 g,
kJ: 3180, kcal: 760

1 Stange Porree (Lauch)
1 rote Paprikaschote
1 Dose Gemüsemais (Abtropfgewicht 285 g)
3 EL Speiseöl
150 g TK-Erbsen
Salz
frisch gemahlener Pfeffer
Cayennepfeffer
4 Scheiben Fleischkäse (je 100 g)
4 Eier (Größe M)
200 ml Schlagsahne
100 g geraspelter Emmentaler Käse

Zubereitungszeit: etwa 25 Min.

1. Porree putzen, längs halbieren, gründlich waschen und in Streifen schneiden. Paprikaschote halbieren, entstielen, entkernen und die weißen Scheidewände entfernen, Schote waschen und in Streifen schneiden. Mais auf einem Sieb abtropfen lassen.

2. Öl in einem Bräter erhitzen und Porree- und Paprikastreifen darin andünsten. Mais und Erbsen hinzufügen und mit andünsten. Mit Salz, Pfeffer und Cayennepfeffer würzen und evtl. etwas Wasser hinzufügen. Fleischkäse in Streifen schneiden und unter die Gemüse-Fleischkäse-Mischung heben.
3. Eier mit Sahne verschlagen, mit den Gewürzen abschmecken und über das Gemüse geben. Mit Emmentaler bestreuen. Den Bräter auf dem Rost in den Backofen schieben.
   Ober-/Unterhitze: etwa 200 °C (vorgeheizt)
   Heißluft: etwa 180 °C (vorgeheizt)
   Gas: Stufe 3–4 (vorgeheizt)
   Backzeit: etwa 35 Minuten.

Flockenspeise

Für Kinder

Pro Portion:
E: 14 g, F: 41 g, Kh: 50 g, kJ: 2727, kcal: 652

40 g Butter
125 g kernige Haferflocken
50 g gemahlene Haselnusskerne
25 g Rohrzucker
1 Glas Stachelbeeren (Abtropfgewicht 370 g)
250 g Speisequark
evtl. etwas Zucker
200 ml Schlagsahne

Zubereitungszeit: etwa 20 Min.

1. Butter in einer Pfanne zerlassen. Haferflocken und Haselnusskerne darin unter Rühren etwas anbräunen. Rohrzucker unterrühren und die Masse erkalten lassen.
2. Stachelbeeren auf einem Sieb abtropfen lassen, dabei den Saft auffangen. Quark mit so viel von dem Stachelbeersaft verrühren, dass er schön cremig ist. Nach Belieben etwas Zucker unterrühren. Sahne steif schlagen.
3. Haferflocken-Haselnuss-Masse, Stachelbeeren, Quarkmasse und Sahne in jeweils 3 Portionen teilen. Die Zutaten portionsweise in eine hohe Glasschüssel schichten. Mit der Haferflocken-Haselnuss-Masse beginnen, mit etwas Stachelbeersaft beträufeln, dann nacheinander Stachelbeeren, Quark und Sahne einschichten.
4. Den Vorgang wiederholen, bis die Zutaten aufgebraucht sind.

Forellen mit Mandelsauce

Für Gäste

Pro Portion:
E: 32 g, F: 32 g, Kh: 10 g, kJ: 2086, kcal: 499

Für die Forellen:
4 küchenfertige Forellen (je etwa 250 g)
etwas Zitronensaft, Salz
50 g Weizenmehl
3 EL Speiseöl
20 g Butter

Für die Mandelsauce:
50 g abgezogene, gehobelte Mandeln
200 ml Schlagsahne
Salz, frisch gemahlener Pfeffer
Paprikapulver edelsüß
1–2 EL Sherry medium dry

Zum Garnieren:
einige Zitronenscheiben
etwas frischer Dill

Forellen mit Mandelsauce

Zubereitungszeit: etwa 45 Min.

1. Forellen unter fließendem kalten Wasser abspülen, trockentupfen und innen und außen mit Zitronensaft beträufeln. Anschließend mit Salz einreiben und in Mehl wenden.
2. Speiseöl in einer Pfanne erhitzen, die Forellen von beiden Seiten darin jeweils 8–10 Minuten braten und zum Schluss die Butter hinzufügen. Forellen aus der Pfanne nehmen, auf einer vorgewärmten Platte anrichten und warm stellen.
3. Für die Mandelsauce Mandeln in dem Bratfett bräunen, Sahne hinzugießen und mit dem Bratfett verrühren. Sauce kurz aufkochen lassen und die Sauce mit Salz, Pfeffer, Paprika und Sherry abschmecken.
4. Zum Servieren die Forellen mit Zitronenscheiben und Dill garnieren und die Mandelsauce dazureichen.

Beilage: Dillkartoffeln, Chicoréesalat.

Forellencremesuppe

Forellencremesuppe

Schnell

Pro Portion:
E: 16 g, F: 46 g, Kh: 10 g,
kJ: 2308, kcal: 552

50 g Butter
25 g Weizenmehl
500 ml (1/2 l) Hühner- oder Gemüsebrühe
300 g geräucherte Forellenfilets
200 ml Schlagsahne
4 EL Weißwein
1 EL Worcestersauce
Salz
frisch gemahlener Pfeffer
Zitronensaft
etwas gehackte Petersilie

Zubereitungszeit: etwa 15 Min.

1. Butter in einem Topf zerlassen und Mehl unter Rühren so lange darin erhitzen, bis es hellgelb ist. Brühe hinzugießen und mit einem Schneebesen durchschlagen, dabei darauf achten, dass keine Klümpchen entstehen. Zum Kochen bringen und etwa 3 Minuten kochen lassen.
2. Forellenfilets in kleine Stücke schneiden und in die Suppe geben. Sahne, Weißwein und Worcestersauce hinzufügen und die Suppe mit Salz, Pfeffer und Zitronensaft abschmecken.
3. Die Suppe einmal aufkochen lassen und mit Petersilie bestreut servieren.

Förstertorte

Für Gäste

Insgesamt:
E: 81 g, F: 380 g, Kh: 212 g,
kJ: 20072, kcal: 4795

Für den Rührteig:
100 g weiche Butter oder Margarine
80 g Zucker, 3 Eigelb (Größe M)
25 g Weizenmehl
1 1/2 TL Dr. Oetker Backin
2 EL Kakaopulver
100 g gemahlene Haselnusskerne
100 g abgezogene, gehackte Mandeln
3 Eiweiß (Größe M)

Zum Bestreichen:
2 EL Nuss-Nougat-Creme (aus dem Glas)

Für den Belag:
2 Gläser Wildpreiselbeer-Dessert (Abtropfgewicht je 175 g)
500 ml (1/2 l) Schlagsahne
3 Pck. Dr. Oetker Sahnesteif
2 EL Rotwein

Zum Garnieren:
Zitronenmelisseblättchen

Zubereitungszeit: etwa 45 Min., ohne Kühlzeit

1. Für den Teig Butter oder Margarine mit Handrührgerät mit Rührbesen auf

Förstertorte

höchster Stufe geschmeidig rühren. Nach und nach Zucker unterrühren und so lange rühren, bis eine gebundene Masse entstanden ist. Eigelb nach und nach unterrühren (jedes Eigelb knapp ½ Minute).

2. Mehl mit Backin und Kakaopulver mischen, sieben, mit Haselnusskernen mischen und portionsweise auf mittlerer Stufe unterrühren. Mandeln unterrühren. Eiweiß steif schlagen und vorsichtig unterheben.
3. Den Teig in eine Springform (Ø 26 cm, gefettet, mit Backpapier belegt) füllen und glatt streichen. Die Form auf dem Rost in den Backofen schieben.
   Ober-/Unterhitze: etwa 180 °C (vorgeheizt)
   Heißluft: etwa 160 °C (vorgeheizt)
   Gas: Stufe 2–3 (vorgeheizt)
   Backzeit: etwa 25 Minuten.
4. Den Boden vorsichtig aus der Form lösen, auf einen mit Backpapier belegten Kuchenrost stürzen, das mitgebackene Papier abziehen und den Boden erkalten lassen.
5. Den erkalteten Boden auf eine Tortenplatte legen und mit Nuss-Nougat-Creme bestreichen.
6. Für den Belag Preiselbeeren in einem Sieb gut abtropfen lassen. Sahne mit Sahnesteif steif schlagen und Rotwein unterrühren. Die Preiselbeeren vorsichtig unter die Sahne heben (einige zum Garnieren zurücklassen).
7. Die Preiselbeersahne kuppelartig auf den Boden streichen und mit einem Messerrücken Vertiefungen eindrücken. Mit Zitronenmelisseblättchen und den zurückgelassenen Preiselbeeren garnieren. Die Torte etwa 1 Stunde kalt stellen.

Französische Cognactorte

Mit Alkohol

Insgesamt:
E: 133 g, F: 390 g, Kh: 688 g, kJ: 31399, kcal: 7502

Für den Rührteig:
250 g weiche Butter oder Margarine
200 g Zucker
1 Pck. Dr. Oetker Vanillin-Zucker
1 Prise Salz
3–5 Tropfen Bittermandel-Aroma
6 Eier (Größe M)
250 g Weizenmehl
2 TL Dr. Oetker Backin
2 EL Cognac
150 g abgezogene, gemahlene Mandeln oder Haselnusskerne
150 g grob geraspelte Zartbitterschokolade

Zum Beträufeln und Bestreichen:
150 ml Cognac
100 g Aprikosenkonfitüre

Für den Guss:
200 g Halbbitter-Kuvertüre

Zubereitungszeit: etwa 30 Min., ohne Abkühl- und Durchziehzeit

1. Für den Teig Butter oder Margarine mit Handrührgerät mit Rührbesen auf höchster Stufe geschmeidig rühren. Nach und nach Zucker, Vanillin-Zucker, Salz und Aroma unterrühren und so lange rühren, bis eine gebundene Masse entstanden ist. Eier nach und nach unterrühren (jedes Ei etwa ½ Minute).
2. Mehl mit Backin mischen, sieben und portionsweise abwechselnd mit Cognac auf mittlerer Stufe unterrühren.
3. Mandeln und Schokolade unter den Teig rühren. Den Teig in eine Springform (Ø 26 cm, Boden gefettet) füllen und glatt streichen. Die Form auf dem Rost in den Backofen schieben.
   Ober-/Unterhitze: etwa 180 °C (vorgeheizt)
   Heißluft: etwa 160 °C (nicht vorgeheizt)
   Gas: Stufe 2–3 (nicht vorgeheizt)
   Backzeit: etwa 60 Minuten.
4. Das Gebäck sofort nach dem Backen aus der Form lösen und etwa 20 Minuten auf einem Kuchenrost abkühlen lassen.
5. Das Gebäck dann mit einem Holzstäbchen mehrmals einstechen und mit Cognac beträufeln. Aprikosenkonfitüre in einem Topf unter Rühren erhitzen, durch ein Sieb streichen, die Torte damit bestreichen und vollständig erkalten lassen.
6. Für den Guss Kuvertüre in einem kleinen Topf im Wasserbad bei schwacher Hitze zu einer geschmeidigen Masse verrühren und die Torte vollständig damit überziehen. Die Torte einige Stunden (am besten über Nacht) durchziehen lassen.

Französische Cognactorte

Friesische Streuseltorte

Für Gäste

Insgesamt:
E: 12 g, F: 432 g, Kh: 660 g,
kJ: 28032, kcal: 6696

Für den Knetteig:
250 g Weizenmehl
1 Msp. Dr. Oetker Backin
2 Pck. Dr. Oetker Vanillin-Zucker
1 Becher (150 g) Crème fraîche
175 g weiche Butter oder Margarine

Für die Streusel:
150 g Weizenmehl
75 g Zucker
1 Pck. Dr. Oetker Vanillin-Zucker
1 Msp. gemahlener Zimt
100 g weiche Butter

Für die Füllung:
500 ml ($^1/_2$ l) gekühlte Schlagsahne
25 g Zucker
2 Pck. Dr. Oetker Sahnesteif
1 Pck. Dr. Oetker Vanillin-Zucker
450 g Pflaumenmus

Zum Bestäuben:
etwas Puderzucker

Zubereitungszeit: etwa 70 Min., ohne Kühlzeit

Friesische Streuseltorte

1. Für den Teig Mehl mit Backin mischen und in eine Rührschüssel sieben. Vanillin-Zucker, Crème fraîche und Butter oder Margarine hinzufügen und alles mit Handrührgerät mit Knethaken zunächst kurz auf niedrigster, dann auf höchster Stufe zu einem Teig verarbeiten. Den Teig in 4 gleich große Portionen teilen und zu Kugeln formen. Eine Portion gleichmäßig auf dem Boden einer Springform (Ø 28 cm, gefettet) ausrollen, mehrmals mit einer Gabel einstechen und den Springformrand darumlegen.
2. Für die Streusel Mehl in eine Rührschüssel sieben und mit Zucker, Vanillin-Zucker und Zimt mischen. Butter hinzufügen und alles mit Handrührgerät mit Rührbesen zu Streuseln von gewünschter Größe verarbeiten. $^1/_4$ der Streusel gleichmäßig auf dem Knetteigboden verteilen und die Form in den Backofen schieben. Die anderen 3 Böden ebenso vorbereiten und backen.
   Ober-/Unterhitze: etwa 200 °C (vorgeheizt)
   Heißluft: etwa 180 °C (vorgeheizt)
   Gas: Stufe 3–4 (vorgeheizt)
   Backzeit: etwa 15 Minuten je Boden.
3. Die Böden sofort nach dem Backen vom Springformboden lösen, einen der Tortenböden noch warm in 12 Stücke schneiden und die Böden einzeln auf einem Kuchenrost erkalten lassen.
4. Für die Füllung Schlagsahne mit Zucker, Sahnesteif und Vanillin-Zucker steif schlagen und portionsweise in einen Spritzbeutel mit Sterntülle (Ø 8 mm) füllen. Die 3 unzerteilten Böden mit jeweils $^1/_3$ des Pflaumenmus bestreichen, je $^1/_3$ der Schlagsahne darauf spritzen und mit dem geschnittenen Boden zu einer Torte zusammensetzen. Die Torte mindestens 1 Stunde kalt stellen und nach Wunsch kurz vor dem Servieren mit Puderzucker bestäuben.

Frikadellenauflauf

Schnell – einfach

Pro Portion:
E: 34 g, F: 26 g, Kh: 32 g,
kJ: 2114, kcal: 503

500 g Bratkartoffeln in Scheiben (aus dem Kühlregal)
Wasser
450 g TK-Rosenkohl
4 Frikadellen (400 g, aus dem Kühlregal)
4 Eier (Größe M)
100 ml Milch
150 g geraspelter Mozzarella
Salz
frisch gemahlener Pfeffer
geriebene Muskatnuss
125 g Frühstücksspeck in Scheiben (Bacon)

Zubereitungszeit: etwa 20 Min.

1. Die Bratkartoffeln in eine große flache Auflaufform geben und die Form auf dem Rost in den Backofen schieben. Die Bratkartoffeln zwischendurch gelegentlich wenden.
   Ober-/Unterhitze: etwa 220 °C (vorgeheizt)
   Heißluft: etwa 200 °C (vorgeheizt)

Frikadellenauflauf

Gas: Stufe 4–5 (vorgeheizt)
Garzeit: etwa 10 Minuten.

2. Wasser in einem Topf zum Kochen bringen und den Rosenkohl darin etwa 6 Minuten kochen. Dann in ein Sieb geben und abtropfen lassen.
3. Frikadellen waagerecht halbieren und mit dem Rosenkohl auf den Bratkartoffeln verteilen.
4. Eier mit Milch und Käse verrühren und mit Salz, Pfeffer und Muskat würzen. Den Auflauf mit der Eier-Milch übergießen. Speckscheiben halbieren und den Frikadellenauflauf damit bedecken. Die Form auf dem Rost in den Backofen schieben.

Frikadellen mit Mais-Paprika-Gemüse

Ober-/Unterhitze: etwa 200 °C (vorgeheizt, unteres Drittel)
Heißluft: etwa 180 °C (vorgeheizt)
Gas: Stufe 3–4 (vorgeheizt, unteres Drittel)
Garzeit: etwa 20 Minuten.

Frikadellen mit Mais-Paprika-Gemüse

Für Kinder

Pro Portion:
E: 37 g, F: 70 g, Kh: 28 g, kJ: 3911, kcal: 934

Für die Frikadellen:
1 altbackenes Brötchen (Semmel)
2 mittelgroße Zwiebeln
600 g Gehacktes (halb Rind-, halb Schweinefleisch)
1 Ei (Größe M)
1 EL Kapern
Salz
frisch gemahlener Pfeffer
Paprikapulver edelsüß
50 g Pflanzenfett

Für das Mais-Paprika-Gemüse:
je 1 rote, gelbe und grüne Paprikaschote
1 kleine Gemüsezwiebel
3 EL Speiseöl
1 Dose Gemüsemais (Abtropfgewicht 265 g)
1 Becher (150 g) Crème fraîche
1 EL gehackte, gemischte Kräuter, z. B. Estragon, Petersilie, Schnittlauch

Zubereitungszeit: etwa 35 Min.

1. Für die Frikadellen Brötchen in kaltem Wasser einweichen. Zwiebeln abziehen und fein würfeln.
2. Das Gehackte mit dem gut ausgedrückten Brötchen, Zwiebelwürfeln, Ei und abgetropften Kapern gut vermischen und mit Salz, Pfeffer und Paprikapulver abschmecken.
   Aus der Masse mit nassen Händen 8 Frikadellen formen und etwas flach drücken.
3. Das Fett in einer Pfanne erhitzen, die Frikadellen darin etwa 10 Minuten von beiden Seiten braten und warm stellen.
4. Für das Mais-Paprika-Gemüse Paprikaschoten halbieren, entstielen, entkernen und die weißen Scheidewände entfernen, die Schoten waschen und in kleine Würfel schneiden. Gemüsezwiebel abziehen und würfeln.
5. Öl erhitzen. Paprika- und Zwiebelwürfel darin andünsten und mit Salz und Pfeffer würzen, evtl. etwas Wasser hinzufügen und das Gemüse 6–10 Minuten garen.
6. Mais in einem Sieb abtropfen lassen und unter das Gemüse rühren. Crème fraîche und Kräuter unterheben und mit den Gewürzen abschmecken.
   Das Mais-Paprika-Gemüse zu den Frikadellen servieren.

Abwandlung:
Für pikante Frikadellen die gewürfelten Zwiebeln in 1–2 Esslöffeln Speiseöl glasig dünsten, 1/2 Päckchen TK-Petersilie unterrühren und mit dem ausgedrückten Brötchen, 1 Teelöffel mittelscharfen Senf, 3 Esslöffeln Tomatenketchup oder Chilisauce, 1 Ei, Salz, Pfeffer und 1 Teelöffel Paprika edelsüß zum Gehacktes geben und gut vermengen. Die Frikadellen formen, in Semmelbröseln wenden und braten wie oben beschrieben.

Frikadellen mit Schafkäse

Raffiniert

Pro Portion:
E: 49 g, F: 41 g, Kh: 68 g,
kJ: 3529, kcal: 842

Für den Paprikareis:
3 rote Paprikaschoten
1 mittelgroße Zwiebel
1 Knoblauchzehe
1 EL Speiseöl
250 g Langkornreis
1 EL Paprikapulver edelsüß
frisch gemahlener Pfeffer
500 ml (1/2 l) Gemüsebrühe

Für die Frikadellen:
1 Brötchen vom Vortag
600 g Gehacktes (halb Rind-, halb Schweinefleisch)
1 Ei (Größe M)
Salz
frisch gemahlener Pfeffer
1 TL gerebelter Thymian
150 g Schafkäse
1 EL Speiseöl

Zubereitungszeit: etwa 40 Min.

1. Für den Paprikareis Paprikaschoten halbieren, entstielen, entkernen und die weißen Scheidewände entfernen, die Schoten waschen und klein schneiden. Zwiebel und Knoblauch abziehen und fein würfeln. Öl erhitzen und Zwiebel- und Knoblauchwürfel darin glasig dünsten.
2. Reis hinzufügen, unter Rühren kurz andünsten und mit Paprika und Pfeffer würzen. Brühe dazugießen und kurz aufkochen lassen. Alles bei schwacher Hitze in etwa 15 Minuten ausquellen lassen. Paprikastücke nach 5 Minuten Garzeit unter den Reis mischen und alles fertig garen.
3. Für die Frikadellen Brötchen in warmem Wasser einweichen, ausdrücken, mit Gehacktem und Ei gut verkneten und mit Salz, Pfeffer und Thymian würzen. Hackfleischteig in 8 Portionen teilen. Schafkäse in 8 gleich große Würfel schneiden.
4. Aus dem Hackfleischteig flache Fladen formen, jeweils ein Stück Käse darauf geben und mit dem Hackfleischteig umschließen.
5. Öl in einer Pfanne erhitzen und die Frikadellen von jeder Seite etwa 5 Minuten darin braten. Reis nochmals mit Salz und Pfeffer abschmecken und die Frikadellen zum Reis servieren.

Beilage:
Fladenbrot und Tomatensalat.

Frittata mit Gemüse

Vegetarisch

Pro Portion:
E: 13 g, F: 24 g, Kh: 4 g,
kJ: 1260, kcal: 301

2 rote Paprikaschoten (je etwa 150 g)
3 Frühlingszwiebeln
1 Bund Basilikum
4 EL Olivenöl
6 Eier (Größe M)
4 EL Schlagsahne
Salz, frisch gemahlener Pfeffer

Zubereitungszeit: etwa 35 Min.

1. Paprikaschoten halbieren, entstielen, entkernen und die weißen Scheidewände entfernen, die Schoten waschen und in feine Streifen schneiden.

Frittata mit Gemüse

Frozen Joghurt mit Knusper-Krokant

2. Frühlingszwiebeln putzen, waschen und in Ringe schneiden. Basilikum kalt abspülen, trockentupfen und die Blättchen von den Stängeln zupfen.
3. Die Hälfte des Öls in einer Pfanne erhitzen und Paprikastreifen und Frühlingszwiebelringe darin etwa 6 Minuten dünsten.
4. Die Zutaten aus der Pfanne nehmen und etwas abkühlen lassen. Dann Basilikumblättchen unterrühren.
5. Eier mit Sahne, Salz und Pfeffer verschlagen und die Paprika-Frühlingszwiebel-Basilikum-Mischung unterrühren.
6. Das restliche Öl in der Pfanne erhitzen. Die Eiermasse hineingeben und in 8–10 Minuten zugedeckt stocken lassen.
7. Die Frittata wie eine Torte aufschneiden und lauwarm oder kalt servieren.

Abwandlung:
Sie können die Frittata auch mit einer Tomatensauce servieren. Dazu 3–4 Knoblauchzehen abziehen, zerdrücken und mit 1 kleinen Dose geschälte Tomaten (400 g) und etwas Salz in einen Topf geben und etwa 15 Minuten bei schwacher Hitze kochen lassen. Die Sauce heiß zu der Frittata servieren und mit einigen Basilikumblättchen garnieren.

Tipp:
Die Frittata als kleines Gericht mit Baguette am Abend oder zum Brunch servieren. Zum Sattessen die Zutaten um 1/3 erhöhen und Bratkartoffeln oder Kartoffelbrei dazureichen.

Frozen Joghurt mit Knusper-Krokant

Gut vorzubereiten

Pro Portion:
E: 6 g, F: 5 g, Kh: 48 g,
kJ: 1130, kcal: 269

400 g blaue Weintrauben
500 g Vollmilchjoghurt mit Vanille-Geschmack
2 Eiweiß (Größe M)
3 EL Zucker
2 EL kernige Haferflocken
2 EL gehackte Haselnusskerne

Außerdem:
Alufolie

Zubereitungszeit: etwa 20 Min., ohne Gefrierzeit

1. Weintrauben abspülen, abtropfen lassen, halbieren und entkernen. Weintraubenhälften nebeneinander auf eine Platte legen und im Gefrierschrank anfrieren lassen.
2. Joghurt glatt rühren. Eiweiß mit 1 Teelöffel von dem Zucker steif schlagen und unter den Joghurt heben. Die Joghurtmasse in eine gefriergeeignete Schüssel füllen und zugedeckt im Gefrierschrank anfrieren lassen. Dabei gelegentlich mit einem Schneebesen durchrühren. Sobald der Joghurt zu gefrieren beginnt, die angefrorenen Weintraubenhälften unterheben.
3. Restlichen Zucker in einer beschichteten Pfanne unter Rühren bei mittlerer Hitze karamellisieren lassen. Haferflocken und Haselnusskerne hinzugeben und unterrühren. Die Krokantmasse auf ein mit Speiseöl bestrichenes Stück Alufolie geben, verstreichen und erkalten lassen.
4. Frozen Joghurt in Schälchen verteilen. Knusper-Krokant in Stückchen brechen und darüber streuen. Sofort servieren.

Abwandlung:
Für Bananen-Ingwer-Eis 3 Bananen schälen, mit einer Gabel zerdrücken und mit 2 Eigelb, 2 Esslöffeln flüssigem Honig und 5–6 Esslöffeln Zitronensaft schaumig schlagen. 5 eingelegte Ingwerfrüchte in Streifen schneiden und unterrühren. 250 ml (1/4 l) Schlagsahne steif schlagen und unterheben. Die Masse in 2 Eisschalen füllen und gefrieren lassen. Das Eis in Würfel schneiden, in Dessertgläser geben und sofort servieren. Dazu eine Schokoladensauce reichen. Dafür 50 ml Schlagsahne und 50 ml Milch erhitzen und 100 g in Stücke gebrochene Zartbitter- oder Halbbitterschokolade darin auflösen.

Tipp:
Wer noch einige Kalorien einsparen möchte, verwendet einen fettarmen Joghurt.

Hinweis:
Für den Frozen Joghurt nur ganz frische Eier verwenden, die nicht älter als 5 Tage sind (Legedatum beachten!).

Fruchtiger Eisbergsalat

Schnell

Pro Portion:
E: 3 g, F: 20 g, Kh: 35 g,
kJ: 1468, kcal: 351

1 kleiner Kopf Eisbergsalat
1 kleine Dose Mandarinen (Abtropfgewicht 175 g)
1 kleine Dose Ananasringe (Abtropfgewicht 340 g)
250 g blaue Weintrauben

Für die Sauce:
250 ml (1/4 l) Schlagsahne
Saft von 1 Zitrone
etwas Zucker
Salz, frisch gemahlener Pfeffer
etwas Currypulver

Zubereitungszeit: etwa 20 Min.

1. Eisbergsalat putzen, vierteln und in Streifen schneiden, waschen und gut abtropfen lassen oder trockenschleudern.
2. Mandarinen und Ananas in ein Sieb geben und abtropfen lassen. Ananas in Stücke schneiden. Weintrauben waschen, abtrocknen, halbieren und entkernen. Die Salatzutaten in eine Schüssel geben.
3. Für die Sauce Sahne mit Zitronensaft halb steif schlagen und mit Zucker, Salz, Pfeffer und Currypulver würzen. Die Sauce vorsichtig mit den Salatzutaten vermischen und den Salat sofort servieren.

Abwandlung:
Evtl. zusätzlich gewürfelten Blauschimmelkäse oder gehobelte Walnusskerne unterheben.

Frühlingszwiebelsuppe mit Käseklößchen

Frühlingszwiebelsuppe mit Käseklößchen

Vegetarisch

Pro Portion:
E: 15 g, F: 31 g, Kh: 45 g,
kJ: 2166, kcal: 517

Für die Klößchen:
1 Brötchen vom Vortag
100 g geriebener Käse (z. B. Gouda, Emmentaler)
1 Ei (Größe M)
15 g Speisestärke
75 g Semmelbrösel
Salz
frisch gemahlener Pfeffer
geriebene Muskatnuss

Für die Suppe:
3 Bund Frühlingszwiebeln
1 EL Butterschmalz
1 EL Tomatenmark
1 EL Weizenmehl
750 ml (3/4 l) Gemüsebrühe
200 ml Schlagsahne
2 Tomaten

Zubereitungszeit: etwa 60 Min., ohne Kühlzeit

1. Für die Klößchen Brötchen in kaltem Wasser einweichen. Brötchen gut ausdrücken und mit Käse, Ei, Speisestärke, Semmelbröseln, Salz, Pfeffer und Muskat gut verkneten. Aus der Masse kleine Klößchen formen und diese etwa 2 Stunden kalt stellen.
2. Für die Suppe Frühlingszwiebeln putzen, abspülen, abtropfen lassen und in Ringe schneiden. Butterschmalz in einem Topf erhitzen und Frühlingszwiebeln darin glasig dünsten. Tomatenmark hinzugeben und kurz mit andünsten.
3. Mehl darüber stäuben und unter Rühren so lange erhitzen, bis das Mehl goldgelb ist. Brühe und Sahne mit einem Schneebesen unterrühren. Alles aufkochen lassen und bei schwacher Hitze etwa 15 Minuten köcheln lassen.
4. In der Zwischenzeit reichlich Salzwasser in einem weiten Topf aufkochen lassen, Klößchen darin bei schwacher Hitze etwa 5 Minuten gar ziehen lassen, bis sie an die Oberfläche steigen. Gare Klößchen mit einer Schöpfkelle herausnehmen und abtropfen lassen.
5. Tomaten waschen, abtrocknen, hal-

Fürst-Pückler-Torte

bieren und Stängelansätze herausschneiden. Tomaten entkernen und fein würfeln. Suppe mit Salz, Pfeffer und Muskat abschmecken. Klößchen dazugeben und kurz erhitzen.
6. Suppe in tiefen Tellern anrichten und Tomatenwürfel darüber streuen.

Fürst-Pückler-Torte

Etwas aufwändiger

Insgesamt:
E: 104 g, F: 327 g, Kh: 532 g,
kJ: 23666, kcal: 5658

Für den Knetteig:
150 g Weizenmehl
1 Msp. Dr. Oetker Backin
50 g Zucker
1 Pck. Dr. Oetker Vanillin-Zucker
75 g Butter
1 Eigelb (Größe M)
1 EL Wasser

Für den All-in-Teig:
70 g Weizenmehl
2 TL Dr. Oetker Backin
50 g Zucker
1 Pck. Dr. Oetker Vanillin-Zucker
2 Eier (Größe M)
2 EL geschmacksneutrales Speiseöl, z. B. Rapsöl
20 g Raspelschokolade

Zum Bestreichen:
2 EL Erdbeerkonfitüre

Für die Kakaosahne:
250 ml (1/4 l) Schlagsahne
30 g Zucker
1 EL gesiebtes Kakaopulver
1 Pck. Dr. Oetker Sahnesteif

Für die Erdbeer-Joghurt-Sahne:
8–10 Blatt weiße Gelatine
250 ml (1/4 l) Schlagsahne
200 g aufgetaute TK-Erdbeeren
100 g Zucker,2 EL Zitronensaft
500 g Naturjoghurt

Zum Verzieren und Garnieren:
100 ml Schlagsahne
150 g kleine Erdbeeren mit Grün
25 g fein gehackte Pistazienkerne

Zubereitungszeit: etwa 70 Min., ohne Kühlzeit

1. Für den Knetteig Mehl mit Backin mischen und in eine Rührschüssel sieben. Restliche Zutaten hinzufügen und alles mit Handrührgerät mit Knethaken zunächst kurz auf niedrigster, dann auf höchster Stufe gut durcharbeiten.
2. Anschließend auf der leicht bemehlten Arbeitsfläche zu einem glatten Teig verkneten, sollte er kleben, ihn in Folie gewickelt eine Zeit lang kalt stellen.
3. Den Teig auf dem Boden einer Springform (Ø 26 cm, Boden gefettet) ausrollen und mit einer Gabel mehrmals einstechen. Den Springformrand darumlegen. Die Form auf dem Rost in den Backofen schieben.
   Ober-/Unterhitze: etwa 200 °C (vorgeheizt)
   Heißluft: etwa 180 °C (vorgeheizt)
   Gas: Stufe 3–4 (vorgeheizt)
   Backzeit: etwa 15 Minuten.
4. Den Gebäckboden sofort nach dem Backen vom Springformboden lösen, ihn aber darauf auf einem Kuchenrost erkalten lassen.
5. Für den All-in-Teig Mehl mit Backin mischen und in eine Rührschüssel sieben. Zucker, Vanillin-Zucker, Eier und Öl hinzufügen und die Zutaten mit Handrührgerät mit Rührbesen auf höchster Stufe in etwa 2 Minuten zu einem Teig verarbeiten. Schokolade kurz unterrühren.
6. Den Teig in eine Springform (Ø 26 cm, Boden gefettet, mit Backpapier belegt) füllen und glatt streichen. Die Form auf dem Rost in den Backofen schieben und den Boden bei der oben angegebenen Backofeneinstellung etwa 15 Minuten backen.
7. Den Boden auf einen Kuchenrost stürzen, das Backpapier abziehen und den Boden erkalten lassen.
8. Den Knetteigboden auf eine Tortenplatte legen und mit Erdbeerkonfitüre bestreichen. Den All-in-Teig-Boden darauf legen und etwas andrücken.
9. Für die Kakaosahne Sahne mit Zucker, Kakaopulver und Sahnesteif steif schlagen und kuppelartig auf die Mitte des Bodens streichen. Einen Tortenring um die Böden stellen und die Torte kalt stellen.
10. Für die Erdbeer-Joghurt-Sahne Gelatine nach Packungsanleitung in kaltem Wasser einweichen. Sahne steif schlagen. Erdbeeren pürieren und mit Zucker, Zitronensaft und Joghurt verrühren.
11. Gelatine leicht ausdrücken und in einem kleinen Topf bei schwacher Hitze unter Rühren auflösen. Von der Joghurt-Erdbeer-Masse 2 Esslöffel abnehmen, mit der Gelatine verrühren und unter die restliche Joghurt-Erdbeer-Masse rühren, einige Minuten kalt stellen. Sahne locker unterheben. Die Erdbeer-Joghurt-Sahne vorsichtig in die Form füllen und glatt streichen. Die Torte einige Stunden kalt stellen. Dann den Tortenring entfernen.
12. Zum Verzieren und Garnieren Sahne steif schlagen, in einen Spritzbeutel mit Lochtülle füllen und die Torte damit verzieren. Erdbeeren waschen, gut abtropfen lassen, halbieren und auf die Torte legen. Mit Pistazien bestreuen.

Gans, gefüllte

Gans, gefüllte

6–8 Portionen

Für Gäste

Pro Portion:
E: 45 g, F: 87 g, Kh: 16 g,
kJ: 4597, kcal: 1099

1 küchenfertige Gans (etwa 3 kg)
Salz
frisch gemahlener Pfeffer
gerebelter Majoran

Für die Füllung:
4 Zwiebeln
1 EL Butterschmalz oder Margarine
400 g säuerliche Äpfel
100 g Rosinen

100 ml Wasser
1 TL Salz

Für die Sauce:
200 ml Wasser
2 EL Weizenmehl
4 EL kaltes Wasser
1 Prise Zucker
etwas Weißwein

Zubereitungszeit: etwa 30 Min.

1. Gans unter fließendem kalten Wasser abspülen, trockentupfen und innen und außen mit Salz, Pfeffer und Majoran würzen.
2. Für die Füllung Zwiebeln abziehen und achteln. Butterschmalz oder Margarine zerlassen, Zwiebeln bei mittlerer Hitze von allen Seiten darin anbraten. Äpfel schälen, vierteln, entkernen und in Achtel schneiden. Rosinen mit den Zwiebel- und Apfelstücken vermengen. Die Füllung in die Gans geben, Öffnung zunähen oder mit einem Holzstäbchen verschließen, mit der Brust nach oben in eine angefeuchtete Fettfangschale geben und in den Backofen schieben.
   Ober-/Unterhitze: etwa 200 °C (vorgeheizt)
   Heißluft: etwa 180 °C (nicht vorgeheizt)
   Gas: Stufe 3–4 (nicht vorgeheizt)
   Bratzeit: etwa 3 Stunden.
3. Während des Bratens ab und zu unterhalb der Flügel und Keulen einstechen, damit das Fett ausbraten kann. Das Fett gelegentlich abschöpfen und über die Gans gießen. Sobald der Bratensatz bräunt, etwas Wasser hinzugießen. Die verdampfte Flüssigkeit nach und nach durch Wasser ersetzen. Etwa 20 Minuten vor Ende der Bratzeit die Gans mit Salzwasser bestreichen, damit die Haut kross wird. Fertige Gans in Portionsstücke teilen (tranchieren), mit der Füllung warm stellen.
4. Für die Sauce Bratensatz mit Wasser lösen, durch ein Sieb in einen Topf geben (Fett abschöpfen). Sauce evtl. mit etwas Wasser auffüllen und zum Kochen bringen. Mehl und Wasser anrühren, in der Flüssigkeit zum Kochen bringen, etwa 2 Minuten köcheln lassen. Sauce mit Salz, Gewürzen, Zucker und Wein abschmecken und zum Fleisch reichen.

Garnelen-Gemüse-Salat

Gut vorzubereiten

Pro Portion:
E: 12 g, F: 14 g, Kh: 16 g,
kJ: 1009, kcal: 240

Garnelen-Gemüse-Salat

250 g gegarte King Prawns ohne Schale (Riesengarnelen, TK oder Kühltheke)

Für die Sauce:
2 EL Limettensaft
Salz, frisch gemahlener Pfeffer
etwas Zucker
Chilipulver
5 EL Walnussöl
4 Fleischtomaten
2 gelbe Paprikaschoten (je 180 g)
2 Knoblauchzehen
1 Bund Frühlingszwiebeln

2–3 Korianderstängel
einige Limettenscheiben

Zubereitungszeit: etwa 40 Min., ohne Auftauzeit

1. Riesengarnelen evtl. auftauen und den Darm entfernen. Garnelen abspülen und trockentupfen.
2. Für die Sauce Limettensaft mit Salz, Pfeffer, Zucker und Chili verrühren, Walnussöl unterschlagen und die Sauce evtl. nochmals mit den Gewürzen abschmecken. Garnelen unterheben und etwa 20 Minuten durchziehen lassen.
3. Tomaten waschen, abtropfen lassen und kreuzweise einschneiden, kurz in kochendes Wasser legen, mit kaltem Wasser übergießen und abtropfen lassen. Tomaten enthäuten, halbieren und die Stängelansätze herausschneiden. Tomaten würfeln.
4. Paprikaschoten halbieren, entstielen, entkernen und die weißen Scheidewände entfernen. Schoten waschen, abtropfen lassen und in kleine Würfel schneiden. Knoblauch abziehen und durch eine Knoblauchpresse geben. Frühlingszwiebeln putzen, waschen, abtropfen lassen und in feine Ringe schneiden.
5. Tomaten- und Paprikawürfel, Knoblauch und Frühlingszwiebelringe mit der Garnelensauce vermischen und den Salat evtl. nachwürzen.
6. Koriander abspülen, trockentupfen und die Blättchen von den Stängeln zupfen. Den Garnelen-Gemüse-Salat mit Limettenscheiben und Korianderblättchen garniert servieren.

Tipp:
Dazu passt frisches Baguette oder Toast.

Gartensalat mit Käsestiften

Gartensalat mit Käsestiften

Vegetarisch

Pro Portion:
E: 19 g, F: 30 g, Kh: 7 g, kJ: 1695, kcal: 405

150 g Friséesalat
150 g Eichblattsalat
2 Möhren
je ½ rote und grüne Paprikaschote
50 g Mungobohnenkeimlinge
250 g mittelalter Gouda

Für die Sauce:
4–5 EL Balsamico-Essig
1 TL milder Senf
2–3 EL Weißwein
etwas Zitronensaft
Salz
frisch gemahlener Pfeffer
etwas Zucker
8 EL Distelöl

Zubereitungszeit: etwa 35 Min., ohne Durchziehzeit

1. Beide Salatsorten putzen, zerpflücken, waschen und gut abtropfen lassen oder trockenschleudern. Möhren putzen, schälen, waschen und in sehr dünne Streifen schneiden.
2. Paprikaschoten entstielen, entkernen und die weißen Scheidewände entfernen, die Schoten waschen und in sehr dünne Streifen schneiden. Mungobohnenkeimlinge verlesen, waschen und abtropfen lassen. Gouda in feine Stifte schneiden.
3. Für die Sauce Essig mit Senf, Weißwein, Zitronensaft, Salz, Pfeffer und Zucker verrühren. Öl unterschlagen.
4. Die Sauce mit Möhrenstreifen, Paprikastreifen, Mungobohnenkeimlingen und Käsestiften in einer Schüssel mischen und gut durchziehen lassen.
5. Erst kurz vor dem Servieren den Frisée- und Eichblattsalat unterheben.

Abwandlung:
Anstelle von Frisée- und Eichblattsalat können auch Lollo Rosso und Lollo Bionda verwendet werden.

Tipp:
Schneller geht es, wenn Sie den Käse raspeln oder bereits fertig gestiftelten Käse verwenden.

Gebackener Sommer

Gut vorzubereiten

Pro Portion:
E: 21 g, F: 50 g, Kh: 31 g,
kJ: 2875, kcal: 687

150 g Bacon in Scheiben (Frühstücksspeck)
600 g Kartoffeln
500 g Blattspinat
500 g Tomaten
1 kleine Gemüsezwiebel
Salz
frisch gemahlener Pfeffer
geriebene Muskatnuss
3 Knoblauchzehen
200 g Schafkäse
5 EL Olivenöl

Zubereitungszeit: etwa 30 Min.

1. Baconscheiben halbieren und eine feuerfeste, flache Auflaufform damit auslegen.
2. Kartoffeln waschen, schälen, abspülen, in dünne Scheiben schneiden und auf dem Speck verteilen. Die Form auf dem Rost in den Backofen schieben.
   Ober-/Unterhitze: etwa 200 °C (vorgeheizt)
   Heißluft: etwa 180 °C (vorgeheizt)
   Gas: Stufe 3–4 (vorgeheizt)
   Garzeit: etwa 20 Minuten.
3. In der Zwischenzeit Spinat verlesen, waschen, abtropfen lassen, in Salzwasser blanchieren und gut abtropfen lassen. Tomaten waschen, abtrocknen, die Stängelansätze herausschneiden und die Tomaten in Scheiben schneiden. Gemüsezwiebel abziehen, halbieren und ebenfalls in feine Scheiben schneiden.
4. Die Form aus dem Backofen nehmen und die Kartoffeln mit Salz und Pfeffer bestreuen, den Spinat darauf verteilen und mit Salz, Pfeffer und Muskatnuss würzen. Knoblauch abziehen, durch die Presse drücken und auf dem Spinat verteilen.
5. Zuerst die Zwiebelscheiben auf den Spinat legen, dann die Tomaten schuppenförmig darauf verteilen. Den Schafkäse zerbröckeln und darüber streuen. Öl darüber träufeln.
6. Die Form wieder auf dem Rost in den Backofen schieben und **bei der oben angegebenen Backofeneinstellung noch weitere 25 Minuten garen.**

Tipp:
Wer das Gericht vegetarisch möchte, kann den Speck weglassen.
Sie können auch TK-Blattspinat verwenden, ihn dann vor der Verwendung auftauen und abtropfen lassen.

Gedeckter Apfelkuchen

Beliebt

Insgesamt:
E: 67 g, F: 216 g, Kh: 612 g,
kJ: 20390, kcal: 4865

Für die Füllung:
1 1/2 kg Äpfel, 50 g Zucker
1 Pck. Dr. Oetker Vanillin-Zucker
1 Msp. gemahlener Zimt
30 g Rosinen
50 g Butter, 50 g Zucker

Für den Knetteig:
350 g Weizenmehl
4 TL Dr. Oetker Backin
70 g Zucker
1 Pck. Dr. Oetker Vanillin-Zucker
2 Eier (Größe M)
4 EL Milch
150 g weiche Butter oder Margarine

Zum Bestreichen und Bestreuen:
1 Eigelb (Größe M), 1 EL Milch,
50 g abgezogene, gehobelte Mandeln

Zubereitungszeit: etwa 50 Min., ohne Kühlzeit

1. Für die Füllung Äpfel schälen, vierteln, entkernen und in Stifte schneiden, mit Zucker, Vanillin-Zucker, Zimt, Rosinen und Butter in einen Topf geben und unter Rühren leicht dünsten. Äpfel abkühlen lassen und mit Zucker abschmecken.
2. Für den Teig Mehl und Backin mischen und in eine Rührschüssel sieben. Zucker, Vanillin-Zucker, Ei, Milch und Butter oder Margarine hinzufügen und die Zutaten mit Handrührgerät mit Knethaken zunächst kurz auf niedrigster, dann auf höchster Stufe gut durcharbeiten.

3. Anschließend auf der bemehlten Arbeitsfläche zu einem glatten Teig verkneten. Sollte er kleben, ihn in Folie gewickelt eine Zeit lang kalt stellen.
4. Knapp die Hälfte des Teiges dünn ausrollen, für die Decke eine Teigplatte in Backblechgröße (30 x 40 cm) ausschneiden und auf Papier aufrollen. Den restlichen Teig auf dem Backblech (30 x 40 cm, gefettet) ausrollen.
5. Die Füllung auf dem Teig verteilen und die Teigdecke darauf abrollen.
6. Die Teigdecke mehrmals mit einer Gabel einstechen. Zum Bestreichen Eigelb mit Milch verschlagen, den Teig damit bestreichen und mit Mandeln bestreuen. Das Backblech in den Backofen schieben.
   Ober-/Unterhitze: etwa 200 °C (vorgeheizt)
   Heißluft: etwa 180 °C (vorgeheizt)
   Gas: Stufe 3–4 (vorgeheizt)
   Backzeit: 20–25 Minuten.
7. Das Backblech auf einen Kuchenrost stellen und den Kuchen erkalten lassen. Den Kuchen in Stücke schneiden und vorsichtig vom Backblech lösen.

Gedeckter Apfelkuchen

Geflügel-Kokos-Suppe

Raffiniert

Pro Portion:
E: 41 g, F: 11 g, Kh: 23 g,
kJ: 1494, kcal: 357

Für das Paprikaöl:
1 EL Speiseöl
1/2 TL Paprikapulver edelsüß

Für die Suppe:
2 Hähnchenbrustfilets (je etwa 125 g)
2 Schalotten, 1 Möhre
1 Stange Porree (Lauch)
einige Stängel frischer Koriander
2 EL Speiseöl
1 EL Weizenmehl
800 ml Hühnerbrühe
1/2 Dose (200 ml) ungesüßte Kokosmilch
Salz
frisch gemahlener Pfeffer

Zubereitungszeit: etwa 30 Min.

1. Für das Paprikaöl Öl und Paprikapulver verrühren und beiseite stellen. Das Öl nimmt nach 10–15 Minuten eine rötliche Farbe an.
2. Für die Suppe Hähnchenbrustfilets unter fließendem kalten Wasser abspülen, trockentupfen und in Streifen oder Würfel schneiden.
3. Schalotten abziehen und würfeln. Möhre putzen, schälen, waschen und ebenfalls in Würfel schneiden. Porree putzen, die Stange längs halbieren, gründlich waschen und in Streifen schneiden. Koriander abspülen, trockentupfen und die Blättchen von den Stängeln zupfen.
4. Öl in einem großen Topf erhitzen. Die Fleischstreifen oder -würfel darin rundherum anbraten und herausnehmen.

Geflügel-Kokos-Suppe

5. In dem verbliebenen Fett Schalotten- und Möhrenwürfel und Porreestreifen andünsten. Mehl darüber stäuben und Hühnerbrühe und Kokosmilch hinzugießen, glatt rühren und zum Kochen bringen. Das Fleisch wieder hinzufügen und alles bei schwacher Hitze etwa 10 Minuten leicht kochen lassen.
6. Zum Schluss die Suppe mit Salz und Pfeffer würzen. Die Suppe auf Teller verteilen, einige Tropfen Paprikaöl darauf träufeln (am besten mit einer Gabel) und die Suppe mit Korianderblättern garnieren.

Abwandlung:
Sie können auch zusätzlich abgetropfte Bambussprossen in die Suppe geben.
Wer es gern sehr scharf mag, kann auch dünne Ringe von roten und grünen Chilischoten zugeben.
Anstelle der Schalotten können Sie ersatzweise 2 rote Zwiebeln verwenden.

Tipp:
Für das Paprikaöl Sesamöl verwenden, es ist besonders würzig.
Wer keinen frischen Koriander bekommt, kann feine Petersilien- oder Kerbelblättchen verwenden.

Geflügel-Shrimps-Curry in Auberginen

Geflügel-Shrimps-Curry in Auberginen

Für Gäste

Pro Portion:
E: 37 g, F: 24 g, Kh: 8 g,
kJ: 1659, kcal: 396

4 mittelgroße Auberginen
(je etwa 200 g)
Salzwasser

Für die Füllung:
200 g TK-Shrimps
2 Hähnchenbrustfilets (je etwa 200 g)
1 mittelgroße Zwiebel
1 Bund Minze
2 EL Speiseöl
1 TL Currypulver
200 ml Schlagsahne
Salz, frisch gemahlener Pfeffer
100 g Naturjoghurt

Zubereitungszeit: etwa 70 Min., ohne Auftauzeit

1. Auberginen waschen, abtrocknen und die Stängelansätze abschneiden. Auberginen längs halbieren und Auberginenhälften mit einem Kugelausstecher oder Löffel so aushöhlen, dass ein etwa 1 cm breiter Rand stehen bleibt. Auberginenfleisch in kleine Stücke schneiden. Salzwasser zum Kochen bringen und die Auberginenhälften etwa 1 Minute darin blanchieren, in ein Sieb geben, mit kaltem Wasser übergießen und abtropfen lassen.
2. Für die Füllung Shrimps nach Packungsanleitung auftauen lassen. Hähnchenbrustfilets unter fließendem kalten Wasser abspülen und trockentupfen. Filets in kleine Würfel schneiden. Zwiebel abziehen und in kleine Würfel schneiden. Minze abspülen und trockentupfen (einige Zweige zum Garnieren beiseite legen). Die Blättchen von den Stängeln zupfen und fein hacken.
3. Speiseöl in einer Pfanne erhitzen. Zuerst Filetwürfel, dann Zwiebelwürfel, Auberginenstücke und Shrimps darin andünsten. Curry darüber streuen. Sahne hinzugießen, zum Kochen bringen und so lange kochen lassen, bis die Sahne zur Hälfte eingekocht ist. Mit Salz und Pfeffer würzen. Gehackte Minze und Joghurt unterrühren.
4. Die Auberginenhälften in eine Auflaufform legen und mit dem Geflügel-Shrimps-Curry füllen. Die Form auf dem Rost in den Backofen schieben.
   Ober-/Unterhitze: etwa 180 °C (vorgeheizt)
   Heißluft: etwa 160 °C (vorgeheizt)
   Gas: Stufe 2–3 (vorgeheizt)
   Backzeit: etwa 20 Minuten.
5. Die gefüllten Auberginenhälften mit den beiseite gelegten Minzezweigen garnieren und sofort servieren.

Beilage:
Naturreis oder Couscous.

Geflügel-Spinat-Suppe

Preiswert

Pro Portion:
E: 50 g, F: 10 g, Kh: 26 g,
kJ: 1675, kcal: 401

2 Zwiebeln
1–2 Knoblauchzehen
750 g Putenbrustfilet
1–2 Bio-Zitronen (unbehandelt, ungewachst)
2 EL Speiseöl
Salz, frisch gemahlener Pfeffer
1 geh. EL Weizenmehl
1 ¼ l Hühnerbrühe
100 g Langkornreis
150 g TK-Blattspinat

einige abgezogene Mandeln

Zubereitungszeit: etwa 30 Min.

1. Zwiebeln und Knoblauch abziehen und in feine Würfel schneiden. Putenbrustfilet unter fließendem kalten Wasser abspülen, trockentupfen und in Würfel schneiden.
2. Zitronen gründlich heiß waschen und abtrocknen, mit einem Zestenreißer einige Zesten zum Garnieren abschä-

len. Zitronen mit einem Messer so schälen, dass die weiße Haut mit entfernt wird. Zitronen in dünne Scheiben schneiden.

3. Öl in einer Pfanne erhitzen und die Putenbrustwürfel darin portionsweise rundherum kräftig anbraten, in einen großen Topf geben und mit Salz und Pfeffer würzen. Zwiebeln und Knoblauch in das verbliebene Bratfett geben, kurz anbraten und zu dem Fleisch geben.
4. Mehl darüber stäuben und unterrühren. Brühe unter Rühren dazugießen und aufkochen lassen. Zitronenscheiben, Reis und Spinat unaufgetaut hinzufügen, zum Kochen bringen und etwa 15 Minuten garen, ab und zu umrühren. Suppe mit Salz und Pfeffer abschmecken, mit Mandeln anrichten und mit Zesten garnieren.

Tipp:
Sie können die Suppe bereits am Vortag vorbereiten. Dann den Reis getrennt garen, da er stark nachdickt, und vor dem Servieren in der Suppe erwärmen. Reduzieren Sie die Hühnerbrühemenge dann von 1 ¹/₄ l auf 1 Liter.

Geflügel-Spinat-Suppe

Geflügel-Wurst-Pfanne

Schnell

Pro Portion:
E: 33 g, F: 27 g, Kh: 22 g,
kJ: 1880, kcal: 449

1 Gemüsezwiebel (300 g)
1–2 Knoblauchzehen
250 g Hähnchenbrustfilet
250 g Geflügel-Fleischwurst
3 EL Speiseöl
Salz
frisch gemahlener Pfeffer
2 Pck. (je 300 g) TK-Rahm-Königsgemüse
250 ml (¹/₄ l) Wasser
1 Bund Petersilie
Paprikapulver rosenscharf

Zubereitungszeit: etwa 30 Min.

1. Gemüsezwiebel und Knoblauch abziehen. Zwiebel würfeln und Knoblauch durch die Presse drücken. Hähnchenbrustfilet unter fließendem kalten Wasser abspülen, trockentupfen und in Würfel schneiden. Wurst ebenfalls würfeln.
2. Öl in einem Wok erhitzen und Fleisch- und Wurstwürfel unter Rühren darin etwa 5 Minuten braten, mit einer Schaumkelle herausnehmen und mit Salz und Pfeffer würzen.
3. Zwiebeln und Knoblauch in dem Bratfett kurz anbraten. Unaufgetautes Rahm-Königsgemüse mit dem Wasser hinzufügen, zum Kochen bringen und bei schwacher Hitze 5–6 Minuten köcheln lassen. Dabei gelegentlich umrühren.
4. In der Zwischenzeit Petersilie kalt abspülen, trockentupfen und einige Stängel zum Garnieren beiseite legen, die restlichen Blättchen von den Stängeln zupfen und hacken.
5. Fleisch, Wurst und gehackte Petersilie zum Gemüse geben, erhitzen und mit Salz, Pfeffer und Paprikapulver abschmecken. Die Geflügel-Wurst-Pfanne mit Petersilie garniert servieren.

Geflügel-Wurst-Pfanne

Abwandlung:
Sie können nach Belieben auch 600 g anderes TK-Gemüse verwenden. Die Garzeit richtet sich nach der Packungsanleitung. Geben Sie dann zusammen mit dem Wasser 1 Teelöffel Instant Gemüsebrühe, 100 ml Schlagsahne oder 100 g Crème fraîche hinzu und würzen Sie das Gemüse mit Salz, Pfeffer und Paprika rosenscharf.

Beilage:
Bandnudeln.

Tipp:
TK-Rahm-Königsgemüse besteht aus Broccoli, Möhren, Blumenkohl und Sahne.

Gemischte gefüllte Gemüse

Dauert länger

Pro Portion:
E: 49 g, F: 21 g, Kh: 27 g,
kJ: 2090, kcal: 498

4 kleine Fleischtomaten
4 kleine grüne oder gelbe Paprikaschoten
2 mittelgroße gelbe oder grüne Zucchini
2 kleine Kohlrabi
1 Bund Petersilie
800 g Geflügelhackfleisch (beim Metzger vorbestellen)
1 Ei (Größe M)
Salz
frisch gemahlener Pfeffer
1 Zwiebel
500 g kleine Kartoffeln
2 EL Speiseöl

etwas Wasser

Zubereitungszeit: etwa 65 Min.

1. Tomaten und Paprika waschen, abtrocknen und je einen Deckel abschneiden. Das Tomatenfleisch mit einem Teelöffel herauslösen, dabei einen Rand stehen lassen und Tomaten-Fruchtfleisch beiseite stellen. Paprikaschoten entkernen und die weißen Scheidewände entfernen.
2. Zucchini waschen, abtrocknen und die Enden abschneiden. Zucchini längs halbieren und vorsichtig aushöhlen, dabei einen etwa 1 cm breiten Rand stehen lassen. Zucchini nochmals quer halbieren. Von den Kohlrabi einen Deckel abschneiden. Kohlrabi schälen, abspülen, trockentupfen und aushöhlen, dabei ebenfalls einen etwa 1 cm breiten Rand stehen lassen. Zucchini- und Kohlrabifruchtfleisch beiseite legen. Petersilie abspülen, trockentupfen, Blättchen von den Stängeln zupfen und fein hacken. Hackfleisch mit Petersilie und Ei verkneten. Mit Salz und Pfeffer würzen und ausgehöhltes Gemüse damit füllen.
3. Das beiseite gelegte Zucchini- und Kohlrabi-Fruchtfleisch in große Würfel schneiden. Zwiebel abziehen und in kleine Würfel schneiden. Kartoffeln waschen, schälen, abspülen und in Würfel schneiden. Speiseöl in einem Bräter erhitzen und Zwiebel-, Kartoffel-, Zucchini- und Kohlrabiwürfel darin andünsten. Das beiseite gelegte Tomaten-Fruchtfleisch unterrühren. Die gefüllten Paprikaschoten, Zucchini und Kohlrabi darauf setzen. Den Bräter auf dem Rost in den Backofen schieben.
   Ober-/Unterhitze: etwa 180 °C (vorgeheizt)
   Heißluft: etwa 160 °C (nicht vorgeheizt)
   Gas: Stufe 2–3 (nicht vorgeheizt)
   Garzeit: 50–60 Minuten.
4. Nach 25–30 Minuten Garzeit die gefüllten Tomaten hinzugeben. Evtl. etwas Wasser hinzufügen.

Beilage: Reis.

Tipp: Benutzen Sie zum Aushöhlen der Kohlrabi einen Kugelausstecher oder einen Teelöffel.

Gemüseauflauf

Vegetarisch

Pro Portion:
E: 22 g, F: 39 g, Kh: 45 g,
kJ: 2694, kcal: 643

1 kg mehlig kochende Kartoffeln
Salz
200 ml Schlagsahne
250 g Porree (Lauch)
250 g Auberginen
250 g Zucchini
30 g Butter oder 4 EL Speiseöl
frisch gemahlener Pfeffer
1/2 Bund glatte Petersilie
200 g geriebener, mittelalter Gouda
2 EL Sonnenblumenkerne

Gemüseauflauf

Zubereitungszeit: etwa 30 Min.

1. Kartoffeln waschen, schälen, abspülen, in Salzwasser zum Kochen bringen und in 20–25 Minuten gar kochen lassen.
2. Die garen Kartoffeln abgießen, abdämpfen und sofort durch eine Kartoffelpresse geben. Die Kartoffelmasse mit Sahne verrühren und mit Salz abschmecken.
3. Porree putzen, längs halbieren, gründlich waschen und in Streifen schneiden. Auberginen waschen, die Stängelansätze abschneiden und Auberginen in Scheiben schneiden. Zucchini waschen, abtrocknen, die Enden abschneiden und Zucchini in Scheiben schneiden.
4. Butter oder Öl in einer Pfanne zerlassen und das vorbereitete Gemüse darin andünsten, mit Salz und Pfeffer würzen und in eine gefettete Auflaufform geben.
5. Petersilie abspülen, trockentupfen, die Blättchen von den Stängeln zupfen, in Streifen schneiden und darüber streuen. Mit der Hälfte des Goudas bestreuen, die Kartoffelmasse darauf verteilen und mit dem restlichen Gouda und Sonnenblumenkernen bestreuen. Die Form auf dem Rost in den Backofen schieben.
   Ober-/Unterhitze: etwa 200 °C (vorgeheizt)
   Heißluft: etwa 180 °C (vorgeheizt)
   Gas: Stufe 3–4 (vorgeheizt)
   Backzeit: 30–35 Minuten.

Abwandlung: Für eine nicht-vegetarische Variante können Sie auch anstelle der Auberginenwürfel kleine Bällchen aus gewürztem Schweinemett in den Auflauf geben.

Gemüseauflauf, bunter

Vegetarisch

Pro Portion:
E: 20 g, F: 33 g, Kh: 28 g, kJ: 2055, kcal: 491

500 g gekochte Pellkartoffeln
je 1 rote und grüne Paprikaschote
1 Dose Gemüsemais (Abtropfgewicht 140 g)
200 g Champignons
1 Stange Porree (Lauch)
Salz, frisch gemahlener Pfeffer
250 ml ($^1/_4$ l) Schlagsahne
4 Eier (Größe M)
1 EL gerebeltes Basilikum
75 g geriebener Gouda

3 EL Schnittlauchröllchen

Zubereitungszeit: etwa 30 Min.

1. Kartoffeln pellen und in Scheiben schneiden. Paprika halbieren, entstielen, entkernen und die weißen Scheidewände entfernen. Schoten waschen und in Würfel schneiden.
2. Mais in einem Sieb abtropfen lassen. Champignons putzen, mit Küchenpapier abreiben, evtl. abspülen, trockentupfen und in Scheiben schneiden. Porreestange putzen, längs halbieren, waschen und abtropfen lassen. Porree in etwa $^1/_2$ cm dicke Stücke schneiden.
3. Kartoffel-, Champignonscheiben und Porreestücke mit dem Mais in eine Auflaufform (gefettet) geben, mit Salz und Pfeffer bestreuen.
4. Sahne mit Eiern verschlagen und Basilikum und Käse unterrühren. Den Auflauf mit der Eier-Sahne übergießen. Die Form auf dem Rost in den Backofen schieben.
   Ober-/Unterhitze: etwa 180 °C (vorgeheizt)
   Heißluft: etwa 160 °C (nicht vorgeheizt)
   Gas: Stufe 2–3 (nicht vorgeheizt)
   Garzeit: etwa 50 Minuten.
5. Den Auflauf vor dem Servieren mit den Schnittlauchröllchen bestreuen.

Tipp: Wenn der Auflauf zu stark bräunt, ihn nach etwa der Hälfte der Garzeit mit Alufolie zudecken.

Gemüseauflauf, bunter

Gemüsegulasch in Zitronensahne

Raffiniert

Pro Portion:
E: 8 g, F: 19 g, Kh: 15 g,
kJ: 1113, kcal: 266

1 Bund Frühlingszwiebeln (etwa 250 g)
250 g weiße Champignons
500 g grüner Spargel
250 g Kaiserschoten
250 g Möhren
2 EL Olivenöl
150 ml Gemüsebrühe
200 ml Schlagsahne
Salz
frisch gemahlener Pfeffer
je ½ kleines Bund Zitronenmelisse und Zitronenthymian

Zubereitungszeit: etwa 50 Min.

1. Frühlingszwiebeln putzen, waschen, abtropfen lassen und in etwa 5 cm lange Stücke schneiden. Champignons putzen, mit Küchenpapier abreiben, evtl. kurz abspülen und trockentupfen. Größere Champignons halbieren.
2. Von dem Spargel das untere Drittel schälen und die Enden abschneiden. Spargel waschen, abtropfen lassen und in etwa 5 cm lange Stücke schneiden. Von den Kaiserschoten die Enden abschneiden, Schoten waschen und abtropfen lassen.
3. Möhren putzen, schälen, waschen, abtropfen lassen und in Stifte schneiden. Möhrenstifte in kochendem Salzwasser etwa 5 Minuten garen, anschließend in ein Sieb geben, mit kaltem Wasser übergießen und abtropfen lassen.
4. Olivenöl in einem großen Topf erhitzen und vorbereitetes Gemüse portionsweise darin andünsten. Gemüsebrühe und Sahne hinzugießen, mit Salz und Pfeffer würzen, die Zutaten zum Kochen bringen und 10–15 Minuten bei schwacher Hitze garen.
5. Melisse und Thymian abspülen und trockentupfen und die Blättchen von den Stängeln zupfen. Blättchen klein schneiden, zu dem Gemüsegulasch geben und unterrühren. Mit Salz und Pfeffer abschmecken.

Beilage: Reis, Nudeln oder Rösti.

Tipp: Gemüsegulasch nach Belieben mit gehobeltem Parmesan bestreuen.

Gemüse-Hähnchen-Gulasch

Gut vorzubereiten

Pro Portion:
E: 32 g, F: 6 g, Kh: 22 g,
kJ: 1156, kcal: 276

300 g fest kochende Kartoffeln
1 große Fenchelknolle (etwa 300 g)
300 g Zucchini
1 Bund Frühlingszwiebeln (etwa 250 g)
2 gelbe Paprikaschoten (etwa 400 g)
1 Dose geschälte Tomaten (400 g)
3 EL Speiseöl
1 TL Paprikapulver edelsüß
Salz, frisch gemahlener Pfeffer
150 ml Gemüsebrühe
500 g Hähnchenbrustfilets
3 EL süße Chilisauce
½ Bund glatte Petersilie

Zubereitungszeit: etwa 50 Min.

1. Kartoffeln waschen, schälen, abspülen und in Würfel schneiden. Von der Fenchelknolle den Stiel dicht oberhalb der Knolle abschneiden. Braune Stellen und Blätter entfernen. Die Knolle waschen, abtropfen lassen und in Würfel schneiden. Zucchini waschen, abtrocknen und die Enden abschneiden. Zucchini ebenfalls in Würfel schneiden. Frühlingszwiebeln putzen, waschen, abtropfen lassen und in Stücke schneiden.
2. Paprika halbieren, entstielen, entkernen, die weißen Scheidewände entfernen. Die Schoten waschen, trockentupfen und ebenfalls in Stücke schneiden.
3. Geschälte Tomaten in einem Sieb abtropfen lassen, die Flüssigkeit dabei auffangen und Tomaten etwas zerkleinern.
4. Die Hälfte des Speiseöls in einem

Bräter oder einem großen Topf erhitzen und vorbereitetes Gemüse unter Rühren darin andünsten. Paprika darüber streuen und kurz mit andünsten. Mit Salz und Pfeffer würzen. Geschälte Tomatenstücke unterrühren und Tomatenflüssigkeit und Brühe hinzugießen. Die Zutaten zum Kochen bringen und zugedeckt bei schwacher Hitze etwa 35 Minuten garen.

5. Hähnchenbrustfilets unter fließendem kalten Wasser abspülen, trockentupfen und in Streifen schneiden.
6. Restliches Speiseöl in einer großen Pfanne erhitzen. Hähnchenbrustfiletstreifen hinzugeben und in etwa 5 Minuten knusprig anbraten, mit Salz und Pfeffer bestreuen, herausnehmen und in den Gemüsetopf geben. Mit Chilisauce pikant abschmecken.
7. Petersilie abspülen und trockentupfen. Die Blättchen von den Stängeln zupfen und fein hacken. Gemüse-Hähnchen-Gulasch mit Petersilie bestreut servieren.

Gemüse-Hähnchen-Gulasch

Gemüse-Kartoffel-Salat mit Lachs

Für Gäste

Pro Portion:
E: 13 g, F: 32 g, Kh: 21 g, kJ: 1786, kcal: 428

300 g grüne Bohnen
Salzwasser

Für die Marinade:
3 EL Kräuteressig
Salz
frisch gemahlener Pfeffer
etwas Zucker
5 EL Olivenöl

1 gelbe Paprikaschote
400 g gekochte Pellkartoffeln
1 Pck. (150 g) Graved Lachs mit Sauce
1 Becher (150 g) Crème fraîche
3 kleine Tomaten
einige Dillzweige

Zubereitungszeit: etwa 45 Min., ohne Marinierzeit

1. Von den Bohnen die Enden abschneiden. Bohnen evtl. abfädeln, einmal durchbrechen oder -schneiden und in kochendem Salzwasser etwa 15 Minuten garen. Bohnen in ein Sieb geben, mit eiskaltem Wasser übergießen, abtropfen und etwas abkühlen lassen.
2. Für die Marinade Essig mit Salz, Pfeffer und Zucker verrühren. Olivenöl unterschlagen.
3. Die Hälfte der Marinade mit den warmen Bohnen vermengen und etwas durchziehen lassen.
4. Paprika halbieren, entstielen, entkernen und die weißen Scheidewände entfernen. Die Schote waschen, trockentupfen und in Streifen schneiden. Kartoffeln pellen und in Scheiben schneiden. Die Kartoffelscheiben auf eine große Platte legen und mit Salz und Pfeffer bestreuen.
5. Die marinierten Bohnen mit Paprikastreifen mischen und auf den Kartoffelscheiben verteilen, dabei den Rand nicht belegen. Lachsscheiben dekorativ auf den Plattenrand legen.
6. Crème fraîche mit der Graved-Lachs-Sauce verrühren und mit Salz abschmecken. Etwas von der Sauce mit einem Löffel auf den Salat sprenkeln.
7. Tomaten waschen, trockentupfen, vierteln, entkernen und die Stängelansätze herausschneiden. Tomaten in Scheiben schneiden. Dill abspülen und trockentupfen.
8. Den Salat mit Tomatenscheiben und Dill garniert servieren. Restliche Sauce dazureichen.

Gemüse-Reis-Auflauf

Für Gäste

Pro Portion:
E: 33 g, F: 50 g, Kh: 58 g,
kJ: 3427, kcal: 818

3 EL Speiseöl
500 g Gehacktes (halb Rind-, halb Schweinefleisch)
Salz
frisch gemahlener Pfeffer
Paprikapulver edelsüß
2 Kochbeutel (250 g) Langkornreis
1 1/8 l Salzwasser
3 Fleischtomaten (etwa 500 g)
2 Auberginen (etwa 400 g)
2 Zucchini (etwa 400 g)
6 EL Olivenöl
je 1 Bund Schnittlauch, Dill, Petersilie und Zitronenmelisse
2 Knoblauchzehen
125 ml (1/8 l) Schlagsahne
20 g Butterflocken

Gemüse-Reis-Auflauf

Zubereitungszeit: etwa 45 Min.

1. Speiseöl in einer Pfanne erhitzen. Gehacktes unter Rühren darin anbraten, dabei die Fleischklümpchen mit einer Gabel zerdrücken und mit Salz, Pfeffer und Paprika würzen.
2. Den Kochbeutelreis in kochendem Salzwasser nach Packungsanleitung ausquellen lassen, Reis mit kaltem Wasser übergießen und abtropfen lassen.
3. Tomaten und Auberginen waschen, abtrocknen und Stängelansätze heraus- oder abschneiden. Zucchini waschen, abtrocknen und Enden abschneiden. Tomaten, Zucchini und Auberginen in Scheiben schneiden. Olivenöl in einer großen Pfanne erhitzen und Zucchini- und Auberginenscheiben portionsweise von beiden Seiten darin anbraten. Mit Salz und Pfeffer bestreuen. Zucchini- und Auberginenscheiben auf Küchenpapier legen und abtropfen lassen.
4. Kräuter abspülen und trockentupfen. Schnittlauch in Röllchen schneiden. Von den Kräutern Blättchen oder Spitzen von den Stängeln zupfen und fein hacken. Den Reis mit den Kräutern mischen. Knoblauch abziehen, durch eine Knoblauchpresse drücken und unterrühren.
5. Abwechselnd dachziegelartig Tomaten-, Zucchini- und Auberginenscheiben, Gehacktesmasse und Reis in eine flache Auflaufform legen. Sahne darüber gießen. Butter in Flöckchen darauf setzen. Die Form auf dem Rost in den Backofen schieben.
   Ober-/Unterhitze: etwa 180 °C (vorgeheizt)
   Heißluft: etwa 160 °C (vorgeheizt)
   Gas: Stufe 2–3 (vorgeheizt)
   Garzeit: etwa 30 Minuten.

Gemüse-Schnitzel-Pfanne

Gemüse-Schnitzel-Pfanne

Für Gäste

Pro Portion:
E: 28 g, F: 27 g, Kh: 34 g,
kJ: 2158, kcal: 514

800 g Kartoffeln
5 EL Speiseöl
Salz, frisch gemahlener Pfeffer
Paprikapulver edelsüß
3 Schweineschnitzel (je 150 g)
2 mittelgroße Zwiebeln
je 1 rote und gelbe Paprikaschote
1 mittelgroße Zucchini (etwa 150 g)
4 EL Crème fraîche

Zubereitungszeit: etwa 55 Min.

1. Kartoffeln waschen, schälen, abspülen und in Stifte schneiden. 2 Esslöffel Öl in einer Pfanne erhitzen und die Kartoffelstifte etwa 10 Minuten unter gelegentlichem Wenden darin anbraten, mit Salz, Pfeffer und Paprikapulver würzen. Die Kartoffelstifte aus der Pfanne nehmen und warm stellen.
2. Schnitzel unter fließendem kalten Wasser abspülen, trockentupfen und in Streifen schneiden. Schnitzelstreifen in dem verbliebenen Bratfett kross

anbraten. Die Schnitzelstreifen ebenfalls mit den Gewürzen bestreuen, aus der Pfanne nehmen und warm stellen.
3. Zwiebeln abziehen, halbieren und in Scheiben schneiden. Paprikaschoten halbieren, entstielen, entkernen und die weißen Scheidewände entfernen, die Schoten waschen und in Streifen schneiden. Zucchini waschen, abtrocknen, die Enden abschneiden und Zucchini in Scheiben schneiden.
4. Das restliche Öl in der Pfanne erhitzen. Zucchini, Zwiebeln und Paprika hineingeben und unter gelegentlichem Umrühren andünsten.
5. Kartoffelstifte und Schnitzelstreifen wieder in die Pfanne geben, etwas Wasser hinzufügen und etwa 10 Minuten mit Deckel garen.
6. Das Gericht mit den Gewürzen abschmecken und auf Tellern anrichten. Auf jede Portion 1 Esslöffel Crème fraîche geben.

Tipp: Das Fleisch nach Belieben vorher in Sojasauce etwa 30 Minuten marinieren, es wird dann besonders zart.
Statt in Stifte können Sie die Kartoffeln auch auf dem Gemüsehobel in Streifen schneiden.

Gemüsespieße

Vegetarisch

Pro Portion:
E: 13 g, F: 25 g, Kh: 52 g,
kJ: 2038, kcal: 486

400 g Blumenkohl
400 g Broccoli
2 gelbe Paprikaschoten (etwa 400 g)
6 Cocktailtomaten
Salz, frisch gemahlener Pfeffer

Für die Sauce:
2 Zwiebeln (etwa 120 g)
1 EL Speiseöl
1 EL Currypulver
200 ml Gemüsebrühe oder -fond
200 ml Schlagsahne
1–2 EL flüssiger Honig
3 EL Olivenöl

Für die Beilage:
300 g Langkornreis
30 g Butter
40 g Pinienkerne

Außerdem:
8 dünne Holzspieße

Zubereitungszeit: etwa 70 Min.

1. Von dem Blumenkohl die schlechten Stellen entfernen, den Strunk abschneiden und den Blumenkohl in nicht zu kleine Röschen teilen. Von dem Broccoli die Blätter und den dicken Strunk entfernen und den Broccoli ebenfalls in nicht zu kleine Röschen teilen. Die Röschen waschen und abtropfen lassen. Paprikaschoten halbieren, entstielen, entkernen und die weißen Scheidewände entfernen. Schoten waschen und in mundgerechte Stücke schneiden. Die Paprikastücke in kochendem Wasser etwa 2 Minuten blanchieren, in ein Sieb geben, mit kaltem Wasser übergießen und abtropfen lassen.
2. Blumenkohl- und Broccoliröschen in kochendem Salzwasser etwa 4 Minuten kochen, in ein Sieb geben, mit kaltem Wasser übergießen und abtropfen lassen.
3. Tomaten waschen, halbieren und die Stängelansätze entfernen.
4. Blumenkohl-, Broccoliröschen, Paprikastücke und Tomatenhälften abwechselnd auf 8 Spieße verteilen. Mit Salz und Pfeffer würzen.
5. Für die Sauce Zwiebeln abziehen und fein würfeln. Speiseöl in einem kleinen Topf erhitzen und Zwiebelwürfel darin glasig dünsten. Mit Curry bestäuben. Brühe oder -fond und Sahne hinzugießen, aufkochen und bis zur gewünschten Konsistenz einkochen lassen. Mit Honig, Salz und Pfeffer würzen. Die Sauce nach Belieben durch ein Sieb in eine große, flache Auflaufform geben.
6. Olivenöl in einer großen Pfanne erhitzen und die Gemüsespieße portionsweise bei nicht zu großer Hitze darin anbraten. Die Spieße in die Currysauce (Auflaufform) legen. Die Auflaufform auf dem Rost in den Backofen schieben.
Ober-/Unterhitze: etwa 180 °C (vorgeheizt)
Heißluft: etwa 160 °C (vorgeheizt)
Gas: Stufe 2–3 (vorgeheizt)
Garzeit: etwa 15 Minuten.
7. Für die Beilage Reis in kochendem Salzwasser nach Packungsanleitung bissfest kochen. Reis in einem Sieb abtropfen lassen.
8. Butter in einer Pfanne zerlassen und Pinienkerne unter Rühren goldbraun darin rösten. Reis in eine Schüssel geben, mit den Pinienkernen vermischen und mit Salz würzen. Gemüsespieße in Currysauce mit dem Pinienkernreis sofort servieren.

Gemüsespieße

Gemüsetaschen

12 Stück

Einfach – für Gäste

Pro Portion:

E: 9 g, F: 43 g, Kh: 28 g,
kJ: 2308, kcal: 552

1 Pck. (450 g) TK-Blätterteig
12 Scheiben Frühstückschinken oder durchwachsener Speck
600 g gegartes Gemüse, z. B. Weißkohl, Erbsen, Bohnen, Keimlinge

Zum Bestreichen:

1 Eigelb
3 EL Milch

Zubereitungszeit: etwa 45 Min., ohne Auftauzeit

1. Blätterteigplatten zugedeckt bei Zimmertemperatur auftauen lassen.
2. Schinken oder Speck in Würfel schneiden und in einer beschichteten Pfanne ausbraten. Gemüse hinzugeben und unterrühren.
3. Aus den Blätterteigplatten mit einer runden Form (Ø etwa 10 cm) 10 runde Plätzchen ausstechen. Restlichen Blätterteig aufeinander legen und auf einer leicht bemehlten Arbeitsfläche ausrollen und nochmals 2 Plätzchen (Ø etwa 10 cm) ausstechen.
4. Die Teigplätzchen zur Hälfte mit dem Gemüse belegen. Teigränder mit kaltem Wasser bestreichen, die andere Teighälfte darüber klappen und die Taschen an den Rändern gut andrücken. Die Teigtaschen auf Backbleche (mit Backpapier belegt) legen.
5. Zum Bestreichen Eigelb mit Milch verschlagen. Die Teigtaschen damit bestreichen. Die Backbleche nacheinander (bei Heißluft zusammen) in den Backofen schieben.
   Ober-/Unterhitze: etwa 200 °C (vorgeheizt)
   Heißluft: etwa 180 °C (vorgeheizt)
   Gas: Stufe 3–4 (vorgeheizt)
   Backzeit: etwa 20 Minuten je Backblech.
6. Die Gemüsetaschen vom Backpapier lösen und sofort servieren.

Abwandlung:
Statt des Gemüses können die Taschen auch mit einer Hackfleischfüllung zubereitet werden: Dafür 600 g Gehacktes (halb Rind-, halb Schweinefleisch) in 1 Esslöffel heißem Olivenöl anbraten. 2 in Würfel geschnittene Zwiebeln mit andünsten und die Hackfleischmasse mit 1–2 Esslöffeln Tomatenmark, Salz, Pfeffer und Oregano würzen und abkühlen lassen. Dann die Teigplätzchen weiter wie unter Punkt 4 beschrieben verarbeiten.

Beilage:
Bunt gemischter Salat.

Gemüsetopf, katalanischer

Einfach

Pro Portion:

E: 19 g, F: 13 g, Kh: 19 g,
kJ: 1156, kcal: 276

2 große Zwiebeln
1 grüne Paprikaschote
200 g Möhren
300 g Kartoffeln
30 g Schweineschmalz
300 g TK-Erbsen
1 l Gemüsebrühe
Salz
frisch gemahlener Pfeffer
gerebelter Rosmarin

200 g roher Schinken oder Schinkenspeck
2 hart gekochte Eier (Größe M)
1 EL gehackte Petersilie

Petersilienblättchen

Zubereitungszeit: etwa 35 Min.

1. Zwiebeln abziehen und in kleine Würfel schneiden. Paprika halbieren, entstielen, entkernen und die weißen Scheidewände entfernen. Die Schote waschen, abtropfen lassen und in Würfel schneiden.
2. Möhren putzen, schälen, waschen und

abtropfen lassen. Kartoffeln waschen, schälen, abspülen und abtropfen lassen. Möhren und Kartoffeln in kleine Würfel schneiden.

3. Schmalz in einem großen Topf erhitzen und Zwiebelwürfel darin glasig dünsten. Paprika, Möhren, Kartoffeln und Erbsen zu den Zwiebelwürfeln geben und andünsten.
4. Brühe hinzugießen, zum Kochen bringen und mit Salz, Pfeffer und Rosmarin würzen. Die Zutaten zum Kochen bringen und zugedeckt 20–25 Minuten garen. Evtl. nochmals mit den Gewürzen abschmecken.
5. Schinken in Streifen schneiden, Eier pellen und in Viertel schneiden. Schinkenstreifen und Eierviertel auf den Gemüsetopf geben und mit Petersilie bestreut und Petersilienblättchen garniert servieren.

Abwandlung:
Der Gemüsetopf kann auch mit einer anderen Gemüsemischung zubereitet werden, z. B. mit 125 g weißen Rübchen, 100 g Knollensellerie, 200 g Porree (Lauch), 1 kleinen Zucchini, 150 g grünen Bohnen, 150 g Möhren, 1 Zwiebel und 200 g Kartoffeln. Dann statt Petersilienblättchen Kerbelblättchen verwenden.

Gemüsetopf, katalanischer

Gemüsetopf mit Mettbällchen

4–6 Portionen

Gut vorzubereiten

Pro Portion:
E: 27 g, F: 59 g, Kh: 25 g, kJ: 3161, kcal: 756

1 Kohlrabi
600 g Blumenkohl
600 g Broccoli
4 Möhren
400 g gekochte Pellkartoffeln
100 g Zuckerschoten oder 200 g Stangenbohnen
500 g Thüringer Mett (gewürztes Schweinegehacktes)
250 g Schmand
250 ml (¼ l) Schlagsahne
Salz
frisch gemahlener Pfeffer
Currypulver

Zubereitungszeit: etwa 35 Min.

1. Kohlrabi schälen, waschen, vierteln und in Scheiben schneiden. Von dem Blumenkohl die Blätter und die schlechten Stellen entfernen, den Strunk abschneiden, den Blumenkohl in Röschen teilen und waschen (ergibt etwa 400 g Röschen). Von dem Broccoli die Blätter entfernen, Broccoli waschen und in Röschen teilen (ergibt etwa 400 g Röschen).
2. Möhren putzen, schälen, waschen, der Länge nach vierteln und in etwa 3 cm lange Stücke schneiden. Pellkartoffeln pellen, längs vierteln und in Scheiben schneiden. Zuckerschoten oder Stangenbohnen putzen, waschen und evtl. einmal durchschneiden.

Gemüsetopf mit Mettbällchen

3. Möhren in kochendes Salzwasser geben und etwa 5 Minuten kochen lassen. Blumenkohl, Broccoli, Kohlrabi und Zuckerschoten oder Bohnen hinzufügen, wieder zum Kochen bringen und noch etwa 5 Minuten kochen lassen.
4. Das vorgegarte Gemüse in einem Sieb abtropfen lassen, mit den Kartoffelscheiben vermengen und in eine Auflaufform geben.
5. Thüringer Mett zu kleinen Klößchen formen und auf dem Gemüse verteilen.
6. Schmand mit Sahne verrühren, mit Salz, Pfeffer und Currypulver kräftig würzen und über die Zutaten in der Auflaufform geben. Die Form auf dem Rost in den Backofen schieben.
   Ober-/Unterhitze: etwa 200 °C (vorgeheizt)
   Heißluft: etwa 180 °C (vorgeheizt)
   Gas: Stufe 3–4 (vorgeheizt)
   Garzeit: etwa 25 Minuten.
7. Das Gericht während der Garzeit einmal umrühren.

Tipp:
Das Gericht mit Kerbelblättchen bestreuen.

Geschichteter Käsekuchen

Raffiniert

Insgesamt:
E: 116 g, F: 209 g, Kh: 463 g,
kJ: 17683, kcal: 4217

Zum Vorbereiten:
1 Dose Birnenhälften (Abtropfgewicht 460 g)
100 g Amarettini (italienisches Mandelgebäck)

Für den All-in-Teig:
150 g Weizenmehl
2 TL Dr. Oetker Backin, 125 g Zucker
1 Pck. Dr. Oetker Vanillin-Zucker
1 Prise Salz, 4 Eier (Größe M)
150 g weiche Butter oder Margarine

2 Pck. (500 g) Speisequark (20 % Fett i. Tr.)
1 Pck. Dr. Oetker Pudding-Pulver Sahne-Geschmack
3 TL Kakaopulver
30 g weiche Butter

Zubereitungszeit: etwa 50 Min., ohne Abkühlzeit

1. Zum Vorbereiten Birnenhälften in einem Sieb abtropfen lassen. Amarettini in einen Gefrierbeutel füllen, den Beutel verschließen und Amarettini mit einer Teigrolle zerbröseln.
2. Für den Teig Mehl mit Backin mischen und in eine Rührschüssel sieben. Zucker, Vanillin-Zucker, Salz, Eier und Butter oder Margarine hinzufügen und die Zutaten mit Handrührgerät mit Rührbesen zunächst kurz auf niedrigster, dann auf höchster Stufe in etwa 2 Minuten zu einem glatten Teig verarbeiten.
3. Den Teig halbieren. Quark und Pudding-Pulver unter eine Teighälfte, Kakao unter die zweite Teighälfte rühren.
4. Den dunklen Teig (Kakaoteig) in eine Springform (Ø 26 cm, Boden gefettet) geben und glatt streichen. Zwei Drittel der Amarettinibrösel darauf streuen. Den hellen Teig (Quarkteig) darauf geben und glatt streichen.
5. Birnenhälften in Spalten schneiden und kreisförmig auf den Quarkteig legen. Mit den restlichen Amarettinibröseln bestreuen und Butter in Flöckchen darauf verteilen. Die Form auf dem Rost in den Backofen schieben.
Ober-/Unterhitze: etwa 180 °C (vorgeheizt)
Heißluft: etwa 160 °C (nicht vorgeheizt)
Gas: Stufe 2–3 (nicht vorgeheizt)
Backzeit: 50–60 Minuten.

Geschichteter Pichelsteiner

4–6 Portionen

Dauert länger

Pro Portion:
E: 33 g, F: 40 g, Kh: 29 g,
kJ: 2689, kcal: 643

500 g Wirsing
500 g Möhren
500 g Kartoffeln
1 große Stange Porree (Lauch)
1 Gemüsezwiebel
500 g Gulasch (halb Rind-, halb Schweinefleisch)
Salz, frisch gemahlener Pfeffer

gemahlener Kümmel
2 Lorbeerblätter
1 l Fleisch- oder Gemüsebrühe
60 g Butter
200 g Schmand oder Crème fraîche

Zubereitungszeit: etwa 30 Min.

1. Wirsing putzen, vierteln und den Strunk herausschneiden, den Wirsing abspülen, abtropfen lassen und in Streifen schneiden. Möhren putzen, schälen, waschen und in Scheiben schneiden.
2. Kartoffeln waschen, schälen, abspülen, evtl. quer halbieren und in Scheiben schneiden. Porree putzen, längs halbieren, gründlich waschen und in Streifen schneiden. Gemüsezwiebel abziehen, halbieren und in feine Streifen schneiden.
3. Das Gulasch evtl. kalt abspülen, trockentupfen und die Fleischstücke halbieren. Alle vorbereiteten Zutaten nacheinander in einen großen Bräter oder eine feuerfeste Form schichten. Zuerst die Hälfte des Wirsings, dann die Hälfte des restlichen Gemüses einschichten, dann das gesamte Fleisch hinzufügen, zum Schluss das restliche Gemüse einschichten. Die oberste Schicht sollte aus Wirsing bestehen. Dabei die Schichten kräftig mit Salz, Pfeffer und Kümmel bestreuen. Lorbeerblätter mit einschichten.
4. Alles mit Brühe übergießen und die Butter in Flöckchen darauf verteilen. Den Bräter oder die Form mit dem Deckel verschließen und auf dem Rost in den Backofen schieben.
   Ober-/Unterhitze: etwa 180 °C (vorgeheizt)
   Heißluft: etwa 160 °C (nicht vorgeheizt)
   Gas: Stufe 2–3 (nicht vorgeheizt)
   Garzeit: etwa 1 1/2 Stunden

Geschmorte Forellenfilets

5. Den Pichelsteiner auf Tellern anrichten und mit einem Klecks Schmand oder Crème fraîche verzieren.

Tipp: Der Pichelsteiner lässt sich gut vorbereiten. Reste können ohne Probleme eingefroren werden.

Geschmorte Forellenfilets

Für Kinder

Pro Portion:
E: 28 g, F: 30 g, Kh: 19 g,
kJ: 1998, kcal: 477

1 junger Kohlrabi (etwa 200 g)
2 Möhren (etwa 200 g)
4 neue Kartoffeln (etwa 250 g)
1 Bund Frühlingszwiebeln (etwa 250 g)
1 Pck. TK-Kräuter der Provence
200 ml Gemüsebrühe
1 Becher (200 ml) Schlagsahne
Salz
frisch gemahlener Pfeffer
4 Forellenfilets (je etwa 120 g, vom Fischhändler schon filetieren lassen)
Weizenmehl, 4 EL Speiseöl

Zubereitungszeit: etwa 40 Min.

1. Kohlrabi, Möhren und Kartoffeln schälen, waschen, trockentupfen und in Stifte schneiden. Frühlingszwiebeln putzen, waschen, trockentupfen und in etwa 2 cm große Stücke schneiden.
2. Gemüse und Kräuter in die Gemüsebrühe geben, etwa 10 Minuten garen, mit Sahne auffüllen, salzen und pfeffern und ohne Deckel etwas einkochen lassen.
3. Inzwischen Forellenfilets unter fließendem kalten Wasser abspülen, trockentupfen, mit Salz und Pfeffer würzen und mit Mehl bestäuben. Öl in einer Pfanne erhitzen und Fischfilets kurz darin von beiden Seiten anbraten.
4. Fischfilets auf das Gemüse legen und 5 Minuten bei geschlossenem Deckel schmoren.

Beilage: Baguette oder Reis.

Geschnetzeltes mit Äpfeln

Einfach

Pro Portion:
E: 23 g, F: 25 g, Kh: 8 g,
kJ: 1556, kcal: 371

400 g Schweinenacken
(ohne Knochen)
2 mittelgroße Stangen Porree (Lauch)
2 mittelgroße, rote Äpfel
3 EL Speiseöl
Salz
frisch gemahlener Pfeffer
2 TL getrockneter Majoran
1 TL Senf
500 ml (1/2 l) Fleischbrühe
100 g Frischkäse mit Kräutern

Zubereitungszeit: etwa 35 Min.

1. Fleisch unter fließendem kalten Wasser abspülen, trockentupfen und in Streifen schneiden.
2. Porree putzen, gründlich waschen und in Ringe schneiden. Äpfel waschen, abtrocknen, vierteln, entkernen und quer in Scheiben schneiden.
3. Öl in einer Pfanne oder einem Topf erhitzen und die Fleischstreifen darin anbraten, mit Salz, Pfeffer und Majoran bestreuen.
4. Porreeringe und Apfelscheiben hinzufügen und kurz mitdünsten. Senf unterrühren und die Fleischbrühe hinzufügen. Alles zum Kochen bringen und etwa 10 Minuten garen.
5. Frischkäse unterrühren und das Geschnetzelte evtl. nochmals mit den Gewürzen abschmecken.

Gesprenkelter Kirschlikuchen

Gesprenkelter Kirschlikuchen

Fruchtig – für Gäste

Insgesamt:
E: 90 g, F: 163 g, Kh: 733 g,
kJ: 20180, kcal: 4815

Zum Vorbereiten:
2 Gläser Sauerkirschen
(Abtropfgewicht je 360 g)

Für den All-in-Teig:
300 g Weizenmehl
3 TL Dr. Oetker Backin
15 g Kakaopulver
200 g Zucker
2 Pck. Dr. Oetker Vanillin-Zucker
1 Pck. Dr. Oetker Finesse Amaretto-Bittermandel-Aroma
4 Eier (Größe M)
1/2 Pck. (125 g) Magerquark
125 g zerlassene, abgekühlte Butter oder Margarine

200 g Kirschkonfitüre

Zum Besprenkeln:
50 g Zartbitterschokolade

Zubereitungszeit: etwa 30 Min., ohne Abkühlzeit

1. Zum Vorbereiten Sauerkirschen in einem Sieb gut abtropfen lassen.
2. Für den Teig Mehl mit Backin und Kakao mischen, in eine Rührschüssel sieben und Zucker, Vanillin-Zucker, Aroma, Eier, Quark und Butter oder Margarine hinzufügen. Die Zutaten mit Handrührgerät mit Rührbesen zunächst kurz auf niedrigster, dann auf höchster Stufe in etwa 2 Minuten zu einem glatten Teig verarbeiten.
3. Den Teig auf ein Backblech (30 x 40 cm, gefettet) geben und glatt streichen. Sauerkirschen darauf verteilen. Das Backblech in den Backofen schieben.
   Ober-/Unterhitze: etwa 180 °C (vorgeheizt)
   Heißluft: etwa 160 °C (vorgeheizt)
   Gas: Stufe 2–3 (vorgeheizt)
   Backzeit: etwa 25 Minuten.
4. Das Backblech auf einen Kuchenrost stellen. Konfitüre gut verrühren und den Kuchen sofort damit bestreichen. Kuchen erkalten lassen.
5. Zum Besprenkeln Schokolade in Stücke brechen und in einem kleinen Topf im Wasserbad unter Rühren schmelzen. Schokolade in ein Pergamentpapiertütchen füllen und eine kleine Ecke abschneiden. Den Kuchen damit besprenkeln und Schokolade fest werden lassen.

Tipp:
Reichen Sie geschlagene Sahne zum Kuchen.

Gewürzkuchenkranz

Gut vorzubereiten

Insgesamt:
E: 110 g, F: 329 g, Kh: 1048 g,
kJ: 32888, kcal: 7858

Für den Rührteig:
200 g gefüllte Lebkuchenherzen (edelherb)
250 g weiche Butter oder Margarine
250 g Zucker
1 Pck. Dr. Oetker Vanillin-Zucker
4 Eier (Größe M), 500 g Weizenmehl
2 TL Natron
1/2 TL gemahlener Zimt
3 Msp. gemahlene Nelken
1 Glas (355 g) Apfelmus

Zum Aprikotieren:
200 g Aprikosenkonfitüre

Zum Tränken:
100 ml Orangensaft

Für den Guss:
150 g Halbbitter-Kuvertüre

Zum Garnieren:
einige Gelee-Orangen
20 g gehobelte, geröstete Haselnusskerne

Zubereitungszeit: etwa 35 Min.

1. Für den Teig Lebkuchenherzen fein hacken. Butter oder Margarine mit Handrührgerät mit Rührbesen auf höchster Stufe geschmeidig rühren. Nach und nach Zucker und Vanillin-Zucker unterrühren und so lange rühren, bis eine gebundene Masse entstanden ist. Eier nach und nach unterrühren (jedes Ei etwa 1/2 Minute).
2. Mehl mit Natron, Zimt und Nelken mischen, sieben und portionsweise auf mittlerer Stufe unterrühren. Apfelmus und gehackte Lebkuchenherzen unterrühren. Den Teig in eine Springform mit Rohrboden (Ø 26 cm, gefettet) füllen und glatt streichen. Die Form auf dem Rost in den Backofen schieben.
   Ober-/Unterhitze: etwa 180 °C (vorgeheizt)
   Heißluft: etwa 160 °C (nicht vorgeheizt)
   Gas: Stufe 2–3 (nicht vorgeheizt)
   Backzeit: etwa 50 Minuten.
3. Den Kuchen nach dem Backen 10 Minuten in der Form stehen lassen.
4. Zum Aprikotieren die Konfitüre durch ein Sieb streichen und in einem Topf erhitzen.
5. Den Kuchen auf einen Kuchenrost stürzen, mit einem Schaschlikspieß dicht an dicht einstechen, sofort mit Orangensaft tränken und dick mit der heißen Konfitüre bestreichen. Den Kuchen erkalten lassen.
6. Für den Guss Kuvertüre grob zerkleinern und in einem kleinen Topf im Wasserbad bei schwacher Hitze zu einer geschmeidigen Masse verrühren.
7. Einige Gelee-Orangen zur Hälfte mit Guss überziehen und auf Backpapier legen. Den Kuchen mit dem restlichen Guss überziehen, sofort mit Haselnusskernen bestreuen und mit den Gelee-Orangen garnieren. Den Guss fest werden lassen.

Tipp:
Der Gewürzkuchenkranz wird schön saftig, wenn Sie ihn 1–2 Tage durchziehen lassen.
Nach Belieben den Kranz anstelle von Gelee-Orangen mit gefüllten Lebkuchenherzen garnieren.

Gewürzkuchenkranz

Gewürzschnitten

Gewürzschnitten

Schnell

Insgesamt:
E: 73 g, F: 141 g, Kh: 583 g,
kJ: 16817, kcal: 4017

Für den Teig:
6 schwach geh. TL Instant-Kaffeepulver
250 ml (1/4 l) Wasser
200 g Zucker
40 g Kakaopulver
175 g kleine Rosinen
125 g weiche Butter
65 g gesiebter Puderzucker
1 Pck. Dr. Oetker Vanillin-Zucker
3 Eier (Größe M)
1/2 TL Salz
1 geh. TL gemahlener Zimt
1 TL gemahlene Muskatblüte (Macis)
1/2 TL gemahlene Nelken
1/2 TL gemahlener Kardamom
1/2 Fläschchen Rum-Aroma
250 g Weizenmehl
1 TL Dr. Oetker Backin

Zum Bestäuben:
Puderzucker

Zubereitungszeit: etwa 30 Min., ohne Kühlzeit

1. Für den Teig Instant-Kaffee in einem kleinen Topf mit Wasser verrühren. Zucker, Kakao und Rosinen dazugeben, unter Rühren zum Kochen bringen und 15 Minuten kochen lassen. Anschließend kalt stellen.
2. Butter geschmeidig rühren. Nach und nach Puderzucker, Vanillin-Zucker, Eier, Salz, Zimt, Muskat, Nelken, Kardamom und Rum-Aroma unterrühren.
3. Mehl mit Backin mischen, sieben und portionsweise unterrühren. Zum Schluss die erkaltete Rosinenmasse unterrühren.
4. Den Teig auf ein Backblech (etwa 15 x 40 cm, gefettet) streichen. Vor den Teig einen mehrfach geknickten Streifen Alufolie legen. Das Backblech in den Backofen schieben.
   Ober-/Unterhitze: etwa 180 °C (vorgeheizt)
   Heißluft: etwa 160 °C (vorgeheizt)
   Gas: Stufe 2–3 (vorgeheizt)
   Backzeit: etwa 30 Minuten.
5. Das erkaltete Gebäck in Rauten schneiden und mit Puderzucker bestäuben.

Tipp:
Muskatblüte (Macis) ist der Samenmantel der Muskatnuss, den es im Handel ganz oder gemahlen gibt. Der Geschmack der Muskatblüte ist feiner und aromatischer als der von der Muskatnuss. Den Kuchen einige Tage vor dem Verzehr backen, damit sich die Aromen und Gewürze gut entfalten können.

Glühweinkuchen

Gut vorzubereiten

Insgesamt:
E: 64 g, F: 256 g, Kh: 704 g,
kJ: 23456, kcal: 5584

Zum Vorbereiten:
50 g Halbbitter-Kuvertüre

Für den Rührteig:
250 g weiche Butter oder Margarine
250 g Zucker
1 Pck. Dr. Oetker Bourbon-Vanille-Zucker
abgeriebene Zitronen- und Orangenschale von je 1/2 Bio-Frucht (unbehandelt, ungewachst)
1 Msp. gemahlene Nelken
4 Eier (Größe M)
250 g Weizenmehl
20 g Kakaopulver
3 TL Dr. Oetker Backin
125 ml (1/8 l) kalter Glühwein

Zum Aprikotieren:
30 g Zucker
2 EL Wasser
50 g Aprikosenkonfitüre

Für den Guss:
2 EL Glühwein
2 EL Zucker
je 1 Bio-Orange und Bio-Zitrone (unbehandelt, ungewachst)
125 g gesiebter Puderzucker

Zum Bestreuen:
1 EL geviertelte, kandierte Kirschen

Zubereitungszeit: etwa 45 Min., ohne Durchziehzeit

1. Zum Vorbereiten Kuvertüre in Stücke hacken und in einem kleinen Topf im Wasserbad bei schwacher Hitze zu einer geschmeidigen Masse verrühren.
2. Für den Teig Fett mit Handrührgerät mit Rührbesen auf höchster Stufe geschmeidig rühren. Nach und nach Zucker, Vanille-Zucker, Zitronen- und Orangenschale und Nelken unterrühren und so lange rühren, bis eine gebundene Masse entstanden ist. Eier nach und nach unterrühren (jedes Ei etwa ½ Minute). Mehl mit Kakao und Backin mischen, sieben und portionsweise abwechselnd mit dem Glühwein auf mittlerer Stufe unterrühren. Zuletzt die aufgelöste Kuvertüre unterrühren.
3. Den Teig in eine Napfkuchenform (Ø 22 cm, gefettet, bemehlt) geben und glatt streichen. Die Form auf dem Rost in den Backofen schieben.
   Ober-/Unterhitze: etwa 180 °C (vorgeheizt, unteres Drittel)
   Heißluft: etwa 160 °C (nicht vorgeheizt)
   Gas: Stufe 2–3 (nicht vorgeheizt)
   Backzeit: 50–60 Minuten.
4. Den Kuchen etwa 10 Minuten in der Form stehen lassen, dann aus der Form lösen und auf einen mit Backpapier belegten Kuchenrost stürzen.
5. Zum Aprikotieren Zucker mit Wasser in einem kleinen Topf unter Rühren so lange erhitzen, bis der Zucker gelöst ist. Konfitüre durch ein Sieb streichen, hinzugeben und so lange kochen lassen, bis die Masse anfängt dicklich zu werden. Den warmen Kuchen damit bestreichen und erkalten lassen.
6. Für den Guss Glühwein mit Zucker zum Kochen bringen. Orange und Zitrone gründlich waschen, abtrocknen und schälen. Die Schalen in feine Streifen schneiden oder Schalenstreifen mit einem Zestenreißer von den Früchten abziehen. Zitronen- und Orangenschalen zum Glühwein geben und 2–3 Minuten kochen lassen. Anschließend durch ein Sieb gießen, den Saft auffangen und 2 Esslöffel davon abmessen. Die Zitronen- und Orangenschalenstreifen auf ein Küchenpapier geben und trockentupfen.
7. Puderzucker mit dem aufgefangenen Saft zu einer dickflüssigen Masse verrühren. Den Kuchen damit bestreichen und mit Zitronen- und Orangenschalenstreifen und Kirschvierteln bestreuen. Guss fest werden lassen.

Glühweinkuchen

Abwandlung:
Für einen Kuchen ohne Alkohol, ersetzen Sie den Glühwein durch roten oder schwarzen Johannisbeernektar. Würzen Sie dann den Teig zusätzlich mit 1 Teelöffel Zimt und 1 Messerspitze gemahlenem Piment oder Sternanis.

Tipp:
Der Kuchen kann 2–3 Tage vor dem Verzehr gebacken werden, gut durchgezogen schmeckt er besonders gut. Den Kuchen mit Frischhaltefolie abdecken und dann in Alufolie verpacken.

Grüner Spargel mit Dijon-Senfsauce

Vegetarisch

Pro Portion:
E: 8 g, F: 21 g, Kh: 13 g,
kJ: 1148, kcal: 276

1,2 kg grüner Spargel
1 l Wasser
2 TL Salz

Für die Sauce:
2 Schalotten
40 g Butter
2 EL Sesamsamen, ungeschält
2 EL (20 g) Weizenmehl
500 ml (¹/₂ l) Spargelfond
2 EL Dijon-Senf
1 Becher (150 g) Crème fraîche
Salz, frisch gemahlener Pfeffer
1 gelbe Paprikaschote

Zubereitungszeit: etwa 40 Min.

Grüner Spargel mit Dijon-Senfsauce

1. Vom Spargel das untere Drittel schälen und die unteren Enden abschneiden. Spargel abspülen und abtropfen lassen. Anschließend in kochendem Salzwasser zugedeckt 3–5 Minuten kochen lassen. Spargel abgießen, Spargelfond dabei auffangen und 500 ml (¹/₂ l) davon abmessen. Spargel warm stellen.
2. Für die Sauce Schalotten abziehen und in feine Würfel schneiden. Butter in einem Topf zerlassen und Schalottenwürfel darin glasig dünsten. Sesam hinzugeben und mit andünsten. Mehl hinzufügen und unter Rühren so lange darin erhitzen, bis es hellgelb ist. Spargelfond hinzugießen und mit einem Schneebesen durchschlagen, darauf achten, dass keine Klümpchen entstehen.
3. Die Sauce zum Kochen bringen, Senf unterrühren und die Sauce etwa 5 Minuten leicht kochen lassen. Crème fraîche unterrühren und mit Salz und Pfeffer würzen.
4. Paprika halbieren, entstielen, entkernen und die weißen Scheidewände entfernen. Die Schote waschen, trockentupfen und in kleine Würfel schneiden. Paprikawürfel in der Sauce kurz erhitzen und den Spargel mit der Sauce servieren.

Beilage: Petersilienkartoffeln.

Grüner Spargel mit gebratenem Hähnchen

Für Gäste

Pro Portion:
E: 34 g, F: 22 g, Kh: 8 g,
kJ: 1545, kcal: 369

700 g grüner Spargel
400 g Hähnchenbrustfilet
40 g frische Ingwerwurzel
1 Knoblauchzehe
1 TL Speisestärke
1 TL Currypulver, 2 EL Sojasauce
6 EL Olivenöl
40 g Pinienkerne
80 g Katenschinkenwürfel
250 g Cocktail- oder Cherry-Tomaten
1 Bund Petersilie

Grüner Spargel mit gebratenem Hähnchen

Zubereitungszeit: etwa 30 Min.

1. Vom Spargel das untere Drittel schälen und die unteren Enden abschneiden. Den Spargel in etwa 2 cm große Stücke schneiden. Spargelstücke abspülen und abtropfen lassen.
2. Hähnchenbrustfilet unter fließendem kalten Wasser abspülen und trockentupfen. Hähnchenbrust in etwa 1 x 1 cm große Würfel schneiden. Ingwer und Knoblauch schälen und in feine Würfel schneiden.
3. Die Hähnchenbrustwürfel mit Ingwer- und Knoblauchwürfeln, Speisestärke, Curry und Sojasauce mischen.
4. Olivenöl in einer großen Pfanne erhitzen und die Hähnchenbrustwürfel-Mischung von allen Seiten darin anbraten. Spargelstücke hinzugeben und weitere 2 Minuten braten.
5. Pinienkerne und Schinkenwürfel hinzugeben und kurz durchschwenken. Tomaten abspülen, trockentupfen und evtl. Stängelansätze entfernen. Tomaten hinzugeben und mit erhitzen.
6. Petersilie abspülen, trockentupfen, die Blättchen von den Stängeln zupfen und fein hacken. Die Petersilie unter die Hähnchenpfanne heben und sofort servieren.

Beilage:
Basmatireis oder Eiernudeln.

Grüner Spargelsalat mit gebratener Entenbrust

Für Gäste

Pro Portion:
E: 51 g, F: 62 g, Kh: 17 g,
kJ: 3584, kcal: 856

1 kg grüner Spargel
375 ml (3/8 l) Wasser
1 TL Salz
1/2 TL Zucker
1 EL Butter
4 kleine Entenbrustfilets (je 250 g)
frisch gemahlener Pfeffer
1 EL Olivenöl
2 rosa Grapefruits

Für die Marinade:
3 EL Weinessig
4 EL Sherry
Salz
frisch gemahlener Pfeffer
Zucker
125 ml (1/8 l) Olivenöl
einige Kerbelstängel

Außerdem:
Alufolie

Grüner Spargelsalat mit gebratener Entenbrust

Zubereitungszeit: etwa 50 Min., ohne Ruhezeit

1. Vom Spargel das untere Drittel schälen und die unteren Enden abschneiden. Die Stangen möglichst gleich lang schneiden. Spargel waschen, abtropfen lassen und in Portionen bündeln.
2. Wasser mit Salz, Zucker und Butter in einem großen Topf zum Kochen bringen, Spargel hinzugeben, zum Kochen bringen und zugedeckt in 8–10 Minuten gar kochen.
3. Den Spargel mit einem Schaumlöffel vorsichtig aus dem Kochwasser nehmen, auf eine vorgewärmte Platte legen und warm stellen.
4. Entenbrustfilets unter fließendem kalten Wasser abspülen und trockentupfen. Mit Salz und Pfeffer würzen und die Filets in einer Pfanne ohne Fett bei starker Hitze auf der Hautseite etwa 2 Minuten anbraten. Dann Olivenöl hinzugeben und von beiden Seiten noch etwa 8 Minuten weiterbraten. Filets herausnehmen, in Alufolie einwickeln und mindestens 10 Minuten ruhen lassen.
5. Grapefruits schälen, filetieren und evtl. in Stücke schneiden.
6. Für die Marinade Essig und Sherry in einer Schüssel verrühren, mit Salz, Pfeffer und Zucker würzen und Olivenöl mit einem Schneebesen tropfenweise einrühren.
7. Kerbel abspülen und trockentupfen. Die Blättchen von den Stängeln zupfen (einige Blättchen zum Garnieren beiseite legen), fein hacken und unter die Marinade rühren.
8. Den warmen Spargel und die Grapefruitstücke mit der Marinade übergießen und anrichten. Entenbrustfilets aus der Alufolie nehmen, in Scheiben schneiden und mit dem Salat und den beiseite gelegten Kerbelblättchen garniert servieren.

Grüner warmer Spargel mit Risotto

Grüner warmer Spargel mit Risotto

Raffiniert

Pro Portion:
E: 13 g, F: 18 g, Kh: 45 g,
kJ: 1649, kcal: 395

1 kg grüner Spargel
500 ml (1/2 l) Wasser
1 TL Salz

Für das Risotto:
1 Zwiebel
2 EL Olivenöl
200 g Rundkornreis
500 ml (1/2 l) Spargelfond
100 ml Schlagsahne
Salz
frisch gemahlener Pfeffer
einige Stängel Schnittknoblauch oder
1 Topf Schnittlauch
50 g geriebener Parmesan

50 g gehobelter Parmesan

Zubereitungszeit: etwa 50 Min.

1. Von dem grünen Spargel das untere Drittel schälen und die unteren Enden abschneiden. Spargelstangen halbieren, waschen und abtropfen lassen.
2. Wasser mit Salz in einem großen Topf zum Kochen bringen. Spargel hinzufügen, wieder zum Kochen bringen und zugedeckt etwa 8 Minuten kochen. Spargel mit einer Schaumkelle herausnehmen, abtropfen lassen und warm stellen. Von dem Spargelfond 500 ml (1/2 l) abmessen, evtl. mit Wasser auffüllen.
3. Für das Risotto Zwiebel abziehen und in feine Würfel schneiden. Olivenöl in einem großen Topf erhitzen und Zwiebelwürfel darin kurz andünsten. Reis hinzufügen und glasig dünsten. Abgemessenen Spargelfond und Sahne dazugießen und den Reis unter gelegentlichem Umrühren bei schwacher Hitze etwa 15 Minuten zugedeckt ausquellen lassen, mit Salz und Pfeffer abschmecken.
4. Schnittknoblauch oder Schnittlauch abspülen, trockentupfen und in kleine Röllchen schneiden. Etwa 1 Esslöffel von den Röllchen zum Bestreuen beiseite legen. Geriebenen Käse mit den restlichen Röllchen unter den Reis rühren.
5. Reis mit dem warmen Spargel auf 4 Tellern anrichten, mit den beiseite gelegten Schnittknoblauch- oder Schnittlauchröllchen bestreuen und gehobelten Käse über den Spargel geben.

Grünkerneintopf mit Crème fraîche

Einfach

Pro Portion:
E: 7 g, F: 23 g, Kh: 27 g,
kj: 1447, kcal: 347

2 Zwiebeln
400 g Porree (Lauch)
50 g Butter
125 g Grünkernschrot
1 l Gemüsebrühe
2 Fleischtomaten
1 Becher (150 g) Crème fraîche
Salz, frisch gemahlener Pfeffer
1 EL Schnittlauchröllchen

Zubereitungszeit: etwa 45 Min.

1. Zwiebeln abziehen und in Würfel schneiden. Von dem Porree die Außenblätter entfernen, Wurzelenden und dunkles Grün abschneiden, die Stangen längs halbieren, gründlich waschen, abtropfen lassen und in Streifen schneiden.
2. Butter in einem Topf zerlassen und Zwiebelwürfel unter Rühren darin andünsten. Porreestreifen und Grünkernschrot zugeben und mitdünsten.
3. Gemüsebrühe hinzufügen, alles zum Kochen bringen und etwa 25 Minuten mit Deckel kochen.
4. In der Zwischenzeit Tomaten waschen, abtropfen lassen und kreuzweise einschneiden, kurz in kochendes Wasser legen und in kaltem Wasser abschrecken. Tomaten enthäuten, Stängelansätze entfernen und Tomaten würfeln.
5. Crème fraîche unter den Eintopf rühren. Tomatenwürfel hinzufügen und kurz miterhitzen.
6. Den Eintopf mit Salz und Pfeffer würzen und mit Schnittlauchröllchen bestreut servieren.

Tipp:
Der Grünkerneintopf ist gefriergeeignet. Den Eintopf zusätzlich mit etwas Oregano würzen. Grünkernschrot gibt es in Supermärkten fertig zu kaufen. Sie können sich den Grünkern auch frisch im Reformhaus schroten lassen.

Grünkerneintopf mit Crème fraîche

Grünkernklößchensuppe

Für Kinder

Pro Portion:
E: 25 g, F: 13 g, Kh: 17 g,
kJ: 1282, kcal: 306

$^{1}/_{2}$ Pck. (225 g) TK-Blattspinat
150 ml Salzwasser
75 g fein geschroteter Grünkern
frisch gemahlener Pfeffer
2 Möhren (etwa 300 g)
2 Knoblauchzehen
$1^{1}/_{2}$–$1^{3}/_{4}$ l Gemüsebrühe
$^{1}/_{2}$ Pck. TK-Kräuter der Provence
Salz, 1 Eigelb (Größe M)
heißes Salzwasser
2 ungebrühte, grobe Bratwürstchen
(etwa 250 g)

Zubereitungszeit: etwa 60 Min., ohne Auftauzeit

1. Spinat bei Zimmertemperatur auftauen lassen.
2. Salzwasser zum Kochen bringen. Grünkernschrot hineingeben, unter Rühren zum Kochen bringen und unter häufigem Rühren bei schwacher Hitze etwa 8 Minuten ausquellen lassen. Dann mit Pfeffer würzen und erkalten lassen.
3. Möhren putzen, schälen, waschen und in dünne Scheiben schneiden. Knoblauch abziehen und fein würfeln.
4. Gemüsebrühe mit Möhrenscheiben, Kräutern der Provence und Knoblauch in einem Topf zum Kochen bringen und etwa 10 Minuten kochen lassen. Mit Salz und Pfeffer würzen.
5. Eigelb unter die Grünkernmasse kneten, mit Salz und Pfeffer würzen und daraus etwa 20 kleine Klößchen formen. Die Klößchen vorsichtig in heißes Salzwasser geben (das Wasser darf nicht kochen) und etwa 10 Minuten ziehen lassen, bis sie an der Oberfläche schwimmen.
6. Inzwischen die Bratwurstmasse aus der Haut drücken, mit feuchten Händen portionsweise zu kleinen Klößchen formen und in der heißen Suppe etwa 5 Minuten garen.
7. Zum Schluss Spinat ausdrücken, etwas zerkleinern, mit den Grünkernklößchen in die Suppe geben und darin erhitzen. Die Suppe evtl. mit den Gewürzen abschmecken.

Beilage:
Baguette.

Tipp:
Die Grünkernklößchen können gut vorbereitet und eingefroren werden. Sie dann gefroren in das siedende Salzwasser geben und etwa 10 Minuten darin garen.

Grünkernklößchensuppe

Grünkern-Lamm-Hacksteaks

Grünkern-Lamm-Hacksteaks

Raffiniert

Pro Portion:
E: 43 g, F: 25 g, Kh: 23 g, kJ: 2039, kcal: 487

2 Zwiebeln
2 Knoblauchzehen
3 EL Olivenöl
200 ml Gemüsebrühe
140 g Grünkernschrot
800 g Lammgehacktes
Salz
frisch gemahlener Pfeffer
gemahlener Thymian und Rosmarin

Speiseöl

Alufolie

Zubereitungszeit: etwa 35 Min., ohne Abkühlzeit

1. Zwiebeln und Knoblauch abziehen und in kleine Würfel schneiden. Olivenöl in einem Topf erhitzen und Zwiebel- und Knoblauchwürfel darin andünsten. Gemüsebrühe hinzugießen und zum Kochen bringen. Grünkernschrot einrühren und Grünkernmasse erkalten lassen.
2. Gehacktes in eine Schüssel geben, Grünkernmasse hinzufügen und gut vermengen. Mit Salz, Pfeffer, Thymian und Rosmarin würzen. Aus der Grünkern-Hack-Masse mit angefeuchteten Händen kleine Steaks formen und diese leicht mit Speiseöl bestreichen.
3. Hacksteaks auf Alufolie legen und unter dem vorgeheizten Grill von beiden Seiten etwa 10 Minuten grillen.

Tipp:
Mit grünen Böhnchen und Rosmarinkartoffeln anrichten. Mit Rosmarin- und Thymianzweigen garnieren.

Grünkohl mit Kasseler

Klassisch

Pro Portion:
E: 56 g, F: 57 g, Kh: 8 g, kJ: 3426, kcal: 816

$1\frac{1}{2}$ kg Grünkohl, 2 Zwiebeln
40 g Schweineschmalz
375 ml ($\frac{3}{8}$ l) Wasser
Salz, frisch gemahlener Pfeffer
500 g Kasseler-Kotelettstück
20 g Haferflocken
2 Rauchenden (Mettwürstchen)

Zubereitungszeit: etwa 60 Min.

1. Von dem Grünkohl die welken und fleckigen Blätter und die Rippen entfernen, den Grünkohl gründlich waschen und in kochendes Salzwasser geben, zum Kochen bringen und 1–2

Grünkohl mit Kasseler

Minuten kochen lassen. Den Grünkohl in ein Sieb geben, abtropfen und etwas abkühlen lassen. Grünkohl dann grob hacken.

2. Zwiebeln abziehen und in Würfel schneiden. Schmalz in einem Topf zerlassen und Zwiebelwürfel und Grünkohl hinzufügen. Wasser hinzugießen, alles mit Salz und Pfeffer würzen, zum Kochen bringen und etwa 25 Minuten garen lassen.
3. In der Zwischenzeit Kasseler unter fließendem kalten Wasser abspülen und trockentupfen. Das Kasseler auf den Grünkohl legen und etwa 20 Minuten mitgaren.
4. Haferflocken unter den Grünkohl rühren. Rauchenden auf den Grünkohl legen und alles noch weitere 10 Minuten garen.
5. Fleisch und Wurst herausnehmen und in Scheiben schneiden. Den Grünkohl mit Salz und Pfeffer abschmecken und Fleisch und Wurst dazu servieren.

Beilage: Brat- oder Salzkartoffeln.

Gulasch

Gulasch

Klassisch – gefriergeeignet

Pro Portion:
E: 29 g, F: 10 g, Kh: 7 g,
kJ: 979, kcal: 234

500 g Zwiebeln
500 g schieres Rindfleisch (ohne Knochen, z. B. aus der Unterschale) oder geschnittenes Gulaschfleisch
30 g Margarine oder 3 EL Speiseöl, z. B. Sonnenblumenöl
Salz
frisch gemahlener Pfeffer
Paprikapulver edelsüß
2 schwach geh. EL Tomatenmark
etwa 250 ml (1/4 l) heißes Wasser
1–2 Spritzer Tabascosauce

Zubereitungszeit: etwa 30 Min.

1. Zwiebeln abziehen, halbieren und in Scheiben schneiden. Rindfleisch unter fließendem kalten Wasser abspülen, trockentupfen und in etwa 3 cm große Würfel schneiden.
2. Die Hälfte Margarine oder Öl in einem Topf erhitzen und die Fleischwürfel von allen Seiten gut darin anbraten. Restliche Margarine oder Öl und die Zwiebelscheiben hinzufügen und mitbräunen.
3. Das Ganze mit Salz, Pfeffer und Paprikapulver würzen und Tomatenmark unterrühren. 250 ml (1/4 l) heißes Wasser hinzugießen und das Fleisch in 1 1/4–1 1/2 Stunden bei mittlerer Hitze mit Deckel gar schmoren. Sollte zuviel Flüssigkeit verdampfen, evtl. noch etwas Wasser zugeben.
4. Das Gulasch mit Salz, Pfeffer, Paprikapulver und Tabasco abschmecken.

Abwandlung:
Für Gulasch mit Champignons von 200 g Champignons Stielenden und schlechte Stellen abschneiden, Pilze mit Küchenpapier abreiben, evtl. abspülen, trockentupfen, in Scheiben schneiden und etwa 10 Minuten vor Beendigung der Garzeit zu dem Gulasch geben. Oder 1 Glas Champignonscheiben (Abtropfgewicht 210 g) in einem Sieb abtropfen lassen und kurz vor Garzeitende hinzufügen.

Beilage:
Nudeln oder Reis und Tomaten-Zwiebel-Salat oder Gurkensalat.

Tipp:
Anstelle von Salz, Pfeffer und Paprikapulver können Sie auch fertiges Gulaschgewürz verwenden.
Raffinierter wird das Gulasch, wenn die Hälfte des Wassers durch Rotwein ersetzt wird.
Anstelle von Rindfleisch können Sie auch mageres Schweinefleisch (Schmorzeit etwa 45 Minuten) oder halb Rind-, halb Schweinefleisch verwenden.

Gurkensalat

Gurkensalat

Schnell

Pro Portion:
E: 1 g, F: 8 g, Kh: 4 g,
kJ: 377, kcal: 90

750 g Salatgurken

Für die Sauce:
1 Zwiebel
2 EL Kräuteressig
Salz
frisch gemahlener Pfeffer
Zucker
3 EL Speiseöl, z. B. Sonnenblumenöl
2 EL gehackte Kräuter, z. B. Dill, Petersilie

Zubereitungszeit: etwa 15 Min.

1. Gurken schälen, die Enden abschneiden und Gurken in feine Scheiben schneiden oder hobeln.
2. Für die Sauce Zwiebel abziehen und fein würfeln. Essig mit Salz, Pfeffer und Zucker verrühren. Öl unterschlagen und Zwiebelwürfel und Kräuter unterrühren.
3. Die Gurkenscheiben mit der Sauce vermengen, den Salat sofort servieren.

Tipp:
Den Gurkensalat als Beilage zu Fischgerichten, Hackbraten oder Frikadellen oder als Teil einer Salatplatte servieren. Die Gurkenscheiben nicht salzen, weil dadurch der Salat schwer verdaulich wird und durch das Weggießen des Gurkenwassers Nährstoffe verloren gehen.

Gurken-Shrimps-Auflauf

Für Gäste

Pro Portion:
E: 24 g, F: 31 g, Kh: 32 g,
kJ: 2212, kcal: 527

600 g fest kochende Kartoffeln
Salzwasser
2 mittelgroße Salatgurken oder Schmorgurken (etwa 600 g)
1 Gemüsezwiebel (etwa 200 g)
200 g TK-Shrimps
1 kleines Bund Dill
30 g Butter oder Margarine
200 ml Milch
200 ml Schlagsahne
4 Eier (Größe M)
Salz
frisch gemahlener Pfeffer
geriebene Muskatnuss

Zubereitungszeit: etwa 50 Min., ohne Auftauzeit

1. Kartoffeln schälen, waschen, abtropfen lassen und in Würfel schneiden. Kartoffelwürfel in kochendem Salzwasser etwa 10 Minuten blanchieren, in ein Sieb geben, mit kaltem Wasser übergießen und abtropfen lassen.

Gurken-Shrimps-Auflauf

2. Gurken waschen, schälen, längs halbieren, das Kerngehäuse mit einem kleinen Löffel herausschaben. Das Fruchtfleisch in etwa 1 cm große Stücke schneiden.
3. Gemüsezwiebel abziehen und in Würfel schneiden.
4. Shrimps nach Packungsanleitung auftauen lassen, kurz abspülen und trockentupfen. Dill abspülen, trockentupfen und fein hacken.
5. Butter oder Margarine in einer großen, beschichteten Pfanne zerlassen und Gurkenstücke, Kartoffel- und Zwiebelwürfel getrennt portionsweise darin anbraten.
6. Milch, Sahne, Eier und Dill verrühren und mit Salz, Pfeffer und Muskat würzen. Gurkenstücke mit Kartoffel-, Zwiebelwürfeln und Shrimps vermengen. Mit Salz und Pfeffer würzen. Die Masse in eine große, flache Auflaufform geben und mit der Eier-Sahne-Milch übergießen.
7. Die Form auf dem Rost in den Backofen schieben.
   Ober-/Unterhitze: etwa 180 °C (vorgeheizt)
   Heißluft: etwa 160 °C (nicht vorgeheizt)
   Gas: Stufe 2–3 (nicht vorgeheizt)
   Garzeit: etwa 45 Minuten.

Beilage:
Weißbrot, Crème fraîche Kräuter und Salat.

Tipp:
Dieser Auflauf kann zusätzlich mit geriebenem Gouda überbacken werden.

Gyrospfanne mit Knoblauch-Dill-Quark

Gyrospfanne mit Knoblauch-Dill-Quark

Schnell

Pro Portion:
E: 48 g, F: 39 g, Kh: 6 g, kJ: 2583, kcal: 617

Für den Knoblauch-Dill-Quark:
250 g Salatgurke
2 Knoblauchzehen
250 g Magerquark
1 Becher (150 g) Naturjoghurt
1 EL geschnittener Dill
Salz
frisch gemahlener Pfeffer

Für die Gyrospfanne:
2 Zwiebeln
1 EL Weißweinessig
gerebelter Oregano
4 EL Olivenöl
800 g gewürztes Gyros

Zubereitungszeit: etwa 30 Min.

1. Für den Knoblauch-Dill-Quark die Gurke schälen, fein raspeln und etwas ausdrücken.
2. Knoblauch abziehen, fein hacken und mit Quark und Joghurt verrühren. Gurkenraspel und Dill unterheben und mit Salz und Pfeffer abschmecken.
3. Für die Gyrospfanne Zwiebeln abziehen und in feine Scheiben schneiden, mit Salz, Essig und Oregano würzen und durchziehen lassen.
4. Öl erhitzen. Gyros darin portionsweise anbraten und bei starker Hitze knusprig braun braten.
5. Gyros mit Zwiebeln und Knoblauch-Dill-Quark anrichten.

Beilage:
Fladenbrot oder Pommes frites und Krautsalat.

Tipp:
Das Gyros kann auch mit Schweineschulter, Hähnchen- oder Putenfleisch selbst zubereitet werden.
Zum Würzen fertige Gyrosgewürzmischung verwenden.

Hackauflauf mit Gemüse

Hackauflauf mit Gemüse

Für Kinder

Pro Portion:
E: 39 g, F: 55 g, Kh: 40 g,
kJ: 3606, kcal: 861

125 ml (1/8 l) Wasser
1 Beutel „Fix für Hackbraten"
600 g Gehacktes (halb Rind-, halb Schweinefleisch)
300 g TK-Balkangemüse
1 Pck. Kartoffelpüree (für 3 Portionen)
375 ml (3/8 l) Wasser
1/2 TL Salz, 125 ml (1/8 l) Milch
25 g Butter, 125 g Gouda
125 ml (1/8 l) Schlagsahne

Zubereitungszeit: etwa 20 Min.

1. Wasser mit „Fix für Hackbraten" verrühren. Gehacktes hinzufügen und gut verkneten. Balkangemüse unaufgetaut untermischen.
2. Kartoffelpüree mit Wasser, Salz und Milch nach Packungsanleitung zubereiten. Butter unterrühren und das Kartoffelpüree in eine gefettete Auflaufform geben.
3. Die Hackfleisch-Gemüse-Masse darauf verteilen. Gouda reiben. Sahne steif schlagen, Gouda unterheben und auf der Hackfleisch-Gemüse-Masse verteilen. Die Form auf dem Rost in den Backofen schieben.
   Ober-/Unterhitze: etwa 200 °C (vorgeheizt)
   Heißluft: etwa 180 °C (vorgeheizt)
   Gas: Stufe 3–4 (vorgeheizt)
   Garzeit: 25–30 Minuten.

Beilage:
Ein knackiger Blattsalat.

Hackbraten mit Püree und Porreegemüse

Beliebt

Pro Portion:
E: 45 g, F: 35 g, Kh: 42 g,
kJ: 2781, kcal: 664

1 Zwiebel
500 g Gehacktes (halb Rind-, halb Schweinefleisch)
150 g Magerquark
1 Ei (Größe M)
2 EL Tomatenmark
1 TL mittelscharfer Senf
1 TL Paprikapulver edelsüß
Salz, frisch gemahlener Pfeffer
2 EL Semmelbrösel
300 ml Gemüsebrühe
3 Stange Porree (Lauch)
1 EL Butter, 100 ml Schlagsahne
1 Pck. Kartoffelpüree (für 3 Portionen)
375 ml (3/8 l) Wasser
125 ml (1/8 l) Milch

Zubereitungszeit: etwa 75 Min.

1. Zwiebel abziehen und fein würfeln. Gehacktes mit Zwiebelwürfeln, Quark, Ei, 1 Esslöffel von dem Tomatenmark, Senf, Paprikapulver, Salz und Pfeffer verkneten.
2. Semmelbrösel auf die Arbeitsfläche streuen, die Fleischmasse darauf geben, zu einem länglichen Stück formen und in eine gefettete Auflaufform geben. Die Form ohne Deckel auf dem Rost in den Backofen schieben.
   Ober-/Unterhitze: etwa 200 °C (vorgeheizt)
   Heißluft: etwa 180 °C (vorgeheizt)
   Gas: Stufe 3–4 (vorgeheizt)
   Garzeit: etwa 30 Minuten.
3. Übriges Tomatenmark und Gemüsebrühe mischen, in die Form gießen und den Braten **bei der oben angegebenen Backofeneinstellung in etwa 20 Minuten fertig garen.**

Hackbraten mit Püree und Porreegemüse

4. Porree putzen, gründlich abspülen und in Ringe schneiden. Butter in einem Topf erhitzen, Porree darin andünsten und mit Salz und Pfeffer würzen. Sahne dazugießen und alles etwa 5 Minuten garen. Das Püree nach Packungsanleitung mit Wasser und Milch zubereiten.
5. Hackbraten aus der Form nehmen, in Scheiben schneiden und warm stellen. Die Sauce durch ein Sieb passieren, abschmecken und zum Fleisch reichen. Den Hackbraten mit Püree und Porreegemüse anrichten.

Abwandlung:
Für einen Hackbraten mit Schafkäse die wie in Punkt 1 vorbereitete Fleischmasse zu einem Rechteck auf den Semmelbröseln flachdrücken. 100 g Schafkäse würfeln, längs auf der Mitte verteilen, die Fleischmasse darüber schlagen, zusammendrücken und zu einem länglichen Stück formen. Das Fleischstück mit der Nahtstelle nach unten in die gefettete Form geben und wie im Rezept angegeben weiter zubereiten.

Hackfleischsuppe, süß-saure

Hackfleischsuppe, süß-saure

Einfach

Pro Portion:
E: 28 g, F: 39 g, Kh: 37 g, kJ: 2711, kcal: 645

1 dicke Zwiebel, 2 Knoblauchzehen
500 g Gehacktes (halb Rind-, halb Schweinefleisch)
2–3 EL Speiseöl
Salz, frisch gemahlener Pfeffer
80 g Langkornreis
1 l Gemüsebrühe
175 g Zucchini
100 g Cocktailtomaten
175 ml süß-saure Asia-Sauce
100 g TK-Erbsen
Cayennepfeffer

Zubereitungszeit: etwa 35 Min.

1. Zwiebel und Knoblauch abziehen. Zwiebel in grobe Würfel schneiden und Knoblauch fein hacken.
2. Gehacktes in etwa 1 Esslöffel Öl anbraten, dabei die Fleischklümpchen zerdrücken und mit Salz und Pfeffer würzen.
3. Das restliche Öl in einem Topf erhitzen und Zwiebel, Knoblauch und Reis darin andünsten. Brühe dazugeben, alles zum Kochen bringen und den Reis im geschlossenen Topf bei schwacher Hitze etwa 8 Minuten kochen.
4. In der Zwischenzeit Zucchini waschen, abtrocknen und die Enden abschneiden, Zucchini der Länge nach halbieren und in Scheiben schneiden. Cocktailtomaten waschen und halbieren.
5. Angebratenes Gehacktes, Asia-Sauce und Zucchinischeiben zu dem Reis geben, alles wieder zum Kochen bringen und etwa 5 Minuten weitergaren.
6. Cocktailtomaten und unaufgetaute Erbsen in die Suppe geben und alles etwa 5 Minuten köcheln lassen. Die Suppe mit Cayennepfeffer abschmecken.

Abwandlung:
Für eine scharfe Hacksuppe Zwiebel und Knoblauchzehe wie oben vorbereiten. Je 1 rote und gelbe Paprikaschote halbieren, entstielen, entkernen und die weißen Scheidewände entfernen, Schoten waschen und in kleine Würfel schneiden. 1 Chilischote halbieren, entstielen, entkernen, waschen und in sehr feine Streifen schneiden. 1–2 Esslöffel Speiseöl erhitzen, 500 g Gehacktes darin anbraten, dabei die Fleischklümpchen zerdrücken. Zwiebel, Knoblauch und 80 g Reis zugeben, andünsten und mit Salz und Pfeffer würzen. 1 l Gemüsebrühe zugeben und 10 Minuten kochen lassen. Dann Paprika, Chili, 100 g TK-Erbsen, 175 ml Texikana Salsa und 1 gehäuften Teelöffel Paprika edelsüß zugeben, weitere 8–10 Minuten garen. Mit Salz, Pfeffer und Cayennepfeffer abschmecken.

Beilage:
Baguette.

Hackfleisch-Tomaten-Auflauf

Hackfleisch-Tomaten-Auflauf

Für Kinder

Pro Portion:
E: 32 g, F: 49 g, Kh: 52 g,
kJ: 3281, kcal: 783

1 Zwiebel
1 Knoblauchzehe
4 EL Speiseöl
500 g Rindergehacktes
Salz
frisch gemahlener Pfeffer
1 Bund Oregano oder 2 TL gerebelter Oregano

200 g Langkornreis
1 l Salzwasser
1 Bund Petersilie
1 kg Fleischtomaten

2 Scheiben Toastbrot
Wasser
1 Bund glatte Petersilie
40 g weiche Butter
100 ml Schlagsahne
2 EL Olivenöl

Zubereitungszeit: etwa 50 Min.

1. Zwiebel und Knoblauch abziehen und würfeln. Speiseöl in einer Pfanne erhitzen und Zwiebel- und Knoblauchwürfel darin glasig dünsten. Gehacktes hinzugeben und unter Rühren anbraten, dabei die Fleischklümpchen mit einer Gabel zerdrücken. Mit Salz und Pfeffer würzen. Oregano abspülen, trockentupfen und die Blättchen von den Stängeln zupfen, fein hacken und unterrühren.
2. Reis in kochendem Salzwasser nach Packungsanleitung ausquellen lassen, anschließend in einem Sieb abtropfen lassen. Petersilie abspülen, trockentupfen, die Blättchen von den Stängeln zupfen (einige Blättchen beiseite legen) und restliche Blättchen fein hacken. Reis mit gehackter Petersilie vermischen. Tomaten waschen, abtrocknen und Stängelansätze herausschneiden. Tomaten in Scheiben schneiden.
3. Abwechselnd die Gehacktesmasse, Reis und Tomatenscheiben in eine große flache Auflaufform schichten. Tomatenscheiben mit Salz und Pfeffer bestreuen. Die oberste Schicht sollte aus Tomatenscheiben bestehen.
4. Toastbrot entrinden und in kaltem Wasser einweichen. Petersilie abspülen und trockentupfen. Die Blättchen von den Stängeln zupfen. Toastbrot mit Petersilienblättchen, Butter und Sahne pürieren und mit Salz und Pfeffer würzen. Die Masse auf den Tomatenscheiben verteilen. Olivenöl darauf träufeln. Die Form auf dem Rost in den Backofen schieben.
   Ober-/Unterhitze: etwa 180 °C (vorgeheizt)
   Heißluft: etwa 160 °C (vorgeheizt)
   Gas: Stufe 2–3 (vorgeheizt)
   Backzeit: etwa 35 Minuten.
5. Den Auflauf mit Petersilienblättchen garnieren und sofort servieren.

Hack-Gemüse-Auflauf

4–6 Portionen

Für Kinder

Pro Portion:
E: 23 g, F: 35 g, Kh: 27 g,
kJ: 2303, kcal: 550

Für das Gemüse:
500 g kleine Kartoffeln
300 g Möhren, 400 g Broccoli
250 ml (1/4 l) Gemüsebrühe

Für die Hackfleischmasse:
1 Zwiebel, 2 EL Speiseöl
400 g Gehacktes
(halb Rind-, halb Schweinefleisch)
Salz, frisch gemahlener Pfeffer
Paprikapulver edelsüß
2 EL Tomatenketchup

Für die Sauce:
50 g Butter
25 g Weizenmehl
250 ml (1/4 l) Kochflüssigkeit vom Gemüse
250 ml (1/4 l) Schlagsahne
Salz, frisch gemahlener Pfeffer
geriebene Muskatnuss
50 g geriebener Gouda

Hack-Gemüse-Auflauf

Zubereitungszeit: etwa 40 Min.

1. Für das Gemüse Kartoffeln waschen, in Wasser zum Kochen bringen und in 20–25 Minuten gar kochen lassen.
2. In der Zwischenzeit Möhren putzen, schälen, waschen und längs in Scheiben schneiden. Vom Broccoli die Blätter entfernen, Broccoli waschen und in kleine Röschen teilen.
3. Brühe zum Kochen bringen. Zuerst Möhren hineingeben und 3–4 Minuten kochen lassen. Dann Broccoli zufügen und alles weitere 5 Minuten kochen lassen. Das Gemüse abgießen, dabei die Kochflüssigkeit auffangen und evtl. mit Wasser auf 250 ml ($^1/_4$ l) auffüllen.
4. Für die Hackfleischmasse Zwiebel abziehen und würfeln. Öl in einer Pfanne erhitzen und die Zwiebelwürfel darin andünsten. Gehacktes hinzufügen und anbraten, dabei die Fleischklümpchen mit einer Gabel zerdrücken. Mit Salz, Pfeffer und Paprika würzen und Tomatenketchup unterrühren.
5. Die garen Kartoffeln abgießen, kalt abspülen, pellen, in Scheiben schneiden und schuppenartig in eine gefettete Auflaufform schichten. Die Kartoffelscheiben mit Salz bestreuen.
6. Für die Sauce Butter zerlassen. Mehl unter Rühren darin erhitzen, bis es hellgelb ist. Gemüsekochflüssigkeit und Sahne hinzugießen und mit einem Schneebesen durchschlagen, dabei darauf achten, dass keine Klümpchen entstehen. Die Sauce unter Rühren zum Kochen bringen, mit Salz, Pfeffer und Muskatnuss abschmecken und den Käse unterrühren.
7. Die Hackfleischmasse auf den Kartoffeln verteilen, darauf das Gemüse geben und alles mit der Sauce bedecken. Die Form auf dem Rost in den Backofen schieben.

Ober-/Unterhitze: etwa 200 °C (vorgeheizt)
Heißluft: etwa 180 °C (vorgeheizt)
Gas: Stufe 3–4 (vorgeheizt)
Garzeit: etwa 25 Minuten.

Tipp:
Sie können für den Auflauf auch gekochte Kartoffeln vom Vortag verwenden.

Hack-Tomaten-Bällchen

Raffiniert

Pro Portion:
E: 34 g, F: 56 g, Kh: 13 g, kJ: 3097, kcal: 739

Für die Hack-Tomaten-Bällchen:
600 g Gehacktes (halb Rind-, halb Schweinefleisch)
Salz, frisch gemahlener Pfeffer
Paprikapulver edelsüß
1 TL Senf, 1 Ei (Größe M)
40 g Semmelbrösel
12 kleine Cocktailtomaten

4 EL Speiseöl

Für die Tomaten-Kräuter-Sauce:
1 Zwiebel, 2 EL Speiseöl
1 Dose stückige Tomaten (Einwaage 400 g)
1 EL Tomatenmark
1 Pck. (25 g) gemischte TK-Kräuter

Zubereitungszeit: etwa 35 Min.

1. Für die Hack-Tomaten-Bällchen Gehacktes mit Salz, Pfeffer und Paprika würzen. Senf, Ei und Semmelbrösel hinzufügen, gut vermischen und mit den Gewürzen abschmecken. Cocktailtomaten waschen und abtrocknen.

Hack-Tomaten-Bällchen

2. Die Fleischmasse in 12 Portionen teilen, in jede Portion 1 Cocktailtomate geben und zu einem Bällchen formen.
3. Öl in einer Pfanne erhitzen und die Bällchen darin rundherum etwa 10 Minuten braten. Die Bällchen aus der Pfanne nehmen und warm stellen.
4. Für die Tomaten-Kräuter-Sauce Zwiebel abziehen und würfeln. Öl in der Pfanne erhitzen und die Zwiebelwürfel darin andünsten. Tomaten und Tomatenmark hinzufügen, alles etwas einkochen lassen und mit Salz und Pfeffer abschmecken. Kräuter unterrühren.
5. Die Sauce zu den Hack-Tomaten-Bällchen servieren.

Abwandlung: Die Bällchen aus Lammhackfleisch oder fertig gewürztem Schweinemett zubereiten und anstelle der Tomaten je einen Würfel Schafkäse hineingeben. Das Lammfleisch wie oben zubereiten.

Beilage: Nudeln oder Reis und Gurkensalat.

Tipp: Sie können die Hack-Tomaten-Bällchen auch als Auflauf servieren. Dazu die Bällchen nur kurz anbraten und in eine gefettete Auflaufform geben. Die Sauce darüber geben und alles mit 100 g geraspeltem Käse bestreuen. Den Auflauf bei etwa 200 °C (Heißluft: etwa 180 °C, Gas: Stufe 3–4) 15–20 Minuten überbacken.

Haferflockentorte

Haferflockentorte

Schnell – gut vorzubereiten

Insgesamt:
E: 83 g, F: 374 g, Kh: 515 g,
kJ: 24865, kcal: 5941

Für den Belag:
125 g Butter
100 g brauner Zucker (Kandisfarin)
4 EL Schlagsahne
200 g kernige Haferflocken

Für den Rührteig:
200 g weiche Butter oder Margarine
150 g brauner Zucker (Kandisfarin)
1 Pck. Dr. Oetker Vanillin-Zucker
1 Prise geriebene Muskatnuss
3 Eier (Größe M)
150 g Weizenmehl
2 TL Dr. Oetker Backin
80 g gemahlene Haselnusskerne

Zum Verzieren:
30 g Zartbitterschokolade

Zubereitungszeit: etwa 30 Min., ohne Kühlzeit

1. Für den Belag Butter, Zucker und Sahne in einen Topf geben, zum Kochen bringen und 1–2 Minuten kochen lassen. Dann Haferflocken unterrühren.
2. Für den Teig Butter oder Margarine mit Handrührgerät mit Rührbesen auf höchster Stufe geschmeidig rühren. Nach und nach Zucker, Vanillin-Zucker und Muskatnuss unterrühren und so lange rühren, bis eine gebundene Masse entstanden ist. Eier nach und nach unterrühren (jedes Ei etwa $^1/_2$ Minute).
3. Mehl mit Backin mischen, sieben, mit Haselnusskernen mischen und portionsweise auf mittlerer Stufe unterrühren.
4. Den Teig in eine Springform (Ø 28 cm, Boden gefettet, mit Backpapier belegt) füllen und glatt streichen. Den Belag darauf verteilen. Die Form auf dem Rost in den Backofen schieben.
   Ober-/Unterhitze: etwa 180 °C (vorgeheizt)
   Heißluft: etwa 160 °C (vorgeheizt)
   Gas: Stufe 2–3 (vorgeheizt)
   Backzeit: etwa 30 Minuten.
5. Nach dem Backen das Gebäck in der Form etwas abkühlen lassen. Den Kuchen dann mit einem Messer vorsichtig aus der Form lösen, das Backpapier entfernen und den Kuchen auf einem Kuchenrost erkalten lassen.
6. Schokolade in kleine Stücke brechen und in einem kleinen Topf im Wasserbad bei schwacher Hitze zu einer geschmeidigen Masse verrühren, in einen Gefrierbeutel füllen und eine kleine Spitze abschneiden.
   Den Kuchen mit der Schokolade verzieren und fest werden lassen.

Hähnchenbrust mit Mozzarella

Raffiniert

Pro Portion:
E: 42 g, F: 9 g, Kh: 1 g,
kJ: 1047, kcal: 250

4 Hähnchenbrustfilets ohne Haut (je etwa 150 g)
Salz, frisch gemahlener Pfeffer
2 große Tomaten, 125 g Mozzarella
3 EL Speiseöl
einige Basilikumblättchen

Hähnchenbrust mit Mozzarella

Zubereitungszeit: etwa 30 Min.

1. Den Backofengrill vorheizen. Hähnchenbrustfilets unter fließendem kalten Wasser abspülen, trockentupfen, salzen und pfeffern.
2. Tomaten waschen, abtrocknen, die Stängelansätze herausschneiden und Tomaten jeweils in 4 Scheiben schneiden. Mozzarella abtropfen lassen und in 8 Scheiben schneiden.
3. Öl in einer hitzebeständigen Pfanne erhitzen. Die Hähnchenbrustfilets darin in etwa 10 Minuten von beiden Seiten braten.
4. Jedes Filet zuerst mit je 2 Tomatenscheiben belegen und mit Pfeffer bestreuen, dann mit je 2 Mozzarellascheiben belegen und ebenfalls mit Pfeffer bestreuen.
5. Die Pfanne auf dem Rost unter den vorgeheizten Grill in den Backofen schieben und die Filets 5–10 Minuten übergrillen, bis der Käse zerläuft (wer keine hitzebeständige Pfanne hat, kann die Filets auch nach dem Anbraten in eine Auflaufform umfüllen).
6. Die übergrillten Filets vor dem Servieren mit Basilikumblättchen garnieren.

Beilage:
Butterreis. Dafür 1 Zwiebel abziehen und in kleine Würfel schneiden. 20 g Butter oder Margarine in einem Topf zerlassen und Zwiebelwürfel und 200 g Langkornreis darin andünsten. 400 ml Gemüsebrühe hinzugießen, zum Kochen bringen und den Reis bei schwacher Hitze 15–20 Minuten mit Deckel quellen lassen. Den garen Reis evtl. mit Salz abschmecken.

Tipp:
Wenn Sie keinen Backofengrill haben, die Pfanne (Auflaufform) bei etwa 220 °C (Ober-/Unterhitze), etwa 200 °C (Heißluft) oder Stufe 4–5 (Gas) auf dem Rost in den vorgeheizten Backofen schieben und 5–10 Minuten überbacken, bis der Käse zerläuft.

Hähnchenbrust mit Senfkruste

Hähnchenbrust mit Senfkruste

Einfach

Pro Portion:
E: 39 g, F: 6 g, Kh: 3 g,
kJ: 918, kcal: 220

4 Hähnchenbrustfilets (je 150 g)
Salz
frisch gemahlener Pfeffer
Currypulver
2 Eiweiß
1 EL körniger Senf
1 EL mittelscharfer Senf
1 geh. EL Semmelbrösel
20 g Butter
1 Bund Schnittlauch

Zubereitungszeit: etwa 35 Min.

1. Hähnchenbrustfilets unter fließendem kalten Wasser abspülen, trockentupfen, mit Salz, Pfeffer und Curry würzen und nebeneinander in eine gefettete Auflaufform legen.
2. Eiweiß sehr steif schlagen. Beide Senfsorten mit Semmelbröseln und Salz mischen und unterheben. Die Eiweißmasse mit einem Messer auf die Hähnchenbrustfilets streichen.
3. Butter in Flöckchen darauf setzen. Die Form im unteren Drittel auf dem Rost in den Backofen schieben.
   Ober-/Unterhitze: etwa 200 °C (vorgeheizt)
   Heißluft: etwa 180 °C (vorgeheizt)
   Gas: Stufe 3–4 (vorgeheizt)
   Garzeit: 20–25 Minuten.
4. Schnittlauch kalt abspülen, trockentupfen, in Röllchen schneiden und kurz vor dem Servieren die Hähnchenbrustfilets damit bestreuen.

Abwandlung:
Hähnchenbrust mit Schinken: Dafür die Hähnchenbrustfilets mit Salz, Pfeffer und Paprika edelsüß würzen und kurz in 1 Esslöffel Butterschmalz anbraten.
Jedes Hähnchenbrustfilet in je 1 Scheibe gekochten Schinken wickeln, in die Auflaufform legen und wie unter Punkt 2 beschrieben weiter verarbeiten.
Vor dem Servieren mit Basilikumblättchen bestreuen.

Beilage:
Porreegemüse und Bandnudeln oder Kartoffelpüree.

Tipp:
Sie können das Gericht auch gut für mehr als 4 Personen auf dem Backblech zubereiten.
Die Filets schmecken auch kalt sehr gut. Sie dann in Scheiben geschnitten servieren.

Hähnchenbrust, süß-scharf

Hähnchenbrust, süß-scharf

Einfach

Pro Portion:
E: 45 g, F: 15 g, Kh: 26 g,
kJ: 1818, kcal: 435

4 Hähnchenbrustfilets (je 150 g)
Salz
frisch gemahlener Pfeffer
etwas Currypulver
1 EL Weizenmehl
4 EL Speiseöl
1 Dose Ananasringe
(Abtropfgewicht 250 g)
1 Flasche (250 ml) Currysauce
1 Flasche (250 ml) Chilisauce
200 ml Schlagsahne
80 g geriebener Gouda

Zubereitungszeit: etwa 20 Min.

1. Hähnchenbrustfilets unter fließendem kalten Wasser abspülen, trockentupfen, mit Salz, Pfeffer und Currypulver bestreuen und mit Mehl bestäuben.
2. Öl in einer Pfanne erhitzen und die Hähnchenbrustfilets darin von beiden Seiten anbraten. Die Filets nebeneinander in eine gefettete, flache Auflaufform legen.
3. Ananasringe in einem Sieb abtropfen lassen, dabei den Saft auffangen. Die Ananasringe in Stücke schneiden und in das Bratfett geben. Den aufgefangenen Ananassaft, Currysauce, Chilisauce und Sahne hinzufügen und unter Rühren zum Kochen bringen. Die Sauce evtl. mit den Gewürzen abschmecken.
4. Die Sauce über die Hähnchenbrustfilets geben und mit Käse bestreuen. Die Form auf dem Rost in den Backofen schieben.
   Ober-/Unterhitze: etwa 200 °C (vorgeheizt)
   Heißluft: etwa 180 °C (vorgeheizt)
   Gas: Stufe 3–4 (vorgeheizt)
   Garzeit: etwa 30 Minuten.

Hähnchenbrustfilet in Tomatensauce

Für Kinder

Pro Portion:
E: 35 g, F: 22 g, Kh: 8 g,
kJ: 1576, kcal: 377

4 Hähnchenbrustfilets (je etwa 140 g)
Salz
frisch gemahlener Pfeffer
2 EL Pflanzenöl

400 g Tomaten
150 g Zwiebeln
½–1 Pck. TK-Kräuter der Provence
125 ml (⅛ l) Gemüsebrühe oder -fond
200 ml Schlagsahne
20 g Saucenbinder

Zubereitungszeit: etwa 35 Min.

1. Hähnchenbrustfilets unter fließendem kalten Wasser abspülen, trockentupfen und mit Salz und Pfeffer würzen. Pflanzenöl in einer großen Pfanne erhitzen und die Hähnchenbrustfilets von beiden Seiten darin anbraten.
2. Hähnchenbrustfilets nebeneinander in eine Auflaufform legen.
3. Tomaten waschen, abtropfen lassen, kreuzweise einschneiden und kurz in kochendes Wasser legen, in kaltem Wasser abschrecken und enthäuten, Stängelansätze und Kerne entfernen

Hähnchenbrustfilet in Tomatensauce

und Fruchtfleisch in Würfel schneiden. Zwiebeln abziehen und ebenfalls in Würfel schneiden.

4. Zwiebel- und Tomatenwürfel im verbleibenden Bratenfett andünsten, Kräuter und Brühe oder Fond hinzugeben und etwas einkochen lassen. Sahne hinzugießen. Mit Saucenbinder nach Packungsanleitung leicht binden und mit Salz und Pfeffer würzen. Die Sauce unter gelegentlichem Rühren noch etwa 5 Minuten kochen lassen.
5. Die Hähnchenbrustfilets mit der Sauce übergießen. Die Form auf dem Rost in den Backofen schieben.
   Ober-/Unterhitze: etwa 200 °C (vorgeheizt)
   Heißluft: etwa 180 °C (vorgeheizt)
   Gas: Stufe 3–4 (vorgeheizt)
   Garzeit: etwa 30 Minuten.

Beilage:
Nudeln in jeglicher Form und Farbe, Gnocchi in Butter geschwenkt und mit geriebenem Parmesan bestreut. Frische Blattsalate.

Hähnchen-Geschnetzeltes

Hähnchen-Geschnetzeltes

Kalorienarm

Pro Portion:
E: 29 g, F: 8 g, Kh: 10 g,
kJ: 960, kcal: 229

3 Hähnchenbrustfilets (etwa 400 g)
300 g Champignons
400 g Möhren
1 Stange Porree (Lauch, etwa 300 g)
1 EL Butterschmalz
Salz, frisch gemahlener Pfeffer
Paprikapulver edelsüß
75 ml Gemüsebrühe (Instant)
1 EL Zitronensaft
1–2 EL heller Saucenbinder
150 g saure Sahne (10 % Fett)

1 Bund Kerbel

Zubereitungszeit: etwa 35 Min.

1. Hähnchenbrustfilets unter fließendem kalten Wasser abspülen, trockentupfen und in breite Streifen oder kleine Würfel schneiden. Champignons putzen, mit Küchenpapier abreiben, evtl. abspülen, abtropfen lassen und vierteln. Möhren putzen, schälen, waschen, abtropfen lassen und in kleine Würfel schneiden. Porree putzen, die Stange längs halbieren, gründlich waschen, abtropfen lassen und in Streifen schneiden.
2. Butterschmalz in einem Topf erhitzen und Fleischstücke unter Wenden darin anbraten, mit Salz, Pfeffer und Paprika bestreuen. Das Fleisch herausnehmen und warm stellen.
3. Porree und Champignons in den Topf geben und unter Rühren andünsten, Möhrenwürfel hinzugeben und mit andünsten. Mit Salz, Pfeffer und Paprika würzen. Brühe und Zitronensaft hinzugießen und das Gemüse zugedeckt bei schwacher Hitze etwa 5 Minuten garen.
4. Gemüsefond mit Saucenbinder andicken. Filetwürfel hinzugeben und das Geschnetzelte bei schwacher Hitze nochmals erhitzen. Sahne unterrühren. Nochmals mit Salz, Pfeffer und Paprika abschmecken.
5. Kerbel abspülen, trockentupfen, die Blättchen von den Stängeln zupfen und fein hacken. Das Geschnetzelte mit Kerbel bestreut servieren.

Beilage:
Reis oder Bandnudeln.

Hähnchenschnitzel in Preiselbeersahne

Schnell

Pro Portion:
E: 48 g, F: 54 g, Kh: 24 g,
kJ: 3319, kcal: 794

4-6 Hähnchenbrustfilets (je 150 g)
Salz
frisch gemahlener Pfeffer
$^{1}/_{2}$ Flasche (250 ml) French Dressing
1 kleines Glas (220 g)
Wildpreiselbeeren
500 ml ($^{1}/_{2}$ l) Schlagsahne
1 Beutel Zwiebelsuppe

Zubereitungszeit: etwa 15 Min.

1. Hähnchenbrustfilets unter fließendem kalten Wasser abspülen, trockentupfen, mit Salz und Pfeffer bestreuen und nebeneinander in eine gefettete, flache Auflaufform legen.
2. French Dressing, Preiselbeeren, Sahne und Zwiebelsuppenpulver verrühren und die Masse auf die Hähnchenbrustfilets geben.
3. Die Form auf dem Rost in den Backofen schieben.
   Ober-/Unterhitze: etwa 180 °C (vorgeheizt)
   Heißluft: etwa 160 °C (nicht vorgeheizt)
   Gas: Stufe 2–3 (nicht vorgeheizt)
   Garzeit: etwa 60 Minuten.

Beilage:
Reis oder Baguette.

Hähnchensuppe mit Knoblauchcroûtons

Hähnchensuppe mit Knoblauchcroûtons

Für Gäste

Pro Portion:
E: 39 g, F: 30 g, Kh: 25 g,
kJ: 2369, kcal: 566

Für die Suppe:
1 Hähnchenbrustfilet (300 g)
2 Hähnchenkeulen (je 150 g)
750 ml ($^{3}/_{4}$ l) Salzwasser
1 Bund Suppengrün
2 Zwiebeln, 2 EL Speiseöl
20 g Weizenmehl
100 ml Weißwein
125 ml ($^{1}/_{8}$ l) Schlagsahne
1 Bund Kerbel
Salz, frisch gemahlener Pfeffer
geriebene Muskatnuss
1 Prise Zucker

Für die Knoblauchcroûtons:
4 Scheiben Toastbrot
50 g Butter
2 Knoblauchzehen

Zubereitungszeit: etwa 65 Min.

1. Für die Suppe Hähnchenbrustfilet und -keulen unter fließendem kalten Wasser abspülen und in Salzwasser zum Kochen bringen.
2. Suppengrün putzen, waschen und klein schneiden, mit in die Brühe geben und alles bei schwacher Hitze kochen lassen. Nach etwa 20 Minuten Kochzeit das Filet herausnehmen und alles noch etwa 15 Minuten weiterkochen.
3. Nach Beendigung der Kochzeit alles durch ein Sieb geben. Dabei die Brühe auffangen und mit Wasser wieder auf 750 ml ($^{3}/_{4}$ l) auffüllen. Die Keulen etwas abkühlen lassen, dann das Fleisch von den Knochen lösen. Filet und Keulenfleisch in kleine Stücke schneiden.
4. Zwiebeln abziehen und in kleine Würfel schneiden. Öl in einem Topf erhitzen und die Zwiebelwürfel darin andünsten. Mehl hinzufügen und unter

Rühren so lange erhitzen, bis es hellgelb ist.

5. Die abgemessene Brühe hinzugeben und alles unter Rühren aufkochen lassen. Weißwein unterrühren und etwa 5 Minuten kochen lassen. Sahne unterrühren und Fleischstücke unterheben.
6. Kerbel abspülen, trockentupfen, die Blättchen von den Stängeln zupfen, grob hacken und hinzufügen. Die Suppe mit Salz, Pfeffer, Muskat und Zucker abschmecken.
7. Für die Knoblauchcroûtons Toastbrot in Würfel schneiden. Butter zerlassen und die Brotwürfel darin anbräunen. Zum Schluss Knoblauch abziehen, durch die Presse drücken und unterrühren. Die Knoblauchcroûtons zu der Suppe servieren.

Heidelbeertarte

Heidelbeertarte

Fruchtig – einfach

Insgesamt:
E: 53 g, F: 133 g, Kh: 342 g,
kJ: 11647, kcal: 2781

Zum Vorbereiten:
1 Pck. (300 g) TK-Heidelbeeren oder
2 Gläser Heidelbeeren
(Abtropfgewicht je 125 g)

Für den All-in-Teig:
250 g Weizenmehl
2 TL Dr. Oetker Backin
120 g Kandisfarin (brauner Zucker)
1 Pck. Dr. Oetker Bourbon-Vanille-Zucker
1 Prise Salz
125 g weiche Butter oder Margarine
3 Eier (Größe M)
4 EL Milch

Zum Bestäuben:
Puderzucker

Zubereitungszeit: etwa 25 Min.

1. Zum Vorbereiten Heidelbeeren aus dem Glas in einem Sieb gut abtropfen lassen.
2. Für den Teig Mehl mit Backin mischen und in eine Rührschüssel sieben. Zucker, Vanille-Zucker, Salz, Butter oder Margarine, Eier und Milch hinzufügen und die Zutaten mit Handrührgerät mit Rührbesen zunächst kurz auf niedrigster, dann auf höchster Stufe in etwa 1 Minute zu einem glatten Teig verarbeiten.
3. Den Teig in eine Springform (Ø 26 cm, gefettet, bemehlt) geben und glatt streichen. Die gefrorenen Heidelbeeren oder die gut abgetropften Heidelbeeren darauf verteilen. Die Form auf dem Rost in den Backofen schieben.
   Ober-/Unterhitze: etwa 180 °C (vorgeheizt)
   Heißluft: etwa 160 °C (vorgeheizt)
   Gas: Stufe 2–3 (vorgeheizt)
   Backzeit: etwa 35 Minuten.
4. Die Form auf einen Kuchenrost stellen und die Tarte erkalten lassen.
5. Die erkaltete Tarte aus der Form lösen und auf eine Tortenplatte legen.

Beilage:
Eierlikörsahne. Dazu unter 250 ml (1/4 l) steif geschlagener Sahne drei Esslöffel Eierlikör heben.

Heidesandkuchen

Gut vorzubereiten

Insgesamt:
E: 63 g, F: 273 g, Kh: 540 g,
kJ: 20388, kcal: 4867

Zum Vorbereiten:
250 g Butter

250 g Wildpreiselbeeren
(aus dem Glas)
2 EL blütenzarte Haferflocken
1 TL Dr. Oetker Finesse Geriebene Zitronenschale

Für den All-in-Teig:
250 g Weizenmehl, 50 g Speisestärke
3 TL Dr. Oetker Backin
1/2 TL gemahlener Zimt
150 g Zucker
1 Pck. Dr. Oetker Vanillin-Zucker
1 Prise Salz, 4 Eier (Größe M)

Für den Guss:
75 g helle Kuchenglasur, Zitronen-Geschmack

Zum Bestäuben:
1 TL gemahlener Zimt

Zubereitungszeit: etwa 50 Min., ohne Abkühlzeit

1. Zum Vorbereiten Butter in einem Topf bei mittlerer Hitze zerlassen und hellbraun werden lassen. Die Butter so lange abkühlen lassen, bis eine cremige Konsistenz entstanden ist. Preiselbeeren mit Haferflocken und Zitronenschale verrühren.
2. Für den Teig Mehl mit Speisestärke, Backin und Zimt mischen und in eine Rührschüssel sieben. Zucker, Vanillin-Zucker, Salz, Eier und die gebräunte Butter hinzufügen und die Zutaten mit Handrührgerät mit Rührbesen zunächst kurz auf niedrigster, dann auf höchster Stufe in etwa 2 Minuten zu einem glatten Teig verarbeiten.
3. Den Teig dritteln. Ein Drittel des Teiges in eine Gugelhupfform (Ø 22 cm, gefettet) geben und glatt streichen. Die Hälfte der Preiselbeermasse in die Mitte des Teiges geben. Zweites Teigdrittel darauf geben und glatt streichen. Restliche Preiselbeermasse wieder in die Mitte des Teiges geben. Restlichen Teig darauf verteilen. Die Form auf dem Rost in den Backofen schieben.
   Ober-/Unterhitze: etwa 180 °C (vorgeheizt, untere Einschubleiste)
   Heißluft: etwa 160 °C (nicht vorgeheizt)
   Gas: Stufe 2–3 (nicht vorgeheizt, untere Einschubleiste)
   Backzeit: 50–60 Minuten.
4. Den Kuchen 10 Minuten in der Form stehen lassen, dann auf einen mit Backpapier belegten Kuchenrost stürzen und erkalten lassen.
5. Für den Guss Kuchenglasur nach Packungsanleitung auflösen und den Kuchen damit beträufeln. Sobald der Guss anfängt trocken zu werden, ihn mit Zimt bestäuben. Guss trocknen lassen.

Herbstkuchen, sehr fein

Für Gäste

Insgesamt:
E: 50 g, F: 148 g, Kh: 400 g,
kJ: 13617, kcal: 3253

Für den Rührteig:
125 g weiche Butter oder Margarine
125 g Zucker
1 Pck. Dr. Oetker Vanillin-Zucker
1 Prise Salz
1 Pck. Dr. Oetker Finesse Geriebene Zitronenschale
3 Eier (Größe M), 200 g Weizenmehl
2 TL Dr. Oetker Backin
1–2 EL Milch

Für den Belag:
250 g blaue Pflaumen
2 kleine Äpfel (z. B. Boskop, je etwa 125 g)
2 kleine Birnen (je etwa 125 g)
25 g zerlassene Butter

Zum Bestreichen und Bestreuen:
2 geh. EL Apfelgelee
2 EL Hagelzucker

Zubereitungszeit: etwa 35 Min.

1. Für den Teig Butter oder Margarine mit Handrührgerät mit Rührbesen auf höchster Stufe geschmeidig rühren. Nach und nach Zucker, Vanillin-Zucker, Salz und Zitronenschale unterrühren. So lange rühren, bis eine gebundene Masse entstanden ist. Eier nach und nach

Herbstkuchen, sehr fein

unterrühren (jedes Ei etwa 1/2 Minute).

2. Mehl mit Backin mischen, sieben und abwechselnd portionsweise mit Milch unterrühren (nur so viel Milch verwenden, dass der Teig schwer reißend von einem Löffel fällt). Den Teig in eine Springform (Ø 26 cm, Boden gefettet) füllen und glatt streichen.
3. Für den Belag Pflaumen gründlich waschen, abtrocknen, halbieren und entsteinen. Äpfel und Birnen schälen, vierteln und entkernen. Die Wölbungen mit einem Messer mehrmals längs einschneiden (nicht durchschneiden).
4. Das Obst kranzförmig auf dem Kuchen verteilen und mit Butter bestreichen. Die Form auf dem Rost in den Backofen schieben.
   Ober-/Unterhitze: etwa 180 °C (vorgeheizt)
   Heißluft: etwa 160 °C (nicht vorgeheizt)
   Gas: Stufe 2–3 (nicht vorgeheizt)
   Backzeit: etwa 45 Minuten.
5. Den Kuchen aus der Form lösen und auf einen Kuchenrost geben. Apfelgelee in einem kleinen Topf unter Rühren erwärmen und den heißen Kuchen damit bestreichen. Den Kuchen auf dem Kuchenrost erkalten lassen.
6. Den Kuchen vor dem Servieren mit Hagelzucker bestreuen.

Abwandlung:
Nach Belieben die Birnen durch Aprikosen ersetzen.

Tipp:
Besonderen Pfiff bekommt der Kuchen, wenn Sie zum Bestreichen Apfelgelee mit Calvados verwenden.
Sie können den Kuchen bereits 1 Tag vor dem Verzehr zubereiten.

Herings-Creme-Topf

Klassisch

Pro Portion:
E: 29 g, F: 34 g, Kh: 16 g, kJ: 2044, kcal: 490

6 Matjesfilets
1 Zwiebel
2 Gewürzgurken
2 säuerliche Äpfel
1 Becher (150 g) Crème fraîche
300 g Speisequark
Salz, frisch gemahlener Pfeffer
1 Bund Dill

Zubereitungszeit: etwa 15 Min., ohne Durchziehzeit

1. Matjesfilets evtl. wässern, trockentupfen und in mundgerechte Stücke schneiden.
2. Zwiebel abziehen, in Scheiben schneiden und in Ringe teilen. Gurken abtropfen lassen und in Scheiben schneiden. Äpfel schälen, vierteln, entkernen und in kleine Scheiben schneiden.
3. Crème fraîche mit Quark verrühren und Matjesstücke, Zwiebelringe, Gurken- und Apfelscheiben unterheben.
4. Den Herings-Creme-Topf mit Salz und Pfeffer würzen und etwa 1 Stunde durchziehen lassen. Vor dem Servieren nochmals abschmecken. Dill abspülen, trockentupfen, die Spitzen von den Stängeln zupfen, fein hacken und unterrühren.

Beilage:
Pellkartoffeln oder Vollkornbrot und Butter.

Herings-Creme-Topf

Herz mit Schuss

Herz mit Schuss

Zum Verschenken

Insgesamt:
E: 69 g, F: 343 g, Kh: 269 g,
kJ: 19623, kcal: 4689

Für den Rührteig:
125 g weiche Butter oder Margarine
125 g Zucker
1 Pck. Dr. Oetker Bourbon-Vanille-Zucker, 1 Prise Salz
3 Eier (Größe M)
50 g Weizenmehl
30 g Kakaopulver
2 TL Dr. Oetker Backin
100 g gemahlene Haselnusskerne
50 g abgezogene, gehackte Mandeln oder gehackte Haselnusskerne

Zum Bestreichen:
2 EL Preiselbeerkonfitüre

Für den Belag:
400 ml Schlagsahne
2 Pck. Dr. Oetker Sahnesteif
2 Pck. Dr. Oetker Vanillin-Zucker
60 ml Baileys-Likör

Zum Bestäuben:
etwas Kakaopulver

Zubereitungszeit: etwa 30 Min.

1. Für den Teig Butter oder Margarine mit Handrührgerät mit Rührbesen auf höchster Stufe geschmeidig rühren. Nach und nach Zucker, Vanille-Zucker und Salz unterrühren und so lange rühren, bis eine gebundene Masse entstanden ist. Eier nach und nach unterrühren (jedes Ei etwa $^1/_2$ Minute).
2. Mehl mit Kakaopulver und Backin mischen, sieben und portionsweise mit den gemahlenen Haselnusskernen auf mittlerer Stufe unterrühren. Die gehackten Mandeln oder Haselnusskerne unterrühren.
3. Den Teig in eine Herzform (Inhalt 1 l, gefettet, bemehlt) füllen. Die Form auf dem Rost in den Backofen schieben.
   Ober-/Unterhitze: etwa 180 °C (vorgeheizt)
   Heißluft: etwa 160 °C (nicht vorgeheizt)
   Gas: Stufe 2–3 (nicht vorgeheizt)
   Backzeit: etwa 45 Minuten.
4. Das Gebäck 10 Minuten in der Form stehen lassen, dann auf einen Kuchenrost stürzen und erkalten lassen.
5. Das erkaltete Herz zweimal waagerecht durchschneiden. Den unteren Boden mit der Hälfte der Konfitüre bestreichen, den mittleren Boden darauf legen, mit der restlichen Konfitüre bestreichen und mit dem oberen Boden bedecken.
6. Für den Belag Sahne mit Sahnesteif und Vanillin-Zucker steif schlagen. Gut die Hälfte der Sahne in einen Spritzbeutel mit Sterntülle füllen. Das Herz mit der restlichen Sahne bestreichen. Zunächst die Herzoberfläche am Rand mit der Sahne aus dem Spritzbeutel verzieren, dann den Baileys in der Mitte verteilen.
7. Das Herz kurz vor dem Servieren mit Kakaopulver bestäuben.

Hexensalat

Schnell

Pro Portion:
E: 21 g, F: 42 g, Kh: 8 g,
KJ: 2162, kcal: 517

500 g Fleischwurst (im Stück)
4 Gewürzgurken
2–3 rote Zwiebeln
4 Tomaten
3 EL Speiseöl
2 EL Essig
4 EL Zigeunersauce (aus der Flasche)
1 TL Senf
Salz
frisch gemahlener Pfeffer
etwas Zucker
2–3 EL gehackte Petersilie

1 geh. TL Kapern

Zubereitungszeit: etwa 30 Min., ohne Durchziehzeit

Hexensalat

1. Fleischwurst enthäuten und in dünne Scheiben oder Streifen schneiden. Gewürzgurken in Streifen schneiden. Zwiebeln abziehen, halbieren und längs in Scheiben schneiden.
2. Tomaten kurze Zeit in kochendes Wasser legen (nicht kochen lassen), in kaltem Wasser abschrecken, enthäuten, die Stängelansätze herausschneiden und die Tomaten achteln.
3. Öl mit Essig, Zigeunersauce und Senf verrühren, mit Salz, Pfeffer und Zucker würzen. Die Petersilie unterrühren. Die Sauce mit den Salatzutaten vermengen und etwas durchziehen lassen.
4. Den Salat vor dem Servieren evtl. mit Salz, Pfeffer und Zucker abschmecken und mit Kapern bestreut servieren.

Himbeer-Götter-Traum

Raffiniert

Insgesamt:
E: 97 g, F: 234 g, Kh: 564 g, kJ: 20378, kcal: 4872

Für den Biskuitteig:
4 Eier (Größe M)
3 EL Orangensaft oder Wasser
150 g Zucker
1 Pck. Dr. Oetker Vanillin-Zucker
150 g Weizenmehl
1 TL Dr. Oetker Backin

Für die Füllung:
1 Beutel aus 1 Pck. Götterspeise Himbeer-Geschmack
125 ml ($^1/_8$ l) Himbeersirup
500 g Naturjoghurt oder Magerquark
30 g Zucker
1 Pck. Dr. Oetker Vanillin-Zucker
300 ml Schlagsahne

Zum Verzieren und Garnieren:
1 Beutel aus 1 Pck. Götterspeise Himbeer-Geschmack
75 g Zucker
375 ml ($^3/_8$ l) Wasser
300 ml Schlagsahne
1 Pck. Dr. Oetker Vanillin-Zucker
30 g Hagelzucker

Zubereitungszeit: etwa 70 Min., ohne Kühlzeit

1. Für den Teig Eier und Orangensaft oder Wasser mit Handrührgerät mit Rührbesen auf höchster Stufe in 1 Minute schaumig schlagen. Zucker mit Vanillin-Zucker mischen, in 1 Minute einstreuen, dann noch etwa 2 Minuten schlagen.
2. Mehl mit Backin mischen, portionsweise auf die Eiercreme sieben und kurz auf niedrigster Stufe unterrühren. Den Teig in eine Springform (Ø 26 cm, Boden gefettet, mit Backpapier belegt) füllen und glatt streichen. Die Form auf dem Rost in den Backofen schieben.
   Ober-/Unterhitze: etwa 180 °C (vorgeheizt)
   Heißluft: etwa 160 °C (vorgeheizt)
   Gas: Stufe 2–3 (vorgeheizt)
   Backzeit: etwa 30 Minuten.
3. Den Boden aus der Form lösen, auf einen Kuchenrost stürzen und erkalten lassen. Dann das Backpapier abziehen und den Boden zweimal waagerecht durchschneiden.
4. Für die Füllung Götterspeise mit Himbeersirup anrühren, 10 Minuten zum Quellen stehen lassen und unter Rühren erhitzen, bis die Götterspeise gelöst ist, etwas abkühlen lassen.
5. Joghurt oder Quark mit Zucker und Vanillin-Zucker verrühren. Götterspeise unterrühren. Wenn die Masse anfängt zu gelieren, Sahne steif schlagen und unterheben.
6. Den unteren Boden auf eine Tortenplatte legen, mit $^1/_3$ der Creme bestreichen und mit dem mittleren Boden bedecken. Gut die Hälfte der restlichen Creme darauf streichen und mit dem oberen Boden bedecken. Die restliche Creme darauf streichen. Die Torte etwa 2 Stunden kalt stellen.
7. Zum Verzieren und Garnieren Götterspeise mit Zucker vermischen, mit dem Wasser anrühren, 10 Minuten zum Quellen stehen lassen und unter Rühren erhitzen, bis Götterspeise und Zucker gelöst sind. Die Götterspeise in eine flache Schale (zum Beispiel Auflaufform) gießen und im Kühlschrank fest werden lassen.
8. Sahne mit Vanillin-Zucker steif schlagen und 3 Esslöffel davon in einen Spritzbeutel mit Lochtülle füllen. Mit der restlichen Sahne den Tortenrand bestreichen und mit Hagelzucker bestreuen. Den äußeren Rand der Tortenoberfläche mit Sahnetupfen aus dem Spritzbeutel verzieren.
9. Götterspeise aus der Schale in Würfel schneiden und auf der Tortenoberfläche verteilen. Die Torte bis zum Verzehr kalt stellen.

Himbeer-Götter-Traum

Himbeer-Schmand-Kuchen mit Eierlikörguss

Himbeer-Schmand-Kuchen mit Eierlikörguss

Fruchtig

Insgesamt:
E: 144 g, F: 453 g, Kh: 994 g,
kJ: 39234, kcal: 9371

Zum Vorbereiten:
750–1000 g TK-Himbeeren
100 g gesiebter Puderzucker

Für den Teig:
4 Eier (Größe M), 250 g Zucker
1 Pck. Dr. Oetker Vanillin-Zucker
125 ml (1/8 l) geschmacksneutrales Speiseöl
150 ml Ginger Ale oder Mineralwasser
250 g Weizenmehl
3 TL Dr. Oetker Backin

Für den Belag:
500 ml (1/2 l) Schlagsahne
3 Pck. Dr. Oetker Vanillin-Zucker
3 Pck. Dr. Oetker Sahnesteif
600 g Schmand

Für den Eierlikörguss:
400 ml Eierlikör
2 Pck. Saucen-Pulver Vanille-Geschmack (ohne Kochen)

Zubereitungszeit: etwa 30 Min., ohne Auftau- und Kühlzeit

1. Zum Vorbereiten Himbeeren mit Puderzucker bestreuen und auftauen lassen.
2. Für den Teig Eier, Zucker und Vanillin-Zucker mit Handrührgerät mit Rührbesen auf höchster Stufe in gut 1 Minute schaumig schlagen. Öl und Ginger Ale oder Mineralwasser unterrühren.
3. Mehl mit Backin mischen, sieben und portionsweise auf mittlerer Stufe unterrühren. Den Teig in eine Fettfangschale (30 x 40 cm, gefettet) geben und glatt streichen. Die Fettfangschale in den Backofen schieben.
   Ober-/Unterhitze: etwa 180 °C (vorgeheizt)
   Heißluft: etwa 160 °C (vorgeheizt)
   Gas: Stufe 2–3 (vorgeheizt)
   Backzeit: etwa 25 Minuten.
4. Die Fettfangschale auf einen Kuchenrost stellen und das Gebäck erkalten lassen. Dann einen Backrahmen darumstellen.
5. Für den Belag die aufgetauten Himbeeren in ein Sieb geben, abtropfen lassen und auf dem Gebäck verteilen. Sahne mit Vanillin-Zucker und Sahnesteif steif schlagen. Schmand verrühren und Sahne unterheben. Die Masse auf den Himbeeren verteilen und glatt streichen.
6. Für den Eierlikörguss Eierlikör mit Saucen-Pulver verrühren und auf dem Belag verteilen. Den Kuchen 1 Stunde kalt stellen, bis der Guss fest geworden ist.
7. Vor dem Servieren den Backrahmen mit einem Messer lösen und entfernen.

Himbeertorte

Für Gäste

Insgesamt:
E: 80 g, F: 289 g, Kh: 483 g,
kJ: 20994, kcal: 5016

Zum Vorbereiten:
500 g TK-Himbeeren

Für den Keksboden:
etwa 14 Butterkekse
50 g zerlassene Butter, 2 TL Zucker

Himbeertorte

Für den Biskuitteig:

2 Eier (Größe M), 1 EL heißes Wasser
75 g Zucker
1 Pck. Dr. Oetker Vanillin-Zucker
100 g Weizenmehl
1 TL Dr. Oetker Backin

Für den Belag:

200 g Doppelrahm-Frischkäse
50 g gesiebter Puderzucker
500 ml (1/2 l) Schlagsahne
2 Pck. Dr. Oetker Sahnesteif
2 TL Zucker
1 Pck. Dr. Oetker Vanillin-Zucker

Für den Guss:

4 Blatt rote Gelatine
Himbeersaft (von den TK-Himbeeren)
100 ml Himbeersirup, etwas Wasser

Zubereitungszeit: etwa 45 Min., ohne Auftau- und Kühlzeit

1. Zum Vorbereiten Himbeeren in ein Sieb geben und auftauen lassen, dabei den Saft auffangen.
2. Für den Keksboden Butterkekse nebeneinander in eine Springform (Ø 26 cm, Boden mit Backpapier belegt) legen, dabei die Rundungen der Form mit Keksstücken ausfüllen. Die Keksschicht mit Butter bestreichen und mit Zucker bestreuen.
3. Für den Teig Eier und Wasser mit Handrührgerät mit Rührbesen auf höchster Stufe in 1 Minute schaumig schlagen. Zucker und Vanillin-Zucker mischen, in 1 Minute einstreuen, dann noch etwa 2 Minuten schlagen. Mehl mit Backin mischen, portionsweise auf die Eiercreme sieben und kurz auf niedrigster Stufe unterrühren.
4. Den Teig auf den Keksboden in die Form geben und glatt streichen. Die Form auf dem Rost in den Backofen schieben. Bei einer nicht fest schließenden Springform Alufolie unter die Form legen, damit die Butter nicht in den Backofen läuft. Sofort backen.
   Ober-/Unterhitze: etwa 180 °C (vorgeheizt)
   Heißluft: etwa 160 °C (vorgeheizt)
   Gas: Stufe 2–3 (vorgeheizt)
   Backzeit: etwa 25 Minuten.
5. Das Gebäck aus der Form lösen und auf einem Kuchenrost erkalten lassen.
6. Für den Belag Frischkäse mit Puderzucker verrühren, auf dem Biskuitboden verteilen und glatt streichen. Himbeeren darauf verteilen. Einen Tortenring darumstellen.
7. Sahne mit Sahnesteif, Zucker und Vanillin-Zucker steif schlagen. 3 Esslöffel zum Bestreichen des Randes abnehmen und kalt stellen. Die übrige Sahne auf den Himbeeren verteilen und glatt streichen.
8. Für den Guss Gelatine nach Packungsanleitung in kaltem Wasser einweichen. Den aufgefangenen Himbeersaft mit Himbeersirup und Wasser auf 250 ml (1/4 l) auffüllen. Gelatine leicht ausdrücken und in einem kleinen Topf unter Rühren erwärmen (nicht kochen), bis sie völlig gelöst ist. Mit etwas von der Himbeerflüssigkeit verrühren, unter die restliche Flüssigkeit rühren und kalt stellen.
9. Wenn die Flüssigkeit anfängt zu gelieren, sie vorsichtig esslöffelweise auf die Sahne geben. Die Torte etwa 2 Stunden kalt stellen.
10. Den Tortenring entfernen und den Tortenrand mit der zurückgelassenen Sahne bestreichen.

Hirschbraten in Wacholdersauce

Hirschbraten in Wacholdersauce

Etwas teurer

Pro Portion:
E: 58 g, F: 31 g, Kh: 8 g,
kJ: 2501, kcal: 597

$^1/_2$ Bund Beifuß, $^1/_2$ Bund Salbei
1 Stück Hirschschulter
(ohne Knochen, etwa 1,2 kg)
Salz, frisch gemahlener Pfeffer
1 Msp. geriebene Muskatnuss
1 TL Paprikapulver edelsüß
2 Zwiebeln, 4 EL Speiseöl
125 ml ($^1/_8$ l) trockener Rotwein
3 TL Wacholderbeeren
2 Gewürznelken
1–2 EL Honig
evtl. etwas Wasser
1 Becher (150 g) Crème fraîche

Außerdem:
Küchengarn

Zubereitungszeit: etwa 60 Min.

1. Beifuß und Salbei abspülen, trockentupfen und die Blättchen von den Stängeln zupfen.
2. Hirschschulter unter fließendem kalten Wasser abspülen, trockentupfen und flach drücken, mit Salz und Pfeffer bestreuen und die Kräuter darauf verteilen. Das Fleischstück aufrollen, mit Küchengarn fest umwickeln und mit Salz, Pfeffer, Muskatnuss und Paprikapulver einreiben.
3. Zwiebeln abziehen und achteln. Öl einem Bräter erhitzen und das Fleischstück darin rundherum anbraten. Die Zwiebelachtel hinzufügen, kurz mitbraten und mit Rotwein ablöschen.
4. Wacholderbeeren zerdrücken und mit den Gewürznelken zum Braten geben. Den Bräter ohne Deckel auf dem Rost in den Backofen schieben. Das Fleisch 2–3-mal wenden. Verdampfte Flüssigkeit durch Wasser oder Rotwein ersetzen.
   Ober-/Unterhitze: etwa 200 °C (vorgeheizt)
   Heißluft: etwa 180 °C (nicht vorgeheizt)
   Gas: Stufe 3–4 (nicht vorgeheizt)
   Garzeit: etwa 90 Minuten.
5. Den Honig auf dem Fleisch verteilen, evtl. noch etwas Wasser zu dem Fleisch gießen und alles noch weitere 30 Minuten garen.
6. Das Fleisch aus dem Bräter nehmen und etwa 10 Minuten zugedeckt ruhen lassen.
7. Die Sauce nach Belieben durch ein Sieb gießen, Crème fraîche hinzufügen, umrühren und erhitzen, aber nicht mehr kochen lassen und mit den Gewürzen abschmecken.
8. Das Fleisch in dünne Scheiben schneiden und mit der Sauce servieren.

Beilage:
Grüne Bandnudeln oder Spätzle und Fenchelgemüse.

Holzfällersteaks

Gut vorzubereiten

Pro Portion:
E: 42 g, F: 50 g, Kh: 17 g,
kJ: 3062, kcal: 732

Für die Steaks:
4 Scheiben Schweinenacken
(je 200 g)
1 EL Grillgewürz, 4 EL Speiseöl

Für die Zwiebeln:
4–6 mittelgroße Gemüsezwiebeln
5 EL Speiseöl
2 EL körniger Senf
Salz, frisch gemahlener Pfeffer
1 Bund glatte Petersilie

Zubereitungszeit: etwa 35 Min., ohne Marinierzeit

1. Für die Steaks Fleisch unter fließendem kalten Wasser abspülen und tro-

ckentupfen, mit Grillgewürz einreiben, mit Öl beträufeln und etwa 60 Minuten marinieren.

2. Für die Zwiebeln Gemüsezwiebeln abziehen, halbieren und in Streifen schneiden. Öl in einer Pfanne erhitzen und die Zwiebelstreifen darin etwa 15 Minuten unter Rühren dünsten. Senf unterrühren und mit Salz und Pfeffer würzen.
3. Petersilie kalt abspülen, trockentupfen, die Blättchen von den Stängeln zupfen, in feine Streifen schneiden und unter die Zwiebeln mischen.
4. Eine Pfanne erhitzen und die unabgetropften Nackensteaks darin etwa 15 Minuten braten, dabei zwischendurch wenden.
5. Die Nackensteaks mit der Zwiebelmischung servieren.

Beilage:
Backkartoffeln oder Baguette.

Hühnerfrikassee

Klassisch

Pro Portion:
E: 41 g, F: 24 g, Kh: 8 g,
kJ: 1788, kcal: 427

1 $^1/_2$ l Wasser
1 Bund Suppengrün
1 Zwiebel
1 Lorbeerblatt
1 Gewürznelke
1 küchenfertiges Hähnchen (1–1,2 kg)
1 $^1/_2$ TL Salz

Für die Sauce:
25 g Butter
30 g Weizenmehl
500 ml ($^1/_2$ l) Hühnerbrühe

Hühnerfrikassee

1 Glas Spargelstücke
(Abtropfgewicht 175 g)
1 Glas Champignons
(Abtropfgewicht 150 g)
4 EL Weißwein
etwa 1 EL Zitronensaft
1 TL Zucker
2 Eigelb (Größe M)
4 EL Schlagsahne
Salz
frisch gemahlener Pfeffer
Worcestersauce

Zubereitungszeit: etwa 40 Min., ohne Abkühlzeit

1. Wasser in einem Topf zum Kochen bringen. In der Zwischenzeit Suppengrün vorbereiten: Knollensellerie schälen, schlechte Stellen herausschneiden. Möhren schälen, Grün und Spitzen abschneiden. Sellerie und Möhren waschen und abtropfen lassen. Von dem Porree die Außenblätter entfernen, Wurzelende und dunkles Grün abschneiden, die Stange längs halbieren, gründlich waschen und abtropfen lassen. Die vorbereiteten Zutaten in grobe Stücke schneiden. Zwiebel abziehen und mit Lorbeerblatt und Nelke spicken.
2. Hähnchen von innen und außen unter fließendem kalten Wasser abspülen, mit dem Salz in das kochende Wasser geben und wieder zum Kochen bringen.
3. Das vorbereitete Gemüse in den Topf geben und das Hähnchen in etwa 60 Minuten mit Deckel bei schwacher Hitze gar kochen.
4. Das Hähnchen aus der Brühe nehmen und etwas abkühlen lassen. Die Brühe durch ein Sieb gießen, evtl. entfetten und 500 ml ($^1/_2$ l) davon für die Sauce abmessen. Das Fleisch von den Knochen lösen, die Haut entfernen und das Fleisch in große Stücke schneiden.
5. Für die Sauce Butter in einem Topf zerlassen. Mehl unter Rühren so lange darin erhitzen, bis es hellgelb ist. Die abgemessene Brühe hinzugießen und mit einem Schneebesen gut durchschlagen, dabei darauf achten, dass keine Klümpchen entstehen. Die Sauce zum Kochen bringen und etwa 5 Minuten ohne Deckel leicht kochen lassen, dabei gelegentlich umrühren.
6. Spargelstücke und Champignons in einem Sieb abtropfen lassen, mit dem Fleisch in die Sauce geben und kurz aufkochen. Weißwein, 1 Esslöffel Zitronensaft und Zucker hinzufügen.
7. Eigelb mit Sahne verschlagen und vorsichtig unter das Frikassee rühren (abziehen), Frikassee nicht mehr kochen lassen. Das Frikassee mit Salz, Pfeffer, Worcestersauce und Zitronensaft abschmecken.

Beilage:
Reis oder Nudeln und Salat.
Die restliche Brühe mit einer Einlage als Suppe verwenden oder als Basis für eine Sauce. Die Brühe kann auch eingefroren werden.

Indonesischer Fleischtopf

Indonesischer Fleischtopf

Raffiniert

Pro Portion:
E: 28 g, F: 38 g, Kh: 11 g,
kJ: 2210, kcal: 528

4 Rinderrouladen (je 100 g)
2 rote Paprikaschoten
2 grüne Paprikaschoten
4–5 Zwiebeln
4 Tomaten
3 EL Speiseöl
4 EL Sojasauce
250 ml (1/4 l) Schlagsahne
1 TL Currypulver
Salz, frisch gemahlener Pfeffer

Zubereitungszeit: etwa 30 Min.

1. Rouladen in Streifen schneiden. Paprikaschoten halbieren, entstielen, entkernen und die weißen Scheidewände entfernen, Schoten waschen und in Streifen schneiden. Zwiebeln abziehen, halbieren und in Streifen schneiden.
2. Tomaten kurze Zeit in kochendes Wasser legen (nicht kochen lassen), in kaltem Wasser abschrecken, enthäuten, Stängelansätze herausschneiden und Tomaten in Stücke schneiden.
3. Öl in einer Pfanne erhitzen und die Fleischstreifen portionsweise darin anbraten.
4. Die Fleischstreifen in einen Topf geben. Paprika, Zwiebeln, Tomaten, Sojasauce und steif geschlagene Sahne hinzufügen, mit Curry, Salz und Pfeffer würzen und bei schwacher Hitze etwa 20 Minuten schmoren lassen, dabei ab und zu umrühren.

Beilage:
Reis und Salat.

Italienische Fischlasagne

Für Gäste

Pro Portion:
E: 57 g, F: 50 g, Kh: 49 g,
kJ: 3874, kcal: 925

600 g Viktoriabarschfilet
600 g Blattspinat
1 Gemüsezwiebel (etwa 200 g)
2 große Fleischtomaten (etwa 300 g)
2 EL Pflanzenöl
500 ml (1/2 l) Béchamelsauce
[2 Tetra Pak, je 250 ml (1/4 l)]
etwa 1 Bund Thymian
Salz
frisch gemahlener Pfeffer

etwa 200 g Lasagneblätter,
ohne Vorgaren

100 g geriebener Parmesan
100 g geriebener Käse, z. B.
Provolone oder Gouda

Zubereitungszeit: etwa 45 Min.

1. Barschfilet unter fließendem kalten Wasser abspülen, trockentupfen und in Würfel schneiden.
2. Blattspinat verlesen, waschen und abtropfen lassen. Spinat in kochendem Salzwasser 1–2 Minuten blanchieren, in ein Sieb geben, mit kaltem Wasser übergießen und gut abtropfen lassen. Zwiebel abziehen und fein würfeln. Fleischtomaten waschen, abtrocknen, halbieren, Stängelansätze herausschneiden und die Tomaten entkernen. Tomaten in Würfel schneiden.

Italienische Fischlasagne

3. Pflanzenöl in einer großen Pfanne erhitzen und Zwiebel- und Fischwürfel darin andünsten, mit Blattspinat, Tomatenwürfeln und Béchamelsauce (etwas Sauce beiseite stellen) vorsichtig mischen. Thymian abspülen, trockentupfen und Blättchen von den Stängeln zupfen. Mit Salz, Pfeffer und Thymian würzen.
4. Fischlasagne in einer flachen Auflaufformen zubereiten. Dazu eine dünne Schicht der Gemüse-Fisch-Füllung in die Auflaufform geben, mit Parmesan bestreuen und mit drei Lasagneblättern bedecken. Diesen Vorgang zweimal wiederholen. Die oberste Schicht sollte aus Lasagneblättern bestehen. Lasagneblätter mit der beiseite gestellten Sauce bestreichen und mit dem Provolone- oder Gouda-Käse bestreuen. Die Form auf dem Rost in den Backofen schieben.
   Ober-/Unterhitze: etwa 180 °C (vorgeheizt)
   Heißluft: etwa 160 °C (nicht vorgeheizt)
   Gas: Stufe 2–3 (nicht vorgeheizt)
   Garzeit: etwa 45 Minuten.
5. Die Fischlasagne möglichst heiß servieren.

Beilage:
Gemischte Blattsalate, z. B. Radicchio, Chicorée und Frisée im Essig-Öl-Dressing.

Italienische Schnitzel

Schnell

Pro Portion:
E: 39 g, F: 30 g, Kh: 8 g,
kJ: 2074, kcal: 494

Italienische Schnitzel

4 Schweineschnitzel (je 140 g)
Salz, frisch gemahlener Pfeffer
3 EL Olivenöl
1 große Zucchini
2 mittelgroße Zwiebeln
2 Knoblauchzehen
etwa 10 große Oliven ohne Stein
1 Dose geschälte Tomaten (800 g)
2 EL Tomatenmark
1 geh. TL getrockneter Oregano
1 TL getrocknete Rosmarinnadeln
100 g Parmesan
1 Topf Basilikum

Zubereitungszeit: etwa 35 Min.

1. Schnitzel unter fließendem kalten Wasser abspülen, trockentupfen, salzen und pfeffern. Öl in einer Pfanne erhitzen und die Schnitzel von beiden Seiten darin anbraten (nicht durchgaren). Die Schnitzel dann nebeneinander in eine gefettete Auflaufform legen.
2. Zucchini waschen, abtrocknen und die Enden abschneiden, Zucchini längs halbieren und in Scheiben schneiden. Zwiebeln und Knoblauch abziehen und würfeln. Oliven grob zerkleinern.
3. Die Zucchinischeiben in dem verbliebenen Bratfett andünsten (evtl. noch etwas Öl zugeben). Zwiebeln und Knoblauch hinzugeben und mitdünsten. Tomaten mit der Flüssigkeit, Tomatenmark und Olivenstücke hinzufügen, erhitzen und alles mit Salz, Pfeffer, Oregano und Rosmarin würzen. Die Mischung über die Schnitzel geben.
4. Parmesan grob raspeln und darüber streuen. Die Form auf dem Rost in den Backofen schieben.
   Ober-/Unterhitze: etwa 200 °C (vorgeheizt)
   Heißluft: etwa 180 °C (vorgeheizt)
   Gas: Stufe 3–4 (vorgeheizt)
   Garzeit: etwa 20 Minuten.
5. Basilikum kalt abspülen, trockentupfen und die Blättchen von den Stängeln zupfen, in Streifen schneiden und vor dem Servieren über die Schnitzel streuen.

Beilage:
Grüne und weiße Bandnudeln.

Tipp:
Anstelle von Schweineschnitzeln können Sie auch Putenschnitzel verwenden.

Italienischer Spaghettisalat

4–6 Portionen

Raffiniert

Pro Portion:
E: 27 g, F: 29 g, Kh: 41 g,
kJ: 2237, kcal: 534

3 l Wasser
250 g Spaghetti
Salz

250 g Gemüsezwiebeln
200 g Zucchini
200 g Fleischtomaten
200 g Bratenaufschnitt,
z. B. Kalbsbraten
3 EL Balsamico-Essig
frisch gemahlener Pfeffer, Zucker
getrockneter, gerebelter Oregano
4 EL Olivenöl
12 schwarze Oliven ohne Stein
2 TL Kapern (aus dem Glas)

Für die Thunfischsauce:
1 Dose Thunfisch in Öl
(Abtropfgewicht 185 g)
150 g Naturjoghurt
1 EL Salatmayonnaise
1 Topf oder kleines Bund Basilikum

Zubereitungszeit: etwa 50 Min., ohne Durchziehzeit

1. Wasser in einem großen geschlossenen Topf zum Kochen bringen. Spaghetti zweimal durchbrechen. 3 Teelöffel Salz und Spaghetti in das kochende Wasser geben und die Spaghetti ohne Deckel bei mittlerer Hitze nach Packungsanleitung bissfest kochen, dabei zwischendurch 4–5-mal umrühren. Anschließend Spaghetti in ein Sieb geben, mit kaltem Wasser abspülen und abtropfen lassen.
2. Gemüsezwiebeln abziehen, halbieren und in dünne Scheiben schneiden. Zucchini waschen, abtrocknen, die Enden abschneiden und Zucchini in dünne Scheiben schneiden. Zwiebel- und Zucchinischeiben in wenig kochendes Salzwasser geben und einmal aufkochen lassen, in ein Sieb geben, mit kaltem Wasser übergießen und abtropfen lassen.
3. Tomaten waschen, abtropfen lassen und kreuzweise einschneiden, kurz in kochendes Wasser legen und in kaltem Wasser abschrecken. Tomaten enthäuten, die Stängelansätze herausschneiden, Tomaten vierteln, entkernen und in Spalten schneiden. Bratenaufschnitt in Streifen schneiden.
4. Essig mit Salz, Pfeffer, Zucker und Oregano verrühren. Öl unterschlagen. Die Sauce mit den vorbereiteten Zutaten, abgetropften Oliven und abgetropften Kapern in einer Schüssel vermengen und den Salat etwa 20 Minuten durchziehen lassen.
5. Für die Thunfischsauce Thunfisch mit dem Öl aus der Dose, Joghurt und Mayonnaise pürieren. Die Sauce mit Salz und Pfeffer abschmecken.
6. Basilikum abspülen, trockentupfen, die Blättchen von den Stängeln zupfen und den Salat damit garnieren. Die Thunfischsauce zu dem Salat reichen.

Abwandlung:
Anstelle von Bratenaufschnitt können Sie auch 150 g gegrilltes, in Scheiben geschnittenes Hähnchenbrustfilet verwenden.

Tipp:
Den italienischen Spaghettisalat als kaltes Hauptgericht mit Ciabatta (italienisches Weißbrot) oder als Partysalat servieren.

Italienische Zitrustorte

Gut vorzubereiten

Insgesamt:
E: 92 g, F: 414 g, Kh: 390 g,
kJ: 24336, kcal: 5816

Zum Vorbereiten:
50 g Halbbitter-Kuvertüre

Für den Rührteig:
200 g weiche Butter oder Margarine
80 g Zucker
1 Pck. Dr. Oetker Finesse Geriebene Zitronenschale
2 EL Zitronenmarmelade
3 Eier (Größe M)
100 g Weizenmehl
1 Pck. Dr. Oetker Pudding-Pulver Schokolade, 2 TL Dr. Oetker Backin

Für die Creme:
500 g Mascarpone (italienischer Frischkäse)
250 g Magerquark
1 EL Zitronenmarmelade
50 g Zucker
1 Pck. Dr. Oetker Vanillin-Zucker
1 Pck. Dessert-Saucenpulver Vanille-Geschmack (ohne Kochen)
2 EL Zitronensaft

Zum Bestreuen und Garnieren:
Gebäckbrösel (von dem Boden)
kandierte Orangenscheiben

Zubereitungszeit: etwa 45 Min., ohne Kühlzeit

1. Zum Vorbereiten Kuvertüre grob hacken, in einem kleinen Topf im Wasserbad bei schwacher Hitze zu einer geschmeidigen Masse verrühren und etwas abkühlen lassen.
2. Für den Teig Butter oder Margarine mit Handrührgerät mit Rührbesen auf höchster Stufe geschmeidig rühren. Nach und nach Zucker und Zitronenschale unterrühren und so lange rühren, bis eine gebundene Masse entstanden ist. Marmelade ebenfalls unterrühren. Eier nach und nach unterrühren (jedes Ei etwa 1/2 Minute).
3. Kuvertüre unterrühren. Mehl, Pudding-Pulver und Backin mischen, sieben und portionsweise auf mittlerer Stufe unterrühren. Den Teig in eine Springform (Ø 26 cm, Boden gefettet, mit Backpapier belegt) füllen und glatt streichen. Die Form auf dem Rost in den Backofen schieben.
   Ober-/Unterhitze: etwa 180 °C (vorgeheizt)
   Heißluft: etwa 160 °C (vorgeheizt)
   Gas: Stufe 2–3 (vorgeheizt)
   Backzeit: etwa 30 Minuten.
4. Den Boden aus der Form lösen, auf einen mit Backpapier belegten Kuchenrost stürzen, das mitgebackene Backpapier abziehen und den Boden erkalten lassen. Den erkalteten Boden einmal waagerecht durchschneiden, den oberen Boden gerade schneiden. Die dabei anfallenden Gebäckreste zwischen den Händen zerreiben oder mit einem Schneidstab pürieren.
5. Für die Creme Mascarpone, Quark, Marmelade, Zucker, Vanillin-Zucker, Saucenpulver und Zitronensaft mit Handrührgerät mit Rührbesen glatt rühren.
6. Den unteren Boden auf eine Tortenplatte legen und einen Tortenring darumstellen. Etwa die Hälfte der Creme darauf streichen, den oberen Boden darauf legen und leicht andrücken. Die Oberfläche mit der restlichen Creme bestreichen und mit einem Tortenkamm verzieren. Die Gebäckbrösel darauf streuen. Die Torte etwa 2 Stunden kalt stellen.
7. Vor dem Servieren den Tortenring lösen. Orangenscheiben klein schneiden und die Torte damit garnieren.

Italienische Zitrustorte

Jägerbällchen

Raffiniert

Pro Portion:
E: 37 g, F: 55 g, Kh: 21 g,
kJ: 3266, kcal: 779

Für die Hackfleischbällchen:
2 Scheiben Toastbrot (etwa 40 g)
100 ml Milch
150 g Zwiebeln
5 EL Pflanzenöl
500 g Gehacktes
(halb Rind-/halb Schweinefleisch)
1 Ei (Größe M)
Salz, frisch gemahlener Pfeffer
40 g Semmelbrösel

200 g kleine Champignons
200 g Austernpilze
1 Pck. (450 g) Tomatensauce
(Fertigprodukt)
Knoblauchpulver
$^1/_2$ Pck. TK-Kräuter der Provence
75 g geriebener Parmesan

Zubereitungszeit: etwa 50 Min.

1. Für die Hackfleischbällchen Toastbrot grob zerkleinern, in eine flache Schale geben, mit Milch übergießen und einweichen lassen.
2. Zwiebeln abziehen und in Würfel schneiden. 1 Esslöffel Öl in einer Pfanne erhitzen und die Zwiebelwürfel darin glasig dünsten, etwas abkühlen lassen.
3. Gehacktes in eine Schüssel geben. Die eingeweichten, ausgedrückten Toastbrotstücke, Ei und Zwiebelwürfel hinzugeben und miteinander vermengen. Mit Salz und Pfeffer würzen.
4. Aus der Hackfleischmasse 8 kleine, flache Bällchen formen und in Semmelbröseln wälzen. 3 Esslöffel Öl in einer großen Pfanne erhitzen und die Hackfleischbällchen portionsweise von allen Seiten darin anbraten.
5. Champignons und Austernpilze putzen, mit Küchenpapier abreiben, evtl. abspülen, abtropfen lassen und grob zerkleinern.
6. Restliches Öl erhitzen und Champignons und Austernpilze darin etwa 10 Minuten andünsten. Tomatensauce hinzugießen und mit Salz, Pfeffer und Knoblauchpulver würzen. Die Pilz-Tomatenmasse in eine Auflaufform geben und Hackfleischbällchen darauf legen. Die Form auf dem Rost in den Backofen schieben.
   Ober-/Unterhitze: etwa 200 °C (vorgeheizt)
   Heißluft: etwa 180 °C (vorgeheizt)
   Gas: Stufe 3–4 (vorgeheizt)
   Garzeit: etwa 30 Minuten.
7. Kräuter der Provence zu den Pilzen geben und vor dem Servieren mit Parmesan bestreuen.

Beilage:
Ofenwarmes Baguette oder Nudeln und grüner Salat.

Jägerrouladen

Mit Alkohol

Pro Portion:
E: 57 g, F: 72 g, Kh: 5 g,
kJ: 4084, kcal: 974

2 Zwiebeln
500 g Champignons
125 g Schwarzwälder Speck
2 EL gehackte Petersilie

2 große Scheiben Rindfleisch (je etwa 500 g, aus der Keule)
Salz
frisch gemahlener Pfeffer
150 g Schwarzwälder Speck in Scheiben
2 mittelgroße Möhren
1–2 Knoblauchzehen
30 g Butterschmalz
125 ml (1/8 l) Weißwein
75 ml Fleischbrühe
125 ml (1/8 l) Schlagsahne

Außerdem:
Küchengarn

Zubereitungszeit: etwa 55 Min.

1. Zwiebeln abziehen und würfeln. Champignons putzen, mit Küchenpapier abreiben, evtl. abspülen und in Scheiben schneiden. Speck in Würfel schneiden. Die Speckwürfel in einer Pfanne ausbraten. Zwiebelwürfel und die Hälfte der Champignonscheiben darin etwa 5 Minuten gar dünsten. Petersilie unterrühren.
2. Rindfleischscheiben kurz unter fließendem kalten Wasser abspülen, trockentupfen, mit Salz und Pfeffer bestreuen und mit den Speckscheiben belegen.
3. Die Speck-Champignon-Masse gleichmäßig auf das Fleisch streichen, das Fleisch von der schmalen Seite her aufrollen und mit Küchengarn umwickeln. Möhren putzen, schälen, waschen und in Würfel schneiden. Knoblauch abziehen und durch die Knoblauchpresse drücken.
4. Butterschmalz in einem großen Bratentopf zerlassen und die Rouladen von allen Seiten darin anbraten.
5. Möhrenwürfel und Knoblauch zu dem Fleisch geben, etwas Wein und Brühe hinzugießen und das Fleisch etwa 80 Minuten zugedeckt schmoren, dabei gelegentlich wenden und nach und nach den restlichen Wein und die restliche Brühe hinzugießen.
6. Die restlichen Champignonscheiben hinzufügen und alles noch etwa 10 Minuten schmoren lassen.
7. Das gare Fleisch aus dem Bratentopf nehmen und etwa 10 Minuten zugedeckt ruhen lassen. Das Fleisch dann in Scheiben schneiden und warm stellen. Sahne unter die Schmorflüssigkeit rühren, evtl. etwas einkochen lassen und abschmecken. Die Sauce zu dem Fleisch servieren.

Beilage: Spätzle oder Bandnudeln und gemischter Salat.

Jägerrouladen

Jägerschnitzel

Klassisch

Pro Portion:
E: 49 g, F: 28 g, Kh: 6 g,
kJ: 1931, kcal: 463

1 Zwiebel
250 g Champignons
4 Schweineschnitzel (je etwa 200 g)
Salz, frisch gemahlener Pfeffer
Paprikapulver edelsüß
40 g Weizenmehl
50 g Butterschmalz, Margarine oder
5 EL Speiseöl
1 Becher (150 g) Crème fraîche
1 EL gehackte Petersilie

Zubereitungszeit: etwa 30 Min.

1. Zwiebel abziehen und würfeln. Von den Champignons Stielenden und schlechte Stellen abschneiden, Pilze mit Küchenpapier abreiben, evtl. abspülen, trockentupfen und in Scheiben schneiden.
2. Schweineschnitzel unter fließendem kalten Wasser abspülen, trockentupfen, mit Salz, Pfeffer und Paprikapulver bestreuen und in Mehl wenden. Nicht anhaftendes Mehl abschütteln.
3. Butterschmalz, Margarine oder Öl in einer Pfanne erhitzen und die Schnitzel darin bei mittlerer Hitze in 10–12 Minuten (je nach Dicke der Schnitzel) von beiden Seiten braten, dabei gelegentlich wenden. Die garen Schnitzel aus der Pfanne nehmen und warm stellen.
4. Die Zwiebelwürfel in dem verbliebenem Bratfett unter Rühren andünsten. Champignonscheiben zu den Zwiebelwürfeln geben und mitdünsten. Crème fraîche unterrühren, mit Salz und Pfeffer würzen und 2–3 Minuten bei schwacher Hitze ohne Deckel leicht köcheln.
5. Petersilie unterrühren und die Sauce zu den Schnitzeln reichen.

Joghurt-Aprikosen-Kuchen

Einfach

Insgesamt:
E: 70 g, F: 192 g, Kh: 687 g,
kJ: 20578 , kcal: 4914

Für den Schüttelteig:
150 g Naturjoghurt, 300 g Weizenmehl
2 TL Dr. Oetker Backin, 300 g Zucker
1 Pck. Dr. Oetker Finesse Geriebene Zitronenschale, 3 Eier (Größe M)
150 ml Speiseöl

Für den Belag:
1 Dose Aprikosenhälften
(Abtropfgewicht 480 g)

Zum Bestreichen:
100 g Orangenmarmelade oder Aprikosenkonfitüre

Zum Bestreuen:
25 g gehackte Pistazienkerne

Zubereitungszeit: etwa 30 Min.

1. Für den Teig Joghurt in eine verschließbare Schüssel (3-Liter-Inhalt) geben. Mehl mit Backin mischen, sieben, mit Zucker und Zitronenschale mischen und in die Schüssel geben. Eier und Öl hinzufügen und die Schüssel mit dem Deckel fest verschließen.
2. Mehrmals (insgesamt 15–30 Sekunden) kräftig schütteln, so dass alle Zutaten gut vermischt sind. Alles mit einem Schneebesen oder Rührlöffel nochmals sorgfältig durchrühren, damit trockene Zutaten vom Rand mit untergerührt werden. Den Teig auf ein Backblech (30 x 40 cm, gefettet) streichen.
3. Für den Belag Aprikosen in einem Sieb gut abtropfen lassen und auf dem Teig verteilen. Das Backblech in den Backofen schieben.
   Ober-/Unterhitze: etwa 200 °C (vorgeheizt)
   Heißluft: etwa 180 °C (vorgeheizt)
   Gas: Stufe 3–4 (vorgeheizt)
   Backzeit: etwa 30 Minuten.
4. Das Backblech auf einen Kuchenrost stellen.
5. Zum Bestreichen Marmelade oder Konfitüre durch ein Sieb streichen und unter Rühren erwärmen. Den heißen Kuchen damit bestreichen.
6. Die Pistazienkerne auf die Kuchenoberfläche streuen und den Kuchen erkalten lassen.

Beilage:
Schlagsahne.

Tipp:
Anstatt Naturjoghurt kann auch saure Sahne oder Crème fraîche verwendet werden.

Joghurt-Frucht-Torte

Fruchtig

Insgesamt:
E: 82 g, F: 283 g, Kh: 434 g,
kJ: 19998, kcal: 4782

Für den Knetteig:
150 g Weizenmehl
50 g Zucker
1 Pck. Dr. Oetker Vanillin-Zucker
1 Prise Salz
100 g weiche Butter oder Margarine

Für den Biskuitteig:
2 Eier (Größe M)
50 g Zucker
1 Pck. Dr. Oetker Vanillin-Zucker
50 g Weizenmehl
25 g Speisestärke
1 TL Dr. Oetker Backin

Zum Bestreichen:
2 EL Johannisbeergelee

Für die Joghurtsahne:
8 Blatt weiße Gelatine
500 g Naturjoghurt, 60 g Zucker
4–5 EL Zitronensaft
500 ml ($^{1}/_{2}$ l) Schlagsahne

Zum Garnieren:
Früchte der Saison, z. B. Melonenstücke, Erdbeeren, Weintrauben
abgezogene, gehobelte, gebräunte Mandeln

Zubereitungszeit: etwa 60 Min., ohne Kühlzeit

1. Für den Knetteig Mehl in eine Rührschüssel sieben. Zucker, Vanillin-Zucker, Salz und Butter oder Margarine hinzufügen und die Zutaten mit Handrührgerät mit Knethaken zunächst kurz auf niedrigster, dann auf höchster Stufe gut durcharbeiten.
2. Anschließend auf der leicht bemehlten Arbeitsfläche zu einem glatten Teig verkneten. Sollte der Teig kleben, ihn in Folie gewickelt eine Zeit lang kalt stellen.
3. Den Teig auf dem Boden einer Springform (Ø 26 cm, Boden gefettet) ausrollen und mehrmals mit einer Gabel einstechen. Den Springformrand darumstellen. Die Form auf dem Rost in den Backofen schieben.
   Ober-/Unterhitze: etwa 200 °C (vorgeheizt)
   Heißluft: etwa 180 °C (vorgeheizt)
   Gas: Stufe 3–4 (vorgeheizt)
   Backzeit: etwa 15 Minuten.
4. Den Knetteigboden sofort nach dem Backen vom Springformboden lösen, aber darauf erkalten lassen. Ihn dann auf eine Tortenplatte legen.
5. Für den Biskuitteig Eier mit Handrührgerät mit Rührbesen auf höchster Stufe in 1 Minute schaumig schlagen. Zucker mit Vanillin-Zucker mischen, in 1 Minute einstreuen und noch etwa 2 Minuten schlagen.
6. Mehl mit Speisestärke und Backin mischen, auf die Eiercreme sieben und kurz auf niedrigster Stufe unterrühren. Den Teig in eine Springform (Ø 26 cm, Boden gefettet, mit Backpapier belegt) füllen. Die Form auf dem Rost in den Backofen schieben.
   Ober-/Unterhitze: etwa 180 °C (vorgeheizt)
   Heißluft: etwa 160 °C (vorgeheizt)
   Gas: Stufe 2–3 (vorgeheizt)
   Backzeit: etwa 25 Minuten.
7. Den Biskuitboden aus der Form lösen, auf einen mit Backpapier belegten Kuchenrost stürzen, das mitgebackene Backpapier abziehen und den Boden erkalten lassen.

Joghurt-Frucht-Torte

8. Den Knetteigboden mit Johannisbeergelee bestreichen. Den Biskuitboden darauf legen und etwas andrücken. Einen Tortenring darumstellen.
9. Für die Joghurtsahne Gelatine nach Packungsanleitung in kaltem Wasser einweichen. Joghurt mit Zucker und Zitronensaft verrühren. Gelatine leicht ausdrücken, in einem kleinen Topf unter Rühren erwärmen (nicht kochen), bis sie völlig gelöst ist, leicht abkühlen lassen und mit der Joghurtmasse verrühren.
10. Sobald die Masse anfängt zu gelieren, Sahne steif schlagen und unterheben. Die Joghurtsahne auf dem Tortenboden verteilen und etwa 3 Stunden kalt stellen.
11. Früchte waschen, putzen, evtl. in Stücke schneiden und die Tortenoberfläche damit garnieren. Die Torte bis zum Servieren kalt stellen.
12. Vor dem Servieren Tortenring entfernen und den Tortenrand mit Mandelblättchen bestreuen.

Abwandlung:
Für eine Buttermilch-Frucht-Torte den Joghurt durch Buttermilch ersetzen.

Joghurttorte mit Aprikosen

Joghurttorte mit Aprikosen

Für Gäste

Insgesamt:
E: 81 g, F: 276 g, Kh: 558 g,
kJ: 21766, kcal: 5203

Für den Rührteig:
100 g weiche Butter oder Margarine
100 g Zucker
1 Pck. Dr. Oetker Vanillin-Zucker
3 Eier (Größe M), 100 g Weizenmehl
15 g Speisestärke
1 TL Dr. Oetker Backin

Für die Joghurtmasse:
8 Blatt weiße Gelatine
450 g Naturjoghurt
150 g Zucker
2 Pck. Dr. Oetker Finesse Geriebene Zitronenschale, Saft von 2 Zitronen
500 ml (1/2 l) Schlagsahne

Für Belag und Guss:
1 große Dose Aprikosen (Abtropfgewicht 480 g)
6 Blatt weiße Gelatine
Aprikosensaft (von den Aprikosen)
Saft von 1 Zitrone
50 g gesiebter Puderzucker

Zubereitungszeit: etwa 50 Min., ohne Kühlzeit

1. Für den Teig Butter oder Margarine mit Handrührgerät mit Rührbesen auf höchster Stufe geschmeidig rühren. Nach und nach Zucker und Vanillin-Zucker unterrühren und so lange rühren, bis eine gebundene Masse entstanden ist. Eier nach und nach unterrühren (jedes Ei etwa 1/2 Minute).
2. Mehl mit Speisestärke und Backin mischen, sieben und portionsweise auf mittlerer Stufe unterrühren. Den Teig in eine Springform (Ø 26 cm, Boden gefettet, mit Backpapier belegt) füllen und glatt streichen. Die Form auf dem Rost in den Backofen schieben.
   Ober-/Unterhitze: etwa 180 °C (vorgeheizt)
   Heißluft: etwa 160 °C (vorgeheizt)
   Gas: Stufe 2–3 (vorgeheizt)
   Backzeit: etwa 20 Minuten.
3. Den Boden auf einen mit Backpapier belegten Kuchenrost stürzen, das mitgebackene Backpapier abziehen und den Boden erkalten lassen.
4. Für die Joghurtmasse Gelatine in kaltem Wasser nach Packungsanleitung einweichen. Joghurt mit Zucker, Zitronenschale und -saft verrühren.
5. Gelatine leicht ausdrücken, in einem kleinen Topf unter Rühren erwärmen (nicht kochen), bis sie völlig gelöst ist, leicht abkühlen lassen und unter die Joghurtmasse rühren. Sobald die Masse anfängt zu gelieren, Sahne steif schlagen und unterheben.
6. Für Belag und Guss Aprikosen in einem Sieb abtropfen lassen, dabei den Saft auffangen. Den Boden auf eine Tortenplatte legen und einen Tortenring darumstellen. Den Boden mit etwa der Hälfte der Aprikosen belegen, die Joghurtmasse darauf geben und glatt streichen. Die Torte etwa 1 Stunde kalt stellen.
7. Für den Guss Gelatine wie oben angegeben einweichen und auflösen. Die restlichen Aprikosen pürieren, mit dem aufgefangenen Aprikosensaft auf 500 ml (1/2 l) auffüllen und mit Zitronensaft und Puderzucker mischen. Gelatine unterrühren.
8. Wenn der Guss anfängt zu gelieren, ihn gleichmäßig auf der Joghurtmasse verteilen und die Torte etwa 2 Stunden kalt stellen.
9. Vor dem Servieren die Torte mit einem Messer aus dem Tortenring lösen und den Tortenring entfernen.

Johannisbeer-Blätterteig-Schnitten

Einfach

Insgesamt:
E: 75 g, F: 216 g, Kh: 410 g,
kJ: 16589, kcal: 3965

Für den Teig:
1 Pck. (450 g) TK-Blätterteig

Für die Füllung:
9 Blatt weiße Gelatine
250 g rote Johannisbeeren
5 Becher (je 150 g) Sahnejoghurt,
Orange mit Schokoraspel
200 ml Schlagsahne

Für den Guss:
100 g gesiebter Puderzucker
1–2 EL roter Johannisbeernektar

Zum Garnieren:
einige Johannisbeerrispen

Zubereitungszeit: etwa 50 Min., ohne Auftau-, Ruhe- und Kühlzeit

1. Für den Teig Blätterteigplatten nebeneinander zugedeckt bei Zimmertemperatur auftauen lassen.
2. Platten wieder übereinander legen und auf der bemehlten Arbeitsfläche zu einem Rechteck (48 x 26 cm) ausrollen, die Seiten begradigen.
3. Platte quer halbieren, jeweils eine Platte auf je ein Backblech (gefettet, mit Backpapier belegt) legen. Die Teigplatten mehrmals mit einer Gabel einstechen und etwa 10 Minuten ruhen lassen. Die Backbleche nacheinander (bei Heißluft zusamen) in den Backofen schieben.
   Ober-/Unterhitze: etwa 200 °C (vorgeheizt)
   Heißluft: etwa 180 °C (vorgeheizt)
   Gas: Stufe 3–4 (vorgeheizt)
   Backzeit: etwa 20 Minuten je Backblech.
4. Eine Gebäckplatte vom Backpapier lösen und auf einem Kuchenrost erkalten lassen. Zweite Gebäckplatte vom Backpapier lösen, aber auf dem Backblech auf einem Kuchenrost erkalten lassen. Einen Backrahmen in der Größe der Gebäckplatte darumstellen.
5. Für die Füllung Gelatine nach Packungsanleitung in kaltem Wasser einweichen. Johannisbeeren waschen, abtropfen lassen, entstielen und die Beeren trockentupfen. Die Gelatine leicht ausdrücken und unter Rühren erwärmen (nicht kochen), bis sie völlig gelöst ist. Die aufgelöste Gelatine erst mit einigen Löffeln Joghurt verrühren, dann unter den restlichen Joghurt rühren. Die Joghurtmasse kalt stellen.
6. Sahne steif schlagen. Sobald die Joghurt-Masse anfängt zu gelieren, Sahne und Johannisbeeren unterheben.
7. Johannisbeer-Joghurt-Creme auf dem Blätterteigboden im Backrahmen verteilen und glatt streichen. Mit dem zweiten Blätterteigboden bedecken.
8. Für den Guss Puderzucker und Johannisbeernektar zu einer dickflüssigen Masse verrühren. Das Gebäck damit bestreichen und 2 Stunden kalt stellen.
9. Den Backrahmen mit einem Messer lösen und entfernen. Gebäck evtl. mit einem elektrischen Messer in Schnitten schneiden und mit Johannisbeerrispen garnieren.

Johannisbeer-Blätterteig-Schnitten

Johannisbeer-Frischkäse-Torte

Johannisbeer-Frischkäse-Torte

Fruchtig

Insgesamt:
E: 113 g, F: 494 g, Kh: 461 g,
kJ: 29280, kcal: 6992

Für den Rührteig:
100 g weiche Butter oder Margarine
100 g Zucker, 1 Ei (Größe M)
100 g Weizenmehl
1 TL Dr. Oetker Backin
50 g abgezogene, gehobelte Mandeln
50 g gemahlene Haselnusskerne oder abgezogene, gemahlene Mandeln

Für die Füllung:
400 g Doppelrahm-Frischkäse
100 g gesiebter Puderzucker
2 EL Milch
100 g gemahlene Haselnusskerne
500 ml ($^1/_2$ l) Schlagsahne
2 Pck. Dr. Oetker Vanillin-Zucker
2 Pck. Dr. Oetker Sahnesteif

Für den Belag:
600 g Johannisbeeren
3–4 EL Zucker

Für den Guss:
1 Pck. Tortenguss, klar
250 ml ($^1/_4$ l) Flüssigkeit (Johannisbeersaft mit Wasser)
1 Pck. Dr. Oetker Vanillin-Zucker

Zubereitungszeit: etwa 50 Min., ohne Saftziehzeit

1. Für den Teig Butter oder Margarine mit Handrührgerät mit Rührbesen auf höchster Stufe geschmeidig rühren. Zucker unterrühren. So lange rühren, bis eine gebundene Masse entstanden ist.
2. Ei in etwa $^1/_2$ Minute unterrühren. Mehl mit Backin mischen, sieben und abwechselnd portionsweise mit Mandeln und Haselnusskernen auf mittlerer Stufe unterrühren.
3. Den Teig in eine Springform (Ø 26 cm, gefettet, mit Backpapier belegt) füllen und glatt streichen. Die Form auf dem Rost in den Backofen schieben.

   Ober-/Unterhitze: etwa 180 °C (vorgeheizt)
   Heißluft: etwa 160 °C (vorgeheizt)
   Gas: Stufe 2–3 (vorgeheizt)
   Backzeit: etwa 25 Minuten.
4. Den Boden aus der Form lösen, auf einen Kuchenrost stürzen, das Backpapier entfernen und den Boden erkalten lassen. Den erkalteten Boden auf eine Tortenplatte legen und einen Tortenring darumstellen.
5. Für die Füllung Frischkäse mit Puderzucker und Milch glatt rühren. Die Masse auf den Boden streichen und Haselnusskerne darauf streuen.
6. Sahne mit Vanillin-Zucker und Sahnesteif steif schlagen, auf die Haselnusskerne geben und glatt streichen.
7. Für den Belag Johannisbeeren waschen, abtropfen lassen und entstielen. Zucker auf die Johannisbeeren streuen und zum Saft ziehen etwa 30 Minuten stehen lassen.
8. Johannisbeeren in einem Sieb abtropfen lassen, den Saft dabei auffangen und 250 ml ($^1/_4$ l) davon für den Guss abmessen (evtl. mit Wasser ergänzen). Die Johannisbeeren auf der Sahne verteilen.
9. Für den Guss aus Tortenguss, Johannisbeerflüssigkeit und Vanillin-Zucker nach Packungsanleitung einen Guss zubereiten und etwas abkühlen lassen. Den Guss auf die Johannisbeeren geben und fest werden lassen.
10. Vor dem Servieren den Tortenring lösen und entfernen.

Tipp:
Bei Verwendung von TK-Johannisbeeren die Beeren vorher in einem Sieb auftauen lassen, den Saft dabei auffangen und für den Guss verwenden.
Anstelle der Johannisbeeren können Sie auch Himbeeren, Heidelbeeren oder Sauerkirschen verwenden.

Johannisbeer-Käsekuchen

Fruchtig

Insgesamt:
E: 178 g, F: 192 g, Kh: 540 g,
kJ: 19501, kcal: 4653

Zum Vorbereiten:
etwa 500 g frische Johannisbeeren

Für den Streuselteig:
250 g Weizenmehl
1 TL Dr. Oetker Backin
75 g Zucker
1 Pck. Dr. Oetker Vanillin-Zucker
150 g weiche Butter oder Margarine

Für die Füllung:
4 Eiweiß (Größe M)
4 Eigelb (Größe M)
750 g Magerquark
1 Pck. Dr. Oetker Finesse Geriebene Zitronenschale
150 g Zucker
250 ml (1/4 l) Milch
1 Pck. Käsekuchen-Hilfe

Zum Bestreuen:
50 g abgezogene, gehobelte Mandeln

Zubereitungszeit: etwa 65 Min., ohne Abkühlzeit

1. Zum Vorbereiten Johannisbeeren waschen, abtropfen lassen und entstielen.
2. Für den Teig Mehl mit Backin mischen und in eine Rührschüssel sieben. Restliche Zutaten hinzufügen und mit Handrührgerät mit Rührbesen auf höchster Stufe zu feinen Streuseln verarbeiten. Den Teig in einer Fettfangschale (30 x 40 cm, gefettet) verteilen und leicht andrücken. Die Fettfangschale in den Backofen schieben und den Boden vorbacken.
   Ober-/Unterhitze: etwa 180 °C (vorgeheizt)
   Heißluft: etwa 160 °C (vorgeheizt)
   Gas: Stufe 2–3 (vorgeheizt)
   Backzeit: etwa 15 Minuten.
3. Die Fettfangschale auf einen Kuchenrost stellen und den Boden etwas abkühlen lassen.
4. Für die Füllung Eiweiß sehr steif schlagen. Eigelb mit Quark, Zitronenschale, Zucker und Milch geschmeidig rühren. Käsekuchen-Hilfe unterrühren. Eischnee unterheben.
5. Die Quarkmasse auf den vorgebackenen Boden geben und glatt streichen. Johannisbeeren darauf verteilen und mit Mandeln bestreuen. Die Fettfangschale in den Backofen schieben und den Kuchen fertig backen.
   Ober-/Unterhitze: etwa 160 °C (vorgeheizt, unteres Drittel)
   Heißluft: etwa 140 °C (vorgeheizt)
   Gas: Stufe 1–2 (vorgeheizt, unteres Drittel)
   Backzeit: etwa 45 Minuten.
6. Die Fettfangschale auf einen Kuchenrost stellen und den Kuchen erkalten lassen.

Johannisbeer-Käsekuchen

Kabeljau mit Senfsauce

Kabeljau mit Senfsauce

Schnell

Pro Portion:
E: 27 g, F: 7 g, Kh: 2 g,
kJ: 840, kcal: 200

20 g Butter
2 EL Zwiebelwürfel
200 ml Fischfond oder -brühe
4 Kabeljaufilets (je 150 g)
Salz
frisch gemahlener Pfeffer
100 ml trockener Weißwein
1 EL körniger Senf
2 EL Crème fraîche
2 EL Schnittlauchröllchen

Zubereitungszeit: etwa 25 Min.

1. Butter in einer tiefen Pfanne erhitzen. Zwiebelwürfel darin andünsten und mit Fischfond ablöschen.
2. Kabeljaufilets unter fließendem kalten Wasser abspülen, trockentupfen, salzen und pfeffern, in den Fischfond geben und etwa 10 Minuten garen. Die Fischfilets dann herausnehmen und warm stellen.
3. Den Fond mit Wein und Senf etwas einkochen lassen. Mit Salz und Pfeffer würzen und mit Crème fraîche und Schnittlauchröllchen verfeinern.
4. Den Fisch portionsweise anrichten und mit der Sauce übergießen.

Abwandlung:
Sie können den Fisch auch in Butter und etwas Öl braten und die Sauce dazureichen. Dann den Fischfond vorher etwas einkochen lassen.

Beilage:
Salzkartoffeln und grüner Salat.

Kabeljaufilet in Senf-Zwiebel-Kruste

Raffiniert

Pro Portion:
E: 30 g, F: 22 g, Kh: 24 g,
kJ: 1824, kcal: 435

Für das Gemüse:
2 Möhren (etwa 200 g)
1 Stck. Knollensellerie (etwa 100 g)
500 g fest kochende Kartoffeln
1 Stange Porree (Lauch), nur das Weiße (etwa 100 g)
30 g Butter oder Margarine
Salz, frisch gemahlener Pfeffer
300 ml heiße Gemüsebrühe
1 kleines Bund Majoran

Für den Fisch:
4 kleine Schalotten oder Zwiebeln (etwa 100 g)
4 Kabeljaufilets (je 150 g)
Zitronensaft
2 EL mittelscharfer Senf
1 EL Weizenmehl
50 g Butter oder Margarine

Zubereitungszeit: etwa 35 Min.

1. Für das Gemüse Möhren und Sellerie putzen, schälen und waschen. Kartoffeln waschen, schälen und abspülen. Porree putzen, halbieren, waschen und in Streifen schneiden. Restliches Gemüse in nicht zu feine Stifte schneiden.
2. Butter oder Margarine in einer Pfanne erhitzen, Gemüse darin andünsten und mit Salz und Pfeffer würzen, Brühe zugießen und zugedeckt 10 Minuten garen. Das Gemüse in eine feuerfeste

Kabeljaufilet in Senf-Zwiebel-Kruste

Form geben. Majoran abspülen, trockentupfen, Blättchen von den Stängeln zupfen und über das Gemüse streuen.

3. Inzwischen für den Fisch Schalotten oder Zwiebeln abziehen und in Würfel schneiden.
4. Kabeljaufilets unter fließendem kalten Wasser abspülen, trockentupfen und mit Salz, Pfeffer und Zitronensaft würzen. Die Oberseiten mit Senf bestreichen und Schalottenwürfel darauf verteilen, mit Mehl bestäuben und fest andrücken.
5. Butter oder Margarine in einer beschichteten Pfanne erhitzen und die Krustenseite darin anbraten, die Filets vorsichtig herausnehmen und auf das Gemüse legen. Die Form auf dem Rost in den Backofen schieben.
   Ober-/Unterhitze: etwa 200 °C (vorgeheizt)
   Heißluft: etwa 180 °C (vorgeheizt)
   Gas: Stufe 3–4 (vorgeheizt)
   Garzeit: etwa 25 Minuten.

Abwandlung:
Für Kabeljau mit Joghurt-Käse-Haube das Gemüse wie oben beschrieben zubereiten. Kabeljaufilets unter fließendem kalten Wasser abspülen, trockentupfen und mit Salz, Pfeffer und Zitronensaft würzen, auf das Gemüse legen. 4 Tomaten waschen, Stängelansätze herausschneiden und Tomaten in Scheiben schneiden, schuppenförmig auf die Fischfilets legen und mit Pfeffer bestreuen. 300 g Naturjoghurt mit 1 Esslöffel Speisestärke und 2 Esslöffeln geriebenem Parmesan verrühren und mit Salz, Pfeffer und Paprika edelsüß abschmecken, auf den Tomatenscheiben verteilen und das Gericht wie oben angegeben garen.

Beilage:
Frische Blattsalate und Baguette.

Tipp:
Die Fischfilets können vor dem Braten auch geteilt werden, dann lassen sie sich besser handhaben.

Kabeljausalat

Für Gäste

Pro Portion:
E: 18 g, F: 26 g, Kh: 2 g,
kJ: 1399, kcal: 334

400 g Kabeljaufilet
Salzwasser

Für das Dressing:
2 EL Weißweinessig
8 EL Speiseöl
2 EL Sherry
Salz
frisch gemahlener Pfeffer
Zucker
2 EL gehackter Dill
120 g Paprikawürfel (rot, grün, gelb)
40 g Olivenscheiben

Zum Garnieren:
einige Salatblätter
Dillzweige

Zubereitungszeit: etwa 40 Min., ohne Durchziehzeit

1. Kabeljaufilet unter fließendem kalten Wasser abspülen, trockentupfen, in grobe Würfel schneiden und in kochendem Salzwasser 2 Minuten blanchieren. Die Fischwürfel vorsichtig aus der Flüssigkeit nehmen, abtropfen lassen und kalt stellen.
2. Für das Dressing Essig, Öl und Sherry miteinander verrühren und mit Salz, Pfeffer und Zucker würzen. Dill unterrühren.
3. Paprikawürfel und Olivenscheiben in die Sauce geben und etwas durchziehen lassen.
4. Die erkalteten Fischwürfel vorsichtig unterheben. Den Kabeljausalat auf Salatblättern anrichten und mit Dillzweigen garnieren.

Beilage:
Baguette.

Kabeljausalat

Kaffee-Haselnuss-Torte

Kaffee-Haselnuss-Torte

Gut vorzubereiten

Insgesamt:
E: 96 g, F: 364 g, Kh: 196 g,
kJ: 19325, kcal: 4618

Für den Biskuitteig:
2 TL Instant-Kaffeepulver
3 EL heißes Wasser
5 Eier (Größe M)
170 g Zucker
50 g Weizenmehl
2 TL Dr. Oetker Backin
200 g gemahlene Haselnusskerne

Für die Füllung:
2 TL Instant-Kaffeepulver
500 ml (1/2 l) Schlagsahne
30 g gesiebter Puderzucker
2 Pck. Dr. Oetker Sahnesteif

Für den Guss:
100 g Zartbitter-Kuvertüre
50 g Butter

Zum Garnieren:
30 g zweifarbige Schokolade
(Kaffeesahne)

Zubereitungszeit: etwa 60 Min., ohne Kühlzeit

1. Für den Teig Kaffeepulver in dem Wasser auflösen. Eier und Kaffee mit Handrührgerät mit Rührbesen auf höchster Stufe in 1 Minute schaumig schlagen. Zucker in 1 Minute einstreuen und noch etwa 2 Minuten schlagen.
2. Mehl mit Backin mischen, auf die Eiercreme sieben und kurz auf niedrigster Stufe unterrühren. Haselnusskerne vorsichtig unterheben.
3. Den Teig in eine Springform (Ø 26 cm, Boden gefettet, mit Backpapier belegt) füllen und glatt streichen. Die Form auf dem Rost in den Backofen schieben.
   Ober-/Unterhitze: etwa 180 °C (vorgeheizt)
   Heißluft: etwa 160 °C (vorgeheizt)
   Gas: Stufe 2–3 (vorgeheizt)
   Backzeit: etwa 30 Minuten.
4. Den Boden 10 Minuten in der Form stehen lassen, dann aus der Form lösen und auf einen mit Backpapier belegten Kuchenrost stürzen. Das mitgebackene Papier abziehen und den Boden erkalten lassen. Den erkalteten Boden zweimal waagerecht durchschneiden.
5. Für die Füllung Kaffeepulver durch ein feines Sieb streichen. Sahne kurz aufschlagen. Puderzucker, Kaffeepulver und Sahnesteif mischen und unter Schlagen in die Sahne rieseln lassen. Sahne steif schlagen.
6. Etwa 4 Esslöffel der Kaffeesahne für den Tortenrand abnehmen und kalt stellen. Den unteren Boden auf eine Tortenplatte legen. Die Hälfte der übrigen Sahne darauf streichen. Den mittleren Boden darauf legen. Die zweite Hälfte der Sahne darauf streichen und den oberen Boden darauf legen. Die Torte kalt stellen.
7. Für den Guss Kuvertüre grob zerkleinern und mit Butter in einem kleinen Topf im Wasserbad bei schwacher Hitze zu einer geschmeidigen Masse verrühren. Den Guss etwas abkühlen lassen, dabei gelegentlich umrühren. Den Guss dann auf die Tortenoberfläche streichen und fest werden lassen.
8. Den Tortenrand mit der beiseite gestellten Sahne einstreichen. Schokolade mit einem Sparschäler in Späne hobeln und die Torte damit garnieren.

Tipp:
Sie können die Torte bereits einen Tag vor dem Verzehr zubereiten.

Kaninchen mit Backobst

Mit Alkohol

Pro Portion:
E: 48 g, F: 26 g, Kh: 12 g,
kJ: 2306, kcal: 549

250 g gemischtes Backobst
250 ml (1/4 l) Rotwein
1 kg Kaninchenfleisch, z. B. Rücken, Keulen
Salz, frisch gemahlener Pfeffer
1 TL gerebelter Thymian
3 mittelgroße Zwiebeln
2 EL Butterschmalz
2 Lorbeerblätter
125 ml (1/8 l) Wasser
etwa 125 ml (1/8 l) Rotwein
1 Becher (150 g) Crème fraîche

Zubereitungszeit: etwa 35 Min., ohne Einweichzeit

1. Backobst in Rotwein mindestens 12 Stunden einweichen.
2. Kaninchenfleisch evtl. in Stücke teilen, Fett entfernen, Rücken enthäuten und unter fließendem kalten Wasser abspülen, trockentupfen und mit Salz, Pfeffer und Thymian einreiben. Zwiebeln abziehen und vierteln.
3. Butterschmalz in einem Bräter erhitzen und die Fleischstücke darin portionsweise von allen Seiten gut anbraten. Die Zwiebelviertel zu dem Fleisch geben und kurz mitbraten lassen. Dann Lorbeerblätter und etwas von dem Wasser hinzufügen. Den Bräter ohne Deckel auf dem Rost in den Backofen schieben.
   Ober-/Unterhitze: etwa 180 °C (vorgeheizt)
   Heißluft: etwa 160 °C (vorgeheizt)
   Gas: Stufe 2–3 (vorgeheizt)
   Garzeit: etwa 30 Minuten.
4. Nach und nach das restliche Wasser hinzufügen.
5. Das Backobst mit der Einweichflüssigkeit hinzufügen und alles noch weitere 45 Minuten garen.

Kaninchen mit Backobst

6. Das gare Fleisch aus dem Bräter nehmen und auf eine vorgewärmte Platte legen.
7. Rotwein und Crème fraîche unter die Schmorflüssigkeit rühren, erhitzen und mit Salz und Pfeffer abschmecken. Die Sauce über das Fleisch gießen.

Beilage: Baguette oder Ciabatta.

Kaninchen mit Oliven und Tomaten

Für Gäste

Pro Portion:
E: 54 g, F: 27 g, Kh: 4 g, kJ: 2390, kcal: 569

1 kg Kaninchenfleisch
Salz, frisch gemahlener Pfeffer
1 EL Weizenmehl
2–3 EL Olivenöl
2–3 Knoblauchzehen
einige Rosmarinzweige
350 ml Weißwein
1/2 Bund Frühlingszwiebeln
200 g Cocktailtomaten
je 8 entsteinte schwarze und grüne Oliven

Zubereitungszeit: etwa 35 Min.

1. Kaninchen in etwa 8 Stücke teilen. Kaninchenstücke enthäuten, unter fließendem kalten Wasser abspülen und trockentupfen. Kaninchenstücke mit Salz und Pfeffer würzen und mit Mehl bestäuben.
2. Olivenöl in einem Bräter erhitzen und die Kaninchenteile portionsweise von allen Seiten darin anbraten.
3. Knoblauch abziehen und fein hacken. Rosmarinzweige abspülen und trockentupfen. Knoblauch und Rosmarin zu den Kaninchenteilen geben und Weißwein hinzugießen. Den Bräter abgedeckt auf dem Rost in den Backofen schieben.
   Ober-/Unterhitze: etwa 200 °C (vorgeheizt)
   Heißluft: etwa 180 °C (vorgeheizt)
   Gas: Stufe 3–4 (vorgeheizt)
   Garzeit: etwa 60 Minuten.

Kaninchen mit Oliven und Tomaten

4. Frühlingszwiebeln putzen, waschen, abtropfen lassen und in etwa 5 cm lange Stücke schneiden. Tomaten waschen und abtrocknen.
5. Nach etwa 45 Minuten Garzeit Frühlingszwiebelstücke, Tomaten und Oliven zu den Kaninchenteilen geben und offen fertig garen.
6. Die Kaninchenpfanne vor dem Servieren umrühren und nochmals mit Salz und Pfeffer würzen.

Beilage: Kleine, gebratene Rosmarinkartoffeln und Bohnengemüse.

Tipp: Statt der Cocktailtomaten kann 1 in Scheiben geschnittene Gemüsezwiebel mitgeschmort werden. Gut schmeckt das Gericht auch mit Hähnchenschenkeln. Man rechnet 1 Hähnchenschenkel pro Person.

Kartoffelecken

Kartoffelecken

Preiswert

Pro Portion:
E: 4 g, F: 12 g, Kh: 25 g,
kJ: 973, kcal: 232

600 g Kartoffeln
4 EL Speiseöl
je 1 rote, gelbe und grüne Paprikaschote
1 Knoblauchzehe
Salz
frisch gemahlener Pfeffer
1 EL frischer, gehackter Oregano

Zubereitungszeit: etwa 20 Min.

1. Kartoffeln waschen, gründlich bürsten, trockentupfen und der Länge nach in Achtel schneiden.
2. Öl in einer Pfanne erhitzen, die Kartoffelecken darin kräftig von allen Seiten anbraten und etwa 10 Minuten garen.
3. Paprikaschoten halbieren, entstielen, entkernen und die weißen Scheidewände entfernen, Schoten waschen und in Würfel schneiden.
4. Paprikawürfel zu den Kartoffelecken geben und alles weitere 10 Minuten braten lassen.
5. Knoblauch abziehen, fein hacken oder durch die Presse drücken und hinzufügen. Alles kräftig mit Salz und Pfeffer würzen. Oregano unterrühren.

Abwandlung:
Sie können die Kartoffelecken anstelle von Paprika auch mit gewürfelten Zucchini zubereiten.

Kartoffel-Gemüse-Auflauf

Schnell – für Kinder

Pro Portion:
E: 28 g, F: 33 g, Kh: 38 g,
kJ: 2387, kcal: 571

1 kg gegarte Pellkartoffeln
2 große Möhren
250 ml ($^1/_4$ l) Wasser
$^1/_2$ TL Salz
1 Zucchini (etwa 300 g)
2 Knoblauchzehen
2 EL Olivenöl
Salz
frisch gemahlener Pfeffer
Kräuter der Provence
200 g gekochter Schinken in Scheiben
150 g geriebener Gouda
200 ml Schlagsahne

Zubereitungszeit: etwa 30 Min.

1. Kartoffeln pellen und der Länge nach in Spalten schneiden. Möhren putzen,

Kartoffel-Gemüse-Auflauf

schälen, waschen, abtropfen lassen und in Scheiben schneiden.
Wasser mit Salz in einem Topf zum Kochen bringen und die Möhrenscheiben darin etwa 10 Minuten garen.
Anschließend in einem Sieb abtropfen lassen.

2. Zucchini waschen, abtrocknen, die Enden abschneiden und Zucchini in dünne Scheiben schneiden. Knoblauch abziehen und fein würfeln. Olivenöl in einer Pfanne erhitzen und den Knoblauch darin andünsten. Zucchini dazugeben und kurz mit andünsten. Mit Salz, Pfeffer und Kräutern abschmecken und mit den Kartoffelspalten und Möhrenscheiben in eine flache Auflaufform geben.
3. Schinken in etwas breitere Streifen schneiden und auf das Gemüse in die Auflaufform legen. Die Hälfte des Käses unter die Sahne rühren, mit Salz, Pfeffer und Kräutern würzen und den Auflauf mit der Käse-Sahne übergießen, mit dem restlichen Käse bestreuen. Die Form auf dem Rost in den Backofen schieben.
Ober-/Unterhitze: etwa 200 °C (vorgeheizt)
Heißluft: etwa 180 °C (vorgeheizt)
Gas: Stufe 3–4 (vorgeheizt)
Garzeit: etwa 35 Minuten.

Kartoffelgratin

Gut vorzubereiten

Pro Portion:
E: 8 g, F: 15 g, Kh: 33 g, kJ: 1270, kcal: 302

1 Knoblauchzehe
1 EL Butter
800 g Kartoffeln
Salz
frisch gemahlener Pfeffer
geriebene Muskatnuss
125 ml (1/8 l) Milch
125 ml (1/8 l) Schlagsahne
2 EL geriebener Parmesan

Kartoffelgratin

Zubereitungszeit: etwa 20 Min.

1. Knoblauchzehe abziehen und durchschneiden, eine flache, feuerfeste Form mit Butter ausstreichen und mit der Knoblauchzehe einreiben.
2. Kartoffeln waschen, schälen, abspülen, trockentupfen und in dünne Scheiben schneiden. Scheiben dachziegelartig schräg in die vorbereitete Form einschichten und mit Salz, Pfeffer und Muskat bestreuen.
3. Milch und Sahne verrühren, über die Kartoffelscheiben gießen und mit Parmesan bestreuen. Die Form auf dem Rost in die mittlere Einschubleiste des Backofens schieben und das Gratin goldbraun backen.
Ober-/Unterhitze: etwa 200 °C (vorgeheizt)
Heißluft: etwa 180 °C (nicht vorgeheizt)
Gas: Stufe 3–4 (nicht vorgeheizt)
Backzeit: etwa 45 Minuten.

Abwandlung:
Für ein Kartoffel-Gemüse-Gratin 400 g Kartoffeln wie beschrieben vorbereiten. 400 g vorbereitete Sellerieknolle, Möhren oder Zucchini in Scheiben schneiden und im Wechsel mit den Kartoffelscheiben in die Form schichten, mit der Sauce übergießen und wie angegeben backen. Das Gratin mit 1 Esslöffel gehackter Petersilie bestreuen.

Tipp:
Besonders fein werden die Kartoffelscheiben, wenn sie mit einem Gurkenhobel geschnitten werden.
Passt sehr gut zu Fleisch-, Fisch- oder Gemüsegerichten ohne Sauce.

Kartoffel-Herings-Salat

4–6 Portionen

Für Gäste

Pro Portion:
E: 26 g, F: 39 g, Kh: 26 g,
kJ: 2341, kcal: 558

700 g kleine fest kochende Kartoffeln
Salz
6 Heringsfilets (etwa 480 g)
2 Stauden Chicorée (etwa 300 g)
2 rote Zwiebeln (etwa 160 g)
300 g Cocktailtomaten

50 g Pinienkerne

Für die Dillsahne:
1 Bund Dill
300 ml Schlagsahne
2 EL Weißweinessig
Salz
frisch gemahlener Pfeffer
Zucker

Zubereitungszeit: etwa 50 Min., ohne Abkühl- und Durchziehzeit

1. Kartoffeln gründlich waschen, mit Wasser bedeckt zum Kochen bringen, Salz zugeben und zugedeckt in 20–25 Minuten gar kochen. Kartoffeln abgießen, mit kaltem Wasser abschrecken, abtropfen lassen, sofort pellen und lauwarm abkühlen lassen. Kartoffeln in Scheiben schneiden.
2. Heringsfilets kurz abspülen, trockentupfen und in mundgerechte Stücke schneiden, evtl. Gräten entfernen. Chicorée putzen und den Strunk keilförmig herausschneiden. Die Salatblätter (einige Blätter zum Garnieren beiseite legen) in kleine Stücke schneiden und auf Küchenpapier abtropfen lassen. Zwiebeln abziehen und in dünne Scheiben schneiden.
3. Tomaten waschen, trockentupfen und halbieren. Evtl. Stängelansätze herausschneiden.
4. Pinienkerne in einer Pfanne ohne Fett unter Wenden hellbraun rösten. Dill abspülen und trockentupfen (einige Dillzweige zum Garnieren beiseite legen). Die Spitzen von den Stängeln zupfen und klein schneiden.
5. Sahne in eine Schüssel geben. Dill unterrühren und mit Essig, Salz, Pfeffer und Zucker abschmecken. Die vorbereiteten Salatzutaten hinzufügen und vorsichtig mit der Dillsahne mischen.
6. Den Salat etwa 2 Stunden kalt stellen und durchziehen lassen. Nochmals mit Essig, Salz, Pfeffer und Zucker abschmecken und mit den beiseite gelegten Salatblättern und Dillzweigen garniert servieren.

Kartoffel-Herings-Salat

Kartoffel-Kürbis-Salat

8 Portionen

Schnell

Pro Portion:
E: 12 g, F: 19 g, Kh: 35 g,
kJ: 1512, kcal: 361

4 Zwiebeln
1 1/2 kg fest kochende Kartoffeln
400 ml Gemüsebrühe
450 g TK-Erbsen
2 Gläser eingelegter Kürbis (Abtropfgewicht je 200 g)
1 Bund Dill
250 g Salatmayonnaise (50% Fett)
80 g körniger Senf
6 EL Kürbisflüssigkeit
Salz
frisch gemahlener Pfeffer
150 g geräucherter durchwachsener Speck

Zubereitungszeit: etwa 30 Min., ohne Abkühl- und Durchziehzeit

1. Zwiebeln abziehen, halbieren und in Streifen schneiden. Kartoffeln wa-

Kartoffel-Kürbis-Salat

schen, schälen, abspülen und in Scheiben schneiden. Gemüsebrühe zum Kochen bringen, Kartoffelscheiben und Zwiebelstreifen hineingeben, zum Kochen bringen und zugedeckt bei schwacher Hitze 10–15 Minuten garen. Die Erbsen unaufgetaut hinzufügen. Den Topf von der Kochstelle nehmen und die Zutaten in der Brühe etwas abkühlen lassen.

2. Kürbis in einem Sieb abtropfen lassen, die Flüssigkeit dabei auffangen und 6 Esslöffel davon abmessen. Dill abspülen und trockentupfen. Die Spitzen von den Stängeln zupfen (einige Zweige zum Garnieren beiseite legen) und Spitzen klein schneiden.
3. Mayonnaise mit Senf und der abgemessenen Kürbisflüssigkeit verrühren, Dill unterrühren und mit Salz und Pfeffer würzen.
4. Kartoffelscheiben mit Zwiebelstreifen und Erbsen in ein Sieb geben, abtropfen lassen und in eine Schüssel geben. Kürbisstücke und die Dill-Mayonnaise untermengen. Den Salat etwa 30 Minuten durchziehen lassen.
5. Speck in Würfel schneiden, in einer beschichteten Pfanne knusprig braten und auf Küchenpapier abtropfen lassen. Den Salat mit Salz, Pfeffer und evtl. Kürbisflüssigkeit abschmecken und mit den Speckwürfeln bestreuen, mit den beiseite gelegten Dillzweigen garnieren und servieren.

Tipp:
Sie können den Salat bereits einige Stunden vor dem Verzehr zubereiten (ohne Speckwürfel und Dillzweige) und in einer geschlossenen Schüssel kalt stellen. Den Salat dann vor dem Verzehr nochmals gut umrühren und evtl. abschmecken. Salat mit Speckwürfeln bestreuen und mit Dillzweigen garnieren.

Kartoffel-Linsen-Salat

4–6 Portionen

Einfach

Pro Portion:
E: 35 g, F: 37 g, Kh: 82 g,
kJ: 3567, kcal: 852

800 g fest kochende Kartoffeln
4 mittelgroße Zwiebeln
5 EL Essig
1 geh. EL körniger Senf
200 ml Wasser
Salz
frisch gemahlener Pfeffer
125 ml (1/8 l) Speiseöl
1 Dose Linsen mit Suppengrün
(Abtropfgewicht 530 g)
200 g Fleischwurst
2 Frühlingszwiebeln
1 Bund Schnittlauch

Zubereitungszeit: etwa 40 Min., ohne Durchziehzeit

1. Kartoffeln waschen, in Salzwasser zum Kochen bringen und in 20–25 Minuten gar kochen lassen. Die Kartoffeln dann abgießen, etwas abkühlen lassen und pellen, in Scheiben schneiden und in eine Schüssel geben.
2. Zwiebeln abziehen, halbieren und in Streifen schneiden. Essig mit Senf, Wasser, Salz und Pfeffer in einen Topf geben und zum Kochen bringen. Die Zwiebelstreifen hineingeben und 2–3 Minuten kochen lassen. Öl unterrühren und alles über die Kartoffeln geben.
3. Linsen in ein Sieb geben und abtropfen lassen. Fleischwurst in Streifen schneiden. Frühlingszwiebel putzen, waschen und in feine Ringe schneiden. Schnittlauch kalt abspülen, trockentupfen und in feine Röllchen schneiden.
4. Linsen, Wurststreifen, Frühlingszwiebelringe und Schnittlauchröllchen zu den Kartoffeln geben, alles miteinander vermengen und etwa 60 Minuten durchziehen lassen.
5. Den Salat vor dem Servieren evtl. nochmals mit den Gewürzen abschmecken.

Kartoffel-Matjes-Salat mit Roter Bete

8 Portionen

Raffiniert

Pro Portion:
E: 27 g, F: 36 g, Kh: 21 g,
kJ: 2173, kcal: 519

12 Matjesfilets (je 60 g)
6 mittelgroße Zwiebeln
8–10 Gewürzgurken
6 große gegarte Pellkartoffeln
6 hart gekochte Eier
1 Glas Rote Bete in Scheiben (Abtropfgewicht 220 g)

Für die Salatsauce:
4 EL (etwa 150 g) Salatmayonnaise (50% Fett)
450 g Naturjoghurt
125 ml ($^1/_8$ l) Schlagsahne
1 TL mittelscharfer Senf
Salz
frisch gemahlener Pfeffer
etwas Zucker

Kartoffel-Matjes-Salat mit Roter Bete

Zubereitungszeit: etwa 50 Min., ohne Durchzieh- und Kühlzeit

1. Matjesfilets evtl. entgräten und jedes Filet in 4–5 Stücke schneiden. Zwiebeln abziehen, halbieren und in Streifen schneiden.
2. Gurken abtropfen lassen und in Scheiben schneiden. Kartoffeln pellen, längs halbieren und in Scheiben schneiden. Eier pellen und ebenfalls in Scheiben schneiden. Rote Bete in einem Sieb gut abtropfen lassen und evtl. trockentupfen.
3. Für die Sauce Mayonnaise mit Joghurt, Sahne und Senf verrühren. Mit Salz, Pfeffer und Zucker würzen.
4. Nacheinander jeweils die Hälfte der Matjesstücke, Zwiebel-, Gurken-, Kartoffel-, Eier- und Rote-Bete-Scheiben in eine Schüssel schichten. Etwas Salatsauce darauf geben.
5. Die restlichen Salatzutaten in dergleichen Reihenfolge einschichten. Restliche Salatsauce darauf verteilen und den Salat gekühlt und zugedeckt 4–6 Stunden durchziehen lassen.

Beilage:
Schwarzbrot oder dunkles Vollkornbrot.

Tipp:
3 hart gekochte Eier pellen, halbieren, fein hacken und zusammen mit 2 Esslöffeln gehackten Kräutern, z. B. Dill oder Petersilie, vor dem Servieren auf dem Salat verteilen.

Kartoffeln vom Blech

Vegetarisch

Pro Portion:
E: 29 g, F: 22 g, Kh: 78 g,
kJ: 2721, kcal: 649

8 große Kartoffeln (je 150 g)
Salz

Für die Füllung:
4 Vollkornzwiebäcke
4 Tomaten
2 Frühlingszwiebeln
200 g Gouda
1 Ei (Größe M)
Salz
frisch gemahlener Pfeffer
1 EL gehackte Petersilie

Zubereitungszeit: etwa 40 Min.

1. Kartoffeln unter fließendem kalten Wasser gründlich abbürsten, in Salzwasser zum Kochen bringen und in 20–25 Minuten gar kochen lassen.
2. In der Zwischenzeit für die Füllung Zwiebäcke in einen Gefrierbeutel geben, den Beutel verschließen und die Zwiebäcke mit einer Teigrolle zerdrücken.
3. Tomaten kurze Zeit in kochendes Wasser legen (nicht kochen lassen), in kaltem Wasser abschrecken, enthäu-

Kartoffeln vom Blech

ten und die Stängelansätze herausschneiden, die Tomaten vierteln, entkernen und das Fruchtfleisch würfeln.
4. Frühlingszwiebeln putzen, waschen, halbieren und fein schneiden. Gouda in Würfel schneiden.
5. Ei verquirlen und mit Zwiebackbröseln, Tomatenwürfeln, Frühlingszwiebeln und Gouda vermischen. Mit Salz und Pfeffer würzen und Petersilie unterrühren.
6. Die garen Kartoffeln abgießen, abdämpfen und etwas abkühlen lassen, jeweils einen Deckel abschneiden und die Kartoffeln aushöhlen.
7. Das Kartoffelinnere zerdrücken und unter die Füllung mischen. Die Kartoffeln damit füllen und auf ein gefettetes Backblech setzen. Das Backblech in den Backofen schieben.
Ober-/Unterhitze: etwa 200 °C (vorgeheizt)
Heißluft: etwa 180 °C (vorgeheizt)
Gas: Stufe 3–4 (vorgeheizt)
Backzeit: etwa 20 Minuten.

Abwandlung:
Für eine nicht-vegetarische Variante die Kartoffeln wie oben angegeben kochen und aushöhlen. Die Hälfte der ausgehöhlten Kartoffelmasse mit 150 g TK-Balkangemüse vermischen. 200 g Kochschinken würfeln und unterheben. 250 g Crème fraîche mit 1 Ei und 1 Esslöffel gehackter Petersilie verrühren, mit Salz und frisch gemahlenem Pfeffer abschmecken, mit der Gemüse-Schinken-Masse vermengen, die Kartoffeln damit füllen und wie oben angegeben backen.

Kartoffelpfanne aus dem Ofen

Für Kinder

Pro Portion:
E: 33 g, F: 48 g, Kh: 30 g, kJ: 3049, kcal: 728

600 g gekochte Pellkartoffeln
1 Stange Porree (Lauch)
4 Mettenden (Räucherwürstchen)
4 Eier (Größe M)
200 ml Schlagsahne
1 Bund glatte Petersilie
3 EL Speiseöl
Salz, frisch gemahlener Pfeffer
120 g geraspelter, mittelalter Gouda

Zubereitungszeit: etwa 30 Min.

1. Kartoffeln pellen und in Würfel schneiden. Porree putzen, längs halbieren, gründlich waschen, abtropfen lassen und in Ringe schneiden. Mettenden würfeln.
2. Eier mit Sahne verschlagen. Petersilie abspülen, trockentupfen, die Blättchen von den Stängeln zupfen, grob hacken und unter die Eiersahne rühren.
3. Öl in einer Pfanne erhitzen und Kartoffel- und Mettendenwürfel darin anbraten, Porreeringe unterrühren und kurz erhitzen. Mit Salz und Pfeffer würzen.
4. Die Eiersahne darüber gießen und unter vorsichtigem Rühren stocken lassen. Alles in eine gefettete Auflaufform geben und mit dem Gouda bestreuen.
5. Die Form auf dem Rost in den Backofen unter den vorgeheizten Grill schieben und übergrillen, bis der Käse leicht gebräunt ist.

Abwandlung:
Anstelle von Porree können auch je 1/2 rote und gelbe, in Würfel geschnittene Paprikaschote oder ein Päckchen (300 g) TK-Mexikanisches Gemüse verwendet werden.

Beilage:
Gemischter Salat, eingelegte Gurken oder Silberzwiebeln.

Tipp:
Wenn Sie eine feuerfeste Pfanne verwenden, muss das Gericht zum Übergrillen nicht umgefüllt werden. Verwenden Sie für dieses Gericht möglichst fest kochende Kartoffeln.

Kartoffelpfanne aus dem Ofen

Kartoffelpfanne, bunte

Kartoffelpfanne, bunte

Preiswert – einfach

Pro Portion:
E: 27 g, F: 38 g, Kh: 42 g,
kJ: 2722, kcal: 650

2 grüne Paprikaschoten
1 kg fest kochende, gegarte, gepellte Kartoffeln
2–3 Zwiebeln
4 EL Speiseöl
Salz, frisch gemahlener Pfeffer
3 Mettwürstchen, z. B. Rauchenden
4 kleine saure Gurken
Paprikapulver edelsüß
2 EL gehackte Petersilie

Zubereitungszeit: etwa 25 Min.

1. Paprikaschoten halbieren, entstielen, entkernen und die weißen Scheidewände herausschneiden, Schoten waschen und in Würfel schneiden. Kartoffeln in Stücke schneiden. Zwiebeln abziehen und in Scheiben schneiden.
2. Öl in einer Pfanne erhitzen und Kartoffeln, Paprika und Zwiebeln darin braten, schwach salzen und pfeffern.
3. Inzwischen die Wurst und die Gurken in Scheiben schneiden, beides zu dem Gemüse geben und 5 Minuten mitgaren.
4. Vor dem Servieren mit Paprika und Petersilie bestreuen.

Beilage:
Blattsalate.

Tipp:
Statt der grünen Paprikaschoten können unterschiedliche Farben der Paprika gewählt werden, oder nur eine Paprikaschote und zusätzlich Zucchini, Frühlingszwiebeln oder Porree verwendet werden.

Kartoffelsalat, scharfer

4–6 Portionen

Preiswert

Pro Portion:
E: 4 g, F: 13 g, Kh: 22 g,
kJ: 951, kcal: 227

700 g kleine fest kochende Kartoffeln
Salz
1 kleiner Rettich (etwa 400 g)
1 kleine Salatgurke (etwa 400 g)
1 Bund Radieschen (etwa 250 g)

100 ml heiße Gemüsebrühe
3 EL Weißweinessig
6 EL Sesam- oder Speiseöl
1 EL geriebener Meerrettich (aus dem Glas)
1 EL Sojasauce
frisch gemahlener Pfeffer
1 Kästchen Shisoblätter (rote Kressekeimlinge)

Zubereitungszeit: etwa 55 Min., ohne Abkühl- und Durchziehzeit

1. Kartoffeln gründlich waschen, mit Wasser bedeckt zum Kochen bringen, Salz zugeben und Kartoffeln zugedeckt in 20–25 Minuten gar kochen. Kartoffeln abgießen, mit kaltem Wasser abschrecken, abtropfen lassen, sofort pellen und lauwarm abkühlen lassen. Kartoffeln in Scheiben schneiden und in eine große Schüssel geben.
2. Rettich schälen, abspülen, trockentupfen und halbieren. Rettichhälften mit einem Gemüsehobel hobeln. Gurke waschen, trockentupfen, längs halbieren, entkernen und in dünne Scheiben schneiden. Radieschen putzen, waschen, trockentupfen und in Scheiben schneiden. Die vorbereiteten Gemüsezutaten in eine Schüssel geben, mit Salz bestreuen und etwa 30 Minuten durchziehen lassen.
3. Heiße Brühe mit Essig verrühren und Sesam- oder Speiseöl unterschlagen. Meerrettich und Sojasauce unterrühren und mit Salz und Pfeffer abschmecken.

Kartoffelsalat, scharfer

4. Salatzutaten evtl. in einem Sieb abtropfen lassen, zu den Kartoffelscheiben geben, mit der Marinade übergießen und vorsichtig umrühren. Den Salat etwa 1 Stunde kalt stellen und durchziehen lassen.
5. Kresse abspülen, trockentupfen und abschneiden. Den Salat mit Kresse bestreut servieren.

Beilage:
Gebackener oder gebratener Fisch, z. B. Scholle oder Rotbarsch.

Kartoffelsalat, schneller

Kartoffelsalat, schneller

Einfach

Pro Portion:
E: 29 g, F: 20 g, Kh: 28 g, kJ: 1811, kcal: 433

4 Eier (Größe M)
500 g gekochte Pellkartoffeln
3–4 Gewürzgurken
400 g fertiger Fleischsalat (aus dem Kühlregal)
etwas Gurkenflüssigkeit
Salz
frisch gemahlener Pfeffer
etwas Zucker

Zubereitungszeit: etwa 25 Min., ohne Durchziehzeit

1. Eier in etwa 8 Minuten hart kochen. Die Eier abschrecken, pellen und in Achtel schneiden.
2. Kartoffeln pellen und würfeln. Gewürzgurken in dünne Scheiben schneiden.
3. Kartoffelwürfel und Gurkenscheiben mit dem Fleischsalat und etwas Gurkenflüssigkeit mischen. Den Salat mit Salz, Pfeffer und Zucker würzen. Die Eierachtel vorsichtig unterheben (evtl. einige Achtel zum Garnieren zurücklassen).
4. Den Salat bis zum Verzehr etwas durchziehen lassen und evtl. mit den zurückgelassenen Eierachteln garnieren.

Tipp:
Dieser Salat eignet sich als Resteverwertung von Pellkartoffeln vom Vortag.

Kartoffelspießchen

Preiswert

Pro Portion:
E: 24 g, F: 50 g, Kh: 53 g, kJ: 3343, kcal: 815

6 mittelgroße, gekochte Pellkartoffeln
3 kurze, dicke Brühwürste
100 g Frühstücksspeck in Scheiben, z. B. Bacon
Salz, frisch gemahlener Pfeffer
3–4 EL Speiseöl
2–3 Zwiebeln
1/2 Bund Petersilie

Zubereitungszeit: etwa 25 Min., ohne Abkühlzeit

1. Kartoffeln pellen. Brühwürste und Kartoffeln in etwa 1 cm dicke Scheiben schneiden, abwechselnd mit den lose aufgerollten Speckscheiben auf Spieße stecken und mit Salz und Pfeffer bestreuen.
2. Öl in einer Pfanne erhitzen und die Spieße darin von allen Seiten goldbraun braten, herausnehmen und warm stellen.
3. Zwiebeln abziehen, in dünne Scheiben schneiden und in dem Bratfett knusprig braun braten. Zwiebelscheiben auf den Kartoffelspießchen anrichten.
4. Petersilie abspülen, trockentupfen, fein hacken und über die Spieße streuen.

Beilage:
Gemischte Salate und pikante Grillsaucen.

Kartoffelspießchen

Kartoffelsuppe, Altdeutsche

Vegetarisch

Pro Portion:
E: 7 g, F: 24 g, Kh: 27 g,
kJ: 1483, kcal: 354

Für die Suppe:
700 g mehlig kochende Kartoffeln
50–75 g Knollensellerie
250 g Möhren
1 Zwiebel
1 Lorbeerblatt
1 Gewürznelke
40 g Butter
1 $^1/_2$ l heiße Gemüsebrühe
200 g Porree (Lauch)
125 ml ($^1/_8$ l) Schlagsahne oder
1 Becher (150 g) Crème fraîche
Salz
frisch gemahlener Pfeffer
getrockneter, gerebelter Majoran
geriebene Muskatnuss

Für die Einlage:
200 g Pfifferlinge
1 Zwiebel
25 g Butter
2 EL gehackte Kräuter, z. B. Kerbel, Schnittlauch, glatte Petersilie

Zubereitungszeit: etwa 90 Min.

1. Für die Suppe Kartoffeln schälen und abspülen. Knollensellerie schälen, schlechte Stellen herausschneiden. Möhren schälen, Grün und Spitzen abschneiden. Sellerie und Möhren waschen und abtropfen lassen. Die vorbereiteten Zutaten in Würfel schneiden. Zwiebel abziehen und mit Lorbeerblatt und Nelke spicken.
2. Butter in einem Topf zerlassen und Sellerie- und Möhrenwürfel darin unter Rühren andünsten. Kartoffelwürfel, gespickte Zwiebel und Gemüsebrühe dazugeben, zum Kochen bringen und etwa 20 Minuten bei mittlerer Hitze mit Deckel kochen.
3. In der Zwischenzeit von dem Porree die Außenblätter entfernen und Wurzelende und dunkles Grün abschneiden, die Stange längs halbieren, gründlich waschen, abtropfen lassen und in Scheiben schneiden. Porreescheiben in die Suppe geben und alles noch etwa 10 Minuten mit Deckel kochen.
4. Die gespickte Zwiebel entfernen. Etwa $^1/_3$ der Kartoffel-Gemüse-Mischung aus der Suppe schöpfen und pürieren, mit Sahne oder Crème fraîche verrühren und wieder in die Suppe geben. Die Suppe erhitzen und mit Salz, Pfeffer, Majoran und Muskatnuss würzen.
5. Für die Einlage Pfifferlinge mit einem Pinsel säubern, schlechte Stellen wegschneiden, die Pfifferlinge evtl. abspülen und trockentupfen. Zwiebel abziehen und in feine Würfel schneiden. Butter in einer Pfanne zerlassen und die Zwiebelwürfel unter Rühren darin andünsten. Die Pfifferlinge dazugeben und etwa 5 Minuten unter häufigem Umrühren dünsten.
6. Die Pfifferling-Zwiebel-Mischung in die Suppe geben und etwa 5 Minuten ziehen lassen. Die Kartoffelsuppe mit den Kräutern bestreut servieren.

Kartoffelsuppe, Altdeutsche

Tipp:
Nach Belieben zusätzlich Wiener Würstchen in der Suppe erwärmen.
Wenn Sie die Pfifferlinge während der Kochzeit der Suppe vorbereiten und dünsten, verkürzt sich die Zubereitungszeit um etwa 15 Minuten.
Anstelle der frischen Pfifferlinge können Sie auch Pfifferlinge aus dem Glas verwenden.

Kartoffelsuppe mit Hackfleischbällchen

Preiswert – für Kinder

Pro Portion:
E: 32 g, F: 33 g, Kh: 29 g,
kJ: 2283, kcal: 545

Für die Hackfleischbällchen:
1 Brötchen (Semmel) vom Vortag
1 Zwiebel
1 Bund glatte Petersilie
400 g Rindergehacktes
1 Ei (Größe M)
Salz
frisch gemahlener Pfeffer
geriebene Muskatnuss
750 ml (3/4 l) Gemüsebrühe

Für die Kartoffelsuppe:
100 g durchwachsener Speck
3 Zwiebeln
600 g Kartoffeln
1 Stange Porree (Lauch)
2 Tomaten
30 g Butterschmalz
2 Msp. Safranpulver
Salz
frisch gemahlener Pfeffer
1/2 TL Majoran
100 ml Schlagsahne
2 EL gehackte Petersilie

Zum Garnieren:
einige Majoranblättchen

Zubereitungszeit: etwa 50 Min.

Kartoffelsuppe mit Hackfleischbällchen

1. Für die Hackfleischbällchen Brötchen in kaltem Wasser einweichen und gut ausdrücken. Zwiebel abziehen und in kleine Würfel schneiden. Petersilie abspülen und trockentupfen. Die Blättchen von den Stängeln zupfen und fein hacken. Gehacktes in eine Schüssel geben und eingeweichtes Brötchen, Zwiebelwürfel, Petersilie und Ei hinzugeben. Die Zutaten gut vermengen und mit Salz, Pfeffer und Muskat würzen.
2. Aus der Gehacktesmasse mit angefeuchteten Händen kleine Bällchen formen. Brühe in einem Topf zum Kochen bringen und Hackfleischbällchen etwa 10 Minuten darin ziehen lassen. Hackfleischbällchen mit einer Schaumkelle herausnehmen und die Brühe für die Zubereitung der Suppe beiseite stellen, evtl. durch ein Sieb geben.
3. Für die Suppe Speck in Würfel schneiden. Zwiebeln abziehen. Kartoffeln waschen, schälen, abspülen. Zwiebeln und Kartoffeln in Würfel schneiden. Porree putzen, die Stange längs halbieren, waschen, abtropfen lassen und in kleine Stücke schneiden. Tomaten waschen, abtropfen lassen, kreuzweise einschneiden und einige Sekunden in kochendes Wasser legen. Tomaten kurz in kaltes Wasser legen, enthäuten, halbieren, entkernen und Stängelansätze herausschneiden. Fruchtfleisch in Würfel schneiden.
4. Butterschmalz in einem Topf erhitzen und Speckwürfel darin auslassen. Zwiebelwürfel hinzugeben und glasig dünsten. Kartoffelwürfel mit den Porreestücken hinzufügen und mit andünsten. Mit Safran, Salz, Pfeffer und Majoran würzen. Die beiseite gestellte Brühe hinzugießen, zum Kochen bringen und etwa 15 Minuten kochen lassen. Sahne, Petersilie und Tomatenwürfel unterrühren und Suppe mit Salz, Pfeffer und Majoran abschmecken. Die Hackfleischbällchen in der Suppe mit erhitzen und mit Majoran garnieren.

Kartoffelsuppe, Schlesische

Klassisch

Pro Portion:
E: 17 g, F: 44 g, Kh: 22 g,
kJ: 2389, kcal: 570

1 Zwiebel
75 g durchwachsener Speck
½ Knollensellerie (etwa 600 g)
500 g Kartoffeln
1 Stange Porree (Lauch)
2–3 EL Speiseöl
1 l Gemüsebrühe
2 Paar Knoblauchwürste
2–3 Gewürzgurken
Salz
frisch gemahlener Pfeffer

Zubereitungszeit: etwa 50 Min.

1. Zwiebel abziehen und würfeln. Speck ebenfalls in Würfel schneiden. Sellerie putzen, schälen und waschen. Kartoffeln waschen, schälen und abspülen. Sellerie und Kartoffeln würfeln. Porree putzen, gründlich waschen und in Ringe schneiden.
2. Öl in einem Topf erhitzen und Zwiebel- und Speckwürfel darin andünsten. Das vorbereitete Gemüse zu der Speck-Zwiebel-Masse geben und mitdünsten lassen.
3. Gemüsebrühe hinzugießen, alles zum Kochen bringen und in etwa 30 Minuten gar kochen lassen.
4. In der Zwischenzeit Knoblauchwürste und Gewürzgurken in Scheiben schneiden, kurz vor Beendigung der Garzeit in die Suppe geben und miterhitzen. Die Suppe mit Salz und Pfeffer würzen.

Tipp:
Schneller geht es, wenn Sie anstelle von Knollensellerie und Porree 1 Päckchen (300 g) TK-Suppengemüse verwenden.

Kartoffel-Zucchini-Möhren-Gratin

Gut vorzubereiten

Pro Portion:
E: 21 g, F: 35 g, Kh: 32 g,
kJ: 2242, kcal: 536

500 g Möhren (frisch oder TK-Möhrenscheiben)
125 ml (⅛ l) Gemüsebrühe
700 g gekochte Pellkartoffeln
500 g Zucchini
1 Knoblauchzehe
125 ml (⅛ l) Schlagsahne
200 ml Milch
1 Ei (Größe M)
Salz
frisch gemahlener Pfeffer
2 EL gehackte Kräuter (frisch oder TK; z. B. Petersilie, Estragon, Basilikum)
150 g geriebener Käse, z. B. Emmentaler
50 g Butter

Zubereitungszeit: etwa 60 Min.

1. Möhren putzen, schälen, waschen und in dicke Scheiben schneiden. Möhren in Brühe etwa 5 Minuten zugedeckt dünsten lassen, anschließend Möhren abgießen und die Kochbrühe auffangen.
2. Pellkartoffeln pellen und in Scheiben schneiden. Zucchini waschen, die Enden abschneiden und Zucchini in Scheiben schneiden. Kartoffel-, Möhren- und Zucchinischeiben dachziegelartig in eine gefettete Auflaufform schichten.

Kartoffel-Zucchini-Möhren-Gratin

3. Knoblauch abziehen, durch die Knoblauchpresse drücken und mit Sahne, Milch, Möhrenkochbrühe und Ei verrühren. Eiermischung mit Salz und Pfeffer würzen, Kräuter unterrühren und die Eiermischung über das Gemüse gießen.
4. Käse darüber streuen und Butter in Flöckchen darauf setzen. Die Form auf dem Rost in den Backofen schieben.
   Ober-/Unterhitze: etwa 200 °C (vorgeheizt)
   Heißluft: etwa 180 °C (vorgeheizt)
   Gas: Stufe 3–4 (vorgeheizt)
   Backzeit: etwa 30 Minuten.
5. Falls die Oberfläche zu stark bräunt, das Gratin mit Backpapier zudecken.

Tipp:
Dazu eine gemischte Salatplatte oder Tomatensalat servieren.

Käse-Apfel-Salat in Tomaten

Käse-Apfel-Salat in Tomaten

Gut vorzubereiten

Pro Portion:
E: 25 g, F: 53 g, Kh: 14 g,
kJ: 2805, kcal: 670

2 mittelgroße Äpfel
300 g Emmentaler Käse (in 3 mm dicken Scheiben)

Für die Mayonnaise:
1 Eigelb (Größe M)
1 TL mittelscharfer Senf
1 EL Essig oder Zitronensaft
Salz
frisch gemahlener Pfeffer
1 TL Zucker
100 ml Speiseöl
100 ml Naturjoghurt
30 g abgezogene, gehackte Mandeln
Weißwein

8 mittelgroße Tomaten
evtl. Salatblätter

Zubereitungszeit: etwa 25 Min.

1. Äpfel schälen, vierteln, entkernen und zusammen mit dem Käse in Streifen schneiden.
2. Für die Mayonnaise Eigelb mit Senf, Essig oder Zitronensaft, Salz, Pfeffer und Zucker zu einer dicklichen Masse schlagen, nach und nach das Öl unterrühren. Joghurt und Mandeln untermischen. Die Mayonnaise mit Weißwein abschmecken und sofort mit den Salatzutaten vermengen.
3. Tomaten waschen, abtrocknen und einen Deckel abschneiden, die Tomaten aushöhlen. Die Tomaten mit dem Salat füllen und die Deckel darauf setzen. Restlichen Käse-Apfel-Salat nach Belieben auf gewaschenen Salatblättern anrichten.

Abwandlung:
Für Waldorfsalat in Tomaten 375 g Äpfel waschen und schälen, 175 g Knollensellerie waschen, schälen und schlechte Stellen herausschneiden. Beide Zutaten grob raspeln. 75 g Walnusskerne grob hacken. Die Mayonnaise wie oben beschrieben, aber ohne Mandeln zubereiten und mit den Zutaten vermengen. Den Salat 30 Minuten durchziehen lassen und dann in die ausgehöhlten Tomaten füllen.

Tipp:
Die Mandeln schmecken intensiver, wenn sie ohne Fett in einer Pfanne geröstet werden. Vor dem Verwenden abkühlen lassen.

Käsekuchen mit Mandarinen

Preiswert

Insgesamt:
E: 119 g, F: 171 g, Kh: 504 g,
kJ: 17496, kcal: 4179

Für den Knetteig:
150 g Weizenmehl
1 TL Dr. Oetker Backin
100 g Zucker
1 Pck. Dr. Oetker Vanillin-Zucker
1 Ei (Größe M)
75 g weiche Butter oder Margarine

Für den Belag:
3 Eiweiß (Größe M)
500 g Magerquark
125 g Zucker, 3 Eigelb (Größe M)
1 Pck. Dr. Oetker Pudding-Pulver Vanille-Geschmack
75 ml geschmacksneutrales Speiseöl, z. B. Rapsöl
125 ml ($^1/_8$ l) Milch
2 Dosen Mandarinen (Abtropfgewicht je 175 g)

Für den Guss:
1 Pck. Tortenguss, klar
250 ml ($^1/_4$ l) Mandarinensaft

Käsekuchen mit Mandarinen

Zubereitungszeit: etwa 45 Min., ohne Kühlzeit

1. Für den Teig Mehl mit Backin mischen und in eine Rührschüssel sieben. Zucker, Vanillin-Zucker, Ei und Butter oder Margarine hinzufügen und die Zutaten mit Handrührgerät mit Knethaken zunächst kurz auf niedrigster, dann auf höchster Stufe gut durcharbeiten.
2. Anschließend auf der leicht bemehlten Arbeitsfläche zu einem glatten Teig verkneten. Sollte er kleben, ihn in Folie gewickelt eine Zeit lang kalt stellen.
3. Zwei Drittel des Teiges auf dem Boden einer Springform (Ø 26 cm, Boden gefettet) ausrollen. Den Springformrand darumstellen. Die Form auf dem Rost in den Backofen schieben und den Boden vorbacken.
   Ober-/Unterhitze: etwa 200 °C (vorgeheizt)
   Heißluft: etwa 180 °C (vorgeheizt)
   Gas: Stufe 3–4 (vorgeheizt)
   Backzeit: etwa 10 Minuten.
4. Die Form auf einen Kuchenrost stellen und den Boden etwas abkühlen lassen.
5. Den restlichen Teig zu einer Rolle formen, sie als Rand auf den vorgebackenen Boden legen und so an die Form drücken, dass ein etwa 3 cm hoher Rand entsteht.
6. Für den Belag Eiweiß sehr steif schlagen. Quark mit Zucker, Eigelb, Pudding-Pulver, Öl und Milch mit Handrührgerät mit Rührbesen glatt rühren und den Eischnee unterheben. Die Quarkmasse auf den Boden geben und glatt streichen.
7. Mandarinen in einem Sieb abtropfen lassen, den Saft dabei auffangen und 250 ml ($^1/_4$ l) davon für den Guss abmessen. Mandarinen auf der Quarkmasse verteilen. Die Form wieder auf dem Rost in den Backofen schieben.
   Ober-/Unterhitze: etwa 160 °C (vorgeheizt)
   Heißluft: etwa 140 °C (vorgeheizt)
   Gas: Stufe 1–2 (vorgeheizt)
   Backzeit: etwa 50 Minuten.
8. Die Form auf einen Kuchenrost stellen. Den Kuchen mit einem Messer vom Springformrand lösen, ihn aber in der Form erkalten lassen.
9. Für den Guss aus Tortenguss und abgemessenem Mandarinensaft nach Packungsanleitung (aber ohne Zucker) einen Guss zubereiten und auf dem Kuchen verteilen. Den Guss fest werden lassen. Den Kuchen aus der Form lösen und auf eine Tortenplatte legen.

Käse-Porree-Suppe

6 Portionen

Gut vorzubereiten

Pro Portion:
E: 23 g, F: 29 g, Kh: 7 g,
kJ: 1577, kcal: 378

1 kg Porree (Lauch), 3 EL Speiseöl
500 g Gehacktes (halb Rind-, halb Schweinefleisch)
Salz, frisch gemahlener Pfeffer
1 l Fleischbrühe
1 Glas Champignonscheiben (Abtropfgewicht 315 g)
200 g Sahne- oder Kräuterschmelzkäse

Zubereitungszeit: etwa 25 Min.

1. Von dem Porree die Außenblätter entfernen und Wurzelenden und dunkles Grün abschneiden, die Stangen gründlich waschen, abtropfen lassen und in feine Ringe schneiden.

Käse-Porree-Suppe

2. Öl in einem großen Topf erhitzen und das Gehackte darin anbraten, dabei die Fleischklümpchen mit einer Gabel oder einem Kochlöffel zerdrücken und mit Salz und Pfeffer würzen.
3. Porreeringe hinzufügen und kurz mitdünsten. Fleischbrühe hinzugießen, alles zum Kochen bringen und etwa 15 Minuten mit Deckel bei mittlerer Hitze garen.
4. Champignons in einem Sieb abtropfen lassen und hinzufügen. Schmelzkäse unterrühren und in der heißen Suppe schmelzen lassen (nicht mehr kochen lassen). Die Suppe mit Salz und Pfeffer abschmecken.

Käse-Sahne-Torte

Klassisch

Insgesamt:
E: 157 g, F: 302 g, Kh: 530 g,
kJ: 23657, kcal: 5652

Für den Rührteig:
150 g weiche Butter oder Margarine
150 g Zucker
1 Pck. Dr. Oetker Vanillin-Zucker
1 Prise Salz, 3 Eier (Größe M)
150 g Weizenmehl
1 TL Dr. Oetker Backin

Für die Füllung:
8 Blatt weiße Gelatine
1 Dose Mandarinen
(Abtropfgewicht 175 g)
750 g Magerquark, 150 g Zucker
1 Pck. Dr. Oetker Vanillin-Zucker
100 ml Mandarinensaft
1 Pck. Dr. Oetker Finesse Geriebene Zitronenschale
2 EL Zitronensaft
500 ml (1/2 l) Schlagsahne

Zum Bestäuben:
20 g Puderzucker

Zubereitungszeit: etwa 30 Min., ohne Kühlzeit

1. Für den Teig Butter oder Margarine mit Handrührgerät mit Rührbesen auf höchster Stufe geschmeidig rühren. Nach und nach Zucker, Vanillin-Zucker und Salz unterrühren und so lange rühren, bis eine gebundene Masse entstanden ist.
2. Eier nach und nach unterrühren (jedes Ei etwa 1/2 Minute). Mehl mit Backin mischen, sieben und portionsweise auf mittlerer Stufe unterrühren.
3. Den Teig in eine Springform (Ø 26 cm, Boden gefettet) füllen und glatt streichen. Die Form auf dem Rost in den Backofen schieben.
   Ober-/Unterhitze: etwa 180 °C (vorgeheizt)
   Heißluft: etwa 160 °C (vorgeheizt)
   Gas: Stufe 2–3 (vorgeheizt)
   Backzeit: 25–30 Minuten.
4. Den Boden aus der Form lösen und auf einem Kuchenrost erkalten lassen. Ihn dann einmal waagerecht durchschneiden und die untere Hälfte auf eine Tortenplatte legen.
5. Für die Füllung Gelatine in kaltem Wasser einweichen. Mandarinen in einem Sieb gut abtropfen lassen, dabei den Saft auffangen und 100 ml davon abmessen. Quark mit Zucker, Vanillin-Zucker, Mandarinensaft, Zitronenschale und -saft verrühren.
6. Gelatine leicht ausdrücken, in einem kleinen Topf bei schwacher Hitze unter Rühren erwärmen, bis sie gelöst ist. Etwas von der Quarkmasse unter die Gelatine rühren, dann unter die restliche Quarkmasse rühren.
7. Sahne steif schlagen, 3 Esslöffel Sahne in einen Spritzbeutel mit Sterntülle füllen, restliche Sahne unterheben. Um den unteren Tortenboden einen Tortenring stellen und die Mandarinen darauf verteilen (12 Mandarinenspalten beiseite legen). Die Quark-Sahne-Masse einfüllen und glatt streichen.
8. Den oberen Tortenboden in 12 Stücke schneiden, auf die Füllung legen und leicht andrücken. Die Torte mindestens 3 Stunden kalt stellen.
9. Den Tortenring lösen und die Torte mit Puderzucker bestäuben. Auf jedes Tortenstück je 1 Sahnetuff spritzen und mit je 1 Mandarinenspalte garnieren. Die Torte gut gekühlt servieren.

Tipp:
Die Torte bleibt 1–2 Tage frisch.
Sie ist gefriergeeignet.

Käse-Sahne-Torte

Käsesalat

Käsesalat

Preiswert

Pro Portion:
E: 17 g, F: 29 g, Kh: 9 g,
kJ: 1614, kcal: 386

200 g junger Gouda, in Scheiben
1 Bund Radieschen
1 säuerlicher Apfel
2 hart gekochte Eier (Größe M)
3 Cornichons (kleine Gewürzgurken)

Für die Salatsauce:
1 Becher (150 g) Crème fraîche
1 EL Senf
6 EL Cornichonflüssigkeit
Salz, etwas Zucker
frisch gemahlener Pfeffer
1 EL gemischte, gehackte Kräuter

Zubereitungszeit: etwa 20 Min., ohne Durchziehzeit

1. Die Käsescheiben in kleine Quadrate schneiden. Radieschen putzen, waschen und in Scheiben schneiden. Apfel schälen, vierteln, entkernen und würfeln. Eier pellen und in Scheiben schneiden. Cornichons in Scheiben schneiden.
2. Für die Salatsauce Crème fraîche mit Senf, Cornichonflüssigkeit, Salz, Zucker, Pfeffer und Kräutern verrühren, vorsichtig mit den vorbereiteten Salatzutaten vermengen und einige Zeit durchziehen lassen.
3. Den Salat vor dem Servieren evtl. nochmals durchrühren und mit den Gewürzen abschmecken.

Kasseler-Filet-Topf, geschmort

Einfach

Pro Portion:
E: 40 g, F: 19 g, Kh: 27 g,
kJ: 1906, kcal: 456

600 g Kasseler-Filet
(aus dem Kotelettstück)
600 g fest kochende Kartoffeln
1 Stange Porree (Lauch, etwa 200 g)
2 EL Speiseöl
1 Dose Sauerkraut (810 g)
Salz, frisch gemahlener Pfeffer
Zucker
2 Lorbeerblätter, 4 Wacholderbeeren
300–400 ml Wasser

1 Becher (150 g) Crème fraîche
1 TL Paprikapulver edelsüß

Zubereitungszeit: etwa 40 Min.

1. Kasseler-Filet unter fließendem kalten Wasser abspülen, trockentupfen und in etwa 2 cm dicke Scheiben schneiden.
2. Kartoffeln waschen, schälen, abspülen und in gleich große Würfel schneiden. Porree putzen, die Stange längs halbieren. Porree waschen, abtropfen lassen und in feine Streifen schneiden.
3. Speiseöl in einem Bräter erhitzen und Kasselerscheiben von beiden Seiten darin anbraten. Kartoffelwürfel und Porreestreifen hinzufügen und mitdünsten lassen.
4. Sauerkraut mit der Flüssigkeit hinzugeben und gut vermischen. Mit Salz, Pfeffer und Zucker würzen. Lorbeerblätter, Wacholderbeeren und 300 ml Wasser hinzufügen, die Zutaten zum Kochen bringen und zugedeckt etwa

Kasseler-Filet-Topf, geschmort

40 Minuten garen, dabei ab und zu umrühren, evtl. verdampfte Flüssigkeit ersetzen.

5. Crème fraîche mit Paprika verrühren und unter den Kasseler-Filet-Topf geben.

Beilage:
Kartoffelpüree und geschmorte Zwiebelringe, dann jedoch Crème fraîche (Punkt 5) nicht unter den Kasseler-Filet-Topf rühren, sondern das Kartoffelpüree damit (anstatt Milch) zubereiten.

Tipp: Statt Kasseler-Filet Kasseler-Nacken verwenden.
Der Kasseler-Filet-Topf kann auch im Backofen gegart werden, dann wie unter Punkt 4 beschrieben die Zutaten zum Kochen bringen und den Bräter mit Deckel auf dem Rost in den Backofen schieben und bei Ober-/Unterhitze: etwa 200 °C (vorgeheizt), Heißluft: etwa 180 °C (nicht vorgeheizt), Gas: Stufe 3–4 (nicht vorgeheizt) in etwa 40 Minuten fertig garen, dabei zwischendurch umrühren.

Kasseler Rückenschnitzel

Kasseler Rückenschnitzel

Preiswert

Pro Portion:
E: 36 g, F: 32 g, Kh: 42 g,
kJ: 2680, kcal: 639

4 Kasselerscheiben (aus dem Rücken, je etwa 120 g, vom Metzger etwas flach klopfen lassen)
frisch gemahlener Pfeffer
1/2 Pck. TK-gemischte Kräuter
15 g geriebener Meerrettich
100 g Semmelbrösel
2 Eier (Größe S)
2 EL Weizenmehl

Für das Gemüse:
1/2 Steckrübe (etwa 500 g)
600 g fest kochende Kartoffeln
Salzwasser
2 EL Butter oder Margarine
200 ml Gemüsebrühe
Salz, frisch gemahlener Pfeffer
1/2 Pck. TK-gemischte Kräuter

3 EL Speiseöl

etwas glatte Petersilie

Zubereitungszeit: etwa 60 Min.

1. Kasseler unter fließendem kalten Wasser abspülen und trockentupfen. Mit Pfeffer bestreuen.
2. Kräuter, Meerrettich und Semmelbrösel in einer Schüssel gut vermischen, so dass keine Klümpchen entstehen. Eier in einer Schüssel verschlagen.
3. Kasseler zuerst in Mehl wenden, dann durch die verschlagenen Eier ziehen, Kasseler am Schüsselrand etwas abstreifen und zuletzt in der Kräuter-Meerrettich-Semmelbrösel-Mischung wenden, Panade fest andrücken.
4. Für das Gemüse Steckrübe und Kartoffeln waschen, schälen, abspülen und in gleich große Würfel schneiden. Salzwasser in einem großen Topf zum Kochen bringen. Steckrüben- und Kartoffelwürfel hinzugeben und etwa 10 Minuten blanchieren. Anschließend in ein Sieb geben, mit kaltem Wasser übergießen und abtropfen lassen.
5. Butter oder Margarine in einem großen Topf erhitzen und Kartoffel- und Steckrübenwürfel darin andünsten, Brühe hinzugießen, zum Kochen bringen und zugedeckt etwa 15 Minuten bei schwacher Hitze kochen lassen. Mit Salz und Pfeffer würzen. Kräuter unterrühren.
6. Speiseöl in einer großen Pfanne erhitzen und Kasseler bei schwacher Hitze von beiden Seiten etwa 10 Minuten darin braten, herausnehmen und auf eine vorgewärmte Platte legen.
7. Kasselerschnitzel mit dem Gemüse anrichten und mit Petersilienzweigen und -blättchen garniert servieren.

Beilage:
Bohnensalat.

Kirschkuchen

Kirschkuchen

Gut vorzubereiten

Insgesamt:
E: 63 g, F: 199 g, Kh: 372 g,
kJ: 15614, kcal: 3729

Für den Rührteig:
150 g weiche Butter oder Margarine
150 g Zucker
1 Pck. Dr. Oetker Vanillin-Zucker
4 Eier (Größe M)
150 g Weizenmehl
1/2 TL Dr. Oetker Backin

Für den Belag:
500 g Sauerkirschen

Für den Guss:
1 Ei (Größe M)
50 g Zucker
125 ml (1/8 l) Schlagsahne
2 EL Kirschwasser

Zum Bestäuben:
Puderzucker

Zubereitungszeit: etwa 45 Min.

1. Für den Teig Butter oder Margarine mit Handrührgerät mit Rührbesen auf höchster Stufe geschmeidig rühren. Nach und nach Zucker und Vanillin-Zucker unterrühren und so lange rühren, bis eine gebundene Masse entstanden ist. Eier nach und nach unterrühren (jedes Ei etwa 1/2 Minute).
2. Mehl mit Backin mischen, sieben und portionsweise auf mittlerer Stufe unterrühren. Den Teig in eine Springform (Ø 26 cm, Boden gefettet) füllen und glatt streichen.
3. Für den Belag Sauerkirschen waschen, entstielen, gut abtropfen lassen und entsteinen. Die Kirschen gleichmäßig auf dem Teig verteilen. Die Form auf dem Rost in den Backofen schieben.
   Ober-/Unterhitze: etwa 180 °C (vorgeheizt)
   Heißluft: etwa 160 °C (nicht vorgeheizt)
   Gas: Stufe 2–3 (nicht vorgeheizt)
   Backzeit: etwa 45 Minuten.
4. In der Zwischenzeit für den Guss Ei mit Zucker, Sahne und Kirschwasser verschlagen. Den Guss auf dem vorgebackenen Kuchen verteilen. Die Form wieder auf dem Rost in den Backofen schieben und das Gebäck **bei der oben angegebenen Backofeneinstellung noch etwa 15 Minuten backen.**
5. Den Kuchen aus der Form lösen und auf einem Kuchenrost erkalten lassen. Vor dem Servieren mit Puderzucker bestäuben.

Abwandlung:
Der Kuchen kann anstelle von Sauerkirschen auch mit halbierten Pflaumen zubereitet werden.

Tipp:
Wenn Kinder mitessen, den Guss ohne Kirschwasser zubereiten. Anstelle der frischen Kirschen können Sie auch 1 Glas Sauerkirschen (Abtropfgewicht 370 g) verwenden. Die Kirschen dann sehr gut abtropfen lassen (evtl. mit Küchenpapier trockentupfen). Den Kuchen maximal 1 Tag vor dem Verzehr backen.

Kirschkuchen, gedeckt

Dauert etwas länger – mit Alkohol

Insgesamt:
E: 72 g, F: 224 g, Kh: 623 g,
kJ: 20387, kcal: 4878

Für den Hefeteig:
200 g Weizenmehl
1 Pck. Dr. Oetker Trockenbackhefe
25 g Zucker
1 Pck. Dr. Oetker Vanillin-Zucker
1 Eigelb (Größe M)
1 Becher (150 g) Crème fraîche

Für den Knetteig:
100 g Weizenmehl
1 TL Dr. Oetker Backin
25 g Zucker
50 g weiche Butter oder Margarine
evtl. 1 EL Wasser

Für die Füllung:
1 kg frische Süßkirschen
125 ml ($^1/_8$ l) Wasser
50 g Speisestärke
100 g Zucker
4 EL Wasser
2 EL Kirschwasser
2 EL Semmelbrösel

Für den Belag:
75 g Butter
50 g Zucker
1 Pck. Dr. Oetker Vanillin-Zucker
100 g abgezogene, gestiftelte Mandeln

Zubereitungszeit: etwa 75 Min., ohne Teiggeh- und Abkühlzeit

1. Für den Hefeteig Mehl in eine Rührschüssel sieben und mit der Hefe sorgfältig vermischen. Zucker, Vanillin-Zucker, Eigelb und Crème fraîche hinzufügen und die Zutaten mit Handrührgerät mit Knethaken zunächst kurz auf niedrigster, dann auf höchster Stufe in etwa 5 Minuten zu einem Teig verarbeiten. Den Teig zugedeckt so lange an einem warmen Ort gehen lassen, bis er sich sichtbar vergrößert hat.
2. Für den Knetteig Mehl mit Backin mischen und in eine Rührschüssel sieben. Restliche Zutaten hinzufügen und mit Handrührgerät mit Knethaken zunächst kurz auf niedrigster, dann auf höchster Stufe gut durcharbeiten. Den Hefe- und Knetteig auf der bemehlten Arbeitsfläche gut miteinander verkneten, dann den Zwillingsteig halbieren. Eine Teighälfte auf einem Backblech (30 x 40 cm, gefettet) ausrollen.
3. Für die Füllung Kirschen waschen, abtropfen lassen, entsteinen und halbieren. Kirschen mit Wasser zugedeckt in einem Topf etwa 5 Minuten dünsten. Speisestärke mit Zucker mischen, mit Wasser anrühren und unter die Kirschen rühren. Kirschmasse unter Rühren gut aufkochen lassen und Kirschwasser unterrühren. Die Kirschmasse etwas abkühlen lassen. Semmelbrösel auf den Teig streuen und die Kirschmasse darauf verteilen.
4. Restlichen Zwillingsteig auf der bemehlten Arbeitsfläche zu einer rechteckigen Platte in Größe des Backblechs ausrollen. Teigplatte über eine Teigrolle aufwickeln und auf der Kirschmasse wieder abrollen. Teigränder gut zusammendrücken.
5. Für den Belag Butter zerlassen. Zucker, Vanillin-Zucker und Mandeln unterrühren und unter Rühren erhitzen, bis eine einheitliche Masse entstanden ist. Die Masse mit einem Esslöffel auf dem Teig verteilen. Das Backblech in den Backofen schieben.
   Ober-/Unterhitze: etwa 200 °C (vorgeheizt)
   Heißluft: etwa 180 °C (vorgeheizt)
   Gas: Stufe 3–4 (vorgeheizt)
   Backzeit: etwa 25 Minuten.
6. Das Backblech auf einen Kuchenrost stellen und den Kuchen erkalten lassen.

Kirschkuchen, gedeckt

Kirsch-Schokoladen-Traum

Kirsch-Schokoladen-Traum

Für Kinder

Insgesamt:
E: 84 g, F: 399 g, Kh: 435 g,
kJ: 24504, kcal: 5853

Für den Rührteig:
125 g weiche Butter oder Margarine
125 g Zucker
1 Pck. Dr. Oetker Vanillin-Zucker
4 Eier (Größe M)
60 g Weizenmehl
2 TL Dr. Oetker Backin
2 schwach geh. EL Kakaopulver
125 g gemahlene Haselnusskerne

Für den Belag:
1 Glas Kaiserkirschen oder Sauerkirschen (Abtropfgewicht 370 g)
1 Pck. Tortenguss
20 g Zucker
250 ml (1/4 l) Kirschsaft

Für die Schokoladensahne:
200 g Zartbitterschokolade
500 ml (1/2 l) Schlagsahne
1 Pck. Dr. Oetker Sahnesteif

Zubereitungszeit: etwa 40 Min., ohne Kühlzeit

1. Für den Rührteig Butter oder Margarine mit Handrührgerät mit Rührbesen auf höchster Stufe geschmeidig rühren. Nach und nach Zucker und Vanillin-Zucker unterrühren und so lange rühren, bis eine gebundene Masse entstanden ist.
2. Eier nach und nach unterrühren (jedes Ei etwa 1/2 Minute). Mehl mit Backin und Kakaopulver mischen, sieben, mit Haselnusskernen mischen und portionsweise auf mittlerer Stufe unterrühren. Den Teig in eine Springform (Ø 26 cm, Boden gefettet, mit Backpapier belegt) füllen und glatt streichen. Die Form auf dem Rost in den Backofen schieben.
Ober-/Unterhitze: etwa 180 °C (vorgeheizt)
Heißluft: etwa 160 °C (vorgeheizt)
Gas: Stufe 2–3 (vorgeheizt)
Backzeit: etwa 30 Minuten.
3. Den Boden aus der Form lösen, das Backpapier abziehen und den Boden auf einem Kuchenrost erkalten lassen. Den erkalteten Boden auf eine Tortenplatte setzen und einen hohen Tortenring darumlegen.
4. Für den Belag Kirschen in einem Sieb abtropfen lassen, dabei den Saft auffangen und 250 ml (1/4 l) abmessen. Die Kirschen auf dem Boden verteilen. Aus Tortenguss, Zucker und abgemessenem Kirschsaft nach Packungsanleitung einen Guss zubereiten, über die Kirschen geben und erkalten lassen. Dann den Tortenring entfernen.
5. Für die Schokoladensahne Schokolade grob zerkleinern, in einem kleinen Topf im Wasserbad bei schwacher Hitze zu einer geschmeidigen Masse verrühren und etwas abkühlen lassen.
6. Sahne mit Sahnsteif steif schlagen. Die abgekühlte Schokolade mit einer Gabel unter die Sahne ziehen, so dass die Masse marmoriert ist. Die Schokoladensahne kuppelförmig auf die Kirschen streichen. Die Oberfläche mit einem Teelöffel wellenförmig verzieren und die Torte etwa 1 Stunde kalt stellen.

Kirsch-Streusel-Kuchen

Fruchtig

Insgesamt:
E: 49 g, F: 177 g, Kh: 660 g,
kJ: 19211, kcal: 4585

Für den Knetteig:
150 g Weizenmehl
1 Msp. Dr. Oetker Backin
100 g Zucker
1 Pck. Dr. Oetker Vanillin-Zucker
1 Prise Salz
1 Ei (Größe M)
100 g weiche Butter oder Margarine

Für die Füllung:
1 kg Sauerkirschen
100 g Zucker
20 g Speisestärke
etwa 1 EL Zucker

Für die Streusel:
150 g Weizenmehl
100 g Zucker
1 Pck. Dr. Oetker Vanillin-Zucker
100 g weiche Butter oder Margarine

Zubereitungszeit: etwa 60 Min., ohne Kühlzeit

1. Für den Teig Mehl mit Backin mischen und in eine Rührschüssel sieben. Zucker, Vanillin-Zucker, Salz, Ei und Butter oder Margarine hinzufügen. Die Zutaten mit Handrührgerät mit Knethaken zunächst kurz auf niedrigster, dann auf höchster Stufe gut durcharbeiten. Anschließend auf der leicht bemehlten Arbeitsfläche mit den Händen zu einem glatten Teig verkneten. Sollte er kleben, ihn in Folie gewickelt eine Zeit lang kalt stellen.
2. Zwei Drittel des Teiges auf dem Boden einer Springform (Ø 26 oder 28 cm, gefettet) ausrollen. Den Teigboden mehrmals mit der Gabel einstechen und den Springformrand darumlegen. Restlichen Teig zu einer Rolle formen, als Rand auf den Boden legen und so an die Form drücken, dass ein etwa 2 cm hoher Rand entsteht. Die Form auf dem Rost in den Backofen schieben.
   Ober-/Unterhitze: etwa 200 °C (vorgeheizt)
   Heißluft: etwa 180 °C (vorgeheizt)
   Gas: Stufe 3–4 (vorgeheizt)
   Backzeit: 10–12 Minuten.
3. Die Form auf einen Kuchenrost stellen und den Boden erkalten lassen.
4. Für die Füllung Kirschen waschen, in einem Sieb abtropfen lassen, entstielen und entsteinen. Kirschen mit Zucker mischen und kurze Zeit zum Saft ziehen stehen lassen. Die Kirschen in einem Topf aufkochen lassen, in einem Sieb abtropfen lassen, dabei den Saft auffangen und 250 ml (¼ l) davon abmessen (evtl. mit Wasser ergänzen).
5. Speisestärke mit 4 Esslöffeln von dem Saft anrühren. Den restlichen Saft zum Kochen bringen. Die angerührte Speisestärke in die von der Kochstelle genommene Flüssigkeit rühren und kurz aufkochen lassen. Die Kirschen unterrühren, mit Zucker abschmecken und etwas abkühlen lassen. Die Kirschmasse auf dem vorgebackenen Boden verteilen.
6. Für die Streusel Mehl in eine Rührschüssel sieben und mit Zucker und Vanillin-Zucker mischen. Butter oder Margarine hinzufügen und die Zutaten mit Handrührgerät mit Knethaken zu Streuseln von gewünschter Größe verarbeiten und auf der Füllung verteilen.
7. Die Form wieder auf dem Rost in den Backofen schieben und den Kuchen **bei der oben angegebenen Backofeneinstellung etwa 40 Minuten backen.**
8. Den Kuchen aus der Form lösen und auf einem Kuchenrost erkalten lassen.

Tipp:
Den Kuchen mit zwei Gläsern Sauerkirschen (Abtropfgewicht je 370 g) zubereiten.

Kirsch-Streusel-Kuchen

Kiwi-Quark-Torte

Mit Alkohol

Insgesamt:
E: 167 g, F: 307 g, Kh: 375 g,
kJ: 21856, kcal: 5219

Für den Tortenboden:
200 g Löffelbiskuits
100 g fein gehackte Haselnusskerne
150 g zerlassene Butter

Für den Belag:
6 Blatt weiße Gelatine
500 g Speisequark
150 g Zucker
Saft von 2 Zitronen
250 ml ($^1/_4$ l) Schlagsahne
4 EL Orangenlikör
5 Kiwis
1 Pck. Tortenguss, klar
250 ml ($^1/_4$ l) Wasser oder heller Traubensaft, 1–2 EL Zucker

Zubereitungszeit: etwa 40 Min., ohne Kühlzeit

1. Für den Boden Löffelbiskuits in einen Gefrierbeutel geben, den Beutel verschließen und die Löffelbiskuits mit einer Teigrolle fein zerbröseln. Biskuitbrösel mit Haselnusskernen vermengen. Butter mit der Biskuitmischung vermischen und die Masse auf den Boden einer Springform (Ø 26 cm) drücken.
2. Für den Belag Gelatine nach Packungsanleitung in kaltem Wasser einweichen. Quark mit Zucker und Zitronensaft mit Handrührgerät mit Rührbesen glatt rühren. Die eingeweichte, ausgedrückte Gelatine bei geringer Hitze unter Rühren auflösen, 2 Esslöffel von der Quarkmasse unterrühren, dann gleichmäßig unter die restliche Quarkmasse rühren.
3. Sahne steif schlagen und mit dem Orangenlikör unterziehen. Die Masse in die Springform füllen, glatt streichen und 2–3 Stunden im Kühlschrank fest werden lassen.
4. Etwa 1 Stunde vor dem Servieren Kiwis schälen, in Scheiben schneiden und die Torte damit belegen. Tortenguss mit Wasser oder Saft und Zucker nach Packungsanleitung zubereiten und die Kiwischeiben damit überziehen. Die Torte kalt stellen.

Tipp:
Wenn die Torte länger aufbewahrt werden soll, die Kiwischeiben kurz mit kochendem Wasser oder Saft übergießen, damit die Torte durch die Säure der Kiwis keinen bitteren Geschmack bekommt.

Kohlrabi-Cordon-bleu

Preiswert

Pro Portion:
E: 26 g, F: 36 g, Kh: 19 g,
kJ: 2216, kcal: 529

2 mittelgroße Kohlrabi
Salzwasser oder Brühe
4 große Scheiben gekochter Schinken
4 große Scheiben Gouda

Für den Teig:
80 g Weizenmehl
2 Eigelb (Größe M)
$^1/_2$ TL Salz
125 ml ($^1/_8$ l) Milch
30 g zerlassene, etwas abgekühlte Butter, 2 Eiweiß (Größe M)

8 EL Speiseöl

Zubereitungszeit: etwa 35 Min.

1. Kohlrabi putzen, schälen, waschen und in 16 dünne Scheiben schneiden. Die Scheiben in kochendes Salzwasser oder Brühe geben und etwa 8 Minuten kochen lassen. Die Scheiben dann in einem Sieb abtropfen lassen.

2. Schinken- und Käsescheiben vierteln. Je 2 Schinken- und Käsescheibenviertel auf 8 Kohlrabischeiben legen, mit den restlichen Kohlrabischeiben zudecken und etwas andrücken.
3. Für den Teig Mehl, Eigelb und Salz mit einem Schneebesen verrühren. Nach und nach Milch und Butter unterrühren. Eiweiß steif schlagen und unterheben.
4. Öl in einer Pfanne erhitzen. Die Kohlrabi-Cordon-bleus mit 2 Gabeln vorsichtig durch den Teig ziehen und portionsweise in dem Öl von beiden Seiten goldgelb ausbacken.

Kohlrabi-Kartoffel-Gratin

Einfach

Pro Portion:
E: 23 g, F: 22 g, Kh: 27 g, kJ: 1664, kcal: 397

600 g Kartoffeln
Salz
300 g Champignons
15 g Butter
1 Bund glatte Petersilie
700 g Kohlrabi
250 ml (1/4 l) Wasser
frisch gemahlener Pfeffer
geriebene Muskatnuss
60 g durchwachsener Räucherspeck

Zum Bestreuen:
1 Zwieback
200 g geriebener mittelalter Gouda

Zubereitungszeit: etwa 35 Min.

1. Kartoffeln waschen und mit Wasser und 1 Teelöffel Salz in einem Topf zum Kochen bringen. Die Kartoffeln zugedeckt in 20–25 Minuten gar kochen, abgießen, mit kaltem Wasser übergießen und abtropfen lassen, sofort pellen und in Scheiben schneiden.
2. Champignons putzen, mit Küchenpapier abreiben, evtl. abspülen und trockentupfen, in Scheiben schneiden. Butter in einer Pfanne zerlassen und die Champignonscheiben 3–4 Minuten darin dünsten.
3. Petersilie abspülen, trockentupfen und die Blättchen von den Stängeln zupfen. Blättchen fein hacken und einen Teelöffel gehackte Petersilie beiseite legen. Restliche Petersilie unter die Champignonscheiben rühren.
4. Kohlrabi schälen, waschen, abtropfen lassen, halbieren und in Scheiben schneiden. Wasser mit 1 Teelöffel Salz in einem Topf zum Kochen bringen. Die Kohlrabischeiben darin 8–10 Minuten garen, dann in ein Sieb abgießen, dabei das Kohlrabiwasser auffangen.
5. Champignonscheiben in eine Auflaufform (gefettet) geben und die Kartoffel- und Kohlrabischeiben dachziegelartig darauf verteilen. Mit Salz, Pfeffer und Muskat würzen und das Kohlrabiwasser hinzugießen.
6. Speck in feine Streifen schneiden, in einer kleinen Pfanne ausbraten und auf dem Gemüse verteilen.
7. Zum Bestreuen Zwieback fein zerbröseln. Zwiebackbrösel mit dem Käse mischen und auf den Auflauf streuen. Die Form auf dem Rost in den Backofen schieben.
   Ober-/Unterhitze: etwa 200 °C (vorgeheizt)
   Heißluft: etwa 180 °C (vorgeheizt)
   Gas: Stufe 3–4 (vorgeheizt)
   Garzeit: etwa 20 Minuten.
8. Vor dem Servieren den Auflauf mit der beiseite gelegten Petersilie bestreuen.

Kohlrabi-Kartoffel-Gratin

Kohlrouladen mit Semmelfüllung

Vegetarisch

Pro Portion:
E: 17 g, F: 20 g, Kh: 56 g,
kJ: 2047, kcal: 488

350 g Brötchen vom Vortag (Semmeln) oder 1–2 Tage alte Weißbrotscheiben
375 ml ($^3/_8$ l) Milch
1 Stange Porree (Lauch)
50 g Butter
Salz, frisch gemahlener Pfeffer
75 g Zwiebeln

Wasser
1 Kopf Weißkohl (etwa 1 $^1/_2$ kg)

3 Eier (Größe M)
geriebene Muskatnuss
40 g Butterschmalz
100 ml Gemüsebrühe
75 ml Weißwein

1 kleines Bund glatte Petersilie

Außerdem:
Küchengarn

Zubereitungszeit: etwa 2 Std., ohne Einweich- und Abkühlzeit

1. Brötchen oder Brotscheiben in kleine Würfel schneiden, in eine Schüssel geben und mit der Milch einweichen. Porree putzen, Stange längs halbieren, waschen und abtropfen lassen, Porree in feine Streifen schneiden. Butter in einer Pfanne zerlassen und Porreestreifen zugedeckt etwa 5 Minuten darin dünsten. Mit Salz und Pfeffer würzen und abkühlen lassen. Zwiebeln abziehen, in kleine Würfel schneiden und beiseite legen.
2. In einem großen Topf reichlich Wasser zum Kochen bringen und Salz hinzufügen (auf 1 l Wasser 1 Teelöffel Salz). Inzwischen von dem Kohl die äußeren welken Blätter entfernen. Den Kohl abspülen und den Strunk unten keilförmig herausschneiden. Kohl so lange in das Wasser legen, bis sich die äußeren Blätter lösen. Diesen Vorgang wiederholen, bis 12 Blätter sich lösen lassen und etwas weich sind. Die Blätter abtropfen lassen, mit Küchenpapier trockentupfen und dicke Blattrippen flach schneiden. Restlichen Kohl in dünne Streifen schneiden.
3. Eier verschlagen und mit Salz, Pfeffer und Muskat kräftig würzen. Porreegemüse und Eier zu den Brotwürfeln geben und gut vermengen. Mit Salz und Pfeffer würzen. Die Masse in 6 Portionen teilen. Jeweils zwei Kohlblätter leicht überlappend aufeinander legen und jeweils 1 Portion der Brot-Porree-Masse darauf verteilen. Blätter seitlich einschlagen und aufrollen. Mit Küchengarn umwickeln.
4. Butterschmalz in einem großen Bräter erhitzen und Rouladen evtl. portionsweise von allen Seiten darin anbraten, herausnehmen. Kohlstreifen und die beiseite gelegten Zwiebelwürfel in dem verbliebenen Bratfett andünsten. Brühe und Weißwein hinzugießen, Kohlrouladen auf das Gemüse legen und zugedeckt etwa 50 Minuten garen.
5. Die Rouladen herausnehmen (Küchengarn entfernen) und warm stellen. Petersilie abspülen und trockentupfen. Blättchen von den Stängeln zupfen und fein hacken. Gemüse mit Salz und Pfeffer abschmecken, Petersilie unterrühren und die Kohlrouladen mit dem Gemüse servieren.

Beilage:
Salzkartoffeln oder Kartoffelpüree.

Kohlrouladen mit Semmelfüllung

Kohlsalat

6 Portionen

Preiswert

Pro Portion:
E: 8 g, F: 24 g, Kh: 15 g,
kJ: 1359, kcal: 325

1 kg Weißkohl
Salz
3–4 EL Apfelessig
1 TL Zucker
frisch gemahlener Pfeffer
6–8 EL Sonnenblumenöl
150 g saure Sahne
2 EL geriebener Meerrettich
3 Äpfel
100 g geschälte Kürbiskerne

Zubereitungszeit: etwa 40 Min., ohne Abkühlzeit

1. Weißkohl putzen, vierteln und den Strunk herausschneiden, den Kohl waschen und so fein wie möglich hobeln. Die Weißkohlstreifen in kochendes Salzwasser geben und 1 Minute blanchieren. Dann abgießen, gut abtropfen und abkühlen lassen.
2. Essig mit Zucker, Salz und Pfeffer verrühren. Öl unterschlagen und saure Sahne und Meerrettich unterrühren.
3. Äpfel waschen, vierteln und entkernen, Äpfel würfeln und sofort in die Sauce geben, damit sie sich nicht verfärben. Alles mit dem Weißkohl vermengen.
4. Kürbiskerne in einer Pfanne ohne Fett rösten und über den Salat streuen.

Tipp:
Den Salat am Vortag zubereiten und die Kürbiskerne kurz vor dem Servieren darüber streuen.

Kohlsalat

Kokos-Bananen, gebackene

Klassisch

Pro Portion:
E: 5 g, F: 45 g, Kh: 37 g,
kJ: 2481, kcal: 594

Für die Orangensahne:
250 ml (1/4 l) Schlagsahne
1 Pck. Dr. Oetker Finesse Orangenfrucht
3 EL Orangensaft

4 Bananen
2 EL flüssiger Honig
80 g Kokosraspel
40 g Butter, 2 EL Speiseöl

Zubereitungszeit: etwa 25 Min.

1. Für die Orangensahne Sahne mit Orangenfrucht steif schlagen. Orangensaft unterrühren und die Orangensahne bis zum Verzehr kalt stellen.
2. Bananen schälen und längs halbieren. Bananenhälften mit Honig bestreichen und in Kokosraspeln wenden. Die Kokosraspel etwas andrücken.
3. Butter und Öl in einer Pfanne erhitzen und die Bananen von beiden Seiten leicht bräunen (vorsichtig wenden, damit sie nicht brechen).
4. Die Bananen auf Desserttellern anrichten und mit der Orangensahne servieren.

Tipp:
Die Sahne mit Orangenlikör abschmecken.

Kokosbienenstich mit Karamellcreme

Gut vorzubereiten

Insgesamt:
E: 101 g, F: 395 g, Kh: 822 g,
kJ: 30944, kcal: 7391

Für den Hefeteig:
375 g Weizenmehl
1 Pck. Dr. Oetker Trockenbackhefe
50 g Zucker
1 Pck. Dr. Oetker Vanillin-Zucker
1 Prise Salz
1 Ei (Größe M)
200 ml lauwarme Milch
50 g zerlassene, abgekühlte Butter oder Margarine

Für den Belag:
125 g Akazienhonig
150 g Butter
50 g Zucker
1 Pck. Dr. Oetker Vanillin-Zucker
5 EL Schlagsahne
150 g Kokosraspel

Kokosbienenstich mit Karamellcreme

Für die Füllung:
3 Pck. Dr. Oetker Pudding-Pulver Karamell-Geschmack
125 g Zucker
750 ml (3/4 l) Milch
250 ml (1/4 l) Schlagsahne

Zubereitungszeit: etwa 60 Min., ohne Teiggeh- und Kühlzeit

1. Für den Teig Mehl in eine Rührschüssel sieben und mit der Hefe sorgfältig vermischen. Zucker, Vanillin-Zucker, Salz, Ei, Milch und Butter oder Margarine hinzufügen.
2. Die Zutaten mit Handrührgerät mit Knethaken zunächst auf niedrigster, dann auf höchster Stufe in etwa 5 Minuten zu einem Teig verarbeiten. Den Teig zugedeckt so lange an einem warmen Ort gehen lassen, bis er sich sichtbar vergrößert hat.
3. Für den Belag Honig, Butter, Zucker, Vanillin-Zucker und Sahne in einem Topf unter Rühren langsam erhitzen und kurz aufkochen lassen. Kokosraspel unterrühren. Die Masse abkühlen lassen, dabei ab und zu umrühren.
4. Den Teig leicht mit Mehl bestäuben, aus der Schüssel nehmen, auf der leicht bemehlten Arbeitsfläche nochmals kurz durchkneten und auf einem Backblech (30 x 40 cm, gefettet, mit Backpapier belegt) oder in einer Fettfangschale ausrollen. Den Teig mehrmals mit einer Gabel einstechen und nochmals zugedeckt an einem warmen Ort etwa 15 Minuten gehen lassen.
5. Den Belag auf dem Teig verteilen. Das Backblech (die Fettfangschale) in den Backofen schieben.
   Ober-/Unterhitze: etwa 200 °C (vorgeheizt)
   Heißluft: etwa 180 °C (vorgeheizt)
   Gas: Stufe 3–4 (vorgeheizt)
   Backzeit: etwa 15 Minuten.
6. Das Backblech (die Fettfangschale) auf einen Kuchenrost stellen und das Gebäck erkalten lassen.
7. Für die Füllung aus Pudding-Pulver, Zucker, Milch und Sahne nach Packungsanleitung – aber mit den hier angegebenen Zutaten – einen Pudding zubereiten, in eine Schüssel geben, mit Klarsichtfolie zudecken und erkalten lassen. Den erkalteten Pudding nochmals mit Handrührgerät mit Rührbesen durchrühren.
8. Das Gebäck senkrecht vierteln, vom Backblech nehmen und jedes Viertel einmal waagerecht durchschneiden. Die Füllung auf den unteren Böden verteilen und glatt streichen. Die oberen Böden darauf legen und leicht andrücken. Den Bienenstich 2–3 Stunden kalt stellen.

Tipp:
Anstelle der Kokosraspel können Sie für den Belag auch dieselbe Menge gehobelte oder gehackte Haselnusskerne oder Mandeln verwenden.

Kokos-Kirsch-Tiramisu

6–8 Portionen

Mit Alkohol

Pro Portion:
E: 13 g, F: 22 g, Kh: 36 g,
kJ: 1866, kcal: 445

6–8 Kokoszwiebäcke
1 EL Zucker
3 EL Wasser
11 EL Kokoslikör
1 Becher (500 g) Kirschgrütze (aus dem Kühlregal)
500 g Magerquark
Saft von 2 Limetten

Kokos-Kirsch-Tiramisu

400 ml Schlagsahne
geröstete Kokosraspel

Zubereitungszeit: etwa 20 Min., ohne Kühlzeit

1. Eine eckige Form mit den Zwiebäcken auslegen. Zucker und Wasser in einem kleinen Topf zum Kochen bringen und kochen lassen, bis sich der Zucker gelöst hat.
2. Fünf Esslöffel Kokoslikör unterrühren und die Flüssigkeit sofort auf den Zwiebäcken verteilen. Die Kirschgrütze darauf geben und glatt streichen.
3. Quark mit dem restlichen Kokoslikör und Limettensaft verrühren. Sahne steif schlagen und unterheben.
4. Die Masse auf der Kirschgrütze verteilen, mit einem Esslöffel wellenförmig verzieren und mit Kokosraspeln bestreuen. Die Kokos-Kirsch-Tiramisu bis zum Verzehr einige Stunden kalt stellen.

Abwandlung:
Für eine Variante ohne Alkohol können Sie den Kokoslikör durch 6 Esslöffel Kokossirup ersetzen.

Krautbraten, bayerischer

Preiswert

Pro Portion:
E: 29 g, F: 48 g, Kh: 15 g,
kJ: 2721, kcal: 650

1 Kopf Weißkohl (etwa 1 kg)
Salzwasser
1 Zwiebel
1 TL Kümmelsamen
60 g Schweineschmalz
Salz, frisch gemahlener Pfeffer
1 Brötchen (Semmel)
350 g Rindergehacktes
2 Eier (Größe M)
2 EL gehackte Petersilie
100 g magerer, durchwachsener Speck in Scheiben

Zubereitungszeit: etwa 30 Min.

1. Die schlechten äußeren Blätter von dem Weißkohl entfernen, den Strunk herausschneiden und den Kohlkopf etwa 15 Minuten in kochendes Salzwasser legen. Die äußeren großen Blätter vorsichtig lösen und beiseite legen. Den restlichen Kohl klein schneiden.
2. Zwiebel abziehen und würfeln. Kümmel zerdrücken. Schweineschmalz in einem Topf zerlassen und Zwiebel, Kümmel und Kohlstreifen darin fast gar schmoren, mit Salz und Pfeffer würzen und etwas abkühlen lassen.
3. Brötchen in Wasser einweichen. Mit einem Teil der zurückgelassenen Weißkohlblätter einen gefetteten, feuerfesten Topf oder eine längliche, gefettete Auflaufform auslegen.
4. Das Gehackte mit Eiern, dem gut ausgedrückten Brötchen, Petersilie und dem geschmorten Kohl vermengen und mit Salz und Pfeffer würzen.
5. Die Fleischmasse auf die Kohlblätter füllen, die zurückgelassenen Blätter darüber legen, fest andrücken (evtl. zusammenbinden) und mit den Speckscheiben belegen. Die Form auf dem Rost in den Backofen schieben.
   Ober-/Unterhitze: etwa 200 °C (vorgeheizt)
   Heißluft: etwa 180 °C (nicht vorgeheizt)
   Gas: Stufe 3–4 (nicht vorgeheizt)
   Garzeit: etwa 60 Minuten.

Beilage:
Salzkartoffeln.

Tipp:
Zu dem Krautbraten nach Belieben eine Tomatensauce reichen. Dazu 2 Zwiebeln abziehen, würfeln und in 2 Esslöffeln heißem Speiseöl andünsten. 1 Dose (800 g) geschälte Tomaten dazugeben und alles etwa 15 Minuten bei schwacher Hitze köcheln lassen. Die Sauce mit etwas Tomatenmark, Salz und Pfeffer abschmecken und pürieren. Evtl. etwas Schmand unterrühren.

Krautbraten, bayerischer

Kräuterdorsch auf Dill-Gurkengemüse

Kräuterdorsch auf Dill-Gurkengemüse

Einfach

Pro Portion:
E: 29 g, F: 24 g, Kh: 7 g,
kJ: 1597, kcal: 380

4 Stücke (je 150 g) küchenfertiges Dorschfilet
Salz
frisch gemahlener Pfeffer
Zitronensaft
2 EL Weizenmehl
4 EL Speiseöl
1 Pck. TK-Kräuter der Provence

Für das Dill-Gurkengemüse:
2 kleine Salatgurken (je 400–500 g)
1 Zwiebel
1 Knoblauchzehe
50 g Butter
1 Pck. TK-Dill

Zubereitungszeit: etwa 30 Min.

1. Dorschfilet unter fließendem kalten Wasser abspülen und trockentupfen. Mit Salz, Pfeffer und Zitronensaft würzen und leicht mit Mehl bestäuben.
2. Öl in einer Pfanne erhitzen und die Dorschfilets von beiden Seiten jeweils etwa 3 Minuten braten. Kräuter der Provence auf die Oberseite der Filets streuen, die Filets auf eine vorgewärmte Platte legen, mit Alufolie abdecken und im vorgeheizten Backofen auf dem Rost bei 120–150 °C warm stellen.
3. Für das Gemüse Salatgurken schälen, längs halbieren und mit einem Teelöffel das Kerngehäuse entfernen. Die Gurken in 1 cm dicke Stücke schneiden. Zwiebel und Knoblauch abziehen und würfeln.
4. Butter in einer Pfanne erhitzen und Zwiebelwürfel und Gurkenstückchen darin andünsten, mit Salz, Pfeffer, Knoblauch und Dill würzen und etwa 5 Minuten garen.
5. Den Fisch auf dem Gurkengemüse anrichten und die ausgetretene Flüssigkeit darüber träufeln, sofort servieren.

Beilage:
Knoblauch-Butter-Kartoffeln oder Risotto.

Tipp:
Die Zwiebel- und Gurkenwürfel in nur 30 g Butter dünsten und zum Schluss 1/2–1 Becher (75–150 g) Crème fraîche unterheben. Das Gemüse mit Salz, Pfeffer, Zitronensaft und 1 Prise Zucker abschmecken.

Krautsalat-Gyros-Auflauf

Einfach

Pro Portion:
E: 46 g, F: 48 g, Kh: 41 g,
kJ: 3469, kcal: 828

800 g Kartoffeln
Salz
2 Zwiebeln
2 Knoblauchzehen
600 g Krautsalat
3 EL Olivenöl
600 g fertig gewürztes Gyrosfleisch
200 g Naturjoghurt

Krautsalat-Gyros-Auflauf

200 g Feta- oder Schafkäse
frisch gemahlener Pfeffer
getrockneter Oregano

Zubereitungszeit: etwa 30 Min.

1. Kartoffeln waschen, schälen, abspülen und in Salzwasser etwa 10 Minuten kochen. Kartoffeln dann abgießen und etwas abkühlen lassen.
2. In der Zwischenzeit Zwiebeln und Knoblauch abziehen und in feine Würfel schneiden. Krautsalat in einem Sieb abtropfen lassen.
3. Öl in einer Pfanne erhitzen und Gyros darin kräftig anbraten. Zwiebel- und Knoblauchwürfel hinzufügen und kurz mitbraten.
4. Krautsalat in eine gefettete, flache Auflaufform geben. Darauf den Joghurt streichen und anschließend das Fleisch darauf verteilen.
5. Kartoffeln grob raffeln. Feta- oder Schafkäse zerkleinern und mit den Kartoffeln vermischen. Die Masse mit Salz, Pfeffer und Oregano würzen und auf dem Fleisch verteilen. Die Form auf dem Rost in den Backofen schieben.
   Ober-/Unterhitze: etwa 200 °C (vorgeheizt)
   Heißluft: etwa 180 °C (nicht vorgeheizt)
   Gas: Stufe 3–4 (nicht vorgeheizt)
   Garzeit: etwa 40 Minuten.

Kürbiseintopf

Gut vorzubereiten

Pro Portion:
E: 37 g, F: 26 g, Kh: 18 g, kJ: 2028, kcal: 484

Kürbiseintopf

1 ¼ l Fleisch- oder Gemüsebrühe
500 g Rindfleisch (aus der Hüfte)
1 kleines Bund Suppengrün
500 g Tomaten, 1 ¼ kg Kürbis
3 Zwiebeln, 2–3 EL Speiseöl
2 EL gehackte Basilikumblättchen
Salz, frisch gemahlener Pfeffer
etwas Zucker, evtl. etwas Essig

Zubereitungszeit: etwa 1 ½ Std.

1. Fleisch- oder Gemüsebrühe in einem Topf zum Kochen bringen.
2. In der Zwischenzeit Rindfleisch unter fließendem kalten Wasser abspülen. Suppengrün putzen, evtl. schälen, waschen und in grobe Stücke schneiden. Rindfleisch und Suppengrün in die kochende Brühe geben, alles zum Kochen bringen und etwa 75 Minuten kochen lassen.
3. In der Zwischenzeit Tomaten waschen, abtropfen lassen, kreuzweise einschneiden, kurz in kochendes Wasser legen und mit kaltem Wasser abschrecken. Tomaten enthäuten, die Stängelansätze herausschneiden und die Tomaten je nach Größe halbieren oder vierteln.
4. Kürbis halbieren, schälen, die Kerne mit einem Löffel herauskratzen und das Fruchtfleisch in kleine Würfel schneiden. Zwiebeln abziehen und in Scheiben schneiden.
5. Öl in einem großen Topf erhitzen und die Zwiebelscheiben darin andünsten. Die Kürbiswürfel hinzufügen und etwa 5 Minuten mitdünsten lassen.
6. Nach Beendigung der Garzeit das Fleisch aus der Brühe nehmen, etwas abkühlen lassen und in Würfel schneiden. Die Brühe durch ein Sieb gießen, 1 l davon abmessen und zu Zwiebeln und Kürbis in den Topf geben. Den Kürbis fast gar kochen.
7. Tomatenhälften oder -viertel, Rindfleischwürfel und 1 Esslöffel von den Basilikumblättchen hinzufügen, alles zum Kochen bringen und etwa 5 Minuten kochen lassen.
8. Den Eintopf mit Salz, Pfeffer und Zucker würzen und nach Belieben mit Essig abschmecken. Den Eintopf mit Basilikum bestreut servieren.

Beilage:
Bauernbrot.

Tipp:
Sie können das Fleisch bereits am Vortag bis einschließlich Punkt 2 vorbereiten. Wenn es keinen frischen Kürbis gibt, können Sie den Eintopf auch mit Zucchini zubereiten.

Kürbis-Fisch-Gratin

Kürbis-Fisch-Gratin

Für Gäste

Pro Portion:
E: 31 g, F: 30 g, Kh: 28 g,
kJ: 2820, kcal: 674

600 g Kürbisfruchtfleisch
600 g Kartoffeln

Für den Guss und zum Bestreuen:
2 Eier (Größe M)
250 ml (1/4 l) Schlagsahne
Salz
frisch gemahlener Pfeffer
1/2 Bund Dill

500 g Lachsfilet
3 TL körniger Senf
1 Becher (150 g) Crème fraîche

Zubereitungszeit: etwa 40 Min.

1. Kürbisfruchtfleisch in große, dünne Scheiben schneiden. Kartoffeln waschen, schälen, abspülen und in dünne Scheiben schneiden oder hobeln.
2. Für den Guss Eier und Sahne verquirlen und mit Salz und Pfeffer kräftig würzen. Dill kalt abspülen, trockentupfen, die Spitzen von den Stängeln zupfen und fein schneiden. Die Hälfte des Dills unter den Guss rühren.
3. Kürbis- und Kartoffelscheiben in eine flache Auflaufform schichten. Den Guss darüber gießen und mit Alufolie zudecken. Die Form auf dem Rost in den Backofen schieben.
   Ober-/Unterhitze: etwa 180 °C (vorgeheizt)
   Heißluft: etwa 160 °C (nicht vorgeheizt)
   Gas: Stufe 2–3 (nicht vorgeheizt)
   Garzeit: etwa 50 Minuten.
4. In der Zwischenzeit Lachsfilet unter fließendem kalten Wasser abspülen, trockentupfen und mit etwas Senf bestreichen, mit Salz und Pfeffer würzen.
5. Die Form aus dem Backofen nehmen, auf einen Kuchenrost stellen und die Alufolie entfernen. Lachsfilet auf das Gratin legen und Crème fraîche darauf verteilen. Die Form wieder auf dem Rost in den Backofen schieben.
   Ober-/Unterhitze: etwa 200 °C (vorgeheizt)
   Heißluft: etwa 180 °C (vorgeheizt)
   Gas: Stufe 3–4 (vorgeheizt)
   Garzeit: 15–20 Minuten.
6. Das Gratin mit dem restlichen Dill bestreut servieren.

Beilage:
Dazu einen frischen Blattsalat servieren.

Kürbis-Kasseler-Ragout

Raffiniert

Pro Portion:
E: 40 g, F: 40 g, Kh: 24 g,
kJ: 2712, kcal: 647

600 g Kasseler-Nackenfleisch (ohne Knochen)
200 g Zwiebeln
400 g Kürbisfruchtfleisch
400 g Möhren
2 EL Speiseöl
100 ml Schlagsahne
125 ml (1/8 l) klare Brühe
1 Bund Schnittlauch
3–4 EL heller Saucenbinder
2 EL Sahnemeerrettich
frisch gemahlener Pfeffer

Zubereitungszeit: etwa 60 Min.

1. Kasseler unter fließendem kalten Wasser abspülen, trockentupfen und in etwa 3 cm große Würfel schneiden. Zwiebeln abziehen und in Spalten schneiden. Kürbisfruchtfleisch in etwa 2 cm große Würfel schneiden. Möhren putzen, schälen, waschen und in 2 cm große Stücke schneiden.
2. Öl in einem Topf erhitzen und Kasselerwürfel darin anbraten.
3. Zwiebeln und Möhren dazugeben und kurz anbraten. Mit Sahne und Brühe

Kürbis-Kasseler-Ragout

ablöschen und zugedeckt etwa 5 Minuten schmoren lassen. Kürbiswürfel hinzugeben und alles etwa 15 Minuten garen.

4. In der Zwischenzeit Schnittlauch kalt abspülen, trockentupfen und in Röllchen schneiden.
5. Das Ragout aufkochen lassen. Saucenbinder und Meerrettich unterrühren und nochmals aufkochen lassen. Mit Pfeffer würzen und mit Schnittlauch bestreuen.

Kürbispuffer

Kürbispuffer

Vegetarisch

Pro Portion:
E: 18 g, F: 29 g, Kh: 23 g, kJ: 1820, kcal: 434

1/2–1 Bund Koriander
300 g Kürbisfruchtfleisch
200 g Fetakäse
1–2 Knoblauchzehen
50 g Maismehl
50 g Weizenmehl
3 Eier (Größe M)
Salz, frisch gemahlener Pfeffer
6 EL Speiseöl

Zubereitungszeit: etwa 30 Min.

1. Koriander abspülen, trockentupfen und die Blättchen von den Stängeln zupfen. Einige Blättchen zum Garnieren zurücklassen, die restlichen Blättchen klein schneiden. Kürbisfruchtfleisch auf der groben Seite einer Haushaltsreibe raspeln.
2. Die Hälfte des Käses in einer Schüssel mit einer Gabel zerdrücken. Knoblauch abziehen und durch die Presse hinzufügen.
3. Beide Mehlsorten, Eier, Kürbisraspel und Koriander dazugeben und alles zu einem Teig verrühren. Mit Salz und Pfeffer würzen.
4. Öl portionsweise in einer Pfanne erhitzen und aus dem Teig portionsweise 12 kleine Puffer braten. Die fertigen Puffer warm stellen.
5. Den restlichen Fetakäse zerkrümeln und über die Puffer streuen. Mit den zurückgelassenen Korianderblättern garnieren.

Abwandlung:
Für Zucchinipuffer 450 g Zucchini waschen, abtrocknen, die Enden abschneiden und Zucchini grob reiben.
1 Zwiebel abziehen und in kleine Würfel schneiden. Die Zutaten mit dem Saft von 1/2 Zitrone, 3 Eiern (Größe M), 60–70 g Weizenmehl und 3–4 Esslöffeln gehackten Kräutern verrühren, mit Salz und Pfeffer würzen und wie oben angegeben braten.

Beigabe:
Naturjoghurt oder Kräuter Crème fraîche.

Tipp:
Die Puffer als Vorspeise oder kleines Gericht servieren. Zum Sattessen die Zutaten verdoppeln und einen Blattsalat dazureichen. Frischer Koriander ist sehr geschmacksintensiv, deshalb zuerst einen Probepuffer backen und die Koriandermenge dann evtl. erhöhen. Anstelle von Koriander können Sie auch Petersilie oder Dill verwenden.

Lachs auf Spitzkohl

Raffiniert

Pro Portion:
E: 40 g, F: 34 g, Kh: 43 g,
kJ: 3568, kcal: 853

4 TK-Lachsfilets (je 150 g)
1 Kopf Spitzkohl (800 g)
1 Zwiebel
50 g Butter
250 ml (1/4 l) Gemüsebrühe
Salz
frisch gemahlener Pfeffer
600 g gekochte Pellkartoffeln
250 ml (1/4 l) Schlagsahne
2 Pck. Fix für Lachs-Sahne-Gratin
1 EL körniger Senf

Zubereitungszeit: etwa 35 Min., ohne Auftauzeit

1. Lachsfilets aus der Packung nehmen und etwa 1 Stunde antauen lassen.
2. Von dem Spitzkohl die äußeren Blätter entfernen, Spitzkohl vierteln und den Strunk herausschneiden, den Spitzkohl abspülen, abtropfen lassen und in Streifen schneiden. Zwiebel abziehen und würfeln.
3. Butter in einem Topf zerlassen und Zwiebelwürfel darin andünsten. Spitzkohlstreifen hinzufügen und unter Rühren andünsten. Gemüsebrühe hinzugießen, alles mit Salz und Pfeffer würzen und etwa 10 Minuten garen.
4. Den Spitzkohl in einem Sieb abtropfen lassen, dabei die Garflüssigkeit auffangen, mit Wasser auf 250 ml (1/4 l) auffüllen und zurück in den Topf geben.
5. Kartoffeln pellen, in Scheiben schneiden, mit den Kohlstreifen mischen und in eine flache Auflaufform geben.
6. Lachs unter fließendem kalten Wasser abspülen, trockentupfen, mit Salz und Pfeffer bestreuen und auf die Kohl-Kartoffel-Mischung legen.
7. Sahne zu der Garflüssigkeit geben und Fix für Lachs-Sahne-Gratin und Senf unterrühren. Die Sauce über den Lachs verteilen. Die Form auf dem Rost in den Backofen schieben.

Ober-/Unterhitze: etwa 200 °C (vorgeheizt)
Heißluft: etwa 180 °C (vorgeheizt)
Gas: Stufe 3–4 (vorgeheizt)
Garzeit: etwa 25 Minuten.

Tipp:
Garnieren Sie das Gratin mit Dill.

Wenn Sie das Fix für das Lachs-Sahne-Gratin nicht bekommen, können Sie die Sauce unter Punkt 5 auch mit 25 g mit Wasser angerührtem Weizenmehl binden. Zusätzlich zu dem Senf dann noch 1 Päckchen TK-Dill hinzufügen und die Sauce mit Salz und Pfeffer abschmecken.

Lachs auf Spitzkohl

Lachs in Sahnesauce

Lachs in Sahnesauce

Gut vorzubereiten

Pro Portion:
E: 17 g, F: 29 g, Kh: 7 g,
kJ: 1540, kcal: 368

1 Lachsfilet (etwa 600 g, ohne Haut und Gräten)
Salz, frisch gemahlener Pfeffer
40 g Butter
1 Bund Suppengrün
1 Bund Petersilie
1 mittelgroße Zwiebel
1 geh. EL Weizenmehl
400 ml Schlagsahne
125 ml (1/8 l) Gemüsebrühe
Saft von 1/2 Zitrone
1 kleines Bund Kerbel

Zubereitungszeit: etwa 50 Min.

1. Das Lachsfilet unter fließendem kalten Wasser abspülen, trockentupfen, in 4–6 gleich große Stücke schneiden und mit Salz und Pfeffer bestreuen. Den Boden einer Auflaufform mit etwas von der Butter fetten und die Lachsstücke hineinlegen.
2. Suppengrün putzen, waschen und abtropfen lassen. Möhre, Porree und Sellerie in sehr feine Würfel schneiden. Petersilie kalt abspülen, trockentupfen, die Blättchen von den Stängeln zupfen und fein hacken. Zwiebel abziehen und ebenfalls fein würfeln.
3. Restliche Butter in einem Topf erhitzen und Zwiebel und Suppengrün darin andünsten. Mehl und Sahne mit einem Schneebesen verrühren und mit der Gemüsebrühe zu den Gemüsewürfeln gießen.
4. Sauce unter Rühren zum Kochen bringen und etwa 2 Minuten kochen lassen, mit Salz, Pfeffer und Zitronensaft abschmecken und über den Lachs geben. Die Auflaufform auf dem Rost in den Backofen schieben.
   Ober-/Unterhitze: etwa 200 °C (vorgeheizt)
   Heißluft: etwa 180 °C (vorgeheizt)
   Gas: Stufe 3–4 (vorgeheizt)
   Garzeit: etwa 20 Minuten.
5. Kerbel kalt abspülen, trockentupfen, die Blättchen von den Stängeln zupfen und den Lachs damit garnieren.

Beilage:
Dazu Salzkartoffeln oder Reis servieren.

Tipp:
Zusätzlich noch 600 g 10 Minuten vorgegarte, in Scheiben geschnittene Kartoffeln mit in die Form schichten.

Lachs mit Spargelkruste

Lachs mit Spargelkruste

Für Gäste

Pro Portion:
E: 42 g, F: 41 g, Kh: 14 g,
kJ: 2497, kcal: 597

Für die Spargelkruste:
350 g grüner Spargel
40 g Haselnusskerne
2 Schalotten
60 g Semmelbrösel
3 Eier (Größe M)
Salz, frisch gemahlener Pfeffer

4 Lachsfilets (je etwa 160 g)

Für die Form:
40 g Butter

Zubereitungszeit: etwa 40 Min.

1. Für die Spargelkruste vom Spargel das untere Drittel schälen und die unteren Enden abschneiden. Spargel waschen, abtropfen lassen, halbieren und in feine Scheiben schneiden. Spargelscheiben in eine große, flache Schüssel geben.
2. Haselnusskerne grob hacken. Schalotten abziehen und in feine Würfel schneiden. Haselnusskerne, Schalottenwürfel, Semmelbrösel und Eier mit den Spargelscheiben gut vermischen und mit Salz und Pfeffer würzen.
3. Lachsfilets abspülen und trockentupfen. Mit Salz und Pfeffer würzen. Lachsfilets von beiden Seiten mit der Spargel-Haselnuss-Masse panieren und in eine flache, runde Auflaufform oder Gratinform (Ø 28 cm, mit Butter gefettet) legen. Restliche Spargel-Haselnuss-Masse auf den Lachsfilets verteilen, dabei leicht andrücken. Die Form auf dem Rost in den Backofen schieben.
   Ober-/Unterhitze: etwa 180 °C (vorgeheizt)
   Heißluft: etwa 160 °C (vorgeheizt)
   Gas: Stufe 2–3 (vorgeheizt)
   Backzeit: etwa 35 Minuten.
4. Die Lachsfilets aus dem Ofen nehmen und sofort servieren.

Beilage:
Kartoffelpüree.

Lachs- und Barschragout in Zitronen-Lauch-Sauce

Lachs- und Barschragout in Zitronen-Lauch-Sauce

Mit Alkohol

Pro Portion:
E: 34 g, F: 20 g, Kh: 3 g,
kJ: 1427, kcal: 342

400 g Lachsfilet
400 g Viktoriabarschfilet
Salz
frisch gemahlener Pfeffer
1 Bio-Limette oder Bio-Zitrone (unbehandelt, ungewachst)
2 EL Olivenöl
1 Stange Porree (Lauch, etwa 250 g)
1 EL Olivenöl
100 ml Gemüsebrühe oder Fischfond
50 ml trockener Weißwein, z. B. Riesling
100 ml Schlagsahne
$^1/_2$ EL gerebelter Estragon

Zum Garnieren:
1 Thymianzweig

Zubereitungszeit: etwa 35 Min.

1. Beide Fischfilets unter fließendem kalten Wasser abspülen, trockentupfen und in 3 x 3 cm große Würfel schneiden. Mit Salz und Pfeffer bestreuen. Limette oder Zitrone heiß abspülen, trockenreiben und in Scheiben schneiden.
2. Olivenöl in einem Bräter erhitzen und Fischwürfel evtl. in 2 Portionen von allen Seiten darin anbraten. Limetten- oder Zitronenscheiben mit andünsten. Den Bräter ohne Deckel auf dem Rost in den Backofen schieben.
   Ober-/Unterhitze: etwa 180 °C (vorgeheizt)
   Heißluft: etwa 160 °C (vorgeheizt)
   Gas: Stufe 2–3 (vorgeheizt)
   Garzeit: etwa 15 Minuten.
3. Porree putzen, die Stange längs halbieren, waschen und gut abtropfen lassen. Porreestange in Streifen schneiden. Olivenöl in einem Topf erhitzen und Porreestreifen darin andünsten. Brühe oder Fond und Wein hinzugießen, zum Kochen bringen und etwa auf die Hälfte einkochen lassen. Sahne unterrühren und mit Estragon, Salz und Pfeffer würzen. Die Sauce 5–10 Minuten kochen lassen und zum fast gegarten Fisch in den Bräter geben, noch einige Minuten im Backofen ziehen lassen und abschmecken. Das Ragout mit Thymian garniert servieren.

Beilage: Reis und Butterbohnen.

Lachsfilet in Meerrettichsauce

Für Gäste – klassisch

Pro Portion:
E: 28 g, F: 22 g, Kh: 13 g,
kJ: 1522, kcal: 364

Lachsfilet in Meerrettichsauce

4 TK-Lachsfilets ohne Haut
(je etwa 125 g)
250 ml ($^1/_4$ l) Wasser
1 Lorbeerblatt
2 Pimentkörner (Nelkenpfeffer)
Saft und Schale von $^1/_2$ Bio-Zitrone
(unbehandelt, ungewachst)
Salz
2 Pfefferkörner
1 kleine Zwiebel
40 g Butter
30 g Weizenmehl
375 ml ($^3/_8$ l) Milch
frisch gemahlener Pfeffer
1 Glas Schwarzwurzeln in Stücken
(Abtropfgewicht 320 g)
10 g Butter
geriebene Muskatnuss
2 EL gehackte Petersilie
2–3 EL geriebener Meerrettich
(aus dem Glas)

Zubereitungszeit: etwa 25 Min., ohne Auftauzeit

1. Filets nach Packungsanleitung auftauen lassen. In einer großen Pfanne Wasser mit Lorbeerblatt, Pimentkörnern, Zitronensaft und -schale, $^1/_2$ Teelöffel Salz und Pfefferkörnern aufkochen lassen. Lachsfilets unter fließendem kalten Wasser abspülen, in den Fond geben und zugedeckt bei schwacher Hitze 5–8 Minuten garen.
2. In der Zwischenzeit Zwiebel abziehen und fein würfeln. Butter in einem Topf zerlassen und die Zwiebelwürfel darin glasig dünsten. Mehl darüber stäuben und goldgelb rösten. Unter Rühren Milch und gut 200 ml von dem Fischfond (am besten mit einer kleinen Saucenkelle vorsichtig abschöpfen) dazugießen. Sauce mit Salz und Pfeffer würzen und bei schwacher Hitze unter Rühren etwa 2 Minuten köcheln lassen.
3. Schwarzwurzeln in einem Sieb abtropfen lassen. Butter in einem Topf erhitzen, Schwarzwurzeln darin erhitzen und mit Salz, Pfeffer und Muskat würzen. Petersilie darüber streuen.
4. Die Sauce mit Meerrettich abschmecken, evtl. noch etwas Fischfond dazugeben. Lachsfilets abtropfen lassen, auf einer vorgewärmten Platte anrichten und mit Meerrettichsauce und Schwarzwurzelgemüse servieren.

Beilage: Butterkartoffeln.

Lachsfilet, überbackenes

Lachsfilet, überbackenes

Für Gäste

Pro Portion:
E: 25 g, F: 36 g, Kh: 12 g,
kJ: 2569, kcal: 615

4 TK-Lachsfilets (je 125 g)
2 Pck. Helle Sauce [für je 250 ml ($^1/_4$ l) Flüssigkeit]
250 ml ($^1/_4$ l) Schlagsahne
250 ml ($^1/_4$ l) Milch
1 Bund Dill
1 Becher (150 g) Crème fraîche
1 TL geriebener Meerrettich
(aus dem Glas)
Salz
frisch gemahlener Pfeffer

Zubereitungszeit: etwa 20 Min., ohne Auftauzeit

1. Lachsfilets auftauen lassen, kurz unter fließendem kalten Wasser abspülen, trockentupfen und in eine gefettete, flache Auflaufform legen.
2. Die Helle Sauce nach Packungsanleitung – aber mit Sahne und Milch – zubereiten. Dill kalt abspülen, trockentupfen, fein hacken und mit Crème fraîche und Meerrettich unter die Sauce rühren. Mit Salz und Pfeffer kräftig würzen.
3. Die Sauce über die Lachsfilets geben. Die Form auf dem Rost in den Backofen schieben.
   Ober-/Unterhitze: etwa 180 °C (vorgeheizt)
   Heißluft: etwa 160 °C (vorgeheizt)
   Gas: Stufe 2–3 (vorgeheizt)
   Garzeit: etwa 20 Minuten.

Beilage: Reis und grüner Salat.

Lachsforelle auf Blattspinat

6 Portionen

Für Gäste

Pro Portion:
E: 48 g, F: 10 g, Kh: 5 g,
kJ: 1311, kcal: 312

1 1/2 kg Blattspinat
200 g Schalotten
2 Knoblauchzehen
300 g Champignons
150 g Tomaten
2 EL Butter oder Margarine
Salz, frisch gemahlener Pfeffer
geriebene Muskatnuss
1 große Lachsforelle (etwa 1,3 kg)
75 g geräucherter, durchwachsener Speck
1 Bund Petersilie
1 Bio-Zitrone (unbehandelt)

6 dünne Scheiben durchwachsener Speck

Zubereitungszeit: etwa 80 Min.

1. Spinat verlesen, dicke Stiele entfernen, Spinat gründlich waschen und abtropfen lassen. Schalotten und Knoblauch abziehen. Die Hälfte der Schalotten achteln, die restlichen Schalotten und Knoblauch fein würfeln. Champignons putzen, mit Küchenpapier abreiben, evtl. abspülen und trockentupfen. Die Hälfte der Champignons in Scheiben schneiden, den Rest fein würfeln. Tomaten waschen, abtrocknen und vierteln, die Stängelansätze herausschneiden und Tomaten in Würfel schneiden.
2. Butter oder Margarine in einem Topf erhitzen und Schalottenachtel, Knoblauch und Champignonscheiben darin kurz andünsten. Spinat hinzufügen und ebenfalls unter Rühren kurz andünsten. Mit Salz, Pfeffer und Muskatnuss würzen. Tomatenwürfel unter den Spinat heben.
3. Lachsforelle unter fließendem kalten Wasser innen und außen abspülen und trockentupfen. Innen und außen mit Salz und Pfeffer einreiben. Speck fein würfeln. Petersilie abspülen, trockentupfen, die Blättchen von den Stängeln zupfen und fein hacken. Zitrone heiß waschen und trockenreiben, die Schale abreiben, die Zitrone halbieren und den Saft auspressen. Speckwürfel mit gehackten Champignons, Schalottenwürfeln, Petersilie, Zitronenschale und -saft verrühren. Die Masse in die Bauchhöhle der Forelle füllen.
4. Das Spinatgemüse in eine große rechteckige Auflaufform oder einen Bräter geben. Die gefüllte Forelle darauf legen und evtl. übrige Füllung darum verteilen. Die Speckscheiben auf die Forelle legen. Die Form oder den Bräter ohne Deckel auf dem Rost im unteren Drittel in den Backofen schieben.

Ober-/Unterhitze: etwa 200 °C (vorgeheizt)
Heißluft: etwa 180 °C (nicht vorgeheizt)
Gas: Stufe 3–4 (nicht vorgeheizt)
Garzeit: etwa 55 Minuten.

Beilage: Salzkartoffeln oder Reis.

Tipp: Anstelle einer großen Lachsforelle zwei kleine Lachsforellen (je etwa 600 g) verwenden. Die Garzeit verkürzt sich dann auf 35 Minuten.

Lachs-Mangold-Pfanne mit Tomaten

Für Gäste

Pro Portion:
E: 34 g, F: 30 g, Kh: 8 g,
kJ: 1970, kcal: 471

1 Staude Mangold (etwa 750 g)
2 Zwiebeln
2 Pck. TK-Lachs (je 250 g)
3 EL Speiseöl

Lachs-Mangold-Pfanne mit Tomaten

Lachspäckchen

Salz, frisch gemahlener Pfeffer
Paprikapulver edelsüß
200 g kleine Cocktailtomaten
8 Garnelenschwänze, gekocht (ohne Schale)
2 EL geröstete Sesamsamen

Zubereitungszeit: etwa 25 Min.

1. Mangold putzen, halbieren, den Strunk herausschneiden und Mangold waschen. Mangold in nicht zu feine Streifen schneiden.
2. Zwiebeln abziehen und würfeln. Lachsfilet etwas antauen lassen und jedes Filet in je 3 Stücke schneiden.
3. Öl in einer Pfanne erhitzen und Lachsstücke darin anbraten, mit den Gewürzen bestreuen. Mangoldstreifen und Zwiebelwürfel hinzufügen, mit andünsten und nochmals würzen, zugedeckt etwa 10 Minuten dünsten, evtl. etwas Wasser hinzufügen.
4. Cocktailtomaten abspülen und die Stängelansätze herausschneiden. Tomaten mit den Garnelen etwa 2 Minuten vor Beendigung der Garzeit auf den Mangold legen und zugedeckt fertig garen. Evtl. nochmals mit den Gewürzen abschmecken und mit Sesam bestreuen.

Beilage: Dazu schmecken in Butter geschwenkte Bandnudeln oder Fladenbrot.

Tipp: Anstelle von Mangold können Sie auch 450 g TK-Blattspinat nehmen und vor der Verwendung auftauen lassen. Zur Abwechslung kann das Gericht auch mit Viktoriabarschfilet zubereitet werden.

Lachspäckchen

Raffiniert

Pro Portion:
E: 19 g, F: 51 g, Kh: 40 g,
kJ: 2939, kcal: 703

1 Pck. (4 extra große Scheiben, 450 g) TK-Maxi-Blätterteig
300 g Broccoli
Salz
200 g Räucherlachs
1 Becher (150 g) Crème fraîche
1 Eigelb (Größe M)
etwas Wasser
1 TL Senf

Zubereitungszeit: etwa 30 Min., ohne Auftauzeit

1. Blätterteig nebeneinander nach Packungsanleitung auftauen lassen.
2. Broccoliblätter entfernen, Broccoli waschen und in Röschen teilen. Die Röschen in kochendes Salzwasser geben und in etwa 8 Minuten bissfest kochen. Broccoli in einem Sieb abtropfen lassen.
3. Von den schmalen Seiten der Blätterteigscheiben jeweils 2 schmale Streifen für die Garnitur abschneiden. Die Teigscheiben mit den Lachsscheiben belegen, dabei an den schmalen Enden einen Rand frei lassen. Die Hälfte der Crème fraîche auf die Lachsscheiben streichen, darauf die Broccoliröschen verteilen.
4. Eigelb mit Wasser verschlagen und die Teigränder damit bestreichen. Zuerst die schmalen Seiten etwas umklappen, dann die eine lange Seite etwas weiter als zur Mitte überschlagen und die zweite lange Seite so überschlagen, dass die beiden Teigschichten etwas überlappen.
5. Die Blätterteigpäckchen mit der Nahtseite nach unten auf ein Backblech (mit Backpapier belegt) legen und mit den abgeschnittenen Teigstreifen garnieren. Das Backblech in den Backofen schieben.
   Ober-/Unterhitze: etwa 200 °C (vorgeheizt)
   Heißluft: etwa 180 °C (vorgeheizt)
   Gas: Stufe 3–4 (vorgeheizt)
   Backzeit: etwa 35 Minuten.
6. Die restliche Crème fraîche mit Senf verrühren und zu den Lachspäckchen reichen.

Lachsschnitzel in Estragonpanade mit Wurzelgemüse

Für Gäste

Pro Portion:
E: 27 g, F: 13 g, Kh: 10 g,
kJ: 1848, kcal: 443

4 Lachsfilets (je etwa 125 g)
Salz, frisch gemahlener Pfeffer
1 Ei (Größe M)
getrocknete Estragonblätter
20 g Weizenmehl
20 g Butter oder Margarine
2 EL Speiseöl

Für das Wurzelgemüse:
2–3 dicke Möhren (etwa 400 g)
1/2 kleiner Knollensellerie
(etwa 300 g)
1 Stange Porree (Lauch, etwa 200 g)
30 g Butter, 125 ml (1/8 l) Gemüsebrühe

einige Zweige Estragon oder
Zitronenthymian
1 Bio-Limette (unbehandelt,
ungewachst)

Zubereitungszeit: etwa 60 Min.

1. Lachsfilets unter fließendem kalten Wasser abspülen und trockentupfen. Filets mit Salz und Pfeffer bestreuen.
2. Ei in einer Schüssel verschlagen und Estragon unterrühren. Lachsfilets zuerst in Mehl wenden, dann durch die Eimasse ziehen und am Schüsselrand abstreifen.
3. Butter oder Margarine in einer großen Pfanne zerlassen, Speiseöl mit erhitzen und Lachsfilets von beiden Seiten kurz darin anbraten, herausnehmen und auf ein Backblech (gefettet) legen. Das Backblech in den Backofen schieben.
   Ober-/Unterhitze: etwa 180 °C (vorgeheizt)
   Heißluft: etwa 160 °C (vorgeheizt)
   Gas: Stufe 2–3 (vorgeheizt)
   Backzeit: etwa 20 Minuten.
4. Für das Gemüse Möhren und Sellerie putzen, schälen, waschen, abtropfen lassen und in feine Streifen schneiden. Porree putzen und die Stange längs halbieren. Porree waschen, abtropfen lassen und ebenfalls in Streifen schneiden.
5. Butter in einer Pfanne zerlassen und Möhren-, Sellerie- und Porreestreifen unter Rühren darin andünsten. Brühe hinzugießen, zum Kochen bringen und etwa 10 Minuten garen. Mit Salz und Pfeffer würzen.
6. Estragon oder Zitronenthymian abspülen und trockentupfen. Limette heiß abwaschen, trockenreiben und in Spalten schneiden.
7. Lachsschnitzel mit dem Wurzelgemüse auf Tellern anrichten. Mit Estragon oder Zitronenthymian und Limettenspalten garniert servieren.

Beilage: Kartoffelpüree.

Lachsschnitzel in Estragonpanade mit Wurzelgemüse

Lachs-Spinat-Klöße

Raffiniert

Pro Portion:
E: 23 g, F: 30 g, Kh: 34 g,
kJ: 2496, kcal: 596

1 Pck. (450 g) TK-Blattspinat
500 g TK-Lachsfilet
1 Pck. (6 Stück) Kartoffelklöße halb und halb im Kochbeutel
Salzwasser, 1 Zwiebel, 2 EL Butter
Salz, frisch gemahlener Pfeffer
geriebene Muskatnuss
2 Becher (je 150 g) Crème fraîche

Zubereitungszeit: etwa 25 Min., ohne Auftauzeit

1. Spinat auftauen lassen. Lachsfilet zugedeckt auftauen lassen.
2. Die Kartoffelklöße nach Packungsanleitung vor- und zubereiten. Die garen Klöße gut abtropfen lassen und aus der Folie lösen.
3. Zwiebel abziehen, in feine Würfel schneiden und zusammen mit dem

aufgetauten Spinat in der erhitzten Butter andünsten. Mit Salz, Pfeffer und Muskat würzen.

4. Lachsfilet in Streifen schneiden. Klöße, Spinat-Zwiebel-Mischung und Lachsstreifen in eine gefettete Auflaufform geben.
5. Crème fraîche mit Salz und Pfeffer abschmecken und gleichmäßig über alle Zutaten geben. Die Form auf dem Rost in den Backofen schieben.
   Ober-/Unterhitze: etwa 180 °C (vorgeheizt)
   Heißluft: etwa 160 °C (vorgeheizt)
   Gas: Stufe 2–3 (vorgeheizt)
   Garzeit: etwa 20 Minuten.

Abwandlung: 2 gewaschene Tomaten halbieren, Stängelansätze herausschneiden, Tomaten würfeln und unter den Spinat heben. Nur 1 Becher Crème fraîche verwenden. Diesen mit 75–100 g geriebenem Käse verrühren, mit Salz, Pfeffer und Paprika würzen und über den Auflaufzutaten verteilen. Anstatt der Kartoffelklöße können auch 500 g Gnocchi (aus dem Kühlregal) nach Packungsanleitung zubereitet verwendet werden.

Beilage: Baguette.

Tipp: Den Spinat zusätzlich mit 1 abgezogenen, fein gewürfelten Knoblauchzehe würzen.

Lachs-Spinat-Klöße

Lachssteaks mit Zitronenschaum

Schnell

Pro Portion:
E: 40 g, F: 46 g, Kh: 1 g,
kJ: 2413, kcal: 577

Zum Vorbereiten:
125 g Butter

4 Lachssteaks (je 200 g), Salz
3 EL Speiseöl, z. B. Sonnenblumenöl
20 g Butter oder Margarine

Für den Zitronenschaum:
3 Eigelb (Größe M)
5 EL Zitronensaft
2 TL mittelscharfer Senf
Salz
frisch gemahlener Pfeffer
1 Prise Zucker
evtl. 2 TL gehackter Dill

Zubereitungszeit: etwa 30 Min.

1. Zum Vorbereiten für den Zitronenschaum Butter in einem Topf zerlassen und abkühlen lassen.
2. Lachssteaks unter fließendem kalten Wasser abspülen, trockentupfen und mit Salz bestreuen. Öl in einer Pfanne erhitzen, Butter oder Margarine hinzufügen und zerlassen. Die Steaks darin pro Seite 3–4 Minuten braten. Die garen Steaks auf einer vorgewärmten Platte warm stellen.
3. Für den Zitronenschaum Eigelb mit Zitronensaft in einem kleinen Topf mit einem Schneebesen verrühren und bei schwacher Hitze so lange schlagen, bis eine schaumige Masse entsteht und keine Streifen mehr zu sehen sind.
4. Den Topf sofort auf ein nasses, kaltes Tuch stellen. Die abgekühlte Butter langsam unter die Eigelbmasse rühren und mit Senf, Salz, Pfeffer und Zucker abschmecken. Nach Belieben Dill unterrühren. Den Zitronenschaum zu den Lachssteaks servieren.

Abwandlung: Die Lachssteaks mit Senfsahne anstelle des Zitronenschaums servieren. Dazu 400 ml Schlagsahne zum Kochen bringen und ohne Deckel sämig einkochen lassen. 3–4 Esslöffel Estragonsenf und 1 Teelöffel gehackte Estragonblättchen unter die Sauce ziehen und mit Salz, Pfeffer, 1 Prise Zucker und einigen Spritzern Zitronensaft abschmecken.

Beilage: Pellkartoffeln oder Reis und grüner Salat.

Tipp: Zusätzlich 2 Esslöffel steif geschlagene Schlagsahne unter den Zitronenschaum heben.

Lammcurry mit Joghurt und Gurken

Lammcurry mit Joghurt und Gurken

Raffiniert

Pro Portion:
E: 33 g, F: 29 g, Kh: 17 g,
kJ: 2063, kcal: 492

600 g Lammfleisch aus der Keule (ohne Knochen)
1 Gemüsezwiebel
2 EL Speiseöl
Salz
frisch gemahlener Pfeffer
2–3 TL Currypaste (Asia-Laden)
200 ml Lammfond oder Gemüsebrühe
1 Schmorgurke (etwa 800 g)
einige Zweige frische Minze
125 g Mango-Chutney (aus dem Glas)
200 g Naturjoghurt

Zubereitungszeit: etwa 50 Min.

1. Lammfleisch unter fließendem kalten Wasser abspülen, trockentupfen und in Würfel schneiden. Gemüsezwiebel abziehen, halbieren und in Scheiben schneiden.
2. Speiseöl in einer großen Pfanne erhitzen. Zuerst die Lammfleischwürfel anbraten, dann die Zwiebelscheiben zugeben und mitbraten. Mit Salz und Pfeffer würzen. Currypaste unterrühren und Lammfond oder Brühe hinzugießen.
3. Die Zutaten in einen großen Topf geben und 60–70 Minuten schmoren, ab und zu umrühren, evtl. noch etwas Brühe zugeben.
4. Die Gurke schälen, längs halbieren, Kerne mit einem kleinen Löffel herauskratzen und Gurkenhälften in Würfel schneiden. Gurkenwürfel zu den Lammwürfeln geben und in etwa 10 Minuten fertig garen.
5. Minze abspülen, trockentupfen (etwas Minze zum Garnieren beiseite legen) und die Blättchen von den Stängeln zupfen.
6. Mango-Chutney, Joghurt und Minze zu dem Lammcurry geben, unter Rühren erhitzen und evtl. nochmals mit Salz, Pfeffer und Currypaste würzen.
7. Vor dem Servieren mit der beiseite gelegten Minze garnieren.

Beilage: Reis oder Fladenbrot.

Lammeintopf mit Bohnen

Klassisch

Pro Portion:
E: 55 g, F: 37 g, Kh: 32 g,
kJ: 2877, kcal: 686

750 g Lammfleisch (mit Knochen, aus der Schulter)
1 Zwiebel
2–3 Zweige Bohnenkraut
1 EL Speiseöl
gut 1 l Wasser, Salz
1 Lorbeerblatt
4 Pfefferkörner
1 kg grüne Bohnen
500 g vorwiegend fest kochende Kartoffeln
750 g Fleischtomaten
frisch gemahlener Pfeffer
1–2 EL gehackte Petersilie

Zubereitungszeit: etwa 90 Min.

1. Fleisch unter fließendem kalten Wasser abspülen und trockentupfen. Zwiebel abziehen und würfeln. Bohnenkraut abspülen und trockentupfen. Öl in einem großen Suppentopf erhitzen und Fleisch darin rundherum kräftig anbraten.
2. Zwiebelwürfel dazugeben, glasig dünsten und das Wasser dazugießen. Salz, Bohnenkraut, Lorbeerblatt und Pfefferkörner hinzugeben, alles aufkochen lassen und zugedeckt bei mittlerer Hitze etwa 50 Minuten garen.
3. In der Zwischenzeit von den Bohnen die Enden abschneiden, evtl. Fäden abziehen. Bohnen abspülen und in kleine Stücke schneiden oder brechen. Kartoffeln waschen, schälen, abspülen und in Würfel schneiden. Bohnen und Kartoffeln in die Brühe geben. Alles wieder zum Kochen bringen und zugedeckt noch etwa 20 Minuten garen.
4. Tomaten kurz mit kochendem Wasser überbrühen, anschließend kalt abschrecken, enthäuten, halbieren und entkernen. Fruchtfleisch klein schneiden, in den Eintopf geben und weitere 10 Minuten köcheln lassen.

Lammeintopf mit Bohnen

5. Bohnenkraut und Lorbeerblatt aus dem Eintopf entfernen. Fleisch herausnehmen und etwas abkühlen lassen. Fleisch vom Knochen lösen, würfeln und nochmals kurz im Eintopf erhitzen.
6. Den Eintopf mit Salz und Pfeffer abschmecken und mit Petersilie bestreut servieren.

Lammeintopf mit Graupen

Für Gäste

Pro Portion:
E: 25 g, F: 18 g, Kh: 29 g,
kJ: 1665, kcal: 397

400 g Lammschulter (ohne Knochen)
2 l Gemüsebrühe
250 g Kartoffeln
250 g Knollensellerie
250 g Möhren
1 Stange Porree (Lauch)
250 g Blumenkohl
2 Knoblauchzehen
Salz
frisch gemahlener Pfeffer
getrockneter Thymian
100 g gegarte Graupen

Zubereitungszeit: etwa 70 Min.

1. Lammfleisch unter fließendem kalten Wasser abspülen, trockentupfen und in Würfel schneiden. Gemüsebrühe in einem Topf zum Kochen bringen. Die Lammfleischwürfel hinzufügen, alles wieder zum Kochen bringen und etwa 35 Minuten garen.
2. In der Zwischenzeit Kartoffeln waschen, schälen und abspülen. Sellerie und Möhren putzen, schälen und waschen. Die 3 Zutaten in Würfel schneiden.
3. Porree putzen, längs halbieren, gründlich waschen und in Streifen schneiden. Blumenkohl putzen, in Röschen teilen, waschen und abtropfen lassen.
4. Kartoffel-, Sellerie- und Möhrenwürfel und Blumenkohlröschen in die Brühe geben und alles weitere 15 Minuten kochen lassen.
5. Knoblauch abziehen, würfeln und mit den Porreestreifen hinzufügen. Den Eintopf mit Salz, Pfeffer und Thymian würzen. Die Graupen unterrühren und alles noch einige Minuten leicht kochen lassen.

Lammgulasch

Lammgulasch

Raffiniert – für Gäste

Pro Portion:
E: 25 g, F: 12 g, Kh: 7 g,
kJ: 987, kcal: 236

1 dicke Zwiebel
2 Knoblauchzehen
25 g getrocknete Tomaten in Öl
500 g Lammfleisch aus der Keule (ohne Knochen)
2 EL Olivenöl
Salz, frisch gemahlener Pfeffer
2 Zweige Thymian
1 kleiner Zweig Rosmarin
250 ml ($^1/_4$ l) Fleischbrühe
400 g Kürbisfleisch (geputzt, ohne faserigen Innenteil)
1 EL Weizenmehl

Zubereitungszeit: etwa 45 Min.

1. Zwiebel abziehen und in Spalten schneiden. Knoblauch abziehen und in Scheiben schneiden.
2. Tomaten in einem Sieb abtropfen lassen, das Öl dabei auffangen und 2 Esslöffel davon abmessen. Tomaten in kleine Würfel schneiden.
3. Lammfleisch unter fließendem kalten Wasser abspülen, trockentupfen und in etwa 2 x 2 cm große Würfel schneiden, dabei evtl. Sehnen entfernen.
4. Jeweils etwas Olivenöl und etwas von dem aufgefangenen Tomatenöl in einer großen Pfanne erhitzen und Lammfleischwürfel portionsweise darin anbraten. Zwiebel, Knoblauch und Tomatenwürfel zugeben und kurz mit anbraten, mit Salz und Pfeffer würzen.
5. Thymianzweige und Rosmarinzweig abspülen, trockentupfen und zu den Lammfleischwürfeln geben. Fleischbrühe hinzugießen, zum Kochen bringen und zugedeckt etwa 50 Minuten garen.
6. Vorbereitetes Kürbisfleisch in etwa 2 x 2 cm große Würfel schneiden. Kürbiswürfel mit Mehl mischen, zum Lammgulasch geben und weitere 15–20 Minuten mitgaren lassen.
7. Thymian- und Rosmarinzweige entfernen und Lammgulasch mit Salz und Pfeffer abschmecken.

Beilage: Gnocchi oder Bandnudeln.

Lammhackbällchen mit Auberginenpüree

Lammhackbällchen mit Auberginenpüree

Schnell

Pro Portion:
E: 50 g, F: 97 g, Kh: 25 g,
kJ: 4913, kcal: 1173

2 große Auberginen

1 Bund Zitronenmelisse
100 g Pinienkerne
700 g Lammgehacktes
2 Eier (Größe M)
100 g Rosinen
Salz
frisch gemahlener Pfeffer
250 ml (1/4 l) Olivenöl
Saft von 1 Zitrone
gemahlener Kreuzkümmel
50 g Pinienkerne
1 Bio-Limette (unbehandelt, ungewachst)

Zubereitungszeit: etwa 30 Min.

1. Auberginen waschen, trockentupfen und die Stängelansätze abschneiden. Auberginen in eine flache Auflaufform oder auf ein Backblech legen. Die Form auf dem Rost oder das Backblech in den Backofen schieben.
   Ober-/Unterhitze: etwa 200 °C (vorgeheizt)
   Heißluft: etwa 180 °C (vorgeheizt)
   Gas: Stufe 3–4 (vorgeheizt)
   Garzeit: etwa 30 Minuten.
2. Zitronenmelisse abspülen und trockentupfen. Die Blättchen von den Stängeln zupfen (einige Blättchen zum Garnieren beiseite legen) und restliche Blättchen fein hacken. Pinienkerne ebenfalls klein hacken.
3. Lammhack in eine Schüssel geben. Eier, Rosinen, Melisse und Pinienkerne hinzugeben und die Zutaten gut vermengen. Mit Salz und Pfeffer würzen. Aus der Hackfleischmasse mit angefeuchteten Händen kleine Bällchen formen.
4. Ein Drittel des Olivenöls in einer Pfanne erhitzen und die Hackfleischbällchen unter Wenden etwa 10 Minuten darin braten.
5. Das Fruchtfleisch aus den Auberginen mit einem Löffel herauslösen und pürieren. Das Auberginenpüree mit dem restlichen Olivenöl und Zitronensaft verrühren und mit Salz, Kreuzkümmel und Pfeffer würzen.
6. Pinienkerne in einer Pfanne ohne Fett hellbraun rösten. Limette waschen, abtrocknen, halbieren und nach Belieben vierteln. Lammhackbällchen mit den beiseite gelegten Melisseblättchen, mit Limettenhälften oder -vierteln garnieren und mit Pinienkernen bestreuen. Lammhackbällchen mit dem Auberginenpüree servieren.

Lammhaxenauflauf

Raffiniert

Pro Portion:
E: 54 g, F: 19 g, Kh: 22 g,
kJ: 2025, kcal: 484

4 Lammhaxen (etwa 1,2 kg)
Salz, frisch gemahlener Pfeffer
500 g Kartoffeln, 300 g Möhren
150 g Zwiebeln, 3 Knoblauchzehen
4 Rosmarinzweige
2 Eier (Größe M)
100 ml Schlagsahne
100 g Naturjoghurt
1 TL gerebelter Thymian

Zubereitungszeit: etwa 40 Min.

1. Haxen unter fließendem kalten Wasser abspülen, trockentupfen und Fleisch vom Knochen lösen, dabei Fett und Sehnen entfernen. Fleisch in große Stücke schneiden, in eine große flache Auflaufform legen und mit Salz und Pfeffer würzen. Die Form auf dem Rost in den Backofen schieben.

Lammhaxenauflauf

Ober-/Unterhitze: etwa 180 °C
(vorgeheizt, unteres Drittel)
Heißluft: etwa 160 °C
(nicht vorgeheizt)
Gas: Stufe 3–4 (nicht vorgeheizt, unteres Drittel)
Garzeit: etwa 60 Minuten.

2. Kartoffeln waschen, schälen, abspülen und in etwas größere Stücke schneiden. Möhren putzen, schälen, waschen und in Scheiben schneiden. Zwiebeln und Knoblauch abziehen. Zwiebeln vierteln und Knoblauch in Scheiben schneiden. Vorbereitetes Gemüse zum Fleisch geben und **bei gleicher Backofeneinstellung weitere etwa 40 Minuten garen.**
3. Rosmarinzweige abspülen und trockentupfen. 2 Zweige beiseite legen und restlichen Rosmarin fein hacken. Eier mit Sahne und Joghurt verrühren, mit Salz, Pfeffer, Thymian und Rosmarin würzen und Eiermasse über den Auflauf gießen. Den Auflauf **bei gleicher Backofeneinstellung weitere 15 Minuten garen.**
4. Den Auflauf mit den beiseite gelegten Rosmarinzweigen garniert servieren.

Lammkeule

4–6 Portionen

Für Gäste

Pro Portion:
E: 49 g, F: 19 g, Kh: 2 g, kJ: 1552, kcal: 370

2 Zwiebeln
150 g Tomaten
1 Lammkeule mit Knochen (1 $^1/_2$ kg)
Salz
frisch gemahlener Pfeffer
1–2 Knoblauchzehen
4 EL Speiseöl, z. B. Olivenöl
1–2 TL gerebelte Kräuter der Provence
etwa 375 ml ($^3/_8$ l) Gemüsebrühe (oder halb Rotwein, halb Gemüsebrühe)

Zubereitungszeit: etwa 30 Min.

1. Zwiebeln abziehen und vierteln. Tomaten waschen, abtrocknen, vierteln und die Stängelansätze herausschneiden. Lammkeule unter fließendem kalten Wasser abspülen, trockentupfen und mit Salz und Pfeffer einreiben. Knoblauch abziehen und durch die Knoblauchpresse drücken.
2. Öl in einem Bräter erhitzen und die Lammkeule darin von allen Seiten gut anbraten. Die Keule dann mit dem Knoblauchmus bestreichen und mit Kräutern der Provence bestreuen. Die Keule aus dem Bräter nehmen.
3. Zwiebel- und Tomatenviertel in das Bratfett geben und 3–4 Minuten anbraten. Dann Lammkeule und $^1/_3$ der Gemüsebrühe oder Rotwein-Brühe-Mischung dazugeben. Den Bräter ohne Deckel auf dem Rost in den Backofen schieben.
   Ober-/Unterhitze: etwa 180 °C
   (vorgeheizt)
   Heißluft: etwa 160 °C
   (nicht vorgeheizt)
   Gas: Stufe 2–3 (nicht vorgeheizt)
   Garzeit: 75–90 Minuten.
4. Verdampfte Flüssigkeit nach und nach durch die restliche Brühe oder Rotwein-Brühe-Mischung ersetzen.
5. Das gare Fleisch aus dem Bräter nehmen und zugedeckt etwa 10 Minuten ruhen lassen, damit sich der Fleischsaft setzt. Das Fleisch dann in Scheiben schneiden und auf einer vorgewärmten Platte anrichten.
6. Den Bratensatz mit dem Gemüse durch ein Sieb streichen, evtl. mit Brühe oder Wein ergänzen, salzen, pfeffern und zu dem Fleisch reichen. Das Fleisch heiß servieren.

Beilage:
Bohnensalat oder Ratatouille und Baguette.

Lammragout in Schnittlauchrahm

Lammragout in Schnittlauchrahm

Mit Alkohol

Pro Portion:
E: 34 g, F: 20 g, Kh: 6 g,
kJ: 1491, kcal: 356

700 g Lammfleisch aus der Keule (ohne Knochen)
2 EL Olivenöl
Salz
frisch gemahlener Pfeffer
300 ml Fleischbrühe oder Lammfond
100 ml Schlagsahne
100 ml Weißwein
2 große Möhren (etwa 200 g)
100 g Perlzwiebeln
1/2 Bund Schnittlauch

etwas Speisestärke nach Belieben
etwas Wasser

Zubereitungszeit: etwa 40 Min.

1. Lammfleisch unter fließendem kalten Wasser abspülen, trockentupfen und in Würfel schneiden.
2. Olivenöl in einem Bräter erhitzen und Lammwürfel von allen Seiten kräftig darin anbraten. Mit Salz und Pfeffer bestreuen. Brühe oder Fond hinzugießen, zum Kochen bringen und etwa um die Hälfte einkochen lassen. Anschließend Sahne und Wein hinzugießen, zum Kochen bringen und das Ragout etwa 70 Minuten zugedeckt bei schwacher Hitze unter gelegentlichem Rühren garen.
3. Inzwischen Möhren putzen, schälen, waschen, abtropfen lassen und in Scheiben schneiden. Perlzwiebeln abziehen und größere Zwiebeln evtl. halbieren. Schnittlauch abspülen, trockentupfen und in Röllchen schneiden.
4. Nach etwa 30 Minuten Garzeit Möhrenscheiben und Zwiebeln hinzufügen. Die Hälfte der Schnittlauchröllchen unterrühren und mit Salz und Pfeffer würzen. Das Ragout fertig garen.
5. Nach Belieben Speisestärke mit Wasser anrühren und das Ragout damit binden, mit dem restlichen Schnittlauch bestreuen und servieren.

Beilage:
Gebratene kleine Rösti und grüne Bohnen.

Tipp:
Sie können das Ragout mit einer fertig gekauften Sauce béarnaise verfeinern.

Lammragout mit Bohnen

4–6 Portionen

Mit Alkohol

Pro Portion:
E: 37 g, F: 27 g, Kh: 15 g,
kJ: 2188, kcal: 523

800 g Lammschulter (vom Metzger auslösen lassen)
2 EL Olivenöl
Salz, frisch gemahlener Pfeffer
getrockneter Oregano
getrockneter Rosmarin
3 rote Zwiebeln
2 Knoblauchzehen
125 ml (1/8 l) Fleischbrühe
250 ml (1/4 l) Rotwein
1 Dose weiße Riesenbohnen (Abtropfgewicht 250 g)
200 g Stangenbohnen
4 Tomaten

Zubereitungszeit: etwa 80 Min.

1. Lammschulter unter fließendem kalten Wasser abspülen, trockentupfen und in Würfel schneiden.
2. Öl in einem Topf oder Bräter erhitzen und die Fleischwürfel darin unter Rühren anbraten. Mit Salz, Pfeffer, Oregano und Rosmarin bestreuen.
3. Zwiebeln abziehen, halbieren und in Streifen schneiden, zu dem Fleisch geben und kurz mitschmoren lassen. Knoblauch abziehen und durch die Presse ebenfalls zu dem Fleisch geben. Fleischbrühe und Rotwein hinzugießen und alles zugedeckt etwa 45 Minuten schmoren lassen.

Lammragout mit Bohnen

4. Riesenbohnen in einem Sieb abtropfen lassen. Von den Stangenbohnen die Enden abschneiden, Bohnen evtl. abfädeln, waschen und in nicht zu kleine Stücke schneiden. Bohnenstücke in kochendes Salzwasser geben, etwa 6 Minuten kochen lassen, abgießen, kurz in kaltes Wasser geben und in einem Sieb abtropfen lassen.
5. Tomaten waschen, abtrocknen und die Stängelansätze herausschneiden, Tomaten vierteln, entkernen und in Stücke schneiden.
6. Riesenbohnen, grüne Bohnen und Tomaten mit in den Topf oder Bräter geben, alles zum Kochen bringen und noch etwa 15 Minuten garen. Das Gericht evtl. mit den Gewürzen abschmecken.

Beilage:
Baguette oder Salzkartoffeln.

Tipp:
Stangenbohnen sind breite grüne Bohnen. Wenn Sie keine Stangenbohnen bekommen, können Sie auch die dünnen Brechbohnen verwenden. Um eine komplette Mahlzeit zu haben, können Sie nach 30 Minuten Garzeit 6 mittelgroße, in Stücke geschnittene Kartoffeln hinzufügen und mitgaren. Nach Belieben die Tomaten enthäuten.

Lammschulter

Einfach

Pro Portion:
E: 67 g, F: 48 g, Kh: 5 g,
kJ: 3255, kcal: 778

1 große Lammschulter (2–2 1/2 kg)
125 g Zwiebeln

Lammschulter

2 Knoblauchzehen
1/2 Bund Thymian
1 kleiner Rosmarinzweig
Salz
frisch gemahlener Pfeffer
150 g Tomaten
500 ml (1/2 l) Fleischbrühe
1 EL Speisestärke
2–3 EL kaltes Wasser

Zubereitungszeit: etwa 35 Min.

1. Lammschulter grob von Fett und Sehnen befreien, unter fließendem kalten Wasser abspülen und trockentupfen.
2. Zwiebeln und Knoblauch abziehen. Zwiebeln grob zerteilen und Knoblauch in Stifte schneiden. Thymian und Rosmarin kalt abspülen, trockentupfen, Blättchen und Nadeln von den Stängeln zupfen und evtl. grob hacken.
3. Die Knoblauchstifte unter das Fettgewebe der Lammschultern stecken (evtl. mit einem kleinen, spitzen Messer Taschen für den Knoblauch in das Fleisch stechen). Das Fleisch kräftig mit Salz und Pfeffer einreiben, mit Thymian und Rosmarin bestreuen und in einen Bräter legen. Den Bräter auf dem Rost in den Backofen schieben. Die Lammschulter während der Garzeit 2-3-mal wenden.
   Ober-/Unterhitze: etwa 200 °C (vorgeheizt)
   Heißluft: etwa 180 °C (vorgeheizt)
   Gas: Stufe 3–4 (vorgeheizt)
   Garzeit: etwa 45 Minuten.
4. In der Zwischenzeit Tomaten waschen, trockentupfen, vierteln, die Stängelansätze herausschneiden und Tomaten grob würfeln.
5. Zwiebelstücke in den Bräter geben und **etwa 10 Minuten mit anrösten.** Dann Tomatenwürfel zugeben und alles **weitere 45 Minuten garen,** dabei nach und nach die Fleischbrühe angießen.
6. Das Fleisch aus dem Backofen nehmen und warm stellen. Den Bratenfond mit dem Gemüse durch ein Sieb in einen Topf geben, das Gemüse dabei durchstreichen und zum Kochen bringen.
7. Speisestärke mit Wasser anrühren, in den Bratenfond einrühren und aufkochen lassen. Die Sauce mit Salz und Pfeffer abschmecken und zu dem Fleisch servieren.

Beilage:
Zucchinigemüse. Dafür etwa 700 g Zucchini waschen, abtropfen lassen, die Enden abschneiden und Zucchini in Scheiben schneiden. 3 Zwiebeln abziehen, in Scheiben schneiden und in Ringe teilen. 3 Esslöffel Olivenöl in einem großen Topf erhitzen und Zwiebelringe und Zucchinischeiben darin anbraten. Mit Salz, Pfeffer und Oregano würzen, 100 ml Gemüsebrühe zugeben und 3–5 Minuten dünsten.

Tipp:
Falls Sie nur kleinere Lammschultern bekommen, evtl. 2 Stück nehmen. Nach Belieben zusätzlich etwa 10 Kartoffeln waschen, schälen, abspülen und je nach Größe längs halbieren oder vierteln, etwa 60 Minuten vor Beendigung der Garzeit in den Bräter geben, mit Salz und Pfeffer bestreuen und mitgaren.

Landfrauenauflauf mit Frühlingsquark

4–6 Portionen

Für Kinder

Pro Portion:
E: 39 g, F: 37 g, Kh: 78 g,
kJ: 3436, kcal: 821

4 l Wasser
4 TL Salz
200 g gelbe Bandnudeln
200 g grüne Bandnudeln

750 g Fleischtomaten
250 g gekochter Schinken
3 Eier (Größe M), 200 ml Schlagsahne
Salz, frisch gemahlener Pfeffer
1 Bund Schnittlauch
½ Bund glatte Petersilie
1 Pck. (200 g) Frühlingsquark

Zubereitungszeit: etwa 30 Min.

1. Wasser in einem großen, geschlossenen Topf zum Kochen bringen. Salz und beide Nudelsorten zugeben und die Nudeln im geöffneten Topf bei mittlerer Hitze nach Packungsanleitung bissfest kochen, dabei gelegentlich umrühren. Anschließend Nudeln in ein Sieb geben, mit heißem Wasser abspülen und abtropfen lassen.
2. Inzwischen Tomaten kurze Zeit in kochendes Wasser legen (nicht kochen lassen), in kaltem Wasser abschrecken, enthäuten, die Stängelansätze herausschneiden und Tomaten in Scheiben schneiden.
3. Schinken in kleine Würfel schneiden. Eier mit Sahne verschlagen und mit Salz und Pfeffer würzen. Schnittlauch und Petersilie abspülen, trockentupfen und fein schneiden.
4. Eine Schicht Tomatenscheiben in eine gefettete, flache Auflaufform geben, mit Salz, Pfeffer, Schnittlauch und Petersilie (von den Kräutern 1 Esslöffel für den Quark zurücklassen) bestreuen und die Hälfte der Schinkenwürfel darüber geben. Die Nudeln darauf geben, dann die restlichen Schinkenwürfel und Tomatenscheiben einschichten.
5. Die Eier-Sahne-Masse darüber verteilen. Die Form auf dem Rost in den Backofen schieben und den Auflauf backen, bis die Eiermasse gestockt ist.
   Ober-/Unterhitze: etwa 200 °C (vorgeheizt)
   Heißluft: etwa 180 °C (vorgeheizt)
   Gas: Stufe 3–4 (vorgeheizt)
   Backzeit: 30–40 Minuten.
6. Frühlingsquark mit den restlichen Kräutern verrühren, kleine Kleckse davon auf den Auflauf geben und sofort servieren.

Landfrauenauflauf mit Frühlingsquark

Tipp:
Sie können auch Paprika- oder Knoblauchquark verwenden. Nach Belieben die beiden Nudelsorten getrennt kochen und abwechselnd mit den anderen Zutaten in die Auflaufform schichten.

Ländlicher Wurstsalat

Ländlicher Wurstsalat

Gut vorzubereiten

Pro Portion:
E: 31 g, F: 61 g, Kh: 6 g,
kJ: 3074, kcal: 735

150 g Emmentaler Käse
500 g Fleischwurst
1 Bund Radieschen
2–3 Möhren
3 Tomaten
2 Zwiebeln

Für die Sauce:
1 Knoblauchzehe
50 ml Weinessig
1 EL mittelscharfer Senf
Salz, frisch gemahlener Pfeffer
50 ml Sonnenblumen- oder Rapsöl
2–3 EL Kräuteröl (z. B. mit Basilikum)

Zum Bestreuen:
1–2 EL Schnittlauchröllchen

Zubereitungszeit: etwa 35 Min., ohne Durchziehzeit

1. Emmentaler in kleine Streifen oder Stücke schneiden. Fleischwurst enthäuten, längs halbieren und in Scheiben schneiden.
2. Radieschen putzen und waschen. Möhren putzen, schälen und waschen. Beide Zutaten in sehr dünne Scheiben schneiden. Tomaten waschen, trockentupfen, die Stängelansätze herausschneiden und die Tomaten achteln. Zwiebeln abziehen und in Scheiben schneiden.
3. Für die Sauce Knoblauch abziehen und durch eine Knoblauchpresse drücken, mit Essig und Senf verrühren und mit Salz und Pfeffer würzen. Beide Sorten Öl unterschlagen und die Sauce mit den Salatzutaten vermengen. Den Salat gut durchziehen lassen, nochmals abschmecken und mit Schnittlauch bestreut servieren.

Beilage:
Bauernbrot oder Baguette.

Tipp:
Der Salat schmeckt auch ohne Tomaten, dann 4 Zwiebeln verwenden. Anstelle von mittelscharfem Senf schmeckt auch körniger Senf.

Lasagne

Beliebt

Pro Portion:
E: 37 g, F: 42 g, Kh: 56 g, kJ: 3177, kcal: 759

Für die Bologneser Sauce:
750 g Tomaten
2 Zwiebeln
1 Knoblauchzehe
2 EL Olivenöl
300 g Thüringer Mett (gewürztes Schweinegehacktes)
125 ml (1/8 l) Gemüsebrühe
1 EL Tomatenmark
1 Lorbeerblatt
1/2 EL gehacktes Basilikum
Salz
Tabascosauce

Für die Béchamelsauce:
30 g Butter oder Margarine
25 g Weizenmehl
300 ml Milch
200 ml Gemüsebrühe
Salz
frisch gemahlener Pfeffer
geriebene Muskatnuss

175 g geriebener, mittelalter Gouda
12 Lasagneblätter (knapp 250 g), ohne Vorgaren

Zubereitungszeit: etwa 30 Min.

1. Für die Bologneser Sauce Tomaten waschen, abtropfen lassen und kreuzweise einschneiden, kurz in kochendes Wasser legen und in kaltem Wasser abschrecken. Tomaten enthäuten, die Stängelansätze herausschneiden und Tomaten in Würfel schneiden. Zwiebeln und Knoblauch abziehen und würfeln.
2. Öl in einem Topf erhitzen und das Mett darin unter Rühren anbraten, dabei die Klümpchen grob zerteilen. Zwiebel- und Knoblauchwürfel hinzugeben und ebenfalls andünsten.
3. Die Tomatenwürfel mit Gemüsebrühe, Tomatenmark, Lorbeerblatt und Basilikum zu dem Mett geben und etwa 5 Minuten köcheln lassen. Mit Salz und Tabascosauce abschmecken.
4. Für die Béchamelsauce Butter oder Margarine in einem Topf zerlassen. Mehl unter Rühren so lange darin erhitzen, bis es hellgelb ist. Milch und Brühe hinzugießen und mit einem Schneebesen durchschlagen, dabei darauf achten, dass keine Klümpchen entstehen.
   Die Sauce einmal aufkochen und mit Salz, Pfeffer und Muskatnuss kräftig würzen. 1/3 des Goudas unterrühren.
5. Auf den Boden einer eckigen, flachen Auflaufform (30 x 20 cm) etwas Bologneser Sauce geben, darauf 1 Schicht Lasagneblätter legen, dann wieder Bologneser Sauce darauf geben und mit etwa 3 Esslöffeln Béchamelsauce beträufeln. Nacheinander wieder Lasagneblätter, Bologneser Sauce und Béchamelsauce einschichten, so dass 4 Lasagneschichten entstehen.
6. Die restliche Béchamelsauce auf die oberste Lasagneschicht streichen und mit dem restlichen Gouda bestreuen. Die Form ohne Deckel auf dem Rost in den Backofen schieben.
   Ober-/Unterhitze: etwa 200 °C (vorgeheizt)
   Heißluft: etwa 180 °C (nicht vorgeheizt)
   Gas: Stufe 3–4 (nicht vorgeheizt)
   Backzeit: etwa 45 Minuten.

Lasagne

Lasagne mit Basilikum

Lasagne mit Basilikum

5 Portionen

Dauert länger

Pro Portion:
E: 63 g, F: 71 g, Kh: 90 g,
kJ: 5268, kcal: 1258

Für die Fleischsauce:
4 EL Speiseöl
800 g Gehacktes (halb Rind-, halb Schweinefleisch)
300 g Zwiebeln, 3 Knoblauchzehen
40 g Tomatenmark (aus der Dose)
100 ml Wasser
Salz, frisch gemahlener Pfeffer
Paprikapulver edelsüß
frische Basilikumblättchen (küchenfertig vorbereitet)

Für die Käsesauce:
40 g Butter oder Margarine
30 g Weizenmehl, 500 ml (1/2 l) Milch
200 ml Schlagsahne
250 g geriebener, mittelalter Gouda
geriebene Muskatnuss

1 kg Fleischtomaten
frische Basilikumblättchen (küchenfertig vorbereitet)
500 g grüne Lasagneplatten ohne Vorkochen

Zubereitungszeit: etwa 55 Min.

1. Für die Fleischsauce Speiseöl erhitzen und Gehacktes unter Rühren darin anbraten, dabei die Fleischklümpchen mit einer Gabel zerdrücken. Zwiebeln und Knoblauch abziehen, in kleine Würfel schneiden, zur Gehacktesmasse geben und mitdünsten lassen.
2. Tomatenmark mit Wasser verrühren und mit Salz, Pfeffer und Paprika würzen. Tomatenmarkflüssigkeit und Basilikumblättchen zur Gehacktesmasse geben. Sauce zum Kochen bringen und 5–10 Minuten kochen lassen. Mit Salz, Pfeffer und Paprika abschmecken.
3. Für die Käsesauce Butter oder Margarine zerlassen und Mehl unter Rühren darin erhitzen, bis es hellgelb ist. Milch und Sahne hinzugießen, mit einem Schneebesen durchschlagen, so dass keine Klümpchen entstehen. Zwei Drittel vom Käse unterrühren. Die Sauce unter Rühren 2–3 Minuten kochen lassen und mit Salz, Pfeffer und Muskat würzen.
4. Tomaten waschen, abtropfen lassen, kreuzweise einschneiden und einige Sekunden in kochendes Wasser, dann kurz in kaltes Wasser legen, enthäuten und halbieren. Tomaten entkernen, Stängelansätze herausschneiden und Fruchtfleisch in Scheiben schneiden. Basilikumblättchen fein hacken.
5. Abwechselnd jeweils eine Schicht Lasagneplatten, Fleischsauce, Tomatenscheiben (mit Pfeffer und Basilikum bestreut) und Käsesauce in eine große Auflaufform geben. Die oberste Schicht sollte aus Käsesauce bestehen. Die Form auf dem Rost in den Backofen schieben.
Ober-/Unterhitze: etwa 200 °C (vorgeheizt)
Heißluft: etwa 180 °C (nicht vorgeheizt)
Gas: Stufe 3–4 (nicht vorgeheizt)
Backzeit: etwa 60 Minuten.

Lasagne, süße

6 Portionen

Raffiniert

Pro Stück:
E: 9 g, F: 23 g, Kh: 54 g,
kJ: 2011, kcal: 481

Für die Lasagne:
1 Pck. Saucen-Pulver Vanille-Geschmack (zum Kochen)
250 ml (1/4 l) Milch
250 ml (1/4 l) Schlagsahne
3 EL Zucker, 2 Eier (Größe M)
1 Dose Tortenpfirsiche (Abtropfgewicht 500 g)
1 Glas Stachelbeeren (Abtropfgewicht 390 g)
6 Lasagneplatten ohne Vorkochen
50 g abgezogene, gehobelte Mandeln

Für die Kirschsauce:
1 Pck. Saucen-Pulver Vanille-Geschmack (zum Kochen)
500 ml (1/2 l) Kirschsaft
1 Zimtstange
1 TL Dr. Oetker Finesse Geriebene Zitronenschale

Lasagne, süße

Zum Bestäuben:
1 EL Puderzucker

Zubereitungszeit: etwa 30 Min.

1. Für die Lasagne Saucen-Pulver mit 4 Esslöffeln von der Milch glatt rühren. Die restliche Milch mit Sahne und Zucker zum Kochen bringen. Das angerührte Saucen-Pulver einrühren und alles nochmals kurz aufkochen lassen.
2. Eier verschlagen, mit etwas heißer Sauce verrühren und dann in die übrige Sauce rühren (nicht mehr kochen lassen).
3. Pfirsiche und Stachelbeeren getrennt in Sieben abtropfen lassen. Etwas von der Sauce auf den Boden einer gefetteten, rechteckigen Auflaufform streichen. 3 Lasagneplatten nebeneinander darauf legen. Die Pfirsiche darauf verteilen und mit Sauce knapp bedecken.
4. Die restlichen Lasagneplatten darauf legen. Die Stachelbeeren darauf verteilen, mit der restlichen Sauce begießen und mit Mandeln bestreuen. Die Auflaufform auf dem Rost in den Backofen schieben.
   Ober-/Unterhitze: etwa 200 °C (vorgeheizt)
   Heißluft: etwa 180 °C (vorgeheizt)
   Gas: Stufe 3–4 (vorgeheizt)
   Backzeit: etwa 35 Minuten.
5. In der Zwischenzeit für die Kirschsauce Saucen-Pulver mit 4 Esslöffeln von dem Kirschsaft glatt rühren. Den restlichen Kirschsaft mit Zimtstange und Zitronenschale zum Kochen bringen und einmal aufkochen lassen.
6. Zimtstange entfernen. Das angerührte Saucen-Pulver einrühren und alles nochmals aufkochen lassen. Die Sauce etwas abkühlen lassen.
7. Lasagne mit Puderzucker bestäuben und mit der Kirschsauce servieren.

Tipp: Tortenpfirsiche sind bereits in Spalten geschnittene Pfirsiche. Sie können auch Pfirsichhälften verwenden und diese selber in Spalten schneiden.

Leber mit Zwiebeln

Klassisch

Pro Portion:
E: 26 g, F: 18 g, Kh: 10 g,
kJ: 1260, kcal: 301

5 Zwiebeln
500 g Leber
20 g Weizenmehl
50 g Butterschmalz, Margarine oder
3 EL Speiseöl
Salz
frisch gemahlener Pfeffer
getrockneter, gerebelter Majoran

Zubereitungszeit: etwa 30 Min.

Leber mit Zwiebeln

1. Zwiebeln abziehen, in dünne Scheiben schneiden oder hobeln und in Ringe teilen. Leber unter fließendem kalten Wasser abspülen, trockentupfen und in 1–1 $^{1}/_{2}$ cm dicke Scheiben schneiden. Leber in Mehl wenden. Nicht anhaftendes Mehl abschütteln.
2. 30 g Butterschmalz, Margarine oder Öl in einer Pfanne erhitzen, die Leberscheiben hineinlegen und 3–4 Minuten braten, bis die untere Seite gebräunt ist. Die Scheiben dann wenden, auf der Oberseite mit Salz, Pfeffer und Majoran würzen und in weiteren 3–4 Minuten gar braten. Dann die zweite Seite würzen. Die Leber auf einer vorgewärmten Platte anrichten und warm stellen.
3. Restliches Butterschmalz, Margarine oder Öl in dem Bratfett erhitzen. Die Zwiebelscheiben hineingeben und unter Wenden in 8–10 Minuten bräunen lassen. Die Zwiebelringe mit Salz und Pfeffer würzen und mit auf der Platte anrichten.

Abwandlung: Für Leber „Berliner Art“ Apfelringe oder -spalten von 2 mittelgroßen Äpfeln zusammen mit den Zwiebeln braten.

Beilage: Kartoffelpüree und Apfelmus.

Tipp: Sie können das Gericht mit Schweine-, Rinder- oder Kalbsleber zubereiten. Die Lebersorten unterscheiden sich in Geschmack und Beschaffenheit. Kalbsleber ist zarter und milder im Geschmack als Schweineleber und hat die kürzeste Garzeit. Rinderleber ist am kräftigsten im Geschmack und von etwas festerer Konsistenz. Die Garzeit der Leber richtet sich auch nach der Dicke der Scheiben. Leber sollte auf keinen Fall bei zu starker Hitze gebraten werden, da sie sonst schnell hart und trocken wird.

Lebergeschnetzeltes mit Kartoffeln

Lebergeschnetzeltes mit Kartoffeln

Schnell – einfach

Pro Portion:
E: 40 g, F: 17 g, Kh: 58 g,
kJ: 2393, kcal: 571

600 g Kalbs- oder Schweineleber
1 kg dicke, fest kochende Kartoffeln
2 rote Paprikaschoten (je 150 g)
1 Bund Frühlingszwiebeln
300 g TK-Erbsen, 4 EL Speiseöl
2 Knoblauchzehen
Salz, frisch gemahlener Pfeffer
1/2 Bund glatte Petersilie, fein geschnitten

Zubereitungszeit: etwa 40 Min.

1. Die Leber unter fließendem kalten Wasser abspülen, trockentupfen und in Streifen schneiden.
2. Kartoffeln schälen, waschen und in Stifte schneiden. Paprika vierteln, entstielen, entkernen und die weißen Scheidewände entfernen, Schoten waschen und in Streifen schneiden. Frühlingszwiebeln putzen, waschen und abtropfen lassen, in feine Ringe schneiden.
3. TK-Erbsen auftauen lassen.
4. Kartoffeln und Paprika in kochendem Salzwasser 5 Minuten blanchieren, anschließend in einem Sieb abtropfen lassen.
5. Öl in einer Pfanne erhitzen und zunächst Kartoffeln etwa 3 Minuten, dann Leberstreifen, Paprika, Zwiebeln und Erbsen darin unter mehrmaligen Wenden etwa 6 Minuten braten.
6. Knoblauch abziehen und fein würfeln. Das Geschnetzelte mit Salz, Pfeffer und Knoblauch würzen und mit Petersilie bestreuen.

Tipp: Würzen Sie das Geschnetzelte zusätzlich mit 1 Teelöffel getrocknetem Majoran.

Leberkäse mit Spiegelei

Klassisch

Pro Portion:
E: 19 g, F: 39 g, Kh: 2 g,
kJ: 1910, kcal: 456

4 EL Speiseöl
4 Scheiben Leberkäse (je 120 g)
4 mittelgroße Zwiebeln
30 g Butter
4 Eier (Größe M)
Salz, 2 EL Schnittlauchröllchen

Zubereitungszeit: etwa 30 Min.

1. Öl in einer Pfanne erhitzen. Die Leberkäsescheiben darin in etwa 6 Minuten von beiden Seiten braten. Anschließend aus der Pfanne nehmen und warm stellen.
2. Zwiebeln abziehen, halbieren und in Scheiben schneiden. Die Zwiebelscheiben in dem verbliebenen Bratfett unter mehrmaligem Wenden bräunen.
3. Butter in einer beschichteten Pfanne erhitzen. Die Eier vorsichtig aufschlagen und nebeneinander in die Pfanne gleiten lassen. Das Eiweiß mit Salz bestreuen und die Eier etwa 5 Minuten braten.

Leberkäse mit Spiegelei

4. Den Leberkäse auf Tellern anrichten und mit Spiegeleiern, Zwiebelscheiben und Schnittlauchröllchen garnieren.

Beilage: Kopfsalat.

Leberkäserouladen auf Sauerkraut

Preiswert

Pro Portion:
E: 38 g, F: 62 g, Kh: 6 g,
kJ: 3283, kcal: 784

1 Zwiebel
1 1/2 EL Speiseöl
1 Dose Sauerkraut
(Abtropfgewicht 750 g)
100 ml Fleischbrühe
3 Wacholderbeeren
1 Lorbeerblatt
Salz
frisch gemahlener Pfeffer
etwas Zucker
8 dünne (etwa 1/2 cm dicke)
Leberkäsescheiben (je etwa 100 g)
etwa 40 g mittelscharfer Senf
4 Gewürzgurken
80 g geriebener, mittelalter Gouda

Zubereitungszeit: etwa 30 Min.

1. Zwiebel abziehen, würfeln und in Öl andünsten.
2. Sauerkraut etwas auseinanderzupfen, zu den Zwiebeln geben und mit andünsten.
3. Brühe hinzugießen, Wacholderbeeren, Lorbeerblatt, Salz, Pfeffer und Zucker hinzufügen und zugedeckt etwa 25 Minuten garen. Das Sauerkraut evtl. nochmals abschmecken und in eine rechteckige, gefettete Auflaufform geben.
4. Während das Sauerkraut gart, Leberkäsescheiben mit Senf (etwa 1 Teelöffel pro Scheibe) bestreichen. Die Gewürzgurken halbieren und je eine Hälfte quer auf die Leberkäsescheibe legen.
5. Die Leberkäsescheiben zusammenrollen und mit einem Holzspießchen zusammenstecken. Die Leberkäserouladen mit dem Spieß nach unten auf das Sauerkraut legen und mit Käse bestreuen. Die Auflaufform auf dem Rost in den Backofen schieben,
Ober-/Unterhitze: etwa 200 °C (vorgeheizt)
Heißluft: etwa 180 °C (vorgeheizt)
Gas: Stufe 3–4 (vorgeheizt)
Backzeit: 15–20 Minuten.

Abwandlung: Für Putenrouladen auf Ananaskraut 1 Dose Ananasscheiben (Abtropfgewicht 270 g) auf ein Sieb zum Abtropfen geben und den Saft auffangen. Das Sauerkraut wie oben beschrieben, aber mit 100 ml Ananassaft anstatt Fleischbrühe zubereiten. 8 Scheiben geräucherte Putenbrust (etwa 1/2 cm dick) mit je 1/2 Scheiben Ananas füllen und mit Holzstäbchen feststecken. Restliche Ananas in Stücke schneiden, unter das Sauerkraut mischen und das Sauerkraut in eine Auflaufform geben. Die Putenrollen darauf legen, mit Käse bestreuen und backen wie oben beschrieben.

Beilage: Kartoffelbrei mit gebräunten Zwiebeln.

Tipp: Statt mittelscharfem Senf kann auch süßer Senf genommen werden. Falls mehrere Fleischgerichte serviert werden, reicht auch eine Leberkäse-Roulade pro Person.

Leberkäserouladen auf Sauerkraut

Lebkuchenwaffeln

Lebkuchenwaffeln

Raffiniert

Insgesamt:
E: 76 g, F: 163 g, Kh: 476 g,
kJ: 15341, kcal: 3663

Für den Rührteig:
150 g weiche Butter oder Margarine
50 g flüssiger Honig
150 g Zucker
1 Pck. Dr. Oetker Vanillin-Zucker
3 TL Lebkuchengewürz
1 Prise Salz, 4 Eier (Größe M)
350 g Weizenmehl
4 TL Dr. Oetker Backin
250 ml (1/4 l) Milch

Zum Bestäuben:
etwas Puderzucker

Zubereitungs- und Backzeit: etwa 40 Min.

1. Für den Teig Butter oder Margarine mit Handrührgerät mit Rührbesen auf höchster Stufe geschmeidig rühren. Nach und nach Honig, Zucker, Vanillin-Zucker, Lebkuchengewürz und Salz unterrühren. Eier nach und nach unterrühren (jedes Ei etwa 1/2 Minute).
2. Mehl mit Backin mischen, sieben und portionsweise abwechselnd mit der Milch auf mittlerer Stufe unterrühren.
3. Das Waffeleisen erhitzen und evtl. leicht fetten. Je Waffel etwa 2 Esslöffel Teig in das Waffeleisen füllen und etwas verteilen. Die Waffeln goldbraun backen, herausnehmen und einzeln auf einem Kuchenrost erkalten lassen.
4. Die Waffeln mit Puderzucker bestäubt servieren.

Beilage: Die noch warmen Waffeln mit einer Kugel Walnusseis und warmen Zimtpflaumen servieren.

Leichte Maracujatorte

Erfrischend

Insgesamt:
E: 128 g, F: 116 g, Kh: 390 g,
kJ: 13445, kcal: 3209

Für den All-in-Teig:
100 g Weizenmehl
3 TL Dr. Oetker Backin
75 g Zucker
1 Pck. Dr. Oetker Vanillin-Zucker
2 Eier (Größe M)
2 EL Speiseöl

Für den Belag:
12 Blatt weiße Gelatine
500 g Magerquark
250 ml (1/4 l) Blutorangen-Getränk
250 ml (1/4 l) Maracujasaft
100 g Zucker
250 ml (1/4 l) Schlagsahne

Für den Guss:
1 Pck. Tortenguss, rot
250 ml (1/4 l) Maracujasaft

Zubereitungszeit: etwa 40 Min., ohne Kühlzeit

Leichte Maracujatorte

1. Für den Teig Mehl mit Backin mischen und in eine Rührschüssel sieben. Zucker, Vanillin-Zucker, Eier und Speiseöl hinzufügen und die Zutaten mit Handrührgerät mit Rührbesen zunächst kurz auf niedrigster, dann auf höchster Stufe in etwa 1 Minute zu einem glatten Teig verarbeiten. Den Teig in eine Springform (Ø 26 cm, Boden gefettet, mit Backpapier belegt) geben und glatt streichen. Die Form auf dem Rost in den Backofen schieben.
   Ober-/Unterhitze: etwa 200 °C (vorgeheizt)
   Heißluft: etwa 180 °C (vorgeheizt)
   Gas: Stufe 3–4 (vorgeheizt)
   Backzeit: 15–20 Minuten.
2. Den Tortenboden auf einen mit Backpapier belegten Kuchenrost stürzen und mitgebackenes Backpapier abziehen. Tortenboden erkalten lassen und auf eine Platte legen, einen Tortenring darumstellen.
3. Für den Belag Gelatine nach Packungsanleitung in kaltem Wasser einweichen, leicht ausdrücken und unter Rühren erwärmen (nicht kochen), bis sie völlig gelöst ist, leicht abkühlen lassen. Quark mit Orangen-Getränk, Saft und Zucker verrühren. Etwas von der Quarkmasse mit der Gelatine verrühren, dann mit der restlichen Quarkmasse verrühren und kalt stellen.
4. Sahne steif schlagen. Wenn die Quarkmasse anfängt zu gelieren, Sahne unterheben. Die Quark-Sahne-Masse auf den Tortenboden geben, glatt streichen und kalt stellen.
5. Für den Guss aus Tortengusspulver und Saft nach Packungsanleitung einen Guss zubereiten, leicht abkühlen lassen und vorsichtig auf der Creme verteilen. Guss fest werden lassen und Tortenring entfernen.

Tipp: Die Torte nach Belieben mit weißen Schokolocken garnieren.

Linseneintopf mit Speck

Linseneintopf mit Speck

Einfach

Pro Portion:
E: 38 g, F: 44 g, Kh: 68 g,
kJ: 3603, kcal: 861

1 Zwiebel
125 g durchwachsener Speck
2–3 EL Speiseöl
1 EL Currypulver
500 ml (1/2 l) Fleischbrühe
500 g Kartoffeln
1 Dose Linsen mit Suppengrün (800 g)
2 Pck. (je 50 g) TK-Suppengrün
Salz
frisch gemahlener Pfeffer
1 Apfel
4 Wiener Würstchen
gehackte Petersilie

Zubereitungszeit: etwa 30 Min.

1. Zwiebel abziehen und fein würfeln. Speck ebenfalls in feine Würfel schneiden. Öl in einem Topf erhitzen und Zwiebel- und Speckwürfel darin andünsten. Curry darüber stäuben und kurz mitdünsten, Fleischbrühe zugeben.
2. Kartoffeln waschen, schälen, abspülen, in Würfel schneiden und hinzufügen. Alles zum Kochen bringen und etwa 15 Minuten bei mittlerer Hitze kochen lassen.
3. Linsen mit Flüssigkeit und TK-Suppengrün hinzufügen und alles wieder zum Kochen bringen. Mit Salz und Pfeffer würzen.
4. Apfel schälen, vierteln, entkernen und in kleine Stücke schneiden, mit den Wiener Würstchen in den Eintopf geben und etwa 5 Minuten mitgaren lassen. Mit Petersilie bestreuen und servieren.

Tipp: Den Eintopf mit 1–2 Esslöffeln Apfelessig und Zucker abschmecken.

Makkaroni in Thunfischsauce

Makkaroni in Thunfischsauce

Schnell

Pro Portion:
E: 34 g, F: 25 g, Kh: 69 g,
kJ: 2765, kcal: 660

2 Zwiebeln
4 Knoblauchzehen
350 g Zucchini
3 EL Speiseöl
1 gelbe Paprikaschote
1 Chilischote
1 Becher (150 g) Crème fraîche
2 Dosen Thunfisch naturell (je 185 g)
Salz
frisch gemahlener Pfeffer
gerebelter Oregano
gerebelter Thymian

4 l Wasser
4 TL Salz
400 g Makkaroni

Zubereitungszeit: etwa 30 Min.

1. Zwiebeln und Knoblauch abziehen und fein würfeln. Zucchini putzen, Enden abschneiden, Zucchini waschen und in Würfel schneiden. Öl in einem Topf erhitzen und Zwiebel- und Knoblauchwürfel darin andünsten, Zucchiniwürfel dazugeben und anbraten.
2. Paprika- und Chilischote längs halbieren, entstielen, entkernen und die weißen Scheidewände entfernen, Schoten waschen und in feine Würfel schneiden. Beide Zutaten zu den Zucchiniwürfeln geben, Crème fraîche hinzufügen und verrühren.
3. Thunfisch abgießen, leicht zerpflücken, in die Sauce geben und mit Salz, Pfeffer, Oregano und Thymian würzen. Etwa 10 Minuten zugedeckt bei schwacher Hitze köcheln lassen, dabei ab und zu umrühren.
4. In der Zwischenzeit Wasser in einem großen Topf mit geschlossenem Deckel zum Kochen bringen. Salz und Nudeln zugeben und die Nudeln nach Packungsanleitung im geöffneten Topf bei mittlerer Hitze bissfest kochen, zwischendurch 4–5-mal umrühren. Nudeln auf ein Sieb geben und abtropfen lassen.
5. Nudeln auf Teller verteilen, Thunfischsauce über die Nudeln geben und sofort servieren.

Makkaroniauflauf

Für Kinder

Pro Portion:
E: 26 g, F: 30 g, Kh: 48 g,
kJ: 2398, kcal: 572

250 g Makkaroni
2 l Wasser
2 TL Salz

1 Glas Champignons in Scheiben (Abtropfgewicht 145 g)
250 g Fleischwurst mit Knoblauch oder gekochter Schinken
1 Dose Pizza-Tomaten (Einwaage 400 g)
Salz
frisch gemahlener Pfeffer
1/2 TL getrocknete Kräuter der Provence
3 Eier (Größe M)
200 ml Milch
1 EL Semmelbrösel
30 g Butter

Zubereitungszeit: etwa 25 Min.

1. Makkaroni in fingerlange Stücke brechen. Wasser in einem großen Topf mit geschlossenem Deckel zum Kochen bringen. Salz und Makkaroni zugeben und die Makkaroni nach Packungsanleitung im geöffneten Topf bei mittlerer Hitze bissfest kochen, dabei gelegentlich umrühren. Anschließend Makkaroni in ein Sieb geben, mit heißem Wasser abspülen und abtropfen lassen.
2. Inzwischen Champignonscheiben in einem Sieb abtropfen lassen. Fleischwurst enthäuten und in kleine Würfel oder Streifen schneiden. Die beiden Zutaten mit den Makkaroni mischen und alles in eine gefettete Auflauf-

Makkaroniauflauf

form geben. Pizza-Tomaten mit Salz, Pfeffer und Kräutern der Provence würzen, über die Auflaufzutaten geben und etwas untermengen.

3. Eier mit Milch verquirlen, mit Salz und Pfeffer würzen und gleichmäßig über den Auflauf gießen. Semmelbrösel darüber streuen und die Butter in Flöckchen darauf verteilen. Die Form auf dem Rost in den Backofen schieben.
   Ober-/Unterhitze: etwa 200 °C (vorgeheizt)
   Heißluft: etwa 180 °C (nicht vorgeheizt)
   Gas: Stufe 3–4 (nicht vorgeheizt)
   Backzeit: etwa 40 Minuten.

Abwandlung: Für einen vegetarischen Nudelauflauf die Makkaroni wie oben beschrieben garen und 3 Minuten vor Ende der Garzeit 150 g TK-Erbsen zugeben. 4 hart gekochte Eier pellen und in Scheiben schneiden. Die Eischeiben unter die Erbsen-Makkaroni heben und in die gefettete Auflaufform geben. Gewürzte Pizzatomaten zugeben und etwas untermengen. Wie unter Punkt 3 beschrieben weiterarbeiten und den Auflauf backen.

Tipp: 30 g geriebenen Parmesan mit den Semmelbröseln mischen und über den Auflauf streuen.

Makkaronisalat

Gut vorzubereiten

Pro Portion:

E: 24 g, F: 23 g, Kh: 42 g,
kJ: 2100, kcal: 502

2 l Wasser
2 TL Salz
200 g Makkaroni
160 g Cornichons (aus dem Glas)
100 g gekochter Schinken
75 g Salami
100 g Emmentaler
2 mittelgroße Tomaten
1 säuerlicher Apfel

Für die Sauce:

4 EL Tomatenketchup
2 EL Speiseöl
1–2 EL Essig
Salz
frisch gemahlener Pfeffer
1 Prise Zucker
1/2 Bund Schnittlauch
1/2 Bund Petersilie

evtl. Kresse

Zubereitungszeit: etwa 25 Min., ohne Durchziehzeit

1. Wasser in einem großen Topf mit geschlossenem Deckel zum Kochen bringen. Salz und Nudeln zugeben und die Nudeln im geöffneten Topf bei mittlerer Hitze nach Packungsanleitung bissfest kochen, zwischendurch 4–5-mal umrühren. Nudeln in ein Sieb geben, mit kaltem Wasser übergießen und abtropfen lassen. Die Makkaroni in mundgerechte Stücke schneiden und in eine große Schüssel geben.
2. Cornichons in einem Sieb abtropfen lassen und in Streifen schneiden. Schinken, Salami und Emmentaler ebenfalls in mundgerechte Streifen schneiden.
3. Tomaten waschen, abtropfen lassen, kreuzweise einschneiden und kurz in kochendes Wasser legen. Tomaten enthäuten, Stängelansätze entfernen und Fruchtfleisch in dicke Streifen schneiden.

Makkaronisalat

4. Apfel schälen, vierteln, entkernen und ebenfalls in Streifen schneiden. Die vorbereiteten Zutaten zu den Makkaroni in die Schüssel geben.
5. Für die Sauce Ketchup mit Öl und Essig verrühren und mit Salz, Pfeffer und Zucker würzen.
6. Schnittlauch und Petersilie kalt abspülen und trockentupfen. Schnittlauch in Röllchen schneiden. Petersilienblättchen von den Stängeln zupfen und hacken. Die Kräuter unter die Sauce rühren.
7. Die Sauce mit den Salatzutaten vermengen und etwas durchziehen lassen, nochmals mit den Gewürzen abschmecken. Salat nach Belieben vor dem Servieren mit Kresse bestreuen.

Abwandlung: Für einen vegetarischen Nudelsalat anstatt Schinken und Salami 1 gelbe oder rote Paprikaschote halbieren, entstielen, entkernen und die weißen Scheidewände entfernen, die Schote waschen und in Streifen schneiden. Die Käsemenge auf 200 g verdoppeln. 3 Frühlingszwiebeln putzen, waschen, in Ringe schneiden und mit den Salatzutaten vermengen.

Marillenstrudel mit Quark

Marillenstrudel mit Quark

Raffiniert

Insgesamt:
E: 90 g, F: 166 g, Kh: 370 g,
kJ: 14497, kcal: 3456

Für den Strudelteig:
200 g Weizenmehl
1 Prise Salz
75 ml Wasser
50 g zerlassene Butter oder 50 ml Speiseöl

Für die Füllung:
1 Pck. Süße Mahlzeit Grießbrei Vanille-Geschmack
375 ml ($^3/_8$ l) Milch
1 Becher (150 g) Crème fraîche
250 g Magerquark
50 g Zucker
1 Ei (Größe M)
1 kleine Dose Marillenhälften (Aprikosenhälften, Abtropfgewicht 240 g)
30 g gehackte Pistazienkerne

Zum Bestreichen:
50 g zerlassene Butter

Zubereitungszeit: etwa 40 Min., ohne Teigruhezeit

1. Für den Teig Mehl in eine Rührschüssel sieben. Salz, Wasser und Butter oder Öl hinzufügen und die Zutaten mit Handrührgerät mit Knethaken zunächst kurz auf niedrigster, dann auf höchster Stufe gut durcharbeiten.
2. Anschließend auf der Arbeitsfläche zu einem glatten Teig verkneten. Den Teig auf Backpapier in einen heißen, trockenen Kochtopf (vorher Wasser darin kochen) legen, mit einem Deckel verschließen und etwa 30 Minuten ruhen lassen.
3. Für die Füllung Grießbrei mit Milch nach Packungsanleitung – aber mit der hier angegebenen Menge Milch – zubereiten und etwas abkühlen lassen. Crème fraîche, Quark, Zucker und Ei unterrühren. Marillen in einem Sieb gut abtropfen lassen und vierteln.
4. Den Teig auf einem bemehlten großen Tuch (Küchentuch) dünn ausrollen und mit den Händen zu einem Rechteck von etwa 50 x 70 cm ausziehen (er muss durchsichtig sein). Die Ränder, wenn sie dicker sind, abschneiden.
5. Auf $^2/_3$ des Teiges die Füllung streichen (an den kürzeren Seiten etwa 3 cm Teig frei lassen), mit Marillenachteln belegen und mit Pistazien bestreuen. Die frei gelassenen Teigstreifen auf die Füllung klappen. Den Teig mit Hilfe des Tuches mit der Füllung beginnend aufrollen und an den Enden gut zusammendrücken.
6. Den Strudel vorsichtig diagonal auf ein Backblech (30 x 40 cm, gefettet, mit Backpapier belegt) gleiten lassen und mit etwas von der Butter bestreichen. Das Backblech in den Backofen schieben.
   Ober-/Unterhitze: etwa 180 °C (nicht vorgeheizt)
   Heißluft: etwa 160 °C (nicht vorgeheizt)
   Gas: Stufe 2–3 (nicht vorgeheizt)
   Backzeit: etwa 40 Minuten.
7. Den Strudel während des Backens mit der restlichen Butter bestreichen.
8. Den Strudel warm oder kalt servieren.

Tipp:
Der Strudel schmeckt auch lecker, wenn Sie die Marillen durch Heidelbeeren oder Pflaumen ersetzen. Dann anstelle von Pistazien abgezogene, gehackte Mandeln zum Bestreuen verwenden. Den Strudel nach Belieben vor dem Servieren mit Puderzucker bestäuben.

Marmorierte Beerentorte

Kalorienarm

Insgesamt:
E: 104 g, F: 101 g, Kh: 270 g,
kJ: 10176, kcal: 2432

Für den Biskuitteig:
2 Eier (Größe M)
50 g Zucker
1 Pck. Dr. Oetker Vanillin-Zucker

50 g Weizenmehl
30 g zerlassene, abgekühlte Butter oder Margarine

Für den Belag:
1 Pck. (etwa 250 g) TK-Beerenfrüchte, aufgetaut
1 Pck. Tortenguss, 25 g Zucker
6 Blatt weiße Gelatine
500 g Magerquark
100 g flüssiger Honig
1 EL Zitronensaft
200 ml Schlagsahne

Zubereitungszeit: etwa 35 Min., ohne Auftau- und Kühlzeit

1. Für den Teig Eier mit Handrührgerät mit Rührbesen auf höchster Stufe in 1 Minute schaumig schlagen. Zucker und Vanillin-Zucker mischen, in 1 Minute einstreuen und noch etwa 2 Minuten schlagen. Mehl auf die Eiercreme sieben und kurz auf niedrigster Stufe unterrühren. Butter oder Margarine unterrühren.
2. Den Teig in eine Springform (Ø 26 cm, Boden gefettet, mit Backpapier belegt) füllen und glatt streichen. Die Form auf dem Rost in den Backofen schieben.
   Ober-/Unterhitze: etwa 180 °C (vorgeheizt)
   Heißluft: etwa 160 °C (vorgeheizt)
   Gas: Stufe 2–3 (vorgeheizt)
   Backzeit: etwa 30 Minuten.
3. Den Biskuitboden aus der Form lösen, auf einen mit Backpapier belegten Kuchenrost stürzen und das mitgebackene Backpapier abziehen. Den Biskuitboden erkalten lassen und auf eine Platte legen. Einen Tortenring darumstellen.
4. Für den Belag aufgetaute Beerenfrüchte pürieren. Tortenguss und Zucker vermischen und mit den pürierten Beerenfrüchten glatt rühren. Unter Rühren zum Kochen bringen und gut aufkochen lassen. Die Masse abkühlen lassen.
5. Gelatine nach Packungsanleitung in kaltem Wasser einweichen, leicht ausdrücken und in einem kleinen Topf unter Rühren erwärmen (nicht kochen), bis sie völlig gelöst ist. Quark mit Honig und Zitronensaft verrühren und 2 Esslöffel von der Quarkmasse mit der Gelatine verrühren, dann mit der restlichen Quarkmasse verrühren. Die Masse kalt stellen. Wenn die Masse anfängt zu gelieren, Sahne steif schlagen und unterheben.
6. Quarkmasse und Beerenpüree im Wechsel auf den Tortenboden geben (der Rand sollte aus Quarkmasse bestehen), das Beerenpüree mit einem Löffelstiel leicht marmorieren. Die Torte mindestens zwei Stunden kalt stellen. Vor dem Servieren den Tortenring vorsichtig mit einem Messer lösen und entfernen.

Tipp:
Anstatt TK-Früchten können auch frische Erdbeeren, Himbeeren oder Brombeeren verwendet werden.

Marmorierte Beerentorte

Marmorkuchen

Klassisch

Insgesamt:
E: 87 g, F: 287 g, Kh: 612 g,
kJ: 23309, kcal: 5568

Für den Rührteig:
300 g weiche Butter oder Margarine
275 g Zucker
1 Pck. Dr. Oetker Vanillin-Zucker
1 Fläschchen Rum-Aroma
1 Prise Salz, 5 Eier (Größe M)
375 g Weizenmehl
4 TL Dr. Oetker Backin
etwa 3 EL Milch
20 g Kakaopulver
20 g Zucker
2–3 EL Milch

Zum Bestäuben:
etwas Puderzucker

Zubereitungszeit: etwa 30 Min.

1. Für den Teig Butter oder Margarine in einer Rührschüssel mit Handrührgerät mit Rührbesen geschmeidig rühren. Nach und nach Zucker, Vanillin-Zucker, Aroma und Salz unter Rühren hinzufügen und so lange rühren, bis eine gebundene Masse entsteht. Eier nach und nach unterrühren (jedes Ei etwa 1/2 Minute).
2. Mehl mit Backin mischen, sieben und abwechselnd mit der Milch in 2 Portionen kurz auf mittlerer Stufe unterrühren.
3. Zwei Drittel des Teiges in eine Napfkuchenform (Ø 24 cm, gefettet) füllen. Kakaopulver sieben und mit Zucker und Milch unter den übrigen Teig rühren. Den dunklen Teig auf dem hellen Teig verteilen und eine Gabel spiralförmig leicht durch die Teigschichten ziehen, so dass ein Marmormuster entsteht. Die Form auf dem Rost in den Backofen schieben.
   Ober-/Unterhitze: etwa 180 °C (vorgeheizt)
   Heißluft: etwa 160 °C (nicht vorgeheizt)
   Gas: Stufe 2–3 (nicht vorgeheizt)
   Backzeit: etwa 60 Minuten.
4. Den Kuchen 10 Minuten in der Form stehen lassen, dann aus der Form stürzen und auf einem Kuchenrost erkalten lassen. Anschließend den Kuchen mit Puderzucker bestäuben.

Marmorkuchen

Abwandlung: Backen Sie den Kuchen in einer Kastenform (35 x 11 cm, gefettet). Nach etwa 15 Minuten Backzeit den Kuchen mit einem spitzen Messer der Länge nach in der Mitte etwa 1 cm tief einschneiden, damit er schön aufbricht, und weiterbacken. Den Kuchen nach dem Erkalten aprikotieren. Dafür 4 Esslöffel Aprikosenkonfitüre durch ein Sieb streichen, mit 1 Esslöffel Wasser in einem Topf unter Rühren aufkochen lassen und den Kuchen damit bestreichen.

Mascarpone-Amarena-Torte

Für Gäste

Insgesamt:
E: 165 g, F: 397 g, Kh: 421 g,
kJ: 25643, kcal: 6125

Für den Biskuitteig:
100 g gemahlene Haselnusskerne
4 Eier (Größe M)
3 EL heißes Wasser
60 g Zucker
50 g Weizenmehl
1 Msp. Dr. Oetker Backin
100 g Schokoladentröpfchen
40 g zerlassene, abgekühlte Butter

Für die Creme:
1 Glas Amarenakirschen (Abtropfgewicht 130 g)
5 Blatt weiße Gelatine
150 ml Milch
50 g Kakaopulver
100 g Zucker
500 g Magerquark

250 g Mascarpone (ital. Frischkäse)
5 EL Amarenakirschsaft
250 ml ($^1/_4$ l) Schlagsahne

Zum Verzieren und Bestreuen:
75 g dunkle Kuchenglasur
70 g gehobelte, gebräunte Haselnusskerne

Zubereitungszeit: etwa 60 Min., ohne Kühlzeit

1. Für den Teig Haselnusskerne in einer Pfanne ohne Fett goldbraun rösten und erkalten lassen.
2. Eier und Wasser mit Handrührgerät mit Rührbesen auf höchster Stufe in 1 Minute schaumig schlagen. Zucker in 1 Minute einstreuen und noch etwa 2 Minuten schlagen. Mehl mit Backin mischen, auf die Eiercreme sieben und kurz auf niedrigster Stufe unterrühren. Haselnusskerne und Schokotropfen unterrühren. Zuletzt Butter unterrühren.
3. Den Teig in eine Springform (Ø 26 cm, Boden gefettet, mit Backpapier belegt) füllen und glatt streichen. Die Form auf dem Rost in den Backofen schieben.

   Ober-/Unterhitze: etwa 180 °C (vorgeheizt)
   Heißluft: etwa 160 °C (vorgeheizt)
   Gas: Stufe 2–3 (vorgeheizt)
   Backzeit: etwa 25 Minuten.
4. Den Boden auf einen Kuchenrost stürzen, das Backpapier abziehen und den Boden erkalten lassen. Den erkalteten Boden einmal waagerecht durchschneiden.
5. Für die Creme Amarenakirschen in einem Sieb gut abtropfen lassen, dabei den Saft auffangen und 5 Esslöffel davon abmessen. Gelatine nach Packungsanleitung in kaltem Wasser einweichen. Milch mit Kakaopulver und Zucker in einem Topf unter Rühren erhitzen, bis der Zucker aufgelöst ist.
6. Gelatine ausdrücken, zu der Kakaomilch geben, darin unter Rühren vollständig auflösen und etwas abkühlen lassen. Quark mit Mascarpone und Kirschsaft verrühren und die Gelatinelösung unterrühren. Sahne steif schlagen und unterheben. Die Creme kurze Zeit kalt stellen.
7. Den unteren Boden auf eine Tortenplatte legen und einen Tortenring darumstellen. $^2/_3$ der Creme darauf streichen, Kirschen (evtl. halbieren) darauf verteilen, oberen Boden darauf legen und leicht andrücken. Die restliche Creme darauf streichen. Die Torte einige Stunden oder über Nacht kalt stellen.
8. Den Tortenring lösen und den Tortenrand glatt streichen. Kuchenglasur nach Packungsanleitung auflösen, in einen Gefrierbeutel füllen und den Beutel verschließen. Eine kleine Ecke abschneiden und Streifen und Punkte auf die Torte spritzen. Den Tortenrand mit Haselnusskernen bestreuen.

Tipp: Die Torte kann bereits einen Tag vor dem Verzehr zubereitet werden.

Mascarpone-Amarena-Torte

Matjes-Topf

Matjes-Topf

Einfach

Pro Portion:
E: 14 g, F: 24 g, Kh: 8 g,
kJ: 1362, kcal: 325

6 Matjesfilets
1 rote Zwiebel
2 Äpfel
125 ml (1/8 l) Schlagsahne
200 g Speisequark
Salz
frisch gemahlener Pfeffer
Zitronensaft
Dillzweige

Zubereitungszeit: etwa 25 Min., ohne Durchziehzeit

1. Matjesfilets evtl. kurz wässern und trockentupfen. Evtl. noch vorhandene Gräten entfernen und die Filets in mundgerechte Stücke schneiden.
2. Zwiebel abziehen, in Scheiben schneiden und in Ringe teilen. Äpfel schälen, vierteln, entkernen und in kleine Scheiben schneiden.
3. Sahne steif schlagen. Quark gut verrühren, die Sahne unterheben und mit Matjesstückchen, Zwiebelringen und Apfelscheiben vorsichtig vermengen.
4. Mit Salz, Pfeffer und Zitronensaft würzen und einige Zeit kühl stellen. Mit Dill garniert servieren.

Beilage:
Pellkartoffeln und grüne Bohnen.

Tipp:
Am besten schmecken Matjes im Mai und Juni, dann sind sie nicht so salzig.

Mauerschnitten

Für Kinder

Insgesamt:
E: 85 g, F: 376 g, Kh: 841 g,
kJ: 29759, kcal: 7092

Für den All-in-Teig:
200 g Weizenmehl
3 TL Dr. Oetker Backin
150 g Zucker
1 Pck. Dr. Oetker Finesse Orangenfrucht, 3 Eier (Größe M)
125 g weiche Butter oder Margarine
150 ml Multivitaminsaft

Für den Belag:
750 ml (3/4 l) Multivitaminsaft
3 Pck. gezuckerter Tortenguss, klar
6 Blatt weiße Gelatine
250 ml (1/4 l) Buttermilch
20 g Zucker
500 ml (1/2 l) Schlagsahne
etwa 30 Butterkekse mit Schokolade (je 15 Stück Vollmilch und Zartbitter)

Zubereitungszeit: etwa 40 Min., ohne Kühlzeit

1. Für den Teig Mehl mit Backin mischen und in eine Rührschüssel sieben. Restliche Zutaten hinzufügen und alles mit Handrührgerät mit Rührbesen auf höchster Stufe in etwa 2 Minuten zu einem Teig verarbeiten. Den Teig auf ein Backblech (30 x 40 cm, gefettet, mit Backpapier belegt) geben, glatt streichen und das Backblech in den Backofen schieben.
   Ober-/Unterhitze: etwa 180 °C (vorgeheizt)
   Heißluft: etwa 160 °C (vorgeheizt)
   Gas: Stufe 2–3 (vorgeheizt)
   Backzeit: 15–20 Minuten.
2. Die Gebäckplatte auf einen mit Backpapier belegten Kuchenrost stürzen, mitgebackenes Backpapier entfernen

Mauerschnitten

und die Platte erkalten lassen. Anschließend wieder auf das Backblech legen und einen Backrahmen darumstellen.

3. Für den Belag aus Saft und Tortengusspulver nach Packungsanleitung einen Guss zubereiten und auf der Gebäckplatte verteilen. Die Platte etwa 30 Minuten kalt stellen.
4. Gelatine nach Packungsanleitung in kaltem Wasser einweichen. Buttermilch und Zucker verrühren. Gelatine leicht ausdrücken, in einem kleinen Topf bei schwacher Hitze unter Rühren auflösen (nicht kochen), mit der Buttermilch verrühren und kalt stellen. Sahne steif schlagen. Sobald die Buttermilch anfängt zu gelieren, Sahne unterheben und die Creme auf der Multivitaminschicht verstreichen. Die Oberfläche in Schnitten einteilen und mit Butterkeksen belegen. Die Schnitten etwa 1 Stunde kalt stellen.

Maultaschen

24 Stück

Gefriergeeignet

Pro Portion:
E: 18 g, F: 11 g, Kh: 57 g,
kJ: 1686, kcal: 402

Zum Vorbereiten für die Spinatfüllung:
600 g TK-Blattspinat

Für den Teig:
300 g Weizenmehl
2 Eier (Größe M)
4 EL Wasser
etwas Salz

Für die Spinatfüllung:
2 Zwiebeln
2 Knoblauchzehen
2 EL Speiseöl, z. B. Sonnenblumenöl
Salz
frisch gemahlener Pfeffer
geriebene Muskatnuss
1 Eigelb (Größe M)

1 Eiweiß (Größe M)
1 ¹/₂ l Gemüse- oder Fleischbrühe

Zubereitungszeit: etwa 75 Min., ohne Auftau- und Teigruhezeit

1. Für die Spinatfüllung Blattspinat nach Packungsanleitung auftauen lassen.
2. Für den Teig Mehl in eine Rührschüssel sieben. Eier, Wasser und Salz hinzufügen und die Zutaten mit Handrührgerät mit Knethaken zu einem glatten Teig verarbeiten, zudecken und etwa 40 Minuten ruhen lassen.
3. In der Zwischenzeit für die Spinatfüllung aufgetauten Blattspinat gut ausdrücken und grob hacken. Zwiebeln und Knoblauch abziehen und würfeln.
4. Öl in einem Topf erhitzen und Zwiebel- und Knoblauchwürfel darin unter Rühren andünsten. Den Spinat dazugeben und bei schwacher Hitze etwa 3 Minuten mit Deckel dünsten. Mit Salz, Pfeffer und Muskat würzen und etwas abkühlen lassen. Dann Eigelb unterrühren.
5. Den Teig auf der bemehlten Arbeitsfläche dünn ausrollen und 10 x 10 cm große Quadrate daraus ausrädeln. Etwas von der Füllung auf jedes Teigquadrat geben. Eiweiß mit einer Gabel verschlagen und die Teigränder damit bestreichen. Die Teigquadrate zu Dreiecken übereinander klappen und die Ränder andrücken.
6. Gemüse- oder Fleischbrühe in einem Topf erhitzen. Die Hälfte der Maultaschen hineingeben und ohne Deckel bei schwacher bis mittlerer Hitze etwa 15 Minuten garen. Die garen Maultaschen mit einer Schaumkelle aus der Brühe nehmen und warm stellen. Die zweite Hälfte Maultaschen entsprechend verarbeiten.
7. Die fertigen Maultaschen mit etwas von der Brühe in Suppentellern servieren.

Abwandlung:
Für Maultaschen mit Hackfleischfüllung 1 Zwiebel abziehen und würfeln. 1 Esslöffel Speiseöl in einer Pfanne erhitzen, die Zwiebelwürfel hinzufügen und bei mittlerer Hitze andünsten. Zwiebelwürfel mit 300 g Gehacktem (halb Rind-, halb Schweinefleisch), 1 Ei und 1 Eigelb (je Größe M) und 2 Esslöffeln gehackter Petersilie vermengen und mit Salz und Pfeffer würzen. Die Teigquadrate damit wie oben angegeben füllen und weiterverarbeiten.

Tipp:
Die garen Maultaschen abtropfen lassen, von beiden Seiten in zerlassener Butter anbraten und mit in Butter gebräunten Semmelbröseln und in Butterschmalz oder Speiseöl braun gebratenen Zwiebelringen (von 6–8 Zwiebeln) servieren.

Maultaschen

Melonensalat mit Vanillequark

Für Gäste

Pro Portion:
E: 17 g, F: 7 g, Kh: 24 g,
kJ: 975, kcal: 232

4 kleine Netzmelonen
4 rote Johannisbeerrispen
500 g Speisequark (20% Fett i. Tr.)
1 Vanilleschote
1 Pck. Dr. Oetker Vanillin-Zucker
Saft von 1 Zitrone

Zubereitungszeit: etwa 25 Min.

1. Die Melonen im oberen Drittel ringsherum bis zur Mitte zickzackförmig einschneiden und den oberen Teil abheben. Kerne mit einem Löffel herausschaben. Das Fruchtfleisch mit einem Kugelausstecher herausstechen oder die Melone mit einem Löffel aushöhlen und das Fruchtfleisch in Würfel schneiden. Ausgehöhlte Melonen kühl stellen.

Melonensalat mit Vanillequark

2. Johannisbeerrispen abspülen und trockentupfen. Quark in eine Schüssel geben. Vanilleschote der Länge nach aufschlitzen und das Vanillemark herausschaben. Vanillemark mit dem Vanillin-Zucker unter den Quark rühren und mit dem Zitronensaft abschmecken.
3. Melonenkugeln oder Melonenwürfel in die ausgehöhlten Melonen füllen und eine Quarkhaube und Johannisbeerrispen darauf setzen.

Melonen-Trauben-Grütze

Schnell

Pro Portion:
E: 2 g, F: 0 g, Kh: 26 g,
kJ: 504, kcal: 121

6 Blatt weiße Gelatine
250 g Honigmelonen-Fruchtfleisch
200 g grüne, kernlose Weintrauben
50 g Zucker
100 ml Apfelsaft oder Weißwein
1 EL gehackte Minzeblätter

Zubereitungszeit: etwa 30 Min., ohne Kühlzeit

1. Gelatine nach Packungsanleitung in kaltem Wasser einweichen. Honigmelone schälen und die Kerne entfernen. Weintrauben waschen und abtrocknen.
2. Jeweils 50 g Weintrauben und Melonen-Fruchtfleisch pürieren, restliche Weintrauben und restliches Melonen-Fruchtfleisch in kleine Stücke schneiden. Das Fruchtpüree mit Zucker, Saft oder Wein und Minzeblättern verrühren.
3. Gelatine ausdrücken und in einem kleinen Topf im Wasserbad unter Rühren erwärmen (nicht kochen), bis sie völlig gelöst ist, leicht abkühlen lassen und mit etwas von der Masse verrühren, dann mit der gesamten Masse verrühren und kalt stellen.
4. Wenn die Masse anfängt zu gelieren, Fruchtstücke unterheben und alles in eine Schale füllen oder in Portionsschälchen verteilen.

Melonen-Trauben-Grütze

Milchreiswaffeln mit Roter Grütze

9 Stück

Klassisch

Insgesamt:
E: 72 g, F: 179 g, Kh: 415 g,
kJ: 14966, kcal: 3558

Für den Schüttelteig:
150 g Weizenmehl
1/2 TL Dr. Oetker Backin
75 g Zucker
abgeriebene Schale von 1/2 Bio-Zitrone (unbehandelt, ungewachst)
3 Eier (Größe M)

125 g zerlassene, abgekühlte Butter oder Margarine
1 Becher (500 g) Milchreis natur (aus dem Kühlregal)

Zum Bestreuen:
75 g abgezogene, gehackte Mandeln

Für die Füllung:
1 Becher (500 g) Rote Grütze (aus dem Kühlregal)

Zum Garnieren:
vorbereitetes Obst, z. B. Himbeeren, Johannisbeeren
etwas Minze

Zum Bestäuben:
Puderzucker

Zubereitungs- und Backzeit: etwa 35 Min.

1. Für den Teig Mehl mit Backin mischen, in eine verschließbare Schüssel (3-Liter-Inhalt) sieben und mit Zucker und Zitronenschale vermengen. Eier, Butter oder Margarine und Milchreis hinzufügen und die Schüssel mit dem Deckel fest verschließen.
2. Mehrmals kräftig schütteln, so dass alle Zutaten gut vermischt sind. Alles mit einem Schneebesen oder Rührlöffel nochmals sorgfältig durchrühren, damit trockene Zutaten vom Rand mit untergerührt werden.
3. Waffeleisen erhitzen und evtl. leicht fetten. Je Waffel etwa 1 Esslöffel Mandeln in das Waffeleisen streuen, etwa 3 Esslöffel Teig darauf geben und vorsichtig etwas verteilen. Die Waffeln goldbraun backen, herausnehmen und auf einem Kuchenrost erkalten lassen.
4. Waffeln einzeln auf Teller legen, auf eine Waffelhälfte 1–2 Esslöffel Rote Grütze geben und die andere Waffelhälfte darüber klappen.
5. Zum Garnieren die Waffeln nach Belieben mit Obst und Minze belegen und mit Puderzucker bestäuben.

Tipp:
Die Waffeln schmecken auch mit Milchreis Vanille- oder Zimt-Geschmack. Statt Roter Grütze kann auch Gelbe Grütze genommen werden.

Milchreiswaffeln mit Roter Grütze

Milchsuppe mit Schneeklößchen

Für Kinder

Pro Portion:
E: 10 g, F: 11 g, Kh: 36 g, kJ: 1181, kcal: 282

Für die Suppe:
1 Pck. Dr. Oetker Pudding-Pulver Vanille-, Mandel- oder Sahne-Geschmack, 60 g Zucker
1 Prise Salz, 1 l Milch
1 Eigelb (Größe M)
Schale von 1/2 Bio-Zitrone (unbehandelt, ungewachst)

Für die Schneeklößchen:
1 Eiweiß (Größe M)
1 schwach geh. TL Zucker

Zubereitungszeit: etwa 20 Min.

1. Für die Suppe Pudding-Pulver mit Zucker und Salz mischen. Nach und nach mit mindestens 6 Esslöffeln von der Milch glatt rühren. Eigelb unterrühren. Restliche Milch mit Zitronenschale in einem großen Topf zum Kochen bringen.
2. Den Topf dann von der Kochstelle nehmen und das angerührte Pudding-Pulver mit einem Schneebesen einrühren. Den Topf wieder auf die Kochstelle stellen und alles unter Rühren kurz aufkochen lassen. Die Zitronenschale aus der Suppe nehmen.
3. Für die Schneeklößchen Eiweiß mit Zucker steif schlagen. Mit 2 Teelöffeln kleine Klöße abstechen, auf die Suppe geben und mit Deckel in etwa 5 Minuten gar ziehen lassen (Flüssigkeit muss sich leicht bewegen).

Abwandlung:
Für eine Schokoladensuppe die Suppe mit 1 Päckchen Pudding-Pulver Schokolade und 75 g Zucker, aber ohne Zitronenschale zubereiten. Dafür nach Belieben 1 Stück Zimtstange mitkochen und vor dem Verzehr entfernen.

Tipp:
Die Suppe nach Belieben mit Zimt-Zucker bestreuen oder 50 g Rosinen mitkochen. Für die Zitronenschale die Zitrone heiß waschen, trockenreiben und die gelbe Schale dünn abschälen (mit einem Sparschäler), die darunter liegende weiße Haut schmeckt bitter.

Mini-Lasagne mit Feldsalat

Mini-Lasagne mit Feldsalat

Raffiniert

Pro Portion:
E: 21 g, F: 40 g, Kh: 24 g,
kJ: 2348, kcal: 561

6 Lasagneplatten
Salz
1 EL Speiseöl

250 g Zucchini
3–4 mittelgroße Tomaten
1 Becher (150 g) Crème fraîche
1 EL gehacktes Basilikum
4 kleine Scheiben gekochter Schinken
frisch gemahlener Pfeffer
100 g geriebener Gouda

Für den Salat:
150 g Feldsalat
2 EL Rotweinessig
Salz
etwas Zucker
frisch gemahlener Pfeffer
4 EL Olivenöl

Zubereitungszeit: etwa 35 Min.

1. Lasagneplatten in kochendem Salzwasser mit Öl in etwa 10–12 Minuten gar kochen, einige Minuten in kaltes Wasser legen, in ein Sieb geben und abtropfen lassen.
2. In der Zwischenzeit Zucchini waschen, abtrocknen und die Enden abschneiden. Tomaten waschen, abtrocknen und Stängelansätze herausschneiden. Zucchini und Tomaten in knapp $^1/_2$ cm dicke Scheiben schneiden. Crème fraîche mit Salz und Basilikum verrühren. Schinkenscheiben halbieren.
3. Lasagneplatten halbieren. 4 Hälften auf ein mit Backpapier belegtes Backblech legen und mit der Hälfte der Schinkenscheiben belegen. Zucchini- und Tomatenscheiben darauf verteilen, mit Salz und Pfeffer bestreuen und mit 4 weiteren Lasagneplattenhälften belegen.
4. Mit der Hälfte der Basilikumcreme bestreichen, die restlichen Schinkenscheiben darauf verteilen und die restlichen Lasagneplattenhälften darauf legen, mit der restlichen Basilikumcreme bestreichen und mit Käse bestreuen. Das Backblech in den Backofen schieben.
   Ober-/Unterhitze: etwa 200 °C (vorgeheizt)
   Heißluft: etwa 180 °C (vorgeheizt)
   Gas: Stufe 3–4 (vorgeheizt)
   Garzeit: etwa 25 Minuten.
5. In der Zwischenzeit für den Salat Feldsalat putzen, gründlich waschen und abtropfen lassen oder trockenschleudern. Für die Sauce Essig mit Salz, Zucker und Pfeffer verrühren. Öl unterschlagen.
6. Die Mini-Lasagne auf 4 Teller verteilen. Feldsalat mit auf die Teller geben und die Sauce darüber verteilen.

Tipp:
Den Feldsalat mit rosa Pfefferbeeren bestreuen. Die Lasagne reicht als kleines Gericht für 4 und zum Sattessen für 2 Personen.

Mini-Paprikaschoten, gefüllte

Mini-Paprikaschoten, gefüllte

Raffiniert

Pro Portion:
E: 33 g, F: 27 g, Kh: 12 g,
kJ: 1811, kcal: 432

4 rote Paprikaschoten (je etwa 100 g)
4 grüne Paprikaschoten
(je etwa 100 g)

Für die Füllung:
1 Bund Zitronenthymian
600 g Schellfisch
1 Ei (Größe M)
100 ml Schlagsahne
Salz
frisch gemahlener Pfeffer
1 kleine Staude Sellerie (etwa 400 g)
2 Fleischtomaten (je etwa 150 g)

4 EL Olivenöl
100 g entsteinte Oliven
200 ml Gemüsebrühe oder -fond

Zubereitungszeit: etwa 60 Min., ohne Abkühlzeit

1. Von den Paprikaschoten einen Deckel abschneiden und Kerne und die weißen Scheidewände entfernen. Die Schoten waschen und abtrocknen.
2. Für die Füllung Thymian abspülen und trockentupfen. Die Blättchen von den Stängeln zupfen und fein hacken.
3. Schellfisch unter fließendem kalten Wasser abspülen, trockentupfen, in sehr kleine Würfel schneiden und in eine Schüssel geben. Thymian, Ei und Sahne hinzugeben und die Zutaten gut miteinander vermengen. Mit Salz und Pfeffer würzen. Die Füllung in die Paprikaschoten geben und kalt stellen. Die Deckel wieder auflegen.
4. Staudensellerie putzen und die harten Außenfäden abziehen. Sellerie waschen, abtropfen lassen und in kleine Stücke schneiden. Tomaten waschen, abtrocknen und die Stängelansätze herausschneiden. Tomaten vierteln, entkernen und in kleine Stücke schneiden.
5. Olivenöl in einem Bräter erhitzen und Selleriestücke darin andünsten. Oliven und Tomatenstückchen hinzugeben und mit Salz und Pfeffer würzen. Die gefüllten Paprikaschoten in den Bräter setzen und Gemüsebrühe oder -fond hinzugießen. Den Bräter auf dem Rost in den Backofen schieben.
   Ober-/Unterhitze: etwa 180 °C (vorgeheizt)
   Heißluft: etwa 160 °C (nicht vorgeheizt)
   Gas: Stufe 2–3 (nicht vorgeheizt)
   Garzeit: 40–50 Minuten.

Beilage:
Salzkartoffeln oder Butterreis mit geriebenem Parmesan bestreut.

Minirouladen-Auflauf

Für Gäste

Pro Portion:
E: 45 g, F: 17 g, Kh: 35 g,
kJ: 2004, kcal: 477

8 dünne Rumpsteaks (je etwa 70 g)
1 EL mittelscharfer Senf
Salz
frisch gemahlener Pfeffer
120 g Schinkenmett
8 Scheiben Frühstücksspeck (Bacon)
1 Glas Apfel-Rotkohl (Einwaage 650 g)
150 ml Apfelsaft
60 g Zwiebeln
400 g fest kochende Kartoffeln
30 g Butterschmalz

Zum Garnieren:
1 Bund Schnittlauch

Zubereitungszeit: etwa 30 Min.

1. Das Fleisch unter fließendem kalten Wasser abspülen und trockentupfen. Die Scheiben etwas flach drücken, mit Senf bestreichen und mit Salz und Pfeffer würzen. Das Mett gleichmäßig darauf verteilen. Die Fleischscheiben von der schmalen Seite her fest aufrollen und mit je einer Scheibe Frühstücksspeck umwickeln, evtl. mit einem Holzspießchen feststecken.
2. Rotkohl in eine große flache Auflaufform geben und den Apfelsaft dazugießen. Zwiebeln abziehen, in Scheiben schneiden und in Ringe teilen.

Minirouladen-Auflauf

3. Kartoffeln waschen, schälen, abspülen und abtropfen lassen. Zuerst in dünne Scheiben, dann in dünne Stifte schneiden. Kartoffelstifte mit den Zwiebelwürfeln vermengen und mit Salz und Pfeffer würzen. Gewürzte Kartoffelstifte als Nester auf den Rotkohl setzen.
4. Butterschmalz in einer Pfanne zerlassen und die Nester damit beträufeln. Die Fleischröllchen auf den Nestern verteilen und etwas eindrücken. Die Form auf dem Rost in den Backofen schieben.
   Ober-/Unterhitze: etwa 200 °C (vorgeheizt, unteres Drittel)
   Heißluft: etwa 180 °C (nicht vorgeheizt)
   Gas: Stufe 3–4 (nicht vorgeheizt, unteres Drittel)
   Garzeit: 35–40 Minuten.
5. Zum Garnieren Schnittlauch kalt abspülen, trockentupfen und in Röllchen schneiden. Den Auflauf mit den Schnittlauchröllchen bestreut servieren.

Tipp:
Statt mit Mett können Sie die Röllchen auch mit kleinen Gewürzgurken füllen.

Mohn-Streusel-Muffins

Einfach

Insgesamt:
E: 62 g, F: 211 g, Kh: 372 g,
kJ: 15120, kcal: 3616

Für den All-in-Teig:
200 g Weizenmehl
3 TL Dr. Oetker Backin
125 g Zucker, 2 Pck. Dr. Oetker Bourbon-Vanille-Zucker
1 Pck. Dr. Oetker Finesse Geriebene Zitronenschale
2 Eier (Größe M)
150 g zerlassene, abgekühlte Butter oder Margarine

Für die Streusel:
75–100 g Weizenmehl

1 Becher (150 g) Crème fraîche
50 g Mohnsamen

Zum Bestäuben:
Puderzucker

Zubereitungszeit: etwa 20 Min., ohne Abkühlzeit

1. Für den Teig Mehl mit Backin mischen und in eine Rührschüssel sieben. Zucker, Vanille-Zucker, Zitronenschale, Eier und Butter oder Margarine hinzufügen und die Zutaten mit Handrührgerät mit Rührbesen zunächst kurz auf niedrigster, dann auf höchster Stufe in etwa 2 Minuten zu einem glatten Teig verarbeiten.
2. Zwei gehäufte Esslöffel vom Teig abnehmen und in einer Schüssel mit so viel Mehl verkneten, dass Streusel entstehen. Restlichen Teig mit Crème fraîche und Mohn verrühren.
3. Den Mohnteig in eine Muffinform (für 12 Muffins, gefettet, bemehlt) geben und glatt streichen. Teigstreusel darauf verteilen. Die Form auf dem Rost in den Backofen schieben.
   Ober-/Unterhitze: etwa 180 °C (vorgeheizt)
   Heißluft: etwa 160 °C (vorgeheizt)
   Gas: Stufe 2–3 (vorgeheizt)
   Backzeit: etwa 25 Minuten.
4. Die Muffins etwa 10 Minuten in der Form stehen lassen, dann aus der Form lösen und auf einem Kuchenrost erkalten lassen. Muffins mit Puderzucker bestäuben.

Mohntorte mit Marzipan

Dauert länger

Insgesamt:
E: 127 g, F: 391 g, Kh: 606 g,
kJ: 27841, kcal: 6652

Für den Biskuitteig:
3 Eier (Größe M)
3 EL heißes Wasser
150 g Zucker

Mohn-Streusel-Muffins

1 Pck. Dr. Oetker Vanillin-Zucker
75 g Weizenmehl
75 g Speisestärke
2 TL Dr. Oetker Backin
50 g zerlassene, abgekühlte Butter

Für den Mohnbelag:
3 Eigelb (Größe M)
125 g Zucker
1 Pck. Dr. Oetker Finesse Orangenfrucht
200 g gemahlener Mohn
2 TL Backin
3 Eiweiß (Größe M)
200 g Marzipan-Rohmasse

Zum Verzieren und Garnieren:
4–5 EL Wildpreiselbeeren (aus dem Glas)
500 ml (1/2 l) Schlagsahne
2 Pck. Dr. Oetker Sahnesteif
1 TL Zucker
1 Pck. Dr. Oetker Vanillin-Zucker

Zubereitungszeit: etwa 60 Min.

Mohntorte mit Marzipan

1. Für den Teig Eier und Wasser mit Handrührgerät mit Rührbesen auf höchster Stufe in 1 Minute schaumig schlagen. Zucker und Vanillin-Zucker mischen, in 1 Minute einstreuen und noch etwa 2 Minuten schlagen.
2. Mehl mit Speisestärke und Backin mischen, die Hälfte davon auf die Eiercreme sieben und kurz auf niedrigster Stufe unterrühren. Den Rest des Mehlgemisches auf dieselbe Weise unterarbeiten. Zuletzt Butter unterrühren.
3. Den Teig in eine Springform (Ø 26 cm, Boden gefettet, mit Backpapier belegt) füllen und glatt streichen. Die Form auf dem Rost in den Backofen schieben.
   Ober-/Unterhitze: etwa 180 °C (vorgeheizt)
   Heißluft: etwa 160 °C (vorgeheizt)
   Gas: Stufe 2–3 (vorgeheizt)
   Backzeit: etwa 20 Minuten.
4. In der Zwischenzeit für den Mohnbelag Eigelb und Zucker mit Handrührgerät mit Rührbesen cremig schlagen. Orangenfrucht unterrühren. Mohn (1 Esslöffel zum Garnieren zurücklassen) mit Backin mischen. Eiweiß so steif schlagen, dass ein Messerschnitt sichtbar bleibt und auf die Eigelbcreme geben. Die Mohn-Backin-Mischung hinzufügen und mit einem Schneebesen unterheben. Die Mohnmasse auf dem vorgebackenen Boden verteilen.
5. Marzipan-Rohmasse zwischen Klarsichtfolie in Größe der Springform ausrollen und auf die Mohnmasse legen. Die Form wieder auf dem Rost in den Backofen schieben und das Gebäck **bei der oben angegebenen Backofeneinstellung noch etwa 30 Minuten backen.**
6. Das Gebäck aus der Form lösen, das mitgebackene Papier abziehen und das Gebäck auf einem mit Backpapier belegten Kuchenrost erkalten lassen.
7. 3–4 Esslöffel Preiselbeeren (1 Esslöffel zum Garnieren zurücklassen) auf der Torte verstreichen. Sahne mit Sahnesteif, Zucker und Vanillin-Zucker steif schlagen und 4 Esslöffel davon in einen Spritzbeutel mit Lochtülle (Ø 12 mm) füllen.
8. Die Torte mit der restlichen Sahne ganz einstreichen und mit der Sahne aus dem Spritzbeutel Tupfen auf jedes Stück spritzen. Den Tortenrand mit dem zurückgelassenen Mohn bestreuen und die Torte mit den zurückgelassenen Preiselbeeren garnieren.

Tipp:
Nach Belieben 100 g Marzipan-Rohmasse mit 1 Esslöffel Puderzucker verkneten, zwischen Klarsichtfolie ausrollen und Blüten daraus ausstechen. Die Marzipan-Blüten auf die Torte legen und jeweils etwas von den zurückgelassenen Wildpreiselbeeren darauf geben.

Mohntorte mit Zitronencreme

Mohntorte mit Zitronencreme

Fruchtig

Insgesamt:
E: 124 g, F: 316 g, Kh: 492 g,
kJ: 23014, kcal: 5496

Für den Biskuitteig:
3 Eier (Größe M), 3 EL heißes Wasser
100 g Zucker
1 Pck. Dr. Oetker Vanillin-Zucker
100 g Weizenmehl
1 Msp. Dr. Oetker Backin
60 g zerlassene, abgekühlte Butter

Für die Füllung:
1 Glas Preiselbeeren
(Abtropfgewicht 350 g)
4–5 Blatt weiße Gelatine
375 g Magerquark
250 g Mascarpone (italienischer Frischkäse)
60 g Zucker
2–3 EL gemahlener Mohn

Für die Zitronencreme:
1 Pck. Dessert-Pulver Paradiescreme Zitronen-Geschmack
400 ml Schlagsahne
125 g Magerquark

Zum Garnieren:
1 Pck. Dr. Oetker Finesse Geriebene Zitronenschale
3 EL Zucker

Zubereitungszeit: etwa 60 Min., ohne Kühlzeit

1. Für den Teig Eier und Wasser mit Handrührgerät mit Rührbesen auf höchster Stufe in 1 Minute schaumig schlagen. Zucker und Vanillin-Zucker mischen, in 1 Minute einstreuen und noch etwa 2 Minuten schlagen.
2. Mehl mit Backin mischen, die Hälfte davon auf die Eiercreme sieben und kurz auf niedrigster Stufe unterrühren. Den Rest des Mehlgemisches auf dieselbe Weise unterarbeiten. Zuletzt Butter unterrühren. Den Teig in eine Springform (Ø 26 cm, Boden gefettet, mit Backpapier belegt) füllen. Die Form auf dem Rost in den Backofen schieben.
   Ober-/Unterhitze: etwa 180 °C (vorgeheizt)
   Heißluft: etwa 160 °C (vorgeheizt)
   Gas: Stufe 2–3 (vorgeheizt)
   Backzeit: etwa 20 Minuten.
3. Den Boden aus der Form lösen und auf einen Kuchenrost stürzen, das Backpapier abziehen und den Boden erkalten lassen.
4. Für die Füllung Preiselbeeren in einem Sieb abtropfen lassen. Gelatine nach Packungsanleitung in kaltem Wasser einweichen.
5. Quark mit Mascarpone, Zucker und Mohn verrühren. Gelatine leicht ausdrücken, in einem kleinen Topf unter Rühren erwärmen (nicht kochen), bis sie völlig gelöst ist und leicht abkühlen lassen. Etwas von der Mohncreme unterrühren, dann die Masse vorsichtig unter die übrige Mohncreme rühren.
6. Den Biskuitboden auf eine Tortenplatte legen und einen Tortenring darumstellen. Die Hälfte der Mohncreme auf den Boden geben und glatt streichen. Die Preiselbeeren darauf verteilen und die restliche Mohncreme darauf streichen. Die Torte etwa 1 Stunde kalt stellen.
7. Für die Zitronencreme Paradiescreme nach Packungsanleitung – aber mit Sahne – zubereiten und Quark unterrühren. Die Creme kuppelartig auf die Mohnmasse streichen. Die Torte nochmals etwa 1 Stunde kalt stellen.
8. Vor dem Servieren Tortenring lösen. Zitronenschale und Zucker mischen und die Tortenoberfläche damit bestreuen.

Tipp:
Anstatt mit Preiselbeeren kann die Torte auch mit der gleichen Menge Heidelbeeren aus dem Glas – gut abgetropft! – zubereitet werden.

Möhren-Apfel-Salat

Möhren-Apfel-Salat

Schnell

Pro Portion:
E: 1 g, F: 1 g, Kh: 13 g,
kJ: 296, kcal: 71

500 g Möhren
250 g säuerliche Äpfel, z. B. Elstar, Cox Orange

Für die Sauce:
3 EL Zitronensaft
1–2 TL Zucker oder Honig
Salz
1 TL Speiseöl, z. B. Sonnenblumenöl

Zubereitungszeit: etwa 20 Min.

1. Möhren schälen, Grün und Spitzen abschneiden, Möhren waschen und abtropfen lassen. Äpfel waschen, schälen, vierteln und entkernen. Beide Zutaten auf der Haushaltsreibe raspeln.
2. Für die Sauce Zitronensaft mit Zucker oder Honig und Salz verrühren. Öl unterschlagen und Möhren und Äpfel mit der Sauce vermengen. Den Salat mit Salz und Zucker abschmecken.

Tipp:
Bei ungespritzten Äpfeln können Sie die Äpfel auch waschen, abtrocknen und mit der Schale reiben.
Die Sauce zusätzlich mit 1 Messerspitze gemahlenem Ingwer würzen.

Möhreneintopf

Preiswert

Pro Portion:
E: 28 g, F: 25 g, Kh: 38 g,
kJ: 2154, kcal: 514

750 g Möhren, 750 g Kartoffeln
2 Zwiebeln
75 g Butter
375–500 ml ($^3/_8$–$^1/_2$ l) Gemüsebrühe
4 Rauchenden (Mettwürstchen)
Salz, frisch gemahlener Pfeffer
2 EL gehackte, glatte Petersilie

Zubereitungszeit: etwa 50 Min.

1. Möhren putzen, schälen, waschen und in Scheiben schneiden. Kartoffeln waschen, schälen, abspülen und in Würfel schneiden. Zwiebeln abziehen und fein würfeln.
2. Butter in einem Topf zerlassen und Zwiebelwürfel darin andünsten. Möhrenscheiben hinzufügen und etwa 5 Minuten darin andünsten.
3. Dann die Kartoffelwürfel hinzufügen und ebenfalls andünsten. Gemüsebrühe hinzugießen, alles zum Kochen bringen und etwa 10 Minuten garen lassen.
4. Die Rauchenden auf den Eintopf legen und alles noch weitere 10 Minuten garen lassen.
5. Den Eintopf mit Salz und Pfeffer würzen und die Petersilie darauf verteilen. Die Rauchenden nach Belieben in Scheiben schneiden und in den Eintopf rühren.

Möhreneintopf

Möhrenkuchen

Mit Alkohol

Insgesamt:
E: 119 g, F: 263 g, Kh: 481 g,
kJ: 20694, kcal: 4938

Für den Biskuitteig:
250 g Möhren
5 Eiweiß (Größe M)
5 Eigelb (Größe M)
200 g Zucker
1 Pck. Dr. Oetker Vanillin-Zucker
1 Prise Salz
3 EL Rum
60 g Weizenmehl
3 TL Dr. Oetker Backin
400 g nicht abgezogene, gemahlene Mandeln

Für den Guss:
200 g Puderzucker
3–4 EL Rum
20 g Butter

Nach Belieben zum Garnieren:
einige Marzipan-Möhren

Zubereitungszeit: etwa 30 Min., ohne Kühlzeit

1. Zum Vorbereiten für den Teig die Möhren waschen, abtropfen lassen, schälen und auf einer Küchenreibe fein raspeln.
2. Für den Teig Eiweiß in einer Rührschüssel so steif schlagen, dass ein Messerschnitt sichtbar bleibt und beiseite stellen. Eigelb mit Zucker, Vanillin-Zucker und Salz in einer anderen Rührschüssel mit Handrührgerät mit Rührbesen auf höchster Stufe etwa 5 Minuten schaumig rühren. Rum kurz unterrühren.
3. Mehl mit Backin mischen, sieben und mit der Hälfte der Mandeln auf niedrigster Stufe unterrühren.
4. Eischnee unterheben. Übrige Mandeln und die Möhrenraspel ebenfalls kurz unterrühren. Den Teig in eine Kastenform (30 x 11 cm, gefettet, bemehlt) füllen. Die Form auf dem Rost auf der untersten Einschubleiste in den Backofen schieben.
   Ober-/Unterhitze: etwa 180 °C (vorgeheizt)
   Heißluft: etwa 160 °C (nicht vorgeheizt)
   Gas: Stufe 2–3 (nicht vorgeheizt)
   Backzeit: etwa 65 Minuten.
5. Den Kuchen 10 Minuten in der Form auf einem Kuchenrost stehen lassen, dann aus der Form lösen, auf einen Kuchenrost stürzen und erkalten lassen.
6. Für den Guss Puderzucker sieben und mit Rum verrühren. Butter zerlassen, unterrühren und den Kuchen damit überziehen. Nach Belieben Marzipanmöhren auf den noch feuchten Guss legen und den Guss fest werden lassen.

Tipp:
Sie können den Möhrenkuchen auch ohne Rum zubereiten, dann den Rum durch dieselbe Menge Orangensaft ersetzen. Sie können den Möhrenkuchen auch in einer Springform (Ø 26 cm) backen.

Möhrenkuchen

Möhren-Orangen-Kuchen

Gut vorzubereiten – mit Alkohol

Insgesamt:
E: 146 g, F: 429 g, Kh: 796 g,
kJ: 32503, kcal: 7755

Zum Vorbereiten:
375 g Möhren

Für den Biskuitteig:
6 Eier (Größe M)
300 g Zucker
2 Pck. Dr. Oetker Vanillin-Zucker
1 Prise Salz
4 EL Rum
90 g Weizenmehl
3 TL Dr. Oetker Backin
300 g nicht abgezogene, gemahlene Mandeln

Für den Belag:
4 Blatt weiße Gelatine
2 Pck. Dr. Oetker Pudding-Pulver Vanille-Geschmack, 150 g Zucker
750 ml (3/4 l) Orangensaft
1 Becher (250 g) Schmand (Sauerrahm)

Möhren-Orangen-Kuchen

1 Pck. Dr. Oetker Finesse Orangenfrucht
500 ml (1/2 l) Schlagsahne

Zum Garnieren und Besprenkeln:
2 Dosen Mandarinen (Abtropfgewicht je 175 g)
30 g aufgelöste Zartbitterschokolade

Zubereitungszeit: etwa 80 Min., ohne Abkühlzeit

1. Zum Vorbereiten Möhren putzen, schälen, waschen, abtropfen lassen und auf einer Haushaltsreibe fein raspeln.
2. Für den Teig Eier mit Zucker, Vanillin-Zucker und Salz in eine Rührschüssel geben. Die Zutaten mit Handrührgerät mit Rührbesen auf höchster Stufe in etwa 5 Minuten schaumig rühren. Rum unterrühren.
3. Mehl mit Backin mischen, sieben und mit der Hälfte der Mandeln auf niedrigster Stufe unterrühren. Restliche Mandeln und Möhrenraspel vorsichtig unterheben.
4. Den Teig auf ein Backblech (30 x 40 cm, gefettet) geben und glatt streichen. Das Backblech in den Backofen schieben.
   Ober-/Unterhitze: etwa 180 °C (vorgeheizt)
   Heißluft: etwa 160 °C (vorgeheizt)
   Gas: Stufe 2–3 (vorgeheizt)
   Backzeit: etwa 30 Minuten.
5. Das Backblech auf einen Kuchenrost stellen und den Biskuitboden erkalten lassen.
6. Für den Belag Gelatine nach Packungsanleitung in kaltem Wasser einweichen. Einen Pudding aus Pudding-Pulver, Zucker und Orangensaft – aber nur mit 750 ml (3/4 l) Orangensaft – nach Packungsanleitung zubereiten. Den Pudding in eine Schüssel geben und ausgedrückte Gelatine unterrühren, bis sie völlig gelöst ist. Pudding sofort mit Klarsichtfolie zudecken und erkalten lassen.
7. Schmand und Orangenfrucht unter den erkalteten Pudding rühren. Sahne steif schlagen und unterheben. Die Creme auf den Biskuitboden geben und glatt streichen. Mit einer Gabel oder einem Tortengarnierkamm ein Muster in die Oberfläche ziehen.
8. Zum Garnieren und Besprenkeln Mandarinen in einem Sieb gut abtropfen lassen und auf der Creme verteilen. Aufgelöste Schokolade in einen kleinen Gefrierbeutel geben und eine kleine Ecke abschneiden. Den Kuchen mit der Schokolade besprenkeln und Schokolade fest werden lassen.

Möhren-Orangen-Suppe mit Kerbel

Einfach

Pro Portion:
E: 3 g, F: 1 g, Kh: 14 g,
kJ: 305, kcal: 73

etwa 700 g Möhren
750 ml (3/4 l) Gemüsebrühe
2 Orangen
Salz
frisch gemahlener Pfeffer
Zucker
1/2 Topf Kerbel

Zubereitungszeit: etwa 25 Min.

1. Möhren putzen, schälen, waschen, abtropfen lassen und in kleine Stücke schneiden. Möhrenstücke mit der Gemüsebrühe in einem Topf zum Kochen bringen und in etwa 15 Minuten gar kochen.
2. Orangen so schälen, dass die weiße Haut vollständig entfernt wird. Orangenfilets herausschneiden, in kleine Stücke schneiden und etwa 5 Minuten vor Ende der Garzeit mit in die Gemüsebrühe geben. Die Suppe pürieren und mit Salz, Pfeffer und Zucker abschmecken.
3. Kerbel abspülen, trockentupfen und die Blättchen von den Stängeln zupfen. Einige Blättchen zum Garnieren beiseite legen. Die restlichen Blättchen klein schneiden und in die Suppe einrühren. Die Suppe mit den beiseite gelegten Kerbelblättchen garniert servieren.

Nackenkoteletts, gegrillte

Nackenkoteletts, gegrillte

Gut vorzubereiten

Pro Portion:
E: 37 g, F: 20 g, Kh: 1 g,
kJ: 1368, kcal: 327

4 dünne Schweinenackenkoteletts
(je etwa 180 g)

Für die Marinade:
2 Zwiebeln, 1–2 Knoblauchzehen
1–2 EL mittelscharfer Senf
frisch gemahlener Pfeffer
3–4 EL Olivenöl
Salz

Zubereitungszeit: etwa 20 Min., ohne Marinierzeit

1. Koteletts unter fließendem kalten Wasser abspülen und trockentupfen.
2. Für die Marinade Zwiebeln und Knoblauch abziehen. Zwiebeln zuerst in Scheiben schneiden, dann in Ringe teilen. Knoblauch durch eine Knoblauchpresse drücken.
3. Senf mit Knoblauch verrühren und die Koteletts dick von beiden Seiten damit bestreichen, mit Pfeffer bestreuen. Koteletts in eine flache Schale legen und mit Zwiebelringen belegen. Olivenöl auf die Koteletts träufeln und Koteletts zugedeckt für 1–2 Stunden in den Kühlschrank stellen.
4. Koteletts aus der Marinade nehmen und die Zwiebeln abstreifen. Koteletts auf dem heißen Grill von beiden Seiten etwa 5 Minuten grillen und mit Salz bestreuen. Zwiebeln nach Belieben ebenfalls grillen, den Grillrost dazu mit Alufolie bedecken. Gegrillte Zwiebeln mit den Koteletts servieren.

Tipp:
Die Hälfte des Senfs durch süßen Senf oder körnigen Rôtisseur-Senf ersetzen.

Nackensteaks auf dem Blech

6 Portionen

Gut vorzubereiten

Pro Portion:
E: 41 g, F: 69 g, Kh: 2 g,
kJ: 3523, kcal: 841

6 Schweine-Nackensteaks
(je etwa 180 g)
Salz
frisch gemahlener Pfeffer
6 TL mittelscharfer Senf
4 mittelgroße Zwiebeln
12 Scheiben durchwachsener Speck

Außerdem:
Alufolie

Zubereitungszeit: etwa 25 Min., ohne Durchziehzeit

Nackensteaks auf dem Blech

1. Nackensteaks unter fließendem kalten Wasser abspülen, trockentupfen und mit Salz und Pfeffer würzen. Nackensteaks auf ein Backblech legen und dick mit Senf bestreichen. Zugedeckt einige Stunden (am besten über Nacht) durchziehen lassen.
2. Zwiebeln abziehen und in dünne Ringe schneiden. Die Nackensteaks dick mit den Zwiebelringen belegen und mit den Speckscheiben bedecken. Das Backblech vollständig mit Alufolie zudecken.
3. Das Backblech in den Backofen schieben.
   Ober-/Unterhitze: etwa 200 °C (vorgeheizt)
   Heißluft: etwa 180 °C (nicht vorgeheizt)
   Gas: Stufe 3–4 (nicht vorgeheizt)
   Garzeit: etwa 90 Minuten.
4. Das Backblech auf einen Rost stellen. Alufolie entfernen und die Nackensteaks sofort servieren.

Beilage:
Kartoffelgratin oder Bratkartoffeln und ein gemischter Salat.

Tipp:
Bestreuen Sie die Zwiebelringe mit Paprika edelsüß bevor Sie die Speckscheiben auflegen.

Nackensteaks mit Kartoffelkruste

Einfach

Pro Portion:
E: 38 g, F: 58 g, Kh: 18 g,
kJ: 3311, kcal: 792

4 Schweine-Nackensteaks
(je 150 g, ohne Knochen)
Salz, frisch gemahlener Pfeffer
2 EL Speiseöl
1 Pck. (400 g) Rösti, Schweizer Art
(pfannenfertige Kartoffelzubereitung)
200 g Schmand
100 g grob geriebener Gratinkäse

Zubereitungszeit: etwa 35 Min.

1. Steaks unter fließendem kalten Wasser abspülen, trockentupfen, salzen und pfeffern.
2. Öl in einer Pfanne erhitzen und die Steaks von beiden Seiten darin kurz anbraten. Die Steaks dann nebeneinander in eine gefettete Auflaufform legen.
3. Die Rösti-Masse in eine Schüssel geben, mit Schmand und Käse vermischen, evtl. mit Salz und Pfeffer würzen und auf den Steaks verteilen. Die Form auf dem Rost in den Backofen schieben.
   Ober-/Unterhitze: etwa 200 °C (vorgeheizt)
   Heißluft: etwa 180 °C (vorgeheizt)
   Gas: Stufe 3–4 (vorgeheizt)
   Garzeit: etwa 20 Minuten.

Beilage:
Gemischter Salat.

Nackensteaks mit Kartoffelkruste

Nudelauflauf

Nudelauflauf

Für Kinder

Pro Portion:
E: 39 g, F: 41 g, Kh: 47 g,
kJ: 2999, kcal: 716

2 $^1/_2$ l Wasser
2 $^1/_2$ TL Salz
250 g Bandnudeln

2 mittelgroße Zwiebeln
1 Knoblauchzehe
3 EL Speiseöl
500 g Gehacktes (halb Rind-, halb Schweinefleisch)
Salz
frisch gemahlener Pfeffer
$^1/_2$ TL Paprikapulver edelsüß
$^1/_2$ TL gerebelter Thymian
500 g Tomaten
100 g geriebener Gouda
20 g Butter

einige Thymianblättchen
1 kleiner Thymianzweig

Zubereitungszeit: etwa 35 Min.

1. Wasser in einem großen Topf mit geschlossenem Deckel zum Kochen bringen. Salz und Nudeln zugeben und die Nudeln im geöffneten Topf bei mittlerer Hitze nach Packungsanleitung kochen lassen, dabei zwischendurch 4–5-mal umrühren. Anschließend die Nudeln in ein Sieb geben, mit heißem Wasser abspülen und abtropfen lassen.
2. Inzwischen Zwiebeln und Knoblauch abziehen und in kleine Würfel schneiden. Speiseöl in einer großen Pfanne erhitzen und Zwiebel- und Knoblauchwürfel darin glasig dünsten. Gehacktes hinzugeben und unter Rühren darin anbraten, dabei die Fleischklümpchen mit einer Gabel zerdrücken. Mit Salz, Pfeffer, Paprika und Thymian würzen.
3. Tomaten waschen, abtropfen lassen, kreuzweise einschneiden und einige Sekunden in kochendes Wasser legen. Tomaten kurz in kaltes Wasser legen, enthäuten, halbieren, entkernen und Stängelansätze herausschneiden. Fruchtfleisch in Stücke schneiden. Mit Salz, Pfeffer und Paprika würzen. Tomatenstücke (einige Stückchen zum Garnieren beiseite legen) unter die Gehacktesmasse rühren.
4. Die Nudeln in eine flache Auflaufform (gefettet) geben. Gehacktes-Tomaten-Masse in die Mitte der Nudeln geben. Käse darauf streuen und Butter in Flöckchen darauf setzen. Die Form auf dem Rost in den Backofen schieben.
   Ober-/Unterhitze: etwa 180 °C (vorgeheizt)
   Heißluft: etwa 160 °C (vorgeheizt)
   Gas: Stufe 2–3 (vorgeheizt)
   Garzeit: etwa 25 Minuten.
5. Den Nudelauflauf mit Thymianblättchen bestreuen und mit den beiseite gelegten Tomatenstückchen und dem Thymianzweig garnieren.

Nudelauflauf, bunter

Gut vorzubereiten

Pro Portion:
E: 31 g, F: 37 g, Kh: 58 g,
kJ: 3020, kcal: 721

3 l Wasser
3 TL Salz
300 g Makkaroni
3 Möhren
1 dicke Zwiebel
1 grüne Paprikaschote
150 g gekochter Schinken
2 EL Speiseöl

Für den Guss:
2 Eier (Größe M)
1 Becher (150 g) Crème fraîche
100 ml Schlagsahne
Salz, frisch gemahlener Pfeffer

Zum Bestreuen:
75 g geriebener Emmentaler

Zubereitungszeit: etwa 30 Min.

1. Wasser in einem großen Topf mit geschlossenem Deckel zum Kochen bringen. Salz und Makkaroni zugeben und die Makkaroni im geöffneten Topf bei mittlerer Hitze nach Packungsan-

Nudelauflauf, bunter

leitung bissfest kochen, zwischendurch 4–5-mal umrühren. Möhren putzen, schälen, waschen und in Scheiben schneiden oder hobeln. Möhrenscheiben 5 Minuten vor Ende der Garzeit zugeben. Makkaroni und Möhren in ein Sieb geben, mit heißem Wasser abspülen und abtropfen lassen.

2. In der Zwischenzeit Zwiebel abziehen und würfeln. Paprikaschote halbieren, entstielen, entkernen und die weißen Scheidewände entfernen, die Schote waschen und in dünne Streifen schneiden. Schinken in Streifen schneiden.
3. Öl erhitzen und die Zwiebelwürfel darin andünsten, Paprikastreifen hinzufügen und kurz mitdünsten.
4. Für den Guss Eier mit Crème fraîche und Sahne verrühren und mit Salz und Pfeffer würzen.
5. Die Makkaroni mit Gemüse und Schinkenstreifen mischen und in eine große, flache Auflaufform geben. Den Guss darüber gießen und mit Emmentaler bestreuen. Die Form auf dem Rost in den Backofen schieben.
   Ober/Unterhitze: etwa 200 °C (vorgeheizt)
   Heißluft: etwa 180 °C (vorgeheizt)
   Gas: Stufe 3–4 (vorgeheizt)
   Garzeit: etwa 35 Minuten.

Nudelauflauf „Quattro Formaggio"

Vegetarisch

Pro Portion:
E: 34 g, F: 73 g, Kh: 58 g, kJ: 4564, kcal: 1091

2 ½ l Wasser
2 ½ TL Salz
250 g Röhrennudeln (Rigata)
1 Zwiebel
2 Knoblauchzehen
50 g Butter
25 g Weizenmehl
125 ml (⅛ l) Weißwein
200 ml Schlagsahne
125 g Mozzarella
100 g Höhlenkäse
250 g Mascarpone
75 g geriebener Parmesan
Salz
frisch gemahlener Pfeffer
Paprikapulver edelsüß
1 Topf Basilikum
250 g Cocktailtomaten
250 g Zucchini

Nudelauflauf „Quattro Formagio"

Zubereitungszeit: etwa 50 Min.

1. Wasser in einem großen Topf mit geschlossenem Deckel zum Kochen bringen. Salz und Nudeln zugeben und die Nudeln im geöffneten Topf bei mittlerer Hitze nach Packungsanleitung bissfest kochen. Zwischendurch 4–5-mal umrühren. Nudeln dann in einem Sieb abtropfen lassen und warm stellen.
2. Zwiebel und Knoblauch abziehen und würfeln. Butter zerlassen und Zwiebel- und Knoblauchwürfel darin andünsten. Mehl darüber stäuben und unter Rühren darin so lange erhitzen, bis das Mehl hellgelb ist.
3. Weißwein und Sahne hinzugießen und mit einem Schneebesen durchschlagen, dabei darauf achten, dass keine Klümpchen entstehen. Alles unter Rühren zum Kochen bringen.
4. Mozzarella abtropfen lassen und in Stücke schneiden. Höhlenkäse ebenfalls in Stücke schneiden und mit Mozzarella, Parmesan und Mascarpone unter die Weißwein-Sahne rühren, bis der Käse geschmolzen ist. Die Sauce mit Salz, Pfeffer und Paprikapulver würzen.
5. Basilikum kalt abspülen, trockentupfen und die Blättchen von den Stängeln zupfen. Cocktailtomaten waschen, abtropfen lassen und die Stängelansätze herausschneiden. Größere Tomaten halbieren.
6. Zucchini waschen, abtrocknen und die Enden abschneiden, Zucchini halbieren und in Scheiben schneiden.
7. Nudeln mit Zucchini, Tomaten und Basilikum (einige Blättchen zum Garnieren zurücklassen) mischen und in eine flache Auflaufform geben. Die Käsesauce darauf verteilen. Die Form auf dem Rost in den Backofen schieben.
   Ober-/Unterhitze: etwa 200 °C (vorgeheizt)
   Heißluft: etwa 180 °C (vorgeheizt)
   Gas: Stufe 3–4 (vorgeheizt)
   Garzeit: etwa 25 Minuten.
8. Den Auflauf vor dem Servieren mit den zurückgelassenen Basilikumblättchen garnieren.

Tipp: Dazu einen Blattsalat servieren. Sie können nach Belieben auch andere Käsesorten verwenden, z. B. Emmentaler, Edamer oder Gouda.

Nudel-Fleischwurst-Salat

Preiswert

Pro Portion:
E: 17 g, F: 40 g, Kh: 34 g,
kJ: 2377, kcal: 567

2 l Wasser
2 TL Salz
125 g kleine Hörnchennudeln

400 g Fleischwurst
1 große Zwiebel
1/2 Stange Porree (Lauch)
2 große säuerliche Äpfel
2 Fleischtomaten

Für die Salatsauce:
3–4 EL Weißweinessig
Salz, frisch gemahlener Pfeffer
1 TL geriebener Meerrettich
(aus dem Glas)
6 EL Speiseöl
2 EL fein geschnittene
Schnittlauchröllchen

einige vorbereitete Salatblätter
Tomatenachtel
etwas vorbereitete Petersilie

Zubereitungszeit: etwa 35 Min.,
ohne Durchzieh- und Kühlzeit

1. Wasser in einem großen Topf mit geschlossenem Deckel zum Kochen bringen. Salz und Nudeln zugeben und die Nudeln im geöffneten Topf bei mittlerer Hitze nach Packungsanleitung kochen lassen, dabei 4–5-mal umrühren.
2. Anschließend die Nudeln in ein Sieb geben, mit heißem Wasser abspülen und abtropfen lassen.
3. Von der Fleischwurst die Haut abziehen. Fleischwurst zuerst in Scheiben, dann in Streifen schneiden. Zwiebel abziehen und in Scheiben schneiden. Porree putzen, in Scheiben schneiden, waschen und gut abtropfen lassen. Äpfel waschen, trockentupfen, nach Belieben schälen, vierteln, entkernen und in kleine Stücke schneiden. Tomaten waschen, trockentupfen, vierteln, entkernen und die Stängelansätze herausschneiden. Tomaten in Würfel schneiden. Die vorbereiteten Salatzutaten in einer Schüssel mischen.
4. Für die Sauce Essig mit Salz, Pfeffer und Meerrettich verrühren. Speiseöl unterschlagen. Die Sauce mit den Salatzutaten vermengen und Schnittlauchröllchen unterrühren. Den Salat kalt stellen und eine Zeit lang durchziehen lassen. Nochmals mit den Gewürzen abschmecken.
5. Den Salat auf einer großen, mit Salatblättern ausgelegten Platte anrichten und mit Tomatenachteln und Petersilie garnieren.

Nudel-Fleischwurst-Salat

Tipp:
Sie können den Salat statt mit der Salatsauce auch mit einer Joghurtmayonnaise, 3–4 hart gekochten Eiern und 3–4 Radieschen zubereiten. Dafür 2 Esslöffel Salatmayonnaise mit 1 Becher (150 g) Naturjoghurt und 1 Teelöffel mittelscharfen Senf verrühren. Mit Salz, Pfeffer und Zucker abschmecken. Eier pellen und zusammen mit den Radieschen in Würfel schneiden und mit der Joghurtmayonnaise unter den Salat heben.

Nudel-Gehacktes-Auflauf

Für Kinder

Pro Portion:
E: 40 g, F: 47 g, Kh: 47 g,
kJ: 3454, kcal: 825

2 1/2 l Wasser
2 1/2 TL Salz
250 g Bandnudeln
1 EL Speiseöl

2 mittelgroße Zwiebeln
1 Knoblauchzehe
20 g Butter oder Margarine
500 g Gehacktes (halb Rind-, halb Schweinefleisch)
Salz
frisch gemahlener Pfeffer
Paprikapulver edelsüß
gerebelter Thymian
500 g Tomaten
100 g geraspelter Käse
20 g Butter

Zubereitungszeit: etwa 30 Min.

1. Wasser in einem großen, geschlossenen Topf zum Kochen bringen. Salz, Nudeln und Öl zugeben und die Nudeln im geöffneten Topf bei mittlerer Hitze nach Packungsanleitung bissfest kochen, dabei 4–5-mal umrühren. Anschließend die Nudeln in ein Sieb geben, mit heißem Wasser abspülen und abtropfen lassen.
2. Inzwischen Zwiebeln und Knoblauch abziehen und würfeln. Butter oder Margarine zerlassen und Zwiebel- und Knoblauchwürfel darin glasig dünsten lassen. Gehacktes hinzufügen und unter ständigem Rühren darin anbraten, dabei die Fleischklümpchen mit einer Gabel etwas zerdrücken. Mit Salz, Pfeffer, Paprika und Thymian würzen.
3. Tomaten kurze Zeit in kochendes Wasser legen (nicht kochen lassen), in kaltem Wasser abschrecken, enthäuten, halbieren und die Stängelansätze herausschneiden, Tomaten in Stücke schneiden und unter das Gehackte rühren. Mit Salz, Pfeffer Paprika würzen.
4. Zwei Drittel der Nudeln in eine gefettete Auflaufform füllen, die Hackfleischmasse darauf geben und mit den restlichen Nudeln bedecken. Käse darüber streuen und Butter in Flöckchen darauf setzen. Die Form auf dem Rost in den Backofen schieben.

Ober-/Unterhitze: etwa 200 °C (vorgeheizt)
Heißluft: etwa 180 °C (vorgeheizt)
Gas: Stufe 3–4 (vorgeheizt)
Backzeit: etwa 30 Minuten.

Nudel-Gemüse-Pfanne

Schnell zubereitet

Pro Portion:
E: 18 g, F: 33 g, Kh: 76 g,
kJ: 2835, kcal: 680

4 l Wasser
4 TL Salz
400 g Nudeln, z. B. Penne

1 Zwiebel
je 1 rote und grüne Paprikaschote
3 EL Olivenöl
300 g frische Champignons oder TK-Champignonscheiben
2 Becher (je 150 g) Crème fraîche
Salz
frisch gemahlener Pfeffer
Currypulver
1 Bund Schnittlauch

Zubereitungszeit: etwa 30 Min.

1. Wasser in einem großen, geschlossenen Topf zum Kochen bringen. Salz und Nudeln hinzugeben und die Nudeln im geöffneten Topf bei mittlerer Hitze nach Packungsanleitung bissfest kochen, dabei 4–5-mal umrühren. Anschließend die Nudeln in ein Sieb geben, mit heißem Wasser abspülen und abtropfen lassen.
2. Inzwischen Zwiebel abziehen und würfeln. Paprikaschoten halbieren, entstielen, entkernen und die weißen Scheidewände entfernen, die Schoten waschen und in Würfel schneiden.
3. Öl in einer Pfanne erhitzen und die Zwiebelwürfel darin andünsten. Die Paprikawürfel hinzufügen und kurz mitdünsten. Pilze putzen, evtl. klein schneiden. Die TK-Champignonscheiben unaufgetaut hinzufügen und alles etwa 5 Minuten leicht schmoren lassen.
4. Nudeln und Crème fraîche unter das Gemüse mischen und miterhitzen. Alles mit Salz, Pfeffer und Curry abschmecken.
5. Schnittlauch waschen, trockentupfen, in Ringe schneiden und vor dem Servieren über die Nudelpfanne streuen.

Nudel-Gemüse-Pfanne

Tipp:
Verwenden Sie in den Wintermonaten Paprikastreifen aus der Tiefkühltruhe.

Nudelgratin mit Hähnchen

Für Kinder

Pro Portion:
E: 50 g, F: 15 g, Kh: 72 g,
kJ: 2785, kcal: 665

4 l Wasser
4 TL Salz
400 g Shipli-Nudeln

2 Zwiebeln
2 Knoblauchzehen
250 g Möhren
1 kleiner Blumenkohl (etwa 500 g)
450 g Hähnchenbrustfilet
2 EL Rapsöl
60 g Schinkenwürfel
Salz, frisch gemahlener Pfeffer
100 g geraspelter Mozzarella-Käse
1 kleines Bund glatte Petersilie

Nudelgratin mit Hähnchen

Zubereitungszeit: etwa 50 Min.

1. Wasser in einem großen Topf mit geschlossenem Deckel zum Kochen bringen. Dann Salz und Nudeln zugeben und die Nudeln im geöffneten Topf bei mittlerer Hitze nach Packungsanleitung kochen lassen, dabei zwischendurch 4–5-mal umrühren.
2. Anschließend die Nudeln in ein Sieb geben, mit heißem Wasser abspülen und abtropfen lassen.
3. Inzwischen Zwiebeln und Knoblauch abziehen und in kleine Würfel schneiden. Möhren putzen, schälen, waschen, abtropfen lassen und ebenfalls in kleine Würfel schneiden. Von dem Blumenkohl die Blätter und die schlechten Stellen entfernen. Den Strunk abschneiden und den Blumenkohl in Röschen teilen. Blumenkohlröschen waschen, abtropfen lassen und mit den Möhrenwürfeln im kochenden Salzwasser etwa 5 Minuten blanchieren. Blumenkohlröschen und Möhrenwürfel in ein Sieb geben, mit kaltem Wasser übergießen und abtropfen lassen. Hähnchenbrustfilet unter fließendem kalten Wasser abspülen, trockentupfen und in etwa 1 x 2 cm große Stücke schneiden.
4. Rapsöl in einer großen Pfanne erhitzen und Hähnchenbrust von allen Seiten darin anbraten, herausnehmen. Zwiebel- und Knoblauchwürfel in dem Bratfett glasig dünsten. Nudeln, Möhrenwürfel, Blumenkohlröschen, Schinkenwürfel und Hähnchenstücke in die Pfanne geben und mit den Zwiebel- und Knoblauchwürfeln mischen. Mit Salz und Pfeffer kräftig würzen und in eine große Auflaufform oder 4 Portionsförmchen geben. Mit Käse bestreuen und auf dem Rost in den Backofen schieben.
   Ober-/Unterhitze: etwa 180 °C (vorgeheizt)
   Heißluft: etwa 160 °C (vorgeheizt)
   Gas: Stufe 2–3 (vorgeheizt)
   Garzeit: etwa 30 Minuten.
5. Petersilie abspülen und trockentupfen. Die Blättchen von den Stängeln zupfen und fein hacken. Nudelgratin mit Petersilie bestreut servieren.

Beilage:
Tomatensauce.

Nudel-Mett-Auflauf

Für Kinder

Pro Portion:
E: 42 g, F: 48 g, Kh: 64 g,
kJ: 3692, kcal: 882

2 ½ l Wasser
2 ½ TL Salz
250 g Spiralnudeln

500 g Thüringer Mett

1 Dose (400 g) Tomatenstücke mit Kräutern
½ Flasche (250 ml) Texicana-Salsa
1 Pck. (300 g) TK-Balkangemüse
Salz, frisch gemahlener Pfeffer
Kräuter der Provence
50 g geriebener Parmesan
25 g Semmelbrösel

Zubereitungszeit: etwa 20 Min.

1. Wasser in einem großen Topf mit geschlossenem Deckel zum Kochen bringen. Salz und Nudeln zugeben und die Nudeln im geöffneten Topf bei mittlerer Hitze nach Packungsanleitung kochen lassen, dabei zwischendurch 4–5-mal umrühren.
2. Anschließend die Nudeln in ein Sieb geben, mit heißem Wasser abspülen und abtropfen lassen.
3. In der Zwischenzeit aus dem Mett kleine Klößchen formen.
4. Tomatenstücke mit Texicana-Salsa und

Nudel-Mett-Auflauf

Balkangemüse verrühren und mit Salz, Pfeffer und Kräutern der Provence würzen.

5. Die Nudeln in eine flache, große, gefettete Auflaufform geben, Mettklößchen dazwischen verteilen und das Gemüse darauf geben, mit Käse und Semmelbröseln bestreuen. Die Form auf dem Rost in den Backofen schieben.
Ober-/Unterhitze: etwa 200 °C (vorgeheizt)
Heißluft: etwa 180 °C (vorgeheizt)
Gas: Stufe 3–4 (vorgeheizt)
Garzeit: etwa 35 Minuten.

Abwandlung:
Für einen Nudel-Bratwurstklößchen-Auflauf die Nudeln wie oben beschrieben garen und in die gefettete Auflaufform geben. 500 g grobe oder feine Bratwurst als Klößchen aus der Haut drücken und nach Belieben rund formen. Die Klößchen zwischen den Nudeln verteilen. 1 Dose stückige Tomaten (400 g) mit 250 ml ($^1/_4$ l) Tomatenketchup und 300 g TK-Erbsen verrühren und mit Salz, Pfeffer, Paprika rosenscharf und Oregano würzen, über die Auflaufzutaten geben, mit 100 g geriebenem Emmentaler bestreuen und backen wie oben angegeben.

Tipp:
Sie können auch einen Tetra-Pack Tomaten mit Kräutern (Einwaage 370 g) verwenden.

Nudeln mit Lachs-Sahne-Sauce

Raffiniert

Pro Portion:
E: 27 g, F: 27 g, Kh: 56 g, kJ: 2913, kcal: 696

400 g TK-Lachsfilets

4 l Wasser
4 TL Salz
400 g grüne Bandnudeln

2 mittelgroße Stangen Porree (Lauch)
40 g Butter
1 EL Weizenmehl
125 ml ($^1/_8$ l) Gemüsebrühe
200 ml Schlagsahne
etwas Zitronensaft
Salz
frisch gemahlener Pfeffer

Zubereitungszeit: etwa 30 Min., ohne Auftauzeit

1. Lachsfilets aus der Packung nehmen und zugedeckt bei Zimmertemperatur gut antauen lassen. Die Filets kurz unter fließendem kalten Wasser abspülen und trockentupfen.
2. Wasser in einem großen Topf mit geschlossenem Deckel zum Kochen bringen. Salz und Nudeln zugeben und die Nudeln nach Packungsanleitung im geöffneten Topf bei mittlerer Hitze bissfest kochen, zwischendurch 4–5-mal umrühren. Die Nudeln auf ein Sieb geben, kurz mit heißem Wasser übergießen und gut abtropfen lassen.
3. In der Zwischenzeit Porree putzen, halbieren, gründlich waschen, abtropfen lassen und in Streifen schneiden.
4. Butter in einem Topf erhitzen und die Porreestreifen darin andünsten, Mehl darüber stäuben und unter Rühren hellgelb andünsten. Brühe und Sahne hinzugeben, alles zum Kochen bringen und etwa 3 Minuten kochen lassen.
5. Lachsfilets in Würfel schneiden, mit Zitronensaft beträufeln und mit Salz und Pfeffer würzen, in die Sauce geben und in etwa 5 Minuten bei schwacher Hitze darin garen.
6. Die Nudeln vorsichtig unterheben und sofort servieren.

Abwandlung:
Sie können das Gericht auch als Auflauf zubereiten. Dazu alle Zutaten wie oben beschrieben vorbereiten, aber den Lachs nicht garen, sondern roh unter die Zutaten mischen und in eine Auflaufform geben. Mit Butterflöckchen belegen und mit Semmelbröseln bestreuen. Den Auflauf bei Ober-/Unterhitze: etwa 180 °C (Heißluft: etwa 160 °C, Gas: Stufe 2–3) 10–15 Minuten überbacken.

Beilage:
Tomatensalat.

Nudeln mit Lachs-Sahne-Sauce

Nudeln mit Möhren-Tomaten-Sauce

Für Kinder

Pro Portion:
E: 16 g, F: 20 g, Kh: 72 g,
kJ: 2237, kcal: 534

2 Zwiebeln
1 Knoblauchzehe
750 g Möhren (frisch oder TK)
3 EL Speiseöl
Salz
frisch gemahlener Pfeffer
gerebelter Salbei
150 ml Gemüsebrühe
1 Dose stückige Tomaten
(Einwaage 400 g)

3 l Wasser
3 TL Salz
350 g Nudeln (Spaghetti
oder Bandnudeln)

100 ml Schlagsahne
2 EL gehacktes Basilikum
(frisch oder TK)
4 EL geriebener Parmesan

Zubereitungszeit: etwa 25 Min.

1. Zwiebeln und Knoblauch abziehen und fein würfeln. Möhren putzen, schälen, waschen und klein schneiden. Öl in einem Topf erhitzen, Zwiebeln, Knoblauch und Möhren darin andünsten und mit Salz, Pfeffer und Salbei würzen.
2. Brühe dazugießen und alles zugedeckt bei schwacher Hitze etwa 8 Minuten köcheln lassen. Tomaten zu den Möhren geben, alles nochmals würzen und etwa 5 Minuten köcheln lassen.
3. Wasser in einem großen, geschlossenen Topf zum Kochen bringen. Salz und Nudeln zugeben und die Nudeln im geöffneten Topf bei mittlerer Hitze nach Packungsanleitung bissfest kochen, dabei gelegentlich umrühren.
4. Anschließend Nudeln in ein Sieb geben, mit heißem Wasser abspülen und abtropfen lassen. Möhren und Tomaten fein pürieren und die Sauce mit Sahne verfeinern. Basilikum unterrühren und die Sauce nochmals abschmecken.
5. Zum Servieren Nudeln mit der Sauce anrichten und mit Parmesan bestreuen.

Nudeln mit Möhren-Tomaten-Sauce

Tipp:
Die Sauce lässt sich gut in großen Mengen vorbereiten und einfrieren.
Streuen Sie statt Parmesan etwas zerbröckelten Schafkäse oder Edelpilzkäse über das Gericht.

Nudeln mit Zucchini-Schafkäse-Sauce

Vegetarisch

Pro Portion:
E: 27 g, F: 40 g, Kh: 78 g,
kJ: 3435, kcal: 821

4 l Wasser
4 TL Salz
400 g Nudeln, z. B. Spiralnudeln

600 g Tomaten
600 g Zucchini
1 Zwiebel
1 Knoblauchzehe
3 EL Olivenöl
Salz
frisch gemahlener Pfeffer
Cayennepfeffer
frische Thymianblättchen
250 ml (1/4 l) Schlagsahne
200 g Fetakäse

Zubereitungszeit: etwa 30 Min.

1. Wasser in einem großen Topf mit geschlossenem Deckel zum Kochen bringen. Salz und Nudeln zugeben und Nudeln nach Packungsanleitung im geöffneten Topf bei mittlerer Hitze bissfest kochen. Zwischendurch 4-5 mal umrühren.
2. In der Zwischenzeit Tomaten waschen, abtropfen lassen, kreuzweise einschneiden, kurz in kochendes Wasser legen und in kaltem Wasser abschrecken. Tomaten enthäuten und Stängelansätze herausschneiden, Tomaten entkernen und in nicht zu kleine Stücke schneiden.

Nudeln mit Zucchini-Schafkäse-Sauce

3. Zucchini waschen, abtrocknen, die Enden abschneiden und Zucchini erst in Scheiben, dann in Stifte schneiden. Zwiebel und Knoblauch abziehen und würfeln.
4. Öl in einem Topf erhitzen und Zwiebel- und Knoblauchwürfel darin andünsten. Zucchinistifte hinzufügen und 3-5 Minuten mitdünsten. Dann mit Salz, Pfeffer, Cayennepfeffer und Thymianblättchen bestreuen.
5. Sahne und Tomatenstücke hinzufügen und alles gut aufkochen lassen.
6. Fetakäse in Würfel schneiden und in der Sauce erwärmen (nicht mehr kochen lassen). Die Sauce zu den Nudeln servieren. Oder die Nudeln mit der Sauce vermischen und auf Tellern anrichten, so nehmen die Nudeln die Sauce besser auf.

Tipp:
Fetakäse ist ein stark gesalzener Weichkäse, der ursprünglich in Griechenland aus Schafmilch oder einer Mischung von Schaf-, Ziegen- und Kuhmilch hergestellt wurde. In Deutschland produzierter Fetakäse wird aus Kuhmilch hergestellt. Der Fettgehalt des Käses schwankt stark und liegt zwischen 45–60 % in der Trockenmasse.

Nudel-Pesto-Salat

Vegetarisch

Pro Portion:
E: 14 g, F: 42 g, Kh: 45 g,
kJ: 2693, kcal: 643

2 1/2 l Wasser
2 1/2 TL Salz
250 g Schmetterlingsnudeln (Farfalle)

etwa 150 g Basilikum-Pesto (fertig gekauft)
5 Tomaten
3 EL Olivenöl
Salz, frisch gemahlener Pfeffer

Zubereitungszeit: etwa 20 Min., ohne Durchziehzeit

Nudel-Pesto-Salat

1. Wasser in einem großen Topf mit geschlossenem Deckel zum Kochen bringen. Salz und Nudeln zugeben und Nudeln im geöffneten Topf bei mittlerer Hitze nach Packungsanleitung bissfest garen. Zwischendurch 4-5- mal umrühren. Die Nudeln auf ein Sieb schütten, mit kaltem Wasser übergießen, gut abtropfen lassen und sofort mit dem Pesto vermischen.
2. Tomaten kurze Zeit in kochendes Wasser legen (nicht kochen lassen), in kaltem Wasser abschrecken, enthäuten und die Stängelansätze herausschneiden, Tomaten entkernen und in Streifen schneiden.
3. Tomatenstreifen und Öl unter die Nudel-Pesto-Mischung rühren, mit Salz und Pfeffer würzen und bis zum Verzehr etwas durchziehen lassen.

Tipp:
Sie können den Salat ganz einfach verändern, indem Sie zusätzlich noch schwarze Oliven, in Streifen geschnittenen gekochten Schinken, Rucola oder in Würfel geschnittenen Fetakäse unterheben.

Nudelpfanne mit Putenbrust

Nudelpfanne mit Putenbrust

Klassisch

Pro Portion:
E: 36 g, F: 27 g, Kh: 50 g,
kJ: 2589, kcal: 618

Zum Vorbereiten:
15 g Trockenpilze, z. B. Mu-err-Pilze

3 l Wasser
3 TL Salz
300 g Spiral-Nudeln

400 g Putenbrustfilet
3 EL Speiseöl
Salz
frisch gemahlener Pfeffer
1 Pck. (300 g) TK-Erbsen-Möhren-Mischung (aufgetaut)
125 ml ($^1/_8$ l) Schlagsahne
1 EL gehackte Petersilie

Zubereitungszeit: etwa 35 Min., ohne Einweichzeit der Pilze

1. Trockenpilze nach Packungsanleitung einweichen.
2. Wasser in einem großen Topf mit geschlossenem Deckel zum Kochen bringen. Salz und Nudeln zugeben und die Nudeln im geöffneten Topf bei mittlerer Hitze nach Packungsanleitung bissfest kochen, zwischendurch 4–5-mal umrühren. Die Nudeln auf ein Sieb geben und gut abtropfen lassen.
3. Pilze abtropfen lassen und zerkleinern. Putenbrustfilet unter fließendem kalten Wasser abspülen, trockentupfen und in Streifen schneiden.
4. Öl in einer Pfanne erhitzen und Putenbrustfilet portionsweise mit den Pilzen darin anbraten, mit Salz und Pfeffer würzen, herausnehmen und warm stellen.
5. Die Nudeln in den Bratensatz geben, Erbsen und Möhren dazugeben und etwa 5 Minuten miterhitzen. Pilze, Fleisch und Sahne hinzufügen und 3–4 Minuten erhitzen. Nochmals mit den Gewürzen abschmecken und mit Petersilie bestreut servieren.

Tipp:
Statt der Trockenpilze 200 g geputzte Austernpilze mit dem Putenbrustfilet anbraten.

Nudelsalat „Nizzaer Art"

4–6 Portionen

Gut vorzubereiten

Pro Portion:
E: 20 g, F: 26 g, Kh: 69 g,
kJ: 2509, kcal: 596

5 l Wasser
5 TL Salz
500 g getrocknete, mit Hackfleisch gefüllte Tortellini

2 mittelgroße Zucchini (etwa 450 g)
je 1 rote, gelbe und grüne Paprikaschote
4 Fleischtomaten (etwa 450 g)
1 Dose grüne Brechbohnen (Abtropfgewicht 360 g)
1 Glas Anchovisfilets (in Salzlake eingelegte Sardellenfilets, Fischeinwaage 40 g)
1 Bund Basilikum
4 EL Balsamico-Essig
Salz
frisch gemahlener Pfeffer
Zucker
8 EL Olivenöl
2 Knoblauchzehen

Nudelsalat „Nizzaer Art"

Zubereitungszeit: etwa 40 Min., ohne Durchziehzeit

1. Wasser in einem großen Topf mit geschlossenem Deckel zum Kochen bringen. Salz und Tortellini zugeben und die Tortellini im geöffneten Topf bei

mittlerer Hitze nach Packungsanleitung kochen lassen, dabei 4–5-mal umrühren.
2. Anschließend die Tortellini in ein Sieb geben, mit kaltem Wasser abspülen und abtropfen lassen.
3. Zucchini waschen, abtrocknen und die Enden abschneiden. Zucchini längs halbieren und in Scheiben schneiden. Paprika halbieren, entstielen, entkernen und die weißen Scheidewände entfernen. Die Schoten in große Stücke schneiden. Zucchinischeiben und Paprikastücke in kochendem Salzwasser etwa 3 Minuten blanchieren. Anschließend in ein Sieb geben, mit eiskaltem Wasser übergießen und abtropfen lassen.
4. Tomaten waschen, trockentupfen, vierteln, entkernen und die Stängelansätze herausschneiden. Tomatenviertel in Würfel schneiden. Bohnen in einem Sieb abtropfen lassen und die Flüssigkeit dabei auffangen.
5. Anchovisfilets abspülen, trockentupfen und in kleine Stücke schneiden. Basilikum abspülen und trockentupfen. Die Blättchen von den Stängeln zupfen und klein schneiden.
6. Tortellini, Zucchinischeiben, Paprikastücke, Tomatenwürfel, Bohnen und Anchovisstückchen in einer Schüssel mischen.
7. Die Hälfte der aufgefangenen Bohnenflüssigkeit mit Essig, Salz, Pfeffer und Zucker verrühren, Olivenöl unterschlagen und Basilikum unterrühren. Die Marinade zu den Salatzutaten geben, gut vermengen und den Salat abschmecken. Knoblauch abziehen und in kleine Würfel schneiden. Knoblauchwürfel in einer beschichteten Pfanne hellbraun rösten, herausnehmen und etwas abkühlen lassen. Den Salat damit bestreuen und kalt gestellt 1–2 Stunden durchziehen lassen.

Nudelsalat mit Basilikum-Vinaigrette

8 Portionen

Für Gäste

Pro Portion:
E: 19 g, F: 11 g, Kh: 38 g,
kJ: 1385, kcal: 330

4 l Wasser
4 TL Salz
400 g kurze Bandnudeln

2 Dosen Artischockenherzen (je 240 g)
6 Tomaten
400 g braune Champignons
300 g Kochschinken

Für die Vinaigrette:
3 Knoblauchzehen
2 EL Weißweinessig oder Zitronensaft
5 EL Olivenöl
Salz
frisch gemahlener Pfeffer
Zucker
1 Topf Basilikum

Nudelsalat mit Basilikum-Vinaigrette

Zubereitungszeit: etwa 35 Min., ohne Durchziehzeit

1. Wasser in einem großen Topf mit geschlossenem Deckel zum Kochen bringen. Salz und Nudeln zugeben und die Nudeln im geöffneten Topf bei mittlerer Hitze nach Packungsanleitung kochen lassen, dabei 4–5-mal umrühren.
2. Anschließend die Nudeln in ein Sieb geben, mit kaltem Wasser abspülen und abtropfen lassen.
3. Inzwischen Artischockenherzen in einem Sieb abtropfen lassen. Tomaten waschen, kreuzweise einschneiden und einige Sekunden in kochendes Wasser legen. Tomaten kurz in kaltem Wasser abschrecken, enthäuten, halbieren, entkernen und Stängelansätze entfernen. Tomaten in Spalten schneiden.
4. Champignons putzen, mit Küchenpapier abreiben, evtl. kurz abspülen, trockentupfen und vierteln. Schinken in Streifen schneiden.
5. Für die Vinaigrette Knoblauch abziehen und durch eine Knoblauchpresse drücken. Essig oder Zitronensaft mit Knoblauch gut verrühren. Olivenöl unterschlagen und mit Salz, Pfeffer und Zucker abschmecken. Champignonviertel hinzufügen und etwas durchziehen lassen.
6. Basilikum abspülen und trockentupfen. Die Blättchen von den Stängeln zupfen und in Streifen schneiden. Basilikumstreifen unter die Champignons heben und mit den Nudeln mischen.
7. Den Salat mit Artischockenherzen, Tomatenspalten und Schinkenstreifen auf einer großen Platte anrichten.

Tipp:
Den Salat mit 30 g Pinienkernen bestreuen.

Nudelsalat „Sommerbrise"

Nudelsalat „Sommerbrise"

Schnell

Pro Portion:
E: 17 g, F: 36 g, Kh: 57 g,
kJ: 2683, kcal: 641

2 1/2 l Wasser
2 1/2 TL Salz
250 g Eliche oder Spiralnudeln

1/2 Salatgurke
1/2 Bund Frühlingszwiebeln
125 g Schafkäse
1 große Fenchelknolle
1/2 Dose Gemüsemais
(Abtropfgewicht 285 g)

Für die Sauce:
150 g Naturjoghurt
100 g Mayonnaise
75 ml Schlagsahne
7 EL Zitronensaft
etwas Zucker
Salz
frisch gemahlener Pfeffer
1/2 Bund Dill

Zubereitungszeit: etwa 25 Min.

1. Wasser in einem großen Topf mit geschlossenem Deckel zum Kochen bringen. Salz und Nudeln zugeben und Nudeln bei mittlerer Hitze im geöffneten Topf nach Packungsanleitung bissfest garen. Zwischendurch 4-5-mal durchrühren. Nudeln auf ein Sieb geben, kalt abschrecken und abtropfen lassen.
2. Gurke schälen, längs vierteln und in Stücke schneiden. Frühlingszwiebeln putzen, waschen und in dünne Ringe schneiden. Schafkäse fein würfeln. Vom Fenchel die Stiele dicht oberhalb der Knolle abtrennen und braune Stellen und Blätter entfernen, Wurzelenden gerade schneiden, Knolle waschen, vierteln und in dünne Scheiben schneiden. Mais abtropfen lassen.
3. Für die Sauce Joghurt, Mayonnaise, Sahne, Zitronensaft, Zucker, Salz und Pfeffer miteinander verrühren. Dill abspülen, trockentupfen und Spitzen von den Stängeln zupfen, fein schneiden und unterrühren.
4. Die Salatzutaten mit der Sauce vermengen und den Salat bis zum Servieren kalt stellen, nochmals mit den Gewürzen abschmecken.

Tipp:
Wenn Sie den Salat erst später servieren, kurz vorher evtl. noch etwas Milch zugeben und nochmals abschmecken.
Wer keinen Fenchel mag, kann stattdessen 4 Fleischtomaten verwenden. Dazu die Tomaten kreuzweise einschneiden und kurz in kochendes Wasser legen, kalt abschrecken, enthäuten, Stängelansätze entfernen, Tomaten entkernen und in Würfel schneiden.

Nudelsalat, bunter

Für Kinder

Pro Portion:
E: 28 g, F: 34 g, Kh: 63 g,
kJ: 2946, kcal: 703

Für den Salat:
2 1/2 l Wasser, 2 1/2 TL Salz
250 g Schleifennudeln

1 rote Paprikaschote (150 g)
300 g TK-Erbsen
4 EL Gemüsebrühe
200 g Maasdamer
150 g Senfgurken

Für das Dressing:
200 g Salatmayonnaise
2 Becher (je 150 g) Naturjoghurt
40 g Kapern
2 EL Weißweinessig
frisch gemahlener Pfeffer
1/2 TL Zucker
1 EL Schnittlauchröllchen

Zubereitungszeit: etwa 30 Min., ohne Durchziehzeit

1. Für den Salat Wasser in einem großen Topf mit geschlossenem Deckel zum Kochen bringen. Salz und Nudeln hinzugeben und die Nudeln nach Packungsanleitung bei mittlerer Hitze im geöffneten Topf bissfest garen. Zwischendurch 4-5-mal umrühren. Die Nudeln auf einem Sieb abgießen und mit kaltem Wasser abschrecken.
2. Paprika halbieren, entstielen, entkernen und die weißen Scheidewände entfernen. Schote waschen, würfeln und zusammen mit den Erbsen 3 Minuten in der Brühe dünsten und abkühlen lassen.

3. Käse und abgetropfte Senfgurken würfeln. Alle Zutaten unter die Nudeln mischen.
4. Für das Dressing Mayonnaise, Joghurt, Kapern (mit Flüssigkeit), Essig, Pfeffer, Zucker und Salz verrühren und unter den Salat heben. Den Salat durchziehen lassen und nochmals abschmecken.
5. Mit Schnittlauchröllchen bestreut servieren.

Nudelsalat, bunter

Abwandlung:
Für Nudelsalat mit Fleischwurst oder Schinken die Nudeln wie oben beschrieben kochen. 150 g Tomaten waschen und Stängelansätze herausschneiden, Tomaten halbieren, entkernen und würfeln. 1 Dose Gemüsemais (Abtropfgewicht 285 g) abtropfen lassen. 200 g Fleischwurst oder gekochten Schinken und 150 g Gewürzgurken würfeln. Die Zutaten mit einer Salatsauce aus 200 g Salatmayonnaise, 250 g Naturjoghurt, 75 g Ketchup, 2 Esslöffeln Weißweinessig, Salz, Pfeffer und 1 Messerspitze Cayennepfeffer vermengen, gut durchziehen lassen, nochmals abschmecken und mit 1 Esslöffel gehackter Petersilie bestreut servieren.

Nudelsalat, warmer

6 Portionen

Für Kinder

Pro Portion:
E: 17 g, F: 13 g, Kh: 29 g,
kJ: 1254, kcal: 300

300 g Broccoliröschen
400 ml Gemüsebrühe
300 g gekochter Schinken
4 Frühlingszwiebeln
1 Glas Maiskölbchen
(Abtropfgewicht 190 g)

2 l Wasser
2 TL Salz
200 g Nudeln, z. B. Hütchen oder
Trulli-Nudeln

Für die Salatsauce:
200 ml Gemüsebrühe von dem
Broccoli
3 EL Estragon-Essig
6 EL Olivenöl
Salz
frisch gemahlener Pfeffer
etwas Zucker

2 EL Schnittlauchröllchen

Zubereitungszeit: etwa 45 Min., ohne Durchziehzeit

1. Von dem Broccoli die Blätter entfernen. Broccoli in Röschen teilen, waschen und abtropfen lassen. Brühe in einem Topf zum Kochen bringen, Broccoliröschen hinzufügen, zum Kochen bringen und etwa 6 Minuten garen. Broccoliröschen in ein Sieb geben, die Brühe dabei auffangen und 200 ml davon abmessen. Broccoliröschen kurz in eiskaltes Wasser geben und anschließend in einem Sieb abtropfen lassen.
2. Schinken in Würfel schneiden. Frühlingszwiebeln putzen, waschen, abtropfen lassen und in Ringe schneiden. Maiskölbchen in einem Sieb abtropfen lassen, evtl. halbieren.
3. Wasser in einem großen Topf mit geschlossenem Deckel zum Kochen bringen. Salz und Nudeln zugeben und die Nudeln im geöffneten Topf bei mittlerer Hitze nach Packungsanleitung kochen lassen, dabei zwischendurch 4–5-mal umrühren.
4. Anschließend die Nudeln in ein Sieb geben, mit heißem Wasser abspülen und abtropfen lassen.
5. Für die Sauce Brühe in einem kleinen Topf zum Kochen bringen. Essig unterrühren, Olivenöl unterschlagen und mit Salz, Pfeffer und Zucker kräftig würzen.
6. Nudeln, Broccoliröschen, Schinkenwürfel, Zwiebelringe und Maiskolben in eine Schüssel geben und gut vermengen. Die Salatzutaten mit der heißen Brühe übergießen und den Salat etwas durchziehen lassen.
7. Den Salat mit Schnittlauchröllchen bestreut servieren.

Nudelsalat, warmer

Nudel-Schinken-Pfanne mit Pfifferlingen

Einfach

Pro Portion:
E: 26 g, F: 25 g, Kh: 44 g,
kJ: 2230, kcal: 532

2 ½ l Wasser , 2 ½ TL Salz
250 g Fadennudeln

500 g Pfifferlinge
100 g Rucola (Rauke), 5 EL Olivenöl
frisch gemahlener Pfeffer, Salz
300 g gekochter Schinken, in Scheiben
geriebene Muskatnuss

Zubereitungszeit: etwa 35 Min.

1. Wasser in einem großen Topf mit geschlossenem Deckel zum Kochen bringen. Salz und Nudeln zugeben und die Nudeln im geöffneten Topf bei mittlerer Hitze nach Packungsanleitung kochen, zwischendurch 4-5-mal umrühren. Die Nudeln in ein Sieb geben und gut abtropfen lassen.
2. Pfifferlinge putzen, mit Küchenpapier abreiben, evtl. abspülen und abtropfen lassen. Große Pilze nach Belieben halbieren. Rucola putzen, waschen, abtropfen lassen oder trockenschleudern und in grobe Streifen schneiden.
3. Zwei Esslöffel Öl in einem Wok erhitzen und Pfifferlinge darin unter Rühren rundherum anbraten. Nudeln und das restliche Öl dazugeben, alles erhitzen, mit Pfeffer würzen und etwa 5 Minuten unter gelegentlichem Rühren bei mittlerer Hitze braten, leicht salzen.
4. Schinken in Streifen schneiden, zu den Nudeln geben und erhitzen. Rucolastreifen unterheben und die Nudelpfanne mit Pfeffer und Muskat abschmecken.

Abwandlung:
Mit den Schinkenstreifen zusätzlich 200 g Schmand unterheben oder 125 g Gorgonzola (Blauschimmelkäse) in Würfel schneiden und unterheben, dann vorsichtig mit Salz abschmecken. Gut schmecken auch in einer Pfanne ohne Fett geröstete Pinienkerne dazu.

Tipp:
Anstelle von frischen Pfifferlingen können Sie auch 2 Gläser Pfifferlinge (Abtropfgewicht je 155 g) verwenden. Oder Sie ersetzen die Pfifferlinge durch Champignons.

Nudel-Schinken-Pfanne mit Pfifferlingen

Nudeltopf mit Cabanossi

Schnell – einfach

Pro Portion:
E: 37 g, F: 62 g, Kh: 44 g,
kJ: 3890, kcal: 928

1 Zwiebel
4 EL Olivenöl
4 EL Tomatenmark
250 g Spiralnudeln
1 l Gemüsebrühe
2 Cabanossi (500 g)
½ Pck. (12,5 g) TK-Basilikum
Salz
frisch gemahlener Pfeffer

Zubereitungszeit: etwa 20 Min.

1. Zwiebel abziehen und fein würfeln. Olivenöl in einem Topf erhitzen und Zwiebelwürfel darin andünsten. Tomatenmark unterrühren.
2. Nudeln hinzufügen, Brühe hinzugießen und unter Rühren zum Kochen bringen. Etwa 10 Minuten bei mittlerer Hitze unter gelegentlichem Rühren gar kochen lassen.
3. Cabanossi in Scheiben schneiden, zu den Nudeln geben und noch weitere

5 Minuten garen. Basilikum unterrühren und mit Salz und Pfeffer würzen. Nudeltopf sofort servieren.

Nudeltopf mit Cabanossi

Beilage:
Frischer Blattsalat.

Tipp:
Das Gericht darf nicht zu stark kochen, da die Nudeln in wenig Flüssigkeit gegart werden und leicht am Topfboden ansetzen. Es sollte auch sofort serviert werden, da die Nudeln noch nachquellen. Statt der Cabanossi können auch Mettwürstchen oder Rauchenden verwendet werden. Wer es lieber vegetarisch mag, kann auch statt der Wurst 2 in Würfel geschnittene Tomaten in den Nudeltopf geben und das Gericht zusätzlich mit geriebenem Parmesan bestreuen.

Nürnberger Bratwurstspieße mit Sauerkraut

4 Spieße

Preiswert

Pro Portion:
E: 62 g, F: 44 g, Kh: 13 g,
kJ: 3133, kcal: 749

Für das Sauerkraut:
40 g Butter oder Margarine
2 kleine Zwiebeln
1 Dose Sauerkraut mit Ananas (770 g)
Salz, frisch gemahlener Pfeffer
2 Lorbeerblätter
3 Gewürznelken
evtl. etwas Ananassaft
1 Kartoffel

Für die Spieße:
3 kleine Zwiebeln
3 Scheiben Ananas (frisch oder aus der Dose)
16 Nürnberger Bratwürste
3 EL Speiseöl

Zubereitungszeit: etwa 30 Min.

1. Für das Sauerkraut Butter oder Margarine zerlassen. Zwiebeln abziehen, in Würfel schneiden und in dem Fett andünsten.
2. Sauerkraut mit der Flüssigkeit hinzufügen und mit Salz und Pfeffer würzen. Lorbeerblätter, Gewürznelken und nach Belieben etwas Ananassaft hinzufügen und das Sauerkraut zugedeckt etwa 25 Minuten garen.
3. Kartoffel waschen, schälen, abspülen und 15 Minuten vor Ende der Garzeit in das Sauerkraut reiben. Nach Beendigung der Garzeit, Lorbeerblätter und Nelken entfernen und das Sauerkraut mit Salz und Pfeffer abschmecken.
4. Für die Spieße Zwiebeln abziehen und vierteln. Ananas in dicke Stücke schneiden. Die beiden Zutaten abwechselnd mit den Nürnberger Bratwürsten auf 4 Holzspieße stecken.
5. Die Spieße mit Öl bestreichen, auf ein mit Alufolie belegtes Backblech legen, das Backblech unter den vorgeheizten Grill schieben und die Spieße 8–10 Minuten grillen, dabei zwischendurch wenden.
6. Das Sauerkraut zu den Spießen servieren.

Beilage:
Kartoffelpüree.

Tipp:
Sie können die Spieße auch in der Pfanne braten, die Garzeit bleibt dabei gleich. Wer die Zwiebeln etwas weicher mag, kann sie auch etwa 5 Minuten in Wasser vorkochen. Übrig gebliebene Ananasscheiben in Stücke schneiden und mit in das Sauerkraut geben.

Nürnberger Bratwurstspieße mit Sauerkraut

Nuss-Erdbeer-Schnitten

Nuss-Erdbeer-Schnitten

Fruchtig

Insgesamt:
E: 80 g, F: 220 g, Kh: 759 g,
kJ: 22800 , kcal: 5440

Zum Vorbereiten:
100 g gemahlene Haselnusskerne

Für den Knetteig:
150 g Weizenmehl
50 g Speisestärke
1 TL Dr. Oetker Backin
100 g Puderzucker
1 Pck. Dr. Oetker Vanillin-Zucker
150 g weiche Butter
oder Margarine

Zum Bestreichen:
150 g Erdbeerkonfitüre oder
Johannisbeergelee

Für den Biskuitteig:
4 Eier (Größe M)
2 EL heißes Wasser
125 g Zucker
125 g Weizenmehl
1 TL Dr. Oetker Backin
25 g Speisestärke

Für den Belag:
1 1/2 kg Erdbeeren
50 g Puderzucker
2 Pck. Tortenguss, rot, 2 EL Zucker

Zubereitungszeit: etwa 60 Min., ohne Kühlzeit

1. Zum Vorbereiten die Haselnusskerne in einer Pfanne ohne Fett leicht bräunen und auf einem Teller erkalten lassen.
2. Für den Teig Mehl mit Speisestärke, Backin und Puderzucker mischen und in eine Rührschüssel sieben. Vanillin-Zucker, Butter oder Margarine und die gerösteten Haselnusskerne hinzufügen und alles mit Handrührgerät mit Knethaken zunächst kurz auf niedrigster, dann auf höchster Stufe zu einem Teig verarbeiten, anschließend mit den Händen zu einer Rolle formen. Den Teig auf einem Backblech (30 x 40 cm, gefettet, mit Backpapier belegt) ausrollen und mehrmals mit einer Gabel einstechen. Das Backblech in den Backofen schieben.
   Ober-/Unterhitze: etwa 200 °C (vorgeheizt)
   Heißluft: etwa 180 °C (vorgeheizt)
   Gas: Stufe 3–4 (vorgeheizt)
   Backzeit: etwa 12 Minuten.
3. Zum Bestreichen die Konfitüre durch ein Sieb streichen oder das Gelee verrühren und auf dem Boden verstreichen. Einen Backrahmen um den Boden stellen.
4. Für den Biskuitteig Eier mit Wasser in einer Rührschüssel mit Handrührgerät mit Rührbesen auf höchster Stufe in 1 Minute schaumig schlagen. Zucker unter Rühren in 1 Minute einstreuen und noch weitere 2 Minuten schlagen. Mehl mit Backin und Speisestärke mischen, sieben und kurz auf niedrigster Stufe unterrühren.
5. Den Biskuitteig auf dem Knetteigboden verstreichen, das Backblech nochmals in den Backofen schieben und **bei gleicher Temperatur in etwa 15 Minuten fertig backen.**
6. Den Boden auf dem Backblech mit dem Backrahmen auf einen Kuchenrost stellen und erkalten lassen.
7. Für den Belag in der Zwischenzeit Erdbeeren waschen, abtropfen lassen, entstielen und halbieren, mit Puderzucker bestäuben und zum Saft ziehen etwas stehen lassen. Die Erdbeeren in einem Sieb abtropfen lassen, den Saft dabei auffangen und die Erdbeeren auf dem Boden verteilen.
8. Aufgefangenen Saft mit Wasser auf 500 ml (1/2 l) ergänzen. Aus Tortengusspulver und Saft nach Packungsanleitung, aber nur mit 2 Esslöffeln Zucker einen Tortenguss zubereiten. Den Guss auf den Erdbeeren verteilen und fest werden lassen. Den Backrahmen mit einem Messer lösen und entfernen.

Tipp:
Die Nuss-Erdbeer-Schnitten mit Schlagsahne und gehobelten, gebräunten Mandeln garnieren. Wenn Sie keinen Backrahmen haben, können Sie den Kuchen auch in einer Fettfangschale (30 x 40 cm) zubereiten.

Nusskordel

Gut vorzubereiten

Insgesamt:
E: 111 g, F: 232 g, Kh: 419 g,
kJ: 18390, kcal: 4390

Für die Füllung:
100 g gehackte Haselnusskerne
100 g gehackte Walnusskerne
200 g Marzipan-Rohmasse
400 g Äpfel
2 EL Zitronensaft

Für den Quark-Öl-Teig:
250 g Weizenmehl
2 TL Dr. Oetker Backin
125 g Magerquark
50 ml Speiseöl
50 ml Milch, 1 Ei (Größe M)
50 g Zucker
1 Pck. Dr. Oetker Vanillin-Zucker

Zum Aprikotieren:
2–3 EL Aprikosenkonfitüre

Zum Bestreuen:
30 g gehobelte Haselnusskerne

Zubereitungszeit: etwa 40 Min., ohne Kühlzeit

1. Für die Füllung Haselnuss- und Walnusskerne in einer Pfanne ohne Fett rösten und erkalten lassen.
2. Marzipan-Rohmasse grob raspeln. Äpfel schälen, vierteln, entkernen, in kleine Würfel schneiden und mit Zitronensaft und den Nüssen mischen.
3. Für den Teig Mehl mit Backin mischen und in eine Rührschüssel sieben. Quark, Öl, Milch, Ei, Zucker und Vanillin-Zucker hinzufügen und die Zutaten mit Handrührgerät mit Knethaken auf höchster Stufe in etwa 1 Minute zu einem Teig verarbeiten (nicht zu lange, Teig klebt sonst).
4. Anschließend auf der leicht bemehlten Arbeitsfläche zu einer Rolle formen und zu einem Quadrat (50 x 50 cm) ausrollen. Das Teigquadrat in der Mitte einmal durchschneiden. Die Nuss-Apfel-Mischung auf beiden Teigrechtecken verteilen, dabei am Rand jeweils 2 cm frei lassen. Marzipanraspel darüber streuen. Die Teigrechtecke der Länge nach aufrollen.
5. Die Teigrollen vorsichtig nebeneinander auf ein Backblech (30 x 40 cm, gefettet, mit Backpapier belegt) legen und wie eine Kordel umeinander drehen. Das Backblech in den Backofen schieben.
   Ober-/Unterhitze: etwa 180 °C (vorgeheizt)
   Heißluft: etwa 160 °C (vorgeheizt)
   Gas: Stufe 2–3 (vorgeheizt)
   Backzeit: etwa 30 Minuten.
6. Zum Aprikotieren Aprikosenkonfitüre durch ein Sieb streichen und in einem kleinen Topf unter Rühren erhitzen.
7. Das Gebäck mit dem Backpapier von dem Backblech auf einen Kuchenrost ziehen, sofort mit der Konfitüre bestreichen und mit Haselnusskernen bestreuen. Die Nusskordel auf dem Kuchenrost erkalten lassen.

Abwandlung:
Die Teigkordel vor dem Backen mit 3 Esslöffeln Milch bestreichen und mit 1 Esslöffel Zimtzucker bestreuen. Die Kordel dann nicht aprikotieren und mit Haselnusskernen bestreuen.

Tipp:
Bei Verwendung von sehr festfleischigen Äpfeln die Apfelwürfel nach Belieben kurz in einer Pfanne andünsten und erkalten lassen.
Die Nusskordel hält sich gut verpackt 2–3 Tage frisch.

Nusskordel

Nuss-Pudding-Torte

Gut vorzubereiten

Insgesamt:
E: 138 g, F: 658 g, Kh: 760 g,
kJ: 39429, kcal: 9414

Für den Schüttelteig:
150 g gemahlene Haselnusskerne
200 g Butter
100 g Marzipan-Rohmasse
200 g Weizenmehl
1 Pck. Dr. Oetker Pudding-Pulver Vanille-Geschmack
3 TL Dr. Oetker Backin, 200 g Zucker
1 Pck. Dr. Oetker Vanillin-Zucker
4 Eier (Größe M)
1 Pck. Dr. Oetker Finesse Natürliches Jamaica-Rum-Aroma
100 ml Schlagsahne

Für die Puddingcreme:
2 Pck. Dr. Oetker Pudding-Pulver Vanille-Geschmack
100 g Zucker
1 l Milch
100 g Butter

Zum Bestreichen:
400 ml Schlagsahne
1 Pck. Dr. Oetker Vanillin-Zucker
2 Pck. Dr. Oetker Sahnesteif

Zum Besprenkeln:
25 g Zartbitterschokolade

Zum Garnieren:
12 Schoko-Meeresfrüchte

Zubereitungszeit: etwa 45 Min., ohne Kühlzeit

Nuss-Pudding-Torte

1. Für den Teig Haselnusskerne in einer Pfanne ohne Fett leicht bräunen und auf einem Teller erkalten lassen. Butter in einem kleinen Topf zerlassen. Marzipan klein schneiden und unter Rühren darin auflösen. Mehl mit Pudding-Pulver und Backin mischen, in eine verschließbare Schüssel (3-Liter-Inhalt) sieben und mit Zucker und Vanillin-Zucker mischen. Eier, Aroma, Sahne und die Butter-Marzipan-Mischung hinzufügen und die Schüssel mit dem Deckel fest verschließen.
2. Mehrmals kräftig schütteln, so dass alle Zutaten gut vermischt sind und Haselnusskerne hinzugeben. Alles mit einem Schneebesen oder Rührlöffel nochmals sorgfältig durchrühren, damit trockene Zutaten vom Rand mit untergerührt werden. Den Teig in eine Springform (Ø 26 cm, Boden gefettet, mit Backpapier belegt) füllen und glatt streichen. Die Form auf dem Rost in den Backofen schieben.
   Ober-/Unterhitze: etwa 180 °C (vorgeheizt)
   Heißluft: etwa 160 °C (nicht vorgeheizt)
   Gas: Stufe 2–3 (nicht vorgeheizt)
   Backzeit: etwa 45 Minuten.
3. Die Form 10 Minuten auf einen Kuchenrost stellen, dann den Gebäckboden aus der Form lösen und erkalten lassen. Den Boden anschließend zweimal waagerecht durchschneiden.
4. Für die Puddingcreme aus Pudding-Pulver, Zucker und Milch nach Packungsanleitung einen Pudding zubereiten, Butter unter den heißen Pudding rühren. Den unteren Gebäckboden auf eine Tortenplatte legen und einen Tortenring darumstellen. Die Hälfte der Puddingcreme auf den Boden streichen. Den mittleren Gebäckboden darauf legen und mit der restlichen Puddingcreme bestreichen. Den oberen Gebäckboden auflegen, andrücken und die Torte mindestens 2 Stunden oder über Nacht kalt stellen.
5. Zum Bestreichen Tortenring mit einem Messer lösen und entfernen. Sahne mit Vanillin-Zucker und Sahnesteif steif schlagen und den Tortenrand sowie die Tortenoberfläche leicht wellig damit bestreichen. Zum Besprenkeln Schokolade in einen kleinen Gefrierbeutel geben und im warmen Wasserbad bei schwacher Hitze auflösen. Beutel trockentupfen, etwas durchkneten, eine kleine Ecke abschneiden, die Torte damit besprenkeln und kalt stellen, bis die Schokolade fest ist. Vor dem Servieren die Torte mit den Schoko-Meeresfrüchten garnieren.

Tipp:
Backen Sie den Boden am Vortag und füllen Sie die Torte mit der Puddingcreme.

Nuss-Schnitten

Beliebt – gut vorzubereiten

Insgesamt:
E: 111 g, F: 479 g, Kh: 309 g,
kJ: 25883, kcal: 6185

Für den Biskuitteig:
6 Eier (Größe M)
150 g Zucker
1 Pck. Dr. Oetker Vanillin-Zucker
1 Prise Salz, 1 geh. EL Weizenmehl
1 TL Dr. Oetker Backin
$^{1}/_{2}$ TL gemahlener Zimt
250 g gemahlene Haselnusskerne

Für die Füllung:
750 ml ($^{3}/_{4}$ l) Schlagsahne
1 TL Zucker
2 Pck. Dr. Oetker Sahnesteif
1 Pck. Dr. Oetker Vanillin-Zucker
100 g Zartbitterschokolade

Zum Garnieren:
dünne Vollmilch-
Schokoladentäfelchen
gehobelte Haselnusskerne

Zubereitungszeit: etwa 40 Min., ohne Kühlzeit

1. Für den Teig Eier mit Handrührgerät mit Rührbesen auf höchster Stufe in 1 Minute schaumig schlagen. Zucker, Vanillin-Zucker und Salz mischen, in 1 Minute einstreuen und noch etwa 2 Minuten schlagen.
2. Mehl mit Backin und Zimt mischen, sieben und mit Haselnusskernen mischen, die Hälfte davon auf die Eiercreme geben und kurz auf niedrigster Stufe unterrühren. Den Rest des Nuss-Mehl-Gemisches auf dieselbe Weise unterarbeiten.
3. Den Teig auf ein Backblech (30 x 40 cm, gefettet, mit Backpapier belegt) streichen. An der offenen Seite des Blechs das Papier unmittelbar vor dem Teig zur Falte knicken, so dass ein Rand entsteht. Das Backblech in den Backofen schieben.
   Ober-/Unterhitze: etwa 200 °C (vorgeheizt)
   Heißluft: etwa 180 °C (vorgeheizt)
   Gas: Stufe 3–4 (vorgeheizt)
   Backzeit: 12–15 Minuten.
4. Die Gebäckplatte sofort nach dem Backen auf ein mit Zucker bestreutes Papier stürzen, das mitgebackene Backpapier mit kaltem Wasser bestreichen und vorsichtig, aber schnell abziehen. Die Gebäckplatte erkalten lassen und senkrecht halbieren.
5. Für die Füllung Sahne mit Zucker, Sahnesteif und Vanillin-Zucker steif schlagen. Schokolade sehr fein schneiden und unter gut die Hälfte der Sahne heben.
6. Die Schokoladensahne auf eine der Gebäckplatten streichen, die zweite Gebäckplatte darauf legen und mit gut der Hälfte der restlichen Sahne bestreichen. Auf der Oberfläche mit einem Messer gleich große Schnitten markieren.
7. Die restliche Sahne in einen Spritzbeutel mit Sterntülle füllen und die markierten Schnitten damit verzieren. Die Schokoladentäfelchen in große Stücke brechen. Die Nuss-Schnitten mit Schokolade und Haselnusskernen garnieren und etwa 2 Stunden in den Kühlschrank stellen. Erst dann die markierten Schnitten schneiden.

Tipp:
Anstelle der Zartbitterschokolade können Sie auch Raspelschokolade verwenden. Die Schnitten können gut bereits am Vortag zubereitet werden.

Nuss-Schnitten

Obst-Sahnecreme-Schnitten

Obst-Sahnecreme-Schnitten

Fruchtig

Insgesamt:
E: 61 g, F: 159 g, Kh: 295 g,
kJ: 12493, kcal: 2987

Für den Biskuitteig:
3 Eier (Größe M)
1 Eigelb (Größe M)
50 g Zucker
1 Pck. Dr. Oetker Vanillin-Zucker
60 g Weizenmehl
1 Msp. Dr. Oetker Backin

Für die Sahnecreme:
6 Blatt weiße Gelatine
150 g Naturjoghurt
1 Pck. Dr. Oetker Vanillin-Zucker
400 ml Schlagsahne

Für den Belag:
3 Nektarinen
$^{1}/_{4}$ Honigmelone
5 Kiwis
200 g Erdbeeren
150 g kernlose, blaue Weintrauben

Für den Guss:
1 Pck. Tortenguss, klar
30 g Zucker
200 ml Apfelsaft
50 ml Wasser

Zubereitungszeit: etwa 70 Min., ohne Kühlzeit

1. Für den Teig Eier und Eigelb mit Handrührgerät mit Rührbesen auf höchster Stufe in 1 Minute schaumig schlagen. Zucker und Vanillin-Zucker mischen, in 1 Minute einstreuen und noch etwa 2 Minuten schlagen.
2. Mehl mit Backin mischen, auf die Eiercreme sieben und kurz auf niedrigster Stufe unterrühren. Den Teig auf ein Backblech (30 x 40 cm, gefettet, mit Backpapier belegt) streichen. An der offenen Seite des Blechs das Papier unmittelbar vor dem Teig zur Falte knicken, so dass ein Rand entsteht. Das Backblech in den Backofen schieben.
   Ober-/Unterhitze: etwa 200 °C (vorgeheizt)
   Heißluft: etwa 180 °C (vorgeheizt)
   Gas: Stufe 3–4 (vorgeheizt)
   Backzeit: 10–12 Minuten.
3. Die Biskuitplatte auf ein mit Zucker bestreutes Stück Backpapier auf die Arbeitsfläche stürzen und erkalten lassen. Dann das mitgebackene Backpapier abziehen.
4. Für die Sahnecreme Gelatine nach Packungsanleitung in kaltem Wasser einweichen. Gelatine leicht ausdrücken, in einem kleinen Topf unter Rühren erwärmen (nicht kochen), bis sie völlig gelöst ist und leicht abkühlen lassen. Joghurt mit Vanillin-Zucker verrühren und die Gelatine unterrühren.
5. Wenn die Masse anfängt zu gelieren, Sahne steif schlagen und unterheben. Die Sahnecreme auf die Biskuitplatte streichen, die Rolle der Länge nach fest aufrollen und mindestens 3 Stunden kalt stellen, bis die Sahnecreme fest geworden ist. Die Rolle dann in etwa 20 Scheiben schneiden.
6. Für den Belag Nektarinen waschen, abtrocknen, halbieren und entsteinen. Melone schälen, entkernen und in Spalten schneiden. Kiwis schälen. Erdbeeren waschen, abtropfen lassen und entstielen. Die vorbereiteten Früchte in Scheiben oder Spalten schneiden. Weintrauben waschen und halbieren. Das Obst auf den Gebäckscheiben verteilen.
7. Für den Guss aus Tortenguss, Zucker, Apfelsaft und Wasser nach Packungs-

anleitung einen Guss zubereiten und mit einem Pinsel auf den Früchten verteilen.

Abwandlung: Anstelle der genannten Früchte können z. B. auch Pflaumen, Karambolen (Sternfrüchte), Brombeeren oder helle Weintrauben verwendet werden.
Als Version für Erwachsene können Sie anstelle des Apfelsaftes auch Weißwein verwenden.

Tipp: Sie können die Rolle gut bereits am Vortag zubereiten oder ungeschnitten im Ganzen einfrieren, vor dem Verzehr in Scheiben schneiden und belegen (die gefrorene Rolle am Tag vor dem Verzehr aus dem Gefrierfach nehmen und zugedeckt im Kühlschrank auftauen lassen).

Obstsalat

Klassisch

Pro Portion:
E: 2 g, F: 3 g, Kh: 21 g,
kJ: 532, kcal: 127

1 mittelgroßer Apfel (125 g)
1 kleine Mango (250 g)
1 Nektarine (75 g)
1 mittelgroße Orange (150 g)
1 Kiwi (50 g)
100 g Erdbeeren
3 EL Zitronensaft
3 EL Orangensaft oder Orangenlikör
30 g Zucker
30 g abgezogene, gehackte Mandeln

Zubereitungszeit: etwa 25 Min.

1. Den Apfel schälen, vierteln und entkernen. Mango schälen, halbieren und das Fruchtfleisch vom Stein lösen. Nektarine waschen, abtrocknen, halbieren und entsteinen.
2. Orange schälen und filetieren. Kiwi schälen. Das vorbereitete Obst in kleine Stücke schneiden. Erdbeeren waschen, gut abtropfen lassen, entstielen und in Stücke schneiden.
3. Das Obst mit Zitronensaft, Orangensaft oder Orangenlikör und Zucker vermengen und in eine Glasschale füllen.
4. Die Mandeln in einer Pfanne ohne Fett rösten und den Obstsalat damit bestreuen.

Abwandlung: Die Zutaten für den Obstsalat können beliebig variiert werden. So schmeckt auch eine Mischung aus Ananasstückchen, Mandarinen, Weintrauben und reifen Birnen (mit etwas Zitronensaft beträufelt, damit sie nicht braun werden). Möglichst Früchte der Saison verwenden, da sie dann am besten schmecken und eine natürliche Süße haben. Wer möchte, kann den Obstsalat auch mit Kirschwasser oder Himbeergeist verfeinern.
Für einen exotischen Obstsalat verrühren Sie den Zitronen- und Orangensaft mit 2 Esslöffeln flüssigem Honig und 1 Esslöffel in feine Streifen geschnittene Pfefferminze und geben Sie die Mischung mit 2 Esslöffeln Rosinen zum Obst. Bestreuen Sie den Salat vor dem Servieren mit den Kernen eines kleinen Granatapfels.

Tipp: Dazu schmeckt Schlagsahne (nach Belieben mit Eierlikör abgeschmeckt) oder Vanillesauce.

Obstsalat

Obsttraum mit Sekt

Fruchtig – mit Alkohol

Insgesamt:
E: 75 g, F: 302 g, Kh: 597 g,
kJ: 23785, kcal: 5683

Für den All-in-Teig:
130 g Weizenmehl
3 TL Dr. Oetker Backin
130 g Zucker
1 Pck. Dr. Oetker Vanillin-Zucker
1 Prise Salz
4 Eier (Größe M)
130 g weiche Butter oder Margarine

Für die Füllung:
6 Blatt weiße Gelatine
150 ml Sekt
50 ml Zitronensaft
250 g Naturjoghurt
500 ml ($^1/_2$ l) Schlagsahne
75 g gesiebter Puderzucker

Für den Belag:
750 g vorbereitetes Obst, z. B. Pfirsiche, Kiwis, Erdbeeren, Himbeeren, Melone

Für den Guss:
1 Pck. Tortenguss, klar
2 EL Zucker
250 ml ($^1/_4$ l) Apfelsaft (oder halb Saft, halb Sekt)

Für den Rand:
gehackte Pistazienkerne

Zubereitungszeit: etwa 50 Min., ohne Kühlzeit

1. Für den Teig Mehl und Backin mischen und in eine Rührschüssel sieben. Restliche Zutaten hinzufügen. Alles mit Handrührgerät mit Rührbesen auf höchster Stufe in etwa 2 Minuten zu einem Teig verarbeiten.
2. Den Teig in eine Springform (Ø 26 cm, Boden gefettet, mit Backpapier belegt) füllen, glatt streichen und die Form auf dem Rost in den Backofen schieben.
   Ober-/Unterhitze: etwa 180 °C (vorgeheizt)
   Heißluft: etwa 160 °C (vorgeheizt)
   Gas: Stufe 2–3 (vorgeheizt)
   Backzeit: 25 – 30 Minuten.
3. Nach dem Backen den Boden auf einen mit Backpapier belegten Kuchenrost stürzen, mitgebackenes Papier abziehen. Boden erkalten lassen und einmal waagerecht durchschneiden. Den unteren Boden auf eine Tortenplatte legen und einen Tortenring darumstellen.
4. Für die Füllung Gelatine nach Packungsanleitung in kaltem Wasser einweichen, leicht ausdrücken und in einem kleinen Topf unter Rühren erwärmen (nicht kochen), bis die Gelatine vollständig gelöst ist. Sekt mit Zitronensaft und Joghurt verrühren und die Gelatine unterrühren. Sahne mit Puderzucker steif schlagen und unterheben. Die Creme auf den unteren Tortenboden geben und verstreichen. Oberen Boden auflegen, etwas andrücken und die Torte etwa 1 Stunde kalt stellen.
5. Gemischtes Obst evtl. schälen, je nach Obst in Stücke oder Spalten schneiden und auf dem oberen Boden verteilen.
6. Den Guss nach Packungsanleitung aus Tortengusspulver, Zucker und Apfelsaft zubereiten, sofort auf dem Obst verteilen und die Torte etwa 2 Stunden kalt stellen. Anschließend den Tortenring vorsichtig lösen, entfernen und den Tortenrand mit Pistazienkernen bestreuen.

Obsttraum mit Sekt

Tipp: Die Torte kann auch nur mit einer Sorte Obst belegt werden.

Oetker-Schnitte

Etwas aufwändiger

Insgesamt:
E: 111 g, F: 396 g, Kh: 1088 g,
kJ: 36369, kcal: 8687

Für den Knetteig:
250 g Weizenmehl
1 TL Dr. Oetker Backin
80 g Zucker
1 Pck. Dr. Oetker Vanillin-Zucker
1 Ei (Größe M)
125 g weiche Butter oder Margarine

Für den Biskuitteig:
5 Eier (Größe M)
125 g Zucker
1 Pck. Dr. Oetker Finesse Geriebene Zitronenschale
200 g Weizenmehl
$^1/_2$ Pck. Dr. Oetker Backin
100 g zerlassene, abgekühlte Butter

Für die Füllung:

1 Glas (340 g) Johannisbeerkonfitüre

Für die Buttercreme:

1 Pck. Dr. Oetker Pudding-Pulver Vanille- oder Sahne-Geschmack
100 g Zucker
300 ml Apfelsaft
75 ml Zitronensaft
200 g weiche Butter

evtl. etwas Johannisbeerkonfitüre

Für den Guss:

1 Beutel aus 1 Pck. Götterspeise Zitronen-Geschmack
250 ml (1/4 l) Apfelsaft
125 ml (1/8 l) Himbeer- oder Kirschsirup
40 g Zucker
125 ml (1/8 l) Weißwein

Zubereitungszeit: etwa 60 Min., ohne Kühlzeit

1. Für den Knetteig Mehl und Backin mischen und in eine Rührschüssel sieben. Zucker, Vanillin-Zucker, Ei und Butter oder Margarine hinzufügen und die Zutaten mit Handrührgerät mit Knethaken zunächst kurz auf niedrigster, dann auf höchster Stufe gut durcharbeiten.
2. Anschließend auf der bemehlten Arbeitsfläche zu einem glatten Teig verkneten, sollte er kleben, ihn in Folie gewickelt eine Zeit lang kalt stellen. Den Teig auf einem Backblech (30 x 40 cm, gefettet, mit Backpapier belegt) ausrollen und mehrmals mit einer Gabel einstechen. Das Backblech in den Backofen schieben.
   Ober-/Unterhitze: etwa 200 °C (vorgeheizt)
   Heißluft: etwa 180 °C (vorgeheizt)
   Gas: Stufe 3–4 (vorgeheizt)
   Backzeit: etwa 15 Minuten.
3. Das Backblech auf einen Kuchenrost stellen und den Boden erkalten lassen.
4. Für den Biskuitteig Eier mit Handrührgerät mit Rührbesen auf höchster Stufe in 1 Minute schaumig schlagen. Zucker und Zitronenschale mischen, in 1 Minute einstreuen und noch etwa 2 Minuten schlagen.
5. Mehl mit Backin mischen, sieben, portionsweise auf die Eiercreme geben und kurz auf niedrigster Stufe unterrühren. Butter unterrühren.
6. Den Teig auf ein Backblech (30 x 40 cm, gefettet, mit Backpapier belegt) streichen. An der offenen Seite des Blechs das Papier unmittelbar vor dem Teig zur Falte knicken, so dass ein Rand entsteht. Das Backblech in den Backofen schieben.
   Ober-/Unterhitze: etwa 180 °C (vorgeheizt)
   Heißluft: etwa 160 °C (vorgeheizt)
   Gas: Stufe 2–3 (vorgeheizt)
   Backzeit: etwa 10 Minuten.
7. Das Gebäck sofort nach dem Backen vom Rand lösen, auf ein mit Zucker bestreutes Backpapier stürzen, das mitgebackene Backpapier mit kaltem Wasser bestreichen und vorsichtig, aber schnell abziehen. Konfitüre verrühren und auf die heiße Gebäckplatte streichen. Die Gebäckplatte sofort aufrollen und erkalten lassen.
8. Für die Buttercreme aus Pudding-Pulver, Zucker, Apfel- und Zitronensaft nach Packungsanleitung – aber mit den hier angegebenen Zutaten – einen Pudding zubereiten und erkalten lassen, dabei ab und zu umrühren.
9. Butter geschmeidig rühren und den Pudding esslöffelweise unterrühren (darauf achten, dass weder Butter noch Pudding zu kalt sind, da die Creme sonst gerinnt). Die Buttercreme auf den erkalteten Knetteigboden streichen.
10. Die Biskuitrolle in gut 1 cm dicke Scheiben schneiden und dicht an dicht auf die Buttercreme legen. Die Zwischenräume der Biskuitrolle evtl. mit Johannisbeerkonfitüre füllen.
11. Für den Guss Götterspeise mit Apfelsaft in einem Topf verrühren und etwa 5 Minuten quellen lassen. Alles unter Rühren erhitzen, bis die Götterspeise aufgelöst ist. 125 ml (1/8 l) davon abmessen, mit Himbeer- oder Kirschsirup verrühren und kalt stellen.
12. Die restliche Götterspeisen-Flüssigkeit mit Zucker und Weißwein verrühren und bei Zimmertemperatur stehen lassen.
13. Sobald die rote Götterspeise anfängt zu gelieren, sie in den Zwischenräumen der Biskuitscheiben verteilen. Den Kuchen kalt stellen, bis die Götterspeise fest geworden ist.
14. Die gelbe Götterspeise evtl. kalt stellen, bis sie anfängt zu gelieren. Sie dann auf den Biskuitscheiben verteilen und fest werden lassen.

Orangen-Muffins

Schnell

Pro Stück:
E: 5 g, F: 15 g, Kh: 32 g,
kJ: 1166, kcal: 278

Für den Belag:
1 Dose Mandarinen (Abtropfgewicht 175 g) oder Orangenfilets von 2 Orangen

Für den All-in-Teig:
300 g Weizenmehl
3 TL Dr. Oetker Backin
100 g Zucker
1 Pck. Dr. Oetker Finesse Orangenfrucht
3 Eier (Größe M)
150 ml Speiseöl
75 ml Mandarinen- oder Orangensaft

Nach Belieben zum Bestreichen:
1 EL Orangenmarmelade oder Aprikosenkonfitüre

Zum Garnieren:
gewürfeltes Orangeat
einige Orangenfilets

Zubereitungszeit: etwa 25 Min., ohne Abkühlzeit

1. Für den Belag Mandarinen in einem Sieb abtropfen lassen, den Saft dabei auffangen und 75 ml davon abmessen. Orangenfilets halbieren.
2. Für den Teig Mehl mit Backin mischen und in eine Rührschüssel sieben. Zucker, Orangenfrucht, Eier, Speiseöl und Mandarinen- oder Orangensaft hinzufügen und die Zutaten mit Handrührgerät mit Rührbesen zunächst kurz auf niedrigster, dann auf höchster Stufe in 2 Minuten zu einem glatten Teig verarbeiten.
3. Den Teig in eine Muffinform (für 12 Muffins, gefettet, bemehlt) geben und Mandarinen oder halbierte Orangenfilets auf den Teig legen. Die Form auf dem Rost in den Backofen schieben.
   Ober-/Unterhitze: etwa 180 °C (vorgeheizt)
   Heißluft: etwa 160 °C (vorgeheizt)
   Gas: Stufe 2–3 (vorgeheizt)
   Backzeit: etwa 30 Minuten.
4. Die Muffins 10 Minuten in der Form stehen lassen, dann aus der Form lösen und auf einem Kuchenrost erkalten lassen.
5. Nach Belieben zum Bestreichen Marmelade oder Konfitüre in einem kleinen Topf unter Rühren erwärmen. Die Muffins damit bestreichen, mit Orangeatwürfeln und Orangenfilets garnieren und trocknen lassen.

Orangen-Muffins

Orangen-Rum-Kuchen

Fruchtig – mit Alkohol

Insgesamt:
E: 67 g, F: 198 g, Kh: 712 g,
kJ: 20899, kcal: 4989

Für den All-in-Teig:
300 g Weizenmehl
1 Pck. Dr. Oetker Backin
250 g Zucker
1 Pck. Dr. Oetker Vanillin-Zucker
1 Pck. Dr. Oetker Finesse Orangenfrucht
1 Pck. Dr. Oetker Finesse Geriebene Zitronenschale
4 Eier (Größe M)
200 g zerlassene, abgekühlte Butter oder Margarine
125 ml ($^1/_8$ l) Buttermilch
100 g fein gewürfeltes Orangeat

Orangen-Rum-Kuchen

Zum Tränken:

Saft von je 1 Zitrone und 1 Orange
125 g Zucker
1 Pck. Dr. Oetker Finesse Orangenfrucht
1 Pck. Dr. Oetker Finesse Geriebene Zitronenschale
3 EL Rum

Zubereitungszeit: etwa 30 Min., ohne Abkühlzeit

1. Für den Teig Mehl mit Backin mischen und in eine Rührschüssel sieben. Zucker, Vanillin-Zucker, Orangenfrucht, Zitronenschale, Eier, Butter oder Margarine und Buttermilch hinzufügen und die Zutaten mit Handrührgerät mit Rührbesen zunächst kurz auf niedrigster, dann auf höchster Stufe in etwa 1 Minute zu einem glatten Teig verarbeiten. Orangeat unterheben.
2. Den Teig in eine Springform (Ø 26 cm, Boden gefettet) geben und glatt streichen. Die Form auf dem Rost in den Backofen schieben.
   Ober-/Unterhitze: etwa 180 °C (vorgeheizt)
   Heißluft: etwa 160 °C (nicht vorgeheizt)
   Gas: Stufe 2–3 (nicht vorgeheizt)
   Backzeit: etwa 50 Minuten.
3. Die Form auf einen Kuchenrost stellen und die Kuchenoberfläche mit einem Holzstäbchen mehrmals einstechen.
4. Zum Tränken Zitronen- und Orangensaft, Zucker, Orangenfrucht und Zitronenschale in einen kleinen Topf geben, unter Rühren zum Kochen bringen und einkochen lassen, bis die Masse etwas dicklich wird, dann Rum unterrühren. Den warmen Kuchen damit tränken. Kuchen abkühlen lassen, dann aus der Form lösen und auf einem Kuchenrost erkalten lassen.

Tipp: Den Kuchen vor dem Servieren mit Puderzucker bestäuben.

Ostpreußischer Fischtopf

Preiswert

Pro Portion:

E: 40 g, F: 13 g, Kh: 53 g,
kJ: 2055, kcal: 490

2–3 Zwiebeln, 250 g Tomaten
250 g Kartoffeln, 50 g Butter
2 EL Tomatenmark
750 ml (3/4 l) Gemüsebrühe
500 g Seelachsfilet
1 Dose weiße Bohnen (800 g)
Salz, frisch gemahlener Pfeffer
getrockneter Majoran
1 EL gehackte Petersilie

Zubereitungszeit: etwa 45 Min.

1. Zwiebeln abziehen und fein würfeln. Tomaten waschen, abtropfen lassen und kreuzweise einschneiden, kurz in kochendes Wasser legen und mit kaltem Wasser abschrecken. Tomaten enthäuten, Stängelansätze entfernen und das Fruchtfleisch in kleine Würfel schneiden. Kartoffeln waschen, schälen, abspülen und fein würfeln.
2. Butter in einem Topf zerlassen und die Zwiebelwürfel darin andünsten. Tomatenmark zu den Zwiebeln geben und mitdünsten lassen.
3. Kartoffelwürfel und Gemüsebrühe hinzufügen, alles zum Kochen bringen und etwa 15 Minuten kochen lassen.
4. In der Zwischenzeit Seelachsfilet unter fließendem kalten Wasser abspülen, trockentupfen und in kleine Stücke schneiden. Fischfilet mit Tomatenwürfeln und Bohnen mit der Flüssigkeit in den Topf geben und kurz gar ziehen lassen.
5. Den Fischtopf mit Salz, Pfeffer und Majoran würzen und mit Petersilie bestreut servieren.

Ostpreußischer Fischtopf

Paprikagulasch, würziges

Gefriergeeignet

Pro Portion:
E: 37 g, F: 33 g, Kh: 15 g,
kJ: 2130, kcal: 510

600 g Schweinegulasch
1 Gemüsezwiebel
2 Knoblauchzehen
3 EL Speiseöl
Salz
frisch gemahlener Pfeffer
Paprikapulver edelsüß
Cayennepfeffer
2 Fleischtomaten
250 ml (1/4 l) Wasser
2 kleine rote, grüne oder gelbe Paprikaschoten
2 Zucchini
1 Becher (150 g) Crème fraîche

Zubereitungszeit: etwa 80 Min.

1. Gulasch trockentupfen, große Fleischwürfel evtl. nochmals durchschneiden. Gemüsezwiebel abziehen, halbieren und in Streifen schneiden. Knoblauch abziehen und fein würfeln. Öl in einem großen Topf erhitzen, Gulaschwürfel von allen Seiten kräftig anbraten und mit Salz, Pfeffer, Paprikapulver und Cayennepfeffer bestreuen. Zwiebelstreifen und Knoblauchwürfel zu dem Fleisch geben und mit andünsten.
2. Tomaten waschen, kreuzweise einschneiden und kurz in kochendes Wasser legen. Tomaten kalt abschrecken, enthäuten und die Stängelansätze entfernen, die Tomaten entkernen und in Stücke schneiden. Wasser und Tomaten zum Fleisch geben und alles bei mittlerer Hitze zugedeckt etwa 45 Minuten schmoren lassen. Evtl. noch etwas Wasser nachgießen.
3. Paprikaschoten halbieren, entstielen, entkernen und die weißen Scheidewände entfernen, die Schoten waschen und in Streifen schneiden. Zucchini waschen, die Enden abschneiden und Zucchini in Scheiben schneiden.
4. Paprika und Zucchini zum Fleisch geben und alles noch etwa 15 Minuten schmoren lassen. Das Gulasch mit den Gewürzen kräftig abschmecken und mit Crème fraîche verfeinern.

Beilage:
Nudeln oder Fladenbrot.

Paprika-Knoblauch-Hähnchen

Einfach

Pro Portion:
E: 63 g, F: 63 g, Kh: 11 g,
kJ: 3677, kcal: 878
2 küchenfertige Hähnchen

(je etwa 800 g)
6 EL Knoblauchöl
Salz
frisch gemahlener Pfeffer
2 EL Paprikapulver edelsüß
4 Zwiebeln
6 Knoblauchzehen
8 spitze, gelbe und grüne Paprikaschoten (Dolma biber)
200 ml Gemüsebrühe
200 g Schmand oder Crème fraîche

Zubereitungszeit: etwa 30 Min.

1. Die Hähnchen halbieren, unter fließendem kalten Wasser abspülen und trockentupfen. Öl mit Salz, Pfeffer und Paprikapulver verrühren, die Hähnchenteile damit einstreichen und in eine Fettfangschale legen (evtl. etwas Wasser hinzufügen). Die Fettfangschale in den Backofen schieben.
   Ober-/Unterhitze: etwa 200 °C (vorgeheizt)
   Heißluft: etwa 180 °C (nicht vorgeheizt)
   Gas: Stufe 3–4 (nicht vorgeheizt)
   Bratzeit: etwa 50 Minuten.
2. Die Hähnchenteile zwischendurch ab und zu mit dem Gewürzöl bestreichen und evtl. etwas Wasser hinzufügen.
3. In der Zwischenzeit Zwiebeln und Knoblauch abziehen, in feine Scheiben schneiden und nach etwa 25 Minuten Bratzeit zu den Hähnchen geben.
4. Paprikaschoten halbieren, entstielen, entkernen und die weißen Scheidewände entfernen, die Schoten waschen und 15 Minuten vor Beendigung der Bratzeit zu den Hähnchen geben.
5. Das gare Fleisch auf eine Platte legen und warm stellen. Die restlichen Zutaten aus dem Topf mit der Bratflüssigkeit in einen Topf geben. Brühe hinzufügen, alles aufkochen und etwas einkochen lassen.
6. Schmand oder Crème fraîche unterrühren und erwärmen. Die Sauce kräftig abschmecken und zu den Hähnchen servieren.

Beilage:
Reis oder Fladenbrot.

Tipp:
Wenn Sie 8 mittelgroße, geschälte, geviertelte Kartoffeln zusammen mit den Hähnchenhälften garen (zwischendurch wenden), haben Sie eine vollständige Mahlzeit.

Paprika-Leber-Pfanne

Paprika-Leber-Pfanne

Schnell

Pro Portion:
E: 37 g, F: 37 g, Kh: 19 g,
kJ: 2486, kcal: 594

1 dicke Zwiebel
3 große rote Paprikaschoten
2 große grüne Paprikaschoten
400 g Tomaten
2 Knoblauchzehen
3 EL Olivenöl
3 EL Tomatenmark
200 ml Schlagsahne
Salz
frisch gemahlener weißer Pfeffer
1 Prise Zucker
1 Zweig Salbei
650 g Kalbsleber
30 g Butter

Zubereitungszeit: etwa 35 Min.

1. Zwiebel abziehen und fein hacken. Paprikaschoten vierteln, entkernen und die weißen Scheidewände entfernen. Schoten waschen und in feine Steifen schneiden. Tomaten kurz in kochendes Wasser legen, in kaltem Wasser abschrecken, enthäuten und die Stängelansätze entfernen. Tomaten achteln. Knoblauchzehen abziehen und fein würfeln.
2. Öl in einem Topf erhitzen und Zwiebelwürfel darin andünsten. Paprika, Tomaten und Knoblauch zugeben und 5 Minuten dünsten lassen.
3. Tomatenmark und Sahne unterrühren und mit Salz, Pfeffer und Zucker würzen. Salbei waschen, trockentupfen, Blättchen in Streifen schneiden und zugeben. Kurz durchkochen lassen und nochmals abschmecken. Die Masse warm stellen.
4. Die Kalbsleber unter fließendem kalten Wasser abspülen, trockentupfen und enthäuten, zuerst in Scheiben und dann in Streifen schneiden. Butter in einer Bratpfanne erhitzen und die Leber in zwei Portionen unter Wenden 2–3 Minuten braten. Die Streifen mit Salz und Pfeffer würzen und unter die Paprika-Tomaten-Sauce heben.

Tipp:
Dazu passt Reis. Das Paprikagemüse kann auch vorbereitet werden, dann muss nur die Leber frisch gebraten und mit der erhitzten Sauce vermischt werden.

Paprika-Sauerkraut-Suppe

Vegetarisch

Pro Portion:
E: 10 g, F: 22 g, Kh: 11 g,
kJ: 1283, kcal: 307

400 g rote Paprikaschoten
200 g Zwiebeln
200 g Sauerkraut
2 EL Speiseöl
1 l heiße Gemüsebrühe
1 EL Speisestärke
125 ml ($^1/_8$ l) Schlagsahne
Salz
1–2 EL Weißwein

Zubereitungszeit: etwa 35 Min.

1. Paprikaschoten halbieren, entstielen, entkernen und die weißen Scheidewände entfernen, Schoten waschen und in Streifen schneiden. Zwiebeln abziehen und fein würfeln. Sauerkraut lockerzupfen und fein schneiden.
2. Öl in einem Topf erhitzen und die Zwiebelwürfel so lange darin dünsten, bis sie hellgelb sind. Paprika und Sauerkraut hinzufügen und kurz mit erhitzen. Brühe hinzugießen, alles zum Kochen bringen und etwa 20 Minuten kochen lassen.
3. Speisestärke mit Sahne anrühren, die Suppe damit binden und mit Salz und Weißwein abschmecken.

Paprika-Sauerkraut-Suppe

Paprikaschoten und Auberginen, gefüllte

Gut vorzubereiten

Pro Portion:
E: 29 g, F: 45 g, Kh: 28 g,
kJ: 2663, kcal: 636

4 mittelgroße Paprikaschoten
4 kleine Auberginen

Für die Füllung:
60 g Langkornreis
Salzwasser
3 Knoblauchzehen
je 1 Bund Petersilie und Zitronenmelisse
5 EL Olivenöl
250 g mageres Lammgehacktes
250 g Schweinemett
Salz
frisch gemahlener Pfeffer
Saft von $^1/_2$ Zitrone

Für den Sud:
6 EL Olivenöl
2 EL Tomatenmark
125 ml ($^1/_8$ l) Fleischbrühe

Zubereitungszeit: etwa 60 Min.

1. Von den Paprikaschoten am Stielende einen flachen Deckel abschneiden, die Schoten entkernen und weiße Scheidewände entfernen. Schoten waschen und abtrocknen. Auberginen waschen und abtrocknen. Von den Auberginen längs einen flachen Deckel abschneiden und das Fruchtfleisch mit einem Löffel bis auf einen etwa 1 cm breiten Rand aushöhlen. Fruchtfleisch beiseite legen.
2. Für die Füllung Reis in kochendem Salzwasser zugedeckt etwa 10 Minuten ausquellen lassen. Reis in ein Sieb geben und abtropfen lassen. Knoblauch abziehen und durch eine Knoblauchpresse drücken. Petersilie und Zitronenmelisse abspülen, trockentupfen und fein hacken.
3. Beiseite gelegtes Auberginenfruchtfleisch in kleine Würfel schneiden. Olivenöl in einer großen Pfanne erhitzen und Auberginenwürfel und Knoblauch darin andünsten. Reis, Petersilie, Melisse, Gehacktes und Schweinemett hinzufügen und kurz mit andünsten, dabei Gehacktes und Mett mit einer Gabel zerdrücken. Mit Salz, Pfeffer und Zitronensaft würzen.
4. Paprikaschoten und Auberginen nebeneinander in eine flache Auflaufform setzen und die Füllung hineingeben. Für den Sud Olivenöl mit Tomatenmark und Brühe verrühren und neben den Paprikaschoten und Auberginen in die Form gießen. Die Form mit gefet-

Paprikaschoten und Auberginen, gefüllte

tetem Backpapier zudecken und auf dem Rost in den Backofen schieben.
Ober-/Unterhitze: etwa 200 °C (vorgeheizt)
Heißluft: etwa 180 °C (nicht vorgeheizt)
Gas: Stufe 3–4 (nicht vorgeheizt)
Garzeit: etwa 45 Minuten.

5. Nach etwa 30 Minuten Garzeit das Backpapier entfernen und das Gemüse fertig garen.

Paprikaschoten, gefüllte

Beliebt

Pro Portion:
E: 23 g, F: 37 g, Kh: 14 g,
kJ: 1992, kcal: 475

4 Paprikaschoten (je 150 g)
250 g Gemüsezwiebeln
500 g Tomaten
6 EL Olivenöl
400 g Gehacktes (halb Rind-, halb Schweinefleisch)
2 EL Tomatenmark
Salz
frisch gemahlener Pfeffer
etwa 375 ml ($^{3}/_{8}$ l) Gemüsebrühe
15 g Weizenmehl
6 EL Schlagsahne
Salz
frisch gemahlener Pfeffer
getrockneter, gerebelter Oregano
etwas Zucker

Zubereitungszeit: etwa 30 Min., ohne Abkühlzeit

1. Paprikaschoten waschen, abtrocknen und am Stielende einen Deckel abschneiden, Kerne und weiße Scheidewände entfernen und die Schoten abspülen. Gemüsezwiebeln abziehen und würfeln. Tomaten waschen, abtrocknen und die Stängelansätze herausschneiden. 3 Tomaten halbieren, entkernen und in Würfel schneiden.
2. Zwei Esslöffel Öl in einer Pfanne erhitzen und die Hälfte der Zwiebelwürfel darin andünsten. Gehacktes hinzufügen und unter Rühren darin anbraten, dabei die Klümpchen mit einer Gabel zerdrücken.
3. Tomatenwürfel und die Hälfte des Tomatenmarks unterrühren, mit Salz und Pfeffer würzen und etwas abkühlen lassen. Die Masse dann in die vorbereiteten Paprikaschoten füllen und die Paprikadeckel wieder auflegen.
4. Die restlichen Tomaten in Stücke schneiden. Das restliche Öl in einem großen Topf erhitzen und die restlichen Zwiebelwürfel darin andünsten. Die Paprikaschoten nebeneinander in den Topf stellen.
Tomatenstücke und 375 ml ($^{3}/_{8}$ l) Gemüsebrühe dazugeben und die Schoten bei schwacher Hitze in etwa 50 Minuten mit Deckel gar dünsten. Die Paprikaschoten dann auf einer vorgewärmten Platte warm stellen.
5. Für die Sauce die Garflüssigkeit mit den Tomatenstücken und Zwiebeln durch ein Sieb streichen und 375 ml ($^{3}/_{8}$ l) abmessen, evtl. mit Gemüsebrühe ergänzen. Das restliche Tomatenmark unterrühren und alles zum Kochen bringen. Mehl mit Sahne verrühren, nach und nach in die kochende Flüssigkeit rühren und etwa 10 Minuten schwach kochen lassen, dabei gelegentlich umrühren.
6. Die Sauce mit Salz, Pfeffer, Oregano und Zucker würzen und zu den gefüllten Paprikaschoten servieren.

Abwandlung:
Für Paprikaschoten mit Geflügelfüllung das Gehackte durch 400 g Hähnchenbrust- oder Putenfilet ersetzen. Das Filet unter fließendem kalten Wasser abspülen, trockentupfen, in sehr feine Würfel schneiden (oder grob würfeln und mit dem Schneidstab des Handrührgerätes pürieren) und wie oben beschrieben verarbeiten. Die Sauce mit 2 Esslöffeln gehackter Petersilie anstelle von Oregano würzen.

Beilage:
Reis, Salz- oder Pellkartoffeln und ein gemischter Blattsalat.

Pariser Salat

Pariser Salat

4–6 Portionen

Für Gäste

Pro Portion:
E: 32 g, F: 27 g, Kh: 11 g,
kJ: 1848, kcal: 441

Für den Salat:
300 g Prinzessbohnen
Salzwasser
200 g kernlose blaue Weintrauben
200 g mittelalter Gouda, in Scheiben
500 g frische Champignons
2 Hähnchenbrustfilets (je 200 g)
2 EL Speiseöl
Salz
frisch gemahlener Pfeffer

Für die Sauce:
2 EL Sherryessig
3 EL Weißwein
Salz
etwas Zucker
frisch gemahlener Pfeffer
5 EL Walnussöl

Zubereitungszeit: etwa 45 Min.

1. Für den Salat von den Bohnen die Enden abschneiden, die Bohnen waschen und evtl. einmal durchschneiden. Bohnen in Salzwasser in etwa 8 Minuten bissfest garen. Bohnen in ein Sieb geben, kurz in kaltes Wasser tauchen und abtropfen lassen.
2. Weintrauben waschen und halbieren (evtl. entkernen). Gouda erst in Streifen, dann in kleine Quadrate schneiden. Champignons putzen, mit Küchenpapier abreiben, evtl. abspülen und halbieren oder vierteln.
3. Hähnchenbrustfilets unter fließendem kalten Wasser abspülen und trockentupfen. Öl in einer Pfanne erhitzen und die Hähnchenbrustfilets darin von beiden Seiten gut anbraten. Mit Salz und Pfeffer würzen, bei mittlerer Hitze etwa 10 Minuten garen und aus der Pfanne nehmen.
4. In dem verbliebenen Fett Champignons kurz anbraten und ebenfalls mit Salz und Pfeffer würzen.
5. Für die Sauce Essig und Weißwein mit Salz, Zucker und Pfeffer verrühren. Öl unterschlagen. Bohnen, Champignons, Gouda und Weintrauben in einer Schüssel mischen und die Sauce unterheben.
6. Hähnchenbrustfilets schräg in dicke Streifen schneiden und lauwarm auf dem Salat anrichten.

Tipp: Prinzessbohnen sind schmale grüne Bohnen mit kurzen Hülsen, die jung und zart gepflückt werden.

Pastetchen mit Champignonfüllung

Pastetchen mit Champignonfüllung

2–4 Portionen

Klassisch

Pro Portion:
E: 8 g, F: 42 g, Kh: 13 g,
kJ: 1993, kcal: 476

4 fertige Blätterteigpasteten

1 Dose kleine, ganze Champignons (Abtropfgewicht 425 g)
50 g Butter
20 g Weizenmehl
250 ml ($^1/_4$ l) Schlagsahne
Salz, frisch gemahlener Pfeffer
Paprikapulver edelsüß
$^1/_2$ Pck. TK-Kräutermischung

Zubereitungszeit: etwa 25 Min.

1. Blätterteigpasteten nach Packungsanleitung im Backofen erwärmen. Champignons in einem Sieb abtropfen lassen.
2. In der Zwischenzeit Butter zerlassen und Mehl unter Rühren so lange darin erhitzen, bis es hellgelb ist. Sahne hinzugießen, mit einem Schneebesen durchschlagen, darauf achten, dass keine Klümpchen entstehen. Die Sauce zum Kochen bringen und bei schwacher Hitze etwa 5 Minuten kochen lassen.
3. Die Sauce mit Salz, Pfeffer und Paprikapulver würzen. Champignons und Kräuter unterrühren, die Sauce in die Pasteten füllen und servieren.

Beilage: Reis.

Tipp: Reicht für 2 Personen als Sattmacher oder für 4 Personen als Snack oder Vorspeise.
Wenn Sie frische Champignons verwenden möchten, diese putzen, mit Küchenpapier abreiben, evtl. abspülen und vierteln. 1 Zwiebel abziehen, würfeln und in 2 Esslöffeln Butter andünsten. Die Champignons hinzufügen, mitdünsten lassen und in die Sauce geben.
Sie können zusätzlich 100 g gekochten Schinken fein würfeln, in der Sauce erwärmen und die Sauce mit einem Schuss Sherry abschmecken.

Pellkartoffeln mit Kräuterquark

Einfach

Pro Portion:
E: 20 g, F: 24 g, Kh: 43 g,
kJ: 2004, kcal: 478

1 kg Kartoffeln

Für den Kräuterquark:
500 g Speisequark
125 ml ($^1/_8$ l) Schlagsahne
1 Bund Schnittlauch
1 Bund Petersilie
Salz
frisch gemahlener Pfeffer

Zubereitungszeit: etwa 20 Min.

1. Kartoffeln gründlich waschen, in Salzwasser zum Kochen bringen, in etwa 25 Minuten gar kochen lassen und abgießen. Die Kartoffeln im offenen Topf unter häufigem Schütteln abdämpfen lassen.
2. Für den Kräuterquark Quark mit Sahne verrühren. Schnittlauch und Petersilie abspülen, trockentupfen, Schnittlauch fein schneiden, Petersilie fein hacken und unter den Sahnequark rühren. Mit Salz und Pfeffer abschmecken und den Kräuterquark schaumig rühren.
3. Kartoffeln längs einschneiden, etwas aufdrücken und jeweils 1 Esslöffel Kräuterquark hineingeben. Oder die Kartoffeln pellen und zu dem Quark servieren.

Tipp: 2 Eier hart kochen, pellen, hacken und unter den Kräuterquark rühren. Als weitere Kräuter eignen sich z. B. Kresse, Dill, Liebstöckel und Majoran.

Pellkartoffeln mit Kräuterquark

Petersiliencremesuppe

Schnell

Pro Portion:
E: 3 g, F: 12 g, Kh: 4 g,
kJ: 589, kcal: 141

3 Petersilienwurzeln mit Grün (etwa 200 g)
1 Zucchini (etwa 200 g)
1 Zwiebel, 2 EL Olivenöl
750 ml (3/4 l) Gemüsebrühe
4 Cocktailtomaten
1/2 Becher (75 g) Crème fraîche
Salz

Zubereitungszeit: etwa 30 Min.

1. Von den Petersilienwurzeln das Grün abschneiden, die Wurzeln schälen, waschen und in Würfel schneiden. Einige Blätter von dem Grün kalt abspülen, trockentupfen und in Streifen schneiden.
2. Zucchini waschen, abtrocknen, die Enden abschneiden und Zucchini würfeln. Zwiebel abziehen und ebenfalls in Würfel schneiden.
3. Öl in einem Topf erhitzen und die Gemüsewürfel darin andünsten. Gemüsebrühe hinzugießen, alles zum Kochen bringen und 5-7 Minuten kochen lassen.
4. Cocktailtomaten waschen und vierteln. Crème fraîche unter die Suppe rühren und mit Salz würzen.
5. Die Suppe mit Petersiliengrün und Tomatenvierteln anrichten.

Pfannkuchen mit Gemüse nach mexikanischer Art

Pfannkuchen mit Gemüse nach mexikanischer Art

Gelingt leicht

Pro Portion:
E: 27 g, F: 28 g, Kh: 62 g,
kJ: 2496, kcal: 596

Für die Pfannkuchen:
250 g Weizenmehl
4 Eier (Größe M)
375 ml (3/8 l) Milch
1 Prise Salz
125 ml (1/8 l) Mineralwasser

Für die Füllung:
1 Knoblauchzehe
1 EL Speiseöl
2 Stangen Porree (Lauch)
1 kleine Dose stückige Tomaten (Einwaage 400 g)
Salz, frisch gemahlener Pfeffer
Cayennepfeffer
1 kleine Dose Kidneybohnen (Abtropfgewicht 250 g)
1 kleine Dose Gemüsemais (Abtropfgewicht 140 g)

Zum Braten:
3 EL Butter

Zubereitungszeit: etwa 45 Min., ohne Quellzeit

1. Für die Pfannkuchen Mehl in eine Schüssel sieben und in die Mitte eine Vertiefung drücken. Eier mit etwas Milch und Salz verrühren, in die Vertiefung geben und von der Mitte aus mit einem Schneebesen mit dem Mehl verrühren. Restliche Milch und Mineralwasser unter Rühren langsam hinzufügen, bis ein dickflüssiger Teig entsteht. Den Teig 15-30 Minuten quellen lassen.
2. In der Zwischenzeit für die Füllung Knoblauch abziehen, fein würfeln und im heißen Öl glasig dünsten. Porree putzen, halbieren und gründlich abspülen. Porree abtropfen lassen, in Ringe schneiden und im Bratfett andünsten.
3. Tomatenstücke hinzugeben und mit Salz, Pfeffer und Cayennepfeffer feurig würzen. Alles bei starker Hitze etwa 10 Minuten etwas einkochen lassen, dabei gelegentlich umrühren. Bohnen abspülen und abtropfen lassen. Mais ebenfalls abtropfen lassen. Beides in die Tomatensauce geben und alles nochmals etwa 5 Minuten köcheln lassen.

4. Butter portionsweise in einer Pfanne erhitzen und eine dünne Teiglage gleichmäßig in der Pfanne verteilen. Sobald die Ränder goldgelb sind, Pfannkuchen wenden und auf der anderen Seite fertig backen. Restliche Pfannkuchen auf dieselbe Art zubereiten. Aus dem Teig 8 Pfannkuchen backen. Teig vor jedem Backen umrühren und die Pfannkuchen warm stellen.
5. Jeweils etwas Füllung auf die Pfannkuchen geben, zusammenklappen und sofort servieren.

Pfannkuchenauflauf

Vegetarisch

Pro Portion:
E: 29 g, F: 52 g, Kh: 43 g, kJ: 3151, kcal: 752

Für die Pfannkuchen:
185 g Weizenmehl
3 Eier (Größe M)
1 Prise Zucker
1 Msp. Salz
225 ml Milch
150 ml Mineralwasser
40 g Margarine oder 4 EL Speiseöl

Pfannkuchenauflauf

Für die Füllung:
2 Zwiebeln
2 Knoblauchzehen
250 g Möhren
30 g Margarine oder 3 EL Speiseöl
450 g TK-Blattspinat
Salz
frisch gemahlener Pfeffer
geriebene Muskatnuss

Für den Guss:
200 g Frischkäse (z. B. mit Joghurt)
100 ml Milch
1 Ei (Größe M)

Außerdem:
Fett für die Form
125 g Mozzarella
einige Basilikumblättchen

Zubereitungszeit: etwa 65 Min., ohne Teigruhe- und Abkühlzeit

1. Für die Pfannkuchen Mehl in eine Rührschüssel sieben und in die Mitte eine Vertiefung eindrücken. Eier mit Zucker, Salz, Milch und Mineralwasser verschlagen und etwas davon in die Vertiefung geben. Von der Mitte aus Eierflüssigkeit und Mehl verrühren, nach und nach die übrige Eierflüssigkeit dazugeben, dabei darauf achten, dass keine Klümpchen entstehen. Den Teig 20–30 Minuten ruhen lassen.
2. Etwas von der Margarine oder dem Öl in einer Pfanne erhitzen und eine dünne Teiglage hineingeben. Sobald die Ränder goldgelb sind, den Pfannkuchen vorsichtig mit einem Pfannenwender oder einem Holzspatel wenden oder auf einen Teller gleiten lassen, umgedreht wieder in die Pfanne geben und die zweite Seite goldgelb backen. Bevor der Pfannkuchen gewendet wird, etwas Fett in die Pfanne geben. Den Pfannkuchen von beiden Seiten goldgelb backen. Auf diese Weise 6–8 Pfannkuchen (je nach Pfannengröße) backen, die fertigen Pfannkuchen aufeinander stapeln und abkühlen lassen.
3. Für die Füllung Zwiebeln und Knoblauch abziehen und würfeln. Möhren schälen, putzen, waschen, abtropfen lassen und in Würfel schneiden.
4. Margarine oder Öl in einem Topf zerlassen und Zwiebel- und Knoblauchwürfel darin unter Rühren andünsten. Möhren und gefrorenen Spinat dazugeben und bei schwacher Hitze 10–15 Minuten mit Deckel garen, bis der Spinat aufgetaut ist, dabei gelegentlich umrühren. Evtl. vorhandene Gemüseflüssigkeit im offenen Topf verdampfen lassen. Das Gemüse mit Salz, Pfeffer und Muskatnuss würzen und abkühlen lassen.
5. In der Zwischenzeit für den Guss Frischkäse mit Milch und Ei verrühren und mit Salz und Pfeffer würzen.
6. Die Pfannkuchen auf der Arbeitsfläche nebeneinander ausbreiten. Die Füllung darauf verteilen, die Pfannkuchen aufrollen und nebeneinander in eine gefettete, flache Auflaufform (etwa 30 x 24 cm) legen. Den Guss darüber geben. Mozzarella in dünne Streifen schneiden und darauf verteilen. Die Form ohne Deckel auf dem Rost in den Backofen schieben.
Ober-/Unterhitze: etwa 200 °C (vorgeheizt)
Heißluft: etwa 180 °C (vorgeheizt)
Gas: Stufe 3–4 (vorgeheizt)
Backzeit: etwa 35 Minuten.
7. Den Auflauf vor dem Servieren mit Basilikumblättchen bestreuen.

Pfannkuchen-Rouladen

Pfannkuchen-Rouladen

Dauert länger

Pro Portion:
E: 32 g, F: 40 g, Kh: 48 g,
kJ: 3039, kcal: 726

Für die Füllung:
2 Zwiebeln
400 g Möhren
150 g Knollensellerie
25 g Butter
Salz
1 Kartoffel (etwa 125 g)
1 Pck. (450 g) TK-Blattspinat (aufgetaut)
frisch gemahlener Pfeffer
geriebene Muskatnuss

Für den Teig:
200 g Dinkelvollkornmehl
1 Msp. Dr. Oetker Backin
1/2 TL gemahlener Koriander
200 ml Mineralwasser
100 ml Milch
2 Eigelb (Größe M)
2 Eier (Größe M)
2 Eiweiß (Größe M)

etwa 5 EL Speiseöl

Für den Guss:
250 ml (1/4 l) Milch
125 ml (1/8 l) Schlagsahne
1 Ei (Größe M)
80 g geriebener Emmentaler

Zum Beträufeln:
30 g Butter

Zubereitungszeit: etwa 85 Min.

1. Für die Füllung Zwiebeln abziehen, halbieren und in Streifen schneiden. Möhren und Sellerie putzen, schälen, waschen und in feine Streifen schneiden. Butter in einem Topf zerlassen und Zwiebelstreifen darin glasig dünsten, Möhren- und Selleriestreifen hinzugeben, mit Salz würzen und zugedeckt etwa 5 Minuten dünsten lassen.
2. Kartoffeln waschen, schälen, abspülen, abtropfen lassen und in feine Streifen schneiden. Kartoffelstreifen und Spinat zum Gemüse geben, zugedeckt etwa 10 Minuten bei schwacher Hitze garen, dabei gelegentlich umrühren. Mit Salz, Pfeffer und Muskat würzen.
3. Inzwischen für den Teig Dinkelmehl, Backin, Koriander und Salz mischen und in eine Rührschüssel geben. Mineralwasser, Milch, Eigelb und Eier unterrühren. Eiweiß steif schlagen und unterheben.
4. Jeweils etwas von dem Speiseöl in einer Pfanne (Ø 26 cm) erhitzen, eine dünne Teiglage hineingeben und den Pfannkuchen von beiden Seiten bei mittlerer Hitze hellbraun backen. Pfannkuchen auf einem Backblech abkühlen lassen. Aus dem restlichen Teig weitere 7–8 Pfannkuchen backen. Die Füllung auf den Pfannkuchen verteilen und Pfannkuchen aufrollen. Rouladen mit der Nahtseite nach unten in eine Fettfangschale (gefettet) legen.
5. Für den Guss Milch, Sahne und Ei verschlagen. Mit Salz, Pfeffer und Muskat würzen und den Guss in die Fettfangschalen gießen. Pfannkuchen mit Käse bestreuen. Die Fettfangschalen in den Backofen schieben.
   Ober-/Unterhitze: etwa 200 °C (vorgeheizt)
   Heißluft: etwa 180 °C (vorgeheizt)
   Gas: Stufe 3–4 (vorgeheizt)
   Backzeit: 15–20 Minuten.
6. Zum Beträufeln Butter zerlassen, bis sie zu bräunen beginnt. Die Rouladen mit der Butter beträufeln und sofort servieren.

Pfannkuchentäschchen, holländische

Für Gäste – raffiniert

Pro Portion:
E: 35 g, F: 37 g, Kh: 53 g,
kJ: 2864, kcal: 684

Für die Pfannkuchen:
250 g Weizenmehl
250 ml (1/4 l) Milch
250 ml (1/4 l) Wasser

Pfannkuchentäschchen, holländische

3 Eier (Größe M)
Salz
60–80 g Butter

Für die Füllung:
150 g Kümmelkäse
150 g gekochter Vorderschinken
je 1 rote und grüne Paprikaschote
1 Stange Porree (Lauch)
1 EL Speiseöl

Zubereitungszeit: etwa 80 Min.

1. Für die Pfannkuchen Mehl mit Milch, Wasser, Eiern und Salz in eine Rührschüssel geben, mit einem Schneebesen zu einem glatten Teig verquirlen und etwa 10 Minuten quellen lassen. Butter portionsweise in einer Pfanne erhitzen und nacheinander 12 große, dünne Pfannkuchen backen.
2. Für die Füllung Kümmelkäse und Schinken fein würfeln. Paprikaschoten halbieren, entstielen, entkernen und die weißen Scheidewände entfernen, Schoten waschen und ebenfalls würfeln.
3. Porree putzen und waschen, 4–5 Blätter einzeln ablösen und in kochendem Wasser 1 Minute blanchieren, kalt abschrecken, in lange, etwa 1–1 $^{1}/_{2}$ cm breite Streifen schneiden und beiseite legen.
4. Übrigen Porree in feine Ringe schneiden, mit den Paprikawürfeln im heißen Öl etwa 1 Minute andünsten und abkühlen lassen. Porree und Paprika mit Schinken und Käsewürfeln mischen.
5. In die Mitte jedes Pfannkuchens etwa 2 Esslöffel der Mischung füllen und die Pfannkuchen mit den Porreestreifen zu Täschchen zusammenbinden. Täschchen auf ein mit Backpapier belegtes Backblech setzen und das Backblech in den Backofen schieben.
   Ober-/Unterhitze: etwa 200 °C (vorgeheizt)
   Heißluft: etwa 180 °C (vorgeheizt)
   Gas: Stufe 3–4 (vorgeheizt)
   Backzeit: 10–15 Minuten.

Tipp: Sie können die Füllung auch einfach auf den Pfannkuchen verteilen und diese aufrollen.
Statt gekochtem Vorderschinken schmecken auch Bratenreste, z. B. vom Sonntagsbraten.

Pfirsich Melba

6 Portionen

Für Gäste

Pfirsich Melba

Pro Portion:
E: 4 g, F: 4 g, Kh: 31 g,
kJ: 828, kcal: 198

Für die Sauce:
300 g TK-Himbeeren
3 EL gesiebter Puderzucker
1 TL Zitronensaft
1 EL Orangenlikör

6 Pfirsiche
6 TL Zitronensaft
500 ml Vanille-Eiscreme

Zubereitungszeit: etwa 20 Min., ohne Auftauzeit

1. Für die Sauce Himbeeren etwas antauen lassen, dann mit Puderzucker, Zitronensaft und Orangenlikör pürieren und kalt stellen.
2. Die Pfirsiche mit kochendem Wasser übergießen und die Haut abziehen. Die Pfirsiche halbieren, entsteinen und mit Zitronensaft bestreichen.
3. Vanille-Eiscreme mit einem Eisportionierer in Kugeln teilen und auf sechs Schalen verteilen. Die Pfirsichhälften darauf geben und mit der Himbeersauce begießen.

Pfirsiche mit Schokopudding

Einfach

Pro Portion:
E: 5 g, F: 15 g, Kh: 44 g,
kJ: 1412, kcal: 337

1 Pck. Dr. Oetker Pudding-Pulver Schokolade
2 EL Zucker, 400 ml Milch
8 Pfirsichhälften (aus der Dose)
1 Becher (150 g) Crème fraîche

Zubereitungszeit: etwa 20 Min., ohne Abkühlzeit

1. Aus Pudding-Pulver, Zucker und Milch nach Packungsanleitung – aber mit der hier angegebenen Milchmenge – einen Pudding kochen. Pudding erkalten lassen, dabei ab und zu umrühren oder die Oberfläche mit Frischhaltefolie abdecken, damit sich keine Haut bildet.
2. Pfirsichhälften auf einem Sieb abtropfen lassen und mit der Wölbung nach unten auf einen großen Teller oder eine Platte legen.
3. Von der Crème fraîche 8 Teelöffel abnehmen, die restliche Crème fraîche unter den Pudding rühren und die Pfirsichhälften damit füllen.
4. Je 1 Teelöffel der zurückgelassenen Crème fraîche in die Mitte des Puddings geben und mit einem Holzstäbchen durchziehen, so dass ein Muster entsteht.

Tipp: Falls die Pfirsichhälften nicht gerade auf der Platte liegen bleiben, einen kleinen „Sockel“ abschneiden.

Pfirsich-Kirsch-Gratin

Pfirsiche mit Schokopudding

Pfirsich-Kirsch-Gratin

Für Kinder

Pro Portion:
E: 6 g, F: 9 g, Kh: 45 g,
kJ: 1275, kcal: 304

500 g Schattenmorellen
70 g Zucker
70 g abgezogene, gemahlene Mandeln
2 dicke Pfirsiche
3 Eiweiß (Größe M)
75 g Zucker
20 g abgezogene, gemahlene Mandeln

Zubereitungszeit: etwa 35 Min.

1. Schattenmorellen waschen, abtropfen lassen, entstielen und in einen Topf geben, bei schwacher Hitze zum Kochen bringen und etwa 15 Minuten kochen lassen. Schattenmorellen durch ein großes Sieb streichen, so dass die Kerne zurückbleiben.
2. Kirschmus mit Zucker und Mandeln vermengen und in eine Auflaufform geben.

3. Inzwischen Pfirsiche mit kochendem Wasser übergießen und die Haut abziehen, Pfirsiche halbieren, entsteinen und in Spalten schneiden. Pfirsichspalten auf das Kirschmus legen.
4. Eiweiß mit Handrührgerät mit Rührbesen auf höchster Stufe steif schlagen, der Schnee muss so fest sein, dass ein Messerschnitt sichtbar bleibt, nach und nach Zucker unterschlagen. Mandeln vorsichtig unterheben.
5. Die Eiweißmasse auf den Pfirsichspalten verteilen. Die Form auf dem Rost in den Backofen schieben.
   Ober-/Unterhitze: etwa 250 °C (vorgeheizt, obere Einschubleiste)
   Heißluft: etwa 230 °C (vorgeheizt)
   Gas: etwa Stufe 5 (vorgeheizt)
   Backzeit: etwa 10 Minuten.

Tipp: Das Gratin wird besonders gut, wenn es unter dem Grill in etwa 5 Minuten überbacken wird. Anstelle der frischen Schattenmorellen kann auch 1 Glas Sauerkirschen (Abtropfgewicht 360 g) verwendet werden.

Pfirsich-Kokos-Tarte

Für Kinder

Insgesamt:
E: 53 g, F: 213 g, Kh: 383 g, kJ: 15835, kcal: 3785

Für den Schüttelteig:
125 g Weizenmehl
1 TL Dr. Oetker Backin
50 g Zucker
1 Ei (Größe M)
100 ml Speiseöl
100 ml Naturjoghurt
50 g Kokosraspel

Pfirsich-Kokos-Tarte

Für den Belag:
1 Dose Pfirsichhälften (Abtropfgewicht 465 g)

Für den Guss:
1 kleine Dose (165 ml) Kokosmilch
2 Eier (Größe M)
50 g Zucker

Für die Streusel:
50 g Weizenmehl
25 g Kokosraspel
50 g Zucker
50 g weiche Butter

Zubereitungszeit: etwa 40 Min.

1. Für den Teig Mehl mit Backin mischen, in eine verschließbare Schüssel (3-Liter-Inhalt) sieben und mit Zucker mischen. Ei, Speiseöl und Joghurt hinzufügen und die Schüssel mit dem Deckel fest verschließen.
2. Mehrmals (insgesamt 15–30 Sekunden) kräftig schütteln, so dass alle Zutaten gut vermischt sind. Kokosraspel hinzugeben. Alles mit einem Schneebesen oder Rührlöffel nochmals sorgfältig durchrühren, damit trockene Zutaten vom Rand mit untergerührt werden.
3. Den Teig in eine Tarteform (Ø 28 cm, gefettet, bemehlt) füllen und glatt streichen.
4. Für den Belag Pfirsichhälften in einem Sieb gut abtropfen lassen. Pfirsichhälften achteln und kreisförmig auf den Teig legen.
5. Für den Guss Kokosmilch, Eier und Zucker mit einem Schneebesen gut verrühren und auf den Pfirsichachteln verteilen.
6. Für die Streusel Mehl in eine Rührschüssel sieben, mit Kokosraspeln und Zucker mischen und Butter hinzufügen. Die Zutaten mit Handrührgerät mit Rührbesen zu Streuseln von gewünschter Größe verarbeiten. Streusel auf dem Guss verteilen. Die Form auf dem Rost in den Backofen schieben.
   Ober-/Unterhitze: etwa 180 °C (vorgeheizt)
   Heißluft: etwa 160 °C (nicht vorgeheizt)
   Gas: Stufe 2–3 (nicht vorgeheizt)
   Backzeit: 40–45 Minuten.
7. Die Form auf einen Kuchenrost stellen. Kuchen abkühlen lassen und lauwarm oder kalt servieren.

Tipp: Anstatt der Pfirsichhälften können auch Aprikosenhälften verwendet werden.

Pfirsich-Pudding-Kuchen

Pfirsich-Pudding-Kuchen

Einfach

Insgesamt:
E: 51 g, F: 278 g, Kh: 575 g,
kJ: 21536, kcal: 5149

Für den Knetteig:
250 g Weizenmehl
2 TL Dr. Oetker Backin
100 g weiche Butter oder Margarine
150 g Zucker
1 Ei (Größe M)

Für den Belag:
1 Dose Pfirsichhälften
(Abtropfgewicht 480 g)

Für den Guss:
1 Pck. Dr. Oetker Pudding-Pulver
Vanille-Geschmack
100 g Zucker
600 ml Schlagsahne

Zubereitungszeit: etwa 40 Min.

1. Für den Teig Mehl mit Backin mischen und in eine Rührschüssel sieben. Butter oder Margarine, Zucker und Ei hinzufügen und die Zutaten mit Handrührgerät mit Knethaken zunächst kurz auf niedrigster, dann auf höchster Stufe gut durcharbeiten.
2. Anschließend auf der leicht bemehlten Arbeitsfläche zu einem glatten Teig verkneten. Sollte er kleben, ihn in Folie gewickelt 20–30 Minuten kalt stellen.
3. Zwei Drittel des Teiges auf dem Boden einer Springform (Ø 26 cm, Boden gefettet) ausrollen, den restlichen Teig zu einer Rolle formen, sie als Rand auf den Teigboden legen und so an die Form drücken, dass ein 2–3 cm hoher Rand entsteht.
4. Für den Belag Pfirsichhälften in einem Sieb gut abtropfen lassen, einmal durchschneiden und kranzförmig auf dem Teig verteilen.
5. Für den Guss aus Pudding-Pulver, Zucker und Sahne nach Packungsanleitung – aber mit den hier angegebenen Zutaten – einen Pudding kochen und heiß über die Pfirsiche gießen. Die Form auf dem Rost in den Backofen schieben.
   Ober-/Unterhitze: etwa 180 °C (vorgeheizt)
   Heißluft: etwa 160 °C (nicht vorgeheizt)
   Gas: Stufe 2–3 (nicht vorgeheizt)
   Backzeit: etwa 60 Minuten.
6. Den Kuchen in der Form auf einem Kuchenrost erkalten lassen, dann aus der Form lösen und auf eine Tortenplatte legen.

Abwandlung:
Der Kuchen schmeckt auch lecker mit Aprikosen (dann evtl. Pudding-Pulver Mandel-Geschmack verwenden) oder Stachelbeeren.

Pfirsich-Schokoladen-Kuchen

Für Kinder

Insgesamt:
E: 67 g, F: 242 g, Kh: 537 g,
kJ: 19914, kcal: 4755

Für den Rührteig:
100 g Zartbitterschokolade
250 g weiche Butter oder Margarine
150 g Zucker
6 Eigelb (Größe M)
250 g Weizenmehl
3 TL Dr. Oetker Backin
6 Eiweiß (Größe M)

Für den Belag:
1 $^{1}/_{2}$ kg Pfirsiche oder 2 Dosen Pfirsichhälften
(Abtropfgewicht je 500 g)

Zum Bestäuben:
3 EL Puderzucker

Zubereitungszeit: etwa 55 Min., ohne Abkühlzeit

Pfirsich-Schokoladen-Kuchen

1. Für den Teig Schokolade in kleine Stücke brechen und in einem kleinen Topf im Wasserbad bei schwacher Hitze zu einer geschmeidigen Masse verrühren, etwas abkühlen lassen.
2. Butter oder Margarine mit Handrührgerät mit Rührbesen auf höchster Stufe geschmeidig rühren. Nach und nach Zucker unterrühren und so lange rühren, bis eine gebundene Masse entstanden ist.
3. Eigelb nach und nach unterrühren (jedes Eigelb knapp ¹/₂ Minute). Mehl mit Backin mischen, sieben und portionsweise auf mittlerer Stufe unterrühren. Aufgelöste Schokolade untermengen. Eiweiß steif schlagen und unterheben. Den Teig in eine Fettfangschale (30 x 40 cm, gefettet, bemehlt) füllen und glatt streichen.
4. Für den Belag Pfirsiche kurz in kochendes Wasser legen (nicht kochen lassen), in kaltem Wasser abschrecken, enthäuten, halbieren und entsteinen. Pfirsichhälften aus der Dose in einem Sieb abtropfen lassen. Pfirsichhälften mit der Schnittfläche nach unten dicht an dicht auf den Teig legen.
5. Die Fettfangschale in den Backofen schieben.
   Ober-/Unterhitze: etwa 180 °C (vorgeheizt)
   Heißluft: etwa 160 °C (nicht vorgeheizt)
   Gas: Stufe 2–3 (nicht vorgeheizt)
   Backzeit: etwa 40 Minuten.
6. Die Fettfangschale auf einen Kuchenrost stellen. Den Kuchen erkalten lassen und mit Puderzucker bestäuben.

Abwandlung: Der Pfirsich-Schokoladen-Kuchen kann auch mit Streuseln zubereitet werden. Dafür 300 g Weizenmehl, 150 g Zucker und 150–200 g Butter oder Margarine mit Handrührgerät mit Rührbesen zu Streuseln von gewünschter Größe verarbeiten. Einen Backrahmen um den Teig stellen. Die Streusel auf den Pfirsichhälften verteilen. Die Fettfangschale in den Backofen schieben und den Kuchen wie oben angegeben backen.
Anstelle der Pfirsichhälften 2 Dosen Aprikosenhälften (Abtropfgewicht je 480 g) verwenden.

Pflaumen-Grieß-Kuchen

Klassisch – für Kinder

Insgesamt:
E: 121 g, F: 454 g, Kh: 1021 g,
kJ: 36409, kcal: 8675

Für den Streuselteig:
350 g Weizenmehl
1 TL Dr. Oetker Backin
150 g Zucker
2 Pck. Dr. Oetker Vanillin-Zucker
2 Eier (Größe M)
100 g weiche Butter oder Margarine

Für den Belag:
2 Gläser Pflaumenhälften
(Abtropfgewicht je 385 g)
200 g Pflaumenmus
1 l Milch
1 l Schlagsahne
4 Pck. Creme Pudding Garant Grieß

Zubereitungszeit: etwa 40 Min.

1. Für den Teig Mehl mit Backin mischen und in eine Rührschüssel sieben. Zucker, Vanillin-Zucker, Eier und Butter oder Margarine hinzufügen und die Zutaten mit Handrührgerät mit Knethaken zu Streuseln verarbeiten. Die Streusel in eine Fettfangschale geben und zu einem Boden andrücken.
2. Für den Belag Pflaumenhälften in einem Sieb gut abtropfen lassen. Den Teigboden gleichmäßig mit Pflaumenmus bestreichen, dabei einen etwa 1 cm breiten Rand frei lassen. Die Pflaumenhälften auf dem Pflaumenmus verteilen.
3. Milch und Sahne in einem Topf zum Kochen bringen, Topf von der Kochstelle nehmen und Garant Pudding-Pulver hinzufügen, mit einem Schneebesen in etwa 1 Minute zu einer Creme verrühren. Die Grießcreme vom Rand aus auf die Pflaumenhälften geben und glatt streichen. Das Backblech in den Backofen schieben.
   Ober-/Unterhitze: etwa 180 °C (vorgeheizt)
   Heißluft: etwa 160 °C (nicht vorgeheizt)
   Gas: Stufe 2–3 (nicht vorgeheizt)
   Backzeit: etwa 45 Minuten.
4. Den Kuchen noch etwa 10 Minuten im ausgeschalteten Backofen stehen lassen, dann das Backblech auf einen Kuchenrost stellen und den Kuchen erkalten lassen.

Pflaumen-Grieß-Kuchen

Pflaumenkuchen mit zwei Böden

Preiswert

Insgesamt:
E: 75 g, F: 296 g, Kh: 780 g,
kJ: 25559, kcal: 6102

Für den Knetteig:
180 g Weizenmehl
1 TL Dr. Oetker Backin
75 g Zucker
125 g weiche Butter oder Margarine

Für den Belag:
1 1/2–2 kg Zwetschen (Pflaumen)

Für den Rührteig:
200 g weiche Butter oder Margarine
200 g Zucker
1 Pck. Dr. Oetker Vanillin-Zucker
3 Eier (Größe M)
200 g Weizenmehl
2 TL Dr. Oetker Backin

Zum Bestreuen:
50 g Zucker

Zubereitungszeit: etwa 45 Min.

Pflaumenkuchen mit zwei Böden

1. Für den Knetteig Mehl mit Backin mischen und in eine Rührschüssel sieben. Zucker und Butter oder Margarine hinzufügen und die Zutaten mit Handrührgerät mit Knethaken zunächst kurz auf niedrigster, dann auf höchster Stufe gut durcharbeiten.
2. Anschließend auf der leicht bemehlten Arbeitsfläche zu einem glatten Teig verkneten. Sollte er kleben, ihn in Folie gewickelt eine Zeit lang kalt stellen.
3. Den Teig auf einem Backblech (30 x 40 cm, gefettet) ausrollen. Das Backblech in den Backofen schieben.
   Ober-/Unterhitze: etwa 200 °C (vorgeheizt)
   Heißluft: etwa 180 °C (vorgeheizt)
   Gas: Stufe 3–4 (vorgeheizt)
   Backzeit: etwa 12 Minuten.
4. Für den Belag Zwetschen (Pflaumen) putzen, waschen, trockenreiben, halbieren und entsteinen. Nach Beendigung der Backzeit das Backblech auf einen Kuchenrost stellen und das Gebäck darauf etwas abkühlen lassen.
5. In der Zwischenzeit für den Rührteig Butter oder Margarine mit Handrührgerät mit Rührbesen auf höchster Stufe geschmeidig rühren. Nach und nach Zucker und Vanillin-Zucker unterrühren und so lange rühren, bis eine gebundene Masse entstanden ist. Eier nach und nach unterrühren (jedes Ei etwa 1/2 Minute).
6. Mehl mit Backin mischen, sieben und portionsweise auf mittlerer Stufe unterrühren. Den Rührteig auf dem Knetteigboden verteilen und die Zwetschen (Pflaumen) in Reihen auf dem Rührteig verteilen.
7. Das Backblech wieder in den Backofen schieben und den Kuchen **bei der oben angegebenen Backofeneinstellung noch 50 Minuten backen.**
8. Das Backblech auf einen Kuchenrost stellen, den Kuchen mit Zucker bestreuen und erkalten lassen.

Abwandlung: Den Kuchen mit 1 1/2 kg Äpfeln zubereiten. Dafür die geschälten Äpfel achteln, entkernen, mehrfach der Länge nach einritzen und auf den Rührteig legen. Die Backzeit verlängert sich um etwa 10 Minuten. Nach dem Backen den Kuchen kurz abkühlen lassen und dann aprikotieren. Dafür 4 Esslöffel Aprikosenkonfitüre durch ein Sieb streichen und mit 2 Esslöffeln Wasser unter Rühren aufkochen.

Tipp: Sie können den Kuchen bereits 1 Tag vor dem Verzehr zubereiten.

Pflaumenkuchen, schneller

Fruchtig

Insgesamt:
E: 46 g, F: 206 g, Kh: 509 g,
kJ: 17220, kcal: 4115

Für den Belag:
800 g Pflaumen

Für den All-in-Teig:
125 g Weizenmehl (250)
1 TL Dr. Oetker Backin (2 TL)
125 g Zucker (250)
1 Pck. Dr. Oetker Vanillin-Zucker (2)
1 Pck. Dr. Oetker Finesse Geriebene Zitronenschale
125 g weiche Butter oder Margarine (250)
2 Eier (Größe M) (4)

Für die Streusel:
150 g Weizenmehl
100 g Zucker
1 Msp. gemahlener Zimt
100 g weiche Butter

Zubereitungszeit: etwa 35 Min.

1. Für den Belag Pflaumen waschen, trockentupfen, entsteinen und von oben längs einschneiden.
2. Für den Teig Mehl mit Backin mischen und in eine Rührschüssel sieben. Übrige Zutaten für den Teig hinzufügen und alles mit Handrührgerät mit Rührbesen kurz auf niedrigster, dann auf höchster Stufe in 2 Minuten zu einem glatten Teig verarbeiten.
3. Den Teig in eine Springform (Ø 26 cm, Boden gefettet) füllen und glatt streichen. Die Pflaumen dachziegelartig, mit der Innenseite nach oben auf dem Teig verteilen.
4. Für die Streusel Mehl in eine Rührschüssel sieben, mit Zucker und Zimt mischen und Butter hinzufügen. Alles mit Handrührgerät mit Rührbesen zu Streuseln von gewünschter Größe verarbeiten. Die Streusel auf den Pflaumen verteilen und die Form auf dem Rost in den Backofen schieben.
   Ober-/Unterhitze: etwa 180 °C (vorgeheizt)
   Heißluft: etwa 160 °C (nicht vorgeheizt)
   Gas: Stufe 2–3 (nicht vorgeheizt)
   Backzeit: etwa 50 Minuten.
5. Den Kuchen aus der Springform lösen und auf einem Kuchenrost erkalten lassen.

Tipp: Den Kuchen können Sie statt mit Pflaumen auch mit Äpfeln zubereiten. Dafür 800 g Äpfel, z. B. Elstar oder Jonagold waschen, schälen, entkernen und in Spalten schneiden.

Pflaumenkuchen, schneller

Pflaumen-Marzipan-Streifen

Mit Alkohol

Insgesamt:
E: 68 g, F: 188 g, Kh: 396 g,
kJ: 15654, kcal: 3740

Für den Knetteig:
250 g Weizenmehl
1 TL Dr. Oetker Backin
75 g Zucker
1 Pck. Dr. Oetker Vanillin-Zucker
1/2 Pck. Dr. Oetker Finesse Geriebene Zitronenschale
1/2 TL gemahlener Zimt
1 Prise Salz
1 Ei (Größe M)
125 g weiche Butter oder Margarine

Für die Füllung:
200 g Marzipan-Rohmasse
1 Eiweiß (Größe M)
2 EL Rum
3–4 EL Pflaumenmus

Zum Bestreichen und Bestreuen:
1 Eigelb (Größe M)
1 EL Milch
Hagelzucker

Zubereitungszeit: etwa 45 Min.

Pflaumen-Marzipan-Streifen

1. Für den Teig Mehl und Backin mischen und in eine Rührschüssel sieben. Zucker, Vanillin-Zucker, Zitronenschale, Zimt, Salz, Ei und Butter oder Margarine hinzufügen und die Zutaten mit Handrührgerät mit Knethaken zunächst kurz auf niedrigster, dann auf höchster Stufe gut durcharbeiten.
2. Anschließend auf der leicht bemehlten Arbeitsfläche zu einem glatten Teig verkneten. Sollte er kleben, ihn in Folie gewickelt eine Zeit lang kalt stellen. 2/3 des Teiges auf der leicht bemehlten Arbeitsfläche zu einem Rechteck (40 x 16 cm) ausrollen und auf ein Backblech (30 x 40 cm, gefettet, mit Backpapier belegt) legen.
3. Für die Füllung Marzipan-Rohmasse klein schneiden, in eine Rührschüssel geben und mit Eiweiß und Rum zu einer streichfähigen Masse verrühren. Die Masse auf den Knetteig streichen, dabei an den Längsseiten einen je 2 1/2 cm breiten und an den Schmalseiten einen je 1 cm breiten Streifen frei lassen.
4. Pflaumenmus auf die Marzipanmasse streichen. Die Teigränder über die Füllung klappen. Eigelb mit Milch verquirlen und die Teigränder damit bestreichen.
5. Den restlichen Teig auf der leicht bemehlten Arbeitsfläche zu einem Streifen (11 x 40 cm) ausrollen. In der Mitte des Streifens in Abständen Motive (z. B. Blätter) ausstechen. Den Teigstreifen auf Backpapier schieben und ihn mit Hilfe des Papiers auf den mit Pflaumenmus bestrichenen Teig legen.
6. Die ausgestochenen Motive mit Eigelbmilch auf die Teigränder „kleben“. Evtl. Teigreste ausrollen, Motive daraus ausstechen und ebenfalls auf den Teigrändern befestigen. Die Teigoberfläche mit Eigelbmilch bestreichen und den Teig rund um die Motive mit Hagelzucker bestreuen. Das Backblech in den Backofen schieben.
   Ober-/Unterhitze: etwa 180 °C (vorgeheizt)
   Heißluft: etwa 160 °C (vorgeheizt)
   Gas: Stufe 2–3 (vorgeheizt)
   Backzeit: etwa 30 Minuten.
7. Das Backblech auf einen Kuchenrost stellen und das Gebäck darauf erkalten lassen.
8. Das Gebäck vor dem Servieren in Streifen schneiden.

Pflaumen-Streusel-Kuchen

Pflaumen-Streusel-Kuchen

Klassisch

Insgesamt:
E: 104 g, F: 250 g, Kh: 999 g,
kJ: 29285, kcal: 7003

Für den Hefeteig:
75 g Butter oder Margarine
375 g Weizenmehl
1 Pck. Dr. Oetker Trockenbackhefe
50 g Zucker
1 Pck. Dr. Oetker Vanillin-Zucker
1 Prise Salz, 1 Ei (Größe M)
200 ml lauwarme Milch

Für den Belag:
2 1/2 kg Pflaumen oder Zwetschen

Für die Streusel:
300 g Weizenmehl
150 g Zucker
1 Pck. Dr. Oetker Vanillin-Zucker
200 g weiche Butter oder Margarine

Zubereitungszeit: etwa 60 Min., ohne Teiggehzeit

1. Für den Teig Butter oder Margarine in einem Topf zerlassen und abkühlen lassen.
2. Mehl in eine Rührschüssel sieben und mit Hefe sorgfältig vermischen. Zucker, Vanillin-Zucker, Salz, Ei, Milch und Butter oder Margarine hinzufügen.
3. Die Zutaten mit Handrührgerät mit Knethaken zunächst auf niedrigster, dann auf höchster Stufe in etwa 5 Minuten zu einem Teig verarbeiten. Den Teig zugedeckt so lange an einem warmen Ort gehen lassen, bis er sich sichtbar vergrößert hat (etwa 20 Minuten).
4. Für den Belag Pflaumen oder Zwetschen waschen, in einem Sieb gut abtropfen lassen, entstielen, trockentupfen, halbieren und entsteinen.
5. Für die Streusel Mehl in eine Rührschüssel sieben. Zucker, Vanillin-Zucker und Butter oder Margarine hinzufügen und die Zutaten mit Handrührgerät mit Knethaken zu Streuseln verarbeiten.
6. Den Teig aus der Schüssel nehmen, auf der leicht bemehlten Arbeitsfläche kurz durchkneten und in einer Fettfangschale (30 x 40 cm, gefettet) ausrollen. Mit Pflaumen oder Zwetschen (Innenseiten nach oben) dachziegelartig belegen.
7. Die Streusel gleichmäßig darauf verteilen. Den Teig nochmals so lange gehen lassen, bis er sich sichtbar vergrößert hat (15–20 Minuten). Dann die Fettfangschale in den Backofen schieben.
   Ober-/Unterhitze: etwa 200 °C (vorgeheizt)
   Heißluft: etwa 180 °C (vorgeheizt)
   Gas: Stufe 3–4 (vorgeheizt)
   Backzeit: 25–30 Minuten.
8. Die Fettfangschale auf einen Kuchenrost stellen und den Kuchen erkalten lassen.

Pflaumentarte

Pflaumentarte

Fruchtig – einfach

Insgesamt:
E: 59 g, F: 201 g, Kh: 270 g, kJ: 13745, kcal: 3283

Zum Vorbereiten:
600 g Pflaumen

Für den Schüttelteig:
125 g Weizenmehl
2 TL Dr. Oetker Backin
75 g feinster Zucker
1 Pck. Dr. Oetker Vanillin-Zucker
1 Ei (Größe M)
100 g Magerquark
100 ml Speiseöl
100 ml Schlagsahne

Für die Form:
20 g abgezogene, gemahlene Mandeln

Für den Guss:
100 ml Schlagsahne
1 Ei (Größe M)
25 g abgezogene, gemahlene Mandeln
1 EL Zucker

Zubereitungszeit: etwa 30 Min.

1. Zum Vorbereiten Pflaumen waschen, halbieren, entsteinen und einschneiden.
2. Für den Teig Mehl mit Backin mischen, in eine verschließbare Schüssel (3-Liter-Inhalt) sieben und mit Zucker und Vanillin-Zucker mischen. Ei, Quark, Öl und Sahne hinzufügen und die Schüssel mit dem Deckel fest verschließen.
3. Mehrmals (insgesamt 15–30 Sekunden) kräftig schütteln, so dass alle Zutaten gut vermischt sind. Alles mit einem Schneebesen oder Rührlöffel nochmals sorgfältig durchrühren, damit trockene Zutaten vom Rand mit untergerührt werden.
4. Eine Tarteform (Ø 28 cm, gefettet) mit Mandeln ausstreuen, den Teig hineingeben und glatt streichen. Die Pflaumen dachziegelartig darauf verteilen. Die Form auf dem Rost in den Backofen schieben.
   Ober-/Unterhitze: etwa 180 °C (vorgeheizt)
   Heißluft: etwa 160 °C (nicht vorgeheizt)
   Gas: Stufe 2–3 (nicht vorgeheizt)
   Backzeit: etwa 45 Minuten.
5. Für den Guss Sahne, Ei, Mandeln und Zucker gut verrühren. Guss nach 20 Minuten Backzeit auf der Tarte verteilen. Bei gleicher Temperatureinstellung fertig backen.
6. Die Form auf einen Kuchenrost stellen und den Kuchen erkalten lassen.

Pilzragout mit kleinen Semmelknödeln

Raffiniert

Pro Portion:
E: 11 g, F: 26 g, Kh: 37 g,
kJ: 1899, kcal: 453

Für die Semmelknödel:
6 Brötchen vom Vortag
250 ml (1/4 l) Milch
2 Eier (Größe M)
25 g Speisestärke
1 Pck. TK-gehackte Petersilie
Salz
geriebene Muskatnuss

Für das Pilzragout:
750 g frische Pilze (Champignons, Austernpilze, Pfifferlinge, je 250 g)
1 große Zwiebel
1/2 Bund Thymian
2 EL Speiseöl
Salz
frisch gemahlener Pfeffer
1 Becher (150 g) Crème fraîche

Zum Anbraten:
75 g Butter oder Margarine

Zubereitungszeit: etwa 30 Min.

Pilzragout mit kleinen Semmelknödeln

1. Für die Semmelknödel Brötchen in kleine Würfel schneiden und in eine große Schüssel geben. Milch erwärmen, die Würfel damit übergießen und etwa 15 Minuten einweichen lassen.
2. In der Zwischenzeit für das Pilzragout Pilze putzen, mit Küchenpapier abreiben, evtl. abspülen und gut trockentupfen, größere Pilze etwas klein schneiden.
3. Zwiebel abziehen und fein würfeln. Thymian abspülen, trockentupfen und Blättchen von den Stängeln zupfen.
4. Zwiebelwürfel und Pilzstücke in Öl kräftig anbraten und mit Salz, Pfeffer und Thymian würzen, Crème fraîche hinzufügen und etwa 15 Minuten bei schwacher Hitze abgedeckt köcheln lassen.
5. Eier, Speisestärke und Petersilie zu den eingeweichten Brötchen geben und alles gut verkneten. Mit Salz und Muskatnuss würzen.
6. Aus der Masse 12–15 kleine Knödel formen und in siedendem Wasser 12–15 Minuten ziehen lassen. Danach herausnehmen, abtropfen lassen, in Butter oder Margarine anbraten und mit dem Pilzragout servieren.

Abwandlung:
Für Spaghetti mit Pilzsauce 750 g Champignons wie oben beschrieben vorbereiten und in Scheiben schneiden. Je 1 große Zwiebel und Knoblauchzehe abziehen, fein würfeln und in 3 Esslöffel Olivenöl andünsten. Champignonscheiben zugeben und unter Rühren dünsten, bis die Flüssigkeit fast verdampft ist, mit Salz und Pfeffer würzen. 250 ml (1/4 l) Schlagsahne und 80 g geriebenen Parmesan zugeben, aufkochen lassen und 1 Päckchen TK-Kräuter zugeben. Die Sauce mit Salz und Pfeffer abschmecken. 400 g Spaghetti nach Packungsanleitung garen und dazureichen.

Tipp:
Anstelle der angegebenen Pilze können natürlich auch andere Sorten verwendet werden, z. B. Steinpilze oder Maronenröhrlinge.
Semmelknödel können auch als Fertigprodukt gekauft werden, die Menge richtet sich nach der Personenzahl und Packungsangabe.
Frische Champignons und Pfifferlinge können auch durch Pilze aus der Dose ersetzt werden.

Piña-Colada-Kuchen

Raffiniert

Insgesamt:
E: 88 g, F: 326 g, Kh: 576 g, kJ: 25145, kcal: 6006

200 g Kokosraspel

Für den Rührteig:
200 g weiche Butter oder Margarine
200 g Zucker
1 Pck. Dr. Oetker Vanillin-Zucker
1 Prise Salz
1 Pck. Dr. Oetker Geriebene Zitronenschale
5 Eier (Größe M)
300 g Weizenmehl
3 TL Dr. Oetker Backin
4 EL weißer Rum

Für den Belag:
2 kleine Dosen Ananasringe (Abtropfgewicht je 320 g)

Zum Bestreichen:
3–4 EL Ananaskonfitüre
5 EL weißer Rum

Zubereitungszeit: etwa 35 Min.

1. Kokosraspel in einer Pfanne ohne Fett rösten und erkalten lassen.
2. Für den Teig Butter oder Margarine mit Handrührgerät mit Rührbesen auf höchster Stufe geschmeidig rühren. Zucker, Vanillin-Zucker, Salz und Zitronenschale nach und nach unterrühren und so lange rühren, bis eine gebundene Masse entstanden ist.
3. Eier nach und nach unterrühren (jedes Ei etwa 1/2 Minute). Mehl und Backin mischen, sieben und portionsweise mit dem Rum auf mittlerer Stufe unterrühren. Zum Schluss gut die Hälfte der Kokosraspel unterrühren.
4. Den Teig auf einem Backblech (30 x 40 cm, gefettet) verteilen und glatt streichen.
5. Für den Belag die Ananasringe (etwa 15 Stück, die übrigen Ringe anderweitig verwenden) auf einem Sieb abtropfen lassen und auf dem Teig verteilen. Die zurückgelassenen Kokosraspel zwischen den Ringen verteilen (die Mitte der Ananasringe frei lassen).
6. Das Backblech in den Backofen schieben.
   Ober-/Unterhitze: etwa 180 °C (vorgeheizt)
   Heißluft: etwa 160 °C (vorgeheizt)
   Gas: Stufe 2–3 (vorgeheizt)
   Backzeit: 30–35 Minuten.
7. Das Backblech auf einen Kuchenrost stellen und den Kuchen erkalten lassen.
8. Zum Bestreichen die Ananaskonfitüre durch ein Sieb streichen, mit dem Rum aufkochen lassen und die Ananasringe damit bestreichen.

Piña-Colada-Kuchen

Piña Schokolada

Gut vorzubereiten

Pro Portion:
E: 9 g, F: 39 g, Kh: 52 g, kJ: 2552, kcal: 609

1 Dose Ananasstücke (Abtropfgewicht 255 g)
1 Pck. Dr. Oetker Pudding-Pulver Schokolade
40 g Zucker, 350 ml Milch
100 ml Schlagsahne

Für die Kokossauce:
1 schwach geh. TL Speisestärke
150 ml Milch, 150 ml Schlagsahne
100 g weiße Kuvertüre
40 g Kokosraspel

Zubereitungszeit: etwa 25 Min., ohne Kühlzeit

1. Ananas auf einem Sieb gut abtropfen lassen und sehr fein schneiden (einige Stücke zum Garnieren zurücklassen).
2. Aus Pudding-Pulver, Zucker, Milch und Sahne nach Packungsanleitung – aber mit den hier angegebenen Zutaten – einen Pudding zubereiten. Die Ananasstücke unterheben, alles in eine kalt ausgespülte Sturzform füllen und mindestens 4 Stunden kalt stellen.
3. Für die Kokossauce Speisestärke mit 3 Esslöffeln Milch glatt rühren. Restliche Milch mit Sahne zum Kochen bringen, Speisestärke einrühren und aufkochen lassen. Die grob zerkleinerte Kuvertüre darin schmelzen lassen. Kokosraspel unterrühren und die Sauce erkalten lassen.
4. Den Pudding stürzen, mit Ananasstücken garnieren und mit der Kokossauce servieren.

Pizzabraten

Pizzabraten

4–6 Portionen

Für Gäste

Pro Portion:
E: 53 g, F: 39 g, Kh: 15 g,
kJ: 2809, kcal: 671

800 g Schweinenacken (ohne Knochen)
3 rote Paprikaschoten
2 EL Tomatenmark
Salz
frisch gemahlener Pfeffer
Paprikapulver edelsüß
4 dünne Scheiben gekochter Schinken
200 g Emmentaler
3 EL Speiseöl
1 Gemüsezwiebel
2 Tomaten
150 ml Tomatenketchup

Zubereitungszeit: etwa 30 Min.

1. Das Fleisch unter fließendem kalten Wasser abspülen und trockentupfen. Das Fleischstück von der breiten Seite im oberen Drittel von rechts nach links waagerecht einschneiden, dabei 1 cm am Rand frei lassen (nicht durchschneiden!). Dann auf dieselbe Weise im unteren Drittel von links nach rechts einschneiden. Das Fleisch auseinander klappen, so dass ein langes, flaches Stück entsteht. Das Stück mehrmals diagonal einritzen.
2. Paprikaschoten vierteln, entstielen, entkernen und die weißen Scheidewände entfernen, Schoten waschen, in kochendes Wasser geben und 8–10 Minuten kochen lassen. Die Paprika abtropfen lassen, kalt abspülen und enthäuten.
3. Das Fleischstück dünn mit Tomatenmark bestreichen und mit Salz, Pfeffer und Paprikapulver bestreuen. Es dann erst mit den Schinkenscheiben, dann mit den Paprikastücken belegen. Den Emmentaler in dünne Scheiben schneiden und darauf legen.
4. Das Fleisch wie eine Roulade aufrollen, mit Küchengarn umwickeln und rundherum mit Salz und Pfeffer bestreuen.
5. Öl in einem Bräter erhitzen und den Braten darin rundherum gut anbraten. Gemüsezwiebel abziehen und in große Stücke schneiden. Tomaten waschen, abtrocknen, die Stängelansätze herausschneiden und die Tomaten in Stücke schneiden. Das vorbereitete Gemüse mit andünsten. Dann den Bräter auf dem Rost in den Backofen schieben.
   Ober-/Unterhitze: etwa 180 °C (vorgeheizt)
   Heißluft: etwa 160 °C (nicht vorgeheizt)
   Gas: Stufe 2–3 (nicht vorgeheizt)
   Garzeit: etwa 70 Minuten.
6. Nach Beendigung der Garzeit den Braten aus dem Bräter nehmen und etwa 10 Minuten ruhen lassen. Ihn dann in Scheiben schneiden.
7. Ketchup unter den Bratensatz rühren, einmal aufkochen lassen und evtl. mit den Gewürzen abschmecken. Die Sauce zu dem Braten servieren.

Tipp: Sie können den Pizzabraten auch bei schwacher Hitze auf der Kochstelle etwa 1 Stunde garen.

Porree-Geflügel-Eintopf mit Käseklößchen

Für Kinder

Pro Portion:
E: 78 g, F: 75 g, Kh: 34 g,
kJ: 5054, kcal: 1206

Für die Suppe:
1 Poularde (etwa 1300 g)
2 Fleischbrühwürfel [für je 500 ml (1/2 l) Flüssigkeit]
750 g Porree (Lauch)
300 g Möhren
4–5 Rosmarinnadeln
2–3 Zweige Thymian

Für die Klößchen:
125 ml (1/8 l) Milch
125 ml (1/8 l) Wasser

100 g Tomatenmark
1 Msp. Salz
125 g Grieß
20 g Butter
1 Ei (Größe M)
100 g geriebener, alter Gouda
frisch gemahlener Pfeffer

1. Für die Suppe Poularde unter fließendem kalten Wasser abspülen, in einen Topf geben, mit Wasser bedecken und die Brühwürfel dazugeben, zum Kochen bringen und 50–60 Minuten bei schwacher Hitze kochen lassen.
2. In der Zwischenzeit Porree putzen, waschen und in schräge Scheiben schneiden. Möhren putzen, waschen, schälen und ebenfalls in schräge Scheiben schneiden.
3. Poularde aus der Brühe herausnehmen und enthäuten, Fleisch vom Knochen lösen und in mundgerechte Stücke schneiden. Gemüse in der Brühe mit Rosmarin und Thymian etwa 10 Minuten garen.
4. Für die Klößchen Milch und Wasser mit Tomatenmark und Salz aufkochen, vom Herd nehmen, Grieß einstreuen und bei milder Hitze unter Rühren garen, bis sich ein Teigkloß bildet. Kloß in eine Schüssel geben, etwas abkühlen lassen und Butter, Ei und Käse darunter kneten.
5. Aus dem Teig kleine Klößchen formen, in den Eintopf geben und langsam darin gar ziehen lassen.
6. Hühnerfleisch wieder zufügen, erhitzen und den Eintopf vor dem Servieren mit Salz und Pfeffer abschmecken.

Poree-Geflügel-Eintopf mit Käseklößchen

Porree-Gehacktes-Topf

Porree-Gehacktes-Topf

Für Kinder

Pro Portion:
E: 37 g, F: 44 g, Kh: 45 g,
kJ: 3225, kcal: 770

2 Stangen Porree (Lauch)
3 EL Speiseöl
500 g Gehacktes (halb Rind-, halb Schweinefleisch)
Salz
frisch gemahlener Pfeffer
500 ml ($^1/_2$ l) Fleisch- oder Gemüsebrühe
250 g Gabelspaghetti

Zubereitungszeit: etwa 20 Min.

1. Porree putzen, längs halbieren, gründlich waschen und in Ringe schneiden.
2. Öl in einer großen, beschichteten Pfanne oder einem großen Topf erhitzen. Gehacktes hinzufügen und unter Rühren darin abraten, dabei die Klümpchen mit einer Gabel zerdrücken. Das Gehackte mit Salz und Pfeffer würzen.
3. Porreeringe, Brühe und Gabelspaghetti hinzufügen, alles zum Kochen bringen und zugedeckt etwa 8 Minuten bei mittlerer Hitze garen, dabei zwischendurch umrühren. Mit Salz und Pfeffer abschmecken.

Poree-Schinken-Nudeltopf

Porree-Schinken-Nudeltopf

Für Kinder

Pro Portion:
E: 23 g, F: 32 g, Kh: 47 g,
kJ: 2468, kcal: 589

2 1/2 l Wasser
2 1/2 TL Salz
250 g Bandnudeln

125 ml (1/8 l) Fleischbrühe
500 g Porree (Lauch)
250 ml (1/4 l) Schlagsahne
Salz, frisch gemahlener Pfeffer
geriebene Muskatnuss
200 g gekochter Schinken

Zubereitungszeit: etwa 25 Min.

1. Wasser in einem großen Topf mit geschlossenem Deckel zum Kochen bringen. Salz und Nudeln zugeben und die Nudeln nach Packungsanleitung im geöffneten Topf bei mittlerer Hitze bissfest kochen, zwischendurch 4-5-mal umrühren. Nudeln dann in einem Sieb abtropfen lassen und evtl. warm stellen.
2. In der Zwischenzeit Fleischbrühe in einem Topf zum Kochen bringen. Porree putzen, gründlich waschen, in Ringe schneiden und in die kochende Brühe geben. Alles wieder zum Kochen bringen und etwa 5 Minuten kochen lassen.
3. Sahne hinzugießen und die Sauce mit Salz, Pfeffer und Muskatnuss würzen, wieder zum Kochen bringen und noch etwa 5 Minuten kochen lassen.
4. Schinken in Streifen schneiden und mit den Nudeln unter den Sahne-Porree mischen.

Abwandlung:
Anstelle von Schinken können Sie auch Kasseleraufschnitt verwenden.

Praliné-Torte

Mit Alkohol

Insgesamt:
E: 82 g, F: 420 g, Kh: 603 g,
kJ: 28486, kcal: 6806

Für den Rührteig:
200 g weiche Butter oder Margarine
200 g Zucker
1 Pck. Dr. Oetker Vanillin-Zucker
1 Fläschchen Rum-Aroma
4 Eier (Größe M)
200 g Weizenmehl
20 g Kakaopulver
2 TL Dr. Oetker Backin

Für die Füllung:
100 g Zartbitterschokolade
1 Pck. Vanilla Tortencreme
300 ml Milch, 200 g weiche Butter
40 ml Weinbrand oder Cognac

Praliné-Torte

Zum Garnieren:
14–16 Pralinen
etwa 40 g Raspelschokolade

Zubereitungszeit: etwa 50 Min., ohne Kühlzeit

1. Für den Teig Butter oder Margarine mit Handrührgerät mit Rührbesen auf höchster Stufe geschmeidig rühren. Nach und nach Zucker, Vanillin-Zucker und Aroma unterrühren und so lange rühren, bis eine gebundene Masse entstanden ist.
2. Eier nach und nach unterrühren (jedes Ei etwa 1/2 Minute). Mehl mit Kakaopulver und Backin mischen, sieben und portionsweise auf mittlerer Stufe unterrühren. Den Teig in eine Springform (Ø 28 cm, Boden gefettet) füllen und glatt streichen. Die Form auf dem Rost in den Backofen schieben.
   Ober-/Unterhitze: etwa 180 °C (vorgeheizt)
   Heißluft: etwa 160 °C (nicht vorgeheizt)
   Gas: Stufe 2–3 (nicht vorgeheizt)
   Backzeit: etwa 40 Minuten.
3. Den Boden aus der Form lösen und auf einem Kuchenrost erkalten lassen. Den erkalteten Boden einmal waagerecht durchschneiden.
4. Für die Füllung Schokolade in Stücke brechen, in einem kleinen Topf im Wasserbad bei schwacher Hitze zu einer geschmeidigen Masse verrühren und etwas abkühlen lassen.
5. Aus Tortencremepulver, Milch und Butter nach Packungsanleitung eine Creme zubereiten. Weinbrand oder Cognac unterrühren und die abgekühlte Schokolade unter die Buttercreme rühren.
6. Den unteren Boden auf eine Tortenplatte legen und mit knapp der Hälfte der Creme bestreichen. Den oberen Boden darauf legen und leicht andrücken.
7. 2–3 Esslöffel der restlichen Creme in einen Spritzbeutel mit Sterntülle füllen. Tortenrand und -oberfläche mit der übrigen Creme bestreichen. Die Tortenoberfläche in 14–16 Stücke teilen, auf jedes Stück einen Cremetupfen setzen und mit einer Praline garnieren. Die Torte mit Raspelschokolade bestreuen.

Prasselschnitten

Schnell – einfach

Insgesamt:
E: 59 g, F: 275 g, Kh: 739 g,
kJ: 23705, kcal: 5663

1 Pck. (10 quadratische Platten, 450 g) TK-Blätterteig

Zum Bestreichen:
75–100 g Aprikosen- oder Kirschkonfitüre

Für die Streusel:
300 g Weizenmehl
150 g Zucker
1 Pck. Dr. Oetker Vanillin-Zucker
1 Msp. gemahlener Zimt
200 g weiche Butter

Für den Guss:
150 g gesiebter Puderzucker
2 EL Zitronensaft

Zubereitungszeit: etwa 25 Min., ohne Antauzeit

Prasselschnitten

1. Blätterteigplatten nebeneinander nach Packungsanleitung antauen lassen. Die Platten auf einem Backblech (gefettet, mit Wasser besprenkelt) verteilen, mit einer Gabel mehrmals einstechen und mit Konfitüre bestreichen. Teigplatten 15 Minuten ruhen lassen.
2. Für die Streusel Mehl in eine Rührschüssel sieben und Zucker, Vanillin-Zucker, Zimt und Butter hinzufügen. Die Zutaten mit Handrührgerät mit Rührbesen zunächst kurz auf niedrigster, dann auf höchster Stufe zu Streuseln von gewünschter Größe verarbeiten.
3. Den bestrichenen Blätterteigboden mit den Streuseln bestreuen. Das Backblech in den Backofen schieben.
   Ober-/Unterhitze: etwa 200 °C (vorgeheizt)
   Heißluft: etwa 180 °C (vorgeheizt)
   Gas: Stufe 3–4 (vorgeheizt)
   Backzeit: etwa 20 Minuten.
4. Das Gebäck mit dem Backpapier vom Backblech auf einen Kuchenrost ziehen und Gebäck erkalten lassen.
5. Für den Guss Puderzucker und Zitronensaft zu einer dickflüssigen Masse verrühren. Das Gebäck mit dem Guss besprenkeln. Guss trocknen lassen und Gebäck in Quadrate schneiden.

Preiselbeer-Baumkuchen-Torte

Klassisch – mit Alkohol

Insgesamt:
E: 107 g, F: 372 g, Kh: 490 g,
kJ: 24684, kcal: 5891

Für den Schüttelteig:
100 g Weizenmehl
65 g Speisestärke
2 TL Dr. Oetker Backin
160 g Zucker
160 g zerlassene, abgekühlte Butter oder Margarine
4 Eier (Größe M)
3 EL Orangenlikör

Für den Belag:
4 Blatt weiße Gelatine
500 g Mascarpone (italienischer Frischkäse)
250 g Magerquark
80 g Zucker
2 EL Zitronensaft
1 Glas Wild-Preiselbeer-Dessert (Abtropfgewicht 395 g)
5 Blatt rote Gelatine

Zum Garnieren:
100 ml Schlagsahne
weiße Raspelschokolade

Zubereitungszeit: etwa 45 Min., ohne Kühlzeit

1. Für den Teig Mehl mit Speisestärke und Backin mischen, in eine verschließbare Schüssel (3-Liter-Inhalt) sieben und mit Zucker mischen. Butter oder Margarine, Eier und Orangenlikör hinzufügen und die Schüssel mit dem Deckel fest verschließen. Mehrmals (insgesamt 15–30 Sekunden) kräftig schütteln, so dass alle Zutaten gut vermischt sind. Alles mit einem Schneebesen oder Rührlöffel nochmals sorgfältig durchrühren, damit trockene Zutaten vom Rand mit untergerührt werden.
2. Zwei Esslöffel Teig in eine Springform (Ø 26 cm, Boden gefettet, mit Backpapier belegt) füllen und glatt streichen. Die Form auf dem Rost in den Backofen schieben. Die Teigschicht unter dem vorgeheizten Grill hellbraun backen (Abstand zwischen Grill und Teig etwa 20 cm). Als zweite Schicht wieder 2 Esslöffel Teig auf die gebackene Schicht streichen, wieder unter den Grill schieben, auf diese Weise den ganzen Teig verarbeiten. Den Kuchen auf einen Kuchenrost stürzen, Backpapier abziehen und den Kuchen erkalten lassen.
3. Für den Belag weiße Gelatine nach Packungsanleitung in kaltem Wasser einweichen. Mascarpone, Quark, Zucker und Zitronensaft verrühren. Preiselbeeren abtropfen lassen, den Saft auffangen und 200 ml davon abmessen. Die ausgedrückte Gelatine in einem kleinen Topf bei schwacher Hitze unter Rühren erwärmen (nicht kochen) bis sie völlig gelöst ist, 3 Esslöffel Creme zur Gelatine geben und verrühren. Alles zur Creme geben und gut verrühren. 150 g Preiselbeeren unter die Creme rühren.
4. Um den Baumkuchenboden einen Tortenring stellen. Preiselbeercreme darauf verteilen und eine Stunde kalt stellen.
5. Rote Gelatine nach Packungsanleitung in kaltem Wasser einweichen, ausdrücken und auflösen, mit dem Preiselbeersaft und den restlichen Preiselbeeren verrühren. Preiselbeerguss auf der Torte verteilen und nochmals eine Stunde kalt stellen.
6. Zum Garnieren Sahne steif schlagen, in einen Spritzbeutel mit Lochtülle füllen und die Torte mit der Sahne und mit Raspelschokolade garnieren.

Tipp:
Die Wild-Preiselbeeren aus dem Glas sind bereits angedickt. Sie können jedoch auch 2 Gläser Wild-Preiselbeer-Dessert (Abtropfgewicht je 175 g) verwenden. Dazu das Wild-Preiselbeer-Dessert in einem Sieb abtropfen lassen, den Saft dabei auffangen und 350 ml davon abmessen. Aus 2 Päckchen Tortenguss, 30 g Zucker und dem Saft einen Guss zubereiten, die Preiselbeeren unterrühren und die Masse wie im Rezept beschrieben verwenden.

Preiselbeer-Eierlikör-Torte

Dauert etwas länger

Insgesamt:
E: 77 g, F: 395 g, Kh: 362 g,
kJ: 23124, kcal: 5514

Für den Biskuitteig:
50 g Butter
4 Eier (Größe M)
2 EL heißes Wasser
100 g Zucker
1 Pck. Dr. Oetker Vanillin-Zucker
30 g Weizenmehl
1 TL Dr. Oetker Backin
200 g gemahlene Haselnusskerne
1 TL gemahlener Zimt
60 g Raspelschokolade

Zum Bestreichen:
1 Glas (395 g) Wild-Preiselbeeren

Für den Belag:
600 ml gekühlte Schlagsahne
3 Pck. Dr. Oetker Sahnesteif
30 g Puderzucker
1 Pck. Dr. Oetker Vanillin-Zucker
150 ml Eierlikör

Zubereitungszeit: etwa 60 Min., ohne Kühlzeit

1. Für den Teig Butter in einem kleinen Topf zerlassen und abkühlen lassen. Eier und Wasser in einer Rührschüssel mit Handrührgerät mit Rührbesen auf höchster Stufe in 1 Minute schaumig schlagen. Zucker mit Vanillin-Zucker mischen, in 1 Minute unter Rühren einstreuen und noch weitere 2 Minuten schlagen.
2. Mehl mit Backin mischen, sieben und kurz auf niedrigster Stufe unterrühren. Haselnusskerne mit Zimt mischen und zusammen mit der Raspelschokolade auf die gleiche Weise unterrühren. Zuletzt die zerlassene Butter kurz unterrühren. Den Teig in eine Springform (Ø 26 cm, Boden gefettet, mit Backpapier belegt) geben und glatt streichen. Die Form auf dem Rost in den Backofen schieben.
   Ober-/Unterhitze: etwa 180 °C (vorgeheizt)
   Heißluft: etwa 160 °C (vorgeheizt)
   Gas: Stufe 2–3 (vorgeheizt)
   Backzeit: etwa 35 Minuten.
3. Den Biskuitboden aus der Form lösen, auf einen mit Backpapier belegten Kuchenrost stürzen und das mitgebackene Backpapier abziehen. Den heißen Biskuitboden mit den Preiselbeeren bestreichen, dabei 1 cm am Rand frei lassen. Anschließend den Boden erkalten lassen.
4. Für den Belag Schlagsahne mit Sahnesteif, gesiebtem Puderzucker und Vanillin-Zucker steif schlagen. Die Hälfte der Sahne auf den Preiselbeeren glatt verstreichen. Die übrige Sahne portionsweise in einen Spritzbeutel mit Sterntülle füllen und den Tortenrand damit so verzieren, dass der Rand etwas über die Tortenoberfläche steht, damit der Eierlikör nicht herunterlaufen kann. Eierlikör auf der Torte verteilen und die Torte 3–4 Stunden kalt stellen.

Preiselbeer-Schichtdessert

Mit Alkohol

Pro Portion:
E: 8 g, F: 47 g, Kh: 79 g,
kJ: 3455, kcal: 826

150 g Schwarzbrot
100 g geriebene Zartbitterschokolade
50 g Rohrzucker, 50 ml Rum
500 ml (1/2 l) Schlagsahne
1 Pck. Dr. Oetker Vanillin-Zucker
2 Pck. Dr. Oetker Sahnesteif
3/4 Glas (etwa 250 g) Preiselbeerkompott

Zubereitungszeit: etwa 25 Min., ohne Durchziehzeit

1. Schwarzbrot fein zerkrümeln und mit Schokolade, Rohrzucker und Rum gut vermischen. Sahne mit Vanillin-Zucker und Sahnesteif steif schlagen.
2. Den Boden einer hohen Glasschüssel mit etwa der Hälfte der Schwarzbrotmischung bedecken. Erst die Hälfte der Preiselbeeren, dann die Hälfte der Sahne einschichten, dann wieder Schwarzbrotmischung usw. So lange fortfahren, bis die Zutaten verbraucht sind. Die oberste Schicht sollte aus Sahne bestehen. Das Dessert einige Stunden durchziehen lassen.

Tipp:
Wenn Kinder mitessen, den Rum durch Orangensaft ersetzen.

Preiselbeer-Schichtdessert

Preiselbeer-Schichttorte

Preiselbeer-Schichttorte

Raffiniert

Insgesamt:
E: 72 g, F: 242 g, Kh: 446 g,
kJ: 18728, kcal: 4475

Für den Knetteig:
350 g Weizenmehl
1 TL Dr. Oetker Backin
100 g Zucker
100 g abgezogene, gemahlene Mandeln
1 Ei (Größe M)
200 g weiche Butter oder Margarine

Für die Füllung:
1 Glas Wildpreiselbeeren (Füllgewicht 395 g)

Zum Bestreichen:
etwas Milch

Zum Bestreuen:
25 g abgezogene, gehackte Mandeln

Zum Bestreuen:
1 EL gesiebter Puderzucker
1 Pck. Dr. Oetker Vanillin-Zucker

Zubereitungszeit: etwa 50 Min., ohne Kühlzeit

1. Für den Teig Mehl mit Backin mischen und in eine Rührschüssel sieben. Zucker, Mandeln, Ei und Butter oder Margarine hinzufügen und die Zutaten mit Handrührgerät mit Knethaken zunächst kurz auf niedrigster, dann auf höchster Stufe gut durcharbeiten.
2. Anschließend auf der Arbeitsfläche zu einem glatten Teig verkneten. Sollte er kleben, ihn in Folie gewickelt eine Zeit lang kalt stellen.
3. Den Teig dritteln und aus jedem Teigdrittel eine runde Platte (Ø 26 cm) ausrollen. 2 der Teigplatten auf je ein Stück Backpapier legen und aufrollen.
4. Die dritte Teigplatte in eine Springform (Ø 26 cm, Boden gefettet, mit Backpapier belegt) legen und mit der Hälfte der Wildpreiselbeeren bestreichen. Die zweite Teigplatte darauf abrollen (dabei das Backpapier entfernen) und mit den restlichen Preiselbeeren bestreichen.
5. Die letzte Teigplatte darauf abrollen (dabei das Backpapier entfernen), mit einer Gabel mehrmals einstechen, mit Milch bestreichen und mit Mandeln bestreuen. Die Form auf dem Rost in den Backofen schieben.
   Ober-/Unterhitze: etwa 180 °C (vorgeheizt)
   Heißluft: etwa 160 °C (nicht vorgeheizt)
   Gas: Stufe 2–3 (nicht vorgeheizt)
   Backzeit: etwa 40 Minuten.
6. Puderzucker und Vanillin-Zucker mischen und den Kuchen sofort nach dem Backen damit bestreuen. Die Torte aus der Form lösen und auf einem Kuchenrost erkalten lassen.

Tipp:
Die Schichttorte schmeckt auch lecker mit einer Füllung aus Pflaumenmus. Die Torte maximal 1 Tag vor dem Verzehr zubereiten.

Presstorte

Raffiniert

Insgesamt:
E: 90 g, F: 355 g, Kh: 757 g,
kJ: 27904, kcal: 6670

Für den Biskuitteig:
4 Eier (Größe M)
4 EL heißes Wasser
200 g Zucker
125 g Weizenmehl
100 g Speisestärke
3 TL Dr. Oetker Backin

Für die Buttercreme:
1 Pck. Dr. Oetker Pudding-Pulver Vanille-Geschmack
60 g Zucker
500 ml (1/2 l) Milch
250 g Butter

Zum Tränken:
250 ml (1/4 l) starker, kalter Kaffee
evtl. 5–6 EL Rum oder Orangensaft

Außerdem:
150 g Butterkekse

Zum Aprikotieren:
4–5 EL Aprikosenkonfitüre

Für den Guss:
150 g Halbbitter-Kuvertüre
1 EL Speiseöl
evtl. 20 g abgezogene, gehobelte Mandeln

Zubereitungszeit: etwa 60 Min., ohne Abkühl- und Durchziehzeit

1. Für den Teig Eier und Wasser mit Handrührgerät mit Rührbesen auf höchster Stufe in 1 Minute schaumig schlagen. Zucker in 1 Minute einstreuen und noch etwa 2 Minuten schlagen. Mehl mit Speisestärke und Backin mischen, portionsweise auf die Eiercreme sieben und kurz auf niedrigster Stufe unterrühren. Den Teig in eine Springform (Ø 26 cm, Boden gefettet, mit Backpapier belegt) füllen und glatt streichen. Die Form auf dem Rost in den Backofen schieben.
   Ober-/Unterhitze: etwa 180 °C (vorgeheizt)
   Heißluft: etwa 160 °C (vorgeheizt)
   Gas: Stufe 2–3 (vorgeheizt)
   Backzeit: etwa 25 Minuten.
2. Den Boden aus der Form lösen, auf einen mit Backpapier belegten Kuchenrost stürzen, das mitgebackene Backpapier abziehen und den Boden erkalten lassen. Den Boden zweimal waagerecht durchschneiden.
3. Für die Buttercreme aus Pudding-Pulver, Zucker und Milch nach Packungsanleitung einen Pudding zubereiten, mit Frischhaltefolie zudecken und erkalten lassen (nicht kalt stellen). Butter mit Handrührgerät mit Rührbesen geschmeidig rühren und den Pudding esslöffelweise unterrühren, dabei darauf achten, dass Butter und Pudding Zimmertemperatur haben, da die Creme sonst gerinnt.
4. Den mittleren Boden zerbröseln und in eine Schüssel geben. Kaffee evtl. mit Rum oder Saft vermischen und mit den Biskuitbröseln vermengen. Den unteren Biskuitboden auf eine Tortenplatte legen und einen Tortenring darumstellen. Ein Drittel der Buttercreme auf den Boden streichen, die Hälfte der Butterkekse darauf verteilen und mit der Hälfte der getränkten Biskuitbrösel bedecken.
5. Darauf das zweite Drittel Buttercreme streichen, die restlichen Butterkekse und die restlichen Biskuitbrösel darauf schichten. Die restliche Buttercreme darauf streichen und mit dem oberen Boden belegen. Den gesäuberten Springformboden auf die Torte legen, mit einem schweren Schneidbrett oder 2–3 Tellern beschweren und das Gebäck 2 Tage im Kühlschrank durchziehen lassen.
6. Vor dem Servieren das Gebäck vorsichtig aus dem Tortenring lösen. Zum Aprikotieren Konfitüre durch ein Sieb streichen, in einem kleinen Topf unter Rühren erhitzen und die Torte damit bestreichen. Für den Guss Kuvertüre grob zerkleinern, mit Öl in einem Topf im Wasserbad bei schwacher Hitze geschmeidig rühren und die Torte damit überziehen. Nach Belieben die Torte mit Mandeln bestreuen und den Guss fest werden lassen. Die Torte bis zum Servieren in Alufolie verpackt an einem kühlen, trockenen Ort lagern.

Tipp:
Statt mit Mandeln können Sie die Torte auch mit Mini-Butterkeksen oder Mokkabohnen garnieren.
Die Torte kann 2–3 Tage vor dem Verzehr zubereitet werden.

Presstorte

Provenzalischer Auflauf

Für Gäste

Pro Portion:
E: 35 g, F: 28 g, Kh: 80 g,
kJ: 1831, kcal: 438

4 mittelgroße Tomaten (etwa 400 g)
2 Fenchelknollen (etwa 400 g)
75 g grüne Oliven ohne Stein
500 g Hähnchenbrustfilet
2 EL Olivenöl
Salz
frisch gemahlener Pfeffer
Paprikapulver edelsüß

Für die Sahne-Eier-Sauce:
2 Knoblauchzehen
2 Zweige Rosmarin oder
1 TL getrockneter Rosmarin
250 ml (1/4 l) Schlagsahne
4 Eier (Größe M)

Zubereitungszeit: etwa 40 Min.

1. Tomaten waschen, abtropfen lassen und halbieren. Stängelansätze entfernen, Fruchtfleisch in große Würfel schneiden. Von den Fenchelknollen die Stiele dicht oberhalb der Knollen abschneiden. Braune Stellen und Blätter entfernen. Die Knollen waschen, abtropfen lassen, halbieren und würfeln.
2. Fenchelwürfel in kochendem Salzwasser etwa 3 Minuten blanchieren, in ein Sieb geben, kurz mit kaltem Wasser übergießen und gut abtropfen lassen. Oliven in einem Sieb abtropfen lassen.
3. Hähnchenbrustfilets unter fließendem kalten Wasser abspülen, trockentupfen und in Würfel schneiden. Olivenöl in einer Pfanne erhitzen und Filetwürfel von allen Seiten darin anbraten. Mit Salz, Pfeffer und Paprika würzen.
4. Für die Sauce Knoblauch abziehen und durch eine Knoblauchpresse drücken. Rosmarin abspülen und trockentupfen. Die Nadeln von den Stängeln zupfen und hacken.
5. Sahne, Eier, Knoblauch, Rosmarin, Salz und Pfeffer gut verrühren. Tomaten-, Fenchelwürfel und Oliven mit den Filetwürfeln vermischen und in eine große, flache Auflaufform geben. Sahne-Eier-Sauce darüber gießen. Die Form auf dem Rost in den Backofen schieben.
   Ober-/Unterhitze: etwa 180 °C (vorgeheizt)
   Heißluft: etwa 160 °C (nicht vorgeheizt)
   Gas: Stufe 2–3 (nicht vorgeheizt)
   Garzeit: etwa 45 Minuten.
6. Den Auflauf möglichst heiß servieren.

Beilage:
Knoblauchbrot (Baguette mit Knoblauchbutter bestrichen und geröstet).

Tipp:
Mit Rosmarinzweigen garnieren. Statt Fenchel können auch Zucchini, Auberginen oder Paprikastreifen gemischt verwendet werden.

Provenzalischer Auflauf

Provenzalischer Fischtopf

Provenzalischer Fischtopf

Raffiniert

Pro Portion:
E: 12 g, F: 22 g, Kh: 20 g,
kJ: 1534, kcal: 367

2 Zwiebeln
1 Stange Porree (Lauch)
400 g rote, grüne und gelbe Paprikaschoten
3 Fleischtomaten
2 Knoblauchzehen
3 EL Olivenöl
1/2 TL gerebelter Thymian
etwas gerebelter Salbei
1 Lorbeerblatt
125 ml (1/8 l) Weißwein
800 g Fischfilet, z. B. Rotbarsch oder Seelachs
1 Becher (150 g) Crème fraîche
Cayennepfeffer
Salz
Zitronensaft
Salbeiblättchen

Zubereitungszeit: etwa 40 Min.

1. Zwiebeln abziehen und würfeln. Porree putzen, längs halbieren und

gründlich waschen, in etwa 1 cm lange Stücke schneiden und abtropfen lassen.
2. Paprikaschoten halbieren, entstielen, entkernen und die weißen Scheidewände entfernen, Schoten waschen und in Streifen schneiden. Fleischtomaten enthäuten und Stängelansätze herausschneiden. Tomaten vierteln, entkernen und würfeln.
3. Knoblauch abziehen und zerdrücken. Öl in einem ofenfesten Topf erhitzen und das vorbereitete Gemüse darin andünsten, mit Thymian und Salbei bestreuen. Lorbeerblatt hinzufügen und Wein hinzugießen.
4. Fischfilet unter fließendem kalten Wasser abspülen, trockentupfen und in Würfel schneiden.
5. Crème fraîche und Fischwürfel auf das Gemüse geben, mit Cayennepfeffer, Salz und Zitronensaft würzen und den Topf auf dem Rost in den Backofen schieben.
   Ober-/Unterhitze: etwa 200 °C (vorgeheizt)
   Heißluft: etwa 180 °C (vorgeheizt)
   Gas: Stufe 3–4 (vorgeheizt)
   Garzeit: etwa 15–20 Minuten.
6. Das Gericht mit abgespülten, trockengetupften Salbeiblättchen garnieren.

Beilage:
Risotto oder Langkornreis.

Provenzalisches Geschnetzeltes

Raffiniert

Pro Portion:
E: 31 g, F: 25 g, Kh: 5 g,
kJ: 1548, kcal: 370

500 g Roastbeef
3 EL Speiseöl
Salz, frisch gemahlener Pfeffer
2 Zwiebeln
4–5 Tomaten
1 Dose Champignonscheiben (Abtropfgewicht 170 g)
1 Becher (150 g) Crème fraîche
1 TL Senf
Paprikapulver edelsüß
Kräuter der Provence

Zubereitungszeit: 35 Min.

1. Roastbeef unter fließendem kalten Wasser abspülen, trockentupfen und erst in etwa 1 cm dicke Scheiben, dann in Streifen schneiden.
2. Öl in einer großen Pfanne erhitzen und die Fleischstreifen unter häufigem Umrühren darin schnell bräunen lassen. Mit Salz und Pfeffer bestreuen, aus der Pfanne nehmen und warm stellen.
3. Zwiebeln abziehen und würfeln. Tomaten waschen, abtropfen lassen, kreuzweise einschneiden, kurz in kochendes Wasser legen und in kaltem Wasser abschrecken. Tomaten enthäuten, Stängelansätze herausschneiden und das Fruchtfleisch würfeln.
4. Zwiebel- und Tomatenwürfel in das Bratfett geben und etwa 5 Minuten zugedeckt dünsten lassen.
5. Champignonscheiben mit der Flüssigkeit aus der Dose, Crème fraîche und Senf unterrühren. Mit Salz, Pfeffer, Paprikapulver und Kräutern der Provence kräftig würzen. Alles zugedeckt etwa 8 Minuten schmoren lassen, bis die Sauce dicklich geworden ist.
6. Das Fleisch hinzufügen und noch etwa 5 Minuten in der Sauce ziehen lassen. Das Gericht evtl. nochmals mit den Gewürzen abschmecken und sofort servieren.

Beilage:
Reis oder Baguette und ein grüner Salat.

Tipp:
Wenn Sie frische Champignons verwenden, ersetzen Sie die Flüssigkeit durch 125 ml (1/8 l) Weißwein oder Wasser.

Provenzalisches Geschnetzeltes

Pudding mit Kirschen und Pumpernickel

8 Portionen

Für Kinder

Pro Portion:
E: 8 g, F: 7 g, Kh: 47 g,
kJ: 1221, kcal: 291

500 g Sauerkirschen
100 g Zucker
3–4 EL Kirschsaft
150–200 g geriebener Pumpernickel
2 Pck. Dr. Oetker Pudding-Pulver Vanille- oder Mandel-Geschmack
4 schwach geh. EL Zucker
2 Eigelb (Größe M)
1 l Milch
2 Eiweiß (Größe M)

Schlagsahne

Zubereitungszeit: etwa 35 Min., ohne Ruhe- und Kühlzeit

1. Sauerkirschen waschen, entstielen und entsteinen, mit Zucker bestreuen und etwas stehen lassen. Sobald die Kirschen Saft gezogen haben, sie kurz erhitzen, bis sie etwas weicher sind und kalt stellen.
2. Die Kirschen abtropfen lassen, dabei den Saft auffangen. Kirschen (einige zum Garnieren zurückbehalten) mit abgemessenem Saft und Pumpernickel (etwas zum Garnieren zurücklassen) vermengen. Knapp $^{1}/_{3}$ hoch in eine Glasschale oder in Portionsschälchen füllen.
3. Aus Pudding-Pulver, Zucker, Eigelb und Milch nach Packungsanleitung einen Pudding zubereiten. Steif geschlagenes Eiweiß unter den kochend heißen Pudding ziehen und etwas abkühlen lassen. Anschließend auf die Kirschmasse füllen.
4. Den erkalteten Pudding mit den zurückbehaltenen Kirschen garnieren und den restlichen Pumpernickel darüber streuen. Den Pudding nach Belieben mit Schlagsahne verzieren.

Puddingschnecken

etwa 20 Stück

Für Kinder

Pro Stück:
E: 5 g, F: 7 g, Kh: 35 g,
kJ: 925, kcal: 221

Für den Hefeteig:
125 ml ($^{1}/_{8}$ l) Milch
100 g Butter oder Margarine
500 g Weizenmehl
1 Pck. Dr. Oetker Trockenbackhefe
50 g Zucker
1 Pck. Dr. Oetker Vanillin-Zucker
2 Eier (Größe M)

Für die Füllung:
2 Pck. Dr. Oetker Pudding-Pulver Vanille-Geschmack
750 ml ($^{3}/_{4}$ l) Milch
80 g Zucker
100 g Rosinen

Zum Aprikotieren:
4 EL Aprikosenkonfitüre
2 EL Wasser

Zubereitungszeit: etwa 50 Min., ohne Gehzeit

1. Zum Vorbereiten für den Teig Milch in einem kleinen Topf erwärmen und Butter oder Margarine darin zerlassen.
2. Für den Teig Mehl in eine Rührschüssel sieben und mit der Hefe sorgfältig vermischen. Übrige Zutaten und die warme Milch-Fett-Mischung hinzufügen und alles mit Handrührgerät mit Knethaken kurz auf niedrigster, dann auf höchster Stufe in etwa 5 Minuten zu einem glatten Teig verarbeiten. Den Teig zugedeckt so lange an einem warmen Ort gehen lassen, bis er sich sichtbar vergrößert hat.
3. Für die Füllung aus Pudding-Pulver, Milch und Zucker nach Packungsanleitung – aber nur mit 750 ml ($^{3}/_{4}$ l) Milch – einen Pudding zubereiten und erkalten lassen, dabei ab und zu umrühren. Anschließend die Rosinen unterrühren.
4. Den Teig leicht mit Mehl bestäuben, aus der Schüssel nehmen und auf der

leicht bemehlten Arbeitsfläche nochmals kurz durchkneten. Den Teig zu einem Rechteck (60 x 40 cm) ausrollen und mit dem Pudding bestreichen. Den Teig von der kurzen Seite aus aufrollen, in etwa 2 cm dicke Scheiben schneiden und die Scheiben auf Backbleche (30 x 40 cm, mit Backpapier belegt) legen. Die Scheiben nochmals so lange an einem warmen Ort gehen lassen, bis sie sich sichtbar vergrößert haben. Die Backbleche nacheinander (bei Heißluft zusammen) in den Backofen schieben.
Ober-/Unterhitze: etwa 200 °C (vorgeheizt)
Heißluft: etwa 180 °C (vorgeheizt)
Gas: Stufe 3–4 (vorgeheizt)
Backzeit: etwa 15 Minuten je Backblech.

5. Zum Aprikotieren Aprikosenkonfitüre durch ein Sieb streichen, mit Wasser unter Rühren etwas einkochen lassen und das Gebäck sofort nach dem Backen damit bestreichen. Die Puddingschnecken auf einem Kuchenrost erkalten lassen.

Tipp: Die Rosinen können durch fein gewürfelte, getrocknete Aprikosen oder Pflaumen ersetzt werden.
Die Schnecken sind gefriergeeignet.

Pudding-Streusel-Kuchen

Für Kinder

Insgesamt:
E: 107 g, F: 314 g, Kh: 889 g,
kJ: 29506, kcal: 7051

Für den Hefeteig:
375 g Weizenmehl
1 Pck. Dr. Oetker Trockenbackhefe
50 g Zucker
1 Pck. Dr. Oetker Vanillin-Zucker
1 Prise Salz
1 Ei (Größe M)
200 ml lauwarme Milch
50 g zerlassene, abgekühlte Butter oder Margarine

Für die Streusel:
275 g Weizenmehl
150 g Zucker
1 Pck. Dr. Oetker Vanillin-Zucker
200 g weiche Butter
25 g Kakaopulver

Für den Pudding:
2 Pck. Dr. Oetker Pudding-Pulver Vanille-Geschmack
50 g Zucker
600 ml Orangensaft
400 g Schmand oder Crème fraîche

Zubereitungszeit: etwa 50 Min., ohne Teiggehzeit

1. Für den Teig Mehl in eine Rührschüssel sieben und mit der Hefe sorgfältig vermischen. Zucker, Vanillin-Zucker, Salz, Ei, Milch und Butter oder Margarine hinzufügen.
2. Die Zutaten mit Handrührgerät mit Knethaken zunächst auf niedrigster, dann auf höchster Stufe in etwa 5 Minuten zu einem Teig verarbeiten. Den Teig zugedeckt so lange an einem warmen Ort gehen lassen, bis er sich sichtbar vergrößert hat (etwa 20 Minuten).
3. Für die Streusel Mehl in eine Rührschüssel sieben. Zucker, Vanillin-Zucker und Butter hinzufügen und die Zutaten mit Handrührgerät mit Knethaken oder mit den Händen zu Streuseln von gewünschter Größe verarbeiten. Die Hälfte der Streusel in eine andere Schüssel geben, unter die restlichen Streusel Kakaopulver arbeiten. Beide Streuselsorten bis zur weiteren Verwendung kalt stellen.
4. Für den Pudding aus Pudding-Pulver, Zucker und Orangensaft nach Packungsanleitung – aber mit den hier angegebenen Zutaten – einen Pudding zubereiten und abkühlen lassen, dabei ab und zu umrühren. Schmand oder Crème fraîche unterrühren.
5. Den Teig leicht mit Mehl bestäuben, aus der Schüssel nehmen, auf der leicht bemehlten Arbeitsfläche nochmals kurz durchkneten und auf einem Backblech (30 x 40 cm, gefettet) ausrollen.
6. Die Puddingmasse darauf geben, glatt streichen und die Streusel darauf verteilen. Den Teig nochmals so lange gehen lassen, bis er sich sichtbar vergrößert hat. Das Backblech dann in den Backofen schieben.
Ober-/Unterhitze: etwa 200 °C (vorgeheizt)
Heißluft: etwa 180 °C (vorgeheizt)
Gas: Stufe 3–4 (vorgeheizt)
Backzeit: etwa 25 Minuten.
7. Das Backblech auf einen Kuchenrost stellen und den Kuchen erkalten lassen.

Tipp: Der Pudding-Streusel-Kuchen schmeckt frisch am besten.

Pudding-Streusel-Kuchen

Putencurry „Indische Art“

Raffiniert

Pro Portion:
E: 33 g, F: 8 g, Kh: 16 g,
kJ: 1137, kcal: 272

500 g Putenschnitzel
1 Zwiebel
275 g Staudensellerie
250 g säuerliche Äpfel
1 Banane
2 EL Speiseöl, z. B. Sonnenblumenöl
etwa 1 1/2 TL Curry
Salz, frisch gemahlener Pfeffer
1 Msp. gemahlener Ingwer
200 ml Hühnerbrühe
150 g Naturjoghurt
1 TL Speisestärke
1 TL Honig, etwas Zitronensaft

Zubereitungszeit: etwa 25 Min.

1. Putenschnitzel unter fließendem kalten Wasser abspülen, trockentupfen und in gut 1/2 cm dicke Streifen schneiden. Zwiebel abziehen und in kleine Würfel schneiden.
2. Vom Staudensellerie Wurzelenden und welke Blätter entfernen, die harten Außenfäden abziehen, die Stangen waschen und abtropfen lassen. Äpfel waschen, schälen, vierteln und entkernen. Banane schälen. Die vorbereiteten Zutaten in Würfel schneiden.
3. Öl in einer großen Pfanne oder einem weiten, flachen Topf erhitzen und die Fleischstreifen darin kräftig anbraten. Zwiebelwürfel hinzufügen und kurz mitbraten. Mit Curry, Salz, Pfeffer und Ingwer würzen und Brühe zugeben.
4. Selleriewürfel zu dem Fleisch geben und alles etwa 5 Minuten mit Deckel dünsten. Dann Apfel- und Bananenwürfel hinzufügen und alles noch weitere 2–3 Minuten garen.
5. Joghurt mit Speisestärke verrühren, unter die Zutaten rühren und kurz aufkochen. Das Gericht mit Honig, Zitronensaft, Salz, Pfeffer, Curry und Ingwer abschmecken.

Beilage: Reis und grüner Salat.

Puteneintopf

Puteneintopf, winterlicher

4–6 Portionen

Dauert länger

Pro Portion:
E: 28 g, F: 5 g, Kh: 16 g,
kJ: 978, kcal: 234

1 1/2 l Salzwasser
2 Putenunterkeulen
300 g Kartoffeln
350 g Möhren
1/2 kleiner Blumenkohl (etwa 400 g)
1/2 kleiner Kopf Wirsing (etwa 400 g)
frisch gemahlener Pfeffer
gekörnte Hühnerbrühe (Instant)
1 Bund glatte Petersilie

Zubereitungszeit: etwa 75 Min.

1. Das Salzwasser zum Kochen bringen. Putenunterkeulen unter fließendem kalten Wasser abspülen, in das Salzwasser geben, zum Kochen bringen und bei schwacher Hitze 1 Stunde ziehen lassen.
2. Kartoffeln waschen, schälen und abspülen. Möhren putzen, schälen und waschen. Beide Zutaten in Würfel schneiden.
3. Vom Blumenkohl die Blätter und die schlechten Stellen entfernen, den Strunk abschneiden, Blumenkohl in Röschen teilen und waschen. Vom Wirsing die groben, äußeren Blätter lösen, den Strunk herausschneiden, den Wirsing abspülen und in Streifen schneiden.
4. Die Putenunterkeulen aus der Kochflüssigkeit nehmen und etwas abkühlen lassen. Kartoffeln, Möhren, Blumenkohl und Wirsing in die Brühe geben, zum Kochen bringen und etwa 20 Minuten garen.
5. Das Fleisch von den Knochen lösen und in Stücke schneiden. Fleisch nach Beendigung der Garzeit in den Eintopf geben und miterhitzen. Mit Salz, Pfeffer und Hühnerbrühe würzen.
6. Petersilie kalt abspülen, trockentupfen, die Blättchen von den Stängeln zupfen, in feine Streifen schneiden und in den Eintopf geben.

Putenfilets, gefüllte

Für Gäste

Pro Portion:
E: 52 g, F: 36 g, Kh: 12 g,
kJ: 2580, kcal: 617

2 Putenfilets (je 350 g), Salz
frisch gemahlener, weißer Pfeffer
Paprikapulver edelsüß

Für die Füllung:
75 g Zucchini, 1 Bund Basilikum
150 g Schafkäse

30 g Butterschmalz, 40 g Weizenmehl

Für die Sauce:
1 Becher (150 g) Crème fraîche
100 ml Schlagsahne
1 EL Tomatenmark, Cayennepfeffer

Zubereitungszeit: etwa 20 Min.

1. Putenfilets unter fließendem kalten Wasser abspülen, trockentupfen und seitlich von der langen Seite aus eine Tasche einschneiden. Mit Salz, Pfeffer und Paprika bestreuen.
2. Für die Füllung Zucchini waschen, die Enden abschneiden und Zucchini in kleine Würfel schneiden. Basilikum abspülen, trockentupfen, die Blätter von den Stängeln zupfen und in feine Streifen schneiden (etwas von den Basilikumstreifen für die Sauce beiseite stellen). Schafkäse in kleine Würfel schneiden.
3. Zucchini, Schafkäse und Basilikum gut verrühren und mit Salz und Pfeffer würzen. Die Masse in die beiden Putenfilets füllen und die Filets mit Holzspießchen zustecken oder mit Küchengarn zunähen.

Putenfilets, gefüllte

4. Butterschmalz in einer Pfanne erhitzen. Putenfilets mit Mehl bestäuben und von beiden Seiten darin etwa 25 Minuten garen. Die garen Schnitzel herausnehmen und warm stellen.
5. Für die Sauce Crème fraîche, Sahne und Tomatenmark zu der verbliebenen Bratflüssigkeit in die Pfanne geben, verrühren und einmal aufkochen lassen. Mit Salz, Pfeffer und Cayennepfeffer würzen und die zurückgelassenen Basilikumstreifen unterrühren.
6. Die Putenfilets in Scheiben schneiden und die Sauce dazu servieren.

Beilage: Kräuterkartoffeln, Reis, verschiedene Blattsalate, Paprikasalat, Baguette mit Kräuterbutter.

Puten-Gemüse-Geschnetzeltes

Gut vorzubereiten – mit Alkohol

Pro Portion:
E: 33 g, F: 15 g, Kh: 7 g,
kJ: 1295, kcal: 310

1 Zwiebel, ½ Salatgurke (etwa 350 g)
1 große rote Paprikaschote (250 g)
500 g Putenbrust (ohne Knochen und Haut)
125 g durchwachsener Speck
2 EL Speiseöl, 75 ml Weißwein
100 ml Schlagsahne
100 ml Hühnerbrühe
Salz, frisch gemahlener Pfeffer
evtl. 2 EL heller Saucenbinder

Zum Bestreuen:
½ Bund Dill

Zubereitungszeit: etwa 50 Min.

Puten-Gemüse-Geschnetzeltes

1. Zwiebel abziehen und in Würfel schneiden. Gurke schälen, längs halbieren, mit einem Teelöffel die Kerne entfernen und Gurkenhälften in kleine Würfel schneiden. Paprika halbieren, entstielen, entkernen und die weißen Scheidewände entfernen. Die Schote waschen, trockentupfen und in Würfel schneiden.
2. Putenbrust unter fließendem kalten Wasser abspülen, trockentupfen und zuerst in Scheiben, dann in Streifen schneiden. Speck in feine Streifen schneiden.
3. Speiseöl in einer großen Pfanne erhitzen. Putenbrust- und Speckstreifen in 2 Portionen darin anbraten, herausnehmen und warm stellen. Das vorbereitete Gemüse in dem verbliebenen Bratfett etwa 5 Minuten andünsten. Wein, Sahne und Brühe hinzugießen und zum Kochen bringen. Angebratene Putenbrust- und Speckstreifen hinzugeben und mit Salz und Pfeffer würzen, wieder zum Kochen bringen und 6–8 Minuten garen. Geschnetzeltes nach Belieben mit Saucenbinder andicken.
4. Dill abspülen und trockentupfen. Die Spitzen von den Stängeln zupfen und klein schneiden. Geschnetzeltes mit Dill bestreut servieren.

Beilage: Bandnudeln oder Rösti.

Putenschnecken à la Parma

Raffiniert

Pro Portion:
E: 58 g, F: 33 g, Kh: 2 g,
kJ: 2409, kcal: 575

4 Scheiben Putenschnitzel (je 140 g)
Salz
frisch gemahlener Pfeffer
8 Salbeiblätter
4 Scheiben gekochter Schinken
4 Scheiben Höhlenkäse
4 EL Speiseöl

Zubereitungszeit: etwa 25 Min.

1. Putenschnitzel unter fließendem kalten Wasser abspülen, trockentupfen und mit Salz und Pfeffer würzen. Salbeiblätter kalt abspülen und trockentupfen. Schinken- und Käsescheiben in Größe der Schnitzel schneiden.
2. Je 2 Salbeiblätter, 1 Schinken- und 1 Käsescheibe nacheinander auf jede Fleischscheibe legen. Die Fleischscheiben von der schmalen Seite her aufrollen und jede Rolle in 3 Scheiben schneiden.
3. Öl in einer Pfanne erhitzen. Die Scheiben mit der Schnittfläche in eine Pfanne legen und bei mittlerer Hitze zuerst von beiden Seiten anbraten, dann etwa 10 Minuten garen.

Beilage:
Kartoffelgratin oder Reis.

Tipp:
Anstelle von Puten- können Sie auch Schweineschnitzel verwenden.

Putenschnecken à la Parma

Putenschnitzel in Schwarzbrotpanade

Preiswert

Pro Portion:
E: 39 g, F: 19 g, Kh: 46 g,
kJ: 2268, kcal: 541

Zum Vorbereiten:
800 g gekochte Pellkartoffeln, z. B. Hansa

4 Scheiben Schwarzbrot (je etwa 30 g)
2 Eier (Größe S)
4 Putenschnitzel (je etwa 120 g)
Salz, frisch gemahlener Pfeffer

Putenschnitzel in Schwarzbrotpanade

2 EL Weizenmehl
3 EL Speiseöl

1 kleine Steckrübe (etwa 700 g)
Salzwasser, 1 Zwiebel
1/2 Bund Thymian
30 g Butter oder Margarine
3 EL Speiseöl
100 ml Gemüsebrühe
1/2 Pck. TK-Petersilie

Zubereitungszeit: etwa 75 Min.

1. Kartoffeln waschen, pellen und in Scheiben schneiden, beiseite stellen. Schwarzbrot zerbröseln, fein hacken und in eine Schüssel geben. Eier in einer Schüssel verschlagen.
2. Schnitzel unter fließendem kalten Wasser abspülen und trockentupfen. Mit Salz und Pfeffer bestreuen. Schnitzel zuerst in Mehl wenden und dann durch die verschlagenen Eier ziehen, am Schüsselrand etwas abstreifen und zuletzt in den Schwarzbrotkrümeln wenden. Panade fest andrücken.
3. Öl in einer großen Pfanne erhitzen, Schnitzel von beiden Seiten darin anbraten, herausnehmen und auf ein Backblech (gefettet) legen. Das Backblech in den Backofen schieben.

Ober-/Unterhitze: etwa 180 °C (vorgeheizt)
Heißluft: etwa 160 °C (vorgeheizt)
Gas: Stufe 2–3 (vorgeheizt)
Garzeit: etwa 30 Minuten.

4. Steckrübe putzen, schälen, waschen und in Stifte schneiden. Salzwasser zum Kochen bringen und Steckrübenstifte etwa 10 Minuten darin garen. Anschließend in ein Sieb geben, mit kaltem Wasser übergießen und abtropfen lassen. Zwiebel abziehen und würfeln. Thymian abspülen, trockentupfen und die Blättchen von den Stängeln zupfen.
5. Butter oder Margarine in einem Topf zerlassen und Zwiebelwürfel darin glasig dünsten. Steckrübenstifte hinzugeben und kurz mit andünsten. Brühe hinzugießen, zum Kochen bringen und zugedeckt bei schwacher Hitze etwa 10 Minuten garen. Mit Salz und Pfeffer würzen. Petersilie unterrühren.
6. Öl in einer großen Pfanne erhitzen. Beiseite gelegte Kartoffelscheiben hinzugeben und unter mehrmaligem Wenden braun braten. Mit Salz und Pfeffer würzen und Thymianblättchen unterheben. Schnitzel mit Bratkartoffeln und Steckrübengemüse servieren.

Putenschnitzel mit Zitronencremesauce

Raffiniert

Pro Portion:
E: 39 g, F: 15 g, Kh: 23 g,
kJ: 1639, kcal: 392

2 kleine Zucchini
4 Möhren
1 kleine Dose Champignons (Abtropfgewicht 290 g)
2 EL Speiseöl
Salz
frisch gemahlener Pfeffer
8 kleine Putenschnitzel (je etwa 75 g)
100 ml Schlagsahne
200 ml Gemüsebrühe
Saft und etwas Schale von 1/2 Bio-Zitrone (unbehandelt, ungewachst)
1–2 EL heller Saucenbinder
1 Dose Mandarinen (Abtropfgewicht 315 g)
glatte Petersilie

Zubereitungszeit: etwa 30 Min.

1. Zucchini waschen, abtrocknen und die Enden abschneiden. Möhren putzen, schälen und waschen. Champignons in einem Sieb abtropfen lassen. Das Gemüse in dünne Scheiben schneiden. Die Hälfte des Öls in einer Pfanne erhitzen und die Gemüsescheiben darin etwa 5 Minuten andünsten, mit Salz und Pfeffer würzen und beiseite stellen.
2. Putenschnitzel unter fließendem kalten Wasser abspülen und trockentupfen. Das restliche Öl zum verbliebenen Bratfett geben und erhitzen. Die Putenschnitzel darin 2–3 Minuten von jeder Seite braten und mit Salz und Pfeffer würzen. Das Fleisch dann aus der Pfanne nehmen und warm stellen.
3. Den Bratensatz mit Sahne und Brühe ablöschen und mit Salz, Pfeffer und Zitronensaft und -schale abschmecken. Den Saucenbinder einrühren.
4. Mandarinen in einem Sieb abtropfen lassen, zu dem Gemüse geben und alles nochmals kurz erwärmen. Das Gemüse mit den Schnitzeln auf Tellern anrichten und die Zitronensauce darüber geben, mit Petersilie garnieren.

Beilage: Butterreis.

Putenschnitzel mit Zitronencremesauce

Putensticks in Sesampanade

Putensticks in Sesampanade

Für Gäste

Pro Portion:
E: 36 g, F: 28 g, Kh: 40 g,
kJ: 2338, kcal: 558

Für den Salat:
1 Dose Ananasringe
(Abtropfgewicht 350 g)
1 Bund Frühlingszwiebeln
250 g Cocktailtomaten
1 Bund Rucola (Rauke)
3 EL milder Essig, z. B. Weißweinessig
6 EL Speiseöl, z. B. Erdnussöl
Salz
frisch gemahlener Pfeffer
Zucker

Für die Putensticks:
4 Putenschnitzel (je etwa 120 g)
2 Eier (Größe M)
2 EL Weizenmehl
4 EL Sesamsamen
3 EL Speiseöl, z. B. Sonnenblumenöl

Zum Dippen:
etwa 200 ml süß-saure Sauce
(aus der Flasche)

Zubereitungszeit: etwa 40 Min., ohne Durchziehzeit

1. Für den Salat Ananasringe in ein Sieb geben, abtropfen lassen und in kleine Stücke schneiden. Frühlingszwiebeln putzen, waschen, abtropfen lassen und in etwa 3 cm lange Stücke schneiden.
2. Cocktailtomaten waschen, trockentupfen, halbieren und die Stängelansätze entfernen. Rucola verlesen, dicke Stängel abschneiden, Rucola waschen und trockentupfen oder -schleudern und in kleine Stücke schneiden oder zupfen.
3. Ananas-, Frühlingszwiebelstücke, Cocktailtomaten und Rucola mit Essig und Öl in eine Schüssel geben und gut vermischen, mit Salz, Pfeffer und Zucker würzen. Den Salat im Kühlschrank etwa eine halbe Stunde durchziehen lassen, dabei gelegentlich umrühren.
4. Für die Putensticks Putenschnitzel unter fließendem kalten Wasser abspülen, trockentupfen und in etwa 5 cm lange Stücke schneiden.
5. Eier in einer flachen Schüssel verschlagen. Mehl und Sesamsamen jeweils in eine flache Schale geben. Putenstücke mit Salz und Pfeffer würzen und zuerst im Mehl wälzen, dann mit einer Gabel durch die verschlagenen Eier ziehen. Putenstücke am Schüsselrand etwas abstreifen und zuletzt in den Sesamsamen wenden. Panade fest andrücken.
6. Öl in einer großen, flachen Pfanne erhitzen und die panierten Putenstücke evtl. in 2 Portionen darin in etwa 7 Minuten knusprig braten.
7. Die Putensticks mit dem Salat anrichten und die süß-saure Sauce zum Dippen dazureichen.

Putenstreifen provenzalische Art

Einfach

Pro Portion:
E: 21 g, F: 15 g, Kh: 7 g,
kJ: 1110, kcal: 265

500 g Putenbrust
3 EL Speiseöl
1 Knoblauchzehe
1 TL Salz
frisch gemahlener Pfeffer
getrocknete Kräuter der Provence
1 Glas Artischockenherzen
(Abtropfgewicht 240 g)
4 mittelgroße Tomaten
1 EL Olivenöl
2 EL Zitronensaft
100 g geriebener Emmentaler
1 EL Basilikumstreifen

Zubereitungszeit: etwa 30 Min.

1. Putenbrust unter fließendem kalten Wasser abspülen, trockentupfen und in breite Streifen schneiden. Speiseöl in einer Pfanne erhitzen und die Putenbruststreifen darin in 2 Portionen von allen Seiten kurz anbraten.
2. Knoblauch abziehen, würfeln, mit Salz zu einer Paste zerreiben und mit den Putenbruststreifen vermengen. Mit Pfeffer und Kräutern der Provence würzen.
3. Artischockenherzen in ein Sieb geben und gut abtropfen lassen. Tomaten waschen, abtrocknen und halbieren, die Stängelansätze herausschneiden, Tomaten in Viertel schneiden.
4. Fleischstreifen, Artischockenherzen und Tomatenviertel in einer flachen Auflaufform verteilen. Olivenöl und Zitronensaft darüber träufeln und Emmentaler darüber streuen. Die Form auf dem Rost in den Backofen schieben.
   Ober-/Unterhitze: etwa 200 °C (vorgeheizt)
   Heißluft: etwa 180 °C (vorgeheizt)
   Gas: Stufe 3–4 (vorgeheizt)
   Überbackzeit: etwa 20 Minuten.
5. Den Auflauf vor dem Servieren mit Basilikum bestreuen.

Pytt i panne

Beilage:
Kräuterkartoffeln oder Tomatenrisotto und grüner Salat.

Tipp:
Die Tomaten nach Belieben enthäuten.

Pytt i panne

Einfach

Pro Portion:
E: 24 g, F: 43 g, Kh: 36 g,
kJ: 2699, kcal: 644

Putenstreifen provenzalische Art

800 g gekochte Pellkartoffeln
3 Zwiebeln
300 g gekochter Schinken oder durchwachsener Speck
4 Gewürzgurken
50 g Butter oder Margarine
250 ml (1/4 l) Bratensauce
2 Becher (je 150 g) Crème fraîche
2 EL gehackte Petersilie

Zubereitungszeit: etwa 25 Min.

1. Kartoffeln pellen und in Scheiben schneiden. Zwiebeln abziehen. Zwiebeln, Schinken oder Speck und Gewürzgurken in Würfel schneiden.
2. Die Butter oder Margarine in einer Pfanne zerlassen und Kartoffelscheiben, Zwiebel-, Schinken- und Gurkenwürfel darin anbraten.
3. Bratensauce und Crème fraîche unterrühren und kurz erhitzen. Vor dem Servieren mit Petersilie bestreuen.

Tipp:
Wenn Sie keine Bratensauce haben, können Sie 1 Päckchen oder Beutel dunkle Sauce nach Packungsanleitung zubereiten und verwenden.

Quark-Aprikosen-Kuchen

Quark-Aprikosen-Kuchen

Gut vorzubereiten

Insgesamt:
E: 235 g, F: 352 g, Kh: 746 g,
kJ: 29929, kcal: 7143

Für den Knetteig:
300 g Weizenmehl
2 TL Dr. Oetker Backin
100 g Zucker
1 Prise Salz
2 Eier (Größe M)
100 g weiche Butter
oder Margarine

Für den Belag:
je 1 große und kleine Dose
Aprikosenhälften
(Abtropfgewicht 380 g und 240 g)

Für die Füllung:
50 g Löffelbiskuits oder Amarettini
50 g abgezogene, gemahlene
Mandeln
1 kg Magerquark
4 Eigelb (Größe M)
150 g Zucker
3–4 EL Zitronensaft
2 Pck. Dr. Oetker Finesse Geriebene
Zitronenschale
2 Pck. Saucen-Pulver Vanille-
Geschmack (zum Kochen)
500 ml ($^1/_2$ l) Schlagsahne

Zum Bestreichen:
2 EL Aprikosenkonfitüre

Zum Bestreuen:
50 g abgezogene, gehobelte,
gebräunte Mandeln

Zubereitungszeit: etwa 50 Min.

1. Für den Teig Mehl mit Backin mischen und in eine Rührschüssel sieben. Zucker, Salz, Eier und Butter oder Margarine hinzufügen und die Zutaten mit Handrührgerät mit Knethaken zunächst kurz auf niedrigster, dann auf höchster Stufe gut durcharbeiten.
2. Anschließend auf der bemehlten Arbeitsfläche zu einem glatten Teig verkneten. Sollte er kleben, ihn in Folie gewickelt eine Zeit lang kalt stellen.
3. Den Teig auf einem Backblech (30 x 40 cm, gefettet) ausrollen.
4. Für den Belag Aprikosenhälften in einem Sieb abtropfen lassen.
5. Für die Füllung Löffelbiskuits oder Amarettini in einen Gefrierbeutel geben, den Beutel verschließen und Löffelbiskuits oder Amarettini mit einer Teigrolle zerbröseln. Gebäckbrösel mit den Mandeln vermischen und auf den Teigboden streuen. Einen Backrahmen darumstellen.
6. Quark mit Eigelb, Zucker, Zitronensaft und -schale und Saucen-Pulver gut verrühren. Sahne steif schlagen und unterheben. Die Quark-Sahne-Masse auf den mit Gebäckbröseln bestreuten Teig geben und glatt streichen. Aprikosenhälften mit der Wölbung nach oben darauf verteilen. Das Backblech in den Backofen schieben.
   Ober-/Unterhitze: etwa 200 °C (vorgeheizt)
   Heißluft: etwa 180 °C (nicht vorgeheizt)
   Gas: Stufe 3–4 (nicht vorgeheizt)
   Backzeit: etwa 45 Minuten.
7. Das Backblech auf einen Kuchenrost stellen.
8. Zum Bestreichen Konfitüre durch ein Sieb streichen. Den noch heißen Kuchen damit bestreichen und mit Mandeln bestreuen. Kuchen erkalten lassen. Backrahmen lösen und entfernen.

Quarkauflauf

Preiswert – für Kinder

Pro Portion:
E: 20 g, F: 33 g, Kh: 79 g,
kJ: 3016, kcal: 720

75 g weiche Butter oder Margarine
125 g Zucker
1 Pck. Dr. Oetker Vanillin-Zucker
2 Eier (Größe M)
2 Tropfen Zitronen-Aroma
1 Prise Salz
500 g Speisequark
1 Pck. Dr. Oetker Pudding-Pulver Vanille-Geschmack
50 g Weizengrieß
3 TL Dr. Oetker Backin
evtl. etwas Milch
500 g Äpfel
50 g Rosinen

Zubereitungszeit: etwa 35 Min.

1. Butter oder Margarine mit Handrührgerät mit Rührbesen schaumig rühren. Nach und nach Zucker, Vanillin-Zucker, Eier, Zitronen-Aroma, Salz und Quark unterrühren.
2. Pudding-Pulver mit Grieß und Backin mischen und portionsweise unterrühren. Falls der Teig etwas zu fest sein sollte, so viel Milch hinzugießen, dass er eine kartoffelbreiähnliche Beschaffenheit erhält.
3. Äpfel schälen, vierteln, entkernen und in kleine Würfel schneiden. Rosinen mit den Äpfeln unter den Teig heben. Den Teig in eine gefettete Auflaufform füllen und glatt streichen. Die Form auf dem Rost in den Backofen schieben.

Ober-/Unterhitze: etwa 200 °C (vorgeheizt)
Heißluft: etwa 180 °C (nicht vorgeheizt)
Gas: Stufe 3–4 (nicht vorgeheizt)
Backzeit: etwa 45 Minuten.

Quarkauflauf

Quarkdip

Quarkdip

Schnell

Pro Portion:
E: 15 g, F: 5 g, Kh: 2 g,
kJ: 486, kcal: 116

150 g Magerquark
4 EL Buttermilch
1 kleine Tomate
1 Sardelle
2 Oliven
2 TL Zwiebelwürfel
Salz, frisch gemahlener Pfeffer
gehackte Thymianblättchen

Zubereitungszeit: etwa 20 Min.

1. Magerquark mit Buttermilch verrühren.
2. Tomate kurze Zeit in kochendes Wasser legen (nicht kochen lassen), in kaltem Wasser abschrecken, enthäuten und halbieren, den Stängelansatz herausschneiden und die Tomate entkernen.
3. Tomate, Sardelle und Oliven sehr fein schneiden, mit den Zwiebelwürfeln unter den Quark rühren und mit Salz, Pfeffer und Thymian würzen.

Quark-Marmor-Muffins

Für Gäste

Pro Stück:
E: 6 g, F: 14 g, Kh: 31 g,
kJ: 1141, kcal: 272

Zum Vorbereiten:
1 Bio-Orange (unbehandelt, ungewachst)
1 Tafel (100 g) Zartbitterschokolade
2 EL Schlagsahne

Für den Rührteig:
100 ml Sonnenblumenöl
120 g Zucker
1 Pck. Dr. Oetker Vanillin-Zucker
1 Ei (Größe M)
250 g Speisequark (20 %)
250 g Weizenmehl
1 1/2 TL Dr. Oetker Backin
1 Prise Salz
etwa 50 ml Orangensaft

Zubereitungszeit: etwa 50 Min., ohne Abkühlzeit

1. Zum Vorbereiten Orange heiß abwaschen, abtrocknen und die Schale mit einer Haushaltsreibe abreiben. Orange halbieren und aus einer Hälfte den Saft auspressen (etwa 50 ml). Schokolade in Stücke brechen und mit Sahne in einem kleinen Topf im heißen Wasserbad bei schwacher Hitze unter Rühren schmelzen, abkühlen lassen.
2. Für den Teig Öl, Zucker und Vanillin-Zucker in eine Rührschüssel geben und mit Handrührgerät mit Rührbesen zu einer dickflüssigen Masse verrühren. Ei unterrühren. Orangenschale und Quark unterrühren.
3. Mehl mit Backin und Salz mischen, sieben und abwechselnd portionsweise mit dem ausgepressten Orangensaft auf mittlerer Stufe unterrühren.
4. Den Teig in eine Muffinform (für 12 Muffins, gefettet, bemehlt) geben. Die aufgelöste Schokolade mit einem Teelöffel jeweils in die Mitte des Teiges geben und mit einem Holzstäbchen 3–5 Kreise ziehen, so dass die Muffins an der Oberfläche leicht marmoriert sind. Die Form auf dem Rost in den Backofen schieben.
   Ober-/Unterhitze: etwa 180 °C (vorgeheizt)
   Heißluft: etwa 160 °C (vorgeheizt)
   Gas: Stufe 2–3 (vorgeheizt)
   Backzeit: etwa 25 Minuten.
5. Die Muffins 10 Minuten in der Form stehen lassen, dann aus der Form lösen und auf einem Kuchenrost erkalten lassen.

Quarknapfkuchen

Einfach

Insgesamt:
E: 93 g, F: 186 g, Kh: 603g,
kJ: 19152, kcal: 4575

Zum Vorbereiten:
150 g getrocknete Aprikosen

Für den Rührteig:
125 g weiche Butter oder Margarine
6 EL Speiseöl
150 g Zucker
1 Pck. Dr. Oetker Vanillin-Zucker
5 Tropfen Butter-Vanille-Aroma
1 Prise Salz
2 Eier (Größe M)
250 g Speisequark (Magerstufe)
375 g Weizenmehl
1 Pck. Dr. Oetker Backin
5 EL Milch
100 g Rosinen

Zum Bestäuben:
etwas Puderzucker

Zubereitungszeit: etwa 30 Min.

1. Zum Vorbereiten für den Teig Aprikosen in kleine Stücke schneiden.
2. Für den Teig Butter oder Margarine in einer Rührschüssel mit Handrührgerät mit Rührbesen geschmeidig rühren. Nach und nach Speiseöl, Zucker, Vanillin-Zucker, Butter-Vanille-Aroma und Salz hinzufügen und so lange rühren, bis eine gebundene Masse entstanden ist. Eier nach und nach unterrühren (jedes Ei etwa 1/2 Minute). Speisequark kurz unterrühren.
3. Mehl mit Backin mischen, sieben und abwechselnd mit der Milch in 2 Portionen kurz auf mittlerer Stufe unterrühren. Rosinen und klein geschnittene Aprikosen vorsichtig auf niedrigster Stufe unter den Teig rühren. Den Teig in eine Napfkuchenform (Ø 22 cm, gefettet, bemehlt) füllen und glatt streichen. Die Form auf dem Rost in den Backofen schieben.
   Ober-/Unterhitze: etwa 180 °C (vorgeheizt)

Heißluft: etwa 160 °C
(nicht vorgeheizt)
Gas: Stufe 2–3 (nicht vorgeheizt)
Backzeit: etwa 60 Minuten.

4. Den Kuchen 10 Minuten in der Form stehen lassen, dann auf einen Kuchenrost stürzen und erkalten lassen. Den Kuchen vor dem Servieren mit Puderzucker bestäuben.

Quarknapfkuchen mit kandierten Früchten

Schnell

Insgesamt:
E: 93 g, F: 196 g, Kh: 565 g, kJ: 20699, kcal: 4947

Für den Rührteig:
1 Pck. (150 g) Früchtemix
125 g weiche Butter oder Margarine
75 ml geschmacksneutrales Speiseöl, z. B. Rapsöl
150 g Zucker
1 Pck. Dr. Oetker Vanillin-Zucker
5 Tropfen Butter-Vanille-Aroma
1 Prise Salz
2 Eier (Größe M)
250 g Magerquark
375 g Weizenmehl
1 Pck. Dr. Oetker Backin
5 EL Rum

Für die Form:
Semmelbrösel

Zum Bestäuben:
30 g Puderzucker

Zubereitungszeit: etwa 20 Min.

1. Für den Teig Butter oder Margarine mit Handrührgerät mit Rührbesen auf höchster Stufe geschmeidig rühren. Nach und nach Öl, Zucker, Vanillin-Zucker, Aroma und Salz unterrühren und so lange rühren, bis eine gebundene Masse entstanden ist.
2. Eier nach und nach unterrühren (jedes Ei etwa $^1/_2$ Minute). Quark unterrühren.
3. Mehl mit Backin mischen, sieben und abwechselnd portionsweise mit Rum auf mittlerer Stufe unterrühren.
4. Früchtemix vorsichtig auf mittlerer Stufe unterrühren. Den Teig in eine Napfkuchenform (Ø 22–24 cm, gefettet, mit Semmelbröseln ausgestreut) füllen und glatt streichen. Die Form auf dem Rost in den Backofen schieben.
   Ober-/Unterhitze: etwa 180 °C
   (vorgeheizt)
   Heißluft: etwa 160 °C
   (nicht vorgeheizt)
   Gas: Stufe 2–3 (nicht vorgeheizt)
   Backzeit: etwa 60 Minuten
5. Den Kuchen 10 Minuten in der Form stehen lassen, dann auf einen Kuchenrost stürzen und erkalten lassen. Den erkalteten Kuchen mit Puderzucker bestäuben.

Quarknapfkuchen mit kandierten Früchten

Abwandlung 1:
Für einen Quarknapfkuchen mit Pflaumen können Sie anstelle des Früchtemix 150 g getrocknete Pflaumen (ohne Stein, in kleine Stücke geschnitten) verwenden. Dann den Rum nach Belieben durch Slibowitz ersetzen.

Abwandlung 2:
Für einen Quarknapfkuchen mit Feigen anstelle der Pflaumen 150 g getrocknete Feigen in kleine Stücke schneiden und zusätzlich 150 g abgezogene, gehobelte Mandeln unter den Teig rühren. Dann den Slibowitz durch Wodka mit Feige austauschen.

Tipp:
Für eine Variante ohne Alkohol können Sie den Rum durch Milch oder Orangensaft ersetzen. Dann nach Belieben zusätzlich 1 Päckchen Finesse Orangenfrucht hinzufügen. Der Kuchen hält sich gut verpackt etwa 1 Woche frisch.

Quark-Nudel-Auflauf

Gut vorzubereiten

Pro Portion:
E: 30 g, F: 38 g, Kh: 38 g,
kJ: 2702, kcal: 645

2 l Wasser, 2 TL Salz
200 g Spaghetti

250 g Magerquark
1 Becher (150 g) Crème fraîche
3 Eier (Größe M)
1 TL gemahlener Kümmel
2 EL fein geschnittener Schnittlauch
Salz, frisch gemahlener Pfeffer
2 geräucherte Mettwürstchen
50 g durchwachsener Speck

Zubereitungszeit: etwa 30 Min.

1. Wasser in einem großen Topf mit geschlossenem Deckel zum Kochen bringen. Salz und Nudeln zugeben und die Nudeln nach Packungsanleitung im geöffneten Topf bei mittlerer Hitze bissfest kochen, zwischendurch 4–5-mal umrühren. Nudeln auf ein Sieb geben, mit kaltem Wasser übergießen und abtropfen lassen.
2. Quark mit Crème fraîche, Eiern, Kümmel und Schnittlauch verrühren und mit Salz und Pfeffer würzen.
3. Mettwürstchen abspülen, abtrocknen und in Scheiben schneiden, mit den Spaghetti unter den Quark heben und in eine gefettete Auflaufform füllen.
4. Speck in dünne Scheiben schneiden und auf die Quark-Spaghetti-Masse geben. Die Form auf dem Rost in den Backofen schieben.

Ober-/Unterhitze: etwa 200 °C
(vorgeheizt)
Heißluft: etwa 180 °C
(nicht vorgeheizt)
Gas: Stufe 3–4 (nicht vorgeheizt)
Backzeit: etwa 45 Minuten.

Quark-Nudel-Auflauf

Quarkreibekuchen

Schnell – preiswert

Pro Portion:
E: 12 g, F: 26 g, Kh: 37 g,
kJ: 1883, kcal: 450

750 g Kartoffeln, 2 Zwiebeln
2 EL Weizenmehl
2 Eier (Größe M)
200 g Frühlingsquark
Salz, frisch gemahlener Pfeffer

100 g Butter oder Margarine

Zubereitungszeit: etwa 30 Min.

1. Kartoffeln schälen und waschen. Zwiebeln abziehen. Beide Zutaten reiben, mit Mehl, Eiern und Quark verrühren und mit Salz und Pfeffer würzen.
2. Butter oder Margarine in einer Pfanne erhitzen und den Teig esslöffelweise hineingeben, flach drücken und die Reibekuchen von beiden Seiten goldgelb backen.

Beilage:
Grüner Salat oder Apfelkompott.

Quark-Sahne-Schnitten mit Mandarinen

Für Kinder

Insgesamt:
E: 120 g, F: 147 g, Kh: 519 g,
kJ: 16761, kcal: 4004

Für den Biskuitteig:
3 Eier (Größe M)
3 EL heißes Wasser

150 g Zucker
1 Pck. Dr. Oetker Vanillin-Zucker
100 g Weizenmehl
50 g Speisestärke
1 TL Dr. Oetker Backin

Für die Füllung:
6 Blatt weiße Gelatine
1 Dose Mandarinenspalten
(Abtropfgewicht 235 g)
500 g Magerquark
150 g Zucker
1 Pck. Dr. Oetker Vanillin-Zucker
1 Pck. Dr. Oetker Finesse Geriebene Zitronenschale
75 ml Mandarinensaft
2 EL Zitronensaft
400 ml Schlagsahne

Zum Bestäuben:
Puderzucker

Quark-Sahne-Schnitten mit Mandarinen

Zubereitungszeit: etwa 40 Min., ohne Kühlzeit

1. Für den Teig Eier und Wasser mit Handrührgerät mit Rührbesen auf höchster Stufe in 1 Minute schaumig schlagen. Zucker mit Vanillin-Zucker mischen, in 1 Minute einstreuen, dann noch etwa 2 Minuten schlagen.
2. Mehl mit Speisestärke und Backin mischen, die Hälfte davon auf die Eiercreme sieben und kurz auf niedrigster Stufe unterrühren. Den Rest des Mehlgemisches auf dieselbe Weise unterarbeiten.
3. Den Teig auf ein Backblech (30 x 40 cm, gefettet, mit Backpapier belegt) streichen. Das Papier unmittelbar vor dem Teig zur Falte knicken, so dass ein Rand entsteht. Das Backblech in den Backofen schieben.
   Ober-/Unterhitze: etwa 200 °C (vorgeheizt)
   Heißluft: etwa 180 °C (vorgeheizt)
   Gas: Stufe 3–4 (vorgeheizt)
   Backzeit: 10–15 Minuten.
4. Die Gebäckplatte sofort nach dem Backen auf ein mit Zucker bestreutes Küchentuch stürzen, das Backpapier mit kaltem Wasser bestreichen und vorsichtig, aber schnell abziehen. Den Biskuit senkrecht halbieren und erkalten lassen.
5. Für die Füllung Gelatine nach Packungsanleitung in kaltem Wasser einweichen. Mandarinenspalten in einem Sieb abtropfen lassen, dabei den Saft auffangen und 75 ml davon abmessen.
6. Quark mit Zucker, Vanillin-Zucker, Zitronenschale, abgemessenem Mandarinensaft und Zitronensaft verrühren. Gelatine leicht ausdrücken, in einem kleinen Topf unter Rühren erwärmen (nicht kochen), bis sie völlig gelöst ist und leicht abkühlen lassen. Etwas von der Quarkmasse mit der Gelatine verrühren, die Mischung dann unter die restliche Quarkmasse rühren. Sahne steif schlagen und mit den Mandarinenspalten unterheben.
7. Die Masse auf eine der Biskuithälften streichen, mit der anderen Hälfte bedecken (die Unterseite nach oben) und leicht andrücken. Die Seiten glatt streichen. Das Gebäck etwa 2 Stunden kalt stellen.
8. Das Gebäck vor dem Servieren mit Puderzucker bestäuben und in Schnitten schneiden.

Abwandlung:
Sie können anstelle des Quarks auch Dickmilch verwenden. Dann 8 Blatt Gelatine verwenden.
Die Schnitten schmecken auch lecker mit frischen Heidelbeeren, Himbeeren oder in Stücke geschnittenen Erdbeeren.

Tipp:
Sie können die Quark-Sahne-Schnitten gut 1 Tag vor dem Verzehr zubereiten. Das Gebäck dann erst kurz vor dem Servieren mit Puderzucker bestäuben.

Quarkschmarren

Quarkschmarren

Preiswert

Pro Portion:
E: 16 g, F: 29 g, Kh: 49 g,
kJ: 2377, kcal: 568

250 g Magerquark
1 Becher (125 g) Crème double
3 Eigelb (Größe M)
75 g gesiebtes Weizenmehl
1 Prise Salz
3 Eiweiß (Größe M)
2 EL Butter, 2 EL Puderzucker

Für das Kirschkompott:
500 g dunkle, entsteinte Sauerkirschen
125 ml (1/8 l) Rotwein
50 g Zucker
2 TL Speisestärke
2 TL kaltes Wasser

Zubereitungszeit: etwa 35 Min.

1. Quark mit Crème double, Eigelb, Mehl und Salz verrühren.
2. Eiweiß steif schlagen und unterheben.
3. Butter (etwas zurücklassen) in einer Pfanne zerlassen, Quarkmasse 1 cm dick hineingeben und von beiden Seiten in 12–15 Minuten goldgelb backen.
4. Eierkuchen mit 2 Gabeln in kleine Stücke reißen und diese unter Wenden gut bräunen, evtl. noch etwas Butter hinzufügen.
5. Für das Kirschkompott Kirschen mit Rotwein und Zucker kurz aufkochen. Speisestärke mit Wasser anrühren, in die kochende Flüssigkeit rühren und unter Rühren aufkochen.
6. Quarkschmarren mit Puderzucker bestäuben und mit dem Kirschkompott servieren.

Tipp:
Wenn Kinder mitessen, den Rotwein durch Kirschsaft ersetzen.

Quarkspeise „Birne Helene"

Raffiniert

Pro Portion:
E: 10 g, F: 10 g, Kh: 29 g,
kJ: 1071, kcal: 256

1 kleine Dose Birnenhälften (Abtropfgewicht 240 g)
250 g Speisequark
150 g Naturjoghurt
50 g Zucker
etwa 125 ml (1/8 l) Milch, Schlagsahne oder Birnensaft
4 EL Schokoladensauce (fertig gekauft)

Quarkspeise „Birne Helene"

Zubereitungszeit: etwa 15 Min.

1. Birnen auf einem Sieb abtropfen lassen, dabei den Saft auffangen. Quark, Joghurt, Zucker und Milch, Sahne oder Birnensaft gut verrühren.
2. Die Quarkspeise auf 4 Teller verteilen und die Birnen in die Mitte darauf geben. Mit der Schokoladensauce beträufeln.

Tipp:
Wer keine gekaufte Schokoladensauce verwenden möchte, kann auch selbst eine zubereiten. Dafür 100 g Zartbitterschokolade grob zerkleinern und mit 125 ml ($^1/_8$ l) Schlagsahne unter Rühren erhitzen, bis die Schokolade aufgelöst ist. Die Sauce etwas abkühlen lassen.

Quarkstuten

Für Kinder

Insgesamt:
E: 138 g, F: 28 g, Kh: 374 g, kJ: 9723, kcal: 2321

Für den Teig:
500 g Magerquark
$^1/_4$ TL Salz
40 g flüssiger Honig oder Zuckerrübensirup (Rübenkraut)
2 Eier (Größe M)
350 g Vollkorn-Weizenmehl
150 g Weizenmehl
1 Pck. und 2 TL Dr. Oetker Backin

Zubereitungszeit: etwa 15 Min.

1. Für den Teig Quark in eine Rührschüssel geben und mit Salz, Honig oder Sirup und Eiern geschmeidig rühren. Vollkorn-Weizenmehl mit Weizenmehl und Backin mischen und hinzufügen. Die Zutaten mit Handrührgerät mit Knethaken zunächst kurz auf niedrigster, dann auf höchster Stufe gut durcharbeiten.
2. Den Teig auf der leicht bemehlten Arbeitsfläche zu einem glatten Teig verkneten und in eine Kastenform (25 x 11 cm, gefettet, bemehlt) geben. Die Form auf dem Rost in den Backofen schieben.
   Ober-/Unterhitze: etwa 180 °C (vorgeheizt)
   Heißluft: etwa 160 °C (nicht vorgeheizt)
   Gas: Stufe 2–3 (nicht vorgeheizt)
   Backzeit: etwa 40 Minuten.
3. Den Stuten aus der Form lösen, herausnehmen und auf einem Kuchenrost erkalten lassen.

Tipp:
Es können zusätzlich Rosinen unter den Teig geknetet werden.

Quarkstuten

Radieschenquark

Preiswert

Pro Portion:
E: 18 g, F: 12 g, Kh: 8 g,
kJ: 929, kcal: 222

500 g Magerquark
1 Becher (150 g) Crème fraîche
Salz
frisch gemahlener Pfeffer
3 Bund Radieschen
1 EL gehackter Dill
1 EL gehackte Basilikumblättchen
1–2 TL eingelegte, grüne Pfefferkörner

Zubereitungszeit: etwa 30 Min.

1. Quark mit Crème fraîche verrühren und mit Salz und Pfeffer würzen.
2. Radieschen putzen, waschen und in Scheiben schneiden. Einige Radieschenscheiben zum Garnieren zurücklassen, die restlichen Scheiben mit Dill, Basilikum und Pfefferkörnern unter die Quarkcreme rühren.
3. Den Radieschenquark mit Salz und Pfeffer abschmecken und mit den zurückgelassenen Radieschenscheiben garnieren.

Tipp:
Der Radieschenquark schmeckt zu Pellkartoffeln oder Vollkornbrot.

Radieschensalat

Vegetarisch

Pro Portion:
E: 1 g, F: 9 g, Kh: 6 g,
kJ: 478, kcal: 114

3 Bund Radieschen
5 Frühlingszwiebeln, 1 Apfel

Für die Sauce:
2–3 EL Kräuteressig
Salz
frisch gemahlener Pfeffer
1 Prise Zucker
3–4 EL Speiseöl
1 EL gehackte Petersilie
1 EL Schnittlauchröllchen

Zubereitungszeit: etwa 40 Min., ohne Durchziehzeit

1. Radieschen putzen, waschen und in Scheiben schneiden. Frühlingszwiebeln putzen und das dunkle Grün bis auf etwa 15 cm entfernen. Frühlingszwiebeln waschen und in Ringe schneiden. Apfel schälen, vierteln, entkernen und in Scheiben schneiden.
2. Für die Sauce Essig mit Salz, Pfeffer und Zucker verrühren. Öl unterschlagen und Petersilie und Schnittlauch unterrühren. Die Sauce mit den Salatzutaten in einer Schüssel vermengen und etwas durchziehen lassen.

Tipp:
Sie können auch einige Krabben unter den Salat mischen.

Radieschenquark

Radieschensuppe

Vegetarisch

Pro Portion:
E: 2 g, F: 9 g, Kh: 4 g,
kJ: 431, kcal: 103

3 Schalotten
3 Bund Radieschen (etwa 700 g)
2 EL Butter
750 ml (3/4 l) Gemüsebrühe
1 TL Salz
weißer Pfeffer
Saft von 1/2 Zitrone
1 TL Worcestersauce

Zubereitungszeit: etwa 30 Min.

1. Schalotten abziehen und fein würfeln. Von den Radieschen die Wurzelenden und das Grün entfernen. Radieschen waschen, abtropfen lassen und in kleine Würfel schneiden.
2. Butter in einem Topf zerlassen und die Schalottenwürfel darin andünsten. Radieschenwürfel hinzufügen und kurz mitdünsten. Gemüsebrühe hinzugießen und unter gelegentlichem Rühren etwa 20 Minuten kochen. Anschließend die Suppe mit einem Mixer fein pürieren.
3. Die Suppe mit Salz, Pfeffer, Zitronensaft und Worcestersauce abschmecken.

Ramequin (Schweizer Brot-Käse-Auflauf)

Ramequin (Schweizer Brot-Käse-Auflauf)

Preiswert

Pro Portion:
E: 24 g, F: 45 g, Kh: 31 g,
kJ: 2745, kcal: 656

1 große Zwiebel
75 g durchwachsener Speck
2 EL Speiseöl
10 Scheiben Baguette
3 große Tomaten
10 kleine Scheiben mittelalter Gouda

Für den Guss:
3 Eier (Größe M)
250 ml (1/4 l) Milch
1 Becher (150 g) Crème fraîche
Salz
frisch gemahlener Pfeffer
1 EL frische, gehackte Kräuter,
z. B. Basilikum, Rosmarin, Thymian, Oregano

Zum Bestreuen:
einige Thymian- oder Basilikumblättchen

Zubereitungszeit: etwa 40 Min.

1. Zwiebel abziehen und in Würfel schneiden. Speck ebenfalls würfeln. Öl in einer großen Pfanne erhitzen und Speckwürfel darin auslassen. Zwiebelwürfel hinzufügen und glasig dünsten. Speck- und Zwiebelwürfel aus der Pfanne nehmen und beiseite stellen.
2. Baguettescheiben auf ein Backblech legen und in den Backofen schieben.
   Ober-/Unterhitze: etwa 200 °C (vorgeheizt)
   Heißluft: etwa 180 °C (vorgeheizt)
   Gas: Stufe 3–4 (vorgeheizt)
   Garzeit: etwa 10 Minuten.
3. Tomaten waschen, abtropfen lassen und kreuzweise einschneiden, kurz in kochendes Wasser legen und in kaltem Wasser abschrecken. Tomaten enthäuten, die Stängelansätze herausschneiden und Tomaten in Scheiben schneiden.
4. Brot-, Käse- und Tomatenscheiben schuppenartig in eine flache Auflaufform schichten, dabei die Zwiebel-Speck-Masse mit einschichten.
5. Für den Guss Eier mit Milch und Crème fraîche verrühren und mit Salz und Pfeffer würzen. Kräuter unterrühren. Die Masse über die Zutaten in der Auflaufform gießen. Die Form auf dem Rost in den Backofen schieben und den Auflauf **bei oben angegebener Backofeneinstellung etwa 40 Minuten garen, bis die Eiermasse gestockt ist.**
6. Den Auflauf mit Kräuterblättchen bestreut servieren.

Beilage:
Salat der Saison.

Tipp:
Der Auflauf kann gut mit übrig gebliebenem Baguette zubereitet werden.

Rätsel-Blechkuchen mit Kirschen

Rätsel-Blechkuchen mit Kirschen

Etwas aufwändiger

Insgesamt:
E: 131 g, F: 681 g, Kh: 523 g,
kJ: 37976, kcal: 9073

Für die 1. Lage:
300 g Butterkekse
250 g zerlassene, etwas abgekühlte Butter

Für die 2. Lage:
500 g Doppelrahm-Frischkäse
75 g gesiebter Puderzucker
200 ml Schlagsahne
2 Pck. Dr. Oetker Sahnesteif

Für die 3. Lage:
200 g gemahlene, geröstete Haselnusskerne

Für die 4. Lage:
600 ml Schlagsahne
2 Pck. Dr. Oetker Vanillin-Zucker
3 Pck. Dr. Oetker Sahnesteif

Für die 5. Lage:
2 Gläser Sauerkirschen (Abtropfgewicht je 370 g)
2 Pck. Tortenguss, rot

Zubereitungszeit: etwa 55 Min., ohne Kühl- und Ziehzeit

1. Für die 1. Lage Butterkekse in einen Gefrierbeutel geben, den Beutel verschließen, die Butterkekse mit einer Teigrolle fein zerdrücken und in eine Schüssel geben. Kekskrümel mit der Butter gut verrühren, auf einem Backblech (30 x 40 cm, gefettet) verteilen und mit einem Esslöffel andrücken. Einen Backrahmen darumstellen. Den Boden kalt stellen, damit er fest wird.
2. Für die 2. Lage Frischkäse mit Puderzucker verrühren. Sahne mit Sahnesteif steif schlagen und unter den Frischkäse heben. Die Masse auf dem Butterkeksboden verteilen.
3. Für die 3. Lage die Nüsse auf der zweiten Lage verteilen.
4. Für die 4. Lage Sahne mit Vanillin-Zucker und Sahnesteif steif schlagen, auf der dritten Lage verteilen und glatt streichen.
5. Für die 5. Lage Kirschen auf einem Sieb abtropfen lassen und den Saft auffangen. Die Kirschen auf der vierten Lage verteilen. Von dem Saft 500 ml ($^1/_2$ l) abmessen, evtl. mit Wasser ergänzen, mit Tortenguss nach Packungsanleitung andicken und vorsichtig über den Kirschen verteilen.
6. Den Kuchen etwa 2 Stunden durchziehen lassen, dann den Backrahmen vorsichtig lösen und entfernen.

Tipp:
Maximal 1 Tag vor dem Verzehr zubereiten. Anstelle der Kirschen können auch Erdbeeren, Himbeeren oder Brombeeren verwendet werden. Für den Guss Sirup mit Wasser verdünnen oder roten Fruchtsaft verwenden.
Wenn kein Backrahmen vorhanden ist, kann der Kuchen auch in einer Fettfangschale zubereitet werden.

Ratsherren-Schnitzel

Für Gäste

Pro Portion:
E: 39 g, F: 64 g, Kh: 10 g,
kJ: 3419, kcal: 816

$^1/_2$ Kopf Wirsing (etwa 400 g)
4 mittelgroße Möhren
Salzwasser
2 mittelgroße Zwiebeln
1 Glas Champignonscheiben (Abtropfgewicht 235 g)

Ratsherren-Schnitzel

100 g durchwachsener Speck
4 EL Speiseöl
Salz
frisch gemahlener Pfeffer
4 Schweineschnitzel (je 140 g)
Paprikapulver edelsüß
200 ml Schlagsahne
100 g geraspelter Gratinkäse

Zubereitungszeit: etwa 30 Min.

1. Wirsing putzen, den Strunk herausschneiden, Wirsing abspülen, abtropfen lassen und in Streifen schneiden. Möhren putzen, schälen, waschen und in Scheiben schneiden. Die Möhrenscheiben in Salzwasser etwa 5 Minuten kochen, auf ein Sieb geben und abtropfen lassen.
2. Zwiebeln abziehen und würfeln. Champignons auf einem Sieb abtropfen lassen. Speck würfeln.
3. Die Hälfte des Öls in einer Pfanne erhitzen und die Speckwürfel darin auslassen. Zwiebeln und Champignons darin andünsten und mit Salz und Pfeffer würzen. Die Zutaten aus der Pfanne nehmen und beiseite stellen.
4. Schnitzel unter fließendem kalten Wasser abspülen und trockentupfen. Das restliche Öl in der Pfanne erhitzen, die Schnitzel darin von beiden Seiten anbraten und mit Salz, Pfeffer und Paprika bestreuen.
5. Wirsing und Möhren in eine gefettete, flache Auflaufform geben, die Schnitzel darauf legen und mit der Champignon-Speck-Masse bedecken. Sahne darüber verteilen und alles mit Gratinkäse bestreuen. Die Form auf dem Rost in den Backofen schieben.
   Ober-/Unterhitze: etwa 180 °C (vorgeheizt)
   Heißluft: etwa 160 °C (vorgeheizt)
   Gas: Stufe 2–3 (vorgeheizt)
   Garzeit: etwa 30 Minuten.

Abwandlung:
Die Schnitzel können auch mit einer anderen Gemüsemischung belegt werden, wie z. B. mit Curry gewürzten, gedünsteten Zwiebelringen und Apfelspalten. Dann die Sahne mit etwas Cidre oder Apfelschnaps abschmecken. Besonders zart werden die Schnitzel, wenn sie vor dem Braten mit etwas Sojasauce beträufelt werden.

Beilage:
Pell- oder Salzkartoffeln.

Ratz-Fatz-Waldfrucht-Rolle

Schnell – für Kinder

Insgesamt:
E: 50 g, F: 135 g, Kh: 222 g,
kJ: 10000, kcal: 2388

Für den Schüttelteig:
100 g Weizenmehl
1 TL Dr. Oetker Backin
100 g feinster Zucker oder Puderzucker
100 ml Speiseöl
5 Eier (Größe M)

Für die Füllung:
3–4 EL Waldfruchtkonfitüre

Zum Bestäuben:
gesiebter Puderzucker

Zubereitungszeit: etwa 15 Min.

1. Für den Teig Mehl und Backin mischen und in einen Schüttelbecher (Inhalt 0,7 l) sieben. Zucker, Öl und Eier dazugeben und den Becher mit dem Deckel fest verschließen. Mehrmals (insgesamt 15–30 Sekunden) kräftig schütteln, so dass alle Zutaten gut vermischt sind. Alles mit einem Schneebesen oder Rührlöffel nochmals sorgfältig durchrühren.
2. Den Teig auf ein Backblech (30 x 40 cm, mit Backpapier belegt) geben und glatt streichen. Das Backblech in den Backofen schieben.
   Ober-/Unterhitze: etwa 200 °C (vorgeheizt)
   Heißluft: etwa 180 °C (vorgeheizt)
   Gas: Stufe 3–4 (vorgeheizt)
   Backzeit: etwa 10 Minuten.
3. Die Gebäckplatte mit dem Backpapier auf eine Arbeitsfläche stürzen und das mitgebackene Backpapier abziehen.
4. Konfitüre gleichmäßig auf der Gebäckplatte verstreichen und von der langen Seite her fest aufrollen. Die Rolle auskühlen lassen und mit Puderzucker bestäuben.

Tipp:
Die Rolle bleibt mehrere Tage frisch und kann auch eingefroren werden.

Ratz-Fatz-Waldfrucht-Rolle

Rehrücken, Badischer

Mit Alkohol

Pro Portion:
E: 67 g, F: 31 g, Kh: 29 g,
kJ: 2925, kcal: 699

1 Rehrücken mit Knochen (etwa 1,6 kg)
Salz
frisch gemahlener Pfeffer
75 g durchwachsener Speck in Scheiben
1 Zwiebel
50 g Knollensellerie
100 g Möhren
5 Wacholderbeeren
125 ml (1/8 l) trockener Rotwein oder Gemüsebrühe

2–3 Birnen, z. B. Williams Christ
200 ml lieblicher Weißwein
Saft von 1 Zitrone

200 ml trockener Rotwein
250 ml (1/4 l) Schlagsahne
180 g Preiselbeerkompott
evtl. dunkler Saucenbinder

Zubereitungszeit: etwa 40 Min.

1. Rehrücken unter fließendem kalten Wasser abspülen, trockentupfen und enthäuten. Rehrücken mit Salz und Pfeffer einreiben, in einen mit Wasser ausgespülten Bräter legen und mit Speckscheiben belegen.
2. Zwiebel abziehen und fein würfeln. Knollensellerie und Möhren putzen, schälen, waschen, abtropfen lassen und würfeln. Gemüse in den Bräter geben und den Bräter ohne Deckel auf dem Rost in den Backofen schieben. Sobald der Bratensatz bräunt, Wacholderbeeren und Rotwein oder Gemüsebrühe dazugeben.
   Ober-/Unterhitze: etwa 200 °C (vorgeheizt)
   Heißluft: etwa 180 °C (nicht vorgeheizt)
   Gas: Stufe 3–4 (nicht vorgeheizt)
   Bratzeit: 35–50 Minuten.
3. In der Zwischenzeit Birnen waschen, halbieren, entkernen (am besten mit einem Kugelausstecher). Die Birnenhälften mit Weißwein und Zitronensaft zum Kochen bringen und etwa 10 Minuten bei mittlerer Hitze mit Deckel dünsten. Die Birnen mit einer Schaumkelle aus der Flüssigkeit nehmen und erkalten lassen.
4. Das gare Fleisch aus dem Bräter nehmen und etwa 10 Minuten zugedeckt ruhen lassen. Den Bratensatz mit Rotwein loskochen, mit dem Gemüse durch ein Sieb streichen, zum Kochen bringen und die Sahne einrühren. 2 Esslöffel Preiselbeerkompott dazugeben, wieder zum Kochen bringen und 3–5 Minuten sprudelnd kochen lassen. Evtl. ausgetretenen Fleischsaft von dem ruhenden Fleisch unterrühren. Die Sauce nach Belieben mit Saucenbinder binden und nochmals mit den Gewürzen abschmecken.
5. Speckscheiben entfernen. Das Fleisch von dem Knochengerüst lösen, in Scheiben schneiden, wieder auf das Knochengerüst legen und auf einer vorgewärmten Platte anrichten.
6. Die Birnenhälften mit übrigem Preiselbeerkompott füllen und um den Rehrücken legen. Die Sauce getrennt dazureichen.

Rehrücken, Badischer

Beilage: Spätzle, Pilze und Rotkohl.

Reisauflauf, bunter

Für Kinder

Pro Portion:
E: 22 g, F: 37 g, Kh: 52 g,
kJ: 2640, kcal: 629

4 mittelgroße Zwiebeln
1 Knoblauchzehe
50 g Butter
250 g Naturreis
1/2 TL getrockneter Rosmarin
550 ml Gemüsebrühe
500 g Tomaten
250 g Fleischwurstscheiben
Salz, frisch gemahlener Pfeffer
100 g geriebener Käse, z. B. Gouda

Zubereitungszeit: etwa 45 Min.

1. Zwiebeln und Knoblauch abziehen und fein würfeln. Butter in einem Topf erhitzen und Zwiebel- und Knoblauchwürfel darin glasig dünsten. Reis und Rosmarin dazugeben und kurz mit andünsten. Brühe dazugießen und alles zugedeckt bei schwacher Hitze etwa 35 Minuten quellen lassen.
2. Tomaten waschen, abtrocknen, halbieren, Stängelansätze entfernen und die Tomaten achteln.

3. Eine gefettete Auflaufform mit Tomatenachteln und Fleischwurstscheiben auslegen, Reis einfüllen, restliche Tomatenstücke und Fleischwurstscheiben dazwischen stecken und alles würzen. Den Auflauf mit Käse bestreuen und die Form auf dem Rost in den Backofen schieben.
   Ober-/Unterhitze: etwa 200 °C (vorgeheizt)
   Heißluft: etwa 180 °C (vorgeheizt)
   Gas: Stufe 3–4 (vorgeheizt)
   Backzeit: etwa 25 Minuten.

Beilage:
Dazu passt grüner Salat mit Zitronen-Dressing.

Tipp:
Statt Fleischwurst Leberkäse verwenden.

Reisauflauf mit Spargel

Mit Alkohol

Pro Portion:
E: 48 g, **F:** 23 g, **Kh:** 57 g, **kJ:** 2770, **kcal:** 663

600 g Hähnchenbrustfilets
Salz
frisch gemahlener Pfeffer
Saft von 1 Limette
500 g weißer Spargel
1 Bund Frühlingszwiebeln
250 g Risottoreis
60 g frisch geriebener Parmesan
350 ml Hühnerbrühe (Instant)
150 ml trockener Weißwein
200 ml Schlagsahne
Zucker
3 Zweige glatte Petersilie

Zubereitungszeit: etwa 20 Min.

1. Hähnchenbrustfilets unter fließendem kalten Wasser abspülen, trockentupfen und halbieren. Filetstücke in eine große flache Auflaufform legen. Mit Salz und Pfeffer würzen und mit Limettensaft beträufeln.
2. Spargel von oben nach unten schälen, darauf achten, dass die Schalen vollständig entfernt, die Köpfe aber nicht verletzt werden, die unteren Enden abschneiden. Spargel waschen, abtropfen lassen und in 3 cm lange Stücke schneiden.
3. Frühlingszwiebeln putzen, waschen, abtropfen lassen und in 2 cm lange Stücke schneiden.
4. Reis mit Spargel- und Frühlingszwiebelstücken mischen und auf das Fleisch geben. Mit der Hälfte des Käses bestreuen.
5. Hühnerbrühe mit Weißwein und Sahne verrühren, mit Salz, Pfeffer und einer Prise Zucker würzen und über den Auflauf gießen.
6. Die Form auf dem Rost in den Backofen schieben.
   Ober-/Unterhitze: etwa 200 °C (vorgeheizt, unteres Drittel)
   Heißluft: etwa 180 °C (nicht vorgeheizt)
   Gas: Stufe 3–4 (nicht vorgeheizt, unteres Drittel)
   Garzeit: etwa 60 Minuten.
7. Nach 30 Minuten Garzeit die Temperatur um etwa 20 °C zurückschalten. Während der Garzeit den Auflauf ab und zu umrühren. Etwa 10 Minuten vor Beendigung der Garzeit den Auflauf mit dem restlichen Käse bestreuen.
8. Petersilie abspülen und trockentupfen. Blättchen von den Stängeln zupfen und klein schneiden. Den Auflauf mit Petersilie bestreut servieren.

Tipp:
Statt frischen Spargel können Sie auch TK-Spargel verwenden.

Reisauflauf mit Spargel

Reissalat „Balkan"

Gut vorzubereiten

Pro Portion:
E: 10 g, F: 14 g, Kh: 43 g,
kJ: 1385, kcal: 330

Für den Salat:
500 ml ($^1/_2$ l) Gemüsebrühe
200 g Reismischung (85 % Parboiled Langkorn, 15 % Wildreis)
100 g TK-Erbsen
$^1/_2$ Dose Gemüsemais (140 g)
1 rote Paprikaschote (etwa 160 g)
2 Frühlingszwiebeln

Für das Dressing:
1 TL Sambal Oelek
1 TL Salz
1 TL Paprikapulver edelsüß
2 EL Weißweinessig
3 EL Olivenöl
150 g Tomatenmark
6–7 EL Schlagsahne

100 g Schafkäse

Reissalat „Balkan"

Zubereitungszeit: etwa 30 Min., ohne Durchziehzeit

1. Für den Salat Gemüsebrühe zum Kochen bringen und die Reismischung darin etwa 20 Minuten garen, auf ein Sieb geben und mit kaltem Wasser abschrecken. Den Reis gut abtropfen lassen und in eine große Schüssel geben. Während der Reis kocht, die Erbsen 3 Minuten in wenig Salzwasser garen.
2. Erbsen und Mais auf einem Sieb abtropfen lassen und zum Reis geben.
3. Paprikaschote halbieren, entstielen, entkernen und die weißen Scheidewände entfernen, Schote waschen und in Würfel schneiden. Frühlingszwiebeln putzen, waschen und in feine Ringe schneiden. Gemüse zum Reis geben und vermischen.
4. Für das Dressing Sambal Oelek, Salz, Paprikapulver und Essig miteinander verrühren. Öl, Tomatenmark und Schlagsahne unterrühren. Den Salat mit dem Dressing verrühren, evtl. nochmals abschmecken und einige Stunden gut durchziehen lassen.
5. Schafkäse würfeln oder in kleine Stücke brechen, teilweise unter den Salat heben und den Rest darauf anrichten.

Abwandlung:
Für Reissalat mit Schinken und Ei anstatt Schafkäse 100 g gekochten Schinken würfeln und unterheben. 4 Eier (Größe M) 6 $^1/_2$–8 Minuten kochen, kalt abschrecken, pellen, halbieren und auf dem Salat anrichten.

Tipp:
Sie können auch 300 g TK-Balkangemüse nach Packungsanleitung knapp garen und abgekühlt verwenden. Den Salat vor dem Servieren mit 1 Esslöffel gehackter Petersilie oder fein geschnittenem Schnittlauch bestreuen.

Reissalat, orientalischer

Reissalat, orientalischer

Gut vorzubereiten

Pro Portion:
E: 17 g, F: 17 g, Kh: 45 g,
kJ: 1764, kcal: 421

125 g Langkornreis
200 g TK-Erbsen
2 Hühnerbrustfilets (je 150–175 g)
200 ml Hühnerbrühe
1 Dose Champignonköpfe (Abtropfgewicht 115 g)
2–3 kleine Äpfel
$^1/_2$ EL Zitronensaft
200 g Tomaten

Für die Sauce:
2–3 EL Mayonnaise
1 Becher (150 g) Naturjoghurt
1 $^1/_2$–2 EL Weinessig
2 TL Currypulver
Salz
frisch gemahlener Pfeffer
etwas Zucker
etwas gemahlener Ingwer

Zubereitungszeit: etwa 40 Min., ohne Abkühl- und Durchziehzeit

1. Reis in kochendem Salzwasser in etwa 20 Minuten ausquellen lassen. 5 Minuten vor Garzeitende die Erbsen zugeben und mitgaren. Erbsen-Reis-Mischung auf ein Sieb geben, mit kaltem Wasser übergießen, gut abtropfen und erkalten lassen.
2. Inzwischen Hühnerbrustfilets unter fließendem kalten Wasser abspülen, trockentupfen, in die kochende Brühe geben und in etwa 12 Minuten bei schwacher Hitze zugedeckt gar kochen. Das Fleisch abkühlen lassen und in Scheiben oder Würfel schneiden.
3. Champignons abtropfen lassen und halbieren. Äpfel schälen, vierteln und entkernen. Einen Apfel längs in Scheiben schneiden, mit Zitronensaft beträufeln und beiseite stellen. Restliche Äpfel quer in Scheiben schneiden.
4. Tomaten waschen, abtrocknen und die Stängelansätze herausschneiden. Eine Tomate achteln und beiseite legen, die restlichen in kleine Würfel schneiden.
5. Für die Sauce Mayonnaise mit Joghurt, Essig und Curry verrühren, mit Salz, Pfeffer, Zucker und Ingwer würzen und mit den Salatzutaten vermengen. Salat gut durchziehen lassen, evtl. mit Salz, Pfeffer und Curry abschmecken und mit den beiseite gelegten Apfelscheiben und Tomatenachteln garniert servieren.

Beilage:
Toast.

Tipp:
Den Reissalat auf Salatblättern anrichten und mit 2 Esslöffeln Frühlingszwiebelgrün, in Ringe geschnitten, garnieren.

Rhabarber-Crumble

6–8 Portionen

Für Gäste

Pro Portion:
E: 4 g, F: 12 g, Kh: 43 g,
kJ: 1285, kcal: 307

Für die Rhabarbermasse:
etwa 1 kg Rhabarber
80 g brauner Zucker, 3 EL Orangensaft

Für die Streusel:
150 g Weizenmehl
25 g kernige Haferflocken
80 g brauner Zucker
100 g weiche Butter

Zubereitungszeit: etwa 30 Min.

1. Für die Rhabarbermasse Rhabarber putzen, die Enden abschneiden und Rhabarber gut waschen. Dickere Stangen längs halbieren. Die Stangen in etwa 4 cm lange Stücke schneiden, in eine Gratinform (Ø 32 cm) geben und mit Zucker bestreuen. Orangensaft darüber verteilen.
2. Für die Streusel Mehl in eine Rührschüssel sieben, mit Haferflocken und Zucker mischen und Butter hinzufügen. Alle Zutaten mit Handrührgerät mit Knethaken oder mit den Händen zu Streuseln von gewünschter Größe verarbeiten.
3. Die Streusel auf den Rhabarberstücken verteilen. Die Form auf dem Rost in den Backofen schieben.
   Ober-/Unterhitze: etwa 200 °C (vorgeheizt)
   Heißluft: etwa 180 °C (vorgeheizt)
   Gas: Stufe 3–4 (vorgeheizt)
   Backzeit: etwa 30 Minuten.

Abwandlung:
Der Crumble schmeckt auch lecker, wenn Sie anstelle des Rhabarbers etwa 750 g Johannisbeeren (frisch oder TK) oder 2 Gläser Stachelbeeren (Abtropfgewicht je 370 g) verwenden.

Tipp:
Sie können den Rhabarber-Crumble auch in 4 Portionsförmchen servieren. Dafür die Zutatenmenge halbieren, den Rhabarber in nur 1 cm lange Stücke schneiden, mit Orangensaft und Zucker mischen und in die Förmchen füllen. Dann mit Streuseln bestreuen und wie oben angegeben backen.

Rhabarber-Crumble

Rindergulasch mit Champignons

Gut vorzubereiten

Pro Portion:
E: 31 g, F: 11 g, Kh: 7 g,
kJ: 1063, kcal: 254

600 g mageres Rindfleisch (ohne Knochen)
30 g Pflanzenfett
500 g Zwiebeln
Salz, frisch gemahlener Pfeffer
Paprikapulver edelsüß
Gulaschgewürz
2 schwach geh. EL Tomatenmark
250 ml (1/4 l) heißes Wasser
1 Dose Champignons (Abtropfgewicht 230 g)
2 Spritzer Tabasco

Zubereitungszeit: etwa 35 Min.

1. Rindfleisch unter fließendem kalten Wasser abspülen, trockentupfen und in etwa 2 x 2 cm große Würfel schneiden. Jeweils die Hälfte des Pflanzenfettes in einem Bräter erhitzen und Fleischwürfel in 2 Portionen von allen Seiten gut darin anbraten.
2. Zwiebeln abziehen, halbieren und in Scheiben schneiden, zu den Fleischwürfeln geben und mitbräunen lassen. Mit Salz, Pfeffer, Paprika und Gulaschgewürz würzen. Tomatenmark unterrühren und Wasser hinzugießen.
3. Die Zutaten zum Kochen bringen und das Gulasch in etwa 1 1/2 Stunden fertig garen.
4. Champignons in einem Sieb abtropfen lassen, kurz vor Beendigung der Garzeit zum Gulasch geben und kurz mitgaren lassen. Mit Salz, Pfeffer, Paprika und Tabasco abschmecken.

Rindergulasch mit Champignons

Beilage:
Kartoffeln, Reis oder Nudeln und Salat.

Tipp:
Sie können auch 250 g frisch geputzte, in Scheiben geschnittene Champignons in 2 Esslöffeln Speiseöl anbraten und kurz vor Beendigung der Garzeit zum Gulasch geben. Die Hälfte des Wassers kann durch Rotwein ersetzt werden.

Rinderrouladen

Klassisch

Pro Portion:
E: 42 g, F: 32 g, Kh: 9 g,
kJ: 2072, kcal: 495

4 Scheiben Rindfleisch (je 180–200 g, aus der Keule)
Salz, frisch gemahlener Pfeffer
mittelscharfer Senf
60 g durchwachsener Speck
4 Zwiebeln, 2 Gewürzgurken
1 Bund Suppengrün
3 EL Speiseöl, z. B. Sonnenblumenöl
etwa 250 ml (1/4 l) heißes Wasser oder Gemüsebrühe
dunkler Saucenbinder

Außerdem:
Rouladennadeln oder Küchengarn

Zubereitungszeit: etwa 40 Min.

1. Rindfleisch evtl. mit Küchenpapier trockentupfen, mit Salz und Pfeffer bestreuen und mit 2–3 Teelöffeln Senf bestreichen. Speck in Streifen schneiden. 2 Zwiebeln abziehen, halbieren und in Scheiben schneiden. Gewürzgurken in Streifen schneiden.
2. Die vorbereiteten Zutaten auf die Fleischscheiben geben, die Scheiben von der schmalen Seite her aufrollen und mit Rouladennadeln feststecken oder mit Küchengarn umwickeln.
3. Die übrigen 2 Zwiebeln abziehen und vierteln. Suppengrün vorbereiten: Knollensellerie schälen, schlechte Stellen herausschneiden, Möhren schälen, Grün und Spitzen abschneiden. Sellerie und Möhren waschen und abtropfen lassen. Von dem Porree die Außenblätter entfernen, Wurzelende und dunkles Grün abschneiden, die Stange längs halbieren, gründlich waschen und abtropfen lassen. Die vorbereiteten Zutaten klein schneiden.
4. Öl in einem Topf oder Bräter erhitzen und die Rouladen von allen Seiten gut darin anbraten. Zwiebeln und Suppengrün kurz mitbraten, gut die Hälfte des heißen Wassers oder der Brühe hinzugießen und die Rouladen bei mittlerer Hitze etwa 1 1/2 Stunden mit Deckel schmoren.
5. Während der Schmorzeit Rouladen von Zeit zu Zeit wenden und verdampfte Flüssigkeit nach und nach durch heißes Wasser oder Brühe ersetzen. Die garen Rouladen (Rouladennadeln oder Fäden entfernen) auf einer vorgewärmten Platte anrichten und warm stellen.
6. Den Bratensatz durch ein Sieb streichen, mit Wasser oder Brühe auf

Rinderrouladen

375 ml ($^3/_8$ l) auffüllen und zum Kochen bringen. Saucenbinder mit einem Schneebesen in die kochende Flüssigkeit rühren, zum Kochen bringen und bei schwacher Hitze etwa 5 Minuten ohne Deckel leicht kochen lassen, dabei gelegentlich umrühren. Die Sauce mit Salz, Pfeffer und Senf abschmecken.

Beilage:
Blumenkohl, Rotkohl oder Erbsen und Möhren und Salzkartoffeln.

Tipp:
Sie können nach Belieben etwa 100 ml Wasser oder Gemüsebrühe durch Rotwein ersetzen.

Rinderrouladen mit Meerrettich

Raffiniert

Pro Portion:
E: 44 g, F: 30 g, Kh: 7 g, kJ: 1969, kcal: 471

250 g Porree (Lauch)
100 g Möhren
4 Rinderrouladen
(je 180 g, aus der Hüfte)
Salz
frisch gemahlener Pfeffer
1 Glas geriebener Meerrettich
(Einwaage 95 g)
4 Scheiben Katenrauchschinken
(je 25–30 g)
20 g Butterschmalz
250 ml ($^1/_4$ l) heiße Gemüsebrühe
1 Lorbeerblatt

1 EL Weizenmehl
75 ml Schlagsahne
Zucker

Außerdem:
Holzstäbchen oder Küchengarn

Zubereitungszeit: etwa 30 Min.

1. Porree putzen, die Stangen längs halbieren, waschen und abtropfen lassen. Die weißen und die hellgrünen Teile in sehr feine Streifen schneiden. Die grünen Teile in breite Streifen schneiden. Möhren putzen, schälen, waschen, abtropfen lassen und in Scheiben schneiden.
2. Rouladenfleisch abspülen und trockentupfen. Mit etwas Salz und Pfeffer bestreuen. Drei Viertel des Meerrettichs auf den Rouladenscheiben verteilen. Je eine Scheibe Schinken und etwas von den feinen Porreestreifen nacheinander auf die Rouladenscheiben geben (sehr breite Schinkenscheiben auf Rouladenbreite zurechtschneiden.) Die Rouladen von der schmalen Seite her fest aufrollen und mit Holzstäbchen oder Küchengarn zusammenhalten.
3. Butterschmalz in einem Bräter oder in einer großen Pfanne erhitzen. Die Rouladen von allen Seiten darin anbraten. Die Brühe zum Bratensatz gießen und zum Kochen bringen, bis sich der Bratensatz gelöst hat. Die breiten Porreestreifen, Möhrenscheiben und Lorbeerblatt hinzugeben und die Rouladen zugedeckt bei schwacher Hitze etwa 1 $^3/_4$ Stunden schmoren.
4. Die garen Rouladen herausnehmen (Holzstäbchen oder Küchengarn entfernen), auf einer vorgewärmten Platte anrichten, zugedeckt warm stellen.
5. Mehl mit Sahne anrühren, unter Rühren in den Bratensud geben, zum Kochen bringen und etwa 3 Minuten kochen lassen. Lorbeerblatt entfernen. Mit Salz, Pfeffer und Zucker würzen. Restlichen Meerrettich kurz vor dem Servieren unterrühren und die Rouladen mit der Sauce servieren.

Beilage:
Salzkartoffeln, Rosenkohl oder Erbsen-Möhren-Gemüse.

Tipp:
Rouladen lassen sich gut einfrieren, deshalb eine größere Portion zubereiten und portionsweise einfrieren.

Rinderrouladen mit Meerrettich

Rindfleisch mit Rotwein auf Spätzle

Raffiniert

Pro Portion:
E: 33 g, F: 37 g, Kh: 13 g,
kJ: 2358, kcal: 563

500 g Roastbeef
3 EL Olivenöl
3 EL Rotwein
1/2 TL gemahlener Rosmarin
1/2 TL gehackter Thymian
1 rote Chilischote
3 EL Olivenöl
Salz
frisch gemahlener Pfeffer
Cayennepfeffer
1 TL Sambal Oelek
200 ml Rotwein
1 Becher (150 g) Crème fraîche
2 TL getrocknete rote Pfeffer-Beeren

Rindfleisch mit Rotwein auf Spätzle

4 l Wasser
4 TL Salz
400 g Spätzle

Zubereitungszeit: etwa 30 Min., ohne Marinierzeit

1. Roastbeef unter fließendem kalten Wasser abspülen, trockentupfen und zuerst in dünne Scheiben, dann in große Stücke schneiden. Mit Olivenöl und Rotwein beträufeln und mit Rosmarin und Thymian bestreuen. Chilischote putzen, halbieren und entkernen. Chilischote in Streifen schneiden und hinzufügen. Die Fleischstücke etwa 2 Stunden in der Marinade liegen lassen.
2. Olivenöl in einer großen Pfanne erhitzen und die Fleischstücke rundherum anbraten. Mit Salz, Pfeffer, Cayennepfeffer und Sambal Oelek würzen. Rotwein hinzugießen, zum Kochen bringen und etwa 5 Minuten bei schwacher Hitze garen. Crème fraîche unterrühren und evtl. nochmals kräftig mit den Gewürzen abschmecken.
3. Inzwischen Wasser in einem großen Topf mit geschlossenem Deckel zum Kochen bringen. Salz und Spätzle zugeben und die Spätzle nach Packungsanleitung im geöffneten Topf bei mittlerer Hitze kochen lassen, dabei zwischendurch 4–5-mal umrühren.
4. Anschließend die Spätzle in ein Sieb geben, mit heißem Wasser abspülen und abtropfen lassen.
5. Die Spätzle auf einem großen Teller anrichten. Das Fleisch mit der Sauce darauf geben und mit den Pfeffer-Beeren bestreuen. Sofort servieren.

Abwandlung:
Für mariniertes Schweinefilet mit Rotwein auf Spätzle 500 g Schweinefilet unter fließendem kalten Wasser abspülen, trockentupfen, von Haut und Sehnen befreien und in dünne Scheiben schneiden. Mit Olivenöl und Rotwein beträufeln und mit 1 Teelöffel Kräutern der Provence bestreuen. Chilischote wie oben beschrieben vorbereiten und zugeben. Das Fleisch 2 Stunden marinieren und dann wie oben beschrieben weiter zubereiten.

Tipp:
Das Gericht mit einem Zweig Rosmarin garnieren.

Risi-Bisi-Salat

Preiswert

Pro Portion:
E: 9 g, F: 16 g, Kh: 61 g,
kJ: 1783, kcal: 425

2 Zwiebeln
1 Bund Radieschen
1 Dose Gemüsemais
(Abtropfgewicht 265 g)
250 g TK-Erbsen
Salzwasser
200 g gekochter Langkornreis

Für die Salatsauce:
5 EL Apfelessig
Salz
Honig
frisch gemahlener Pfeffer
5 EL Maiskeimöl

Zum Bestreuen:
1 EL gehackte Petersilie

Zubereitungszeit: etwa 30 Min.

1. Zwiebeln abziehen und fein würfeln. Radieschen putzen, waschen und in feine Scheiben schneiden.

2. Mais auf einem Sieb abtropfen lassen. Erbsen in kochendes Salzwasser geben und etwa 8 Minuten kochen lassen. Die Erbsen abgießen, in kaltem Wasser abschrecken und gut abtropfen lassen. Zwiebelwürfel, Radieschen, Mais und Erbsen unter den Reis heben.
3. Für die Sauce Essig mit Salz, Honig und Pfeffer verrühren, Öl unterrühren und die Sauce über den Salat geben. Den Salat einige Zeit durchziehen lassen, evtl. nochmals mit den Gewürzen abschmecken und mit Petersilie bestreut servieren.

Tipp:
Der Salat eignet sich hervorragend zur Verwertung von Reisresten.

Roastbeef mit Kräuter-Senf-Kruste

Roastbeef mit Kräuter-Senf-Kruste

Für Gäste

Pro Portion:
E: 57 g, F: 18 g, Kh: 1 g,
kJ: 1639, kcal: 391

1 kg Roastbeef
2–3 EL Speiseöl, z. B. Sonnenblumenöl
Salz
frisch gemahlener Pfeffer

Für die Kräuter-Senf-Kruste:
1 Bund Petersilie
1 kleines Bund Majoran
1 kleines Bund Thymian
1 kleines Bund Basilikum
4 EL mittelscharfer Senf

Zubereitungszeit: etwa 30 Min.

1. Roastbeef unter fließendem kalten Wasser abspülen, trockentupfen und den dünnen Fettrand mit einem scharfen Messer entfernen.
2. Öl in einer Pfanne erhitzen und das Fleisch darin rundherum anbraten. Das Fleisch dann mit Salz und Pfeffer würzen und in eine flache Auflaufform legen. Die Form auf dem Rost in den Backofen schieben.
   Ober-/Unterhitze: etwa 220 °C (vorgeheizt)
   Heißluft: etwa 200 °C (vorgeheizt)
   Gas: Stufe 4–5 (vorgeheizt)
   Bratzeit: etwa 20 Minuten.
3. In der Zwischenzeit für die Kräuter-Senf-Kruste Petersilie, Majoran, Thymian und Basilikum abspülen, trockentupfen und die Blättchen von den Stängeln zupfen, fein hacken und mit Senf vermischen.
4. Das Roastbeef mit einem Pinsel mit der Kräuter-Senf-Mischung bestreichen und **bei der oben angegebenen Backofeneinstellung noch etwa 25 Minuten fertig garen.**
5. Das fertige Roastbeef etwa 10 Minuten zugedeckt ruhen lassen. Den Bratensatz mit wenig Wasser loskochen und mit Salz und Pfeffer würzen.
6. Das Fleisch in Scheiben schneiden und die Sauce dazu servieren.

Beilage:
Baguette oder Bratkartoffeln, Broccoli, grüne Bohnen, Spargel, Remouladensauce und Salat.

Tipp:
Das Roastbeef schmeckt auch kalt sehr gut, z. B. mit Remouladensauce und Bratkartoffeln oder Brot.

Roastbeefspieße mit Zwiebelmus und Tomatensauce

4 Spieße

Mit Alkohol

Pro Portion:
E: 29 g, F: 95 g, Kh: 15 g,
kJ: 4547, kcal: 1085

Für die Spieße:
2 Rumpsteaks (je 240 g)
240 g durchwachsener Speck
1 rote Paprikaschote
1 grüne Paprikaschote
2 mittelgroße, rote Zwiebeln
4 EL Speiseöl
Salz
frisch gemahlener Pfeffer
Paprikapulver edelsüß

Für das Zwiebelmus:
2 mittelgroße, rote Zwiebeln
2 EL Speiseöl
5 EL trockener Rotwein
etwas Zucker

Für die Tomatensauce:
1 geh. EL Zucker
5 EL Wasser
2 TL Essig
4 EL Tomatenketchup
1 Becher (150 g) Crème fraîche

Zubereitungszeit: etwa 30 Min.

1. Für die Spieße Rumpsteaks unter fließendem kalten Wasser abspülen, trockentupfen, der Länge nach einmal durchschneiden und in etwa 2 cm große Stücke schneiden. Speck in 1 cm dicke Scheiben in der Größe der Fleischwürfel schneiden.
2. Paprikaschoten halbieren, entstielen, entkernen und die weißen Scheidewände entfernen, Schoten waschen und in Stücke schneiden. Zwiebeln abziehen und vierteln.
3. Paprika und Zwiebeln in kochendes Wasser geben und etwa 5 Minuten kochen lassen, abgießen, kurz in kaltes Wasser geben und gut abtropfen lassen. Die Zwiebeln in Segmente teilen. Die vorbereiteten Zutaten abwechselnd auf 4 Spieße stecken.
4. Öl mit Salz, Pfeffer und Paprika verrühren und die Spieße damit bestreichen. Die Spieße in einer erhitzten Pfanne rundherum kurz anbraten. Etwas Wasser hinzufügen und die Spieße 10–12 Minuten garen. Die garen Spieße herausnehmen und warm stellen.
5. Inzwischen für das Zwiebelmus Zwiebeln abziehen, halbieren und in Streifen schneiden. Öl zu dem Spieß-Bratfett in die Pfanne geben und die Zwiebeln darin gar dünsten. Rotwein hinzufügen und einmal aufkochen lassen. Die Zwiebeln pürieren und mit Salz, Pfeffer, Paprika und Zucker abschmecken.
6. Für die Tomatensauce Zucker und Wasser in einem kleinen Topf gut aufkochen lassen. Essig und Ketchup hinzufügen und abkühlen lassen. Crème fraîche unterrühren und die Sauce evtl. mit den Gewürzen abschmecken.
7. Zwiebelmus und Tomatensauce zu den Spießen servieren.

Roastbeefspieße mit Zwiebelmus und Tomatensauce

Rohkostsalat, bunter

Für Gäste

Pro Portion:
E: 4 g, F: 13 g, Kh: 5 g,
kJ: 663, kcal: 160

100 g Radieschen
150 g Tomaten
100 g Zucchini
100 g Sojabohnensprossen
100 g Champignons

Für die Sauce:
1 Becher (150 g) Crème fraîche
2 EL Schlagsahne oder Milch
1–2 EL Essig, z. B. Sherryessig
Salz
frisch gemahlener Pfeffer
1 Prise Zucker
2 EL gehackte Kräuter, z. B. Kerbel, Estragon, Basilikum

Zubereitungszeit: etwa 30 Min.

1. Von den Radieschen Blätter, Spitzen und schlechte Stellen abschneiden, zarte Radieschenblätter evtl. zum Garnieren aufheben. Radieschen waschen, abtropfen lassen und in Scheiben schneiden.

2. Tomaten waschen, abtropfen lassen und kreuzweise einschneiden, kurz in kochendes Wasser legen und in kaltem Wasser abschrecken. Tomaten enthäuten, die Stängelansätze herausschneiden und Tomaten achteln.
3. Zucchini waschen, abtrocknen, die Enden abschneiden und Zucchini mit einem Sparschäler oder einem Messer der Länge nach in dünne Scheiben schneiden. Sojabohnensprossen in ein Sieb geben, unter fließendem kalten Wasser abspülen und gut abtropfen lassen, evtl. auf ein Küchentuch geben.
4. Von den Champignons Stielenden und schlechte Stellen abschneiden, Champignons mit Küchenpapier abreiben, evtl. abspülen, trockentupfen und in Scheiben schneiden.
5. Für die Sauce Crème fraîche mit Sahne oder Milch und Essig verrühren und mit Salz, Pfeffer und Zucker würzen. Kräuter unterrühren.
6. Die Salatzutaten auf einer großen Platte anrichten und die Sauce darüber verteilen. Nach Belieben mit den zurückgelassenen Radieschenblättern garnieren.

Abwandlung:
In der Spargelsaison die Champignons durch 200 g weißen Spargel ersetzen. Spargel waschen, von oben nach unten dünn schälen und die unteren Enden abschneiden, den Spargel kalt abspülen, abtropfen lassen und schräg in sehr dünne Scheiben schneiden.

Tipp:
Den bunten Rohkostsalat zu gegrillten oder kurz gebratenen Fleischstücken oder als Snack mit Baguette oder Fladenbrot servieren.
Sie können die Crème fraîche durch Naturjoghurt ersetzen.

Rosenkohlauflauf mit Bratwurstklößchen

Rosenkohlauflauf mit Bratwurstklößchen

Gut vorzubereiten

Pro Portion:
E: 20 g, F: 30 g, Kh: 9 g,
kJ: 1662, kcal: 398

750 g Rosenkohl
125 g kleine Zwiebeln oder Schalotten, Salzwasser
25 g Butter oder Margarine
1 TL Zucker
125 ml (1/8 l) Gemüsebrühe
Salz, frisch gemahlener Pfeffer
geriebene Muskatnuss
75 g Tomatenpaprika (aus dem Glas)
2–3 frische Kalbsbratwürste (etwa 300 g)
125 g mittelalter Gouda

Zubereitungszeit: etwa 50 Min.

1. Rosenkohl von den schlechten äußeren Blättern befreien, etwas vom Strunk abschneiden, die Rosenkohlröschen am Strunk kreuzförmig einschneiden, waschen und abtropfen lassen. Zwiebeln oder Schalotten abziehen und je nach Größe evtl. halbieren.
2. Rosenkohl und Zwiebeln oder Schalotten in kochendes Salzwasser geben und 10–15 Minuten kochen lassen. Das Gemüse mit einem Schaumlöffel in ein Sieb geben und abtropfen lassen.
3. Butter oder Margarine in einem Topf zerlassen. Zucker hinzufügen und leicht bräunen lassen. Zwiebeln und Rosenkohl darin andünsten. Gemüsebrühe hinzugießen, mit Salz, Pfeffer und Muskatnuss würzen, zum Kochen bringen und einmal aufkochen lassen.
4. Tomatenpaprika in einem Sieb abtropfen lassen und fein würfeln. Die Bratwurstmasse aus der Haut drücken und mit den Paprikawürfeln mischen. Aus der Masse mit 2 Teelöffeln kleine Klößchen abstechen. Die Klößchen in das kochendes Rosenkohlkochwasser geben und etwa 5 Minuten garen. Die Klößchen dann abtropfen lassen.
5. Das Gemüse mit der Brühe in eine große Auflaufform geben und mit den Bratwurstklößchen mischen. Gouda reiben und darüber streuen. Die Form auf dem Rost in den Backofen schieben und den Auflauf goldbraun überbacken.

Ober-/Unterhitze: etwa 200 °C (vorgeheizt)
Heißluft: etwa 180 °C (vorgeheizt)
Gas: Stufe 3–4 (vorgeheizt)
Überbackzeit: etwa 25 Minuten.

Beilage:
Röstiecken oder Kartoffelpüree.

Tipp:
Sie können Rosenkohl und Bratwurstklößchen bereits am Vortag zubereiten, in die Form geben und zugedeckt kalt stellen. Am Verzehrtag mit Käse bestreuen und wie oben angegeben überbacken. Dann verlängert sich die Überbackzeit um 5–10 Minuten.

Rosenkohleintopf

Rosenkohleintopf

Preiswert

Pro Portion:
E: 15 g, F: 51 g, Kh: 30 g,
kJ: 2758, kcal: 660

1 kg Rosenkohl
500 g Kartoffeln
40 g Butter
250 ml (1/4 l) Gemüsebrühe
125 ml (1/8 l) Schlagsahne
Salz
frisch gemahlener Pfeffer
geriebene Muskatnuss
2 Zwiebeln
75 g durchwachsener Speck
40 g Butter
1 Becher (150 g) Crème fraîche

Zubereitungszeit: etwa 45 Min.

1. Rosenkohl von den schlechten äußeren Blättchen befreien, etwas vom Strunk abschneiden, Rosenkohl waschen, abtropfen lassen und halbieren. Kartoffeln waschen, schälen, abspülen und in Würfel schneiden.
2. Butter in einem Topf zerlassen und den Rosenkohl darin andünsten. Kartoffelwürfel dazugeben und kurz mitdünsten.
3. Brühe und Sahne hinzufügen, mit Salz, Pfeffer und Muskat würzen, alles zum Kochen bringen und etwa 25 Minuten garen.
4. Inzwischen Zwiebeln abziehen und würfeln. Speck in kleine Würfel schneiden. Butter zerlassen und die Speckwürfel darin auslassen. Zwiebelwürfel hinzufügen und darin andünsten.
5. Crème fraîche unter den Eintopf rühren und nochmals abschmecken. Die Speck-Zwiebel-Mischung auf den Eintopf geben.

Rosenkohl-Hackfleisch-Topf

Gut vorzubereiten

Pro Portion:
E: 39 g, F: 39 g, Kh: 27 g,
kJ: 2568, kcal: 613

1 1/2 EL Speiseöl
500 g Rindergehacktes
2 EL (etwa 50 g) Tomatenmark
2 Pck. Pilzsauce
[für je 250 ml (1/4 l) Flüssigkeit]
750 ml (3/4 l) Wasser
500 g TK-Rosenkohl
1 Pck. Kartoffelpüree
[für 500 ml (1/2 l) Flüssigkeit]
Salz, frisch gemahlener Pfeffer
40 g Semmelbrösel
40 g Butter
75 g durchwachsener Speck

einige Zweige Majoran

Zubereitungszeit: etwa 30 Min., ohne Auftauzeit

1. Speiseöl in einer großen Pfanne erhitzen. Gehacktes hinzufügen und unter ständigem Rühren darin anbraten, dabei die Fleischklümpchen mit einer Gabel zerdrücken. Tomatenmark unterrühren. Pilzsauce nach Packungsanleitung, aber mit 750 ml (3/4 l) Wasser zubereiten und hinzufügen.
2. Rosenkohl zur Hackfleischmasse geben und unter Rühren etwa 10 Minuten garen. Püreepulver hinzufügen und unter Rühren aufkochen lassen. Mit Salz und Pfeffer würzen. Die Hackfleisch-Rosenkohl-Masse in eine große flache Auflauf- oder Gratinform geben. Mit Semmelbröseln bestreuen und Butterflöckchen darauf verteilen.

3. Die Form auf dem Rost in den Backofen schieben.
   Ober-/Unterhitze: etwa 200 °C (vorgeheizt)
   Heißluft: etwa 180 °C (vorgeheizt)
   Gas: Stufe 3–4 (vorgeheizt)
   Backzeit: etwa 25 Minuten.
4. Speck in kleine Würfel schneiden und in einer Pfanne knusprig ausbraten. Majoran abspülen und trockentupfen. Die Blättchen von den Stängeln zupfen und fein hacken.
5. Die Speckwürfel vor dem Servieren auf dem Hackfleischtopf verteilen und mit Majoran garnieren.

Rosenkohl-Hackfleisch-Topf

Rosenkohltopf, feuriger

Gefriergeeignet

Pro Portion:
E: 42 g, F: 45 g, Kh: 22 g,
kJ: 2779, kcal: 664

1 kg junger Rosenkohl
1 mittelgroße Zwiebel
2 EL Butterschmalz
350 ml Fleischbrühe
1 Peperoni
1 große rote Paprikaschote
250 ml (1/4 l) Tomatensaft
400 g Paprikakochwurst
Salz
frisch gemahlener Pfeffer
Cayennepfeffer
Paprikapulver edelsüß
150 g saure Sahne

Zubereitungszeit: etwa 50 Min.

1. Von dem Rosenkohl die äußeren Blättchen entfernen und etwas vom Strunk abschneiden. Röschen am Strunk kreuzförmig einschneiden, waschen und gut abtropfen lassen.
2. Zwiebel abziehen und fein würfeln. Butterschmalz in einem Topf erhitzen und Zwiebelwürfel darin glasig dünsten. Rosenkohl und Fleischbrühe hinzugeben und alles zugedeckt bei mittlerer Hitze etwa 15 Minuten garen lassen.
3. Peperoni halbieren, entstielen, entkernen, waschen und würfeln. Paprika halbieren, entstielen, entkernen und die weißen Scheidewände entfernen, Schote waschen und würfeln. Peperoni- und Paprikawürfel zum Rosenkohl geben, Tomatensaft dazugießen, alles aufkochen lassen und zugedeckt weitere 10–15 Minuten garen.
4. Kochwurst in Scheiben schneiden, auf das Gemüse geben und alles nochmals kurz erhitzen. Den Eintopf mit Salz, Pfeffer, Cayennepfeffer und Paprika würzig abschmecken und die saure Sahne unterrühren.

Beilage:
Salzkartoffeln.

Tipp:
Ist keine Rosenkohlsaison (Oktober bis Februar), können Sie auch Rosenkohl aus der Tiefkühltruhe verwenden.

Rosmarin-Kartoffel-Spieße

Rosmarin-Kartoffel-Spieße

Vegetarisch

Pro Portion:
E: 8 g, F: 6 g, Kh: 44 g,
kJ: 1148, kcal: 273

1 kg kleine, fest kochende Kartoffeln
Salzwasser
Kümmelsamen
600 g grüne Bohnen
2 rote Zwiebeln (etwa 100 g)
4 kleine Zweige Rosmarin
2 EL Olivenöl
Salz
frisch gemahlener Pfeffer

1–2 EL Olivenöl
300 ml Gemüsebrühe oder -fond

Außerdem:
4–6 dünne Holzspieße

Zubereitungszeit: etwa 50 Min.

1. Kartoffeln gründlich waschen, abbürsten und abspülen. Kartoffeln zugedeckt in kochendem Salzwasser mit Kümmel etwa 20 Minuten kochen lassen, in ein Sieb geben und abtropfen lassen.
2. Inzwischen von den Bohnen die Enden abschneiden, die Bohnen evtl. abfädeln, waschen, abtropfen lassen und in etwa 3 cm lange Stücke schneiden oder brechen. Bohnen in kochendem Salzwasser etwa 5 Minuten blanchieren, in ein Sieb geben, mit kaltem Wasser übergießen und abtropfen lassen.
3. Zwiebeln abziehen, halbieren und in Scheiben schneiden.
4. Kartoffeln gleichmäßig auf die Holzspieße verteilen. Rosmarin abspülen, trockentupfen und die Nadeln von den Stängeln zupfen.
5. Olivenöl in einer großen Pfanne erhitzen und Kartoffelspieße portionsweise mit den Rosmarinnadeln darin anbraten. Mit Salz und Pfeffer würzen.
6. Olivenöl in einem großen Bräter erhitzen und Zwiebelscheiben darin glasig dünsten, Bohnen hinzugeben. Mit Salz und Pfeffer würzen und die angebratenen Kartoffelspieße darauf legen. Gemüsebrühe oder -fond hinzugießen. Den Bräter auf dem Rost in den Backofen schieben.
   Ober-/Unterhitze: etwa 200 °C (vorgeheizt)
   Heißluft: etwa 180 °C (nicht vorgeheizt)
   Gas: Stufe 3–4 (nicht vorgeheizt)
   Garzeit: etwa 40 Minuten.

Beilage:
Knoblauchbrot und frische Salate. Schmeckt sehr gut als Beilage zu gegrilltem Lamm- oder Rindfleisch, wie Lammlachs, Lammspießen oder Rumpsteak.

Tipp:
Die Bohnen mit 2 Teelöffeln frischem oder 1 Teelöffel getrocknetem Bohnenkraut würzen.

Rösti auf Kasseler

Schnell

Pro Portion:
E: 27 g, F: 60 g, Kh: 22 g,
kJ: 3237, kcal: 773

4 Scheiben Kasseler (aus dem Kotelettstück, ohne Knochen)
4 TK-Rösti-Ecken
200 g Schmand
1 Becher (150 g) Crème fraîche
100 ml Schlagsahne
1 Pck. TK-8-Kräuter
100 g geriebener Gratinkäse

Zubereitungszeit: etwa 15 Min.

1. Kasselerscheiben unter fließendem kalten Wasser abspülen, trockentupfen und nebeneinander in eine gefettete Auflaufform legen. Je 1 unaufgetauten Rösti auf jede Kasselerscheibe legen.
2. Schmand, Crème fraîche, Sahne und Kräuter verrühren und die Masse auf die Rösti streichen.
3. Käse darüber streuen. Die Form auf dem Rost in den Backofen schieben.
   Ober-/Unterhitze: etwa 200 °C (vorgeheizt)

Rösti auf Kasseler

Heißluft: etwa 180 °C (vorgeheizt)
Gas: Stufe 3–4 (vorgeheizt)
Garzeit: etwa 20 Minuten.

Beilage:
Gemischter Blattsalat.

Rösti mit Sauerkraut

Rösti mit Sauerkraut

Für Gäste

Pro Portion:
E: 25 g, F: 74 g, Kh: 50 g,
kJ: 4066, kcal: 973

Für die Rösti:
1 kg fest kochende Kartoffeln
2 Zwiebeln
2 Eier (Größe M)
Salz, frisch gemahlener Pfeffer
2 EL Weizenmehl
200 ml Speiseöl

Für das Sauerkraut:
75 g Schnittkäse, z. B. Gouda
100 g Ananasstücke (aus der Dose)
8 hauchdünne Scheiben Salami
300 g Sauerkraut (aus der Dose)
1 TL Kümmelsamen

Für die Schinken-Schnittlauch-Sauce:
100 g roher Schinken oder Schinkenspeck
1 Becher (150 g) Crème fraîche
150 g Naturjoghurt
1 Bund Schnittlauch

Zubereitungszeit: etwa 40 Min.

1. Für die Rösti Kartoffeln waschen, schälen, abspülen und grob raspeln, in einem Sieb abtropfen lassen und die restliche Feuchtigkeit herausdrücken. Zwiebeln abziehen und fein würfeln. Eier mit Salz, Pfeffer und Zwiebeln verquirlen, nach und nach Mehl hinzugeben und die geraspelten Kartoffeln untermengen.
2. Öl portionsweise in 2 Pfannen erhitzen. $^1/_8$ des Kartoffelgemisches in jede Pfanne geben und mit einem Pfannenwender zu einem Rösti (Ø etwa 10 cm) flach drücken. Die Rösti bei kleiner Hitze etwa 4 Minuten von beiden Seiten goldbraun und die Ränder knusprig backen. Im Ofen warm stellen und den übrigen Rösti-Teig ebenso verarbeiten.
3. Für das Sauerkraut Käse fein würfeln. Ananas abtropfen lassen. Salami in Streifen schneiden. Sauerkraut auseinander zupfen und alle Zutaten mit Kümmelsamen vermengen. Das Sauerkraut in eine Auflaufform geben, auf dem Rost in den Backofen schieben und erwärmen.
   Ober-/Unterhitze: etwa 180 °C (vorgeheizt)
   Heißluft: etwa 160 °C (vorgeheizt)
   Gas: Stufe 2–3 (vorgeheizt)
   Aufwärmzeit: etwa 8 Minuten.
4. In der Zwischenzeit für die Sauce Schinken in feine Streifen schneiden und mit Crème fraîche und Joghurt verrühren. Die Sauce mit Salz und Pfeffer abschmecken. Schnittlauch abspülen, abtropfen lassen, in feine Röllchen schneiden und unter die Sauce rühren.
5. Die Schinken-Schnittlauch-Sauce und das Sauerkraut zu den Rösti reichen.

Tipp:
Sie können auch eine Packung tiefgefrorene Rösti (600 g) verwenden. Diese dann nach Packungsanleitung zubereiten.

Rotbarschauflauf

Rotbarschauflauf

Mit Alkohol

Pro Portion:
E: 39 g, F: 28 g, Kh: 30 g,
kJ: 2290, kcal: 458

450 g Kartoffeln
1 Zwiebel
500 g Fenchelknollen
1 rote Paprikaschote
200 g Möhren
Salz, frisch gemahlener Pfeffer
1 Becher (150 g) Crème fraîche
150 g Naturjoghurt
80 ml trockener Wermut
2 EL Zitronensaft
500 g Rotbarschfilet
120 g geriebener Gouda
2 EL Semmelbrösel
2 EL Sonnenblumenkerne
1 Bund Dill

Zubereitungszeit: etwa 30 Min.

1. Kartoffeln waschen, schälen, abspülen und grob raspeln. Zwiebel abziehen und in Würfel schneiden. Von den Fenchelknollen die Stiele dicht oberhalb der Knollen abschneiden, braune Stellen und Blätter entfernen (etwas Fenchelgrün beiseite legen) und die Wurzelenden gerade schneiden. Die Knollen waschen und in Scheiben schneiden.
2. Paprika halbieren, entstielen, entkernen und die weißen Scheidewände entfernen. Schote waschen, abtropfen lassen und in Würfel schneiden. Möhren putzen, schälen, waschen und in Scheiben schneiden. Gemüsestücke miteinander mischen und mit Salz und Pfeffer würzen.
3. Crème fraîche mit Joghurt, Wermut und Zitronensaft verrühren. Mit Salz und Pfeffer würzen.
4. Kartoffelraspel mit den Zwiebelwürfeln in eine große flache Auflaufform geben. Die Hälfte der Gemüsestücke darauf verteilen.
5. Rotbarschfilet unter fließendem kalten Wasser abspülen, trockentupfen und in größere Stücke schneiden. Evtl. vorhandene Gräten entfernen. Filetstücke auf das Gemüse legen und mit den restlichen Gemüsestücken bedecken.
6. Crème fraîche-Joghurt-Sauce über den Fischauflauf gießen. Zuerst mit Käse, dann mit Semmelbröseln und Sonnenblumenkernen bestreuen. Die Form auf dem Rost in den Backofen schieben.
Ober-/Unterhitze: etwa 200 °C
(vorgeheizt, unteres Drittel)
Heißluft: etwa 180 °C
(nicht vorgeheizt)
Gas: Stufe 3–4
(nicht vorgeheizt, unteres Drittel)
Garzeit: etwa 40 Minuten.
7. Zum Garnieren Dill abspülen und trockentupfen. Die Spitzen von den Stängeln zupfen. Den Auflauf mit beiseite gelegtem Fenchelgrün und Dillspitzen bestreut servieren.

Tipp:
Sie können auch TK-Rotbarschfilet verwenden. Das TK-Rotbarschfilet dann vor der Zubereitung nach Packungsanleitung auftauen lassen.

Rotbarschfilet, gebratenes

Schnell

Pro Portion:
E: 33 g, F: 23 g, Kh: 22 g,
kJ: 1881, kcal: 449

4 Rotbarschfilets (je 150 g)
Salz
frisch gemahlener Pfeffer
1 Ei (Größe M)
2 EL kaltes Wasser
40 g Weizenmehl
75 g Semmelbrösel
75 g Butter oder Margarine
einige Zitronenscheiben

Zubereitungszeit: etwa 15 Min.

1. Fischfilets unter fließendem kalten Wasser abspülen, trockentupfen und mit Salz und Pfeffer bestreuen.
2. Ei mit Wasser verschlagen. Die Filets zunächst in Mehl, dann in dem Ei und zuletzt in Semmelbröseln wenden und gut andrücken.
3. Butter oder Margarine in einer Pfanne erhitzen und die Filetstücke von beiden Seiten darin in 6–8 Minuten goldbraun braten. Mit Zitronenscheiben garnieren.

Tipp:
Anstelle von Rotbarschfilet können Sie auch Seelachs-, Blauleng-, Kabeljau- oder Seezungenfilet verwenden (Bratzeit für die Seezunge etwa 5 Minuten).

Rotbarsch-Kartoffel-Gratin

Raffiniert

Pro Portion:
E: 57 g, F: 40 g, Kh: 38 g,
kJ: 3241, kcal: 733

900 g Kartoffeln
3 EL Olivenöl
Salz
frisch gemahlener Pfeffer
2 rote Zwiebeln
70 g geräucherter Bauchspeck
1 rote Paprikaschote
1 Bund Rauke
1/2 Pck. TK-Petersilie
oder 1/2 Bund Petersilie
125 g Krabben
600 g Rotbarschfilet
120 g geriebener Käse, z. B. Comte

Zubereitungszeit: etwa 35 Min.

1. Kartoffeln waschen, schälen, abspülen und in 1 x 1 cm große Würfel schneiden, gut abtropfen lassen oder evtl. trockentupfen. Die Kartoffelwürfel in erhitztem Öl etwa 10 Minuten knusprig braun braten und mit Salz und Pfeffer würzen.
2. Zwiebeln abziehen und in Würfel schneiden. Speck ebenfalls in Würfel schneiden. Beide Zutaten gegen Ende der Kartoffelbratzeit kurz mit andünsten.
3. Paprika halbieren, entstielen, entkernen und die weißen Scheidewände entfernen, Schote waschen und in Würfel schneiden. Rauke und Petersilie abspülen, trockentupfen und fein schneiden.
4. Paprika, Rauke und Krabben unter die Kartoffeln mischen, mit Salz und Pfeffer würzen und in eine gefettete, flache Auflaufform (30 x 20 cm) oder Portionsauflaufförmchen füllen.
5. Rotbarschfilets unter fließendem kalten Wasser abspülen, trockentupfen, leicht salzen und pfeffern und auf die Kartoffeln legen. Mit Petersilie und Käse bestreuen. Die Form auf dem Rost in den Backofen schieben.

Ober-/Unterhitze: etwa 180°C (vorgeheizt)
Heißluft: etwa 160° (vorgeheizt)
Gas: Stufe 2–3 (vorgeheizt)
Backzeit: etwa 30 Minuten.

Abwandlung:
Für Rotbarsch-Reis-Gratin 1 Zwiebel abziehen, würfeln und in 1 Esslöffel Speiseöl glasig dünsten. 250 g Parboiled Reis zugeben, andünsten, gut 500 ml (1/2 l) Gemüsebrühe zugeben und in etwa 20 Minuten ausquellen lassen. Inzwischen 1 rote Paprikaschote, Rauke und Petersilie wie oben beschrieben vorbereiten, die 3 Zutaten mit den Krabben unter den garen Reis mischen und mit Salz und Pfeffer würzen. Den Reis in eine flache gefettete Auflaufform geben und wie unter Punkt 5 beschrieben weiter arbeiten und backen.

Tipp:
Statt frischem Fisch kann auch tiefgekühlter verwendet werden. Der Auflauf schmeckt auch mit Seelachs oder Kabeljau sehr gut.

Rotbarsch-Kartoffel-Gratin

Rote Bohnensuppe

Dauert länger

Pro Portion:
E: 53 g, F: 39 g, Kh: 59 g,
kJ: 3462, kcal: 826

375 g getrocknete rote Bohnen
1 3/4 l kaltes Wasser
500 g geräucherte Dicke Rippe
2 Rauchenden (Mettwürste)
2 Stangen Porree (Lauch)
2 Möhren
500 g Kartoffeln
6–7 TL körnige Instant-Fleischbrühe
1/2–1 Becher (75–150 g) Crème fraîche
Salz
frisch gemahlener Pfeffer
einige Zweige Majoran

Zubereitungszeit: etwa 45 Min., ohne Einweichzeit

1. Bohnen in dem Wasser 12–24 Stunden einweichen.
2. Dicke Rippe und Rauchenden unter fließendem kalten Wasser abspülen. Die Bohnen mit dem Einweichwasser in einen Topf geben und Fleisch und Rauchenden hinzufügen, alles zum Kochen bringen und in 75–90 Minuten knapp gar kochen lassen.
3. In der Zwischenzeit Porree putzen, längs halbieren, gründlich waschen und in Streifen schneiden. Möhren putzen, schälen, waschen und in Stifte schneiden. Kartoffeln waschen, schälen, abspülen und würfeln.
4. Porreestreifen, Möhrenstifte und Kartoffelwürfel mit der Instant-Fleischbrühe in die Suppe geben, wieder zum Kochen bringen und noch etwa 15 Minuten kochen lassen.
5. Fleisch und Rauchenden aus der Suppe nehmen, klein schneiden, mit Crème fraîche wieder in die Suppe geben und erhitzen. Die Suppe mit Salz und Pfeffer würzen.
6. Majoran kalt abspülen, trockentupfen, die Blättchen von den Stängeln zupfen und die Suppe damit garnieren.

Rote Bohnensuppe

Beilage:
Roggenbrötchen.

Tipp:
Anstelle von getrockneten roten Bohnen können Sie auch 3–4 Dosen Kidneybohnen (Abtropfgewicht je 255 g) verwenden. Kochen Sie dann die Dicke Rippe und die Rauchenden in 1 1/4–1 1/2 l Wasser etwa 75 Minuten. Die abgetropften und abgespülten Bohnen dann mit der Crème fraîche in die Suppe geben und erhitzen.

Rote Grütze mit Sahnejoghurt

6 Portionen

Klassisch

Pro Portion:
E: 5 g, F: 13 g, Kh: 47 g,
kJ: 1472, kcal: 352

Rote Grütze mit Sahnejoghurt

Für die rote Grütze:
250 g Brombeeren
250 g Johannisbeeren
250 g Himbeeren
250 g Erdbeeren
(alle Früchte vorbereitet gewogen)
35 g Speisestärke
500 ml (1/2 l) Beerensaft
100 g Zucker

Für den Sahnejoghurt:
200 ml Schlagsahne
1 EL Zucker
250 g Naturjoghurt

Zum Bestreuen:
2 EL Schokostreusel

Zubereitungszeit: etwa 30 Min.

1. Für die rote Grütze die Beeren putzen, waschen (die Himbeeren nur verlesen) und gut abtropfen lassen. Speisestärke mit 4 Esslöffeln von dem Beerensaft anrühren.

2. Den restlichen Saft mit Zucker zum Kochen bringen, die angerührte Speisestärke unterrühren, einmal aufkochen lassen und von der Kochstelle nehmen. Die Früchte vorsichtig unterheben. Die Grütze in eine Glasschale oder in Dessertschälchen füllen und kalt stellen.
3. Für den Sahnejoghurt Sahne mit Zucker halbsteif schlagen und unter den Joghurt rühren. Den Sahnejoghurt zu der roten Grütze reichen.
4. Mit Schokostreuseln bestreut servieren.

Abwandlung 1:
Für Rote Grütze mit Sago den Saft mit dem Zucker zum Kochen bringen, 60 g Sago einstreuen und bei schwacher Hitze in etwa 20 Minuten ausquellen lassen, ab und zu durchrühren. Zum Schluss die Früchte unterheben.

Abwandlung 2:
Für eine grüne Grütze 500 g Stachelbeeren (aus dem Glas) abtropfen lassen, dabei den Saft auffangen. 250 g Kiwis schälen und in Stücke schneiden. 250 g helle Weintrauben waschen, halbieren, entkernen und evtl. vierteln. Den Stachelbeersaft mit hellem Traubensaft auf 500 ml ($^1/_2$ l) auffüllen. 20 g Speisestärke mit 4 Esslöffeln von dem Saft anrühren. Den restlichen Saft mit 150 g Zucker zum Kochen bringen, angerührte Speisestärke unterrühren und einmal aufkochen lassen. Die Früchte vorsichtig unterheben und die Grütze kalt stellen.

Tipp:
Anstelle des Sahnejoghurts angeschlagene, leicht gesüßte Sahne, Vanilleeis oder Vanillesauce zu der roten Grütze servieren. Anstatt frischer Früchte können auch TK-Früchte (750 g gemischte Beerenfrüchte) und 1 Packung (250 g) TK-Himbeeren verwendet werden.

Rote Linsen mit Paprika

Vegetarisch

Pro Portion:
E: 16 g, F: 6 g, Kh: 36 g,
kJ: 1131, kcal: 270

2 Zwiebeln
2 Knoblauchzehen
350 g rote oder gelbe Paprikaschoten
2 EL Olivenöl
250 g getrocknete rote Linsen
1 TL getrockneter, gerebelter Thymian
400 ml Gemüsebrühe
1 Bund Frühlingszwiebeln
Salz
frisch gemahlener Pfeffer
1 Msp. Cayennepfeffer
1–1 $^1/_2$ EL Zitronensaft
1 TL Honig oder $^1/_2$ TL Zucker

Zubereitungszeit: etwa 30 Min.

1. Zwiebeln abziehen und würfeln. Knoblauch abziehen und in Scheiben schneiden. Paprikaschoten halbieren, entstielen, entkernen und die weißen Scheidewände entfernen, die Schoten waschen und in Streifen schneiden.
2. Öl in einem Topf erhitzen und die Zwiebelwürfel und Knoblauchscheiben darin unter Rühren andünsten. Linsen, Paprikastreifen und Thymian hinzufügen, Gemüsebrühe hinzufügen, zum Kochen bringen und bei schwacher Hitze etwa 8 Minuten mit Deckel kochen.
3. Inzwischen von den Frühlingszwiebeln Wurzelenden und dunkles Grün entfernen, Frühlingszwiebeln waschen, abtropfen lassen und in Ringe schneiden. Die Frühlingszwiebelringe unter die Linsen heben und noch etwa 3 Minuten mit Deckel garen. Mit Salz, Pfeffer, Cayennepfeffer, Zitronensaft und Honig oder Zucker würzen.

Abwandlung:
Für Tellerlinsen 250 g Tellerlinsen in ein Sieb geben, abspülen, mit 600 ml Gemüsebrühe und 1 Lorbeerblatt in einen Topf geben, zum Kochen bringen und in 20–25 Minuten mit Deckel bei mittlerer Hitze knapp gar kochen. In der Zwischenzeit 200 g Knollensellerie und 200 g Möhren putzen, schälen, waschen und in kleine Würfel schneiden. 200 g Porree putzen, längs halbieren, waschen und in Streifen schneiden. 40 g Butter oder Margarine zerlassen und das Gemüse darin etwa 2 Minuten unter Rühren andünsten. Das Gemüse dann zu den Linsen geben, 125 ml ($^1/_8$ l) Gemüsebrühe hinzufügen und alles noch etwa 10 Minuten mit Deckel weitergaren. Mit Salz, Pfeffer, Zucker und etwa 2 Esslöffeln Essig (z. B. Balsamico-Essig) abschmecken und mit 1 Esslöffel gehackter Petersilie bestreuen. Als Beilage zu gebratenem Leberkäse, Kasseler oder Wiener Würstchen und Spätzle reichen.

Tipp:
Die roten Linsen mit Fladenbrot zu gebratenen Hähnchen- oder Putenschnitzeln oder pochierten Eiern servieren.

Rote Linsen mit Paprika

Rotkohlblätter, gefüllte

Raffiniert

Pro Portion:
E: 23 g, F: 51 g, Kh: 10 g,
kJ: 2439, kcal: 583

Wasser
Salz (auf 1 l Wasser 1 TL Salz)
1 Kopf Rotkohl (1600–1800 g)

600 g Bratwurstbrät
1 Gemüsezwiebel (etwa 300 g)
200 g weiße
oder rosa Champignons
4 EL Speiseöl
Salz
frisch gemahlener Pfeffer
gemahlener Kümmel
1 Bund Suppengrün (etwa 500 g, küchenfertig vorbereitet)
200 ml Fleischbrühe

etwas Basilikum

Zubereitungszeit: etwa 65 Min., ohne Abkühlzeit

1. Wasser mit Salz zum Kochen bringen. Inzwischen vom Rotkohl die äußeren welken Blätter entfernen. Den Rotkohl abspülen, den Strunk unten keilförmig herausschneiden und den Rotkohl so lange in kochendes Wasser legen, bis sich die äußeren Blätter lösen. Diesen Vorgang wiederholen, bis etwa 8 Blätter sich lösen lassen und etwas weich sind. Die Blätter abtropfen lassen und trockentupfen. Dicke Blattrippen flach schneiden.
2. Bratwurstbrät in eine Schüssel geben. Gemüsezwiebel abziehen und würfeln. Champignons putzen, mit Küchenpapier abreiben, evtl. abspülen, abtropfen lassen und klein schneiden. 2 Esslöffel von dem Öl in einer Pfanne erhitzen und die Hälfte der Zwiebelwürfel darin glasig dünsten. Champignonstücke hinzugeben und mit andünsten, etwas abkühlen lassen. Champignonstücke zu der Brätmasse geben und unterarbeiten. Mit Salz, Pfeffer und Kümmel würzen.
3. Suppengrün in Würfel schneiden. Restliches Öl in einem Bräter erhitzen und Gemüse- und die restlichen Zwiebelwürfel darin andünsten. Brühe hinzugießen. Den Bräter von der Kochstelle nehmen.
4. Jeweils 2 Rotkohlblätter übereinander legen und die Brät-Champignon-Masse darauf verteilen. Die Blätter seitlich einschlagen und aufrollen. Die Rouladen mit der Nahtseite nach unten auf das angedünstete Gemüse setzen. Den Bräter auf dem Rost in den Backofen schieben.
   Ober-/Unterhitze: etwa 180 °C (vorgeheizt)
   Heißluft: etwa 160 °C (nicht vorgeheizt)
   Gas: Stufe 2–3 (nicht vorgeheizt)
   Garzeit: etwa 50 Minuten.
5. Die gefüllten Rotkohlblätter mit dem Gemüse anrichten und mit Basilikum garniert servieren.

Tipp:
Den restlichen Rotkohl in feine Streifen schneiden, blanchieren, in Eiswasser abschrecken, abtropfen lassen und für Rotkohlgemüse einfrieren.

Rotkohlblätter, gefüllte

Rotwein-Birnen-Torte

Dauert länger

Insgesamt:
E: 105 g, F: 390 g, Kh: 635 g,
kJ: 29131, kcal: 6964

Für den Rührteig:
200 g weiche Butter oder Margarine
125 g Zucker
1 Pck. Dr. Oetker Vanillin-Zucker

4 Eier (Größe M)
250 g Weizenmehl
2 TL Dr. Oetker Backin
3 TL Kakaopulver
1 TL gemahlener Zimt
100 ml Rotwein
100 g Raspelschokolade
100 g abgezogene, gehackte Mandeln

Für den Belag:
5 mittelgroße Birnen (etwa 1 kg)
300 ml Rotwein
75 g Zucker
1 Zimtstange

Für die Füllung:
4 Blatt weiße Gelatine
400 ml Schlagsahne
25 g gesiebter Puderzucker

Für den Guss:
1 Pck. Tortenguss, klar
1 TL Zucker
250 ml (1/4 l) Birnenkochflüssigkeit

Rotwein-Birnen-Torte

Zubereitungszeit: etwa 60 Min., ohne Kühlzeit

1. Für den Teig Butter oder Margarine mit Handrührgerät mit Rührbesen auf höchster Stufe geschmeidig rühren. Nach und nach Zucker und Vanillin-Zucker unterrühren und so lange rühren, bis eine gebundene Masse entstanden ist. Eier nach und nach unterrühren (jedes Ei etwa 1/2 Minute).
2. Mehl mit Backin, Kakaopulver und Zimt mischen, sieben und portionsweise abwechselnd mit Rotwein auf mittlerer Stufe unterrühren. Raspelschokolade und Mandeln unterrühren. Den Teig in eine Springform (Ø 26 cm, Boden gefettet) füllen. Die Form auf dem Rost in den Backofen schieben.
   Ober-/Unterhitze: etwa 180 °C (vorgeheizt)
   Heißluft: etwa 160 °C (vorgeheizt)
   Gas: Stufe 2–3 (vorgeheizt)
   Backzeit: etwa 35 Minuten.
3. Den Boden aus der Form lösen, aber auf dem Springformboden auf einem Kuchenrost erkalten lassen. Den Boden einmal waagerecht durchschneiden.
4. Für den Belag Birnen schälen, halbieren, entkernen und auf der gewölbten Seite mit einem Messer mehrmals einritzen. Rotwein mit Zucker und Zimtstange in einem Topf zum Kochen bringen, die Birnenhälften hineingeben und unter gelegentlichem Wenden etwa 10 Minuten dünsten. Den Topf von der Kochstelle nehmen und die Birnen in der Kochflüssigkeit erkalten lassen.
5. Die Birnen in einem Sieb abtropfen lassen, dabei die Flüssigkeit auffangen und 250 ml (1/4 l) für den Guss abmessen (evtl. mit Wasser auffüllen).
6. Für die Füllung Gelatine nach Packungsanleitung in kaltem Wasser einweichen, ausdrücken und in einem kleinen Topf unter Rühren erwärmen (nicht kochen), bis sie völlig gelöst ist. Sahne mit Puderzucker fast steif schlagen, Gelatine unter Schlagen hineingeben und Sahne vollkommen steif schlagen.
7. Drei Esslöffel der Sahne in einen Spritzbeutel mit Sterntülle füllen und beiseite legen. 1 Birnenhälfte in kleine Würfel schneiden und unter die restliche Sahne heben.
8. Den unteren Boden auf eine Tortenplatte legen. Die Birnensahne darauf verteilen und glatt streichen. Den oberen Boden darauf legen und etwas andrücken. Die Birnenhälften mit den Wölbungen nach oben und mit den Spitzen nach innen darauf verteilen.
9. Für den Guss aus Tortenguss, Zucker und der abgemessenen Birnenkochflüssigkeit nach Packungsanleitung – aber mit den hier angegebenen Zutaten – einen Guss kochen und auf den Birnen verteilen. Den Guss etwa 30 Minuten fest werden lassen.
10. Die Torte mit der Sahne aus dem Spritzbeutel verzieren.

Rührei im Wurstkörbchen

Rührei im Wurstkörbchen

Preiswert

Pro Portion:
E: 25 g, F: 45 g, Kh: 3 g,
kJ: 2269, kcal: 542

3 Frühlingszwiebeln
8 Eier (Größe M)
8 EL Milch
etwas Mineralwasser
Salz, frisch gemahlener Pfeffer
geriebene Muskatnuss
40 g Butter
3 EL Speiseöl
4 große Scheiben Fleischwurst
(Ø 12 cm, 1/2 cm dick; vom Metzger schneiden lassen)
Paprikapulver edelsüß

Zubereitungszeit: etwa 25 Min.

1. Frühlingszwiebeln putzen, waschen und in Ringe schneiden.
2. Eier mit Milch und Mineralwasser gut verquirlen. Mit Salz, Pfeffer und Muskatnuss würzen. Frühlingszwiebelringe unterrühren.
3. Butter in einer Pfanne zerlassen und die Eiermilch hineingeben. Sobald die Masse zu stocken beginnt, sie strichweise vom Boden der Pfanne losrühren. So lange weiter erhitzen, bis keine Flüssigkeit mehr vorhanden ist. Das Rührei warm stellen.
4. Öl in einer Pfanne erhitzen und die Fleischwurstscheiben darin anbraten, bis sich die Mitte nach oben wölbt. Die Wurstscheiben umdrehen und auf Teller legen.
5. Das Rührei in die Wurstkörbchen füllen und mit Paprikapulver bestreut servieren.

Beilage:
Kartoffeln und gemischter Salat.

Rumpsteaks mit Pfeffersauce

Rumpsteaks mit Pfeffersauce

Für Gäste

Pro Portion:
E: 45 g, F: 16 g, Kh: 1 g,
kJ: 1402, kcal: 335

4 Rumpsteaks (je 200 g)
frisch gemahlener Pfeffer
30 g Butterschmalz
oder 3 EL Speiseöl
Salz

200 ml Wasser
1 Pck. Rahmsauce [für 250 ml (1/4 l) Flüssigkeit]
1 EL eingelegte grüne Pfefferkörner (aus dem Glas)
100 ml Schlagsahne
evtl. 2–3 EL Weinbrand oder trockener Sherry

Zubereitungszeit: etwa 25 Min.

1. Rumpsteaks kalt abspülen, gut trockentupfen und von beiden Seiten mit Pfeffer bestreuen.
2. Butterschmalz oder Öl in einer Pfanne erhitzen. Das Fleisch in das heiße Fett legen und von beiden Seiten 3–4 Minuten braten. Steaks etwas salzen und warm stellen.
3. Wasser zu dem Bratensatz in die Pfanne gießen, Rahmsaucenpulver unterrühren und kurz aufkochen lassen. Pfefferkörner zugeben und 2–3 Minuten mitkochen lassen. Sahne dazugeben, verrühren und die Sauce nach Belieben mit Weinbrand oder Sherry abschmecken. Die Sauce zu den Steaks servieren.

Beilage:
Prinzessbohnen und Salzkartoffeln.

Tipp:
Das Fleisch sollte nach dem Braten immer noch etwas ruhen, damit sich der Fleischsaft verteilt und das Steak saftig bleibt. Den ausgetretenen Fleischsaft über die Steaks geben oder mit für die Sauce verwenden.
Das 3-Minuten-Steak („medium") ist besonders beliebt. Es ist nicht mehr ganz roh („rare", 1–2 Minuten), aber auch noch nicht ganz durchgebraten („welldone", 5 Minuten).
Die Zeitangaben entsprechen der Bratzeit pro Seite.

Rumpsteaks mit Zwiebeln

Schnell

Pro Portion:
E: 45 g, F: 16 g, Kh: 1 g,
kJ: 1402, kcal: 335

2 große Zwiebeln
4 Rumpsteaks (je 200 g)
30 g Butterschmalz
oder 3 EL Speiseöl
Salz
frisch gemahlener Pfeffer
evtl. etwas Steak-Gewürz

Zubereitungszeit: etwa 25 Min.

1. Zwiebeln abziehen und in Scheiben schneiden. Rumpsteaks unter fließendem kalten Wasser abspülen, trockentupfen und an den Rändern etwas einschneiden.
2. Butterschmalz oder Öl in einer Pfanne erhitzen, das Fleisch in das heiße Fett legen und kurz von beiden Seiten anbraten. Dann mit Salz, Pfeffer und nach Belieben mit Steak-Gewürz bestreuen und jede Seite 3–4 Minuten braten. Die Fleischscheiben dabei öfter mit Bratfett aus der Pfanne begießen, damit sie saftig bleiben.
3. Die Steaks auf einer vorgewärmten Platte anrichten, zudecken und warm stellen. Die Zwiebelscheiben in das Bratfett geben, mit Salz und Pfeffer würzen und unter Wenden einige Minuten bräunen. Die Steaks mit den Zwiebeln servieren.

Beilage:
Bratkartoffeln oder Pommes frites und gemischter Salat.

Rumpsteaks mit Zwiebeln

Salat mit Salami

4–6 Portionen

Gut vorzubereiten

Pro Portion:
E: 19 g, F: 21 g, Kh: 26 g,
kJ: 1618, kcal: 387

Für den Salat:
1 Glas grüne Bohnen
(Abtropfgewicht 350 g)
1 Dose weiße Bohnen
(Abtropfgewicht 250 g)
2 gekochte, große Pellkartoffeln
2 rote Zwiebeln
1 Knoblauchzehe
2 Tomaten
2 Bund glatte Petersilie
150 g Salamischeiben

Für die Sauce:
3 EL Weißweinessig
1/2 TL Senf
Salz
frisch gemahlener Pfeffer
1 Prise Zucker
5 EL Olivenöl

Zubereitungszeit: etwa 35 Min., ohne Durchziehzeit

1. Für den Salat beide Bohnensorten in ein Sieb geben und abtropfen lassen. Kartoffel pellen, vierteln und in Scheiben schneiden.
2. Zwiebeln und Knoblauch abziehen und würfeln. Tomaten waschen, abtrocknen, vierteln, die Stängelansätze herausschneiden und Tomaten in kleine Stücke schneiden.
3. Petersilie kalt abspülen, trockentupfen, die Blättchen von den Stängeln zupfen und in feine Streifen schneiden. Salami in kleine Würfel schneiden. Die vorbereiteten Zutaten in eine Schüssel geben.
4. Für die Sauce Essig und Senf mit Salz, Pfeffer und Zucker verrühren. Öl unterschlagen. Die Sauce mit den Salatzutaten vermengen und den Salat etwas durchziehen lassen. Den Salat vor dem Servieren evtl. nochmals mit den Gewürzen kräftig abschmecken.

Sauergulasch, Rheinisches

Gut vorzubereiten

Pro Portion:
E: 45 g, F: 15 g, Kh: 26 g,
kJ: 1818, kcal: 435

750 g Rindfleisch (aus der Hüfte)
6–8 mittelgroße Zwiebeln
1 Pck. Sauerbratengewürz
150 ml Weißweinessig
250 ml (1/4 l) Wasser
1 TL Salz
30 g Butterschmalz
125 g Rosinen
500 ml (1/2 l) Fleischbrühe

Sauergulasch, Rheinisches

3 TL Bratenfond (Fertigprodukt)
frisch gemahlener Pfeffer
etwas Zucker

Zubereitungszeit: etwa 70 Min., ohne Marinierzeit

1. Rindfleisch unter fließendem kalten Wasser abspülen, trockentupfen, in Würfel schneiden und in eine Schüssel geben.
2. Zwiebeln abziehen, halbieren, in Streifen schneiden und zu den Fleischwürfeln geben. Sauerbratengewürz darüber streuen. Essig mit Wasser und Salz verrühren und hinzugießen. Das Fleisch 2 Tage marinieren lassen, dabei gelegentlich wenden.
3. Butterschmalz in einem Topf zerlassen. Die Fleischwürfel aus der Marinade nehmen und in dem Butterschmalz anschmoren, bis das Fleisch anfängt braun zu werden. Die Zwiebeln aus der Marinade hinzufügen und mitschmoren.
4. Die Marinade durch ein Sieb gießen. Rosinen in den Topf geben, etwas von der Marinade und der Fleischbrühe hinzufügen und alles etwa 50 Minuten zugedeckt schmoren lassen. Dabei nach und nach restliche Marinade und Brühe zugießen.
5. Bratenfond unterrühren, alles zum Kochen bringen und etwa 5 Minuten kochen lassen. Das Gulasch mit Salz, Pfeffer und Zucker würzen.

Beilage:
Kartoffelknödel.

Tipp:
Sie können das Sauerbratengewürz auch in einen kleinen Papierbeutel (z. B. Teefilter) oder in ein Mulltuch geben, verschließen und in die Schüssel legen. Dann muss die Marinade nicht durch ein Sieb gegossen werden.

Sauerkirschkranz

Mit Alkohol

Insgesamt:
E: 105 g, F: 316 g, Kh: 888 g,
kJ: 30050, kcal: 7174

Zum Vorbereiten:
500 g Sauerkirschen
6 Zwiebäcke

Für den Rührteig:
250 g weiche Butter oder Margarine
200 g Zucker
1 Pck. Dr. Oetker Vanillin-Zucker
abgeriebene Schale von 1 Bio-Zitrone (unbehandelt, ungewachst)
5 Eier (Größe M)
250 g Weizenmehl
100 g Speisestärke
2 TL Dr. Oetker Backin
50 g Weizengrieß
50 ml Schlagsahne

Für den Guss:
250 g gesiebter Puderzucker
2 EL Wasser
2–3 EL Kirschwasser

Zum Bestreuen:
100 g abgezogene, gestiftelte, geröstete Mandeln

Zubereitungszeit: etwa 50 Min., ohne Kühlzeit

1. Zum Vorbereiten Kirschen waschen, entstielen, entsteinen und gut abtropfen lassen. Zwiebäcke in einen Gefrierbeutel geben, den Beutel verschließen und die Zwiebäcke mit einer Teigrolle fein zerdrücken. Eine Kranzform (Ø 24 cm, gefettet) mit einem Teil der Zwiebackbrösel ausstreuen.
2. Für den Teig Butter oder Margarine mit Handrührgerät mit Rührbesen auf höchster Stufe geschmeidig rühren. Nach und nach Zucker, Vanillin-Zucker und Zitronenschale unterrühren und so lange rühren, bis eine gebundene Masse entstanden ist.
3. Eier nach und nach unterrühren (jedes Ei etwa $^1/_2$ Minute). Mehl mit Speisestärke und Backin mischen, sieben, mit Grieß mischen und abwechselnd portionsweise mit Sahne auf mittlerer Stufe unterrühren. $^1/_3$ des Teiges in die vorbereitete Form füllen.
4. Die Kirschen in den restlichen Zwiebackbröseln wenden, die Hälfte auf dem Teig verteilen. Die Hälfte des restlichen Teiges darauf verstreichen. Erst restliche Kirschen, dann restlichen Teig darauf schichten. Die Form auf dem Rost in den Backofen (untere Einschubleiste) schieben.
   Ober-/Unterhitze: etwa 180 °C (vorgeheizt)
   Heißluft: etwa 160 °C (nicht vorgeheizt)
   Gas: Stufe 2–3 (nicht vorgeheizt)
   Backzeit: etwa 60 Minuten.
5. Den Kuchen etwa 10 Minuten in der Form stehen lassen, dann auf einen Kuchenrost stürzen und erkalten lassen.
6. Für den Guss Puderzucker mit Wasser und Kirschwasser glatt rühren und den Kuchen damit dick besprenkeln oder dünn überziehen. Die Mandeln darauf streuen und den Guss fest werden lassen.

Tipp:
Wenn Kinder mitessen, das Kirschwasser für den Guss durch Zitronensaft oder Wasser ersetzen.
Der Kranz schmeckt auch lecker mit Stachelbeeren oder in Stücke geschnittenen Aprikosen.
Anstelle der frischen Kirschen können auch Kirschen aus dem Glas (Abtropfgewicht 370 g) verwendet werden.
Der Sauerkirschkranz hält sich gut verpackt und gekühlt aufbewahrt 3–4 Tage frisch.

Sauerkirschkranz

Sauerkrautauflauf

Sauerkrautauflauf

4–6 Portionen

Raffiniert

Pro Portion:
E: 23 g, F: 42 g, Kh: 40 g,
kJ: 2831, kcal: 675

600 g gekochte Pellkartoffeln
1 Dose Ananas-Weinsauerkraut (Abtropfgewicht 770 g)
1 kleine grüne Paprikaschote
400 g Kasseler (ohne Knochen)
Salz
frisch gemahlener Pfeffer
etwas Zucker

Für die Sauce:
1 schwach geh. EL Weizenmehl
200 g Schmand
125 ml (1/8 l) Schlagsahne
125 ml (1/8 l) Gemüsebrühe

Zum Bestreuen:
2 EL Semmelbrösel
2 EL geriebener Gouda
25 g Butter

Zubereitungszeit: etwa 30 Min.

1. Kartoffeln pellen, in nicht zu dünne Scheiben schneiden und die Hälfte in eine gefettete, flache Auflaufform legen.
2. Sauerkraut etwas lockerzupfen und in eine Schüssel geben. Paprikaschote halbieren, entstielen, entkernen und die weißen Scheidewände entfernen, die Schote waschen und in Streifen schneiden. Kasseler ebenfalls in Streifen schneiden.
3. Die vorbereiteten Zutaten mit dem Sauerkraut vermischen und mit Salz, Pfeffer und Zucker würzen. Die Hälfte der Masse auf die Kartoffelscheiben geben.
4. Für die Sauce Mehl, Schmand, Sahne und Gemüsebrühe verrühren, mit Salz, Pfeffer und Zucker würzen und die Hälfte über die Sauerkrautmischung geben.
5. Die restlichen Kartoffelscheiben darauf schichten, darauf das restliche Sauerkraut geben und zum Schluss die restliche Sauce darauf verteilen, so dass alle Zutaten gut mit Sauce bedeckt sind.
6. Den Auflauf mit Semmelbröseln und Gouda bestreuen und Butter in Flöckchen darauf setzen. Die Form auf dem Rost in den Backofen schieben.

Sauerkraut-Kartoffel-Auflauf mit Cabanossi

Ober-/Unterhitze: etwa 200 °C (vorgeheizt)
Heißluft: etwa 180 °C (vorgeheizt)
Gas: Stufe 3–4 (vorgeheizt)
Garzeit: etwa 35 Minuten.

Sauerkraut-Kartoffel-Auflauf mit Cabanossi

4–6 Portionen

Preiswert

Pro Portion:
E: 31 g, F: 75 g, Kh: 33 g,
kJ: 3344, kcal: 798

2 Zwiebeln
3 EL Speiseöl
1 Dose Sauerkraut (Abtropfgewicht 770 g)
125 ml (1/8 l) Gemüsebrühe
Salz, frisch gemahlener Pfeffer
etwas Zucker
2 Pck. Kartoffel-Püree (für Wasser und Milch)
700 ml Wasser
500 ml (1/2 l) Milch
3–4 Cabanossi-Würstchen (etwa 500 g)
2–3 EL Semmelbrösel
40 g Butter

Zubereitungszeit: etwa 35 Min.

1. Zwiebeln abziehen, halbieren und in Würfel schneiden. Öl in einem Topf erhitzen und die Zwiebelwürfel darin andünsten. Sauerkraut mit andünsten, mit der Brühe auffüllen, mit Salz, Pfeffer und Zucker würzen und etwa 25 Minuten garen.
2. Kartoffel-Püree nach Packungsanleitung – aber mit 700 ml Wasser und 500 ml (1/2 l) Milch – zubereiten. Cabanossi in Scheiben schneiden.

3. In eine gefettete Auflaufform abwechselnd einen Teil des Sauerkrauts, der Wurstscheiben und des Kartoffelpürees schichten, dann wieder Sauerkraut usw., bis die Zutaten aufgebraucht sind. Die obere Schicht sollte aus Kartoffelpüree bestehen.
4. Semmelbrösel und Butter in Flöckchen darauf verteilen. Die Form auf dem Rost in den Backofen schieben.
   Ober-/Unterhitze: etwa 200 °C (vorgeheizt)
   Heißluft: etwa 180 °C (vorgeheizt)
   Gas: Stufe 3–4 (vorgeheizt)
   Backzeit: etwa 35 Minuten.

Abwandlung:
Anstelle der Cabanossi können Sie auch dieselbe Menge in Würfel geschnittenes Kasseler verwenden.

Tipp:
Sie können den Auflauf am Vortag vorbereiten und am nächsten Tag in den Backofen schieben. Die Backzeit verlängert sich dann um etwa 10 Minuten.

Sauerkrautkuchen mit Gitter

6 Portionen

Für Gäste

Pro Portion:
E: 59 g, F: 66 g, Kh: 29 g,
kJ: 4211, kcal: 1006

Für den schnellen Blätterteig:
200 g Weizenmehl
200 g Doppelrahm-Frischkäse
200 g Butter
1 Prise Salz

Für den Belag:
2 mittelgroße Zwiebeln
2 EL Speiseöl
500 g Sauerkraut
200 g mittelalter Gouda
2 Eier (Größe M)
Cayennepfeffer
Kümmelsamen
6 Rauchenden (Mettwürstchen)
2 EL fein gewürfelte rote Paprikaschote

Zum Bestreichen:
1 Eigelb
1 EL Milch

Zum Bestreuen:
Kresse
Schnittlauchröllchen

Zubereitungszeit: etwa 60 Min., ohne Kühlzeit

1. Für den Teig Mehl in eine Rührschüssel sieben. Frischkäse, Butter und Salz hinzufügen und die Zutaten mit Handrührgerät mit Knethaken zunächst kurz auf niedrigster, dann auf höchster Stufe zu einem glatten Teig verkneten. Den Teig in Klarsichtfolie verpackt einige Stunden oder über Nacht in den Kühlschrank legen.
2. Für den Belag Zwiebeln abziehen und in Würfel schneiden. Öl erhitzen und die Zwiebelwürfel darin glasig dünsten. Gut ausgedrücktes Sauerkraut hinzufügen und etwa 10 Minuten mitdünsten. Dann etwas abkühlen lassen.
3. Gouda fein würfeln und mit den Eiern unter das Sauerkraut rühren. Die Masse mit Cayennepfeffer und Kümmel würzen. Rauchenden in etwa 1 cm dicke Scheiben schneiden.
4. Zwei Drittel des Teiges auf der leicht bemehlten Arbeitsfläche in der Größe der Fettfangschale ausrollen und in die Fettfangschale (30 x 40 cm, gefettet) legen. Die Teigränder etwas hochdrücken.

Sauerkrautkuchen mit Gitter

5. Die Sauerkrautmischung darauf verteilen, mit Wurstscheiben belegen und mit Paprikawürfeln bestreuen.
6. Den restlichen Teig zur Größe der halben Fettfangschale ausrollen und mit einem Gitterroller darüber rollen. Das Teiggitter vorsichtig über dem Belag auseinander ziehen und die Ränder gut andrücken. Oder den ausgerollten Teig in dünne Streifen schneiden und gitterartig auf den Belag legen.
7. Eigelb und Milch verschlagen und das Teiggitter damit bestreichen. Die Fettfangschale in den Backofen schieben.
   Ober-/Unterhitze: etwa 200 °C (vorgeheizt)
   Heißluft: etwa 180 °C (vorgeheizt)
   Gas: Stufe 3–4 (vorgeheizt)
   Backzeit: etwa 30 Minuten.
8. Vor dem Servieren den Sauerkrautkuchen mit Kresse und Schnittlauchröllchen bestreuen.

Schaschlikspieße

Schaschlikspieße

4 Spieße

Gut vorzubereiten

Pro Portion:
E: 29 g, F: 45 g, Kh: 9 g,
kJ: 2470, kcal: 590

Für die Spieße:
4 etwas dickere Schweineschnitzel
2 mittelgroße Zwiebeln
1 l kräftige Fleischbrühe
Salz
frisch gemahlener Pfeffer
2 EL Paprikapulver edelsüß
Cayennepfeffer
1 TL Gyrosgewürz
5–6 EL Speiseöl

Für die Sauce:
2 mittelgroße Gewürzgurken
250 g Zigeunersauce (aus dem Glas)

Zubereitungszeit: etwa 50 Min., ohne Marinierzeit

1. Schnitzel unter fließendem kalten Wasser abspülen, trockentupfen und in etwa 2 cm dicke Streifen schneiden. Zwiebeln abziehen, halbieren und in einzelne Segmente teilen. Die Fleischstücke doppelt legen und abwechselnd mit je 2 Zwiebelsegmenten auf Holzspieße stecken (falls die Fleischstücke zu groß sind, sie zum Aufspießen dreifach legen).
2. Brühe zum Kochen bringen, die Spieße hineingeben und etwa 30 Minuten bei mittlerer Hitze garen. Sie dann herausnehmen und etwas abkühlen lassen.
3. Salz, Pfeffer, Paprika, Cayennepfeffer und Gyrosgewürz mit dem Öl verrühren und die noch warmen Spieße damit bestreichen. Die Spieße einige Stunden durchziehen lassen.
4. Die Spieße in einer Pfanne anbraten und bei mittlerer Hitze in etwa 15 Minuten braun braten.
5. Für die Sauce Gewürzgurken in Stifte schneiden, mit der Zigeunersauce vermischen und erhitzen. Die Sauce zu den Schaschlikspießen servieren.

Scheibenbraten

Preiswert

Pro Portion:
E: 13 g, F: 7 g, Kh: 23 g,
kJ: 925, kcal: 221

2 Stangen Porree (Lauch)
400 g Kartoffeln, 4 Möhren
4 Zwiebeln
4 Scheiben Kasselernacken
(je etwa 140 g)
Salz, frisch gemahlener Pfeffer
knapp 500 ml ($^1/_2$ l) Fleischbrühe
2 Lorbeerblätter

Zubereitungszeit: etwa 30 Min.

1. Porree putzen, längs halbieren, gründlich waschen und in etwa 2 cm dicke Streifen schneiden. Kartoffeln waschen, schälen, abspülen und in Scheiben schneiden. Möhren putzen, schälen,

Scheibenbraten

waschen und in nicht zu dünne Scheiben schneiden. Zwiebeln abziehen, halbieren und in Scheiben schneiden.
2. Kasseler unter fließendem kalten Wasser abspülen, trockentupfen und die Scheiben nebeneinander in einen gefetteten Bräter legen. Das Fleisch mit Zwiebeln, Porree, Möhren und Kartoffeln belegen und mit Salz und Pfeffer würzen.
3. Die Brühe angießen und Lorbeerblätter hinzufügen. Den Bräter mit dem Deckel verschließen und auf dem Rost in den Backofen schieben.
   Ober-/Unterhitze: etwa 180 °C (vorgeheizt)
   Heißluft: etwa 160 °C (nicht vorgeheizt)
   Gas: Stufe 2–3 (nicht vorgeheizt)
   Garzeit: 50–60 Minuten.
4. Nach etwa 40–50 Minuten Garzeit den Deckel abnehmen und alles noch 10 Minuten garen.

Tipp:
Anstelle von Kasselernacken können Sie auch Schweine-Nackensteaks verwenden. Dann das Fleisch kräftig mit Salz und Pfeffer würzen und evtl. vor dem Einschichten kurz von beiden Seiten anbraten. So schmeckt es noch würziger. Sie können die Zutaten schon am Vortag zubereiten, in den Bräter schichten und erst am nächsten Tag in den Backofen schieben.

Scheiterhaufen, moderner

Einfach

Pro Portion:
E: 13 g, F: 39 g, Kh: 55 g,
kJ: 2683, kcal: 641

Scheiterhaufen, moderner

1 Becher (500 g) Kirschgrütze (aus dem Kühlregal)
250 g Mascarpone
3 Eier (Größe M)
100 ml Milch, 75 g Zucker
1 Pck. Dr. Oetker Finesse Orangenfrucht
8–10 Scheiben Baguette
1 Pck. Saucen-Pulver Vanille-Geschmack (zum Kochen)
40 g Kokosraspel

Zubereitungszeit: etwa 20 Min.

1. Kirschgrütze in eine flache Auflaufform geben. Die Hälfte des Mascarpones mit 1 Ei, Milch, Zucker und Orangenfrucht gut verrühren.
2. Die Baguettescheiben kurz durch die Mascarpone-Milch-Mischung ziehen und nebeneinander auf die Kirschgrütze legen.
3. Saucen-Pulver mit dem restlichen Mascarpone verrühren. Die restlichen Eier verquirlen und mit der restlichen Mascarpone-Milch-Mischung unterrühren. Die Masse auf die Baguettescheiben geben.
4. Kokosraspel darüber streuen.
   Die Form auf dem Rost in den Backofen schieben.
   Ober-/Unterhitze: etwa 200 °C (vorgeheizt)
   Heißluft: etwa 180 °C (vorgeheizt)
   Gas: Stufe 3–4 (vorgeheizt)
   Backzeit: etwa 30 Minuten.

Abwandlung:
Anstelle von Kirschgrütze können Sie auch Waldbeer- oder rote Grütze verwenden.

Schicht-Blitzkuchen

Schicht-Blitzkuchen

Raffiniert

Insgesamt:
E: 179 g, F: 395 g, Kh: 933 g,
kJ: 34801, kcal: 8312

Für die 1. Schicht (Knetteig):
200 g Weizenmehl
½ Pck. Dr. Oetker Backin
2 EL Kakaopulver
100 g abgezogene, gemahlene Mandeln
100 g Zucker
1 Pck. Dr. Oetker Vanillin-Zucker
100 g weiche Butter oder Margarine
1 Ei (Größe M)
4 EL Wasser

Für die 2. Schicht:
500 g Magerquark
400 g Schmand
175 g Zucker
1 Pck. Dr. Oetker Finesse Geriebene Zitronenschale
75 g weiche Butter oder Margarine
4 Eier (Größe M)
150–200 g Weinbeeren oder Rosinen

Für die 3. Schicht:
150 g Weizenmehl
½ Pck. Dr. Oetker Backin
1 Pck. Dr. Oetker Pudding-Pulver Vanille-Geschmack
200 g Zucker
75 ml neutrales Speiseöl, z. B. Rapsöl
3 EL Wasser

Zubereitungszeit: etwa 40 Min.

1. Für die erste Schicht Mehl mit Backin und Kakaopulver mischen und in eine Rührschüssel sieben. Mandeln, Zucker, Vanillin-Zucker, Butter oder Margarine, Ei und Wasser hinzufügen und die Zutaten mit Handrührgerät mit Knethaken zunächst kurz auf niedrigster, dann auf höchster Stufe gut durcharbeiten.
2. Anschließend auf der leicht bemehlten Arbeitsfläche zu einem Teig verkneten. Den Teig zu einer Rolle formen und in einer Fettfangschale (30 x 40 cm, gefettet) gleichmäßig ausrollen.
3. Für die zweite Schicht Quark mit Schmand, Zucker, Zitronenschale, Butter oder Margarine und Eiern mit Handrührgerät mit Rührbesen gut verrühren. Weinbeeren oder Rosinen vorsichtig unterrühren. Die Masse auf die Teigschicht geben und glatt streichen.
4. Für die dritte Schicht Mehl mit Backin und Pudding-Pulver mischen und in eine Rührschüssel sieben. Zucker, Öl und Wasser hinzufügen, die Zutaten mit Handrührgerät mit Rührbesen gut verrühren und auf der zweiten Schicht verteilen. Die Fettfangschale in den Backofen schieben.
   Ober-/Unterhitze: etwa 180 °C (vorgeheizt)
   Heißluft: etwa 160 °C (vorgeheizt)
   Gas: Stufe 2–3 (vorgeheizt)
   Backzeit: etwa 35 Minuten.
5. Das Backblech auf einen Kuchenrost stellen und den Kuchen erkalten lassen.

Abwandlung:
Wer keine Weinbeeren oder Rosinen mag, kann sie auch ersatzlos weglassen oder 1–2 Dosen gut abgetropfte Mandarinen oder etwa 500 g gewaschene, gut abgetropfte Heidelbeeren auf der ersten Schicht verteilen und dann die zweite Schicht darauf verteilen.

Tipp:
Den Kuchen vor dem Servieren mit Puderzucker bestäuben.

Schichtmittag

Schichtmittag

Preiswert

Pro Portion:
E: 28 g, F: 55 g, Kh: 32 g,
kJ: 3128, kcal: 748

1 kleiner Kopf Weißkohl (etwa 750 g)
600 g fest kochende Kartoffeln
1 Gemüsezwiebel
4 EL Speiseöl
Salz, frisch gemahlener Pfeffer
gemahlener Kümmel
500 g Thüringer Mett (fertig gewürztes Schweinegehacktes)
125 ml ($^1/_8$ l) Gemüsebrühe
40 g Butter

Zubereitungszeit: etwa 40 Min.

1. Weißkohl putzen, vierteln und den Strunk herausschneiden, den Kohl abspülen und in feine Streifen schneiden. Die Weißkohlstreifen in kochendes Wasser geben, zum Kochen bringen und 3–5 Minuten kochen lassen, auf ein Sieb geben und abtropfen lassen.
2. Kartoffeln waschen, schälen, abspülen und in Scheiben schneiden. Gemüsezwiebel abziehen und in dünne Scheiben schneiden.
3. Öl in einem Topf erhitzen, die Hälfte des Weißkohls darin andünsten und mit Salz, Pfeffer und Kümmel bestreuen. Darauf die Hälfte der Kartoffel- und Zwiebelscheiben geben. Das Mett zerpflücken und darauf verteilen.
4. Die restlichen Kartoffel- und Zwiebelscheiben, zum Schluss den restlichen Weißkohl einschichten und mit den Gewürzen bestreuen. Gemüsebrühe hinzufügen und Butter in Flöckchen darauf legen.
5. Den Topf verschließen und alles bei schwacher Hitze 70–90 Minuten garen.

Tipp:
Der Schichtmittag kann auch bei etwa 180 °C (Heißluft: etwa 160 °C, Gas: etwa Stufe 3) etwa 90 Minuten im Backofen gegart werden. Die Zugabe von Kümmel erhöht die Bekömmlichkeit dieses Kohl-Gerichtes.

Schichtsalat mit Thunfischsauce

Gut vorzubereiten

Pro Portion:
E: 12 g, F: 26 g, Kh: 7 g,
kJ: 1379, kcal: 329

Für die Salatsauce:
1 Glas (150 g) Thunfisch-Filet in Olivenöl
4 EL Naturjoghurt
6–8 EL Gemüsebrühe, 4–5 EL Olivenöl
2–4 TL Zitronensaft
Salz, frisch gemahlener Pfeffer

1 Pck. (200 g) gemischter Blattsalat, z. B. Lollo Rosso, Radicchio, Endiviensalat (aus der Kühltheke)
$^1/_2$ Salatgurke (etwa 250 g)
1 kleine Dose Gemüsemais (Abtropfgewicht 115 g)
3 Tomaten
2–3 hart gekochte Eier (Größe M)
evtl. 1 EL Kapern

Zubereitungszeit: etwa 15 Min.

1. Für die Salatsauce Thunfisch mit dem Öl aus dem Glas, Joghurt, Brühe, Öl und Zitronensaft pürieren und mit Salz und Pfeffer kräftig abschmecken.
2. Den gemischten Blattsalat evtl. waschen und gut abtropfen lassen. Gurke waschen, längs halbieren und in Scheiben schneiden. Mais auf einem Sieb abtropfen lassen.
3. Tomaten waschen, die Stängelansätze entfernen und Tomaten in Scheiben schneiden. Eier pellen und in Scheiben schneiden.
4. Die vorbereiteten Zutaten in eine Glasschüssel schichten (die erste und die letzte Schicht sollte Blattsalat sein), dabei die Schichten nach Belieben mit Pfeffer und Salz bestreuen und jeweils etwas von der Sauce darauf verteilen. So fortfahren, bis die Salatzutaten verbraucht sind. Die restliche Sauce darauf verteilen.
5. Nach Belieben Kapern abtropfen lassen, hacken und auf den Salat geben.

Beilage:
Fladenbrot.

Tipp:
Der Salat kann auch schon einen Tag vor dem Verzehr zubereitet werden, dann die einzelnen Schichten nicht würzen. Den Salat mit Klarsichtfolie zudecken und kalt stellen.

Schichtsalat mit Thunfischsauce

Schinken-Sellerie-Salat

Gut vorzubereiten

Pro Portion:
E: 15 g, F: 20 g, Kh: 8 g,
kJ: 1214, kcal: 290

250 g gekochter Schinken
1 kleines Glas Senfgurken (Abtropfgewicht 235 g)
1 kleines Glas Selleriestreifen (Abtropfgewicht 195 g)
2 säuerliche Äpfel
etwas Zitronensaft

Für die Sauce:
1 Becher (150 g) Crème fraîche
1 TL Weinessig
3–4 EL Milch
Salz, frisch gemahlener Pfeffer

Salatblätter

Zubereitungszeit: etwa 35 Min.

1. Schinken in kleine Stücke schneiden. Senfgurken und Selleriestreifen getrennt in Sieben abtropfen lassen und Senfgurken in feine Würfel schneiden.
2. Äpfel schälen, vierteln und entkernen, fein würfeln und mit Zitronensaft beträufeln. Die Salatzutaten miteinander vermengen.
3. Für die Sauce Crème fraîche mit Essig und Milch verrühren und mit Salz und Pfeffer würzen.
4. Salatblätter waschen und trockentupfen oder trockenschleudern. Eine Salatschüssel oder 4 Portionsschälchen damit auslegen, die Salatzutaten darauf anrichten und mit der Sauce übergießen.

Schlemmertopf

Schlemmer-Fischspieße

4 Spieße

Für Gäste

Pro Portion:
E: 32 g, F: 28 g, Kh: 4 g,
kJ: 1771, kcal: 423

250 g Rotbarschfilet
8 ausgelöste Riesenscampi
1 rote Paprikaschote
1 Zucchini (etwa 250 g)
1 Knoblauchzehe
8 EL Speiseöl, 2 EL Sojasauce
Kräuter der Provence
frisch gemahlener Pfeffer

Zubereitungszeit: etwa 25 Min.

1. Rotbarschfilet unter fließendem kalten Wasser abspülen, trockentupfen und in mundgerechte Stücke schneiden. Scampi abspülen und trockentupfen.
2. Paprika halbieren, entstielen, entkernen und die weißen Scheidewände entfernen, Schote waschen und in mundgerechte Stücke schneiden. Zucchini waschen, die Enden abschneiden und Zucchini in nicht zu dünne Scheiben schneiden. Die vorbereiteten Zutaten abwechselnd auf 4 Spieße stecken.
3. Knoblauch abziehen, durch die Presse drücken und mit Öl, Sojasauce, Kräutern der Provence und Pfeffer verrühren, die Spieße damit bestreichen.
4. Die Spieße auf ein mit Alufolie belegtes Backblech legen, das Backblech unter den vorgeheizten Grill schieben und die Spieße 6–8 Minuten grillen. Die Spieße dabei mehrmals wenden und mit der Ölmischung bestreichen.

Schlemmertopf

6 Portionen

Für Gäste

Pro Portion:
E: 48 g, F: 46 g, Kh: 20 g,
kJ: 3059, kcal: 730

1 kg Schweineschulter
2 Beutel Zwiebelsuppe
frisch gemahlener Pfeffer
1 großes Glas Champignons
(Abtropfgewicht 340 g)
1 Dose Kidneybohnen
(Abtropfgewicht 255 g)
1 Dose geschälte Tomaten (800 g)
250 ml (1/4 l) Schlagsahne
200 g geriebener Gouda

Zubereitungszeit: etwa 25 Min.

1. Fleisch unter fließendem kalten Wasser abspülen, trockentupfen und in große Würfel schneiden. Die Fleischwürfel in eine große Auflaufform oder einen Bräter geben. Das Zwiebelsuppenpulver darauf verteilen und mit Pfeffer würzen.
2. Champignons in einem Sieb abtropfen lassen und vierteln oder halbieren. Kidneybohnen ebenfalls abtropfen lassen. Bohnen mit Champignons und Tomaten mit der Flüssigkeit zum Fleisch geben. Die Zutaten miteinander vermischen.
3. Sahne darüber gießen. Die Form mit einem Deckel oder mit Alufolie zudecken und auf dem Rost in den Backofen schieben.
   Ober-/Unterhitze: etwa 200 °C (vorgeheizt)
   Heißluft: etwa 180 °C (nicht vorgeheizt)
   Gas: Stufe 3–4 (nicht vorgeheizt)
   Garzeit: etwa 90 Minuten.
4. Nach etwa 60 Minuten Garzeit Deckel oder Alufolie entfernen, den Schlemmertopf mit Käse bestreuen und noch etwa 30 Minuten garen, bis der Käse goldbraun ist.

Beilage: Stangenweißbrot.

Schnitzelpfanne, würzige

Schnitzelpfanne, würzige

Gut vorzubereiten

Pro Portion:
E: 31 g, F: 55 g, Kh: 6 g,
kJ: 2819, kcal: 673

4 Schweineschnitzel (je 125 g)
2 EL Speiseöl
Salz
frisch gemahlener, weißer Pfeffer
1–2 EL Senf
1–2 EL Tomatenmark
3 Zwiebeln
100 g Schinkenspeck
1 Glas Pusztasalat
(Abtropfgewicht 190 g)
1 Glas Champignonscheiben
(Abtropfgewicht 240 g)
250 ml (1/4 l) Schlagsahne

Zubereitungszeit: etwa 30 Min.

1. Schweineschnitzel unter fließendem kalten Wasser abspülen und trockentupfen. Öl in einer Pfanne erhitzen und die Schnitzel kurz von beiden Seiten darin anbraten. Die Schnitzel mit Salz und Pfeffer würzen, von beiden Seiten dünn mit Senf und Tomatenmark bestreichen und in eine gefettete, flache Auflaufform legen.
2. Zwiebeln abziehen, halbieren und in Scheiben schneiden. Schinkenspeck in Streifen schneiden. Beide Zutaten in dem verbliebenen Fett andünsten und mit in die Auflaufform geben.
3. Pusztasalat und Champignons auf einem Sieb abtropfen lassen, mit der Sahne mischen und über die Schnitzel verteilen. Die Form auf dem Rost in den Backofen schieben.
   Ober-/Unterhitze: etwa 180 °C (vorgeheizt)
   Heißluft: etwa 160 °C (nicht vorgeheizt)
   Gas: Stufe 2–3 (nicht vorgeheizt)
   Garzeit: etwa 45 Minuten.

Beilage: Reis oder Baguette.

Schoko-Kirsch-Tupfentorte

Schoko-Kirsch-Tupfentorte

Für Gäste

Insgesamt:
E: 126 g, F: 233 g, Kh: 510 g,
kJ: 20312, kcal: 4851

Für den Knetteig:
150 g Weizenmehl
100 g Zucker
$^1/_2$ TL gemahlener Zimt
100 g Butter
2–3 EL Wasser
100 g abgezogene, gemahlene Mandeln

Für die Füllung und zum Garnieren:
1 Glas Kaiserkirschen (Abtropfgewicht 370 g)
500 g Magerquark
100 g Zucker
1 Pck. Dr. Oetker Bourbon-Vanille-Zucker
2 Eier (Größe M)
1 Pck. Dr. Oetker Pudding-Pulver Schokolade

Zum Verzieren und Garnieren:
250 ml ($^1/_4$ l) Schlagsahne
2 Pck. Dr. Oetker Sahnesteif
1 Pck. Dr. Oetker Vanillin-Zucker
2–4 EL Raspelschokolade

Zubereitungszeit: etwa 40 Min., ohne Kühlzeit

1. Für den Knetteig Mehl in eine Rührschüssel sieben. Zucker, Zimt, Butter, Wasser und Mandeln hinzufügen und die Zutaten mit Handrührgerät mit Knethaken zunächst kurz auf niedrigster, dann auf höchster Stufe gut durcharbeiten.
2. Anschließend auf der leicht bemehlten Arbeitsfläche zu einem glatten Teig verkneten, sollte er kleben, ihn in Folie gewickelt eine Zeit lang kalt stellen.
3. Zwei Drittel des Teiges auf dem Boden einer Springform (Ø 26 cm, gefettet) ausrollen, den restlichen Teig zu einer Rolle formen, sie als Rand auf den Teigboden legen und so an die Form drücken, dass ein etwa 4 cm hoher Rand entsteht. Den Boden mehrmals mit einer Gabel einstechen.
4. Für die Füllung Kaiserkirschen in einem Sieb gut abtropfen lassen. Quark mit Zucker, Vanille-Zucker, Eiern und Pudding-Pulver verrühren. Die Hälfte der Kirschen unterheben, die restlichen Kirschen zum Garnieren beiseite stellen. Die Masse in die Form geben und glatt streichen. Die Form auf dem Rost in den Backofen schieben.
   Ober-/Unterhitze: etwa 180 °C (vorgeheizt)
   Heißluft: etwa 160 °C (nicht vorgeheizt)
   Gas: Stufe 2–3 (nicht vorgeheizt)
   Backzeit: etwa 50 Minuten.
5. Den Tortenrand vorsichtig mit einem Messer lösen, aber die Torte in der Form auf einem Kuchenrost erkalten lassen. Die erkaltete Torte auf eine Tortenplatte setzen.
6. Die zurückgelassenen Kirschen halbieren. Sahne mit Sahnesteif und Vanillin-Zucker steif schlagen und in einen Spritzbeutel mit Lochtülle füllen. Abwechselnd je eine halbe Kirsche und einen Sahnetupfen auf die Tortenoberfläche geben. Die Torte mit Raspelschokolade bestreuen.

Abwandlung:
Sie können die Torte auch mit einer Füllung auf kaltem Wege zubereiten. Dazu den Boden ohne die Füllung backen (dann Hülsenfrüchte zum Blindbacken einfüllen) und den Boden erkalten lassen. 4 Blatt weiße Gelatine in kaltem Wasser nach Packungsanleitung einweichen. Aus 1 Päckchen Pudding-Pulver Schokolade, 60 g Zucker und 500 ml ($^1/_2$ l) Milch nach Packungsanleitung einen Pudding kochen. Gelatine leicht ausdrücken und unter Rühren in dem heißen Pudding auflösen. Den Pudding erkalten lassen. Die Hälfte der abgetropften Kirschen und 200 ml steif geschlagene Schlagsahne unterheben und die Masse in den Boden füllen. Die Torte verzieren und garnieren wie unter Punkt 6 angegeben.

Schokoladencreme-Schnitten

Gut vorzubereiten

Insgesamt:
E: 94 g, F: 661 g, Kh: 876 g,
kJ: 42122, kcal: 10054

Für den Biskuitteig:
5 Eier (Größe M)
220 g Zucker
250 ml ($^1/_4$ l) Speiseöl
4 Pck. Dr. Oetker Pudding-Pulver Vanille-Geschmack
$^1/_2$ Pck. Dr. Oetker Backin

Für den Belag:
3 Pck. Dr. Oetker Pudding-Pulver Schokolade
100 g Zucker
1 l Milch, 50 g Butter
25–50 g Kokosfett
etwa 32 Butterkekse

Für den Guss:
175 g weiche Butter
125 g gesiebter Puderzucker
1 Pck. Dr. Oetker Bourbon-Vanille-Zucker
1 Pck. Dr. Oetker Finesse Orangenfrucht
75 g Kokosfett

Zum Garnieren:
einige Schokoladenblätter

Zubereitungszeit: etwa 55 Min., ohne Kühlzeit

1. Für den Teig Eier mit Handrührgerät mit Rührbesen auf höchster Stufe in 1 Minute schaumig schlagen. Zucker unter Schlagen in 1 Minute einstreuen und noch etwa 2 Minuten schlagen. Öl unter Schlagen einlaufen lassen.
2. Pudding-Pulver mit Backin mischen, sieben und in 2 Portionen auf mittlerer Stufe unterrühren. Den Teig auf ein Backblech (30 x 40 cm, gefettet, bemehlt) geben und glatt streichen. Das Backblech in den Backofen schieben.
   Ober-/Unterhitze: etwa 200 °C (vorgeheizt)
   Heißluft: etwa 180 °C (vorgeheizt)
   Gas: Stufe 3–4 (vorgeheizt)
   Backzeit: 15–20 Minuten.
3. Das Backblech auf einen Kuchenrost stellen und das Gebäck erkalten lassen.
4. Für den Belag Pudding-Pulver mit Zucker und etwa 200 ml von der Milch anrühren. Die restliche Milch zum Kochen bringen. Angerührtes Pudding-Pulver einrühren, unter Rühren zum Kochen bringen und aufkochen lassen.
5. Den Pudding in eine Schüssel geben und Butter und Kokosfett unterrühren, bis sich beides aufgelöst hat. Den Pudding mit Klarsichtfolie zudecken und kalt stellen, bis er fast kalt ist.
6. Den fast kalten Pudding nochmals durchrühren und auf den kalten Gebäckboden streichen. Butterkekse nebeneinander darauf legen. Den Kuchen bis zur Weiterverarbeitung kalt stellen.
7. Für den Guss Butter geschmeidig rühren. Puderzucker, Vanille-Zucker und Orangenfrucht nach und nach unterrühren. Kokosfett erhitzen und unterrühren. Die Masse kurz kalt stellen, bis sie anfängt fest zu werden. Die Masse dann nochmals durchrühren und auf die Butterkekse streichen. Den Kuchen einige Stunden (am besten über Nacht) kalt stellen und durchziehen lassen.
8. Den Kuchen vor dem Servieren in Stücke schneiden und mit Schokoladenblättern garnieren.

Schokoladencreme-Schnitten

Abwandlung:
Sie können den Guss anstelle von Orangenfrucht mit 4 Esslöffeln Eierlikör zubereiten.

Tipp:
Die Schnitten zusätzlich mit Finesse Geriebene Zitronenschale oder Orangenfrucht bestreuen. Der Kuchen kann einen Tag vor dem Verzehr zubereitet werden.

Schokoladen-Kokos-Kuchen

Für Kinder

Insgesamt:
E: 125 g, F: 578 g, Kh: 696 g,
kJ: 36612, kcal: 8748

Zum Vorbereiten:
200 g Kokosraspel
170 g Zartbitterschokolade
1 große Dose Ananasscheiben
(Abtropfgewicht 510 g)

Für den Rührteig:
300 g weiche Butter oder Margarine
200 g Zucker
1 Pck. Dr. Oetker Vanillin-Zucker
6 Eier (Größe M)
300 g Weizenmehl
2 TL Dr. Oetker Backin

Zum Garnieren:
30 g Zartbitterschokolade
einige Tropfen Speiseöl

Für den Guss:
200 g Zartbitterschokolade
100 ml Schlagsahne

Schokoladen-Kokos-Kuchen

Zubereitungszeit: etwa 45 Min., ohne Kühlzeit

1. Zum Vorbereiten Kokosraspel in einer Pfanne ohne Fett hellbraun rösten und erkalten lassen. Schokolade reiben und Ananas in einem Sieb abtropfen lassen. 2 Scheiben Ananas in je 12 Stücke schneiden und zum Garnieren beiseite stellen. Die restlichen Ananasscheiben in kleine Stücke schneiden.
2. Für den Teig Butter oder Margarine mit Handrührgerät mit Rührbesen auf höchster Stufe geschmeidig rühren. Nach und nach Zucker und Vanillin-Zucker unterrühren und so lange rühren, bis eine gebundene Masse entstanden ist. Eier nach und nach unterrühren (jedes Ei etwa 1/2 Minute).
3. Mehl mit Backin mischen, sieben und portionsweise auf mittlerer Stufe unterrühren. Von den gerösteten Kokosraspeln 3 Esslöffel beiseite stellen. Die restlichen Kokosraspel mit der Schokolade unter den Teig rühren. Ananasstücke unterheben. Den Teig in eine Fettfangschale (30 x 40 cm, gefettet) geben und glatt streichen. Die Fettfangschale in den Backofen schieben.
   Ober-/Unterhitze: etwa 180 °C (vorgeheizt)
   Heißluft: etwa 160 °C (vorgeheizt)
   Gas: Stufe 2–3 (vorgeheizt)
   Backzeit: etwa 30 Minuten.
4. Die Fettfangschale auf einen Kuchenrost stellen und den Kuchen erkalten lassen.
5. Zum Garnieren Schokolade in einem kleinen Topf im Wasserbad bei schwacher Hitze zu einer geschmeidigen Masse verrühren. Öl unterrühren, damit die Schokolade streichfähiger wird. Die zurückgelassenen Ananasstücke jeweils zur Hälfte in die Schokolade tauchen, auf Backpapier legen und die Schokolade fest werden lassen.
6. Für den Guss Schokolade in Stücke brechen, mit der Sahne in einem kleinen Topf im Wasserbad bei schwacher Hitze zu einer geschmeidigen Masse verrühren und den erkalteten Kuchen damit bestreichen. Mit den zurückgelassenen Kokosraspeln bestreuen und mit den Schoko-Ananasstücken belegen. Den Guss fest werden lassen.

Schokoladen-Nuss-Kuchen

Schokoladen-Nuss-Kuchen

Gut vorzubereiten

Insgesamt:
E: 100 g, F: 479 g, Kh: 551 g,
kJ: 29762, kcal: 7110

Für den Rührteig:
225 g weiche Butter oder Margarine
250 g Zucker
1 Pck. Dr. Oetker Vanillin-Zucker
4 Eier (Größe M)
180 g Weizenmehl
1 Pck. Dr. Oetker Pudding-Pulver Schokolade, 2 EL Kakaopulver
3 TL Dr. Oetker Backin

125 ml ($^1/_8$ l) Buttermilch
100 g grob gehackte Walnusskerne
100 g geraspelte Haselnusskerne
100 g Kokosraspel

Für den Guss:
150 g Halbbitter-Kuvertüre

Zum Garnieren:
4 EL Kokos-Chips

Zubereitungszeit: etwa 30 Min., ohne Abkühlzeit

1. Für den Teig Butter oder Margarine mit Handrührgerät mit Rührbesen auf höchster Stufe geschmeidig rühren. Nach und nach Zucker und Vanillin-Zucker unterrühren und so lange rühren, bis eine gebundene Masse entstanden ist. Eier nach und nach unterrühren (jedes Ei etwa $^1/_2$ Minute).
2. Mehl mit Pudding-Pulver, Kakaopulver und Backin mischen, sieben und abwechselnd portionsweise mit Buttermilch auf mittlerer Stufe unterrühren. Beide Nusssorten und Kokosraspel locker unterheben. Den Teig in eine Kastenform (30 x 11 cm, gefettet, bemehlt) füllen und glatt streichen. Die Form auf dem Rost in den Backofen schieben.
   Ober-/Unterhitze: etwa 180 °C (vorgeheizt)
   Heißluft: etwa 160 °C (nicht vorgeheizt)
   Gas: Stufe 2–3 (nicht vorgeheizt)
   Backzeit: etwa 50 Minuten.
3. Den Kuchen 10 Minuten in der Form stehen lassen, dann vorsichtig aus der Form lösen und auf einem Kuchenrost einige Zeit abkühlen lassen.
4. Für den Guss Kuvertüre grob zerkleinern und in einem kleinen Topf im Wasserbad bei schwacher Hitze zu einer geschmeidigen Masse verrühren.
   Den noch leicht warmen Kuchen damit bestreichen und von allen Seiten mit Kokos-Chips bestreuen. Den Kuchen auf dem Kuchenrost vollständig erkalten lassen.

Abwandlung:
Anstelle der Kokosraspel können Sie auch dieselbe Menge grob gehackte Pekannuss-, Paranuss-, Cashew- oder Macadamianusskerne (ungesalzen) verwenden.

Tipp:
Der Kuchen schmeckt besonders fein, wenn Sie ihn zusätzlich sofort nach dem Backen mit 75 ml Weinbrand oder Rum tränken. Gut verpackt ist der Kuchen etwa 1 Woche haltbar.

Schokoladen-Tiramisu

6 Portionen

Raffiniert

Pro Portion:
E: 12 g, F: 48 g, Kh: 45 g,
kJ: 2849, kcal: 681

200 g Zartbitterschokolade
250 ml ($^1/_4$ l) Schlagsahne
1 kleine Dose Aprikosen (Abtropfgewicht 240 g)
100–125 g Löffelbiskuits
250 g Mascarpone, 250 g Speisequark
150 g Naturjoghurt
1 Pck. Dr. Oetker Vanillin-Zucker
30 g Zucker

Zubereitungszeit: etwa 25 Min., ohne Durchziehzeit

1. Schokolade in Stücke brechen, mit der Sahne in einen kleinen Topf geben und unter Rühren erhitzen, bis die Schokolade aufgelöst ist, abkühlen lassen.
2. Aprikosen auf einem Sieb abtropfen lassen, dabei den Saft auffangen. Löffelbiskuits in eine flache Form geben und mit etwas Aprikosensaft beträufeln.
3. Mascarpone, Quark, Joghurt, Vanillin-Zucker und Zucker mit der Schokosahne verrühren und auf den Löffelbiskuits verteilen. Aprikosen evtl. halbieren und darauf verteilen. Das Tiramisu einige Zeit durchziehen lassen.

Tipp:
Nach Belieben die Aprikosen in Spalten schneiden und einen Teil davon mit einschichten.

Schokoladen-Tiramisu

Schollenfilets, gebratene

Fruchtig – für Gäste

Pro Portion:
E: 50 g, F: 26 g, Kh: 9 g,
kJ: 2133, kcal: 510

12 Schollenfilets (je 50 g, TK oder frisch)
Salz, frisch gemahlener Pfeffer
etwas Weizenmehl
2 Äpfel, z. B. Granny Smith (180 g)
200 g weiße Champignons
1 Bund Frühlingszwiebeln (etwa 200 g)
2 EL Speiseöl
1 kleines Bund Estragon
80 g Butter oder Margarine

Zubereitungszeit: etwa 55 Min., ohne evtl. Auftauzeit

1. TK-Schollenfilets auftauen lassen. Filets unter fließendem kalten Wasser abspülen, trockentupfen, salzen, pfeffern und in Mehl wenden (dabei das überschüssige Mehl abschütteln).
2. Äpfel waschen, trockenreiben, vierteln, entkernen und in kleine Stücke schneiden. Champignons putzen, mit Küchenpapier abreiben, evtl. abspülen, trockentupfen und je nach Größe halbieren oder vierteln.
3. Frühlingszwiebeln putzen, waschen, trockentupfen und den weißen Teil in etwa 2 cm lange Stücke schneiden.
4. Öl in einer beschichteten Pfanne erhitzen und die Schollenfilets darin kurz von beiden Seiten braten. Die Schollenfilets anschließend auf einer vorgewärmten Platte warm stellen.
5. Estragon kalt abspülen, trockentupfen, die Blättchen von den Stängeln zupfen und grob zerkleinern.
6. Butter oder Margarine erhitzen. Zunächst Frühlingszwiebelstücke, dann Champignons und zum Schluss die Apfelstücke darin schmoren. Mit Salz, Pfeffer und Estragon würzen und die Gemüse-Apfel-Mischung mit den Schollenfilets anrichten.

Abwandlung:
Gut schmeckt das Gericht auch, wenn das Gemüse mit 1–2 Teelöffeln Currypulver bestäubt wird und so kurz geschmort wird. Statt der Champignons können auch 300 g geputzte, in Stücke geschnittene frische Austernpilze verwendet werden.

Beilage:
Butterkartoffeln.

Schwarze Johannisbeertorte

Etwas aufwändiger

Insgesamt:
E: 89 g, F: 339 g, Kh: 520 g,
kJ: 25022, kcal: 5983

Zum Vorbereiten:
100 g Halbbitter-Kuvertüre

Für den Biskuitteig:
4 Eier (Größe M)
3–4 EL heißes Wasser
100 g Zucker
1 Prise Salz
1 Msp. gemahlener Zimt
1 TL abgeriebene Schale von 1 Bio-Zitrone (unbehandelt, ungewachst)
50 g Weizenmehl, 50 g Speisestärke
25 g Kakaopulver
½ TL Dr. Oetker Backin

Für die Füllung:
600 g schwarze Johannisbeeren
100 g Zucker
6 Blatt weiße Gelatine
125 ml (⅛ l) Cassis-Likör (schwarzer Johannisbeerlikör)
500 ml (½ l) Schlagsahne

Zum Bestreichen und Garnieren:
200 ml Schlagsahne
150 g Vollmilch-Kuvertüre

Zubereitungszeit: etwa 70 Min., ohne Kühlzeit

1. Zum Vorbereiten Kuvertüre in einem kleinen Topf im Wasserbad bei schwacher Hitze geschmeidig rühren und etwas abkühlen lassen.
2. Für den Teig Eier und Wasser mit Handrührgerät mit Rührbesen auf

höchster Stufe in 1 Minute schaumig schlagen. Zucker mit Salz, Zimt und Zitronenschale mischen, in 1 Minute einstreuen und noch etwa 2 Minuten schlagen.

3. Mehl mit Speisestärke, Kakao und Backin mischen und portionsweise kurz auf niedrigster Stufe unterrühren. Kuvertüre kurz unterrühren.
4. Den Teig in eine Springform (Ø 28 cm, Boden gefettet, mit Backpapier belegt) füllen und glatt streichen. Die Form auf dem Rost in den Backofen schieben.
   Ober-/Unterhitze: etwa 180 °C (vorgeheizt)
   Heißluft: etwa 160 °C (vorgeheizt)
   Gas: Stufe 2–3 (vorgeheizt)
   Backzeit: 30–35 Minuten.
5. Sofort nach dem Backen den Tortenboden aus der Form lösen, auf einen Kuchenrost stürzen und das Backpapier abziehen. Den Tortenboden erkalten lassen und einmal waagerecht durchschneiden.
6. Für die Füllung Johannisbeeren waschen, abtropfen lassen und mit einer Gabel von den Stielen streifen. 2/3 der Johannisbeeren mit Zucker in einem Topf unter Rühren zum Kochen bringen, 2–3 Minuten kochen und erkalten lassen.
7. Gelatine nach Packungsanleitung in kaltem Wasser einweichen. Die restlichen Johannisbeeren in das kalte Johannisbeerkompott geben und 2/3 der Masse auf dem unteren Tortenboden verteilen.
8. Gelatine leicht ausdrücken, auflösen, leicht abkühlen lassen und unter die restliche Johannisbeermasse rühren. Die Hälfte von dem Cassis-Likör unterrühren und kalt stellen. Sobald die Frucht-Gelatine-Masse anfängt zu gelieren, Sahne steif schlagen und unterheben. Die Johannisbeersahne kuppelförmig auf das Johannisbeerkompott streichen und die Torte etwa 2 Stunden kalt stellen.
9. Den oberen Boden am Rand mehrmals einschneiden, auf die Johannisbeersahne legen, etwas andrücken und mit dem restlichen Cassis-Likör beträufeln. Sahne steif schlagen und die Torte ganz damit bestreichen.
10. Kuvertüre grob zerkleinern, in einem kleinen Topf im Wasserbad zu einer geschmeidigen Masse verrühren, dünn auf Backpapier streichen und fast fest werden lassen. Mit einem Spachtel aus der Kuvertüre Locken schaben, fest werden lassen und auf die Torte geben. Die Torte noch etwa 1 Stunde kalt stellen.

Tipp:
Die Torte mit Schokoraspeln bestreuen. Dafür Späne mit einem Sparschäler vom Kuvertüreblock hobeln.

Schwarze Johannisbeertorte

Schwarzwälder Kirschtorte

Schwarzwälder Kirschtorte

Klassisch

Insgesamt:
E: 123 g, F: 330 g, Kh: 651 g,
kJ: 26787, kcal: 6399

Für den Knetteig:
125 g Weizenmehl
10 g Kakaopulver
1 Msp. Dr. Oetker Backin
50 g Zucker
1 Pck. Dr. Oetker Vanillin-Zucker
1 Prise Salz
75 g Butter
1 EL Kirschwasser

Für den Biskuitteig:
4 Eier (Größe M)
100 g Zucker
1 Pck. Dr. Oetker Vanillin-Zucker
75 g Weizenmehl, 30 g Speisestärke
10 g Kakaopulver
gut 1 Msp. gemahlener Zimt
1 gestr. TL Dr. Oetker Backin

Für die Füllung:
1 Glas Sauerkirschen
(Abtropfgewicht 350 g)
30 g Speisestärke, etwa 25 g Zucker
etwa 3 EL Kirschwasser

Für die Sahne:
6 Blatt weiße Gelatine
750 ml (3/4 l) Schlagsahne
40 g Puderzucker
1 Pck. Dr. Oetker Vanillin-Zucker

Zum Garnieren:
etwa 100 g geschabte Schokolade
16 Kirschen

Zubereitungszeit: etwa 100 Min., ohne Abkühlzeiten

1. Für den Knetteig Mehl mit Kakao und Backin mischen, in eine Rührschüssel sieben. Zucker, Vanillin-Zucker, Salz, Butter und Kirschwasser hinzufügen. Die Zutaten mit Handrührgerät mit Knethaken zunächst kurz auf niedrigster, dann auf höchster Stufe gut durcharbeiten. Anschließend auf der Arbeitsfläche zu einem glatten Teig verkneten. Sollte der Teig kleben, ihn eine Zeit lang kalt stellen. Den Teig auf dem Boden einer Springform (Ø 28 cm, Boden gefettet) ausrollen und mehrmals mit einer Gabel einstechen. Den Springformrand darumlegen.
   Ober-/Unterhitze: etwa 200 °C (vorgeheizt)
   Heißluft: etwa 180 °C (vorgeheizt)
   Gas: Stufe 3–4 (vorgeheizt)
   Backzeit: etwa 15 Minuten.
2. Sofort nach dem Backen den Tortenboden vom Springformboden lösen, aber darauf erkalten lassen, auf eine Tortenplatte legen.
3. Für den Biskuitteig Eier mit Handrührgerät mit Rührbesen schaumig schlagen. Zucker mit Vanillin-Zucker mischen, in 1 Minute einstreuen und noch 2 Minuten weiterschlagen. Mehl mit Speisestärke, Kakao, Zimt und Backin mischen und portionsweise unter die Eiercreme heben. Den Teig in eine Springform (Ø 28 cm, Boden gefettet, mit Backpapier belegt) füllen.
   Ober-/Unterhitze: etwa 180 °C (vorgeheizt)
   Heißluft: etwa 160 °C (vorgeheizt)
   Gas: Stufe 2–3 (vorgeheizt)
   Backzeit: 25–30 Minuten.

4. Den Biskuitboden aus der Form lösen, auf einen Kuchenrost stürzen, erkalten lassen, einmal durchschneiden.
5. Für die Füllung die Kirschen gut abtropfen lassen. 250 ml (1/4 l) Saft abmessen (evtl. mit Wasser ergänzen). Speisestärke mit 4 EL von dem Saft anrühren, den übrigen Saft zum Kochen bringen. Speisestärke unter Rühren in den von der Kochstelle genommenen Saft geben und kurz aufkochen lassen. Kirschen unterrühren, die Masse kalt stellen und mit Zucker und Kirschwasser abschmecken.
6. Für die Sahne Gelatine nach Packungsanleitung einweichen und auflösen. Sahne fast steif schlagen, die lauwarme Gelatinelösung unter Schlagen hinzufügen und die Sahne vollkommen steif schlagen. Puderzucker sieben, mit dem Vanillin-Zucker mischen, unter die Sahne rühren.
7. Zunächst die Kirschmasse, dann 1/3 der Sahne auf den Knetteigboden streichen. Den unteren Biskuitboden auf die Sahne legen, gut andrücken, mit der Hälfte der restlichen Sahne bestreichen. Mit dem oberen Biskuitboden bedecken. Von der restlichen Sahne 2 EL abnehmen, in einen Spritzbeutel mit Sterntülle (Ø 6 mm) füllen. Die Torte mit der restlichen Sahne einstreichen, in 16 Tortenstücke einteilen. 2/3 der geschabten Schokolade an dem Tortenrand hochziehen. Mit der Sahne im Spritzbeutel 1 Rosette auf jedes Tortenstück spritzen, mit Kirschen garnieren. Die restliche Schokolade auf die Tortenmitte streuen.

Schweinerücken in Altbiersauce

6 Portionen

Klassisch

Pro Portion:
E: 36 g, F: 32 g, Kh: 11 g, kJ: 2168, kcal: 519

Schweinerücken in Altbiersauce

1,3 kg Kotelettstrang (mit Knochen)
Salz, frisch gemahlener Pfeffer
1 TL gemahlener Kümmel
3 Zwiebeln, 1 Knoblauchzehe
4 Möhren, 150 g Knollensellerie
250 ml (1/4 l) Altbier
250 ml (1/4 l) Malzbier
150 g kalte Butter

Zubereitungszeit: etwa 100 Min.

1. Die Knochen vom Fleisch lösen und klein hacken. Fleisch unter fließendem kalten Wasser abspülen, trockentupfen, mit Salz, Pfeffer und Kümmel würzen und in einen Bräter legen.
2. Zwiebeln und Knoblauch abziehen und würfeln. Möhren und Sellerie putzen, schälen, waschen und klein schneiden. Das vorbereitete Gemüse und die Knochen zu dem Fleisch geben. Den Bräter auf dem Rost in den Backofen schieben.
   Ober-/Unterhitze: etwa 200 °C (vorgeheizt)
   Heißluft: etwa 180 °C (nicht vorgeheizt)
   Gas: Stufe 3–4 (nicht vorgeheizt)
   Garzeit: etwa 80 Minuten.
3. Während der Garzeit nach und nach beide Biersorten hinzufügen und das Fleisch damit begießen. Das gare Fleisch herausnehmen und warm stellen.
4. Für die Sauce Knochen, Gemüse und Bratensaft durch ein Sieb geben, die Flüssigkeit wieder in den Bräter geben und evtl. etwas einkochen lassen. Butter nach und nach in Stückchen unterschlagen, bis die Sauce sämig ist und evtl. nochmals mit Pfeffer und Salz abschmecken.
5. Das Fleisch in Scheiben schneiden und mit der Sauce servieren.

Beilage:
Majorankartoffeln, Semmelknödel, Rotkohl oder Bayerisch Kraut.

Schweineschnitzel „Bäuerliche Art"

Schweineschnitzel „Bäuerliche Art"

Raffiniert

Pro Portion:
E: 37 g, F: 22 g, Kh: 12 g,
kJ: 1626, kcal: 389

4 Schweineschnitzel aus der Keule (je etwa 120 g)
Salz
frisch gemahlener Pfeffer
2–3 EL Speiseöl

Für das Ragout:
250 g kleine weiße Champignons
100 g magerer Speck
600 g fest kochende Kartoffeln
Salzwasser
300 g TK-Brechbohnen
1/2 Bund Schnittlauch
3–4 EL Speiseöl

Zubereitungszeit: etwa 45 Min.

1. Schweineschnitzel unter fließendem kalten Wasser abspülen und trockentupfen. Mit Salz und Pfeffer bestreuen.
2. Speiseöl in einer großen Pfanne erhitzen und die Schnitzel von beiden Seiten darin anbraten, herausnehmen, auf eine feuerfeste Platte legen und auf dem Rost in den Backofen schieben.
   Ober-/Unterhitze: etwa 140 °C (vorgeheizt)
   Heißluft: etwa 120 °C (vorgeheizt)
   Gas: etwa Stufe 1 (vorgeheizt)
   Garzeit: etwa 20 Minuten.
3. Für das Ragout Champignons putzen, mit Küchenpapier abreiben, evtl. abspülen und abtropfen lassen. Große Champignons evtl. halbieren oder vierteln. Speck in kleine Würfel schneiden. Kartoffeln waschen, schälen, abspülen und in Würfel schneiden.
4. Salzwasser in einem Topf zum Kochen bringen, Kartoffelwürfel und Bohnen etwa 10 Minuten darin kochen. Kartoffelwürfel und Bohnen in ein Sieb geben und abtropfen lassen. Schnittlauch abspülen, trockentupfen und in Röllchen schneiden.
5. Speiseöl in einer großen Pfanne erhitzen. Speck-, Kartoffelwürfel, Bohnen und Champignons hinzugeben und unter Wenden kräftig anbraten. Mit Salz und Pfeffer würzen und evtl. einige Esslöffel Wasser hinzufügen.
6. Die Schnitzel mit dem Ragout anrichten und mit Schnittlauchröllchen bestreut servieren.

Schweizer Brot-Geflügel-Auflauf

Tipp:
Die Schnitzel können auch in Weizenmehl und Ei gewendet und mit Semmelbröseln paniert werden.
Die Schnitzel können anstatt aus der Keule auch aus dem Nacken geschnitten werden. Für das Ragout eignen sich auch gut Pellkartoffeln.

Schweizer Brot-Geflügel-Auflauf

Mit Alkohol

Pro Portion:
E: 48 g, F: 44 g, Kh: 24 g,
kJ: 3048, kcal: 729

500 g Hähnchen- oder Putenbrustfilets
1 Gemüsezwiebel
3 EL Speiseöl
1 EL Weizenmehl
Salz
frisch gemahlener Pfeffer
125 ml (1/8 l) Schlagsahne
125 ml (1/8 l) Weißwein
4 Scheiben Weißbrot
4 große Scheiben Emmentaler
125 ml (1/8 l) Schlagsahne
125 ml (1/8 l) Milch
2 Eier (Größe M)
Paprikapulver edelsüß

Zubereitungszeit: etwa 25 Min.

1. Das Fleisch unter fließendem kalten Wasser abspülen, trockentupfen und in breite Streifen schneiden. Zwiebel abziehen, halbieren und in Scheiben schneiden.
2. Öl erhitzen und die Fleischstreifen darin unter Wenden kurz anbraten. Zwiebelscheiben hinzufügen und mit

andünsten. Mit Mehl bestäuben und mit Salz und Pfeffer würzen.

3. Sahne und Weißwein hinzufügen, alles aufkochen lassen und in eine gefettete, flache Auflauf- oder Gratinform geben. Die Weißbrotscheiben darauf verteilen und die Käsescheiben darauf legen.
4. Sahne mit Milch und Eiern verschlagen, mit Salz, Pfeffer und Paprika abschmecken und auf die mit Käse belegten Brotscheiben geben. Die Form auf dem Rost in den Backofen schieben.
   Ober-/Unterhitze: etwa 180 °C (vorgeheizt)
   Heißluft: etwa 160 °C (vorgeheizt)
   Gas: Stufe 2–3 (vorgeheizt)
   Backzeit: etwa 30 Minuten.

Beilage:
Blattsalat und Weißwein.

Tipp:
1 Esslöffel gehackten Kerbel oder Estragon unter die Weißwein-Sahnesauce rühren.

Seelachs mit Kräuterkruste auf Kartoffelgratin

Für Gäste – raffiniert

Pro Portion:
E: 45 g, F: 15 g, Kh: 43 g,
kJ: 2069, kcal: 493

Für das Gratin:
1 kg fest kochende Kartoffeln
Salz
frisch gemahlener Pfeffer
250 ml (1/4 l) Gemüsebrühe
300 ml Milch
100 ml Schlagsahne

Für Fisch und Kruste:
750 g Seelachsfilets (frisch oder TK)
Saft und Schale von 1/2 Bio-Zitrone (unbehandelt, ungewachst)
Salz
frisch gemahlener Pfeffer
2 EL Semmelbrösel
etwas getrockneter Rosmarin
30 g geriebener Parmesan
2 Tomaten

Zubereitungszeit: etwa 60 Min., ohne Auftauzeit

1. Für das Gratin Kartoffeln waschen, schälen und abspülen. Kartoffeln auf einer Küchenreibe in feine Scheiben hobeln, senkrecht in eine Auflaufform schichten und mit Salz und Pfeffer würzen.
2. Brühe mit Milch und Sahne mischen und über die Kartoffeln gießen. Die Form ohne Deckel auf den Rost in den Backofen schieben.
   Ober-/Unterhitze: etwa 200 °C (vorgeheizt)
   Heißluft: etwa 180 °C (vorgeheizt)
   Gas: Stufe 3–4 (vorgeheizt)
   Garzeit: etwa 30 Minuten.
3. In der Zwischenzeit Fischfilets evtl. auftauen lassen, unter fließendem kalten Wasser abspülen, trockentupfen und in Portionen teilen, mit Zitronensaft beträufeln und kurz ziehen lassen. Filets trockentupfen und mit Salz und Pfeffer würzen. Zitronenschale mit Semmelbröseln, Rosmarin und Parmesan mischen und mit etwas Salz und Pfeffer würzen.
4. Gratin aus dem Backofen nehmen und die Fischfilets darauf verteilen. Tomaten waschen, abtropfen lassen und Stängelansätze entfernen. Die Tomaten in Scheiben schneiden und auf den Fisch legen.
5. Die Parmesan-Semmelbrösel-Mischung auf den Fischfilets verteilen. Alles nochmals in den Backofen schieben und **bei der oben angegebenen Backofeneinstellung in etwa 15 Minuten fertig garen.**

Tipp:
Mit etwas Gemüse und Käse wird aus einem Gratin, auch ohne Fisch oder Fleisch, eine vollwertige Mahlzeit. Schichten Sie dazu z. B. eine in Scheiben geschnittene Porreestange (Lauch), 400 g klein geschnittene Möhren oder 1 Packung (300 g) TK-Spinat mit den Kartoffeln in die Form. Mit 150 g geriebenem Käse bestreuen und etwa 40 Minuten backen.

Seelachs mit Kräuterkruste auf Kartoffelgratin

Seelachsrouladen in Tomatensauce

Für Kinder

Pro Portion:
E: 33 g, F: 5 g, Kh: 3 g,
kJ: 873, kcal: 208

700 Seelachsfilet, 1 EL Zitronensaft
Salz, Selleriesalz
Paprikapulver edelsüß
1 EL mittelscharfer Senf

Für die Tomatensauce:
1 Zwiebel
15 g Butter oder Margarine
150 ml Gemüsebrühe
1 Dose (400 g) stückige Tomaten
2 geh. EL Tomatenmark
Tabasco, Zucker

Außerdem:
Holzstäbchen

Zubereitungszeit: etwa 30 Min.

1. Seelachsfilet unter fließendem kalten Wasser abspülen, trockentupfen und mit Zitronensaft beträufeln. Mit Salz, Selleriesalz und Paprika bestreuen und in 4–6 gleich große Scheiben schneiden. Seelachsscheiben mit Senf bestreichen und von der schmalen Seite her aufrollen. Mit Holzstäbchen feststecken.
2. Für die Sauce Zwiebel abziehen und in kleine Würfel schneiden.
3. Butter oder Margarine in einem Topf zerlassen und Zwiebelwürfel darin andünsten. Brühe und stückige Tomaten hinzufügen, unter Rühren zum Kochen bringen und unter Rühren etwas einkochen lassen. Mit Selleriesalz, Salz, Paprika, Tomatenmark, Tabasco und Zucker abschmecken.
4. Die Sauce nochmals zum Kochen bringen. Die Rouladen hinzugeben und zugedeckt bei schwacher Hitze 15–20 Minuten gar ziehen lassen. Vor dem Servieren Holzstäbchen entfernen.

Beilage:
Bandnudeln oder Reis mit roten, grünen und gelben Paprikawürfeln gemischt.

Tipp:
Je eine kleine Gewürzgurke in die Rouladen einwickeln oder anstelle von Seelachsfilet Rotbarsch- oder Kabeljaufilet verwenden.

Sellerie-Apfel-Suppe

Mit Alkohol

Pro Portion:
E: 4 g, F: 31 g, Kh: 13 g,
kJ: 1565, kcal: 374

Für die Suppe:
500 g Knollensellerie
1 großer Apfel
2 EL Speiseöl
800 ml Gemüsebrühe
200 ml Schlagsahne
2 EL Calvados
Salz, frisch gemahlener Pfeffer

Für die Croûtons:
2–3 Scheiben Toastbrot
40 g Butter

Zubereitungszeit: etwa 25 Min.

1. Für die Suppe Sellerie putzen, schälen, waschen und in Stücke schneiden. Apfel schälen, vierteln, entkernen und in Stücke schneiden.
2. Öl in einem Topf erhitzen und Sellerie- und Apfelstücke darin kurz andünsten. Mit der Brühe auffüllen und etwa 20 Minuten bei schwacher Hitze leicht kochen lassen.
3. Sahne hinzufügen. Die Suppe pürieren, mit Calvados verrühren und mit Salz und Pfeffer würzen.
4. Für die Croûtons Toastbrot in kleine Würfel schneiden. Butter in einer Pfanne zerlassen, Toastbrotwürfel hineingeben und von allen Seiten bräunen.
5. Die Croûtons erst kurz vor dem Verzehr in die Suppe geben.

Sellerieschnitzel

Vegetarisch

Pro Portion:
E: 15 g, F: 16 g, Kh: 60 g,
kJ: 1978, kcal: 473

800 g Knollensellerie
Salz, frisch gemahlener Pfeffer
2 EL Zitronensaft
2 Eier (Größe M)
100 g Weizenmehl
200 g Semmelbrösel
5 EL Speiseöl, 50 g Butter

Zubereitungszeit: etwa 25 Min.

1. Sellerie putzen, schälen, waschen und in $^1/_2$ cm dicke Scheiben schneiden. Die Scheiben salzen, pfeffern und mit Zitronensaft beträufeln.
2. Eier in einem tiefen Teller verschlagen. Die Selleriescheiben zuerst in Mehl, dann in Ei und zuletzt in Semmelbröseln wenden. Die Semmelbrösel gut andrücken.
3. Öl in einer Pfanne erhitzen und die Selleriescheiben darin portionsweise von beiden Seiten goldgelb ausbacken. Kurz vor Beendigung der Backzeit Butter in die Pfanne geben und zerlassen.

Abwandlung:
Als geschmackliche Variante können Sie die Semmelbrösel mit etwas geriebenem Parmesan mischen.

Spaghetti Siziliana

Spaghetti Siziliana

Etwas aufwändiger

Pro Portion:
E: 24 g, F: 25 g, Kh: 98 g,
kJ: 3022, kcal: 720

Für die Sauce:
2 große gelbe oder rote Paprikaschoten
1 mittelgroße Aubergine
600 g Tomaten
3 Knoblauchzehen
6 EL Olivenöl, 2 EL abgetropfte Kapern (aus dem Glas)
12 entsteinte schwarze Oliven
Salz, frisch gemahlener Pfeffer

4 l Wasser, 4 TL Salz
500 g Spaghetti

40 g geriebener Parmesan
einige Basilikumblättchen

Zubereitungszeit: etwa 60 Min.

1. Für die Sauce Paprikaschoten halbieren, entstielen, entkernen und die weißen Scheidewände entfernen. Schoten waschen und abtropfen lassen. Paprikahälften mit der Hautseite nach oben auf ein gefettetes Backblech legen und das Backblech in den Backofen schieben.
   Ober-/Unterhitze: etwa 220 °C (vorgeheizt)
   Heißluft: etwa 200 °C (vorgeheizt)
   Gas: Stufe 4–5 (vorgeheizt)
   Backzeit: etwa 10 Minuten.
2. Paprika backen, bis die Haut Blasen wirft. Das Backblech aus dem Backofen nehmen, die Schoten mit einem feuchten Küchentuch zugedeckt 5 Minuten abkühlen lassen. Dann die Haut abziehen und das Fruchtfleisch in Würfel schneiden. Aubergine abspülen, putzen und fein würfeln. Tomaten waschen, abtropfen lassen, kreuzweise einschneiden und kurz in kochendes Wasser legen. Tomaten kalt abschrecken, enthäuten, Stängelansätze entfernen und das Fruchtfleisch würfeln.
3. Knoblauch abziehen und fein würfeln. Öl in einem Topf erhitzen und Knoblauch darin andünsten. Auberginen-, Paprika- und Tomatenwürfel dazugeben und die Zutaten etwa 10 Minuten bei schwacher Hitze unter Rühren dünsten. Kapern und Oliven klein schneiden, unterrühren und die Sauce mit Salz und Pfeffer abschmecken.
4. Wasser in einem großen Topf mit geschlossenem Deckel zum Kochen bringen. Salz und Spaghetti dazugeben und die Spaghetti im geöffneten Topf bei mittlerer Hitze nach Packungsanleitung kochen lassen, dabei gelegentlich umrühren. Anschließend die Spaghetti in ein Sieb geben, mit heißem Wasser abspülen und abtropfen lassen.
5. Spaghetti mit der Sauce vermischen, auf Tellern anrichten und mit Käse und Basilikumblättchen bestreuen.

Spaghettigratin mit Hähnchenfilet und Gemüse

Spaghettigratin mit Hähnchenfilet und Gemüse

Raffiniert

Pro Portion:
E: 47 g, F: 37 g, Kh: 50 g,
kJ: 3126, kcal: 747

2 1/2 l Wasser
2 1/2 TL Salz
250 g Spaghetti

250 g Zuckerschoten
300 g junge Möhren
40 g Butterschmalz
500 g Hähnchenbrustfilets
Salz, frisch gemahlener Pfeffer
1 Bund Frühlingszwiebeln

Für den Guss:
5 Eier (Größe M)
250 ml (1/4 l) Schlagsahne
200 ml Gemüsebrühe
geriebene Muskatnuss
1/2 Pck. TK-8-Kräutermischung

Zum Bestreuen und Belegen:
75 g geriebener Parmesan
30 g Butter

Zubereitungszeit: etwa 40 Min.

1. Wasser in einem großen Topf mit geschlossenem Deckel zum Kochen bringen. Salz und Spaghetti zugeben und die Nudeln im geöffneten Topf bei mittlerer Hitze nach Packungsanleitung bissfest kochen, dabei zwischendurch 4-5-mal umrühren. Spaghetti in ein Sieb geben, mit heißem Wasser abspülen und abtropfen lassen.
2. Inzwischen Zuckerschoten putzen, die Enden abschneiden und Zuckerschoten waschen. Möhren putzen, schälen, waschen und in Scheiben schneiden.
3. Zuckerschoten in Salzwasser etwa 5 Minuten blanchieren, kalt abschrecken und abtropfen lassen. Die Hälfte des Butterschmalzes in einer großen Pfanne zerlassen. Die Möhrenscheiben darin etwa 4 Minuten dünsten und aus der Pfanne nehmen.
4. Hähnchenbrustfilets kalt abspülen, trockentupfen und in Streifen schneiden. Das restliche Butterschmalz in der Pfanne zerlassen. Die Fleischstreifen darin portionsweise von allen Seiten anbraten und mit Salz und Pfeffer würzen.
5. Frühlingszwiebeln putzen, waschen und in kleine Stücke schneiden.
6. Die vorbereiteten Zutaten mit den Spaghetti vermischen und in eine flache Auflaufform füllen.
7. Für den Guss Eier mit Sahne, Gemüsebrühe, Salz, Pfeffer, Muskatnuss und Kräutern verquirlen und über das Gratin gießen.
8. Mit Parmesan bestreuen und Butter in Flöckchen darauf legen. Die Form auf dem Rost in den Backofen schieben.
Ober-/Unterhitze: etwa 200 °C (vorgeheizt)
Heißluft: etwa 180 °C (vorgeheizt)
Gas: Stufe 3-4 (vorgeheizt)
Garzeit: etwa 35 Minuten.

Spaghetti-Pizza

Spaghetti-Pizza

Für Kinder

Pro Portion:
E: 38 g, F: 55 g, Kh: 63 g,
kJ: 3941, kcal: 941

3 l Wasser, 3 TL Salz
300 g Spaghetti, 1 EL Speiseöl

1 rote Paprikaschote
40 g Butter, 15 g Weizenmehl
250 ml (1/4 l) Schlagsahne
250 ml (1/4 l) Milch
1 Ecke (62,5 g) Schmelzkäse
2 Eier (Größe M)
200 g gekochter Schinken
Salz
frisch gemahlener Pfeffer
Paprikapulver edelsüß
5 mittelgroße Tomaten
gerebelter Oregano
80 g geraspelter Gratinkäse
einige Basilikumblättchen

Zubereitungszeit: 25-30 Min.

1. Wasser in einem großen Topf mit geschlossenem Deckel zum Kochen bringen. Salz hinzufügen. Nudeln einmal durchbrechen, mit Öl in das Wasser

geben und nach Packungsanleitung bei mittlerer Hitze im geöffneten Topf bissfest kochen. Zwischendurch 4–5-mal durchrühren. Die garen Spaghetti auf ein Sieb geben, mit kaltem Wasser übergießen und gut abtropfen lassen.
2. Inzwischen die Paprikaschote halbieren, entstielen, entkernen und die weißen Scheidewände entfernen, die Schote waschen und in Streifen schneiden.
3. Butter in einem Topf zerlassen. Mehl unter Rühren mit einem Schneebesen hinzufügen, Sahne und Milch nach und nach hinzufügen und unter Rühren zum Kochen bringen. Paprikastreifen hinzufügen und alles etwa 5 Minuten kochen lassen.
4. Schmelzkäse unterrühren. Die abgetropften Spaghetti unterheben und Eier unterrühren.
5. Schinken in Streifen schneiden und unterheben. Die Masse mit Salz, Pfeffer und Paprika abschmecken und in eine Gratin- oder Pieform (Ø 30 cm) geben.
6. Tomaten waschen, Stängelansätze herausschneiden und Tomaten in Scheiben schneiden, darauf verteilen und mit Salz, Pfeffer und Oregano würzen. Den Käse darauf streuen. Die Form auf dem Rost in den Backofen schieben.
   Ober-/Unterhitze: etwa 200 °C (vorgeheizt)
   Heißluft: etwa 180 °C (vorgeheizt)
   Gas: Stufe 3–4 (vorgeheizt)
   Backzeit: 15–20 Minuten.
7. Die gare Spaghetti-Pizza mit Basilikumblättchen garnieren.

Abwandlung:
Anstatt mit Schinken kann die Pizza auch mit geräucherter Putenbrust oder abgetropftem Thunfisch naturell zubereitet werden.

Tipp:
Sie können die Spaghetti-Pizza vorbereiten, zugedeckt im Kühlschrank aufbewahren und erst kurz vor dem Verzehr in den Backofen schieben. Die Backzeit verlängert sich dann um etwa 5 Minuten.

Spargelsuppe

Spargelsuppe

Klassisch

Pro Portion:
E: 4 g, F: 11 g, Kh: 8 g,
kJ: 615, kcal:147

250 g weißer Spargel
500 ml (1/2 l) Wasser
1 TL Salz
1/2 TL Zucker
10 g Butter
250 ml (1/4 l) Milch
20 g Butter oder Margarine
15 g Weizenmehl
Salz
Zucker
1 Eigelb (Größe M)
2 EL Schlagsahne

Zubereitungszeit: etwa 40 Min.

1. Den Spargel von oben nach unten schälen, darauf achten, dass die Schalen vollständig entfernt, die Köpfe aber nicht verletzt werden. Die unteren Enden abschneiden (holzige Stellen vollkommen entfernen). Spargel waschen, abtropfen lassen und in 3 cm lange Stücke schneiden.
2. Wasser mit Salz, Zucker und Butter in einem großen Topf zum Kochen bringen. Spargelschalen und -enden hinzufügen, zum Kochen bringen und zugedeckt etwa 20 Minuten leicht kochen lassen. Anschließend in ein Sieb geben und den Spargelfond dabei auffangen.
3. Spargelfond wieder in den Topf geben und mit Milch zum Kochen bringen. Spargelstücke hinzugeben, zum Kochen bringen und in 8–10 Minuten gar kochen. Spargelstücke zum Abtropfen in ein Sieb geben, den Spargelfond dabei auffangen und 500 ml (1/2 l) davon abmessen, evtl. mit Wasser auffüllen.
4. Butter oder Margarine in einem Topf zerlassen. Mehl unter Rühren so lange darin erhitzen, bis es hellgelb ist. Spargelfond nach und nach hinzugießen und mit einem Schneebesen durchschlagen. Darauf achten, dass keine Klümpchen entstehen. Die Suppe zum Kochen bringen und etwa 5 Minuten kochen lassen. Mit Salz und Zucker abschmecken.
5. Eigelb mit Sahne verschlagen und die Suppe damit abziehen (nicht mehr kochen lassen). Die Spargelstückchen in die Suppe geben.

Tipp:
Gekochten Schinken in Streifen schneiden und in die Suppe geben.

Spargeltoast im Eiermantel

Spargeltoast im Eiermantel

Für Gäste

Pro Portion:
E: 28 g, F: 41 g, Kh: 20 g,
kJ: 2455, kcal: 586

12 Stangen TK-Spargel
Salzwasser
4 Scheiben Toastbrot
40 g weiche Butter
4 Scheiben gekochter Schinken
4 Eier (Größe M)
200 ml Schlagsahne
Salz, frisch gemahlener Pfeffer
geriebene Muskatnuss
60 g geraspelter Gouda

Zubereitungszeit: etwa 20 Min.

1. Den Spargel gefroren in kochendes Salzwasser geben und etwa 10 Minuten kochen lassen. Den Spargel abgießen, etwas abkühlen lassen und einmal quer durchschneiden.
2. Toastbrotscheiben in eine gefettete, flache Gratin- oder Auflaufform geben und dick mit der Butter bestreichen. Schinken in Streifen schneiden. Erst den Spargel, dann die Schinkenstreifen auf dem Brot verteilen.
3. Eier mit Sahne verschlagen, mit Salz, Pfeffer und Muskat würzen und über die Spargeltoasts geben. Mit Gouda bestreuen. Die Form auf dem Rost in den Backofen schieben.
   Ober-/Unterhitze: etwa 180 °C (vorgeheizt)
   Heißluft: etwa 160 °C (vorgeheizt)
   Gas: Stufe 2–3 (vorgeheizt)
   Backzeit: etwa 15 Minuten.
4. Die fertigen Spargeltoasts sofort servieren.

Beilage:
Tomatensalat.

Spätzle-Hähnchen-Auflauf

Fruchtig

Pro Portion:
E: 54 g, F: 51 g, Kh: 84 g,
kJ: 4397, kcal: 1051

2 1/2 l Wasser
2 1/2 TL Salz
250 g getrocknete Spätzle
600 g Hähnchenbrustfilets
1 EL Weizenmehl
4 EL Speiseöl
Salz
frisch gemahlener Pfeffer
1 Dose Pfirsichhälften
(Abtropfgewicht 490 g)
1 EL Currypulver
200 g Schmand
200 ml Schlagsahne
2 Bananen
100 g geriebener Gouda

Zubereitungszeit: etwa 25 Min.

1. Wasser in einem großen Topf mit geschlossenem Deckel zum Kochen bringen. Salz und Nudeln zugeben und die Nudeln nach Packungsanleitung im geöffneten Topf bei mittlerer Hitze bissfest kochen, zwischendurch 4–5-mal umrühren. Nudeln in ein Sieb geben und abtropfen lassen und in eine flache, gefettete Auflaufform geben.
2. Inzwischen Hähnchenbrustfilets unter fließendem kalten Wasser abspülen, trockentupfen, in Streifen schneiden und mit Mehl bestäuben.
3. Öl in einer Pfanne erhitzen und die Fleischstreifen darin von beiden Seiten etwa 5 Minuten braten. Dann mit Salz

Spätzle-Hähnchen-Auflauf

und Pfeffer würzen und auf die Spätzle in die Auflaufform geben.

4. Pfirsichhälften in ein Sieb geben und abtropfen lassen, dabei den Saft auffangen. Pfirsiche würfeln.
5. Currypulver zu dem Bratfett geben, mit dem Pfirsichsaft auffüllen, Schmand und Sahne hinzufügen und alles unter Rühren zum Kochen bringen.
6. Bananen schälen, in Scheiben schneiden und mit den Pfirsichwürfeln unterrühren. Die Mischung mit den Gewürzen abschmecken, über die Fleischstreifen geben und den Gouda darüber streuen. Die Form auf dem Rost in den Backofen schieben.
   Ober-/Unterhitze: etwa 200 °C (vorgeheizt)
   Heißluft: etwa 180 °C (vorgeheizt)
   Gas: Stufe 3–4 (vorgeheizt)
   Garzeit: 30–35 Minuten.

Abwandlung:
Für einen Spätzle-Schnitzel-Auflauf die Spätzle wie oben beschrieben garen. 600 g Schweinefilet unter fließendem kalten Wasser abspülen, trockentupfen und in Streifen schneiden, mit Mehl bestäuben und in 4 Esslöffeln Speiseöl etwa 7 Minuten braten. Mit Salz, Pfeffer und Paprika edelsüß würzen und auf die Spätzle geben. 1 Bund Frühlingszwiebeln putzen, in Ringe schneiden und über das Fleisch geben. 1 kleine Dose Aprikosen (240 g) auf ein Sieb zum Abtropfen geben, Saft auffangen und Aprikosenhälften evtl. halbieren, auf den Zutaten verteilen. Die Sauce wie oben beschrieben, aber mit Aprikosensaft zubereiten, abschmecken und über die Zutaten gießen, mit Käse bestreuen und wie oben angegeben backen.

Tipp:
Den Auflauf mit Zitronenmelisse oder Petersilie garnieren.

Sprudelkuchen

Sprudelkuchen

Für Kinder

Insgesamt:
E: 111 g, F: 378 g, Kh: 648 g, kJ: 27683, kcal: 6610

Für den All-in-Teig:
200 g Weizenmehl
1 Pck. Dr. Oetker Backin
300 g Zucker
1 Pck. Dr. Oetker Vanillin-Zucker
1 Msp. gemahlener Zimt
300 g gemahlene Haselnusskerne
5 Eier (Größe M), 150 ml Speiseöl
150 ml Kakaotrunk
150 ml saurer Zitronensprudel

Für den hellen Guss:
125 g gesiebter Puderzucker
2–3 EL Zitronensprudel

Für den dunklen Guss:
1 TL Kakaopulver, 1/2 TL Mineralwasser

Zubereitungszeit: etwa 20 Min., ohne Kühlzeit

1. Für den Teig Mehl mit Backin mischen und in eine Rührschüssel sieben. Zucker, Vanillin-Zucker, Zimt, Haselnusskerne, Eier, Öl, Kakaotrunk und Sprudel nach und nach hinzufügen und die Zutaten mit Handrührgerät mit Rührbesen in knapp 1 Minute zu einem glatten Teig verrühren.
2. Den Teig in eine Springform (Ø 26 cm, Boden gefettet, mit Backpapier belegt) geben und glatt streichen. Die Form auf dem Rost in den Backofen schieben.
   Ober-/Unterhitze: etwa 180 °C (vorgeheizt)
   Heißluft: etwa 160 °C (nicht vorgeheizt)
   Gas: Stufe 2–3 (nicht vorgeheizt)
   Backzeit: etwa 60 Minuten.
3. Den Kuchen aus der Form lösen, das Backpapier entfernen und den Kuchen auf einem Kuchenrost erkalten lassen.
4. Für den hellen Guss Puderzucker mit Sprudel verrühren. Für den dunklen Guss etwa 1 Esslöffel von dem hellen Guss mit Kakaopulver und Mineralwasser verrühren.
5. Den dunklen Guss in ein Papiertütchen füllen und gut verschließen. Den hellen Guss auf den Kuchen streichen. Von dem Papiertütchen eine kleine Ecke abschneiden, den dunklen Guss schnell als Ringe aufspritzen und mit einem Messer oder Holzstäbchen Muster ziehen. Den Guss fest werden lassen.

Stachelbeer-Grieß-Kuchen

Preiswert

Insgesamt:
E: 107 g, F: 251 g, Kh: 494 g,
kJ: 20469, kcal: 4887

Für den Rührteig:
750 ml ($^{3}/_{4}$ l) Milch
150 g Weizengrieß
1 Glas Stachelbeeren (Abtropfgewicht 390 g)
150 g weiche Butter oder Margarine
200 g Zucker
1 Pck. Dr. Oetker Vanillin-Zucker
1 Pck. Dr. Oetker Finesse Geriebene Zitronenschale
1 Prise Salz
5 Eigelb (Größe M)
30 g Speisestärke
1 Msp. Dr. Oetker Backin
125 g abgezogene, gemahlene Mandeln
30 g fein gehacktes Zitronat
5 Eiweiß (Größe M)

Zum Bestäuben:
Puderzucker

Zubereitungszeit: etwa 30 Min., ohne Abkühlzeit

1. Für den Teig Milch in einem Topf zum Kochen bringen, von der Kochstelle nehmen und Grieß unter Rühren einstreuen, kurz aufkochen und abkühlen lassen. Stachelbeeren in einem Sieb gut abtropfen lassen.
2. Butter oder Margarine mit Handrührgerät mit Rührbesen auf höchster Stufe geschmeidig rühren. Nach und nach Zucker, Vanillin-Zucker, Zitronenschale und Salz unterrühren und so lange rühren, bis eine gebundene Masse entstanden ist. Eigelb nach und nach unterrühren (jedes Eigelb knapp $^{1}/_{2}$ Minute). Die Grießmasse in kleinen Portionen hinzugeben und unterrühren.
3. Speisestärke und Backin mischen, sieben und zusammen mit Mandeln und Zitronat unterrühren. Eiweiß steif schlagen und unterheben. Die Stachelbeeren unterheben.
4. Den Teig in eine Springform (Ø 28 cm, Boden gefettet) füllen und glatt streichen. Die Form auf dem Rost in den Backofen schieben.
   Ober-/Unterhitze: etwa 180 °C (vorgeheizt)
   Heißluft: etwa 160 °C (nicht vorgeheizt)
   Gas: Stufe 2–3 (nicht vorgeheizt)
   Backzeit: 60–70 Minuten.
5. Den Kuchen aus der Form lösen und auf einem Kuchenrost erkalten lassen. Den Kuchen kurz vor dem Servieren mit Puderzucker bestäuben.

Stachelbeerkuchen

Für Kinder

Insgesamt:
E: 101 g, F: 485 g, Kh: 873 g,
kJ: 35642, kcal: 8522

Für den Rührteig:
250 g weiche Butter oder Margarine
200 g Zucker
1 Pck. Dr. Oetker Vanillin-Zucker
1 Pck. Dr. Oetker Finesse Geriebene Zitronenschale

4 Eier (Größe M)
250 g Weizenmehl
2 TL Dr. Oetker Backin
2 Gläser Stachelbeeren
(Abtropfgewicht je 360 g)

Für den Belag:

Stachelbeersaft (aus den Gläsern)
etwa 300 ml Apfelsaft
1 Beutel aus 1 Pck. Götterspeise Zitronen-Geschmack
12 Blatt weiße Gelatine
150 g Zucker
750–800 ml Schlagsahne

Zum Garnieren:

1 Beutel aus 1 Pck. Götterspeise Zitronen-Geschmack
300 ml Apfelsaft
60 g Zucker
Hagelzucker

Zubereitungszeit: etwa 60 Min., ohne Kühlzeit

1. Für den Teig Butter oder Margarine mit Handrührgerät mit Rührbesen auf höchster Stufe geschmeidig rühren. Nach und nach Zucker, Vanillin-Zucker und Zitronenschale unterrühren und so lange rühren, bis eine gebundene Masse entstanden ist.
2. Eier nach und nach unterrühren (jedes Ei etwa $^1/_2$ Minute). Mehl mit Backin mischen, sieben und portionsweise auf mittlerer Stufe unterrühren. Den Teig auf ein Backblech (30 x 40 cm, gefettet, mit Backpapier belegt) geben und glatt streichen.
3. Stachelbeeren in einem Sieb gut abtropfen lassen, dabei den Saft auffangen und die Stachelbeeren auf dem Teig verteilen. Das Backblech in den Backofen schieben.
   Ober-/Unterhitze: etwa 180 °C (vorgeheizt)
   Heißluft: etwa 160 °C (vorgeheizt)
   Gas: Stufe 2–3 (vorgeheizt)
   Backzeit: 25–30 Minuten.
4. Das Backblech auf einen Kuchenrost stellen und den Kuchen erkalten lassen.
5. Für den Belag Stachelbeersaft mit Apfelsaft auf 1 Liter auffüllen. Götterspeise mit 250 ml ($^1/_4$ l) von der Flüssigkeit in einem Topf nach Packungsanleitung anrühren und quellen lassen. Gelatine nach Packungsanleitung in kaltem Wasser einweichen.
6. Zucker zur Götterspeise geben und unter Rühren erwärmen, bis Zucker und Götterspeise gelöst sind. Gelatine ausdrücken, hinzufügen und unter Rühren auflösen. Die Götterspeise-Gelatine-Mischung unter die restliche Flüssigkeit rühren und kalt stellen.
7. Wenn die Masse anfängt zu gelieren, Sahne steif schlagen und portionsweise unterheben.
8. Einen Backrahmen um das Gebäck stellen, die Götterspeisecreme auf den Boden geben und glatt streichen. Den Kuchen mindestens 2–3 Stunden kalt stellen.
9. In der Zwischenzeit zum Garnieren Götterspeise mit Apfelsaft und Zucker nach Packungsanleitung – aber mit den hier angegebenen Zutaten – zubereiten, in eine kalt ausgespülte, flache Schale gießen und fest werden lassen. Anschließend auf ein kalt abgespültes Brett stürzen, beliebige Motive (evtl. Blüten oder Blätter) ausstechen und auf dem Kuchen verteilen.
10. Den Backrahmen entfernen, den Kuchen in Stücke schneiden und mit Hagelzucker bestreuen.

Stachelbeerkuchen

Abwandlung:
Der Kuchen bekommt eine exotische Note, wenn Sie $^1/_2$–1 Teelöffel gemahlenen Ingwer und $^1/_2$ Teelöffel gemahlenen Kardamom unter den Teig rühren.

Stallhas

Stallhas

Für Gäste

Pro Portion:
E: 42 g, F: 42 g, Kh: 9 g,
kJ: 2792, kcal: 666

1 küchenfertiges Kaninchen
Salz
4 EL Speiseöl
1 EL körniger Senf
4 rote Zwiebeln
250 ml (¼ l) Rotwein
200 ml Schlagsahne
1 TL Senf
1 EL Tomatenmark
1 EL Johannisbeergelee
evtl. etwas Saucenbinder

Zubereitungszeit: etwa 30 Min.

1. Von dem Kaninchen die Vorder- und Hinterläufe abschneiden, alle Kaninchenteile unter fließendem kalten Wasser abspülen, trockentupfen und mit Salz einreiben.
2. Öl in einem Bräter erhitzen und die Kaninchenteile darin rundherum anbraten. Die Teile mit Senf bestreichen. Den Rücken herausnehmen und beiseite legen.
3. Zwiebeln abziehen, in Spalten schneiden und in den Bräter geben. Rotwein hinzugießen. Den Bräter mit dem Deckel verschließen und auf dem Rost in den Backofen schieben.
   Ober-/Unterhitze: etwa 200 °C (vorgeheizt)
   Heißluft: etwa 180 °C (nicht vorgeheizt)
   Gas: Stufe 3–4 (nicht vorgeheizt)
   Garzeit: etwa 40 Minuten.
4. Den Rücken hinzufügen, den Bräter wieder in den Backofen schieben und alles noch weitere 15 Minuten schmoren lassen.
5. Die Fleischteile herausnehmen und warm stellen. Sahne, Senf, Tomatenmark und Johannisbeergelee unter den Bratenfond rühren. Die Sauce etwas einkochen lassen, nach Belieben mit Saucenbinder binden und mit den Gewürzen abschmecken.

Beilage:
Salzkartoffeln.

Steckrübeneintopf

Steckrübeneintopf

Preiswert

Pro Portion:
E: 31 g, F: 11 g, Kh: 29 g,
kJ: 1408, kcal: 336

500 g Rindfleisch (aus der Hüfte)
750 g Steckrüben
500 g Kartoffeln
2 mittelgroße Zwiebeln
40 g Butter oder Margarine
Salz
weißer Pfeffer
375–500 ml ($^3/_8$ – $^1/_2$ l) Gemüsebrühe
1 EL gehackte, glatte Petersilie

Zubereitungszeit: etwa 70 Min.

1. Rindfleisch unter fließendem kalten Wasser abspülen, trockentupfen und in Würfel schneiden.
2. Steckrüben putzen, schälen und waschen. Kartoffeln waschen, schälen und abspülen. Beide Zutaten in Stifte schneiden. Zwiebeln abziehen und würfeln.
3. Butter oder Margarine in einem Topf zerlassen und die Fleischwürfel unter Wenden darin andünsten.
4. Zwiebelwürfel hinzufügen und kurz mitdünsten. Mit Salz und Pfeffer würzen, einen Teil der Brühe hinzufügen, alles zum Kochen bringen und etwa 30 Minuten garen lassen.
5. Steckrüben- und Kartoffelstifte und die restliche Brühe dazugeben. Den Eintopf mit Salz und Pfeffer würzen und noch etwa 20 Minuten weitergaren.
6. Den Eintopf nochmals mit den Gewürzen abschmecken und mit Petersilie bestreut servieren.

Stielmuseintopf
(Streifrüben)

Preiswert

Pro Portion:
E: 34 g, F: 28 g, Kh: 23 g,
kJ: 2164, kcal: 517

600 g Schweinenacken
(ohne Knochen)
750 g Stielmus, 500 g Kartoffeln
40 g Butter oder Margarine
Salz, frisch gemahlener Pfeffer
250 ml ($^1/_4$ l) Wasser

Zubereitungszeit: etwa 80 Min.

1. Schweinefleisch unter fließendem kalten Wasser abspülen, trockentupfen und in kleine Würfel schneiden.
2. Stielmus putzen, die welken Blätter entfernen, Stielmus waschen und klein schneiden. Kartoffeln waschen, schälen, abspülen und würfeln.
3. Butter oder Margarine in einem Topf zerlassen. Die Fleischwürfel darin schwach bräunen und mit Salz und Pfeffer würzen.
4. Stielmus und Kartoffeln zu dem Fleisch geben, Wasser hinzufügen, alles zum Kochen bringen und etwa 50 Minuten schmoren lassen. Den Eintopf mit den Gewürzen abschmecken.

Stielmuseintopf (Streifrüben)

Stracciatella-Joghurt-Bällchen mit Erdbeeren

Stracciatella-Joghurt-Bällchen mit Erdbeeren

Für Kinder

Pro Portion:
E: 9 g, F: 28 g, Kh: 43 g,
kJ: 1994, kcal: 477

Für die Erdbeeren:
500 g Erdbeeren
30 g Zucker
3–4 EL Orangensaft

Für die Stracciatella-Joghurt-Bällchen:
5 Blatt weiße Gelatine
1 Glas (500 g) Vanillejoghurt
250 ml (1/4 l) Schlagsahne
50 g Raspelschokolade

Zubereitungszeit: etwa 25 Min., ohne Kühlzeit

1. Die Erdbeeren waschen, gut abtropfen lassen, entstielen und halbieren oder vierteln. Die Erdbeeren vorsichtig mit Zucker und Orangensaft vermischen und bis zur weiteren Verwendung durchziehen lassen.
2. Für die Stracciatella-Joghurt-Bällchen Gelatine nach Packungsanleitung in kaltem Wasser einweichen. Gelatine leicht ausdrücken und in einem kleinen Topf unter Rühren erwärmen (nicht kochen lassen), bis sie völlig gelöst ist. Gelatine etwas abkühlen lassen und mit etwas von dem Joghurt verrühren, dann unter den restlichen Joghurt rühren.
3. Sahne steif schlagen und mit der Raspelschokolade unterrühren. Die Creme kalt stellen, bis sie fest geworden ist.
4. Die Creme mit einem Eisportionierer zu Kugeln formen und mit den Erdbeeren auf Desserttellern oder -schälchen anrichten.

Abwandlung:
Anstelle der Erdbeeren können Sie auch 1 Dose Cocktailfrüchte (Abtropfgewicht 250 g) verwenden.

Tipp:
Wenn Sie die Creme nicht zu Bällchen formen möchten, reichen zur Festigung 3 Blatt Gelatine aus. Geben Sie dann die Früchte in eine Schüssel und verteilen Sie die Creme darauf. Das Dessert kalt stellen, bis die Creme fest geworden ist.

Streuselröschen

Einfach

Insgesamt:
E: 82 g, F: 165 g, Kh: 741 g,
kJ: 20698, kcal: 4944

Für den Hefeteig:
375 g Weizenmehl
1 Pck. Dr. Oetker Trockenbackhefe
50 g Zucker
1 Pck. Dr. Oetker Vanillin-Zucker
1 Prise Salz
1 Ei (Größe M)
200 ml lauwarme Milch
50 g zerlassene, abgekühlte Butter oder Margarine

Für die Streusel:
200 g Weizenmehl
100 g Zucker
1 Pck. Dr. Oetker Vanillin-Zucker
125 g weiche Butter

Zum Bestreichen:
2 EL Milch

Streuselröschen

Für den Belag:
200 g Kirschkonfitüre

Zubereitungszeit: etwa 40 Min., ohne Teiggehzeit

1. Für den Teig Mehl in eine Rührschüssel sieben und mit der Hefe sorgfältig vermischen. Zucker, Vanillin-Zucker, Salz, Ei, Milch und Butter oder Margarine hinzufügen.
2. Die Zutaten mit Handrührgerät mit Knethaken zunächst auf niedrigster, dann auf höchster Stufe in etwa 5 Minuten zu einem Teig verarbeiten. Den Teig zugedeckt so lange an einem warmen Ort gehen lassen, bis er sich sichtbar vergrößert hat (etwa 20 Minuten).
3. Für die Streusel Mehl in eine Schüssel sieben. Zucker, Vanillin-Zucker und Butter hinzufügen und die Zutaten mit Handrührgerät mit Knethaken zu Streuseln von gewünschter Größe verarbeiten und bis zur weiteren Verwendung kalt stellen.
4. Den Hefeteig leicht mit Mehl bestäuben, aus der Schüssel nehmen und auf der Arbeitsfläche nochmals kurz durchkneten. Den Teig dünn ausrollen und runde Platten (Ø 10–12 cm) ausstechen.
5. Die Platten nicht zu dicht auf Backbleche (mit Backpapier belegt) legen und mit Milch bestreichen. Jeweils etwas Konfitüre auf die Teigmitte geben. Die Streusel üppig darum und darüber streuen.
6. Die Teigröschen nochmals zugedeckt so lange an einem warmen Ort gehen lassen, bis sie sich sichtbar vergrößert haben. Die Backbleche dann nacheinander (bei Heißluft zusammen) in den Backofen schieben.
   Ober-/Unterhitze: etwa 200 °C (vorgeheizt)
   Heißluft: etwa 180 °C (vorgeheizt)
   Gas: Stufe 3–4 (vorgeheizt)
   Backzeit: etwa 15 Minuten je Backblech.
7. Das Gebäck auf Kuchenroste legen und erkalten lassen.

Abwandlung:
Die Streuselröschen schmecken auch sehr lecker, wenn Sie anstelle von Kirschkonfitüre Pflaumenmus verwenden. Dann etwas gemahlenen Zimt unter die Streusel mischen.

Tipp:
Die Streuselröschen nach Belieben vor dem Servieren mit Puderzucker bestäuben oder das Gebäck direkt nach dem Backen zusätzlich mit Puderzuckerglasur überziehen.

Suppentopf, Rheinischer

Für Gäste

Pro Portion:
E: 38 g, F: 28 g, Kh: 16 g, kJ: 2101, kcal: 502

500 g Rindfleisch
3 EL Speiseöl, 1 l Fleischbrühe
etwa 250 g Knollensellerie
300 g frische grüne Bohnen
250 g Kartoffeln
1 Stange Porree (Lauch)
Salz, frisch gemahlener Pfeffer
fein gehackte Petersilie

Zubereitungszeit: etwa 80 Min.

1. Rindfleisch unter fließendem kalten Wasser abspülen, trockentupfen und in Würfel schneiden.
2. Öl in einem Topf erhitzen und die Fleischwürfel darin rundherum anbraten. Fleischbrühe hinzugießen, alles zum Kochen bringen und 45–50 Minuten garen lassen.
3. In der Zwischenzeit Sellerie putzen, schälen, waschen und in Würfel schneiden. Von den Bohnen die Enden abschneiden, die Bohnen evtl. abfädeln, waschen und in Stücke brechen oder schneiden. Kartoffeln schälen, abspülen und würfeln. Porree putzen, gründlich waschen und in Ringe schneiden.
4. Das vorbereitete Gemüse in die Fleischsuppe geben, alles wieder zum Kochen bringen und weitere 15–20 Minuten kochen lassen.
5. Die Suppe mit Salz und Pfeffer würzen und mit Petersilie bestreut servieren.

Tipp:
Sie können den Rheinischen Suppentopf auch auf Vorrat zubereiten und portionsweise einfrieren.

Suppentopf, Rheinischer

Tafelspitz mit Meerrettichsauce

Tafelspitz mit Meerrettichsauce

Dauert länger

Pro Portion:
E: 58 g, F: 22 g, Kh: 12 g,
kJ: 2011, kcal: 480

1-1 $^{1}/_{2}$ l Wasser
1 kg Rindfleisch (aus der Hüfte)
1-1 $^{1}/_{2}$ TL Salz
1 Lorbeerblatt
1 EL Pfefferkörner
2 große Zwiebeln
150 g Möhren
150 g Kohlrabi
150 g Knollensellerie
200 g Porree (Lauch)

Für die Meerrettichsauce:
30 g Butter oder Margarine
25 g Weizenmehl
375 ml ($^{3}/_{8}$ l) Tafelspitzbrühe
125 ml ($^{1}/_{8}$ l) Schlagsahne
20 g frisch geriebener Meerrettich
Salz
etwas Zucker
etwa 1 TL Zitronensaft

1 EL gehackte Petersilie

Zubereitungszeit: etwa 40 Min.

1. Wasser in einem großen Topf zum Kochen bringen. Rindfleisch unter fließendem kalten Wasser abspülen, mit Salz, Lorbeerblatt und Pfefferkörnern in das kochende Wasser geben, zum Kochen bringen und etwa 2 Stunden mit Deckel gar ziehen lassen (nicht kochen, das Wasser soll sich nur leicht bewegen).
2. In der Zwischenzeit Zwiebeln abziehen und würfeln. Möhren schälen, Grün und Spitzen abschneiden. Kohlrabi und Knollensellerie schälen, schlechte Stellen herausschneiden. Die 3 Zutaten waschen, abtropfen lassen und in Scheiben schneiden. Von dem Porree die Außenblätter entfernen, Wurzelende und dunkles Grün abschneiden, die Stange längs halbieren, gründlich waschen, abtropfen lassen und in 2 cm lange Stücke schneiden.
3. Das vorbereitete Gemüse nach der Garzeit zu dem Fleisch geben und noch etwa 20 Minuten mit Deckel mitgaren.
4. Das gare Fleisch vor dem Schneiden etwa 10 Minuten zugedeckt ruhen lassen, damit sich der Fleischsaft setzt. Die Brühe mit dem Gemüse durch ein Sieb geben, dabei die Brühe auffangen und 375 ml ($^{3}/_{8}$ l) für die Sauce abmessen. Das Gemüse zugedeckt warm stellen.
5. Während das Fleisch ruht, für die Meerrettichsauce Butter oder Margarine in einem kleinen Topf zerlassen. Mehl unter Rühren so lange darin erhitzen, bis es hellgelb ist.
   Die abgemessene Tafelspitzbrühe und Sahne hinzugießen und mit einem Schneebesen gut durchschlagen, dabei darauf achten, dass keine Klümpchen entstehen.
   Die Sauce unter Rühren zum Kochen bringen und bei schwacher Hitze etwa 5 Minuten ohne Deckel kochen lassen, dabei gelegentlich umrühren.
6. Meerrettich unterrühren. Die Sauce mit Salz, Zucker und Zitronensaft abschmecken.
   Das Fleisch in Scheiben schneiden, auf einer vorgewärmten Platte anrichten, mit etwas heißer Brühe übergießen und mit Gemüse und Petersilie garnieren. Die Sauce zu dem Tafelspitz reichen.

Beilage:
Petersilienkartoffeln und grüner Salat.

Tipp:
Anstelle von frischem Meerrettich können Sie auch Meerrettich aus dem Glas verwenden.
Der Tafelspitz kann in der Brühe eingefroren werden.

Tagliatelle mit Lachs und Rucola

Tagliatelle mit Lachs und Rucola

Raffiniert

Pro Portion:
E: 40 g, F: 33 g, Kh: 80 g,
kJ: 3268, kcal: 781

4 l Wasser
4 TL Salz
400 g Tagliatelle

125 g Rucola (Rauke)
1–2 Knoblauchzehen
1 Zwiebel
400 g Lachsfilet
3 EL Rapsöl
25 g geröstete Pinienkerne
1 1/2 EL Lachscreme (aus der Tube, Kühlregal)
Salz
frisch gemahlener Pfeffer
60 g fein geraspelter Parmesan

Zubereitungszeit: etwa 30 Min.

1. Wasser in einem großen Topf mit geschlossenem Deckel zum Kochen bringen. Salz und Tagliatelle zugeben und die Tagliatelle im geöffneten Topf bei mittlerer Hitze nach Packungsanleitung kochen lassen, dabei zwischendurch 4–5-mal umrühren.
2. Die Tagliatelle in ein Sieb geben, mit heißem Wasser abspülen, abtropfen lassen und warm stellen.
3. Inzwischen Rucola putzen, waschen, gut abtropfen lassen und grob zerkleinern. Knoblauch und Zwiebel abziehen und in kleine Würfel schneiden. Lachsfilet unter fließendem kalten Wasser abspülen, trockentupfen und in etwa 2 x 2 cm große Würfel schneiden.
4. Rapsöl in einer großen Pfanne erhitzen und Zwiebel- und Knoblauchwürfel darin andünsten. Lachswürfel dazugeben und von allen Seiten darin anbraten. Pinienkerne und Rucola hinzugeben und kurz mit erhitzen. Lachscreme unterrühren und mit Salz und Pfeffer kräftig würzen.
5. Tagliatelle in eine große Schüssel geben, Lachs-Rucola-Masse hinzugeben und unterheben. Tagliatelle sofort servieren. Käse dazureichen.

Tipp:
Anstatt der Pinienkerne können auch Mandelstifte oder -blättchen verwendet werden.

Tassensalat

Einfach

Pro Portion:
E: 8 g, F: 15 g, Kh: 12 g,
kJ: 925, kcal: 221

1 Tasse gewürfelte Äpfel (entspricht etwa 2 kleinen Äpfeln)
1 Tasse gewürfelte Gewürzgurken (entspricht etwa 2 großen Gewürzgurken)
1 Tasse gewürfelte Ananas (aus der Dose, entspricht etwa 3 Ringen)
1 Tasse gewürfelte Zwiebeln (entspricht etwa 2 Stück)
1 Tasse Selleriestreifen (aus dem Glas, entspricht etwa 100 g)
1 Tasse Fleischsalat (fertig gekauft, etwa 125 g)
1 Tasse Schlagsahne (entspricht etwa 140 ml)
Salz, frisch gemahlener Pfeffer
Currypulver
etwas Gewürzgurkenflüssigkeit

Zubereitungszeit: etwa 25 Min., ohne Durchziehzeit

1. Die Salatzutaten vorbereiten, abmessen und in einer Schüssel gut vermischen. Mit Salz, Pfeffer, Curry und etwas Gewürzgurkenflüssigkeit würzen und gut durchziehen lassen.
2. Den Salat evtl. vor dem Servieren nochmals mit den Gewürzen abschmecken.

Tassensalat

Teekuchen

Teekuchen

Gut vorzubereiten

Insgesamt:
E: 76 g, F: 343 g, Kh: 577 g, kJ: 23779, kcal: 5702

Für den All-in-Teig:
250 g Weizenmehl
100 g Speisestärke
1 Pck. Dr. Oetker Backin
150 g brauner Zucker
4 Eier (Größe M)
1 Becher (150 g) Crème fraîche
150 g weiche Butter

Für die Füllung:
1 Glas Pflaumenhälften (Abtropfgewicht 385 g)
250 ml (¹/₄ l) Wasser
5 Beutel grüner Tee
1 Pck. Tortenguss, klar
2 EL Zucker
5 EL Pflaumensaft aus dem Glas
3 Becher (je 150 g) Crème fraîche
2 EL gesiebter Puderzucker
1 Pck. Dr. Oetker Sahnesteif
1 EL brauner Zucker
einige dünne Täfelchen Zartbitterschokolade

Zubereitungszeit: etwa 60 Min., ohne Kühlzeit

1. Für den Teig Mehl mit Speisestärke und Backin mischen, in eine Rührschüssel sieben und Zucker, Eier, Crème fraîche und Butter hinzufügen. Die Zutaten mit Handrührgerät mit Rührbesen zunächst kurz auf niedrigster, dann auf höchster Stufe in etwa 2 Minuten zu einem glatten Teig verarbeiten. Den Teig in eine Springform mit Rohrboden (Ø 26 cm, gefettet) geben und glatt streichen. Die Form auf dem Rost in den Backofen schieben.
   Ober-/Unterhitze: etwa 180 °C (vorgeheizt)
   Heißluft: etwa 160 °C (nicht vorgeheizt)
   Gas: Stufe 2–3 (nicht vorgeheizt)
   Backzeit: etwa 50 Minuten.
2. Den Kuchen 10 Minuten in der Form stehen lassen, dann lösen und auf einem Kuchenrost erkalten lassen. Den Kuchen zweimal waagerecht durchschneiden.
3. Für die Füllung Pflaumenhälften gut abtropfen lassen, den Saft dabei auffangen und Pflaumenhälften in kleine Stücke schneiden.
4. Wasser zum Kochen bringen, 2 Minuten abkühlen lassen, Teebeutel hinzugeben und den Tee 3 Minuten ziehen lassen. Teebeutel herausnehmen. Tortengusspulver, Zucker und Pflaumensaft in einem Topf verrühren. Nach und nach den Tee (200 ml) unterrühren und kurz aufkochen lassen. Pflaumenstücke unterrühren und die Masse auf der unteren Gebäcklage verteilen.
5. Crème fraîche, Puderzucker und Sahnesteif in einen hohen Rührbecher geben und mit Handrührgerät mit Rührbesen cremig aufschlagen. Ein Drittel der Crème-fraîche-Masse auf die Pflaumenmasse geben und glatt streichen. Kuchen wieder zusammensetzen. Restliche Crème-fraîche-Masse wellenförmig auf die Kuchenoberfläche streichen und den Kuchen mindestens 1 Stunde kalt stellen.
6. Den Kuchen vor dem Servieren mit Zucker bestreuen. Die Schoko-Täfelchen in Stücke brechen und in die Creme stecken.

Terrazzo-Torte

Fruchtig

Insgesamt:
E: 72 g, F: 317 g, Kh: 423 g, kJ: 20511, kcal: 4894

1 Glas Sauerkirschen (Abtropfgewicht 370 g)

Für den All-in-Teig:
150 g Weizenmehl
2 TL Dr. Oetker Backin
¹/₂ TL gemahlener Zimt
80 g Zucker
1 TL Dr. Oetker Finesse Geriebene Zitronenschale
3 Eier (Größe M), 120 g weiche Butter
2 EL Sauerkirschsaft

Für den Belag:
50 g abgezogene, gehackte Mandeln
50 g gehobelte Haselnusskerne
1 Dose Mandarinen (Abtropfgewicht 175 g)
325 g Mascarpone
50 g gesiebter Puderzucker
10 EL Sauerkirschsaft
1 Pck. Tortenguss, klar

2 EL Zucker
250 ml (1/4 l) Mandarinensaft aus der Dose

Zubereitungszeit: etwa 40 Min., ohne Abkühlzeit

1. Sauerkirschen in einem Sieb abtropfen lassen, den Saft dabei auffangen.
2. Für den Teig Mehl mit Backin und Zimt mischen und in eine Rührschüssel sieben. Restliche Zutaten hinzufügen und mit Handrührgerät mit Rührbesen zunächst kurz auf niedrigster, dann auf höchster Stufe in etwa 2 Minuten zu einem glatten Teig verarbeiten. Den Teig in eine Springform (Ø 26 cm, Boden gefettet, mit Backpapier belegt) geben und glatt streichen. Die Form auf dem Rost in den Backofen schieben.
   Ober-/Unterhitze: etwa 180 °C (vorgeheizt)
   Heißluft: etwa 160 °C (vorgeheizt)
   Gas: Stufe 2–3 (vorgeheizt)
   Backzeit: 20–25 Minuten.
3. Den Tortenboden aus der Form lösen und auf einen mit Backpapier belegten Kuchenrost stürzen. Tortenboden auf eine Platte legen und einen Tortenring darumstellen.
4. Für den Belag nacheinander Mandeln und Haselnusskerne in einer Pfanne ohne Fett goldbraun rösten, herausnehmen und erkalten lassen. Mandarinen in einem Sieb abtropfen lassen, den Saft dabei auffangen und 250 ml (1/4 l) davon abmessen, evtl. mit Wasser auffüllen. Mascarpone, Puderzucker und Sauerkirschsaft in einen hohen Rührbecher geben und zu einer Creme aufschlagen. Die Creme auf den Tortenboden geben und glatt streichen.
5. Mandeln, Haselnusskerne, Kirschen und Mandarinen vorsichtig vermengen und auf die Creme geben. Aus Tortengusspulver, Zucker und Mandarinensaft nach Packungsanleitung einen Guss zubereiten und auf dem Belag verteilen. Guss fest werden lassen und Tortenring entfernen.

Terrazzo-Torte

Teufelssuppe

Für Gäste

Pro Portion:
E: 20 g, F: 25 g, Kh: 15 g,
kJ: 1719, kcal: 411

250 g Gulasch (halb Rind-, halb Schweinefleisch)
1 Gemüsezwiebel
2 Möhren
2 Kartoffeln
1 grüne Paprikaschote
4 EL Speiseöl
2 EL Tomatenmark
750 ml (3/4 l) Fleischbrühe
1 Knoblauchzehe
Salz
Sambal Oelek
Paprikapulver rosenscharf
evtl. 40 ml Weinbrand

Zubereitungszeit: etwa 60 Min.

1. Gulasch evtl. unter fließendem kalten Wasser abspülen und trockentupfen. Die Fleischstücke in kleine Würfel schneiden.
2. Gemüsezwiebel abziehen. Möhren putzen, schälen und waschen. Kartoffeln waschen, schälen und abspülen. Paprikaschote halbieren, entstielen, entkernen, die weißen Scheidewände entfernen und die Schote waschen. Die 4 Zutaten in kleine Würfel schneiden.
3. Öl in einem Topf erhitzen und die Zwiebel- und Fleischwürfel darin anbraten. Möhren-, Kartoffel- und Paprikawürfel hinzufügen und andünsten. Tomatenmark unterrühren. Brühe angießen und alles etwa 20 Minuten kochen lassen.
4. Knoblauch abziehen und zerdrücken. Die Suppe mit Salz, Sambal Oelek, Paprika und Knoblauch scharf würzen und noch etwa 20 Minuten kochen lassen.
5. Die Teufelssuppe nach Belieben mit Weinbrand verfeinern.

Texanischer Auflauf

Vegetarisch

Pro Portion:
E: 22 g, F: 28 g, Kh: 47 g,
kJ: 2316, kcal: 553

500 g TK-Kartoffelwedges (Kartoffelspalten)
300 g TK-Brechbohnen
1 Dose Kidney Bohnen (Abtropfgewicht 230 g)
1 Dose Gemüsemais (Abtropfgewicht 360 g)
1 rote Paprikaschote (etwa 200 g)
300 ml Schlagsahne
300 ml Milch
6 Eier (Größe M)
Salz
frisch gemahlener Pfeffer
1/2–1 TL Paprikapulver edelsüß

Zubereitungszeit: etwa 20 Min., ohne Auftauzeit

1. Kartoffelwedges und Bohnen nach Packungsanleitung auftauen lassen. Kidney Bohnen und Gemüsemais getrennt in einem Sieb abtropfen lassen.
2. Paprikaschote halbieren, entstielen, entkernen und die weißen Scheidewände entfernen. Schote waschen und in Würfel schneiden. Paprikawürfel in kochendem Salzwasser 1–2 Minuten blanchieren. Paprikawürfel in ein Sieb geben, mit kaltem Wasser übergießen und gut abtropfen lassen.
3. Sahne, Milch und Eier gut verrühren und mit Salz, Pfeffer und Paprika würzen.
4. Kartoffelwedges, Brechbohnen, Kidney Bohnen, Gemüsemais und Paprikawürfel mischen, in eine Auflaufform geben und mit der Eiersahne übergießen. Die Form auf dem Rost in den Backofen schieben.
   Ober-/Unterhitze: etwa 180 °C (vorgeheizt)
   Heißluft: etwa 160 °C (nicht vorgeheizt)
   Gas: Stufe 2–3 (nicht vorgeheizt)
   Garzeit: etwa 50 Minuten.

Beilage:
Gemischter Blattsalat und Brot.

Tipp:
Wer es scharf liebt, mischt 1–2 rote Chilischoten, halbiert, entkernt, gewaschen und fein geschnitten, unter die Zutaten.

Thunfisch-Bohnen-Schichtsalat

Für Gäste

Pro Portion:
E: 36 g, F: 27 g, Kh: 55 g,
kJ: 2702, kcal: 646

150 g TK-grüne-Bohnen
4 Eier (Größe M)
1 Dose Kidneybohnen (Abtropfgewicht 255 g)
1 Dose weiße Bohnen (Abtropfgewicht 250 g)
1 Dose Thunfisch in Öl (Abtropfgewicht 150 g)
2–3 gekochte Pellkartoffeln
2 mittelgroße, rote Zwiebeln

Für die Sauce:
150 g Naturjoghurt
1 geh. EL Salatmayonnaise
2 EL Tomatenketchup
2 EL Olivenöl
Salz
frisch gemahlener Pfeffer
etwas Zucker

Zubereitungszeit: etwa 45 Min., ohne Durchziehzeit

1. Grüne Bohnen nach Packungsanleitung bissfest garen, in ein Sieb geben, abtropfen und abkühlen lassen.
2. Eier hart kochen, pellen, vierteln und etwas abkühlen lassen.
3. Kidneybohnen und weiße Bohnen getrennt in ein Sieb geben, kalt abspülen und abtropfen lassen. Thunfisch ebenfalls abtropfen lassen.
4. Kartoffeln pellen und in Scheiben schneiden. Zwiebeln abziehen, halbieren und in feine Streifen schneiden.
5. Für die Sauce Joghurt, Mayonnaise, Tomatenketchup und Öl verrühren und mit Salz, Pfeffer und Zucker würzen.
6. Die Salatzutaten in ein hohes Glas schichten, dabei die Kartoffel- und Eierschicht jeweils mit etwas Salz bestreuen.
7. Nach jeder vierten Schicht etwas von der Sauce auf die Zutaten geben. Die restliche Sauce auf die Salatoberfläche geben. Den Salat etwa 1 Stunde durchziehen lassen.

Thunfisch-Nudel-Salat

Für Gäste

Pro Portion:
E: 21 g, F: 17 g, Kh: 62 g,
kJ: 2046, kcal: 489

3 l Wasser
3 TL Salz
300 g Nudeln, z. B. Spirelli, Penne

Für die Sauce:
1 Knoblauchzehe
3 EL Weißweinessig
Salz, 1 Prise Zucker
frisch gemahlener Pfeffer
1 TL milder Senf
2 EL Speiseöl

1 Dose Thunfisch in Öl (Abtropfgewicht 135 g)
1 Dose gemischtes Gemüse (Erbsen, Möhren, Mais, Abtropfgewicht 280 g)
1 rote Paprikaschote
2 Frühlingszwiebeln
200 g Naturjoghurt
evtl. 2–3 EL heiße Gemüsebrühe

Zubereitungszeit: etwa 30 Min., ohne Durchziehzeit

1. Wasser in einem großen Topf mit geschlossenem Deckel zum Kochen bringen. Salz und Nudeln zugeben und die Nudeln im geöffneten Topf bei mittlerer Hitze nach Packungsanleitung kochen lassen, dabei 4-5-mal umrühren.
2. Anschließend die Nudeln in ein Sieb geben, mit heißem Wasser abspülen und abtropfen lassen.
3. Für die Sauce Knoblauch abziehen und in kleine Würfel schneiden. Essig mit Salz, Zucker, Pfeffer und Senf verrühren. Speiseöl unterschlagen.
4. Die Nudeln in eine Schüssel geben, mit der Sauce vermengen und Nudeln gut durchziehen lassen.
5. Thunfisch gut abtropfen lassen und mit einer Gabel in Stücke zupfen. Gemüse in einem Sieb gut abtropfen lassen. Paprika halbieren, entstielen, entkernen und die weißen Scheidewände entfernen. Die Schote waschen, trockentupfen und in kleine Würfel schneiden. Frühlingszwiebeln putzen, waschen, abtropfen lassen und in dünne Scheiben schneiden.
6. Joghurt zu den Nudeln geben und unterrühren. Vorbereitetes Gemüse und Thunfisch mit den Nudeln vermengen. Salat nochmals etwa 20 Minuten durchziehen lassen.
7. Den Salat nochmals mit Salz und Pfeffer abschmecken. Sollte die Sauce zu fest geworden sein, etwas Gemüsebrühe unter den Salat rühren.

Tipp:
Lecker schmeckt der Salat auch mit feinen Kochschinkenstreifen anstelle von Thunfisch.

Thunfisch-Nudel-Salat

Thunfisch-Reis-Salat

Thunfisch-Reis-Salat

Für Gäste

Pro Portion:
E: 20 g, F: 52 g, Kh: 36 g,
kJ: 2983, kcal: 712

150 g Langkornreis
1 l Salzwasser
2 Zwiebeln
2 Knoblauchzehen
1 rote Paprikaschote
1 grüne Paprikaschote
1 Zucchini (250 g)
4 EL Olivenöl
Salz
frisch gemahlener Pfeffer
2 Dosen Thunfisch in Öl (je 180 g)

Für die Salatsauce:
3 EL Weißweinessig
1 TL Zucker
4 EL Wasser
4 EL Olivenöl

Zubereitungszeit: etwa 35 Min., ohne Abkühl- und Durchziehzeit

1. Den Reis in Salzwasser in etwa 20 Minuten gar kochen, kalt abschrecken, auf einem Sieb abtropfen und abkühlen lassen.
2. Inzwischen Zwiebeln und Knoblauch abziehen und fein hacken. Paprika halbieren, entstielen, entkernen und die weißen Scheidewände entfernen, die Schoten waschen und in kleine Würfel schneiden. Zucchini waschen, abtrocknen, die Enden abschneiden und Zucchini in Würfel schneiden.
3. Öl in einer Pfanne erhitzen und die Zucchiniwürfel darin andünsten. Knoblauch- und Zwiebelwürfel hinzufügen, kurz mitdünsten und abkühlen lassen.
4. Reis und Paprikawürfel mit der Zucchini-Zwiebel-Masse in einer Salatschüssel mischen und mit Salz und Pfeffer würzen. Thunfisch auf einem Sieb abtropfen lassen, zerpflücken und unter die Reis-Gemüse-Mischung heben.
5. Für die Salatsauce Essig mit Zucker, Salz und Pfeffer verrühren und Wasser und Öl unterrühren. Die Sauce mit den Salatzutaten mischen und etwas durchziehen lassen. Nach Bedarf nochmals mit den Gewürzen abschmecken.

Tipp:
Reis vom Vortag verwenden. Den Salat vor dem Servieren mit 1 Esslöffel gehacktem Dill bestreuen.

Thunfisch-Zucchini-Salat

8 Portionen

Raffiniert

Pro Portion:
E: 14 g, F: 21 g, Kh: 4 g,
kJ: 1149, kcal: 275

Für den Salat:
500 g frischer Thunfisch
2–3 EL Olivenöl
Salz, frisch gemahlener Pfeffer
3 mittelgroße Zucchini
6 Tomaten
120 g gemischte Oliven (grün und schwarz, ohne Stein)

Thunfisch-Zucchini-Salat

Für die Marinade:
1 Pck. (25 g) TK-Kräuter der Provence
Zucker
3–4 Knoblauchzehen
4–5 EL Balsamico-Essig
8–10 EL Olivenöl

Zubereitungszeit: etwa 45 Min.

1. Für den Salat Thunfisch unter fließendem kalten Wasser abspülen, trockentupfen und in kleine Stücke schneiden, dabei evtl. Gräten entfernen. Thunfisch-Stücke in erhitztem Olivenöl von allen Seiten anbraten und mit Salz und Pfeffer würzen.
2. Zucchini putzen, Enden abschneiden, Zucchini waschen, halbieren und in 2 cm dicke Scheiben schneiden. Tomaten waschen, Stängelansätze herausschneiden, Tomaten vierteln, entkernen und in grobe Würfel schneiden.
3. Die gemischten Oliven mit Tomaten, Zucchini und Thunfisch mischen.
4. Für die Marinade Kräuter, Salz, Pfeffer, Zucker, abgezogenen, durchgepressten Knoblauch und Essig verrühren, Öl unterschlagen. Salatzutaten damit vermengen und den Salat etwas durchziehen lassen.

Abwandlung:
Die Zucchini schmecken noch besser, wenn sie in 5 Esslöffeln Olivenöl kurz angebraten und lauwarm mit der Marinade vermischt werden.

Beilage:
Fladenbrot.

Tipp:
Den Salat nach Belieben mit Basilikumblättchen und Thymianzweigen garnieren.

Thüringer Gemüsesuppe

Preiswert

Pro Portion:
E: 7 g, F: 17 g, Kh: 11 g,
kJ: 960, kcal: 229

500 g frisches oder TK-Hühnerklein
(Rückenstücke, Hälse, Flügel)
1 Bund Suppengrün
1 1/4 l Wasser
Salz, 1 Lorbeerblatt
3 Pimentkörner
250 g Möhren, 200 g Kohlrabi
150 g Zuckerschoten
150 g grüne Bohnen
1 Bund Kerbel, 200 ml Schlagsahne
frisch gemahlener Pfeffer

Zubereitungszeit: etwa 35 Min., ohne Auftauzeit

1. Frisches Hühnerklein unter fließendem kalten Wasser abspülen oder TK-Hühnerklein nach Packungsanleitung auftauen lassen. Suppengrün vorbereiten: Knollensellerie schälen, schlechte Stellen herausschneiden. Möhren schälen, Grün und Spitzen abschneiden. Sellerie und Möhren waschen und abtropfen lassen. Von dem Porree die Außenblätter entfernen und Wurzelende und dunkles Grün abschneiden, die Stange längs halbieren, gründlich waschen und abtropfen lassen. Die vorbereiteten Zutaten grob zerkleinern.
2. Suppengrün mit Hühnerklein, Wasser, 1 Teelöffel Salz, Lorbeerblatt und Pimentkörnern in einen Topf geben, zum Kochen bringen und etwa 40 Minuten mit Deckel bei mittlerer Hitze kochen.
3. In der Zwischenzeit Möhren schälen und Grün und Spitzen abschneiden. Kohlrabi schälen. Beide Zutaten waschen, abtropfen lassen und in Würfel oder kleine Scheiben schneiden. Von den Zuckerschoten die Enden abschneiden, die Zuckerschoten waschen und evtl. halbieren. Von den grünen Bohnen die Enden abschneiden, evtl. Fäden abziehen, die Bohnen waschen und in kleine Stücke schneiden oder brechen.
4. Nach Beendigung der Kochzeit die Brühe durch ein Sieb geben und 1 l davon abmessen. Die abgemessene Brühe zum Kochen bringen und das vorbereitete Gemüse nacheinander hineingeben: Zuerst die Bohnen, nach etwa 5 Minuten Möhren und Kohlrabi, nach weiteren 5 Minuten die Zuckerschoten und dann alles noch 5–10 Minuten mit Deckel kochen.
5. Kerbel abspülen, trockentupfen, die Blättchen von den Stängeln zupfen und fein schneiden. Sahne unter die Suppe rühren, die Suppe mit Salz und Pfeffer abschmecken und mit Kerbel bestreut servieren.

Tipp:
Mit kleinen Grießklößchen servieren. Die Suppe ist gefriergeeignet.

Thüringer Gemüsesuppe

Thüringer Mohnkuchen

Thüringer Mohnkuchen

Mit Alkohol

Insgesamt:
E: 210 g, F: 616 g, Kh: 1110 g,
kJ: 47282, kcal: 11294

Für den Hefeteig:
½ Pck. (etwa 21 g) frische Hefe
100 ml lauwarme Milch
65 g Zucker
300 g Weizenmehl
50 g weiche Butter oder Margarine
25 g weiches Butterschmalz
1 Prise Salz

Für die Füllung:
375 ml (⅜ l) Milch
125 g Weizengrieß
375 g gemahlener Mohn
1 Birne
2 Eier (Größe M)
200 g Butter
200 g Zucker
125 g Magerquark
3 EL abgezogene, gemahlene Mandeln
2 EL Rumrosinen
2 EL Rum

Für die Streusel:
300 g Weizenmehl
200 g Zucker
1 Pck. Dr. Oetker Vanillin-Zucker
200 g weiche Butter

Zum Bestäuben:
Puderzucker

Zubereitungszeit: etwa 60 Min., ohne Teiggeh- und Abkühlzeitzeit

1. Für den Teig Hefe zerbröckeln, in einer kleinen Schüssel mit 2–3 Esslöffeln von der Milch und 1 Esslöffel von dem Zucker so lange verrühren, bis sie sich vollkommen gelöst hat und etwa 10 Minuten gehen lassen.
2. Mehl in eine Rührschüssel sieben. Restlichen Zucker, Butter oder Margarine, Butterschmalz, Salz, restliche Milch und verrührte Hefe hinzufügen. Die Zutaten mit Handrührgerät mit Knethaken zunächst auf niedrigster, dann auf höchster Stufe in etwa 5 Minuten zu einem Teig verarbeiten.
3. Den Teig zugedeckt an einem warmen Ort so lange gehen lassen, bis er sich sichtbar vergrößert hat (etwa 20 Minuten).
4. Für die Füllung Milch mit Grieß zum Kochen bringen. Mohn unterrühren und die Masse erkalten lassen.
5. Birne schälen, vierteln, entkernen und reiben. Eier, Butter, Zucker, Quark und Mandeln zu der kalten Mohnmasse geben und gut verrühren. Birnenraspel, Rumrosinen und Rum unterrühren.
6. Den Teig leicht mit Mehl bestäuben, aus der Schüssel nehmen und auf der Arbeitsfläche nochmals kurz durchkneten. Den Teig in einer Fettfangschale (30 x 40 cm, gefettet) ausrollen und die Füllung darauf streichen.
7. Für die Streusel Mehl in eine Rührschüssel sieben und mit Zucker und Vanillin-Zucker mischen. Butter hinzufügen. Die Zutaten mit Handrührgerät mit Knethaken zu Streuseln von gewünschter Größe verarbeiten. Die Streusel auf der Füllung verteilen. Die Fettfangschale in den Backofen schieben.
   Ober-/Unterhitze: etwa 180 °C (vorgeheizt)
   Heißluft: etwa 160 °C (vorgeheizt)
   Gas: Stufe 2–3 (vorgeheizt)
   Backzeit: 30–35 Minuten.
8. Die Fettfangschale auf einen Kuchenrost stellen und den Kuchen erkalten lassen.
9. Den Kuchen vor dem Servieren mit Puderzucker bestäuben.

Tipp:
Der Kuchen bleibt mehrere Tage saftig. Er kann auch eingefroren werden.

Tiramisu

6 Portionen

Beliebt

Pro Portion:
E: 9 g, F: 39 g, Kh: 45 g,
kJ: 2466, kcal: 589

500 g Mascarpone (italienischer Frischkäse)
150 ml Milch
75 g Zucker
1 Pck. Dr. Oetker Bourbon-Vanille-Zucker
40 ml Amaretto (Mandellikör)
250 ml (¼ l) kalter Espresso oder starker Kaffee
200 g Löffelbiskuits
2 EL Kakaopulver

Zubereitungszeit: etwa 30 Min., ohne Durchziehzeit

1. Mascarpone mit Milch, Zucker, Vanille-Zucker und der Hälfte des Amarettos in einer Schüssel glatt rühren.
2. Übrigen Amaretto mit Espresso oder Kaffee verrühren. Die Hälfte der Löffelbiskuits in eine flache eckige Auflaufform (etwa 30 x 18 cm) legen, mit der Hälfte der Kaffee-Amaretto-Mischung beträufeln und mit der Hälfte der Mascarponemasse bedecken. Die restlichen Zutaten in gleicher Reihenfolge darauf schichten.
3. Tiramisu in den Kühlschrank stellen und einige Stunden durchziehen lassen. Vor dem Servieren die Creme dick mit Kakao bestäuben.

Tiramisu

Tiramisu-Torte

Für Gäste

Insgesamt:
E: 72 g, F: 257 g, Kh: 475 g,
kJ: 19918, kcal: 4760

Für den Biskuitteig:
4 Eier (Größe M)
3 EL heißes Wasser
125 g Zucker
1 Pck. Dr. Oetker Vanillin-Zucker
3 Tropfen Zitronen-Aroma
100 g Weizenmehl
100 g Speisestärke
2 TL Dr. Oetker Backin

Für die Füllung:
3 Eigelb (Größe M)
150 g Zucker
1 Pck. Dr. Oetker Vanillin-Zucker
1 Prise Salz
500 g Mascarpone (italienischer Frischkäse)

Zum Tränken:
250 ml ($^1/_4$ l) Kaffee, 4 EL Weinbrand

Zubereitungszeit: etwa 40 Min., ohne Abkühl- und Durchziehzeit

1. Für den Teig Eier und Wasser mit Handrührgerät mit Rührbesen auf höchster Stufe in 1 Minute schaumig schlagen. Zucker mit Vanillin-Zucker mischen, in 1 Minute einstreuen, Aroma hinzufügen und noch etwa 2 Minuten schlagen.
2. Mehl mit Speisestärke und Backin mischen, sieben und portionsweise kurz auf niedrigster Stufe unterrühren.
3. Den Teig in eine Springform (Ø 28 cm, Boden gefettet, mit Backpapier belegt) füllen und glatt streichen. Die Form auf dem Rost in den Backofen schieben.
   Ober-/Unterhitze: etwa 180 °C (vorgeheizt)
   Heißluft: etwa 160 °C (vorgeheizt)
   Gas: Stufe 2–3 (vorgeheizt)
   Backzeit: etwa 30 Minuten.
4. Den Biskuitboden aus der Form lösen, auf einen mit Backpapier belegten Kuchenrost stürzen und mitgebackenes Backpapier abziehen. Den Biskuitboden erkalten lassen und zweimal waagerecht durchschneiden.
5. Für die Füllung Eigelb mit Zucker, Vanillin-Zucker und Salz in einer Schüssel im Wasserbad mit Handrührgerät mit Rührbesen etwa 6 Minuten aufschlagen, anschließend kalt schlagen. Mascarpone unterrühren.
6. Zum Tränken Kaffee mit Weinbrand verschlagen. Den unteren Biskuitboden auf eine Platte legen, mit der Kaffeemischung tränken und mit 2–3 Esslöffeln von der Creme bestreichen, mit dem mittleren Boden bedecken und leicht andrücken. Den mittleren Biskuitboden ebenfalls mit der Kaffeemischung tränken und mit 2–3 Esslöffeln von der Creme bestreichen. Den oberen Biskuitboden darauf legen und andrücken.
7. Tortenrand und -oberfläche mit der restlichen Creme bestreichen und mit einem Esslöffel verzieren. Die Torte mehrere Stunden zugedeckt zum Durchziehen in den Kühlschrank stellen.

Tipp:
Die Mitte der Torte mit Schokolocken belegen.

Hinweis:
Für die Füllung nur ganz frische Eier verwenden, die nicht älter als 5 Tage sind (Legedatum beachten!). Fertige Torte im Kühlschrank aufbewahren und innerhalb von 24 Stunden verzehren.

Tiramisu-Torte

Toast Hawaii

Toast Hawaii

Klassisch

Pro Portion:
E: 25 g, F: 29 g, Kh: 33 g,
kJ: 2095, kcal: 501

4 Scheiben Toastbrot
30 g Butter
4 Scheiben (150 g) gekochter Schinken
4 Scheiben Ananas (aus der Dose)
4 Scheiben (250 g) Käse, z. B. Gouda

Zubereitungszeit: etwa 10 Min.

1. Toastbrot toasten und mit der Butter bestreichen. Jede Brotscheibe mit je 1 Scheibe Schinken, Ananas und Käse belegen.
2. Die Toasts auf ein Backblech legen. Das Backblech in den Backofen schieben und überbacken, bis der Käse anfängt zu zerlaufen.
   Ober-/Unterhitze: etwa 220 °C (vorgeheizt)
   Heißluft: etwa 200 °C (vorgeheizt)
   Gas: Stufe 4–5 (vorgeheizt)
   Backzeit: etwa 8 Minuten.

Abwandlung:
Anstelle von Schinken und Ananas können Sie die Toastscheiben auch mit Salami- und Tomatenscheiben belegen und dann mit dem Käse überbacken.

Toast im Pfännchen

Für Gäste

Pro Portion:
E: 17 g, F: 29 g, Kh: 19 g,
kJ: 1798, kcal: 430

Für die Käsesauce:
30 g Butter
20 g Weizenmehl
250 ml (1/4 l) Fleischbrühe
4 EL Schlagsahne
150 g mittelalter Gouda

Für den Toast:
4 Scheiben Toastbrot
500 g Crème Champignons
30 g Frühstücksspeck
1 Zwiebel
frisch gemahlener Pfeffer
250 g kleine Tomaten

Zum Garnieren:
Oreganoblättchen

Zubereitungszeit: etwa 35 Min.

1. Für die Sauce Butter zerlassen, Mehl einrühren und anschwitzen, mit Brühe und Sahne auffüllen und unter Rühren aufkochen lassen. Käse reiben, einrühren und dabei schmelzen, nicht kochen lassen.
2. Brotscheiben rösten und jeweils in ein Portions-Gratinförmchen legen.
3. Pilze putzen, evtl. waschen, trockentupfen und vierteln oder in Scheiben schneiden. Speck würfeln. Zwiebel abziehen und ebenfalls würfeln. Speck in einem Topf auslassen, Zwiebeln zugeben und glasig andünsten. Pilze zufügen, mit Pfeffer würzen und 5 Minuten dünsten.
4. Tomaten waschen, Stängelansätze entfernen und Tomaten vierteln oder achteln, zu den Pilzen geben und kurz durchschwenken. Gemüsemischung auf den Brotscheiben verteilen und mit Käsesauce bedecken. Die Formen auf dem Rost in den Backofen schieben und überbacken.
   Ober-/Unterhitze: etwa 220 °C (vorgeheizt)
   Heißluft: etwa 200 °C (vorgeheizt)
   Gas: Stufe 4–5 (vorgeheizt)
   Backzeit: etwa 10 Minuten.
5. Mit gewaschenen, trockengetupften Oreganoblättchen bestreut servieren.

Tipp:
Den Toast mit einem gemischten Salat als kleines Abendgericht servieren.

Toast im Pfännchen

Toast Pikanto

Einfach

Pro Stück:
E: 17 g, F: 33 g, Kh: 20 g,
kJ: 1841, kcal: 442

4 Scheiben Sonnenblumenkernbrot
160 g Sour Cream (Sauerrahmzubereitung aus dem Kühlregal) oder Kartoffelcreme
160 g eingelegte rote Paprika (gehäutet, aus dem Glas)
½ Bund Frühlingszwiebeln
180 g Cabanossi
4 Scheiben Butter-Käse
4 grüne Oliven
½–1 TL Mexikogewürzmischung

4 Holzspießchen

Zubereitungszeit: etwa 30 Min.

1. Brotscheiben toasten, mit Sour Cream bestreichen und auf ein Backblech legen.
2. Paprika in einem Sieb abtropfen lassen und evtl. halbieren. Frühlingszwiebeln putzen, waschen, abtropfen lassen und in etwa 1 cm lange Stücke schneiden.
3. Cabanossi in dünne Scheiben schneiden und auf den Brotscheiben verteilen. Paprika und Frühlingszwiebelstücke darauf legen.
4. Käsescheiben halbieren, je zwei Hälften übereinander legen und auf die vorbereiteten Toasts geben.
5. Das Backblech in den Backofen schieben.
   Ober-/Unterhitze: etwa 200 °C (vorgeheizt)
   Heißluft: etwa 180 °C (vorgeheizt)
   Gas: Stufe 3–4 (vorgeheizt)
   Backzeit: 8–10 Minuten.
6. Jeweils eine Olive mit einem Holzstäbchen in die Mitte von einem Toast stecken und mit der Mexikogewürzmischung bestreuen.

Abwandlung:
Für Toast mit selbst eingelegten Paprikaschoten 4 rote Paprikaschoten halbieren, entstielen, entkernen und Scheidewände entfernen. Schoten waschen und mit der Wölbung nach oben auf ein gefettetes Backblech legen. Das Backblech in den vorgeheizten Backofen schieben und bei Ober-/Unterhitze: etwa 220 °C; Heißluft: etwa 200 °C; Gas: Stufe 4–5 die Paprika etwa 10 Minuten garen, bis die Haut Blasen wirft und beginnt schwarz zu werden. Das Backblech aus dem Ofen nehmen, sofort mit einem feuchten Küchentuch abdecken und abkühlen lassen. Paprika enthäuten und mit einer Mischung aus etwa 2 Esslöffeln Olivenöl und 1 Esslöffel Balsamico-Essig, Salz und Pfeffer beträufeln. Etwas durchziehen lassen.

Tipp:
Anstatt Cabanossi kann auch Chorizo (spanische Paprikawurst) verwendet werden.

Toast Pikanto

Tomaten mit Kräuterbröseln

Vegetarisch

Pro Portion:
E: 9 g, F: 7 g, Kh: 11 g,
kJ: 617, kcal: 146

4 Fleischtomaten
4 Vollkorn-Zwiebäcke
100 g geriebener mittelalter Gouda
je 1 EL gehackte Petersilie und Basilikum
1 EL Schnittlauchröllchen
Salz
frisch gemahlener Pfeffer

Zubereitungszeit: etwa 30 Min.

1. Tomaten waschen, abtrocknen und quer halbieren. Tomatenhälften mit einem Teelöffel aushöhlen. Die Kerne vom Fruchtfleisch entfernen und das Fruchtfleisch klein schneiden.
2. Zwiebäcke in einen Gefrierbeutel geben, den Beutel fest verschließen und Zwiebäcke mit einer Teigrolle zerbröseln. Tomatenfruchtfleisch mit Zwiebackbröseln, Käse und Kräutern verrühren. Mit Salz und Pfeffer abschmecken und in die Tomatenhälften füllen.
3. Tomaten auf ein Backblech (mit Backpapier belegt) setzen und das Backblech in den Backofen schieben.
   Ober-/Unterhitze: etwa 200 °C (vorgeheizt)
   Heißluft: etwa 180 °C (vorgeheizt)
   Gas: Stufe 3–4 (vorgeheizt)
   Backzeit: etwa 10 Minuten.

Tomatensuppe mit Bratwurstklößchen

Tomatensuppe mit Bratwurstklößchen

Für Kinder

Pro Portion:
E: 26 g, F: 21 g, Kh: 13 g,
kJ: 1548, kcal: 370

700 g Tomaten
2 kleine Gemüsezwiebeln
2 Knoblauchzehen
2–3 EL Olivenöl
1 Dose geschälte Tomaten (800 g)
Salz
frisch gemahlener Pfeffer
1 TL gerebelter Oregano
1 Stange Porree (Lauch)
2 frische Bratwürste
einige Zweige glatte Petersilie
50 g Crème fraîche oder Schmand

Zubereitungszeit: etwa 45 Min.

1. Tomaten waschen, die Stängelansätze entfernen und Tomaten in grobe Stücke schneiden. Gemüsezwiebeln und Knoblauch abziehen und grob würfeln.
2. Öl in einem großen Topf erhitzen und Zwiebel- und Knoblauchwürfel darin andünsten. Tomatenstücke hinzufügen. Tomaten mit der Flüssigkeit dazugeben und alles zum Kochen bringen, mit Salz, Pfeffer und Oregano würzen und etwa 15 Minuten bei mittlerer Hitze kochen lassen.
3. In der Zwischenzeit Porree putzen, die Stange längs halbieren, gründlich waschen und in Streifen schneiden.
4. Die Bratwurstmasse aus der Haut drücken und kleine Klößchen formen. Die Suppe pürieren und Porree und Klößchen in die Suppe geben. Alles zusammen noch etwa 10 Minuten garen. Die Suppe kräftig mit den Gewürzen abschmecken.
5. Petersilie kalt abspülen, trockentupfen und die Blättchen von den Stängeln zupfen, in Streifen schneiden und in die Suppe geben.
6. Die Suppe in Suppentellern oder -tassen anrichten und mit je 1 Klecks Crème fraîche oder Schmand servieren.

Tipp:
Sie können die Suppe am Vortag soweit vorbereiten, dass vor dem Verzehr nur noch Porreestreifen und Bratwurstklößchen hineingegeben und gegart werden müssen. Schneller geht es, wenn Sie 200 g TK-Porree verwenden.

Tomatensuppe mit Reis

Preiswert

Pro Portion:
E: 7 g, F: 3 g, Kh: 39 g,
kJ: 893, kcal: 213

100 g Langkornreis
500 ml ($^1/_2$ l) kochendes Salzwasser
2 Zwiebeln (80 g)
1 Knoblauchzehe
1 EL Olivenöl
2 Pck. (je 500 g) passierte Tomaten
250 ml ($^1/_4$ l) Wasser
1 EL gekörnte Gemüsebrühe
1 TL getrockneter Oregano
70 g Tomatenmark
Salz
frisch gemahlener Pfeffer
Paprikapulver edelsüß
Cayennepfeffer
etwas Zucker
2 EL gehackte Petersilie

Zubereitungszeit: etwa 30 Min.

1. Den Reis in das kochende Salzwasser geben, wieder zum Kochen bringen und in etwa 15 Minuten ausquellen lassen. Den Reis in ein Sieb geben, mit kaltem Wasser abspülen und abtropfen lassen.
2. In der Zwischenzeit Zwiebeln und Knoblauch abziehen und in Würfel schneiden. Öl in einem großen Topf erhitzen und Zwiebel- und Knoblauchwürfel darin andünsten.
3. Tomaten, Wasser, Gemüsebrühe und Oregano hinzufügen, alles zum Kochen bringen und etwa 10 Minuten kochen lassen.
4. Tomatenmark unterrühren. Die Suppe mit Salz, Pfeffer, Paprikapulver, Cayennepfeffer und Zucker würzen.
Den gegarten Reis hinzufügen und

erwärmen. Die Suppe mit Petersilie bestreut servieren.

Abwandlung 1:
Für Tomatensuppe mit Nudeln 100 g reisähnliche Nudeln (Arrighi), Mini-Makkaroni oder Fadennudeln nach Packungsanleitung garen und zum Schluss in die Suppe geben. Die Suppe mit 1 Esslöffel in Streifen geschnittenem Basilikum bestreuen.

Abwandlung 2:
Nach Belieben Hackfleischklößchen in die Suppe geben und etwa 10 Minuten mitgaren. Dafür 40 g weiche Butter oder Margarine geschmeidig rühren, 100 g Gehacktes (halb Rind-, halb Schweinefleisch), 2 Eigelb und 40 g Semmelbrösel hinzufügen, gut vermengen und mit Salz und Pfeffer würzen. Aus dem Fleischteig mit feuchten Händen kleine Klößchen formen.

Tipp:
Sie können Reis und Suppe bereits am Vortag vorbereiten. Dann den gegarten Reis erst kurz vor dem Servieren in der Suppe erhitzen.

Tomatensuppe mit Reis

Tomaten-Thunfisch-Auflauf

Tomaten-Thunfisch-Auflauf

Raffiniert

Pro Portion:
E: 38 g, F: 19 g, Kh: 39 g,
kJ: 2091, kcal: 500

750 g Kartoffeln
Salz, frisch gemahlener Pfeffer
2 Dosen Thunfisch (naturell, Abtropfgewicht je 150 g)
225 g Zucchini
1 kg kleine Tomaten
3 Eier (Größe M)
150 ml Milch
geriebene Muskatnuss
150 g mittelalter Gouda
1 geh. TL gehackte Rosmarinnadeln oder Petersilie

Zubereitungszeit: etwa 45 Min.

1. Kartoffeln waschen, mit Salzwasser bedeckt in etwa 25 Minuten gar kochen, abgießen, pellen und abkühlen lassen.
2. Kartoffeln in Scheiben schneiden, in eine gefettete Auflaufform geben und mit Salz und Pfeffer bestreuen.
3. Thunfisch abtropfen lassen und auf den Kartoffeln verteilen. Zucchini waschen, die Enden abschneiden, Zucchini in dünne Scheiben hobeln und auf dem Thunfisch verteilen, mit Salz und Pfeffer würzen.
4. Tomaten kurze Zeit in kochendes Wasser legen (nicht kochen lassen), kalt abschrecken und enthäuten, Stängelansätze herausschneiden und größere Tomaten evtl. halbieren. Die Eier mit der Milch verquirlen und mit Salz, Pfeffer und Muskat würzen. Den Käse reiben und unterrühren.
5. Etwa $^1/_3$ der Käsemasse auf den Zucchini verteilen, dann die Tomaten darauf setzen und die restliche Käsemasse zwischen den Tomaten verteilen, mit Rosmarin oder Petersilie bestreuen. Die Form auf dem Rost in den Backofen schieben.
   Ober-/Unterhitze: etwa 180 °C (vorgeheizt)
   Heißluft: etwa 160 °C (nicht vorgeheizt)
   Gas: Stufe 2–3 (nicht vorgeheizt)
   Backzeit: etwa 45 Minuten.

Tipp:
Die Zucchini kann durch aufgetaute TK-Erbsen ersetzt werden. Anstatt Rosmarin eignet sich Thymian gut für diesen Auflauf.

Tomaten-Zwiebel-Salat

4–6 Portionen

Für Gäste

Pro Portion:
E: 7 g, F: 30 g, Kh: 6 g,
kJ: 1358, kcal: 324

500 ml (1/2 l) Wasser
250 g Zwiebeln
1 EL Essig, z. B. Kräuteressig
1/2 TL Salz
500 g Tomaten
3 hart gekochte Eier (Größe M)
1 EL gehackte glatte Petersilie
frisch gemahlener Pfeffer

Für die Mayonnaise:
1 Eigelb (Größe M)
1 EL Kräuteressig
1–2 TL mittelscharfer Senf
Salz, 1 TL Zucker
frisch gemahlener Pfeffer
125 ml (1/8 l) Speiseöl, z. B. Sonnenblumenöl
2 EL Naturjoghurt
2 EL gehackte Kräuter, z. B. Schnittlauch, Petersilie, Oregano

Zubereitungszeit: etwa 35 Min.

1. Wasser zum Kochen bringen. In der Zwischenzeit Zwiebeln abziehen und in Scheiben schneiden. Essig, Salz und Zwiebelscheiben in das kochende Wasser geben und bei schwacher Hitze etwa 5 Minuten mit Deckel kochen, dann abtropfen lassen.
2. Tomaten waschen, abtrocknen und die Stängelansätze herausschneiden. Eier pellen. Tomaten und Eier in Scheiben schneiden und abwechselnd lagenweise mit den Zwiebelscheiben und der Petersilie in eine Salatschüssel schichten, dabei die Ei- und Tomatenscheiben mit Salz und Pfeffer bestreuen.
3. Für die Mayonnaise Eigelb mit Essig, Senf, Salz, Zucker und Pfeffer in einer Rührschüssel mit einem Schneebesen oder Handrührgerät mit Rührbesen zu einer dicklichen Masse aufschlagen. Öl in Mengen von 1–2 Esslöffeln nach und nach darunter schlagen. Joghurt und Kräuter unterrühren. Die Mayonnaise über die Salatzutaten geben und den Salat bis zum Verzehr kalt stellen.

Abwandlung 1: Nach Belieben die Zwiebeln durch Porree (Lauch) ersetzen. Von dem Porree die Außenblätter entfernen, Wurzelende und dunkles Grün abschneiden, die Stange längs halbieren, gründlich waschen, abtropfen lassen und in Ringe schneiden. Porree in kochendem Salzwasser 1 Minute blanchieren, dann abtropfen lassen.

Abwandlung 2: Für einen schnellen Tomatensalat 750 g kleine, feste Tomaten waschen, abtrocknen, die Stängelansätze herausschneiden und Tomaten in Scheiben schneiden. Für die Sauce 1 kleine Zwiebel abziehen, fein würfeln und mit 2 Esslöffeln Essig (z. B. Weißwein- oder Kräuteressig), Salz, Pfeffer und Zucker verrühren. 4 Esslöffel Speiseöl (z. B. Sonnenblumenöl) unterschlagen. Die Sauce mit den Tomatenscheiben mischen und den Salat kurz durchziehen lassen.

Tipp: Den Tomaten-Zwiebel-Salat als Beilage zu Steaks oder Gegrilltem, zu Schinken oder als Partysalat servieren.
Durch das Kochen der Zwiebelscheiben in dem Essig-Salzwasser wird den Zwiebeln die Schärfe genommen, sie werden besser bekömmlich, aber haben trotzdem noch Biss. Sie können auch gekaufte Mayonnaise für die Sauce verwenden, dann Joghurt und Kräuter unterrühren.

Tortellini in Tomaten-Gorgonzola-Sauce

Tortellini in Tomaten-Gorgonzola-Sauce

Schnell

Pro Portion:
E: 22 g, F: 38 g, Kh: 65 g,
kJ: 2952, kcal: 706

4 l Wasser
4 TL Salz
400 g getrocknete Tortellini mit Käsefüllung

2 Zwiebeln
1 Knoblauchzehe
3 EL Olivenöl
1 kleine Dose (400 g) geschälte Tomaten
Salz
frisch gemahlener Pfeffer
getrockneter Oregano
1 EL Weizenmehl
125 ml (1/8 l) Schlagsahne
120 g Gorgonzola (Blauschimmelkäse)

Zubereitungszeit: etwa 25 Min.

1. Wasser in einem großen, geschlossenen Topf zum Kochen bringen. Salz und Nudeln zugeben und die Nudeln im geöffneten Topf bei mittlerer Hitze nach Packungsanleitung bissfest kochen, dabei gelegentlich umrühren. Anschließend Nudeln in ein Sieb geben, mit heißem Wasser abspülen und abtropfen lassen.
2. Inzwischen Zwiebeln und Knoblauch abziehen und in Würfel schneiden. Öl in einem Topf erhitzen und Zwiebel- und Knoblauchwürfel darin andünsten.
3. Tomaten mit der Flüssigkeit hinzufügen, mit Salz, Pfeffer und Oregano würzen, zum Kochen bringen und etwa 5 Minuten kochen lassen. Die Sauce dann pürieren.
4. Mehl mit Sahne verrühren, zu der Sauce geben, wieder zum Kochen bringen und noch 1–2 Minuten kochen lassen.
5. Gorgonzola in Stücke schneiden, unterrühren und in der Sauce erhitzen. Die Sauce evtl. nochmals mit den Gewürzen abschmecken und zu den Tortellini servieren.

Tortellini mit Walnusskernen

Schnell – raffiniert

Pro Portion:
E: 20 g, F: 71 g, Kh: 47 g,
kJ: 3952, kcal: 945

Für die Walnusssauce:
200 g Walnusskerne
2–3 Knoblauchzehen
6 EL Olivenöl
200 ml Schlagsahne
Salz
1 EL gehackte Majoranblättchen

5 l Wasser
5 TL Salz
500 g grüne Tortellini, evtl. mit Spinat gefüllt

Zum Garnieren:
einige Majoranblättchen

Zubereitungszeit: etwa 25 Min.

1. Für die Sauce etwa zwei Drittel der Walnusskerne fein hacken. Knoblauchzehen abziehen und fein würfeln.
2. Öl in einer Pfanne erhitzen und Knoblauchwürfel darin andünsten. Gehackte und ganze Walnusskerne hinzufügen und kurz erhitzen.
3. Sahne unterrühren und erhitzen. Die Sauce mit Salz würzen, Majoranblättchen unterrühren und die Sauce warm stellen.
4. Inzwischen Wasser in einem großen Topf mit geschlossenem Deckel zum Kochen bringen. Salz und Tortellini zugeben und die Tortellini nach Packungsanleitung im geöffneten Topf bei mittlerer Hitze kochen lassen, dabei zwischendurch 4-5-mal umrühren.
5. Die Tortellini in ein Sieb geben, mit heißem Wasser abspülen, abtropfen lassen und in eine Schüssel geben.
6. Die Tortellini mit der Sauce vermengen, mit Majoranblättchen garnieren und sofort servieren.

Tortellini mit Walnusskernen

Überbackener Sauerkraut-Schmortopf

Überbackener Sauerkraut-Schmortopf

Preiswert

Pro Portion:
E: 19 g, F: 32 g, Kh: 24 g,
kJ: 1937, kcal: 462

300 g Kartoffeln
150 g Möhren
250 g Porree (Lauch)
4 EL Speiseöl
375 ml (3/8 l) Fleischbrühe
1 Dose Sauerkraut (Einwaage 810 g)
Salz, frisch gemahlener Pfeffer
Zucker
200 g Äpfel
200 g Mettenden
100 g geriebener mittelalter Gouda

Zubereitungszeit: etwa 25 Min.

1. Kartoffeln waschen, schälen, abspülen und in Würfel schneiden. Möhren putzen, schälen, waschen, abtropfen lassen und in Stifte schneiden. Von dem Porree die Außenblätter entfernen, Wurzelenden und dunkles Grün abschneiden und die Stangen seitlich einschneiden, gründlich waschen und abtropfen lassen. Porree schräg in etwa 2 cm lange Stücke schneiden.
2. Öl in einem Topf erhitzen. Kartoffelwürfel, Möhrenstifte und Porreestücke dazugeben und unter Rühren andünsten. Etwa zwei Drittel der Fleischbrühe hinzugießen und etwa 10 Minuten zugedeckt schmoren. Dann das Sauerkraut unterrühren und mit Salz, Pfeffer und Zucker würzen. Den Sauerkraut-Gemüse-Topf zugedeckt etwa 10 Minuten weiterschmoren lassen. Nach und nach die restliche Fleischbrühe zugeben und gelegentlich umrühren.
3. Äpfel waschen, abtrocknen und vierteln. Das Kerngehäuse entfernen und die Apfelviertel in mundgerechte Stücke schneiden. Mettenden in etwa 1 cm dicke Scheiben schneiden. Apfelstücke und Mettendenstücke ebenfalls in den Topf geben, unterrühren und mit Salz, Pfeffer und Zucker abschmecken.
4. Sauerkraut-Gemüse-Mischung in eine etwas höhere Auflaufform geben und mit Käse bestreuen. Die Form auf dem Rost in den Backofen schieben.
Ober-/Unterhitze: etwa 200 °C (vorgeheizt, unteres Drittel)
Heißluft: etwa 180 °C (vorgeheizt)
Gas: Stufe 3–4 (vorgeheizt, unteres Drittel)
Garzeit: etwa 25 Minuten.

Ungarische Gulaschsuppe

Gut vorzubereiten

Pro Portion:
E: 29 g, F: 30 g, Kh: 9 g,
kJ: 1975, kcal: 472

400 g Rindergulasch
2 Zwiebeln
2–3 Knoblauchzehen
2 große, gelbe Paprikaschoten (je 250 g)
1 große, grüne Paprikaschote (250 g)
1 Peperoni
4 EL Speiseöl
Salz
frisch gemahlener Pfeffer
1 EL Paprikapulver edelsüß
2 EL Tomatenmark
750 ml (3/4 l) Fleisch- oder Gemüsebrühe
125 ml (1/8 l) Rotwein
Cayennepfeffer

Zubereitungszeit: etwa 30 Min.

1. Gulasch evtl. unter fließendem kalten Wasser abspülen und trockentupfen. Zwiebeln und Knoblauch abziehen und würfeln.
2. Paprikaschoten halbieren, entstielen, entkernen und die weißen Scheidewände entfernen, die Schoten waschen und in Würfel schneiden. Peperoni halbieren, entstielen und entkernen, Peperoni waschen und in Streifen schneiden.
3. Öl in einem Bräter oder einem großen Topf erhitzen und Gulasch von allen Seiten darin anbraten, mit Salz, Pfeffer und Paprikapulver würzen. Zwiebel-,

Ungarische Gulaschsuppe

Knoblauch- und Paprikawürfel und Peperonistreifen zu dem Gulasch geben und mit andünsten.
4. Tomatenmark unterrühren. Brühe und Rotwein hinzugießen und alles etwa 45 Minuten schmoren lassen.
5. Die Gulaschsuppe kräftig mit Salz, Pfeffer, Paprikapulver und Cayennepfeffer abschmecken.

Beilage:
Baguette.

Ungarische Sauerkrautsuppe

Ungarische Sauerkrautsuppe

Preiswert

Pro Portion:
E: 37 g, F: 69 g, Kh: 19 g,
kJ: 3718, kcal: 887

75 g durchwachsener Speck
3 EL Speiseöl
2 Zwiebeln
2 Knoblauchzehen
500 g Sauerkraut
750 ml (3/4 l) Fleischbrühe
1/2 TL Kümmelsamen
1 Lorbeerblatt
4 Mettwürstchen
1 Dose weiße Bohnen
(Einwaage 400 g)
2 EL Tomatenmark
1/2 EL Paprikapulver edelsüß
Salz, frisch gemahlener Pfeffer

Zubereitungszeit: etwa 20 Min.

1. Speck in Würfel schneiden, Öl erhitzen und die Speckwürfel darin auslassen. Zwiebeln und Knoblauchzehen abziehen, würfeln, zum Speckfett geben und darin andünsten.
2. Sauerkraut locker zupfen und mit Fleischbrühe, Kümmel, Lorbeerblatt und Mettwürstchen zu den Speckzwiebeln geben. Die Suppe etwa 25 Minuten garen.
3. Bohnen mit Tomatenmark und Paprika hinzufügen, mit Salz und Pfeffer würzen und einmal aufkochen lassen.
4. Die gegarten Würstchen aus der Suppe nehmen, in Scheiben schneiden, wieder in die Suppe geben und Suppe servieren.

Ungebackene Birnenplätzchen

Zum Verschenken – gut vorzubereiten

Insgesamt:
E: 34 g, F: 191 g, Kh: 230 g,
kJ: 12680, kcal: 3030

Für die Plätzchenmasse:
300 g getrocknete, ungeschwefelte Birnen, 200 g Kokosraspel
Saft und abgeriebene Schale von 1 Bio-Zitrone (unbehandelt, ungewachst)
5 EL Birnenlikör
1 EL cremiger Honig

Zum Wenden:
100 g fein gehackte Haselnusskerne

Zubereitungszeit: etwa 45 Min., ohne Kühlzeit

1. Für die Plätzchenmasse Birnen, Kokosraspel, Zitronensaft und -schale, Likör und Honig pürieren.
2. Zum Wenden Haselnusskerne in einer Pfanne ohne Fett hellbraun rösten und abkühlen lassen.
3. Von der Püreemasse mit 2 Teelöffeln walnussgroße Häufchen abstechen und mit angefeuchteten Händen Kugeln daraus formen. Die Kugeln in den Haselnusskernen wälzen und flach drücken. Plätzchen kalt stellen.

Tipp:
Die Plätzchen gekühlt in einer gut schließenden Dose aufbewahren.

Ungebackene Birnenplätzchen

Vanillecreme mit gemischten Beeren

Vanillecreme mit gemischten Beeren

Schnell

Pro Portion:
E: 3 g, F: 3 g, Kh: 29 g, kJ: 676, kcal: 161

300 g gemischte Beeren, z. B. Brombeeren, Himbeeren, Johannisbeeren
1 Pck. Paradiescreme Vanille-Geschmack (Cremepulver ohne Kochen)
300 ml Milch

Zubereitungszeit: etwa 15 Min.

1. Die Beeren putzen, evtl. waschen und gut abtropfen lassen.
2. Paradiescreme mit der Milch nach Packungsanleitung zubereiten.
3. Die Creme abwechselnd mit den Beeren (einige Beeren zum Garnieren zurücklassen) in 4 hohe Portionsschälchen schichten und mit den zurückgelassenen Beeren garnieren.

Abwandlung:
Paradiescreme Schokoladen-Geschmack mit 300 ml Milch nach Packungsanleitung zubereiten. In 4 Schälchen je eine Birnenhälfte (aus der Dose) geben, die Creme darauf verteilen und einige Zeit kühl stellen. Mit je einer Kugel Vanilleeis oder etwas geschlagener Sahne servieren.

Vanilleflammeri

4–5 Portionen

Klassisch

Pro Portion:
E: 6 g, F: 7 g, Kh: 30 g, kJ: 858, kcal: 205

40 g Speisestärke
60 g Zucker
500 ml (1/2 l) Milch
2 Eigelb (Größe M)
1/2 Vanilleschote
1 Prise Salz, 1 Eiweiß (Größe M)

Zubereitungszeit: etwa 15 Min., ohne Kühlzeit

1. Stärke mit der Hälfte des Zuckers mischen. Nach und nach mit mindestens 6 Esslöffeln von der Milch und mit dem Eigelb glatt rühren. Vanilleschote aufschlitzen und das Mark mit einem Messerrücken herausschaben.
2. Übrige Milch mit Salz, Vanillemark und schote aufkochen, von der Kochstelle nehmen, Schote entfernen und die angerührte Stärke einrühren. Flammeri unter Rühren mindestens 1 Minute kochen lassen, dann von der Kochstelle nehmen.
3. Eiweiß mit dem restlichen Zucker steif schlagen, unter die heiße Masse heben und zugedeckt 10 Minuten stehen lassen. Flammeri in 4 oder 5 kalt ausgespülte Tassen oder Portionsförmchen (je 200 ml Inhalt) geben und mindestens 4 Stunden in den Kühlschrank stellen.
4. Den Flammeri vorsichtig mit einem spitzen Messer vom Rand lösen. Die Förmchen kurz in warmes Wasser stellen und Flammeri aus den Tassen oder Portionsförmchen auf Dessertteller stürzen.

Abwandlung 1:
Für einen Mandelflammeri zusätzlich 70 g abgezogene, gehackte Mandeln in einer Pfanne ohne Fett bei schwacher Hitze goldbraun rösten, abkühlen lassen und vor Zugabe des Eischnees unter den Flammeri rühren.

Abwandlung 2:
Für einen Pistazien-Orangen-Flammeri zusätzlich 1 Päckchen (25 g) gehackte Pistazienkerne, 1 Teelöffel abgeriebene

Orangenschale (unbehandelt) und nach Belieben 1–2 Esslöffel Orangenlikör vor Zugabe des Eischnees unter den Flammeri rühren.

Abwandlung 3:
Für einen Karamellflammeri Speisestärke mit Eigelb und Milch glatt rühren, die Vanillemilch wie oben angegeben zubereiten und von der Kochstelle nehmen. Für den Karamell 100 g Zucker in einem Topf bei mittlerer Hitze unter Rühren schmelzen lassen, bis er hellbraun ist und den Topf von der Kochstelle nehmen. 15 g Butter unterrühren, die Vanillemilch dazugeben und unter Rühren zum Kochen bringen. Die angerührte Stärke unterrühren und nochmals aufkochen lassen. Eischnee unterheben und wie oben angegeben weiterverfahren.

Abwandlung 4:
Für einen Schokoladenflammeri Speisestärke mit Eigelb und Milch glatt rühren, zusätzlich 70 g Zartbitterschokolade hacken, mit 5 Esslöffeln Schlagsahne, 1 Prise Salz und 30–40 g Zucker (ohne Vanilleschote) zu der restlichen Milch geben und unter Rühren darin schmelzen. Die angerührte Stärke unterrühren und nochmals aufkochen lassen. Eischnee unterheben und wie oben angegeben weiterverfahren.

Tipp:
Wenn Sie den Flammeri nicht stürzen wollen, füllen Sie ihn in eine Glasschüssel. Damit sich keine Haut bildet, den Flammeri mit etwas Zucker bestreuen oder Frischhaltefolie direkt auf die Oberfläche legen.
Den Flammeri mit steif geschlagener Schlagsahne und frischem Obst oder Kompott servieren.

Vanille-Kirsch-Speise mit Eierlikör

4–6 Portionen

Gut vorzubereiten

Pro Portion:
E: 13 g, F: 5 g, Kh: 52 g,
kJ: 1525, kcal: 363

1 Pck. Dr. Oetker Pudding-Pulver Vanille-Geschmack
40 g Zucker
500 ml (1/2 l) Milch
1 Glas Sauerkirschen (Abtropfgewicht 370 g)
375 g Magerquark
30 g Zucker
60 ml frisch gepresster Orangensaft
etwa 175 ml Eierlikör
25 g Vollmilch-Raspelschokolade

Zubereitungszeit: etwa 20 Min., ohne Kühlzeit

1. Aus Pudding-Pulver, Zucker und Milch nach Packungsanleitung einen Pudding kochen und erkalten lassen. Dabei ab und zu umrühren, damit sich keine Haut bildet oder den Pudding mit Klarsichtfolie zudecken.
2. Sauerkirschen in einem Sieb gut abtropfen lassen. Quark mit Zucker und Orangensaft verrühren.
3. Die Hälfte der Sauerkirschen in eine große, breite Glasschüssel geben. Erst die Hälfte des Puddings darauf geben und glatt streichen, dann die Hälfte des Quarks. Danach die restlichen Kirschen, den restlichen Pudding und Quark einschichten.
4. Eierlikör vorsichtig auf die obere Quarkschicht gießen und mit Raspelschokolade bestreuen. Die Speise bis zum Verzehr kalt stellen.

Vanille-Kirsch-Speise mit Eierlikör

Vegetarischer Eintopf

Kalorienarm

Pro Portion:
E: 8 g, F: 6 g, Kh: 22 g,
kJ: 737, kcal: 175

400 g Möhren
400 g Kartoffeln
400 g grüne Bohnen
500 g Blumenkohl
1 große Zwiebel
400 g Tomaten
1,25 l Gemüsebrühe
25 g Butter
Salz
frisch gemahlener Pfeffer
1 EL vegetarische Paste mit Kräutern
1/2 Topf Basilikum
1 EL gehackte Petersilie

Zubereitungszeit: etwa 50 Min.

1. Möhren putzen, schälen, waschen, abtropfen lassen und in Würfel schneiden. Kartoffeln waschen, schälen, abspülen, abtropfen lassen und ebenfalls in Würfel schneiden. Von den Bohnen die Enden abschneiden, Bohnen evtl. abfädeln, waschen, abtropfen lassen und in Stücke brechen oder schneiden.
2. Von dem Blumenkohl die Blätter und schlechten Stellen entfernen. Den Strunk herausschneiden. Blumenkohl waschen, abtropfen lassen und in kleine Röschen teilen. Zwiebel abziehen und in kleine Würfel schneiden. Tomaten kreuzweise einschneiden, kurze Zeit in kochendes Wasser legen, in kaltem Wasser abschrecken, enthäuten und Stängelansätze herausschneiden. Tomaten in Achtel schneiden.
3. Brühe in einem großen Topf zum Kochen bringen. Möhren-, Kartoffelwürfel, Bohnenstücke und Blumenkohlröschen hinzugeben, zum Kochen bringen und zugedeckt etwa 20 Minuten garen. Tomatenachtel hinzufügen.
4. Butter in einem Topf zerlassen, Zwiebelwürfel darin andünsten und in den Eintopf geben. Mit Salz, Pfeffer und vegetarischer Paste würzen. Basilikum abspülen und trockentupfen. Die Blättchen von den Stängeln zupfen, in Streifen schneiden und unterrühren.
5. Den Eintopf mit Salz und Pfeffer abschmecken und mit Petersilie bestreut servieren.

Vegetarischer Eintopf

Vegetarische Moussaka

Raffiniert

Pro Portion:
E: 7 g, F: 28 g, Kh: 16 g,
kJ: 1504, kcal: 359

2 große Auberginen (etwa 700 g)
Salz
frisch gemahlener Pfeffer
60 g Weizenmehl
75 ml Olivenöl
1 Zwiebel
2 Knoblauchzehen

Vegetarische Moussaka

400 g Tomaten
3 EL Olivenöl
1/2 EL Thymianblättchen
1 EL Basilikumstreifen
1/2 EL Rosmarinnadeln
50 g geriebener Parmesan

Zubereitungszeit: etwa 40 Min., ohne Stehzeit

1. Auberginen waschen, abtrocknen und die Enden abschneiden, Auberginen in 1/2 cm dicke Scheiben schneiden, mit Salz bestreuen und etwa 20 Minuten stehen lassen. Auberginenscheiben dann trockentupfen, pfeffern und mit Mehl bestäuben.
2. Öl portionsweise in einer großen Pfanne erhitzen und die Auberginenscheiben darin portionsweise von beiden Seiten anbraten, auf Küchenpapier abtropfen lassen und in eine flache Auflaufform legen.
3. Zwiebel und Knoblauch abziehen und in Würfel schneiden. Tomaten waschen, abtropfen lassen und kreuzweise einschneiden, kurz in kochendes Wasser legen und in kaltem Wasser abschrecken. Tomaten enthäuten, die Stängelansätze herausschneiden und Tomaten würfeln.

4. Zwei Esslöffel Öl in einer Pfanne erhitzen. Zwiebelwürfel darin andünsten. Knoblauch, Tomatenwürfel, Thymian, Basilikum und Rosmarin dazugeben, salzen, pfeffern und noch einige Minuten dünsten lassen.
5. Die Tomaten-Zwiebel-Masse über die Auberginenscheiben gießen, mit Parmesan bestreuen und mit dem restlichen Öl beträufeln. Die Form auf dem Rost in den Backofen schieben.
   Ober-/Unterhitze: etwa 250 °C (vorgeheizt)
   Heißluft: etwa 230 °C (vorgeheizt)
   Gas: etwa Stufe 5 (vorgeheizt)
   Überbackzeit: etwa 20 Minuten.

Beilage:
Fladenbrot.

Tipp:
Die Moussaka schmeckt auch gut zu Lammkoteletts. Anstatt der frischen Tomaten können Sie 1 Dose (400 g) stückige Tomaten verwenden.

Versunkener Kirschkuchen

Mit Alkohol

Insgesamt:
E: 50 g, F: 224 g, Kh: 358 g, kJ: 16015, kcal: 3826

Für den All-in-Teig:
100 g Weizenmehl
1 Pck. Dr. Oetker Pudding-Pulver Schokolade
3 TL Dr. Oetker Backin
150 g Zucker
1 Pck. Dr. Oetker Vanillin-Zucker
3 Eier (Größe M)
1 EL Wasser
125 g weiche Butter oder Margarine
50 g Zartbitter-Raspelschokolade

Für die Kirschfüllung:
4 Blatt weiße Gelatine
1 Becher (500 g) Kirschgrütze (aus dem Kühlregal)

Zum Beträufeln:
2–3 EL Kirschwasser

Zum Garnieren:
250 ml (¹/₄ l) Schlagsahne
1 Pck. Dr. Oetker Vanillin-Zucker
1–2 EL Zartbitter-Raspelschokolade

Zum Bestäuben:
1 EL Puderzucker

Zubereitungszeit: etwa 40 Min., ohne Kühlzeit

1. Für den Teig Mehl mit Pudding-Pulver und Backin mischen und in eine Rührschüssel sieben. Zucker, Vanillin-Zucker, Eier, Wasser und Butter oder Margarine hinzufügen.
2. Die Zutaten mit Handrührgerät mit Rührbesen auf höchster Stufe in etwa 2 Minuten zu einem Teig verarbeiten. Raspelschokolade kurz unterrühren. Den Teig in eine Springform (Ø 26 cm, Boden gefettet, mit Backpapier belegt) füllen und glatt streichen. Die Form auf dem Rost in den Backofen schieben.
   Ober-/Unterhitze: etwa 180 °C (vorgeheizt)
   Heißluft: etwa 160 °C (vorgeheizt)
   Gas: Stufe 2–3 (vorgeheizt)
   Backzeit: etwa 30 Minuten.
3. Den Boden nach dem Backen aus der Form lösen und auf einem Kuchenrost erkalten lassen. Das Backpapier abziehen.
4. Mit einem Löffel den Boden knapp 1 cm tief (nicht mehr!) aushöhlen, dabei seitlich einen Rand von 1 cm stehen lassen. Die Gebäckkrümel fein zerbröseln.
5. Für die Füllung Gelatine nach Packungsanleitung in kaltem Wasser einweichen, leicht ausdrücken und in einem kleinen Topf unter Rühren auflösen. Etwas von der Kirschgrütze unter die Gelatine rühren, dann die Masse unter die restliche Grütze rühren und kurze Zeit stehen lassen, bis die Masse fast schnittfest ist.
6. Die Grütze gleichmäßig in den Boden füllen und mit den Gebäckbröseln bestreuen. Kirschwasser über die Brösel träufeln. Den Kuchen etwa 1 Stunde kalt stellen.
7. Sahne mit Vanillin-Zucker steif schlagen. Raspelschokolade unterheben und mit 2 Teelöffeln kleine Häufchen der Sahnemasse auf den Kuchen setzen. Kurz vor dem Servieren mit Puderzucker bestäuben.

Versunkener Kirschkuchen

Viktoriabarsch, gekräutert

Viktoriabarsch, gekräutert

Raffiniert

Pro Portion:
E: 29 g, F: 21 g, Kh: 2 g,
kJ: 1417, kcal: 338

600 g Viktoriabarschfilet
Salz
frisch gemahlener Pfeffer
einige Spritzer Worcestersauce
1–1 1/2 EL Zitronensaft
1 Bund Kerbel
1 Bund Petersilie
1 Bund Dill
250 g Kirschtomaten
2 EL Pflanzenöl
75 ml Gemüsebrühe oder Fischfond
65 g Knoblauchbutter

Zubereitungszeit: etwa 25 Min.

1. Fischfilets unter fließendem kalten Wasser abspülen, trockentupfen und in Würfel schneiden. Mit Salz, Pfeffer, Worcestersauce und Zitronensaft würzen.
2. Kerbel, Petersilie und Dill abspülen, trockentupfen und fein hacken. Kirschtomaten waschen, abtropfen lassen und die Stängelansätze herausschneiden.
3. Pflanzenöl in einer beschichteten Pfanne erhitzen. Fischfiletstücke portionsweise von beiden Seiten kross darin anbraten und in einen Bräter legen. Kirschtomaten in dem Bratfett andünsten und mit in den Bräter geben. Kräuter darauf verteilen und Brühe oder Fischfond hinzugießen. Knoblauchbutter zerlassen und darüber träufeln.
4. Den Bräter auf dem Rost in den Backofen schieben.
   Ober-/Unterhitze: etwa 200 °C (vorgeheizt)
   Heißluft: etwa 180 °C (vorgeheizt)
   Gas: Stufe 3–4 (vorgeheizt)
   Garzeit: etwa 25 Minuten.
5. Das Fischgericht sofort servieren.

Beilage:
Ofenwarmes Baguette und frische Salate oder Bandnudeln.

Tipp:
Anstatt frischer Kräuter je 1 Päckchen (25 g) TK-Dill und 8-Kräutermischung verwenden.

Viktoriabarsch-Paprika-Salat

Raffiniert

Pro Portion:
E: 43 g, F: 29 g, Kh: 37 g,
kJ: 2391, kcal: 570

Für die Reismischung:
Wasser
1 TL Salz
150 g Reis-Wildreis-Mischung

375 ml (3/8 l) Wasser
1 TL Salz
frisch gemahlener Pfeffer
1–2 EL Zitronensaft
800 g Viktoriabarschfilet
500 g gemischte Paprikaschoten
350 g Austernpilze oder Shiitake-Pilze
4 EL Speiseöl, Salz

Für die Salatsauce:
100 ml Fischfond
3–4 EL Zitronensaft
Salz, frisch gemahlener Pfeffer
1 Prise Zucker
6–7 EL Olivenöl

Viktoriabarsch-Paprika-Salat

Zubereitungszeit: etwa 60 Min., ohne Abkühl- und Durchziehzeit

1. Für die Reismischung Wasser mit Salz und Reis zum Kochen bringen und den Reis nach Packungsanleitung gar kochen, Reis gelegentlich umrühren. Den Reis in ein Sieb geben, mit kaltem Wasser abspülen und abtropfen lassen.
2. Wasser mit Salz, Pfeffer und Zitronensaft in einem Topf zum Kochen bringen. Fischfilet unter fließendem kalten Wasser abspülen, in das Zitronenwasser geben, zum Kochen bringen und den Fisch bei schwacher Hitze in etwa 6 Minuten gar ziehen lassen.
3. Den garen Fisch abtropfen lassen, dabei den Fond auffangen und 100 ml davon für die Salatsauce abmessen. Den Fisch etwas abkühlen lassen und in mundgerechte Stücke teilen.
4. Paprikaschoten vierteln, entstielen, entkernen und die weißen Scheidewände entfernen. Schoten waschen, abtropfen lassen und in feine Streifen schneiden. Pilze putzen, mit Küchenpapier abreiben, evtl. abspülen, trockentupfen und in breite Streifen schneiden.
5. Speiseöl in einer Pfanne erhitzen und die Pilzstreifen darin 3–5 Minuten anbraten, mit Salz und Pfeffer würzen und abkühlen lassen.
6. Für die Salatsauce den abgemessenen Fischfond mit Zitronensaft, Salz, Pfeffer und Zucker verrühren. Öl unterschlagen und evtl. nochmals mit den Gewürzen abschmecken. Die Sauce mit den Salatzutaten vorsichtig mischen und den Salat etwas durchziehen lassen.
7. Den Salat vor dem Servieren evtl. nochmals mit den Gewürzen abschmecken.

Tipp:
Den Salat mit Basilikum garnieren.

Viktoriabarschwürfel, gebraten

Für Gäste

Pro Portion:
E: 25 g, F: 6 g, Kh: 75 g, kJ: 1907, kcal: 455

2 l Wasser, 2 TL Salz
300 g Reisnudeln

400 g Viktoriabarschfilet
2 Bund Frühlingszwiebeln
je 2 rote und grüne milde Peperoni
2 EL Speiseöl
Salz, frisch gemahlener Pfeffer
Sojasauce, 1 Bund Koriander

Zubereitungszeit: etwa 50 Min.

1. Wasser mit Salz in einem großen Topf zum Kochen bringen, die Reisnudeln darin nach Packungsanleitung kochen, zwischendurch 4–5-mal umrühren. Dann die Reisnudeln in ein Sieb geben, mit heißem Wasser abspülen und abtropfen lassen.
2. Inzwischen Fischfilet unter fließendem kalten Wasser abspülen, trockentupfen und in etwa 2 cm große Würfel schneiden.
3. Frühlingszwiebeln putzen, waschen und in 1 cm lange Stücke schneiden. Peperoni halbieren, entstielen, entkernen und die weißen Scheidewände entfernen. Peperoni waschen, trockentupfen und in kleine Würfel schneiden.
4. Öl in einer großen Pfanne oder einem Wok erhitzen und Fischfiletwürfel, Frühlingszwiebelstücke und Peperoni darin braten. Nudeln unterrühren und mit Salz, Pfeffer und Sojasauce würzen.
5. Koriander abspülen, trockentupfen und die Blättchen von den Stängeln zupfen. Viktoriabarschwürfel mit Korianderblättchen bestreut servieren.

Viktoriabarschwürfel, gebraten

Waffeln

Waffeln

Schnell

Insgesamt:
E: 54 g, F: 202 g, Kh: 372 g,
kJ: 15255, kcal: 3643

Für den Rührteig:
175 g Kokosfett
175 g feinkörniger Zucker
1 Pck. Dr. Oetker Vanillin-Zucker
1 Prise Salz
$^1/_2$ Fläschchen Rum-Aroma
4 Eier (Größe M)
200 g Weizenmehl, 50 g Speisestärke
$^1/_2$ TL Dr. Oetker Backin

Zum Bestäuben:
gesiebter Puderzucker

Zubereitungszeit: etwa 30 Min., ohne Kühlzeit

1. Für den Teig Kokosfett zerlassen, in eine Rührschüssel geben, kalt stellen und wieder etwas fest werden lassen. Das Fett dann mit Handrührgerät mit Rührbesen auf höchster Stufe geschmeidig rühren.
2. Nach und nach Zucker, Vanillin-Zucker, Salz und Aroma unterrühren und so lange rühren, bis eine gebundene Masse entstanden ist. Eier nach und nach unterrühren (jedes Ei etwa $^1/_2$ Minute).
3. Mehl mit Speisestärke und Backin mischen, sieben und portionsweise auf mittlerer Stufe unterrühren.
4. Ein Waffeleisen gut erhitzen und einfetten. Den Teig in nicht zu großen Portionen in das Waffeleisen füllen und leicht verstreichen. Die Waffeln goldbraun backen und einzeln auf einem Kuchenrost erkalten lassen.
5. Die Waffeln mit Puderzucker bestäuben.

Abwandlung: Für Schokowaffeln die Speisestärke gegen 2 Päckchen Dessertsauce Schokolade (zum Kochen) austauschen und zusätzlich 4–5 Esslöffel Milch oder Schlagsahne abwechselnd mit dem Mehlgemisch unterrühren.

Tipp: Diese Waffeln werden besonders knusprig, da sie mit Kokosfett zubereitet werden.

Die Waffeln können mit Sahne, Früchten der Saison, Eis oder Kompott serviert werden.
Die Waffeln schmecken am besten frisch.
Anstelle des Rum-Aromas können Sie auch Butter-Vanille-Aroma oder etwas abgeriebene Schale einer Bio-Zitrone (unbehandelt, ungewachst) verwenden.

Waffelröllchentorte

Mit Alkohol

Insgesamt:
E: 70 g, F: 593 g, Kh: 469 g,
kJ: 32270, kcal: 7951

Für den Boden:
150 g Löffelbiskuits
70 g Zwieback, 125 g Butter

Für den Rand:
200–300 g Waffelröllchen mit Zartbitterschokolade

Für die Füllung:
250 g weiche Butter

Waffelröllchentorte

150 g gesiebter Puderzucker
2 Pck. Dr. Oetker Vanillin-Zucker
3 Eigelb (Größe M)
100 ml Eierlikör
9 Blatt weiße Gelatine
600 ml Schlagsahne

2 EL Schokoladenraspel

Zubereitungszeit: etwa 60 Min., ohne Kühlzeit

1. Für den Boden Löffelbiskuits und Zwieback in einen Gefrierbeutel geben, den Beutel verschließen, beide Zutaten mit einer Teigrolle zerdrücken und in eine Schüssel geben.
2. Butter zerlassen, zu den Löffelbiskuit- und Zwiebackbröseln geben und gut verrühren. Die Masse gleichmäßig in eine Springform (Ø 26 cm, Boden gefettet, mit Backpapier belegt) drücken.
3. Für den Rand die Waffelröllchen mit der Schokoladenseite nach oben an den Rand der Springform stellen und leicht in die Löffelbiskuitmasse drücken. Etwa 15 Minuten kalt stellen.
4. Für die Füllung Butter mit Handrührgerät mit Rührbesen geschmeidig rühren. Puderzucker, Vanillin-Zucker, Eigelb und Eierlikör unterrühren.
5. Gelatine nach Packungsanleitung in kaltem Wasser einweichen, ausdrücken und auflösen. 1–2 Esslöffel der Eierlikörmasse mit der Gelatine verrühren, dann die Gelatine unter die übrige Eierlikörmasse rühren.
6. Sahne steif schlagen und unterheben. Die Füllung in die Form geben und glatt streichen. Die Torte etwa 2 Stunden kalt stellen.
7. Den Springformrand und das Backpapier entfernen, die Torte auf eine Tortenplatte geben und vor dem Servieren mit Schokoladenraspeln bestreuen.

Tipp: Butter, Eigelb und Eierlikör sollten dieselbe Temperatur haben, damit die Masse nicht gerinnt.

Hinweis: Nur ganz frische Eier verwenden, die nicht älter als 5 Tage sind (Legedatum beachten).
Die fertige Torte im Kühlschrank aufbewahren und innerhalb von 24 Stunden verzehren.

Waldorfsalat

4–6 Portionen

Klassisch

Pro Portion:
E: 4 g, F: 39 g, Kh: 13 g,
kJ: 1753, kcal: 419

500 g Äpfel, 250 g Knollensellerie
100 g Walnusskerne

Für die Mayonnaise:
1 Eigelb (Größe M), 1 EL Weißweinessig
1 TL mittelscharfer Senf
Salz, frisch gemahlener Pfeffer
1 TL Zucker

Waldorfsalat

125 ml ($^1/_8$ l) Speiseöl,
z. B. Sonnenblumenöl

Zubereitungszeit: etwa 25 Min., ohne Durchziehzeit

1. Äpfel waschen, schälen, vierteln und entkernen. Sellerie schälen, schlechte Stellen herausschneiden, Sellerie waschen und abtropfen lassen. Beide Zutaten auf der Haushaltsreibe grob raspeln. Walnusskerne fein hacken.
2. Für die Mayonnaise Eigelb mit Essig, Senf, Salz, Pfeffer und Zucker in einer Rührschüssel mit einem Schneebesen oder Handrührgerät mit Rührbesen zu einer dicklichen Masse aufschlagen. Öl in Mengen von 1–2 Esslöffeln nach und nach darunter schlagen.
3. Die Salatzutaten mit der Mayonnaise vermengen und den Salat mindestens 30 Minuten durchziehen lassen.

Abwandlung 1: Für Waldorfsalat mit Hähnchenbrust zusätzlich 250 g Hähnchenbrustfilet kalt abspülen, trockentupfen, in 1 Esslöffel erhitztem Speiseöl 10–15 Minuten unter Wenden braten. Hähnchenbrust salzen, pfeffern, abkühlen lassen, in Streifen schneiden und unter den Salat mischen.

Abwandlung 2: Für Waldorfsalat mit Orangenfilets oder Ananas zusätzlich 1 Orange filetieren und die Filets einmal durchschneiden. Oder 3 Scheiben Ananas (aus der Dose) in kleine Stücke schneiden. Orangenfilets oder Ananasstücke unter den Salat heben.

Hinweis: Für die Mayonnaise nur ganz frisches Eigelb verwenden, das nicht älter als 5 Tage ist (Legedatum beachten!). Den fertigen Salat im Kühlschrank aufbewahren und innerhalb von 24 Stunden verzehren.

Weiße Rüben, gefüllte

Raffiniert

Pro Portion:
E: 18 g, F: 31 g, Kh: 30 g,
kJ: 1960, kcal: 468

8 dicke, runde weiße Rüben (250 g)
1 Bund Suppengrün (etwa 450 g), z. B. Möhren, Sellerie und Porree (Lauch)
300 g fest kochende Kartoffeln
Salzwasser (auf 1 l Wasser 1 TL Salz)
1 Bund Majoran
400 g Bratwurstbrät
Salz, frisch gemahlener Pfeffer
2 Zwiebeln
2 EL Speiseöl
200 ml Gemüsebrühe

etwas Wasser oder Gemüsebrühe

Zubereitungszeit: etwa 65 Min.

1. Weiße Rüben, Möhren und Sellerie putzen, schälen, waschen und abtropfen lassen. Porree putzen, waschen, abtropfen lassen und in kleine Stücke schneiden. Kartoffeln waschen, schälen, abspülen und abtropfen lassen. Möhren, Sellerie und Kartoffeln in Würfel schneiden.
2. Von den Rüben einen etwa 1 cm dicken Deckel abschneiden. Die Rüben mit einem Kugelausstecher oder mit einem Teelöffel aushöhlen, dabei einen etwa $^{1}/_{2}$ cm breiten Rand stehen lassen. Salzwasser in einem Topf zum Kochen bringen, die ausgehöhlten Rüben hinzugeben und etwa 5 Minuten blanchieren. Rüben herausnehmen, mit kaltem Wasser übergießen und abtropfen lassen.
3. Majoran abspülen und trockentupfen. Die Blättchen von den Stängeln zupfen und fein hacken. Bratwurstbrät in eine Schüssel geben und mit Majoran vermischen, evtl. mit Salz und Pfeffer nachwürzen. Zwiebeln abziehen und in kleine Würfel schneiden. Speiseöl in einem Bräter erhitzen und Zwiebel-, Gemüse- und Kartoffelwürfel darin andünsten. Brühe hinzugießen.
4. Bratwurstbrät in einen Spritzbeutel mit Lochtülle geben. Die ausgehöhlten Rüben damit füllen und auf das Gemüse setzen. Den Bräter auf dem Rost in den Backofen schieben.
Ober-/Unterhitze: etwa 180 °C (vorgeheizt)
Heißluft: etwa 160 °C (vorgeheizt)
Gas: Stufe 2–3 (vorgeheizt)
Garzeit: etwa 30 Minuten.
5. Während der Garzeit evtl. nach und nach etwas Wasser oder Gemüsebrühe hinzugießen.

Beilage: Kartoffelgratin.

Weiße-Bohnen-Suppe

Preiswert

Pro Portion:
E: 43 g, F: 22 g, Kh: 39 g,
kJ: 2198, kcal: 524

250 g getrocknete weiße Bohnen
1 $^{1}/_{2}$ l Wasser
500 g geräucherte dicke Rippe
2 geh. TL gekörnte Gemüsebrühe
375 g mehlig kochende Kartoffeln
200 g Porree (Lauch)
300 g Möhren
75 g Knollensellerie
2 Zwiebeln
200 g geräucherte Mettwürstchen (Rauchenden)
Salz
frisch gemahlener Pfeffer
2 EL gehackte Petersilie

Zubereitungszeit: etwa 30 Min., ohne Einweichzeit

1. Bohnen in ein Sieb geben, kalt abspülen und in dem Wasser etwa 12 Stunden einweichen. Die Bohnen dann mit dem Einweichwasser in einen großen Topf geben.

2. Dicke Rippe unter fließendem kalten Wasser abspülen, mit der gekörnten Brühe zu den Bohnen geben, zum Kochen bringen und etwa 55 Minuten mit Deckel kochen.
3. In der Zwischenzeit Kartoffeln waschen, schälen, abspülen und in Würfel schneiden. Von dem Porree die Außenblätter entfernen, Wurzelende und dunkles Grün abschneiden, die Stange längs halbieren, gründlich waschen und abtropfen lassen.
4. Möhren schälen, Grün und Spitzen abschneiden. Knollensellerie schälen, schlechte Stellen herausschneiden. Möhren und Sellerie waschen und abtropfen lassen. Zwiebeln abziehen. Die 4 Zutaten in Würfel oder Scheiben schneiden.
5. Das vorbereitete Gemüse und die Kartoffeln zu dem Fleisch geben, zum Kochen bringen und etwa 10 Minuten mit Deckel kochen. Dann die Mettwürstchen hinzufügen und alles noch weitere 10 Minuten mit Deckel kochen.
6. Fleisch und Wurst aus der Suppe herausnehmen, das Fleisch von den Knochen lösen, Fleisch und Wurst klein schneiden und wieder in die Suppe geben. Die Suppe mit Salz und Pfeffer abschmecken und Petersilie unterrühren.

Tipp: Die Suppe ist gefriergeeignet.

Weißkohleintopf, bunter

Preiswert

Pro Portion:
E: 28 g, F: 51 g, Kh: 37 g,
kJ: 3014, kcal: 719

1 kleiner Kopf Weißkohl (etwa 750 g)
2 Möhren
½ Sellerieknolle
1 Stange Porree (Lauch)
750 g mehlig kochende Kartoffeln
100 g geräucherter Speck
1 große Zwiebel
1 EL Butter oder Margarine
1 l heiße Gemüsebrühe
Salz
frisch gemahlener Pfeffer
gerebelter Majoran
4 Kohlwürstchen, geräuchert
frische Petersilie

Zubereitungszeit: etwa 60 Min.

1. Den Weißkohl putzen, vierteln und den Strunk herausschneiden, den Kohl waschen und in dünne Streifen schneiden oder hobeln. Möhren putzen, schälen, waschen und würfeln. Sellerie schälen, waschen und in feine Würfel schneiden. Porree putzen, längs halbieren, gründlich waschen und in Streifen schneiden. Kartoffeln waschen, schälen, abspülen und in Würfel schneiden.
2. Speck in Würfel schneiden. Die Zwiebel abziehen und fein würfeln. Speck in einem großen Topf mit Butter oder Margarine auslassen, die Zwiebelwürfel darin anbraten, das Gemüse hinzugeben und andünsten. Gemüsebrühe dazugießen und alles mit Salz, Pfeffer und Majoran würzen.
3. Die Kohlwürstchen mehrmals einstechen und auf das Gemüse legen. Den Eintopf zugedeckt bei mittlerer Hitze etwa 35 Minuten köcheln lassen, dabei gelegentlich umrühren. Den Eintopf vor dem Servieren nochmals mit Salz und Pfeffer abschmecken und mit gehackter Petersilie garniert servieren.

Tipp:
Statt mit Kohlwürstchen können Sie diesen herzhaften Eintopf auch mit einem Stück Kasseler Nacken garen.

Weißkohleintopf, bunter

Weißkohl-Mett-Lasagne

Weißkohl-Mett-Lasagne

Deftig

Pro Portion:
E: 47 g, F: 63 g, Kh: 30 g,
kJ: 3678, kcal: 878

1 Weißkohl (etwa 1,2 kg)
Salzwasser
500 g Kartoffeln
2 Zwiebeln
1 rote Paprikaschote
150 g geräucherter Bauchspeck
500 g gewürztes Schweinemett
3 Eier (Größe M)
200 ml Schlagsahne
Salz
frisch gemahlener Pfeffer
Kümmelsamen
125 g Mozzarella

Zubereitungszeit: etwa 35 Min.

1. Weißkohl putzen, vierteln und den Strunk herausschneiden. Den Kohl waschen und abtropfen lassen. Salzwasser in einem großen Topf zum Kochen bringen und die Weißkohlviertel darin blanchieren, bis die äußeren Blätter sich lösen. Dann in ein Sieb geben, mit kaltem Wasser übergießen und abtropfen lassen. Einige Kohlblätter ablösen und beiseite legen.
2. Kartoffeln waschen, schälen, abspülen und in dünne Scheiben schneiden. Zwiebeln abziehen und in kleine Würfel schneiden. Paprika halbieren, entstielen, entkernen und die weißen Scheidewände entfernen. Die Schote waschen und in Würfel schneiden.
3. Bauchspeck zuerst in dünne Scheiben, dann in Streifen schneiden. Speckstreifen mit den Kartoffelscheiben in eine große flache Auflaufform geben und mit dem Kohl bedecken. Schweinemett mit den Zwiebelwürfeln darauf verteilen und mit den beiseite gelegten Kohlblättern zudecken, fest andrücken. Paprikawürfel als Streifen auf die Lasagne streuen.
4. Eier mit der Sahne verschlagen, mit Salz und Pfeffer würzen und über die Lasagne gießen. Mit Kümmel bestreuen. Mozzarella abtropfen lassen, in Scheiben schneiden und auf den Paprikawürfeln verteilen. Die Form auf dem Rost in den Backofen schieben.
   Ober-/Unterhitze: etwa 200 °C
   (vorgeheizt, unteres Drittel)
   Heißluft: etwa 180 °C
   (nicht vorgeheizt)
   Gas: Stufe 3–4 (nicht vorgeheizt, unteres Drittel)
   Garzeit: 50–60 Minuten.
5. Vor dem Servieren die Lasagne mit einem Messer in Portionsstücke schneiden.

Weißkohlsalat

Gut vorzubereiten

Pro Portion:
E: 6 g, F: 10 g, Kh: 5 g,
kJ: 548, kcal: 131

350 g Weißkohl
1 schwach geh. TL Salz
100 g durchwachsener Speck
1 EL Speiseöl, z. B. Sonnenblumenöl

Für die Sauce:
2 kleine Zwiebeln
2 EL Kräuteressig
Salz
1 Prise Zucker
frisch gemahlener Pfeffer
3 EL Speiseöl, z. B. Sonnenblumenöl
1 EL Kümmelsamen

Zubereitungszeit: etwa 30 Min., ohne Durchziehzeit

1. Von dem Weißkohl die äußeren welken Blätter entfernen, den Kohl vierteln, abspülen und abtropfen lassen, den Strunk herausschneiden und den Kohl in feine Streifen schneiden oder hobeln. Die Kohlstreifen in einer Schüssel mit dem Salz gut verkneten und etwa 60 Minuten durchziehen lassen. Dann die entstandene Flüssigkeit abgießen.
2. Speck in kleine Würfel schneiden. Öl in einer Pfanne erhitzen und die Speckwürfel darin knusprig braten, auf Küchenpapier abtropfen lassen.
3. Für die Sauce Zwiebeln abziehen und fein würfeln. Essig mit Salz, Zucker und Pfeffer verrühren. Öl unterschlagen und Zwiebelwürfel und Kümmel unterrühren. Den Kohl mit der Sauce vermengen und den Salat gut 60 Minuten durchziehen lassen.
4. Den Salat vor dem Servieren mit Salz und Pfeffer abschmecken und mit den Speckwürfeln bestreuen.

Abwandlung:
Für eine vegetarische Variante den Speck weglassen. Dafür 2 Esslöffel Sonnenblumenkerne in einer Pfanne ohne Fett rösten, über den fertigen Salat streuen.

Tipp:
Den Weißkohlsalat zu Braten oder als Partysalat servieren.
Sie können den Weißkohlsalat bereits 1 Tag vor dem Verzehr zubereiten.

Welfenspeise

Mit Alkohol

Pro Portion:
E: 9 g, F: 9 g, Kh: 48 g, kJ: 1491, kcal: 356

Für die Creme:
2 Eiweiß (Größe M)
35 g Speisestärke
40 g Zucker
1 Pck. Dr. Oetker Vanillin-Zucker
500 ml (1/2 l) Milch

Für den Weinschaum:
3 Eigelb (Größe M)
80 g Zucker
10 g Speisestärke
250 ml (1/4 l) Weißwein

Zubereitungszeit: etwa 30 Min., ohne Kühlzeit

1. Für die Creme Eiweiß so steif schlagen, dass ein Messerschnitt sichtbar bleibt. Speisestärke mit Zucker und Vanillin-Zucker mischen und mit 6 Esslöffeln von der Milch anrühren.
2. Die restliche Milch in einem Topf zum Kochen bringen, von der Kochstelle nehmen, die angerührte Speisestärke mit einem Schneebesen unter Rühren hineingeben und kurz aufkochen.
3. Den Eischnee unter die kochend heiße Speise rühren und nochmals kurz aufkochen. Die Speise in eine Glasschale oder in Dessertgläser füllen (Schale oder Gläser nur zur Hälfte füllen) und kalt stellen.
4. Für den Weinschaum Eigelb mit Zucker, Speisestärke und Weißwein in einen Edelstahltopf oder eine Edelstahlschüssel geben und mit Handrührgerät mit Rührbesen auf niedrigster Stufe im heißen Wasserbad so lange schlagen, bis die Masse durch und durch schaumig ist (das Volumen muss sich etwa verdoppeln – Wasser und Weinschaum nicht kochen lassen, da die Sauce sonst gerinnt). Topf oder Schüssel aus dem Wasserbad nehmen, die Masse am Rand lösen und nochmals kurz verrühren.
5. Den Weinschaum erkalten lassen und vorsichtig auf die Creme füllen.

Welfenspeise

Abwandlung:
Für eine alkoholfreie Variante können Sie den Weinschaum auch mit 250 ml (1/4 l) Apfelsaft und 3 Esslöffeln Zitronensaft anstelle des Weißweins zubereiten.

Tipp:
Die Welfenspeise mit Waldmeister- oder Zitronenmelisseblättchen garniert servieren.
Zum Steifschlagen von Eiweiß müssen Schüssel und Rührbesen absolut fettfrei sein, und es darf keine Spur von Eigelb im Eiweiß sein.

Hinweis:
Nur ganz frische Eier verwenden, die nicht älter als 5 Tage sind (Legedatum beachten!).

Westernauflauf

Westernauflauf

Für Gäste

Pro Portion:
E: 48 g, F: 58 g, Kh: 37 g,
kJ: 3811, kcal: 911

500 g Rindergulasch
100 g durchwachsener Speck
1 Gemüsezwiebel
1 grüne Paprikaschote
1 Dose Gemüsemais
(Abtropfgewicht 240 g)
1 Dose Kidneybohnen
(Abtropfgewicht 250 g)
1 Dose Champignonscheiben
(Abtropfgewicht 215 g)
3 EL Speiseöl
Salz
frisch gemahlener Pfeffer
Paprikapulver edelsüß
Cayennepfeffer
2 EL Tomatenmark
1 Dose stückige Tomaten
(Einwaage 400 g)
125 ml (1/8 l) Fleischbrühe
75 g geraspelter Käse

Zubereitungszeit: etwa 35 Min.

1. Das Gulasch evtl. unter fließendem kalten Wasser abspülen, trockentupfen und etwas kleiner schneiden. Speck in Würfel schneiden.
2. Gemüsezwiebel abziehen, halbieren und in feine Streifen schneiden. Paprikaschote halbieren, entstielen, entkernen und die weißen Scheidewände entfernen, Schote waschen und in feine Streifen schneiden. Mais, Kidneybohnen und Champignonscheiben auf einem Sieb abtropfen lassen.
3. Öl in einer großen Pfanne oder einem großen Topf erhitzen und den Speck darin auslassen. Das Gulasch darin kurz rundherum anbraten. Zwiebel- und Paprikastreifen hinzufügen und unter Rühren darin andünsten.
4. Mit Salz, Pfeffer, Paprika und Cayennepfeffer bestreuen. Tomatenmark unterrühren. Mais, Kidneybohnen, Champignonscheiben, Tomaten und Brühe unterrühren und erhitzen.
5. Alles in eine große, flache, gefettete Auflaufform geben und mit einem Deckel oder Alufolie abdecken. Die Form auf dem Rost in den Backofen schieben.
   Ober-/Unterhitze: etwa 180 °C (vorgeheizt)
   Heißluft: etwa 160 °C (nicht vorgeheizt)
   Gas: Stufe 2–3 (nicht vorgeheizt)
   Backzeit: etwa 40 Minuten.
6. Den Deckel oder Alufolie entfernen, den Auflauf mit dem Käse bestreuen und weitere 20 Minuten garen.

Beilage:
Spätzle.

Tipp:
Das Gericht schmeckt auch sehr gut mit Rinderschulter oder Rinderkamm anstelle von Rindergulasch. Der Auflauf wird dadurch sämiger.
Das Gericht kann auch auf der Kochstelle zubereitet werden, es dann bei schwacher Hitze etwa 1 Stunde garen. Zwischendurch umrühren.

Westfälischer Apfelkuchen

Klassisch

Insgesamt:
E: 64 g, F: 172 g, Kh: 612 g,
kJ: 18850, kcal: 4497

Für den Hefeteig:
200 g Weizenmehl
1 Pck. Dr. Oetker Trockenbackhefe
25 g Zucker
1/2 Pck. Dr. Oetker Finesse Geriebene Zitronenschale
50 g zerlassene, abgekühlte Butter
100 ml lauwarme Milch

Für den Knetteig:
120 g Weizenmehl
20 g Zucker
1/2 Pck. Dr. Oetker Finesse Geriebene Zitronenschale
1 Ei (Größe M)
50 g weiche Butter
100 g Rosinen

Für den Belag:
200 g Schmand
1 1/2–1 3/4 kg mittelgroße Äpfel, z. B. Cox Orange
3 EL Zitronensaft
40 g Hagelzucker

Westfälischer Apfelkuchen

Zum Aprikotieren:
2 geh. EL Aprikosenkonfitüre
2 EL Rum
gemahlener Zimt

Zum Besprenkeln:
50 g Zartbitterschokolade
etwas Kokosfett

Zubereitungszeit: etwa 40 Min.

1. Für den Hefeteig Mehl in eine Rührschüssel sieben, mit der Hefe sorgfältig vermischen und die restlichen Zutaten für den Hefeteig hinzufügen. Die Zutaten mit Handrührgerät mit Knethaken zunächst auf niedrigster, dann auf höchster Stufe in etwa 5 Minuten zu einem Teig verarbeiten und zugedeckt so lange an einem warmen Ort gehen lassen, bis er sich sichtbar vergrößert hat.
2. Für den Knetteig Mehl in eine Rührschüssel sieben und Zucker, Zitronenschale, Ei und Butter hinzufügen. Die Zutaten mit Handrührgerät mit Knethaken zunächst kurz auf niedrigster, dann auf höchster Stufe gut durcharbeiten, anschließend auf der Arbeitsfläche zu einem glatten Teig verkneten.
3. Den gegangenen Hefeteig leicht mit Mehl bestäuben, aus der Schüssel nehmen und auf der Arbeitsfläche mit dem Knetteig gut verkneten. Beim Verkneten der beiden Teige die Rosinen unterkneten.
4. Den Teig in einer Fettfangschale (30 x 40 cm, gefettet) ausrollen, dabei den Teig am Rand etwas hochziehen.
5. Für den Belag Schmand verrühren und auf den Teig streichen. Äpfel schälen, vierteln, das Kerngehäuse herausschneiden und Äpfel auf der Oberseite der Länge nach mehrmals einschneiden, mit Zitronensaft beträufeln.
6. Die Apfelviertel dicht auf den Teig legen und den Hagelzucker in die Zwischenräume streuen. Den Teig nochmals so lange gehen lassen, bis er sich sichtbar vergrößert hat. Die Fettfangschale in den Backofen schieben.
   Ober-/Unterhitze: etwa 180 °C (vorgeheizt)
   Heißluft: etwa 160 °C (vorgeheizt)
   Gas: Stufe 2–3 (vorgeheizt)
   Backzeit: etwa 30 Minuten.
7. Zum Aprikotieren die Aprikosenkonfitüre durch ein Sieb streichen, mit Rum und etwas Zimt verrühren, aufkochen und sofort nach dem Backen die Äpfel damit bestreichen.
8. Die Fettfangschale auf einen Kuchenrost stellen und den Kuchen erkalten lassen. Die Schokolade mit dem Kokosfett in einem kleinen Topf im heißen Wasserbad auflösen und den Kuchen damit besprenkeln.

Westfälisches Blindhuhn

Preiswert

Pro Portion:
E: 13 g, F: 42 g, Kh: 35 g,
kJ: 2497, kcal: 596

200 g weiße Bohnen
$1^1/_2$–2 l Wasser
250 g durchwachsener Speck
300 g grüne Bohnen
250 g Möhren
500 g Kartoffeln
2 Äpfel
2 Birnen
Salz, frisch gemahlener Pfeffer
2 Zwiebeln

Zubereitungszeit: etwa 2 Std., ohne Einweichzeit

1. Weiße Bohnen waschen und 12 Stunden in dem Wasser einweichen.
2. Die Bohnen mit dem Einweichwasser und mit 200 g von dem Speck zum Kochen bringen und etwa 60 Minuten kochen lassen.
3. In der Zwischenzeit von den Bohnen die Enden abschneiden, Bohnen evtl. abfädeln, waschen und in kleine Stücke brechen. Möhren putzen, schälen und waschen. Kartoffeln waschen, schälen und abspülen. Beide Zutaten klein schneiden. Äpfel und Birnen schälen, vierteln, entkernen und in Würfel schneiden.
4. Die vorbereiteten Zutaten zu den Bohnen und dem Speck geben, alles wieder zum Kochen bringen, mit Salz und Pfeffer würzen und noch etwa 30 Minuten kochen lassen.
5. Den mitgegarten Speck herausnehmen, in Streifen schneiden und wieder in den Eintopf geben.
6. Den restlichen Speck in feine Würfel schneiden und in einer Pfanne auslassen. Zwiebeln abziehen, fein würfeln und in dem Speckfett goldgelb braten.
7. Den Eintopf in einer vorgewärmten Schüssel anrichten. Speck- und Zwiebelwürfel dazureichen.

Westfälische Schnitzel

Raffiniert

Pro Portion:
E: 36 g, F: 18 g, Kh: 23 g,
kJ: 1683, kcal: 400

1 mittelgroße Gemüsezwiebel (etwa 200 g)
4 Scheiben Schwarzbrot (etwa 250 g)
125 g westfälischer roher Schinken
$^1/_2$ Bund Schnittlauch
1–2 Fleischtomaten
4 Schweineschnitzel (je etwa 120 g)
Salz, frisch gemahlener Pfeffer
4 EL Speiseöl
25 g Butter oder Margarine

Zubereitungszeit: etwa 35 Min.

1. Zwiebel abziehen, halbieren und in kleine Würfel schneiden. Schwarzbrot fein zerbröseln. Schinken ebenfalls in kleine Würfel schneiden.
2. Schnittlauch abspülen, trockentupfen und in Röllchen schneiden. Tomaten waschen, abtropfen lassen, kreuzweise einschneiden und einige Sekunden in kochendes Wasser legen. Tomaten kurz in kaltes Wasser legen, enthäuten und halbieren, Stängelansätze herausschneiden. Fruchtfleisch in Würfel schneiden, dabei die Kerne entfernen.
3. Schnitzel unter fließendem kalten Wasser abspülen und trockentupfen. Mit Salz und Pfeffer bestreuen.
4. Etwas von dem Speiseöl in einer großen Pfanne erhitzen. Die Schnitzel portionsweise von beiden Seiten insgesamt 10–12 Minuten darin braten,

Westfälische Schnitzel

herausnehmen, auf eine vorgewärmte Platte legen und warm stellen.

5. Butter oder Margarine in dem verbliebenen Bratfett zerlassen und Schinken- und Zwiebelwürfel darin andünsten. Brot- und Tomatenwürfel hinzugeben, mit Salz und Pfeffer würzen und kurz mit andünsten.
6. Schinken-Brot-Masse auf den Schnitzeln verteilen und mit Schnittlauchröllchen bestreut servieren.

Wildbraten

Klassisch – dauert länger

Pro Portion:
E: 26 g, F: 44 g, Kh: 19 g,
kJ: 3047, kcal: 728

150 g fetter Speck, in dünnen Scheiben
750 g Wildfleisch (ohne Knochen), z. B. Wildschwein- oder Rehbraten
Salz
frisch gemahlener Pfeffer
Paprikapulver edelsüß
1 Zwiebel
5 Nelken
5 Wacholderbeeren

500 ml (1/2 l) Rotwein
5 EL Wacholderschnaps oder Gin
1 EL Weizenmehl
75 g saure Sahne
1 EL Preiselbeerkonfitüre

Zubereitungszeit: etwa 30 Min.

1. Einen Bratentopf mit der Hälfte der Speckscheiben auslegen. Fleisch unter fließendem kalten Wasser abspülen, trockentupfen und mit Salz, Pfeffer und Paprika würzen, auf die Speckscheiben legen.
2. Zwiebel abziehen, mit Nelken spicken und mit zerdrückten Wacholderbeeren zum Fleisch geben.
3. Mit den restlichen Speckscheiben das Fleisch bedecken. Den Topf auf dem Rost in den Backofen schieben.
   Ober-/Unterhitze: etwa 200 °C (vorgeheizt)
   Heißluft: etwa 180 °C (nicht vorgeheizt)
   Gas: Stufe 3–4 (nicht vorgeheizt)
   Garzeit: 1–1 1/2 Stunden.
4. Nach und nach Rotwein und Schnaps hinzugießen.
5. Das Fleisch herausnehmen und etwa 10 Minuten ruhen lassen, damit der Fleischsaft sich setzt.
6. Die Garflüssigkeit durch ein Sieb gießen und etwas einkochen lassen. Mehl mit 1 Esslöffel kaltem Wasser anrühren und saure Sahne unterrühren.
7. Die Masse in den Bratensaft geben und etwa 5 Minuten kochen lassen, Preiselbeerkonfitüre einrühren und abschmecken. Das Fleisch in Scheiben schneiden und die Sauce dazu servieren.

Beilage:
Rosenkohl, Birnen, Kartoffelklöße.

Wintergemüse im Kartoffelpüreekranz

Wintergemüse im Kartoffelpüreekranz

Einfach

Pro Portion:
E: 22 g, F: 40 g, Kh: 20 g,
kJ: 2214, kcal: 529

750 g Rosenkohl
300 g Möhren
1 Zwiebel
50 g Butter
250 ml (1/4 l) Gemüsebrühe
Salz, geriebene Muskatnuss
100 g grobe Mettwurst im Stück (z. B. Bauernmettwurst)
1 Pck. Kartoffelpüree mit Milch (für 3 Portionen)
500 ml (1/2 l) Wasser
150 g Gouda

Zubereitungszeit: etwa 60 Min.

1. Rosenkohl von den schlechten äußeren Blättchen befreien, etwas vom Strunk abschneiden und Röschen am Strunk kreuzförmig einschneiden, waschen und abtropfen lassen. Möhren putzen, schälen, waschen und in schräge Scheiben schneiden.
2. Zwiebel abziehen, würfeln und in 30 g von der Butter glasig dünsten. Rosenkohl und Gemüsebrühe hinzugeben und zugedeckt etwa 10 Minuten garen lassen. Möhrenscheiben dazugeben und noch etwa 5 Minuten mitgaren lassen. Gemüse mit Salz und Muskat würzen.
3. Mettwurst enthäuten und erst in etwa 1/2 cm dicke Scheiben, dann in Streifen schneiden und unter das Gemüse mischen.
4. Kartoffelpüreepulver nach Packungsanleitung mit Wasser zubereiten und kurz stehen lassen. Restliche Butter unterrühren und das Püree mit Muskat würzen. Püree in einen Spritzbeutel mit großer Sterntülle füllen und als Kranz in eine leicht gefettete, flache Auflaufform spritzen.
5. Käse würfeln, mit dem Gemüse mischen, in die Mitte des Kartoffelpüreekranzes füllen und die Form auf dem Rost in den Backofen schieben.

Ober-/Unterhitze: etwa 220 °C (vorgeheizt)
Heißluft: etwa 200 °C (vorgeheizt)
Gas: Stufe 4–5 (vorgeheizt)
Backzeit: 10–12 Minuten.

Tipp: Dieses herzhafte Gericht schmeckt auch ohne Wurst sehr lecker. Je nach Saison können Sie beim Gemüse variieren. Verwenden Sie statt Rosenkohl und Möhren auch einmal Broccoli, Porree, Blumenkohl, Bohnen, Kohlrabi oder Paprika und mischen Sie ganz nach Geschmack.

Wintersalat

4–6 Portionen

Gut vorzubereiten

Pro Portion:
E: 4 g, F: 18 g, Kh: 18 g,
kJ: 1083, kcal: 258

Für den Salat:
1 Glas Selleriestreifen (Abtropfgewicht 190 g)

Wintersalat

1 Dose Ananasstücke
(Abtropfgewicht 265 g)
2–3 Stangen Porree (Lauch)
2 mittelgroße, rotschalige Äpfel

Für die Sauce:

250 ml (1/4 l) Schlagsahne
Saft von 1 Zitrone
1–2 EL Salatmayonnaise
Salz
frisch gemahlener Pfeffer
etwas Zucker
etwas Ananassaft

Zubereitungszeit: etwa 35 Min., ohne Durchziehzeit

1. Für den Salat Selleriestreifen in einem Sieb abtropfen lassen. Ananasstücke in ein Sieb geben und abtropfen lassen, dabei den Saft auffangen. Die Ananasstücke nach Belieben etwas kleiner schneiden.
2. Porree putzen, die Stangen längs halbieren, waschen und in Streifen schneiden. Äpfel waschen, abtrocknen, vierteln, entkernen und quer in Scheiben schneiden. Die Salatzutaten in eine Schüssel geben.
3. Für die Sauce Sahne mit Zitronensaft und Mayonnaise aufschlagen, mit Salz, Pfeffer und Zucker würzen und mit den Salatzutaten vermischen. Den Salat mit Ananassaft abschmecken und gut durchziehen lassen (evtl. über Nacht).

Tipp: Der Salat ist mit 200 g Kasseler-Aufschnitt oder 4–6 hart gekochten, halbierten Eiern, Bauernbrot und Butter eine leichte, sättigende Abendmahlzeit.

Wirsingauflauf Schweizer Art

Preiswert

Pro Portion:

E: 19 g, F: 35 g, Kh: 9 g,
kJ: 1864, kcal: 445

750 g Wirsing
2 mittelgroße Zwiebeln
80 g durchwachsener Speck
20 g Butter
Salz
frisch gemahlener Pfeffer
125 ml (1/8 l) Gemüsebrühe

Für den Guss:

3 Eier (Größe M)
150 ml Milch
100 ml Schlagsahne
geriebene Muskatnuss
100 g geriebener Emmentaler

Zubereitungszeit: etwa 30 Min.

1. Von dem Wirsing die groben äußeren Blätter lösen, den Wirsing vierteln und den Strunk herausschneiden, den Wirsing abspülen und abtropfen lassen. Zwiebeln abziehen. Wirsing, Zwiebeln und Speck in Streifen schneiden.
2. Butter in einem großen Topf zerlassen und die Speckstreifen darin auslassen. Zwiebel- und Wirsingstreifen hinzufügen, andünsten und mit Salz und Pfeffer würzen. Gemüsebrühe hinzugießen, alles zum Kochen bringen und etwa 10 Minuten garen lassen.
3. Für den Guss Eier mit Milch und Sahne verschlagen und mit Salz, Pfeffer und Muskatnuss würzen. Emmentaler untermischen.
4. Die Wirsingmischung mit der Garflüssigkeit in eine flache Auflaufform füllen und den Guss darüber gießen. Die Form auf dem Rost in den Backofen schieben.
   Ober-/Unterhitze: etwa 180 °C (vorgeheizt)
   Heißluft: etwa 160 °C (nicht vorgeheizt)
   Gas: Stufe 2–3 (nicht vorgeheizt)
   Garzeit: etwa 45 Minuten.

Beilage: Bratkartoffeln.

Tipp: Den Wirsing mit Kümmelsamen würzen.

Wirsingauflauf Schweizer Art

Wirsing-Kürbis-Auflauf mit Schweinefilet

Für Gäste

Pro Portion:
E: 55 g, F: 33 g, Kh: 10 g,
kJ: 2388, kcal: 570

1 Glas eingelegter Kürbis (Abtropfgewicht 315 g)
½ Kopf Wirsing (etwa 700 g)
2 Zwiebeln
800 g Schweinefilet (etwa 2 Stück)
Salz, frisch gemahlener Pfeffer
4 EL Speiseöl
250 ml (¼ l) Gemüsebrühe
1 Becher (125 g) Crème fraîche
Kräuter
100 g mittelalter Gouda

Zubereitungszeit: etwa 35 Min.

1. Kürbis in einem Sieb abtropfen lassen, dabei die Flüssigkeit auffangen.
2. Vom Wirsing die groben äußeren Blätter lösen, den Wirsing halbieren und den Strunk herausschneiden. Den Wirsing abspülen, abtropfen lassen und in Streifen schneiden. Zwiebeln abziehen und würfeln.

Wirsing-Kürbis-Auflauf mit Schweinefilet

3. Schweinefilet unter fließendem kalten Wasser abspülen, trockentupfen und mit Salz und Pfeffer einreiben.
4. Öl in einer großen Pfanne erhitzen, die Filets darin rundherum kräftig anbraten, aus der Pfanne nehmen und in Alufolie wickeln.
5. Wirsingstreifen und Zwiebelwürfel in dem Bratfett unter Rühren anbraten. Gemüsebrühe und Kürbisflüssigkeit angießen, mit Salz und Pfeffer würzen und zugedeckt etwa 20 Minuten schmoren lassen.
6. Den Wirsing mit der Garflüssigkeit und dem Kürbis in eine flache Auflaufform geben. Schweinefilet in Scheiben schneiden und darauf verteilen.
7. Crème fraîche als Kleckse darüber geben. Käse fein reiben und darüber streuen. Die Auflaufform auf dem Rost in den Backofen schieben.
   Ober-/Unterhitze: etwa 200 °C (vorgeheizt)
   Heißluft: etwa 180 °C (vorgeheizt)
   Gas: Stufe 3–4 (vorgeheizt)
   Garzeit: etwa 25 Minuten.

Beilage: Reis oder Baguette.

Wirsingröllchen

Für Gäste

Pro Portion:
E: 12 g, F: 47 g, Kh: 10 g,
kJ: 2127, kcal: 511

Wasser
Salz (auf 1 l Wasser 1 TL Salz)
1 Kopf Wirsing (etwa 1,2 kg)

Für die Füllung:
250 g feines Kalbsbrät
1 Becher (150 g) Crème fraîche
1 TL Dr. Oetker Finesse Geriebene Zitronenschale
1 EL mittelscharfer Senf
1 TL geriebener Meerrettich
Salz
frisch gemahlener Pfeffer
geriebene Muskatnuss
2 Bund glatte Petersilie
1 Zwiebel
1 EL Butter
2 EL Speiseöl
250 ml (¼ l) Gemüsebrühe

Für die Sauce:
3 EL heller Saucenbinder
1 Becher (150 g) Crème fraîche
Kräuter der Provence

Zubereitungszeit: etwa 45 Min.

1. In einem großen Topf reichlich Wasser zum Kochen bringen und Salz hinzufügen. Inzwischen von dem Wirsing die äußeren welken Blätter entfernen. Den Wirsing abspülen, den Strunk unten keilförmig herausschneiden und den Wirsing so lange in das kochende Wasser legen, bis sich die äußeren Blätter lösen. Diesen Vorgang wiederholen, bis 8 Blätter sich lösen lassen und etwas weich sind. Die Blätter abtropfen lassen und mit Küchenpapier trockentupfen. Die dicken Blattrippen flach schneiden.
2. Für die Füllung Kalbsbrät mit Crème fraîche, Zitronenschale, Senf und Meerrettich gut verrühren. Mit Salz, Pfeffer und Muskat würzen. Petersilie abspülen, trockentupfen, die Blättchen von den Stängeln zupfen und klein hacken. 2 Esslöffel von der Petersilie unterrühren. Restliche Petersilie beiseite legen.
3. Jeweils 2 Wirsingblätter übereinander legen und die Kalbsbrät-Masse darauf verteilen. Die Blätter seitlich einschlagen und aufrollen.

Wirsingröllchen

4. Zwiebel abziehen und in kleine Würfel schneiden. Butter in einem Topf zerlassen, Speiseöl hinzufügen, mit erhitzen und Zwiebelwürfel darin andünsten. Wirsingröllchen mit der Nahtseite nach unten hinzugeben und kurz andünsten. Brühe hinzugießen und zugedeckt etwa 30 Minuten garen. Die Wirsingröllchen herausnehmen und warm stellen.
5. Für die Sauce Saucenbinder in die Schmorflüssigkeit rühren. Crème fraîche und Kräuter der Provence unterrühren und mit Salz, Pfeffer und Muskat abschmecken. Wirsingröllchen mit der Sauce auf einer großen Platte anrichten und mit der beiseite gelegten Petersilie bestreut servieren.

Beilage: Reis.

Wirsingrollen

Für Gäste

Pro Portion:
E: 23 g, F: 26 g, Kh: 8 g,
kJ: 1515, kcal: 364

Wasser
Salz (auf 1 l Wasser 1 TL Salz)
1 Kopf Wirsing (etwa 1,2 kg)

Für die Füllung:
400 g Kasseler-Nacken, ohne Knochen
1 Scheibe Toastbrot
1 Zwiebel
1 Ei (Größe M)
1 EL gemischte gehackte Kräuter, z. B. Petersilie, Schnittlauch, Majoran
frisch gemahlener Pfeffer

25 g Butterschmalz
125 ml ($^1/_8$ l) heiße Fleischbrühe
1–2 TL Dijon-Senf

1 Becher (150 g) Crème fraîche

Außerdem:
Küchengarn

Zubereitungszeit: etwa 60 Min.

1. In einem großen Topf reichlich Wasser zum Kochen bringen und Salz hinzufügen. Inzwischen von dem Wirsing die äußeren welken Blätter entfernen. Den Wirsing abspülen, den Strunk unten keilförmig herausschneiden und den Wirsing so lange in das kochende Wasser legen, bis sich die äußeren Blätter lösen. Diesen Vorgang wiederholen, bis etwa 8–10 Blätter sich lösen lassen und etwas weich sind. Die Blätter abtropfen lassen und mit Küchenpapier trockentupfen. Die dicken Blattrippen flach schneiden. Vom restlichen Wirsing 3–4 Blätter in Streifen schneiden und beiseite legen.
2. Für die Füllung Kasseler unter fließendem kalten Wasser abspülen, trockentupfen, in Streifen schneiden und durch den Fleischwolf drehen. Toastbrot in Wasser einweichen und ausdrücken. Zwiebel abziehen und in kleine Würfel schneiden. Durchgedrehtes Fleisch mit Toastbrot, Zwiebelwürfeln, Ei und Kräutern vermengen und mit Pfeffer würzen.
3. Jeweils 2 große Wirsingblätter übereinander legen und die Fleischmasse darauf verteilen. Die Blätter seitlich einschlagen und aufrollen. Mit Küchengarn umwickeln.
4. Butterschmalz in einem Topf zerlassen und die Wirsingrollen von allen Seiten darin anbraten. Die beiseite gestellten Wirsingstreifen hinzugeben und kurz mit anbraten. Brühe mit Senf verrühren und hinzugießen. Die Wirsingrollen zugedeckt bei schwacher Hitze etwa 20 Minuten schmoren lassen, dabei 2–3-mal wenden.
5. Die Wirsingrollen herausnehmen (Küchengarn entfernen), auf einer Platte anrichten und zugedeckt warm stellen.
6. Die Schmorflüssigkeit pürieren. Crème fraîche unterrühren, die Sauce zum Kochen bringen und mit Salz und Pfeffer abschmecken. Die Rollen mit der Sauce anrichten.

Beilage: Salzkartoffeln oder Spätzle.

Tipp: Statt Kasseler-Nacken kann auch Thüringer Mett verwendet werden. Die Wirsingrollen eignen sich sehr gut zum Einfrieren.

Wirsingrollen

Würstchenauflauf

Würstchenauflauf

Preiswert

Pro Portion:
E: 65 g, F: 56 g, Kh: 35 g,
kJ: 4021, kcal: 961

500 g gekochte Pellkartoffeln
2 lange Wiener Würstchen (je 125 g)
1 Glas Champignonscheiben (Abtropfgewicht 185 g)
2–3 grobe, ungebrühte Bratwürste
150 g TK-Erbsen
3 Eier (Größe M)
125 ml (1/8 l) Milch
125 ml (1/8 l) Schlagsahne
Salz, frisch gemahlener Pfeffer
geriebene Muskatnuss
100 g geriebener Gouda
2 EL Semmelbrösel
2 EL Butter

Zubereitungszeit: etwa 25 Min.

1. Kartoffeln pellen. Kartoffeln und Würstchen in Scheiben schneiden und abwechselnd in eine gefettete, flache Auflauf- oder Gratinform schichten.
2. Champignonscheiben auf einem Sieb abtropfen lassen. Aus der Bratwurstmasse Klößchen formen und mit Champignons und Erbsen in den Zwischenräumen und auf den Kartoffel- und Würstchenscheiben verteilen.
3. Eier mit Milch und Sahne verschlagen, mit Salz, Pfeffer und Muskat würzen und über den Auflauf gießen. Den Auflauf mit Gouda und Semmelbröseln bestreuen und die Butter in Flöckchen darauf verteilen. Die Form auf dem Rost in den Backofen schieben.
Ober-/Unterhitze: etwa 180 °C (vorgeheizt)
Heißluft: etwa 160 °C (nicht vorgeheizt)
Gas: Stufe 2–3 (nicht vorgeheizt)
Backzeit: etwa 45 Minuten.

Beilage: Kopf- oder Tomatensalat.

Tipp: Anstatt Champignonscheiben aus dem Glas frische Champignons verwenden. Dafür 200 g Champignons putzen, mit Küchenpapier abreiben, evtl. waschen und trockentupfen. Die Champignons in Scheiben schneiden und in 1 Esslöffel Butter 5 Minuten dünsten.

Würstchenspieße auf Pusztagemüse

8 Spieße

Für Kinder

Pro Portion:
E: 52 g, F: 65 g, Kh: 15 g,
kJ: 3775, kcal: 902

Für das Pusztagemüse:
400 g Zwiebeln
1 rote Paprikaschote (etwa 250 g)
1 grüne Paprikaschote (etwa 250 g)
2 mittelgroße Tomaten
4 Gewürzgurken
4 EL Speiseöl
Salz
frisch gemahlener Pfeffer
1 TL Paprikapulver rosenscharf
1 EL Paprikapulver edelsüß
2 EL Tomatenmark
evtl. etwas Wasser

Für die Würstchenspieße:
1 kleine Gemüsezwiebel

Würstchenspieße auf Pusztagemüse

4 verschiedene, vorgebrühte Bratwürste, z. B. Geflügelwürstchen, Kräuterwürstchen
4 Scheiben durchwachsener Speck (etwa 1/2 cm dick)
2–3 Gewürzgurken
2–3 EL Speiseöl
1 TL Paprikapulver edelsüß

Außerdem:
Holzspieße

Zubereitungszeit: etwa 40 Min.

1. Für das Pusztagemüse Zwiebeln abziehen, halbieren und in Scheiben schneiden. Paprikaschoten halbieren, entstielen, entkernen und die weißen Scheidewände entfernen, die Schoten waschen und in Streifen schneiden.
2. Tomaten kurze Zeit in kochendes Wasser legen (nicht kochen lassen), in kaltem Wasser abschrecken, enthäuten, die Stängelansätze herausschneiden und Tomaten in dünne Spalten schneiden. Gewürzgurken in Streifen schneiden.
3. Öl erhitzen und Zwiebelscheiben und Paprikastreifen darin andünsten. Salz, Pfeffer, beide Paprikapulversorten und Tomatenmark kurz mit andünsten. Tomatenspalten und Gurkenstreifen unterrühren, evtl. etwas Wasser hinzufügen und alles etwa 5 Minuten kochen lassen.
4. Für die Würstchenspieße Gemüsezwiebel abziehen, vierteln und in Segmente teilen. Bratwürste, Speck und Gewürzgurken in 2 cm lange Stücke schneiden. Die vorbereiteten Zutaten abwechselnd auf 8 Spieße stecken.
5. Öl und Paprika verrühren, die Spieße damit bestreichen und auf ein mit Alufolie belegtes Backblech legen, das Backblech unter den vorgeheizten Grill schieben und die Spieße etwa 10 Minuten grillen. Zwischendurch wenden und nochmals mit dem Paprikaöl bestreichen.
6. Die Spieße mit dem Gemüse anrichten.

Wurstspieße mit Maiskrusteln

4 Spieße

Für Kinder

Pro Portion:
E: 37 g, F: 48 g, Kh: 24 g, kJ: 2988, kcal: 715

Für die Wurstspieße:
2 Tomaten
2 Zwiebeln
2 Gewürzgurken
4 Wiener Würstchen
2 EL Speiseöl

Für die Maiskrusteln:
1 Dose Gemüsemais (Abtropfgewicht 285 g)
50 g Weizenvollkornmehl
2 Eier (Größe M)
Salz, frisch gemahlener Pfeffer
4 EL Speiseöl

Außerdem:
Holzspieße

Zubereitungszeit: etwa 30 Min.

1. Für die Wurstspieße Tomaten waschen, achteln, Stängelansätze herausschneiden und Tomaten entkernen. Zwiebeln abziehen und achteln. Gewürzgurken und Würstchen in dicke Scheiben schneiden.
2. Die Zutaten abwechselnd auf Spieße stecken und mit Öl bestreichen. Die Spieße auf ein mit Alufolie belegtes Backblech legen, das Backblech unter den vorgeheizten Grill schieben und die Spieße 5–10 Minuten grillen. Die Spieße zwischendurch einmal wenden.
3. Inzwischen für die Maiskrusteln Mais auf einem Sieb gut abtropfen lassen. Mehl und Eier verrühren, Mais untermischen und mit Salz und Pfeffer würzen.
4. Öl in einer Pfanne erhitzen und darin portionsweise bei mittlerer Hitze etwa 12 puffergroße Plätzchen von beiden Seiten goldbraun braten. Die fertigen Maiskrusteln warm stellen.
5. Die Maiskrusteln zu den Wurstspießen servieren.

Wurstspieße mit Maiskrusteln

Zaziki-Kartoffelsalat

Zaziki-Kartoffelsalat

Vegetarisch

Pro Portion:
E: 13 g, F: 7 g, Kh: 29 g,
kJ: 1038, kcal: 247

600 g fest kochende Kartoffeln
250 g Zaziki (fertig gekauft)
1/2 Salatgurke (etwa 300 g)
Salz
2 kleine Zwiebeln
2–3 Knoblauchzehen
etwa 15 entsteinte, schwarze Oliven
100 g Schafkäse
frisch gemahlener Pfeffer

Zubereitungszeit: etwa 25 Min., ohne Abkühl- und Durchziehzeit

1. Kartoffeln waschen, zugedeckt in Wasser zum Kochen bringen und in etwa 25 Minuten gar kochen lassen. Die garen Kartoffeln abgießen, abschrecken, etwas abkühlen lassen, pellen und erkalten lassen.
2. Die kalten Kartoffeln in dünne Scheiben schneiden, mit dem Zaziki vermengen und etwas durchziehen lassen.
3. Die Gurke waschen, die Enden abschneiden und die Gurke grob raspeln, mit Salz bestreuen und etwa 15 Minuten stehen lassen.
4. Zwiebeln und Knoblauch abziehen, in Würfel schneiden und unter die Kartoffeln heben. Oliven in Streifen und Schafkäse in Würfel schneiden.
5. Die Gurkenraspel gut ausdrücken, mit Oliven und Schafkäse unter den Salat heben und den Salat mit Salz und Pfeffer abschmecken.

Abwandlung: Kartoffelsalat mit selbst gemachtem Zaziki. Dafür die Zwiebel- und Knoblauchwürfel in 100 ml kochende, kräftige Gemüsebrühe geben und 2–3 Minuten kochen lassen. Dann alles über die vorbereiteten Kartoffelscheiben geben und etwas durchziehen lassen. Oliven, Schafkäse und gut ausgedrückte Gurkenraspel mit 150 g Naturjoghurt (oder halb Joghurt, halb Crème fraîche) unterrühren und den Salat mit Salz und Pfeffer abschmecken.

Beilage: Fladenbrot.

Tipp:
Den Salat vor dem Servieren mit 2–3 Esslöffeln grob gehackter glatter Petersilie bestreuen.

Zebracreme

Für Kinder

Pro Portion:
E: 8 g, F: 26 g, Kh: 29 g,
kJ: 1637, kcal: 391

1 Pck. Galetta Vanille-Geschmack (Vanille-Cremepulver ohne Kochen)
500 ml (1/2 l) Milch
250 ml (1/4 l) Schlagsahne
150 g Naturjoghurt
1 EL (15 g) Kakaopulver

Zubereitungszeit: etwa 10 Min.

1. Galetta mit Milch und Sahne in eine Rührschüssel geben und mit Handrührgerät mit Rührbesen 1 Minute aufschlagen. Joghurt unterrühren. Die Hälfte der Masse in eine zweite Schüssel geben und den Kakao unterrühren.
2. Zunächst 2 Teelöffel des hellen Puddings in die Mitte eines von 4 Portionsschälchen geben und etwas flach drücken. Darauf (nicht daneben!) abwechselnd je 1–2 Teelöffel von dem dunklen und dem hellen Pudding ge-

Zebracreme

ben und etwas flach drücken. Die Masse nicht glatt streichen. Die übrigen Schälchen auf dieselbe Weise befüllen.

Tipp: Einfacher geht es, wenn Sie den hellen und dunklen Pudding abwechselnd in Portionsgläser schichten. Sie können die Creme auch in eine große Glasschüssel füllen, dann anstelle von Teelöffeln Esslöffel verwenden und den Vorgang wiederholen, bis der Pudding aufgebraucht ist.

Zebrarolle mit Erdbeeren

Zebrarolle mit Erdbeeren

Für Kinder

Insgesamt:
E: 63 g, F: 227 g, Kh: 396 g,
kJ: 16283, kcal: 3888

Für den Biskuitteig:
3 Eier (Größe M)
1 Eigelb (Größe M)
150 g Zucker
1 Pck. Dr. Oetker Vanillin-Zucker
100 g Weizenmehl
25 g Speisestärke
1 TL Dr. Oetker Backin
20 g Kakaopulver
1 EL Wasser

Für die Füllung:
250 g Erdbeeren
200 g Erdbeerjoghurt
600 ml Schlagsahne
50 g Zucker
2 Pck. Dr. Oetker Sahnesteif

Zum Garnieren:
einige frische Erdbeeren
Zitronenmelisse

Zubereitungszeit: etwa 40 Min., ohne Kühlzeit

1. Für den Teig Eier und Eigelb in eine Rührschüssel geben und mit Handrührgerät mit Rührbesen auf höchster Stufe in 1 Minute schaumig schlagen. Zucker und Vanillin-Zucker mischen, in 1 Minute einstreuen und noch 2 Minuten weiterschlagen. Mehl mit Speisestärke und Backin mischen, die Hälfte auf die Eiercreme sieben und auf mittlerer Stufe kurz unterrühren. Den Rest des Mehlgemisches auf die gleiche Weise unterarbeiten.
2. Gut zwei Drittel des Teiges auf ein Backblech (30 x 40 cm, gefettet, mit Backpapier belegt) streichen, Papier an der offenen Seite des Backbleches unmittelbar vor dem Teig zur Falte knicken, so dass ein Rand entsteht. Unter den restlichen Teig gesiebtes Kakaopulver und Wasser kurz unterrühren, in einen Gefrierbeutel geben, eine nicht zu kleine Ecke abschneiden und „Zebrastreifen" auf den hellen Teig spritzen. Das Backblech in den Backofen schieben.
   Ober-/Unterhitze: etwa 220 °C (vorgeheizt)
   Heißluft: etwa 200 °C (vorgeheizt)
   Gas: Stufe 4–5 (vorgeheizt)
   Backzeit: etwa 10 Minuten.
3. Die Biskuitplatte sofort nach dem Backen auf ein mit Zucker bestreutes Geschirrtuch stürzen und mit dem Backpapier erkalten lassen.
4. Für die Füllung Erdbeeren waschen, abtropfen lassen, putzen und in Stücke schneiden. Mitgebackenes Backpapier von der Biskuitplatte abziehen und Erdbeerjoghurt darauf streichen. Sahne mit Zucker und Sahnesteif steif schlagen, etwas davon zum Garnieren in einen Spritzbeutel geben und kalt stellen. Erdbeerstücke unter die restliche Sahne heben und die Creme auf der Biskuitplatte verstreichen. Die Biskuitplatte von der längeren Seite aus aufrollen. Die Rolle mindestens 2 Stunden kalt stellen.
5. Kurz vor dem Servieren die Rolle mit der Sahne aus dem Spritzbeutel verzieren und mit Erdbeeren und Zitronenmelisse garnieren.

Tipp:
Die Rolle schmeckt auch mit Himbeeren oder Brombeeren, dann auch die entsprechende Joghurtsorte verwenden. Sie kann am Vortag zubereitet werden.

Zehn-Eier-Kuchen

Zehn-Eier-Kuchen

Einfach – gut vorzubereiten

Insgesamt:
E: 135 g, F: 483 g, Kh: 1036 g, kJ: 38842, kcal: 9280

Für den Rührteig:
500 g weiche Butter oder Margarine
450 g Zucker
1 Pck. Dr. Oetker Vanillin-Zucker
10 Eigelb (Größe M)
500 g Weizenmehl
1 Pck. Dr. Oetker Backin
Saft von 1 Zitrone
10 Eiweiß (Größe M)

Für den Guss:
200 g gesiebter Puderzucker
1 Pck. Dr. Oetker Finesse Geriebene Zitronenschale, 3–4 EL Zitronensaft

Zubereitungszeit: etwa 40 Min., ohne Kühlzeit

1. Für den Teig Butter oder Margarine mit Handrührgerät mit Rührbesen auf höchster Stufe geschmeidig rühren. Nach und nach Zucker und Vanillin-Zucker unterrühren und so lange rühren, bis eine gebundene Masse entstanden ist.
2. Eigelb nach und nach unterrühren (jedes Eigelb knapp 1/2 Minute). Mehl mit Backin mischen, sieben und abwechselnd portionsweise mit dem Zitronensaft auf mittlerer Stufe unterrühren. Eiweiß sehr steif schlagen und vorsichtig unterheben.
3. Den Teig in eine Springform mit Rohrboden (Ø 28 cm, gefettet) oder eine Napfkuchenform (Ø 24 cm, gefettet) geben und glatt streichen. Die Form auf dem Rost in den Backofen schieben.
   Ober-/Unterhitze: etwa 160 °C (vorgeheizt)
   Heißluft: etwa 140 °C (nicht vorgeheizt)
   Gas: Stufe 1–2 (nicht vorgeheizt)
   Backzeit: etwa 90 Minuten.
4. Den Kuchen nach etwa 45 Minuten Backzeit mit Backpapier zudecken, damit er nicht zu stark bräunt.
5. Den Kuchen 10 Minuten in der Form stehen lassen, dann aus der Form lösen und auf einem Kuchenrost erkalten lassen.
6. Für den Guss Puderzucker mit Zitronenschale mischen und mit Zitronensaft glatt rühren. Den Kuchen damit überziehen und den Guss fest werden lassen.

Abwandlung:
Sie können für den Teig anstelle von Zitronensaft auch Orangensaft verwenden, dann für den Guss Finesse Orangenfrucht nehmen.

Tipp:
Der Kuchen schmeckt auch lecker, wenn Sie ihn anstelle von Puderzuckerguss mit 150 g aufgelöster Halbbitter-Kuvertüre überziehen.
Der Kuchen hält sich gut verpackt etwa 1 Woche frisch.

Zigeuner-Hackklößchen

Preiswert – für Kinder

Pro Portion:
E: 37 g, F: 35 g, Kh: 32 g, kJ: 2473, kcal: 590

Für die Hackklößchen:
600 g Gehacktes (halb Rind-, halb Schweinefleisch)

Zigeuner-Hackklößchen

1 Zwiebel
1 Ei (Größe M)
80 g Semmelbrösel
Salz, frisch gemahlener Pfeffer
Paprikapulver edelsüß
750 ml ($^3/_4$ l) Fleischbrühe

Für das Gemüse:
$^1/_2$ Gemüsezwiebel
1 rote Paprikaschote
2 gelbe Paprikaschoten
3 EL Speiseöl
150 g TK-Erbsen
125 ml ($^1/_8$ l) Gemüsebrühe
1 EL Tomatenmark
3 EL Tomatenketchup
etwas Wasser
1 TL Speisestärke

Zubereitungszeit: etwa 40 Min.

1. Für die Klößchen Gehacktes in eine Schüssel geben. Zwiebel abziehen und in kleine Würfel schneiden. Zwiebelwürfel, Ei und Semmelbrösel zum Gehackten geben und gut vermengen. Mit Salz, Pfeffer und Paprika würzen. Aus der Gehacktesmasse mit angefeuchteten Händen 8 Klößchen formen.
2. Brühe in einem Topf zum Kochen bringen, Klößchen hinzugeben und 10–15 Minuten darin gar ziehen lassen.
3. Für das Gemüse Zwiebelhälfte abziehen und in Streifen schneiden. Paprika halbieren, entkernen und die weißen Scheidewände entfernen. Schoten waschen, abtropfen lassen und ebenfalls in Streifen schneiden.
4. Speiseöl in einem Topf erhitzen und Zwiebel- und Paprikastreifen darin andünsten. Die gefrorenen Erbsen hinzufügen. Brühe hinzugießen, die Zutaten zum Kochen bringen und etwa 10 Minuten kochen lassen. Tomatenmark und -ketchup unterrühren und mit Salz und Pfeffer würzen.
5. Wasser mit Speisestärke anrühren, mit einem Kochlöffel unter das Gemüse rühren und unter vorsichtigem Rühren nochmals kurz aufkochen lassen. Mit Salz und Pfeffer abschmecken. Die Klößchen mit dem Gemüse servieren.

Beilage:
Reis.

Tipp:
Die Hackklößchen können auch in einer Pfanne mit etwas Speiseöl unter mehrmaligem Wenden gebraten werden.

Zigeunersalat

Zigeunersalat

4–6 Portionen

Schnell

Pro Portion:
E: 12 g, F: 18 g, Kh: 7 g,
kJ: 1070, kcal: 256

etwa 350 g Fleischwurst (am Stück)
2 kleine Zwiebeln
4 mittelgroße Gewürzgurken
1 kleines Glas Perlzwiebeln (Abtropfgewicht 185 g)
3 mittelgroße Tomaten
1 EL Kapern
3 geh. EL Zigeunersauce
etwas Gurkenwasser
etwas Tabasco
Salz, frisch gemahlener Pfeffer
Paprikapulver edelsüß

Zubereitungszeit: etwa 35 Min., ohne Durchziehzeit

1. Für den Salat Fleischwurst enthäuten und erst in Scheiben, dann in Streifen schneiden. Zwiebeln abziehen und würfeln. Gewürzgurken der Länge nach erst in Scheiben, dann in Streifen schneiden.
2. Perlzwiebeln in einem Sieb abtropfen lassen. Tomaten waschen, abtrocknen, vierteln, die Stängelansätze herausschneiden und Tomaten in Stücke schneiden.
3. Die vorbereiteten Zutaten mit Kapern in einer Schüssel mischen. Zigeunersauce vorsichtig unterheben. Den Salat mit Gurkenwasser, Tabasco, Salz, Pfeffer und Paprikapulver würzen und etwas durchziehen lassen.
4. Den Salat vor dem Servieren evtl. nochmals mit den Gewürzen abschmecken.

Zitronenkuchen

Zitronenkuchen

Für Kinder

Insgesamt:
E: 55 g, F: 234 g, Kh: 714 g,
kJ: 22177, kcal: 5298

Für den Rührteig:
250 g weiche Butter oder Margarine
250 g Zucker
2 Pck. Dr. Oetker Finesse Geriebene Zitronenschale
4 Eier (Größe M)
200 g Weizenmehl
75 g Speisestärke
1 TL Dr. Oetker Backin

Für den Guss:
250 g Puderzucker
4–5 EL Zitronensaft

Zubereitungszeit: etwa 35 Min.

1. Für den Teig Butter oder Margarine in einer Rührschüssel mit Handrührgerät mit Rührbesen geschmeidig rühren. Nach und nach Zucker und Zitronenschale unter Rühren hinzufügen und so lange rühren, bis eine gebundene Masse entstanden ist. Eier nach und nach auf höchster Stufe unterrühren (jedes Ei etwa 1/2 Minute).
2. Mehl mit Speisestärke und Backin mischen, sieben und auf mittlerer Stufe in 2 Portionen kurz unterrühren. Den Teig auf ein Backblech (30 x 40 cm, gefettet) geben und glatt streichen.
3. Einen mehrfach geknickten Streifen Alufolie vor den Teig legen und das Backblech in den Backofen schieben.
   Ober-/Unterhitze: etwa 180 °C (vorgeheizt)
   Heißluft: etwa 160 °C (vorgeheizt)
   Gas: Stufe 2–3 (vorgeheizt)
   Backzeit: 20–25 Minuten.
4. Für den Guss Puderzucker sieben und mit so viel Zitronensaft glatt rühren, dass ein dickflüssiger Guss entsteht. Das Backblech auf einen Kuchenrost stellen und den Kuchen noch heiß mit dem Guss bestreichen (je heißer der Kuchen, desto stärker zieht der Guss ein). Den Kuchen auf dem Backblech auf dem Kuchenrost erkalten lassen.

Abwandlung:
Für einen Orangenkuchen können Sie für den Teig Finesse Geriebene Zitronenschale gegen Finesse Orangenfrucht austauschen und für den Guss den Puderzucker mit Orangensaft anrühren.

Zitronenmelisseschnitten

Für Gäste

Insgesamt:
E: 96 g, F: 611 g, Kh: 422 g,
kJ: 32348, kcal: 7732

Für den Rührteig:
200 g weiche Butter oder Margarine
200 g Zucker
1 Pck. Dr. Oetker Vanillin-Zucker
6 Eier (Größe M)
50 g Weizenmehl
30 g Speisestärke
1 Pck. Dr. Oetker Backin
300 g Kokosraspel
3 EL gehackte Zitronenmelisse

Zum Tränken:
75–100 ml Zitronensaft

Für die Füllung:
1 Pck. Dr. Oetker Pudding-Pulver Sahne-Geschmack
3 EL Zucker, 300 ml Wasser
75 ml Zitronensaft
150 g Naturjoghurt

Für den Belag:
600 ml Schlagsahne
2 Pck. Dr. Oetker Sahnesteif
2–3 TL Zucker
1 Pck. Dr. Oetker Vanillin-Zucker
4 EL gehackte Zitronenmelisse
3 EL Kokosraspel

Zum Garnieren:
Gelee-Zitronenscheiben
Zitronenmelisseblättchen
in feine Streifen geschnittene Schale
1 Bio-Zitrone (unbehandelt, ungewachst)

Zubereitungszeit: etwa 50 Min., ohne Kühlzeit

1. Für den Teig Butter oder Margarine mit Handrührgerät mit Rührbesen auf

Zitronenmelisseschnitten

höchster Stufe geschmeidig rühren. Nach und nach Zucker und Vanillin-Zucker unterrühren und so lange rühren, bis eine gebundene Masse entstanden ist. Eier nach und nach unterrühren (jedes Ei etwa 1/2 Minute).

2. Mehl mit Speisestärke und Backin mischen, sieben und auf mittlerer Stufe unterrühren. Kokosraspel und Zitronenmelisse mischen und ebenfalls unterrühren.
3. Den Teig auf ein Backblech (30 x 40 cm, gefettet) streichen. Vor den Teig einen mehrfach geknickten Streifen Alufolie legen. Das Backblech in den Backofen schieben.
   Ober-/Unterhitze: etwa 180 °C (vorgeheizt)
   Heißluft: etwa 160 °C (vorgeheizt)
   Gas: Stufe 2–3 (vorgeheizt)
   Backzeit: etwa 25 Minuten.
4. Das Backblech auf einen Kuchenrost stellen und den Kuchen erkalten lassen. Den Kuchen mit Zitronensaft tränken.
5. Für die Füllung aus Pudding-Pulver, Zucker, Wasser und Zitronensaft nach Packungsanleitung – aber mit den hier angegebenen Zutaten – einen Pudding kochen. Den Pudding mit Klarsichtfolie zudecken und lauwarm abkühlen lassen.
6. Joghurt unter den Pudding rühren und die Masse gleichmäßig auf den kalten Gebäckboden streichen.
7. Für den Belag Sahne mit Sahnesteif, Zucker und Vanillin-Zucker steif schlagen. Zitronenmelisse und Kokosraspel unterheben, die Masse auf der Füllung verteilen und glatt streichen. Den Kuchen etwa 2 Stunden kalt stellen.
8. Das Gebäck vor dem Servieren in Stücke schneiden, mit Gelee-Zitronenscheiben, Zitronenmelisseblättchen und Zitronenschale garnieren und auf einer Platte anrichten.

Tipp:
Die Menge der gesamten verwendeten Zitronenmelisse entspricht etwa 2 Töpfchen.

Zitronenmousse-Biskuitrolle

Für Gäste

Insgesamt:
E: 55 g, F: 231 g, Kh: 186 g, kJ: 13121, kcal: 3136

Für den Biskuitteig:
3 Eier (Größe M), 1 Eigelb (Größe M)
75 g Zucker
1 Pck. Dr. Oetker Vanillin-Zucker
50 g Weizenmehl, 15 g Speisestärke
1/2 TL Dr. Oetker Backin

Für die Füllung:
1 Pck. Mousse Zitrone
250 ml (1/4 l) Flüssigkeit (halb Milch, halb Schlagsahne)
375 ml (3/8 l) Schlagsahne
1 Pck. Dr. Oetker Sahnesteif
1 Pck. Dr. Oetker Vanillin-Zucker
2 TL Zucker
1 Schälchen (100 g) Kapstachelbeeren (Physalis)

Zum Bestäuben:
Puderzucker

Zubereitungszeit: etwa 40 Min., ohne Abkühlzeit

1. Für den Teig Eier und Eigelb mit Handrührgerät mit Rührbesen auf höchster Stufe in 1 Minute schaumig schlagen. Zucker und Vanillin-Zucker mischen, in 1 Minute einstreuen und noch etwa 2 Minuten schlagen.
2. Mehl mit Speisestärke und Backin mischen, auf die Eiercreme sieben und kurz auf niedrigster Stufe unterrühren.
3. Den Teig auf ein Backblech (30 x 40 cm, gefettet, mit Backpapier belegt) streichen, an der offenen Seite des Backbleches das Papier unmittelbar vor dem Teig zur Falte knicken, so dass ein Rand entsteht. Das Backblech in den Backofen schieben.
   Ober-/Unterhitze: etwa 200 °C (vorgeheizt)
   Heißluft: etwa 180 °C (vorgeheizt)
   Gas: Stufe 3–4 (vorgeheizt)
   Backzeit: etwa 10 Minuten.
4. Die Biskuitplatte mit dem Backpapier vom Backblech ziehen und auf die Arbeitsfläche stürzen. Das mitgebackene Backpapier abziehen und Biskuitplatte erkalten lassen.
5. Für die Füllung Mousse nach Packungsanleitung, aber mit 250 ml (1/4 l) Flüssigkeit zubereiten. Mousse auf die Biskuitplatte streichen. Sahne mit Sahnesteif, Vanillin-Zucker und Zucker steif schlagen und auf die Moussecreme streichen (1 cm Rand frei lassen).
6. Kapstachelbeeren aus der Blätterhülle lösen, waschen, trockentupfen, in Scheiben schneiden und auf der Sahne verteilen.
7. Die Biskuitplatte von der längeren Seite her aufrollen. Die Biskuitrolle vor dem Servieren mit Puderzucker bestäuben.

Zitronenmousse-Biskuitrolle

Zucchini, gefüllte

Vegetarisch

Pro Portion:
E: 23 g, F: 18 g, Kh: 52 g,
kJ: 1955, kcal: 463

2 Zwiebeln
2 Knoblauchzehen
3 EL Olivenöl
2 Dosen stückige Tomaten (je 400 g)
1 Bund Majoran
3 Fleischtomaten
4 mittelgroße Zucchini (je etwa 250 g)
Salz, frisch gemahlener Pfeffer
300 ml Gemüsebrühe (Instant)
250 g Instant-Couscous (Feinkostregal)
Cayennepfeffer
100 g geriebener Manchego-Käse oder Emmentaler

Zubereitungszeit: etwa 45 Min.

1. Zwiebeln und Knoblauch abziehen und in kleine Würfel schneiden. Olivenöl in einem Topf erhitzen und Zwiebel- und Knoblauchwürfel darin andünsten. Tomatenstücke hinzufügen und unter gelegentlichem Rühren etwa 10 Minuten leicht kochen lassen.
2. Majoran abspülen und trockentupfen. Die Blättchen von den Stängeln zupfen und fein hacken. Tomaten waschen, abtropfen lassen, kreuzweise einschneiden und einige Sekunden in kochendes Wasser legen. Tomaten kurz in kaltes Wasser legen, enthäuten, halbieren, entkernen und Stängelansätze herausschneiden. Fruchtfleisch in Spalten schneiden. Zucchini waschen, abtrocknen und die Enden abschneiden. Zucchini halbieren. Zucchinihälften leicht aushöhlen und Fruchtfleisch in Würfel schneiden.
3. Majoran unter die Tomatensauce rühren, mit Salz und Pfeffer würzen und Sauce halbieren. Eine Hälfte beiseite stellen. Zu der zweiten Saucenhälfte die Gemüsebrühe gießen, zum Kochen bringen und Couscous, Zucchiniwürfel und Tomatenspalten hinzufügen. Mit Salz und Cayennepfeffer würzen. Die Sauce von der Kochstelle nehmen.
4. Die ausgehöhlten Zucchinihälften auf ein Backblech (mit Backpapier belegt) legen und mit Salz und Pfeffer bestreuen. Die Zucchinihälften mit der Couscous-Zucchini-Tomaten-Masse füllen und mit Käse bestreuen. Das Backblech in den Backofen schieben.
   Ober-/Unterhitze: etwa 200 °C (vorgeheizt)
   Heißluft: etwa 180 °C (vorgeheizt)
   Gas: Stufe 3–4 (vorgeheizt)
   Backzeit: 15–20 Minuten.
5. Die beiseite gestellte Tomatensauce erhitzen und die gefüllten Zucchini mit der Sauce servieren.

Zucchini, überbackene

Beliebt

Pro Portion:
E: 37 g, F: 62 g, Kh: 6 g,
kJ: 3253, kcal: 777

6 EL Olivenöl
600 g Gehacktes (halb Rind-, halb Schweinefleisch)
Salz, frisch gemahlener Pfeffer
1–2 TL Paprikapulver edelsüß
600 g Zucchini
2 Knoblauchzehen
4 mittelgroße Tomaten
gerebelter Oregano
100 g geriebener, mittelalter Gouda

Zubereitungszeit: etwa 30 Min.

1. Zwei Esslöffel Öl erhitzen und das Gehackte unter Rühren darin anbraten, dabei die Klümpchen mit einer Gabel zerdrücken. Mit Salz, Pfeffer und Paprika würzen.
2. Zucchini waschen, trockentupfen, Enden abschneiden und Zucchini der Länge nach halbieren. Das restliche Öl erhitzen, die Zucchinihälften auf der Schnittfläche darin anbraten und herausnehmen. Die Zucchini mit einem Löffel aushöhlen, so dass ein etwa $^1/_2$ cm breiter Rand stehen bleibt.
3. Das Fruchtfleisch klein schneiden und mit dem Gehackten vermengen. Knoblauch abziehen, durch die Presse drücken und unterrühren. Mit Salz, Pfeffer und Paprika abschmecken. Die Masse in die Zucchinihälften füllen und in eine gefettete, flache Auflaufform setzen.
4. Tomaten waschen, Stängelansätze herausschneiden, Tomaten in Scheiben schneiden und auf den Zucchinihälften verteilen. Mit Salz, Pfeffer und Oregano bestreuen und den Gouda darüber verteilen. Die Form auf dem Rost in den Backofen schieben.
   Ober-/Unterhitze: etwa 200 °C (vorgeheizt)
   Heißluft: etwa 180 °C (vorgeheizt)
   Gas: Stufe 3–4 (vorgeheizt)
   Backzeit: etwa 20 Minuten.

Beilage:
Kartoffelpüree oder Risotto.

Tipp:
Würzen Sie die Hackmasse zusätzlich mit 2 Esslöffeln gehackter Petersilie und einer kleinen abgezogenen, fein gewürfelten Zwiebel.

Zucchinigratin

Einfach – schnell

Pro Portion:
E: 21 g, F: 25 g, Kh: 5 g,
kJ: 1463, kcal: 350

750 g Zucchini
2 Zwiebeln, 2 Knoblauchzehen
200 g gekochter Schinken
125 g Mozzarella
60 g Greyerzer-Käse
4 EL Olivenöl
Salz, frisch gemahlener Pfeffer
geriebene Muskatnuss

Zubereitungszeit: etwa 30 Min.

1. Zucchini waschen, abtrocknen, die Enden abschneiden und Zucchini in Würfel schneiden. Zwiebeln und Knoblauch abziehen und würfeln. Schinken in Würfel, Mozzarella in Scheiben schneiden. Greyerzer reiben.
2. Drei Esslöffel Öl in einer Pfanne erhitzen und Zwiebel- und Knoblauchwürfel darin andünsten. Zucchiniwürfel hinzufügen und kurz mitdünsten, mit Salz, Pfeffer und Muskatnuss würzen.
3. Schinkenwürfel untermischen. Die Masse in eine, mit dem restlichen Öl ausgestrichene Gratinform geben und evtl. nochmals mit den Gewürzen bestreuen.
4. Mozzarellascheiben darauf legen und mit Greyerzer bestreuen. Die Form auf dem Rost in den Backofen schieben.
   Ober-/Unterhitze: etwa 180 °C (vorgeheizt)
   Heißluft: etwa 160 °C (vorgeheizt)
   Gas: Stufe 2–3 (vorgeheizt)
   Überbackzeit: etwa 30 Minuten.

Beilage: Baguette oder Ciabatta.

Zucchinigratin

Zucchini-Kartoffel-Suppe

Zucchini-Kartoffel-Suppe

4–6 Portionen

Einfach

Pro Portion:
E: 4 g, F: 10 g, Kh: 10 g,
kJ: 615, kcal: 147

600 g Zucchini
200 g fest kochende Kartoffeln
1 mittelgroße Zwiebel
2 EL Speiseöl
Currypulver
Salz
frisch gemahlener Pfeffer
750 ml (3/4 l) Gemüsebrühe
2 EL Pinienkerne
1 Bund Dill
4–6 TL Crème fraîche

Zubereitungszeit: etwa 35 Min.

1. Zucchini waschen, abtrocknen und die Enden abschneiden. Die grüne Schale von einer Zucchini grob abraspeln und beiseite stellen, alle Zucchini in grobe Würfel schneiden. Kartoffeln waschen, schälen, abspülen und in Würfel schneiden. Zwiebel abziehen und würfeln.
2. Öl in einem Topf erhitzen und die Zucchini-, Kartoffel- und Zwiebelwürfel darin andünsten. Dann mit Curry, Salz und Pfeffer bestreuen, mit Brühe auffüllen und 15–20 Minuten kochen lassen.
3. Pinienkerne in einer Pfanne ohne Fett etwas anbräunen und abkühlen lassen. Dill abspülen, trockentupfen und klein schneiden.
4. Die Suppe pürieren, Zucchiniraspel (nach Belieben einige zum Garnieren zurücklassen) und Dill unterrühren und mit den Gewürzen abschmecken.
5. Die Suppe auf Tellern verteilen, je einen Teelöffel Crème fraîche auf jeden Teller geben und die Suppe mit Pinienkernen und den zurückgelassenen Zucchiniraspeln bestreuen.

Zucchini-Käse-Suppe

Schnell

Pro Portion:
E: 15 g, F: 26 g, Kh: 14 g,
kJ: 1674, kcal: 400

500 g Zucchini
30 g Butter oder Margarine
1 Knoblauchzehe, 2–3 EL Weizenmehl
750 ml (3/4 l) Gemüsebrühe
200 ml Weißwein, 80 g Gouda
200 g Sahneschmelzkäse
1 Bund Dill
Salz, frisch gemahlener Pfeffer

Zubereitungszeit: etwa 25 Min.

1. Zucchini waschen, abtrocknen, die Enden abschneiden und Zucchini grob

Zucchini-Käse-Suppe

raspeln. Butter oder Margarine in einem Topf erhitzen und Zucchiniraspel darin andünsten.
2. Knoblauch abziehen und durch die Presse zu den Zucchini geben. Mehl darüber stäuben und kurz mitdünsten.
3. Gemüsebrühe und Weißwein hinzugießen, gut durchrühren, damit sich keine Klümpchen bilden, alles zum Kochen bringen und etwa 5 Minuten kochen lassen.
4. Gouda grob reiben, mit dem Schmelzkäse in die Suppe geben und unter Rühren schmelzen lassen.
5. Dill kalt abspülen, die Spitzen von den Stängeln zupfen, klein schneiden und in die Suppe geben. Mit Salz und Pfeffer würzen.

Zucchini-Kohlrabi-Salat mit Lachs

Zucchini-Kohlrabi-Salat mit Lachs

Raffiniert

Pro Portion:
E: 19 g, F: 26 g, Kh: 6 g,
kJ: 1397, kcal: 334

500 g Zucchini
2 EL Speiseöl
Salz
frisch gemahlener Pfeffer
1 Kohlrabi (400 g)
1/2 Bund Dill

Für die Sauce:
1 EL Weißweinessig
2–3 EL körniger Senf
etwas Zucker
4 EL Speiseöl

300 g Graved Lachs
(in dünnen Scheiben)

Zubereitungszeit: etwa 30 Min., ohne Durchziehzeit

1. Zucchini waschen, abtrocknen, die Enden abschneiden und Zucchini erst der Länge nach in dünne Scheiben, dann quer in feine Streifen schneiden.
2. Öl in einer Pfanne erhitzen und Zucchinistreifen darin in mehreren Portionen goldbraun braten, aus der Pfanne nehmen, abtropfen lassen, in eine Schüssel geben und mit Salz und Pfeffer würzen.
3. Kohlrabi schälen, waschen, halbieren und erst in dünne Scheiben, dann in feine Streifen schneiden. Kohlrabistreifen unter die Zucchini mischen. Dill kalt abspülen, trockentupfen, in kleine Zweige zupfen und unter das Gemüse heben.
4. Für die Sauce Essig mit Senf, Zucker, Salz und Pfeffer verrühren. Öl unterschlagen. Die Sauce zum Gemüse geben, alles vermischen und den Salat mindestens 15 Minuten durchziehen lassen, nochmals mit Salz, Pfeffer, Zucker und evtl. Essig abschmecken.
5. Den Salat auf einer Platte anrichten. Den Lachs neben dem Salat anrichten.

Abwandlung:
Der Salat schmeckt auch lecker, wenn Sie die Hälfte Kohlrabi durch 2 vorbereitete, in Würfel geschnittene Fleischtomaten ersetzen. Dann die Sauce anstelle von Senf mit 2 Esslöffeln Joghurt und 2 Teelöffeln abgetropften Kapern zubereiten und mit geriebenem Meerrettich abschmecken.

Beilage:
Ciabatta oder Baguette.

Tipp:
Als Partysalat für 12 Portionen die doppelte Menge Zutaten verwenden. Den Lachs getrennt zu dem Salat servieren.

Zwieback-Aprikosen-Auflauf

Mit Alkohol

Pro Portion:
E: 9 g, F: 19 g, Kh: 46 g,
kJ: 1774, kcal: 424

4 Zwiebäcke
40 g Marzipan-Rohmasse
1 kleine Dose Aprikosenhälften (Abtropfgewicht 240 g)
1 reife Banane

Für den Guss:
2 Eigelb (Größe M)
etwas gemahlener Ingwer
3 EL Orangenlikör
125 ml (1/8 l) Schlagsahne
125 ml (1/8 l) Milch

Für die Baisermasse:
2 Eiweiß (Größe M)
50 g gesiebter Puderzucker

Zubereitungszeit: etwa 30 Min.

1. Zwiebäcke in eine gefettete, mittelgroße Gratin- oder flache Auflaufform legen. Marzipan in hauchdünne Scheiben schneiden und darauf legen.
2. Aprikosen in einem Sieb abtropfen lassen. Banane schälen und in Scheiben schneiden. Aprikosen und Bananenscheiben auf den Zwiebäcken verteilen.
3. Für den Guss Eigelb mit Ingwer, Orangenlikör, Sahne und Milch verrühren und über die Früchte gießen. Die Form auf dem Rost in den Backofen schieben.
   Ober-/Unterhitze: etwa 180 °C (vorgeheizt)
   Heißluft: etwa 160 °C (vorgeheizt)
   Gas: Stufe 2–3 (vorgeheizt)
   Backzeit: etwa 20 Minuten.
4. In der Zwischenzeit für die Baisermasse Eiweiß sehr steif schlagen, bis ein Messerschnitt sichtbar bleibt, dann Puderzucker nach und nach unterschlagen.
5. Die Form aus dem Backofen nehmen, die Eiweißmasse auf dem Auflauf verteilen und mit einem Esslöffel unregelmäßig glatt streichen.
6. Die Form wieder auf dem Rost in den Backofen schieben und den Auflauf **bei der oben angegebenen Backofeneinstellung noch weitere 10 Minuten backen.**

Abwandlung: Für eine Variante ohne Alkohol den Orangenlikör gegen 3–5 Esslöffel Orangensaft austauschen.

Zwiebelkoteletts mit Senfcreme

Raffiniert

Pro Portion:
E: 35 g, F: 20 g, Kh: 6 g,
kJ: 1434, kcal: 343

4 Schweinekoteletts (je etwa 150 g)
Salz
frisch gemahlener Pfeffer
4 EL Speiseöl
1 EL mittelscharfer Senf
4–6 Zwiebeln
1 Knoblauchzehe
1 rote Paprikaschote

Für die Senfcreme:
1 Becher (150 g) Crème fraîche
1 1/2 TL scharfer Senf
Salz
frisch gemahlener Pfeffer

Außerdem:
1/2 Bund Petersilie

Zubereitungszeit: etwa 45 Min.

1. Fleisch unter fließendem kalten Wasser abspülen, trockentupfen und mit Salz und Pfeffer bestreuen. 2 Esslöffel von dem Öl in einer beschichteten Pfanne erhitzen und Koteletts darin von beiden Seiten etwa 2 Minuten gut anbraten.
2. Koteletts herausnehmen, dünn mit Senf bestreichen und in einen Bräter oder eine Auflaufform geben. Zwiebeln und Knoblauchzehe abziehen und in Ringe oder Scheiben schneiden.

Zwiebelkoteletts mit Senfcreme

Übriges Öl ins Bratfett geben, Zwiebeln und Knoblauch darin glasig dünsten und mit Salz und Pfeffer würzen.

3. Paprikaschote halbieren, entstielen, entkernen und die weißen Scheidewände entfernen. Schote abspülen, in Streifen schneiden und auf dem Fleisch verteilen. Zwiebeln darauf schichten. Den Bräter oder die Form ohne Deckel auf dem Rost in den Backofen schieben.
   Ober-/Unterhitze: etwa 200 °C (vorgeheizt)
   Heißluft: etwa 180 °C (vorgeheizt)
   Gas: Stufe 3–4 (vorgeheizt)
   Bratzeit: 25–30 Minuten.
4. Für die Senfcreme Crème fraîche mit Senf verrühren und mit Salz und Pfeffer abschmecken. Petersilie abspülen, trockentupfen, Blättchen von den Stängeln zupfen und fein hacken.
5. Petersilie vor dem Servieren über die Zwiebeln streuen und die Senfcreme zu den Koteletts reichen.

Beilage: Pellkartoffeln.

Zwiebelkuchen

Zwiebelkuchen

4–6 Portionen

Klassisch – für Gäste

Pro Portion:
E: 12 g, F: 24 g, Kh: 38 g,
kJ: 1771, kcal: 423

Für den Hefeteig:
250 g Weizenmehl
1 Pck. Dr. Oetker Trockenbackhefe
1 Prise Zucker
1 Prise Salz
50 g zerlassene, abgekühlte Butter oder Margarine
125 ml (1/8 l) lauwarme Milch

Für den Belag:
500 g Zwiebeln
2 EL Butter oder Margarine
1 EL Weizenmehl
3 Eier (Größe M)
300 g saure Sahne
einige Kümmelsamen, Salz
50 g durchwachsener Speck

Zubereitungszeit: etwa 70 Min., ohne Teiggehzeit

1. Für den Teig Mehl in eine Rührschüssel sieben und mit Hefe sorgfältig vermischen. Zucker, Salz, Butter oder Margarine und Milch hinzufügen und die Zutaten mit Handrührgerät mit Knethaken zunächst auf niedrigster, dann auf höchster Stufe in etwa 5 Minuten zu einem glatten Teig verarbeiten. Den Teig zugedeckt so lange an einem warmen Ort gehen lassen, bis er sich sichtbar vergrößert hat.
2. Inzwischen für den Belag Zwiebeln abziehen, halbieren und würfeln. Butter oder Margarine zerlassen und die Zwiebeln darin glasig dünsten. Mehl mit Eiern, saurer Sahne, Kümmel und Salz verrühren und mit den Zwiebeln mischen.
3. Den Teig nochmals kurz auf der Arbeitsfläche durchkneten und zwei Drittel davon auf dem Boden einer Springform (Ø 26 cm, Boden gefettet) ausrollen. Den Springformrand darumlegen. Restlichen Teig zu einer Rolle formen, innen an den Formrand legen und zu einem 2–3 cm hohen Rand drücken. Die Zwiebelmasse gleichmäßig auf dem Teigboden verteilen.
4. Speck in feine Würfel schneiden und auf der Zwiebelmasse verteilen. Den Teig nochmals so lange an einem warmen Ort gehen lassen, bis er sich sichtbar vergrößert hat. Die Form auf dem Rost in den Backofen schieben.
   Ober-/Unterhitze: etwa 200 °C (vorgeheizt)
   Heißluft: etwa 180 °C (nicht vorgeheizt)
   Gas: Stufe 3–4 (nicht vorgeheizt)
   Backzeit: etwa 40 Minuten.
5. Den Kuchen aus der Form lösen und auf einem Kuchenrost etwas abkühlen lassen. Kuchen lauwarm servieren.

Tipp: Schmeckt statt mit Zwiebeln auch mit 750 g Porree (Lauch) zubereitet ganz köstlich und ist eine preiswerte Idee für ein zünftiges Party-Büffet.

Aufläufe und Gratins

Brot und Pikant backen

Desserts

Dips

Eierspeisen

Fisch

Fleisch

Geflügel

Gemüse

Kartoffeln

Kuchen

Nudeln

Pfannkuchen

Plätzchen und Kleingebäck

Reis

Salate

Snacks

Suppen und Eintöpfe

Süße Mahlzeiten

Torten

Vorspeisen

Wild

Umwelthinweis Dieses Buch und der Einband wurden auf chlorfrei gebleichtem Papier gedruckt. Die Einschrumpffolie – zum Schutz vor Verschmutzung – ist aus umweltfreundlichem und recyclingfähigem PE-Material.

Wenn Sie Anregungen, Vorschläge oder Fragen zu unseren Büchern haben, rufen Sie uns unter folgender Nummer an (0521) 155-2580 oder 520658 oder schreiben Sie uns: Dr. Oetker Verlag KG, Am Bach 11, 33602 Bielefeld.

Redaktion Jasmin Gromzik, Miriam Krampitz

Innenfotos Thomas Diercks, Hamburg
Ulli Hartmann, Bielefeld
Hailight, Düsseldorf
Ulrich Kopp, Füssen
Kramp & Gölling, Hamburg
Bernd Lippert, Bielefeld
Herbert Maass, Hamburg
Christiane Pries, Borgholzhausen
Hans-Joachim Schmidt, Hamburg
Axel Struwe, Bielefeld
Winkler Studios, Bremen
Norbert Toelle, Bielefeld
Brigitte Wegner, Bielefeld

Grafisches Konzept, Gestaltung kontur:design, Bielefeld

Satz und Reproduktion MOHN Media • Mohndruck, Gütersloh
Druck und Bindung APPL Druck GmbH & Co. KG, Wemding

ISBN-10: 3-7670-0567-0
ISBN-13: 978-3-7670-0567-9